*Große Kulturepochen
in Texten, Bildern und Zeugnissen*

Geist und Sitten des Rokoko

Geist und Sitten des Rokoko

Herausgegeben von
Franz Blei
nach zeitgenössischen
Gemälden und Stichen
und einleitenden Texten
von Franz Blei,
Ernst Sander
und Walter Widmer

Max Hueber Verlag

Dieser Ausgabe liegen die 1923 im Georg Müller Verlag, München, erschienenen Bände
»Der Geist des Rokoko« und »Die Sitten des Rokoko« zugrunde.
Neu herausgegeben von Heinz Puknus.
Gestaltung der Bildteile: Herbert Reinoß

© Verlag Kurt Desch München
Lizenzausgabe mit Genehmigung des Internationaal Literatuur Bureau Hein Kohn, Hilversum.
© für diese Ausgabe: Max Hueber Verlag München, 1977
ISBN 3-19-00.1306-3
Umschlag-Entwurf: Hans Numberger, München
Satz: Mohn & Co, Gütersloh
Druck und Bindung: Richterdruck Würzburg
Printed in Germany

EINLEITUNG
von Walter Widmer

Klischees und Mißverständnisse, Vorurteile und vor allem eine erschreckende Unkenntnis trüben, ja verzerren das Bild, das sich gemeinhin der Gebildete vom Rokoko, der Epoche der »Aufklärung«, macht. Wie überall da, wo einschlägige Sachkenntnis selten ist oder gar fehlt, ist die Bahn frei für Wichtigtuer, Klugschwätzer und Hochstapler. Nun sind aber – was die Rokokoliteratur betrifft – die Texte meist schwer zugänglich, oft kaum aufzutreiben, häufig auch in mancher Hinsicht (nicht nur in puncto Moral) anstößig und überdies in dieser schreibfreudigen, mitteilungsbedürftigen und fortschrittlichen Zeit dermaßen zahlreich, daß es auch dem ehrlich Beflissenen unmöglich ist, sie alle kennenzulernen und sich mit ihnen wirklich vertraut zu machen. So sieht der Fachgelehrte meistens nur die Emanationen seines Spezialgebietes, und der Laie hält sich – wie könnte er anders? – an verlockend aufgemachte und keck bebilderte Blütenlesen. Vor der Überfülle allein des französischen Schrifttums kapituliert schon der interessierte Liebhaber und beschränkt sich auf das Schulgültige – und daß schulisch Verzwecktes einseitig und kaum nach rein künstlerischen Gesichtspunkten ausgewählt ist, liegt auf der Hand.

Selbst in seinen störrischsten, unbequemsten Kindern war das Rokoko noch groß, nicht nur Vorläufer und Wegbereiter unserer Zeit, sondern bereits Kulminationspunkt. Ich erinnere nur an drei Denker (die freilich heute undankbarerweise entweder vergessen oder aber verfemt sind – das alte Lied von der mangelnden Kenntnis ihrer Leistung): La Mettrie, den Abbé Mably und den Marquis de Sade. Kühnste und konsequenteste Denker alle drei, deren Werk und Ruhm allerdings überschattet werden von den vergleichsweise banaleren Gedanken populärer Köpfe, die leichter Zugang zu den geistesträgen Zeitgenossen fanden und dem Beharrungsvermögen der Menge entgegenkamen. La Mettrie, der sich mit seinen Thesen die Feindschaft und Abneigung nicht nur der Orthodoxen, sondern auch sonst so freier Denker wie Voltaire, Maupertuis, Diderot, Holbach und Grimm zuzog, postulierte nicht weniger als die Grundlage, auf der alle wissenschaftliche Arbeit noch heute beruht, indem er behauptete, es sei das entscheidende Ziel der Wissenschaft, die Wahrheit zu finden, und diese sei ausschließlich durch Beweise und Experimente zu entdecken. Desgleichen definierte er die Grundsätze, auf denen die moderne Medizin und Biologie beruhen: der Mensch sei als Tier aufzufassen – wenn Descartes behauptet habe, Tiere seien eigentlich Maschinen, so gelte das gleiche vom Menschen; sei der Mensch aber mehr als eine Maschine, so gelte das gleiche, in nicht geringerem Maße, von den Tieren. Schließlich erklärte er, die Idee einer aller Sinnesempfindungen beraubten Seele sei undenkbar; die Seele wachse und sterbe zugleich mit dem Leib und sei den gleichen

Veränderungen unterworfen wie der Körper – zum Beispiel verschiedenen Vergiftungen, Delirien, Neurosen, dem Wahnsinn. Der Dualismus eines Descartes, Malebranche oder Leibniz sei unhaltbar, denn die Erfahrung bestätige ihn nicht. Das heißt, daß La Mettrie die Grundlagen fast der gesamten modernen Psychologie postulierte.

Daß der Marquis de Sade keineswegs der üble Wüstling gewesen ist, als der er im Volksglauben und in der Kolportageliteratur gilt, ist für den, der diesen gehässigen Unsinn nicht unbesehen übernimmt, längst erwiesen. Ein Amok laufender Moralist, ein bis zum letzten folgerichtiger Denker und Psychologe, ein Statistiker der pervertierten Leidenschaften, ein Sozialkritiker und -reformer, der die abgründigen Tiefen der Menschenseele auslotete, aber doch nicht der Unhold, zu dem man ihn gestempelt hat. Und der Abbé Mably, der ein gut Teil der Theorien von Marx vorausgenommen hat, auch er ist vergessen, seine Werke sind bibliophile Raritäten.

Diese wenigen, fast wahllos aus dem Überfluß des Reichtums herausgegriffenen Beispiele zeigen schon, wie weit und hoch der Bogen gespannt ist, den diese »Zeit im Umbruch« schlägt. Es ist in der Tat unmöglich, einzelne Gebiete und Äußerungen des 18. Jahrhunderts aus dem großen Zusammenhang zu lösen und sie als unabhängige Erscheinungen zu behandeln. Die unteilbare, vollkommene Ganzheit des Phänomens Rokoko-Kultur ist nahtlos und ohne jede Bruchstelle. Sie stellt eine letzte euphorische und unvergleichliche Zeit höchsten Reichtums und vollendeter Harmonie dar. Das Bewußtsein, halb dumpfe Ahnung, halb harte Gewißheit, daß eine Epoche zu Ende ging und eine neue anbrach, verklärt alle Manifestationen dieser letzten Generation von Menschen, die noch in Schönheit zu leben und mit Haltung zu sterben verstanden.

Daß diese Menschen des Rokoko ahnten, wie fragwürdig diese äußere Schönheit des Lebens, wie zwiespältig das Glück war, das sie genossen, geht aus zahlreichen Äußerungen von Zeitgenossen hervor. »Dies gesittete, feingebildete Jahrhundert, das man als das goldene bezeichnet hat, scheint mir Ähnlichkeit zu haben mit den Sirenen, deren obere Hälfte als reizende Nymphe sich zeigt, während die untere in einen grausigen Fischschwanz ausläuft«, schreibt der Kurfürst Karl Theodor von der Pfalz 1756 an Voltaire.

Gesittung, Lebensart, gesellschaftliche Form – in einem Rahmen aus Gold und Silber und edlen Steinen. Das Adjektiv, das sich immer wieder aufdrängt, ist: *zierlich.* Die Gesellschaft geht im Genuß auf, alles scheint dazu geschaffen, dem Dasein erhöhte Schönheit und Süße zu verleihen. Eine unerhörte Blüte aller Künste umgibt die Menschen des Rokoko. Und doch ist das nur äußerer Schein. Zu gleicher Zeit erfolgt eine Umwertung fast aller Werte. »Das vielbewegte 18. Jahrhundert«, sagt Schlosser, »wohl ein Gipfelpunkt menschlicher Kultur überhaupt und vielleicht das geistig freieste aller abgelaufenen Zeitalter, in seinem Schoße das Ende der alten Zeit und die eigene Vernichtung tragend, leitet in die moderne ›Zivilisationsperiode‹ hinüber.« Das bisher gültige Weltbild hat ausgedient, in scharfer Antithese wird ihm ein neues entgegengestellt.

Die Gesellschaft, die Träger dieser Kultur ist, hat sich aber im Lauf der Zeit ebenfalls verändert. Vorbild von ganz Europa, ehrgeizig nachgeahmt, ist die französische Aristokratie, maßgebend ist Frankreich, das heißt: Versailles und Paris. Nur daß die Aristokratie Frankreichs im 18. Jahrhundert schon arg vermischt ist mit reichgewordenen Bürgerlichen, die sich Adelspatente gekauft hatten und mit Adelsprädikaten (echten und falschen) prunkten. Das Bürgertum liefert andrerseits die aufstrebenden Intellektuellen jener Zeit, die auszogen, die Welt zu erobern. Es sind unverbrauchte, leistungsfähige und originale Köpfe, diese Diderot, Voltaire, Lesage.

Fußend auf Montaigne, Descartes und Pascal, skeptisch, verstandeskritisch und unbedingt, erblüht ein unendlich vielseitiges Schrifttum, das alle Seiten menschlichen

Denkens umfaßt, das auf jedem Gebiet Meisterwerke höchster künstlerischer Prägung hervorbringt, nicht einsame, erratische, einmalige Würfe, sondern in fast unzählbarer Menge. Philosophie, Autobiographie, Memoiren und Denkwürdigkeiten, Geschichtsdarstellung, Polemik, Roman und Novelle, Kunst des Briefschreibens, ja sogar die nicht wenigen pornographischen Bücher dieser erstaunlichen Zeit tragen den Stempel eines überlegenen, ursprünglichen, weltoffenen Esprit, der ihnen allen eignet.

Diderot, Voltaire, Mably, Galiani, Prévost (drei Abbés!), Lesage, Godard d'Aucourt, Chamfort, Choderlos de Laclos, Andréa de Nerciat und unzählige andere beschenkten Zeitgenossen und Nachwelt mit einer Flut von geistvollen Werken, deren unbedeutendste noch lesenswert sind. Voltaire und Montesquieu analysieren Sitten und Gesetze der Welt, Diderot, auf den Spuren Bayles wandelnd, bringt System in das menschliche Denken und Wissen, seine Enzyklopädie zeugt von einem stupenden Wissen, aber auch von einer ebenso erstaunlichen Fähigkeit, dieses Wissen geordnet wie etwas völlig Neues darzubieten. Ausländer wie Galiani und Hamilton verfassen klassische Werke der französischen Literatur, jener seine *Dialoge über den Getreidehandel* und seine witzigen und geistreichen Briefe, dieser in seinen *Mémoires de la Vie du Comte de Gramont*, der Lebensgeschichte seines Schwagers, eine geistsprühende Kulturgeschichte Englands zu jener Zeit. Es ist, als hätte sich eine vergehende Welt vor ihrem Sterben in euphorischer Ekstase noch ein letztes Mal voll ausgegeben, als hätte sie ihren ganzen Reichtum verschwenderisch ausgeschüttet für eine Nachkommenschaft, die solchen Glanz und Geschmack, solche Fülle des Schönen niemals wieder sehen und erleben wird.

Die Umschichtungen, die damals in der (französischen) Gesellschaft vor sich gingen, vollzogen sich langsam, zögernd, mit Anläufen und Rückschlägen. Beharrende und fortschrittliche Tendenzen machten sich gleichzeitig und abwechselnd geltend. Der Staat, durch Ludwigs XIV. Kriegs- und Expansionspolitik heillos verschuldet, durch seine stupide Intransigenz gegen Jansenisten und Hugenotten der besten Geister beraubt, ausgeblutet und verarmt, gärte in dumpfer Auflehnung gegen das unverantwortliche Finanzgebaren des Regenten und Ludwigs XV. Drohend grollte es unter dem glänzenden Firnis, der die innere Fäulnis, den Zersetzungsprozeß einer sterbenden Gesellschaft bedeckte. Die Wirtschaft ist ein sehr wichtiger, aber nicht der einzige Anlaß der Völker, bei guter Gesundheit zu bleiben oder zu erkranken, stellt Heinrich Mann einmal fest.

Das Lebensgefühl des Rokoko allein aus der ökonomischen Misere erklären zu wollen muß zu Trugschlüssen führen. So einfach war es nicht. Ludwig XIV. und seine Nachfolger hatten nicht nur mit dem Geld ihrer Untertanen gegeudet, sie hatten auch in einem fort ihr Selbstgefühl gekränkt. Das Bewußtsein, in allem von der Gnade und Huld des Souveräns abzuhängen, den innersten Gedanken und Stimmungen nur versteckt und in der Tarnkappe der Literatur Ausdruck verleihen zu können, mußte bei hoch und niedrig massen-neurotische Störungen erzeugen. Das allgemeine Unbehagen färbte auf jede Lebensäußerung ab. Da alle irdischen Werte fragwürdig geworden, Reichtum, Geist, Schönheit und Macht als relative und vergängliche, unverläßliche Bagatellen erkannt und abgetan waren, geudete man damit, aus verhaltener Verzweiflung oder aus gelassener Resignation, die sich als Frivolität gab. Man nahm sich und die Welt, das eigene Leben und das Leben anderer nicht mehr ernst, Selbstachtung und Selbstbewußtsein waren nicht mehr dicht und gewährten keinen Schutz mehr. So schützte man sich durch Aggressivität und Selbstironie.

Sogar mit dem Heiligen ging man unernst und spielerisch um, im tiefsten Grunde ungläubig, wenn auch mit äußerem Anstand, der nicht gegen die hergekommene Form verstieß. Die unzähligen weltlichen und weltläufigen Abbés, geistlich gewandete

7

Stutzer ohne Religion und Grundsätze, oft Schlimmeres als das: Hochstapler, Betrüger, Libertins, Falschspieler und Glücksritter, bevölkerten Theater und Salons, Boudoirs (vor allem diese) und Kaffeehäuser, intrigierten, kolportierten und kabalierten, illusionslos Ehrabstecher und Verführer ebenso illusionsloser Frauen und Mädchen, die längst verführt waren, ehe die Geste zur Absicht hinzukam. Man lese die makabre Moralpredigt des Rousseau-Jüngers Choderlos de Laclos, die *Liaisons dangereuses*, dann gewinnt man erschütternde Einsichten in diesen praktisch ausgelebten Existentialismus avant la lettre, der noch nicht zur Theorie und zum Dogma erhoben, dafür aber an unerbittlicher Folgerichtigkeit und Haltung nicht zu überbieten war.

Eine Zeit ohne Glauben, ohne Gläubigkeit, wirkend und wesend fast nur aus Verlorenem, Aktion durch Reaktion, aber groß in ihrem Suchen nach Wahrheit. Lessings bekannter Ausspruch: »Wenn Gott in seiner Rechten alle Wahrheit, und in seiner Linken den einzigen immer regen Trieb nach Wahrheit, obschon mit dem Zusatz, mich immer und ewig zu irren, verschlossen hielte, und spräche zu mir: wähle! Ich fiele ihm mit Demut in seine Linke, und sagte: Vater gib! die reine Wahrheit ist ja doch für dich allein!« kennzeichnet und versinnbildlicht dieses unbedingte Wahrheitsstreben aufs trefflichste. Es ist jedoch kein faustisches, gotisches, kein himmelstürmendes und vermessenes Drängen nach Wahrheit. Skeptisch, sachlich, objektiv, auch wenn der Impetus eines glühenden Temperamentes (wie bei Diderot) dahinter ist, setzt es die Sonde an, legt es die Motive bloß, die Handeln und Reagieren des Menschen bestimmen. Das Schlagwort vom Fortschritt konnten sich die Franzosen zu eigen machen, weil er bei ihnen, den nie formvergessenen, auf einer grandiosen Tradition beruhte und sich nicht mit den zivilisatorischen Errungenschaften zufriedengab. Ihr Fortschritt ist ein geistiger Prozeß, nicht vervollkommnete, perfektionierte Wohlfahrtseinrichtung. Die Deutschen nannten es »Aufklärung« und bewiesen damit, daß Finsteres, Mulmiges, bei den meisten romanischen Völkern längst Überwundenes erst erhellt werden mußte, bevor es zu einem Fortschritt kommen konnte. Diese Aufklärung, ein vornehmlich sittliches Problem, besorgte allerdings Lessing mit unbestechlicher geistiger Redlichkeit auf hervorragende Weise.

Die Franzosen, seit Jahrhunderten politisch reifer, erfahrener und gewitzigter, vergaßen nie, auch nicht in ihren überheblichsten Momenten, daß sie einer Tradition verpflichtet waren, daß – wie Gottfried Benn sagte – »Tradition schaffen heißt, enorm gespannte Leitungen berühren können und sie weiterführen«. Solche Kultur hoher Geistigkeit war in Frankreich selbstverständliches Erbgut seit der Römerzeit. Doch so hochgespannte geistige Leistung eines Volkes muß einmal zur Erschöpfung führen, zumindest zu einer Abgespanntheit, die anfällig machte für Depressionen und Todesbereitschaft. Das Leben wegzuwerfen, der kitzelnde Traum sehr junger und ganz alter Menschen, lag diesem alten, müde gewordenen Volk nahe.

Untergangsstimmung liegt über dem Jahrhundert, gefördert durch die wirtschaftliche Misere. Eine kranke, überfeinerte Gesellschaft erwartet ihr Ende, ja wünscht es wohl sogar herbei. Sie entartet, zersetzt sich, treibt hochmütig und passiv dem Abgrund zu, viel zu dekadent und überzüchtet, um sich dem steilen Gefälle der unabwendbaren Entwicklung entgegenzustemmen. Solche Verfeinerung ist schon krankhaft. Spannung und Verfall der Spannung, das »Bionegative« ist an einer ganzen Bevölkerungsschicht Tatsache geworden. Wir wissen heute, daß gerade aus diesem Zerfall, dieser Morbidität das Genie erwächst. (Lange-Eichbaum hat in seinem bekannten Werk *Genie, Irrsinn und Ruhm* darüber Schlüssiges gesagt, Thomas Mann es in seinem *Doktor Faustus* am Beispiel Adrian Leverkühns demonstriert.) Wo nun eine ganze Gesellschaft als degenerativer Nährboden vorhanden ist, wird sich das Auftreten genialer Menschen verzehn- und verhundertfachen. Das war im französischen Rokoko der Fall.

Hinzu kommt das unerläßliche Kräftereservoir der unteren Volksschichten, die

8

ungeschwächt und tatengierig auf ihre Zeit lauerten. Diderot, Voltaire, Rousseau, Lesage – um nur sie zu nennen – entstammten dieser jungen, unverbrauchten Klasse. Sie bauten auf, wo die andern eine Entwicklung abschlossen; sie führten weiter, wo die in der Tradition Verwurzelten bloß noch resignierend feststellten und sich im wehmütigen Genuß des Erreichten erschöpften. Und so umfassend ist die kulturelle Tradition Frankreichs, daß die Nahtstellen kaum erkennbar sind. Sie berennen die Festung, die andern übergeben sie gutwillig. Zu halten war sie nicht mehr.

Die neuen Schriftsteller knüpften zwar da an, wo ihre Vorgänger in der klassischen Tradition aufgehört hatten, aber sie taten einen entscheidenden Schritt auf die moderne Zeit zu. Sie entheroisierten ihre Helden, vermenschlichten sie. Sie verkleinerten ihr Format und brachten sie dem zeitgenössischen Leser und uns näher. Es ist ein himmelweiter Unterschied zwischen der Liebe, wie Racine sie darstellt – in jansenistischer Sicht, streng, verhalten-leidenschaftlich, etwas steifleinen, »Einsamkeit der Begierde« –, und einem naturalistisch-psychologischen Meisterwerk wie *Manon Lescaut*. Die hohen, hehren und auch etwas gestelzten Gefühle der Racineschen Helden und Heroinen machen einer schonungslosen Selbstdarstellung, einer bekennerwütigen, auf jede edle Verbrämung verzichtenden Beichte des Chevaliers Des Grieux Platz. Er beschönigt mit keinem Wort seine Schwachheit und Charakterlosigkeit. Das haltlose und triebhafte Wesen seiner Manon wird keineswegs verklärt. Der Roman ist ein fast exhibitionistisches Bekenntnis einer ruhmlosen Leidenschaft, die in Not und Verzweiflung endigt.

Oder Diderot: Die Vehemenz seines Geistes überrennt den Leser mit gewaltiger Wucht. Sprühend, geistfunkelnd, ungeheuerlich vital tritt mit ihm ein völlig modernes Erzählergenie auf. Dieses phantastische Brio läßt sich sogar aus Goethes matter Übersetzung seines *Neveu de Rameau*, die dem Original an Tempo und Schwung und Brillanz bei weitem nicht gerecht wird, noch erahnen. Und erst sein *Jacques le Fataliste*! Er könnte gestern, nein heute geschrieben sein. Es verschlägt einem den Atem, wenn man sich aufs höchste gespannt durch diese vierhundert Seiten blitzender Prosa hindurchliest, die prallvoll von erregenden Gedanken und lebensstrotzenden Geschichten sind. Eine unerschöpfliche Fabulierlust, die nie abbricht, nie versiegt, erfüllt das Buch mit großartig erzählten Anekdoten und Novellen. Eine von ihnen hat Schiller übersetzt und unter dem Titel »Merkwürdiges Beispiel weiblicher Rache« herausgegeben. Es sind aber Dutzende gleichwertiger Geschichten darin, eingebettet in eine witzig-freche Rahmenerzählung, in der es hoch hergeht mit philosophischen Gesprächen und tiefsinnigen Erörterungen über Gott und die Welt, über Fatum und freien Willen, über Prädestination und zureichende Gnade . . . Als ein Göttermahl hat Goethe das Buch gepriesen, mit Recht. Selten trifft man ein so lebenerfülltes Romanwerk, das so kunstreich komponiert ist und doch so spontan und unbeabsichtigt wirkt.

Dieses gleichsam im Zauber geistvoller Skepsis schillernde Erzählen finden wir überall da, wo das Rokoko Distanz hält zu Privatem, wo es ihm um Fragen allgemeiner Natur geht. Wie märchenhaft, zaubervoll, in silbern glitzerndes Mondlicht und zärtlich verspielte Melancholie getaucht ist die Schilderung einer einmaligen Liebesnacht in Vivant Denons *Point de lendemain*! Eine Improvisation, vergleichbar einem Chopinschen Nocturno, kaum faßbar, fast substanzlos und dennoch gültigste, gekonnteste Kunst. Man glaubt das Menuett aus Mozarts *Don Giovanni* oder das überirdisch schöne Thema aus dem Andante der *Haffner-Serenade* durch die laue köstliche Nacht herübertönen zu hören. Es ist eine unwirkliche, traumhafte Handlung, kaum eine Handlung, eher eine Kette von Stimmungen, von Empfindungen und Gefühlen. Ein blutjunger Chevalier wird gegen seinen Willen auf das Schloß einer vornehmen Dame entführt und erlebt mit ihr eine Nacht jenseits aller irdischen Wirklichkeit; eine zweisame, traumverlorene Seligkeit, auf die kein Morgen folgt.

9

Point de lendemain. Ein kleines Gemälde ohne scharfe Konturen, ein Watteau in Worten, mit denselben feinen Tönungen, denselben hinter- und untergründigen Schatten und Lichtern. »Verzauberung« ist das Wort, das dem Leser immer wieder einfällt.

Erst mit Rousseau und nach ihm kommt jener dümmliche Vernunftglaube auf, der auf Schleichwegen (über die Gefühlsduselei) den Gott der kleinen Leute auf den Thron setzt. »Zurück zur Natur!« und der kindische positivistische Nützlichkeitsglaube des Rousseau-Jüngers Bernardin de Saint-Pierre haben denselben Ursprung: den sturen, borniertem Plebejermaterialismus des Halbgebildeten und Traditionslosen. Egon Friedell apostrophiert denn auch mit Recht das Auftreten Rousseaus als den »Einbruch des Plebejers in die Literatur«.

Die Dichter und Denker des Rokoko waren von anderem Format und Gehalt. Sie erlebten und erlitten ihre Zeit wachen Geistes und mit wachen Sinnen und verschmähten es, mit geistigen Taschenspielerkünsten Proselyten zu machen. Sie fühlten, daß ihre Welt dem Ende zuging. Was noch schön, lebenswert und erfreulich daran schien, war dem Untergang geweiht und befristet. Man tat, als wäre alles noch beim alten, man spielte den Ahnungslosen und Unbeteiligten, man spielte sein Leben wie eine gute Rolle auf der Bühne, mit dem Ehrgeiz, einen guten Abgang zu haben. Die Gesellschaft, Adel und wohlhabendes Bürgertum, hatte vor allem Haltung, selbst Abenteurer und Hasardeure wie Casanova und Cagliostro wahrten das Dekorum.

Etwas anderes kommt noch dazu: Um die Mitte des 18. Jahrhunderts wird das literarische Werk zur Ware. Vorher lebten die Schriftsteller nicht vom Ertrag ihrer Bücher, sondern von Pensionen und Sinekuren, die ihnen Gönner aussetzten. Fortan ist die Verkäuflichkeit eines Buches auf dem freien Markt maßgebend für seinen Wert. Der Schriftsteller macht sich selbständig, er wird frei von erniedrigenden Bindungen an einen Protektor. Sein Selbstgefühl, sein Standesbewußtsein erwacht. Außerdem spielt die Qualität seiner Werke eine immer größere Rolle, denn sein Leserpublikum, das ja für seine Bücher bezahlt, beurteilt sie kritisch, nicht von vornherein wohlwollend. Will er leben, so muß er arbeiten, gute Arbeit leisten. Schmarotzen wie Rousseau ist nicht jedermanns Sache. Wie weit man es dabei (freilich auch mit Hilfe glücklicher Spekulationen) bringen konnte, beweist Voltaires Machtstellung, mit der selbst gekrönte Häupter rechnen mußten. Diderot sammelte zwar keine Reichtümer wie der geschäftsgewandte Patriarch von Ferney, genoß aber eher noch größeres internationales Ansehen.

Die Laudatores temporis acti pflegen das Rokoko als den Inbegriff der guten alten Zeit zu lobpreisen. Reifröcke, Stöckelschuhe, Seidenstrümpfe, ewige Liebeleien in Bosketten und petites maisons, Ludwigs XV. famoser »Hirschpark«, die Pompadour, die Dubarry und was noch alles sind dem Publikum aus Kolportageromanen und Operetten durchaus geläufig, es verquickt sie mit romantischen Stimmungen und sieht jene Zeit rosig verklärt. Liest man die historischen Quellen, dann sieht sie anders aus: hart, düster, grausam. Hinter den Schäferspielen grinst eine unmenschliche Frauenverachtung, ein Spiel mit dem Tod. Alle Bande der Familie gelockert, Sinnengenuß um jeden Preis, welch ein Sturz ins Ausweglose! Man darf sich von landläufigen Ansichten und Vorstellungen nicht beirren lassen. Madame de Pompadour war keinesfalls die Operettenfigur, die dem wohlig schaudernden Spießer vorschwebt (»war eine große Hahaha! . . .«). Sie war eine tief unglückliche Frau, die alles daransetzte, ihrem Lande zu helfen, die sich zu vielem hergab, sogar zur »Liebe« mit einem einst geliebten, später aber verachteten Wüstling. Oder Ludwig XV. – man vergegenwärtige sich das grauenhafte Bild seines Todes; aufgedunsen, eine scheußliche, geschwollene, rapid verwesende Fleischmasse, wird er von den Lakaien in den zu kleinen Sarg mit den Schuhen hineingetrampelt. Le roi est mort, vive le roi! Das ist nicht mehr schön. Aber auch das ist Rokoko. Nicht das »heitere« Rokoko (so wenig Mozart heiter war), sondern das für die Revolution reife Frankreich. Es war heiter, wie ein Manisch-Depressiver heiter sein kann. In seiner Sinnenfreude lag etwas Untergründiges, Unheilschwangeres, Düsteres, ein schwermütiges Wissen um ein verlorenes Glück, das unwiederbringlich entschwindet. Diese Heiterkeit konnte plötzlich umschlagen in tiefste Verzweiflung oder sich in tobsüchtigem Genuß ausleben.

Daß aus solcher Verfallsstimmung eine der großartigsten Kulturepochen hervorgehen konnte, ist nicht erstaunlich, aber doch wunderbar genug.

CHRISTOPH
MARTIN WIELAND
1733-1813

CHRISTOPH MARTIN WIELAND
von Franz Blei

Der arme Verfasser des *Goldenen Spiegels* und des *Agathons*, der zu seiner Zeit Königen und Herren die wundersamsten Wahrheiten sagte, der sich auf die Verfassungen so trefflich verstand, als es noch keine gab, der edle Vorläufer des neuen Reiches muß nun, in den Zeiten der Freiheit, da Herr P. täglich den bloßen Hintern zum Fenster hinausreckt, da Herr G. mit der liberalsten Zudringlichkeit einem neuen Könige eine unbedingte Preßfreiheit abtrutzt, die Schoßkinder seines Alters, die Produkte einer Silberhochzeit, gleich namenlosen Liebeskindern verheimlichen. Vor vierzehn Tagen ohngefähr kam er nach Weimar, um für diese Produktionen, mit denen er sich im stillen beschäftigt hatte, einiges Lob einzuernten; er las sie in allen Etagen unsers Geschmacks- und Gesellschaftshauses vor und ward mit mäßiger Gleichgültigkeit aufgenommen, so daß er für Ungeduld bald wieder aufs Land flüchtete; indessen hielt man Rat und jetzt, hör' ich, ist ihm angekündigt, diese Mestizen eines aristo-demokratischen Ehebandes in der Stille zu erdrosseln und im Keller zu begraben, denn ausgesetzt dürfen sie nicht einmal werden« – Goethe an Schiller, am 2. Mai 1798. Das war ja nicht gerade der Ton, in dem Goethe mit dem »laudator temporis acti«, dem »guten Alten« offiziell verkehrte, aber doch das Urteil als ein Scherz, den man sich mit dem alten Erbstück der klassischen Familie machen durfte, über dessen altmodisches Kleidergerät und ausfassonnierte Verbeugungen man wohl lächelte, wenn er beides für das Neueste ausgab, dessen Anwesenheit im Kreise man aber doch mit respektvollem Behagen genoß um ihrer Liebenswürdigkeit willen und aus Pietät. Nur die jungen Heißsporne der jeweils neuen Generationen – Wieland erlebte und erlitt mehrere – waren ohne allen Respekt gegen dieses Stück alte Zeit, das da noch in die neue so weit hineinwuchs. Erst wollten der junge Goethe, Lenz und Wagner den Alten »unter die Banke bringen«, dann waren es die nächsten Jünglinge, die beiden »Götterbuben« Schlegel, die ihn sehr rüde anfuhren. Den einen war seine Moral ein Greuel, den andern seine Ästhetik. Diese wütenden und mit allen Bosheiten gespitzten Angriffe, die so tragikomisch zu der Liebenswürdigkeit kontrastieren, mit der sie Wieland kaum abwehrte, ja die er sogar dem Publikum empfahl, wenn sie ihm wie Goethes Farce gefielen, sie galten der alten Zeit, die in Wieland alle ihre Art legte und in ihm noch eine dauerhafte Spätblüte entfaltete. Der Streit um ihn war keine Angelegenheit zwischen Künstlern so sehr als zwischen Kulturen. Nur die Einsichtigen, deren Jugend noch in die Zeit vor der Revolution fiel, waren pietätvoll und lästerten voll historischen Sinnes ihr Gestern nicht, waren sich seiner schönen und guten Stunden dankbar bewußt. Sie wußten und sagten es, daß Wieland den Deutschen die »Bildung« gegeben hatte: um dessentwillen erfuhr er von einigen, wie von Goethe, schon bei seinen Lebzeiten historische Würdigung. Es hatten die steilen Tugendphantome Klopstocks und der deutschen Barden die leichtbegeisterten Deutschen in eine Höhe gebracht, deren dünne Luft sich kaum mehr atmen ließ. Man fing an, sich nach den menschlichen Tälern zu sehnen, und als Wieland da diese goldene Mittelstraße durch das irdische Dasein legte, folgten ihm freudig erlöst die »guten, ehrlichen, wohlmeinenden, nüchternen Seelen«, für die zu schreiben er erklärte. Der wahre Menschenkenner findet die Tugend weit weniger glänzend, das Laster weit erträglicher, als beide scheinen. Anlaß der Tugend ist oft Schwäche, und das Laster hat in seiner Entstehung so manches, das entschuldigt, und in seinem Gefolge so viele Annehmlichkeiten, die nur ein schwärmender Jüngling ohne Erfahrung verdammen kann. So kopulierte er die neue französische Heilslehre mit der weltmännischen Heiterkeit des Horaz und setzte die in den messianischen Himmeln taumelnden und erdbedürftigen Deutschen wieder auf die Füße, und alles freute sich der wiedererlangten natürlichen Gangart. Die Legende jener nicht moralischen, aber um so mehr moralisierenden Zeit schuf allerdings ein Bild, Wieland habe die Menschen gleich auf alle viere gesetzt, daß sie nun den Schweinen gleich den Weg durch das von Philosophie immunisierte Laster gingen. Daß es sich viele gleich so bequem machten und manche aus Wielands literarischem Gefolge dies förderten und sich dabei wohl auch auf des Meisters »Komische Erzählungen« beriefen – was ist da weiter dabei? »Das Genie hat von jeher solche Wagestücke unter seine Gerechtsame gezählt«, sagte Goethe in seiner Logenrede auf Wieland mit Beziehung auf die erotischen Scherze. Und Wieland tat selber alles, sich jene Gefolgschaft vom Leibe zu halten, die ihm in Dingen der Liebe zu weit ging. Die Liebe, wie er sie mochte, war ein graziöses Kind der Laune, mit dem sich wohl eine Pause zwischen Horaz und Lukian vertändeln ließe. Die Liebe als Leidenschaft war ihm fremd wie dem ganzen künstlerischen Rokoko. Schon in der Zeit, da Wieland sich noch der Gunst Bodmers erfreuen konnte, dichtete er:

Nur der sie sparsam braucht, empfindet unbereut
Das Allersüßeste, die Lust der Sinnlichkeit.

Diese Lehre der Sparsamkeit wurde später im »Ganymed«, da Bodmer über den Gefallenen klagte und zürnte, keine Lehre der Verschwendung und war, wie sie war, für die damaligen Deutschen von einigem Geschmack eine gute Tat. Die Entrüstung der jungen Künstler galt auch gar nicht Wielands »Unanständigkeit«, die uns heute naiv und unschuldig vorkommt, wenn wir sie über der Grazie überhaupt bemerken. Lichtenberg hatte natürlich recht, da er einem Freunde schrieb:
»Die Leute werfen Wielanden vor, daß er die junge Unschuld am Altar der Wollust schlachte, bloß weil der Mann auch ein paar allzu freie Gedichte gemacht hat. Die Unschuld der Mädchen ist in den letzten zehn Jahren, da die ›Komischen Erzählungen‹ heraus sind, nicht um ein Haar leichter zu schlachten als vorher.«
Was an Wieland den Zorn der Jungen erregte, war diese Art der alten Zeit, die in dem Erotischen nur eine heitere Angelegenheit sah, womit ein Spiel zu treiben so Laune als Begierde befriedigt. Und der durchaus verstandesmäßige Vortrag solcher Anschauung war ihr Ärgernis. Wieland mußte mit seiner Person für die Lebensklugheit und Liebesanschauung einer zu Ende gehenden Zeit, die er mit solchem Talent inkarnierte, büßen. Das Leben nach den klugen Maximen der alten Leute sich einzurichten ist nie die Art der Jugend gewesen und war es am wenigsten der Jugend von damals, die mit Stolz und programmatisch sans culotte ging. Wieland war ein idealer Prinzenerzieher in einer Zeit, die schon daran dachte, die Prinzen zu guillotinieren. Was konnte da seine gute Lehre den Henkern sein!
Wieland träumte mit neunundvierzig Jahren, da er drei Jahre vorher mit dem

»Oberon« sein letztes Gedicht gegeben hatte, von einer Gerechtigkeit und einem Ruhme, die ihm in zwei- bis dreihundert Jahren widerfahren würden. Das meinte er wohl nur in einem seiner seltenen Anfälle schlechter Laune, denn er genoß Ruhm und Ansehen seiner Zeit wie keiner neben ihm; ja er war mehr als berühmt, er war berüchtigt. Aber Ruhm und Ruf verdankte er der Zeitgemäßheit seines besten Werkes, und die zeitgemäßen Autoren haben eine problematische Unsterblichkeit. Wieland tat alles, um sich seinen Zeitgenossen, die schon lange nicht mehr die Genossen seiner Zeit waren – er starb acht Jahre nach Schillers Tod –, im Gedächtnis zu erhalten; er war schreibend tätig bis in die letzten Tage seines hohen Alters. Aber wie er bescheiden als einer der ersten die alles überragende Größe des jungen Goethe anerkannte, so bewahrten ihn kluge Politik und richtige Selbstwertung davor, wie Herder oder Klopstock den Verkannten zu spielen. Er blieb noch als Greis anteilnehmend tätig, trug keine der vielen Unarten nach, die ihm die goldene Frechheit der Neukommenden antat, und zeigte so, daß er, wenn auch sonst nichts, so doch die Philosophie seiner Bücher im Blute hatte, die eine heitere Gelassenheit lehrte, wie er sie lebte.

Ja, wenn sonst auch nichts. Denn hinter diesem Erotiker sucht man selbst das kleinste Abenteuer vergeblich. In früher Erkenntnis einer schwachen Gesundheit vermied er derlei, zeigte es sich auch nur von weitem. Daß er so der Helde nicht war, das wußten schon die Zeitgenossen. Der boshafte Lenz sagt von ihm:

15

                                        Mopsus hatte nie
Erfahren in dem Stück als mit der Phantasie.
Doch hat er von den frühsten Kinderjahren
Gelesen und studiert, was andere erfahren.

Am längsten wirkend blieb Wieland in Wien. Hier hatte er seine treuesten Verehrer, seine zahlreichsten Imitatoren, seine schamlosesten Nachdrucker. Goethe sagte
es einmal zu Eckermann: »Das südliche Deutschland, besonders Wien, sind Wieland
ihre poetische und prosaische Kultur schuldig.« Und in einem Briefe an einen Wiener
Freund schreibt Wieland voll Liebe für die Stätte seines intensivsten Wirkens:
»Wien sollte in Deutschland sein, was Paris in Frankreich, und wir alle sollten in
Wien sein – das wäre eine herrliche Sache.«

Die französische Kultur der Leopoldinischen Zeit, die das Genie des Prinzen Eugen
hier schuf, hatte den Boden gelockert, und das bequeme Temperament des Wieners,
das Extreme vermeidet und die Mitte sucht, wo man nicht bestimmt zu sein braucht
und eines ausgetretenen Pfades sicher ist, mußte in Wieland seinen bevorzugten
Dichter finden. Da kamen dann auch die Blumauer, Alxinger, Müller und Meier in
prächtiges Gedeihen. Noverre tanzte die »Komischen Erzählungen« in Balletten, und
auch die Feuerwerker fehlten nicht, der deutsche nicht und nicht der »wöllische«, die
Musarion und die Grazien in Girandolen auffliegen ließen und die Wiener begeisterten. Wien blieb Wieland treu, als man ihn draußen fast vergessen hatte, mit einer
Treue, die noch das Unglück Grillparzers war.

Aber ist Wieland vergessen? Es ist manches in den Wünschen und Neigungen unserer Zeit, das an ihn erinnert und Lust zu ihm macht. Man hat sich auf das Große
im heutigen deutschen Schrifttum müde gewartet, ist so oft von bloß Abstrusem
getäuscht worden, daß sich ganz ohne Zutun ein Geschmack und eine Kunst des
Anmutigen der kleinen Gefühle entwickelt hat. Man sucht da und dort die empfindsamen Zärtlichkeiten beschnittener Taxuslauben auf, wo schon Belinde wartet, redet
Alexandriner, die wie Bonbons schmecken, und legt das Spitzentaschentuch unters
Knie, bevor man darauf sinkend seine Amours erklärt. Und etwas später zieht der
junge Herr ein kleines Saffianbändchen aus der Rocktasche und liest mit Belinde
›Diana und Endymion‹.

DIANA UND ENDYMION
Eine scherzhafte Erzählung

In jener dichterischen Zeit,
Mit deren Wundern uns der Amme Freundlichkeit
Durch manches Märchen einst in süßen Schlummer wiegte;
Als sorgenfreie Mäßigkeit
Sich ohne Pflichten, ohne Streit,
Mit dem, was die Natur freiwillig gab, begnügte,
Kein Mädchen spann, kein Jüngling pflügte,
Und manches tunlich war, was *Seneca* [1] verbeut;
Eh noch der Stände Unterscheid
Aus Brüdern Nebenbuhler machte,
Und gleisnerische Heiligkeit
Das höchste Gut der Sterblichkeit,
Den frohen Sinn, um seine Unschuld brachte;
Und kurz, in jener goldnen Zeit,
Als *Mutter Isis* [2] noch, von keinem Joch entweiht,

François Boucher: Allegorie auf den Herbst

Gesetze gab, wodurch sie glücklich machte,
Die Welt noch kindisch war, und alles scherzt' und lachte:
In dieser Zeit lebt' einst auf *Latmos* ³ Höhn
Ein junger Hirt, wie *Ganymedes* ⁴ schön,
Schön wie *Narziß* ⁵, doch nicht so spröde,
Wie *Ganymed*, allein nicht halb so blöde.

So bald man weiß, *Endymion* ⁶
War schön und jung, so denkt ein jedes schon,
Daß ihn die Mädchen gerne sahen;
Zum mindsten liefen sie nicht oft vor ihm davon,
Das läßt sich ohne Scheu bejahen.
Die Chronik sagt noch mehr, als ich
Den Musen selbst geglaubet hätte:
Sie buhlten, spricht sie, in die Wette
Um seine Gunst; sie stellten sich
Ihm, wo er ging, in Steg' und Wege,
Sie warfen ihm oft Blumen zu
Und flohn dann hinter ein Gehäge,
Belauschten seine Mittagsruh
Und guckten, ob er sich nicht rege.
Man sagt, daß er im Bad sogar
Nicht immer ohne Zeugen war;
Allein, wer kann so was beweisen?

17

Genug, der Tag begann die Stirne kaum zu weisen,
So wurde schon von mancher schönen Hand
Der Blumenflur ihr schönster Schmuck entwandt;
So putzte schon, dem Schäfer zu gefallen,
Im Hain, am Bache, sich der Nymphen ganze Schar;
Die badet sich, *die* flicht ihr blondes Haar,
Die läßt es frei um weiße Schultern wallen.

Herabgebückt auf flüssige Kristallen
Belächelt sich die schöne *Damalis* [7].
Wie vieles macht des Sieges sie gewiß!
Ein Mund, der Küssen winkt, ein Lilienhals und Nacken,
Der Augen feuchter Glanz, die Grübchen in den Backen,
Ein runder Arm, und o! der Thron der Lust,
Die blendende, kaum aufgeblühte Brust!
Mit einem Wort, nichts zeigt sich ihren Blicken,
Das nicht verdient selbst Götter zu berücken:
Sie sieht's und denkt, ob *Leda* [8] ihrem Schwan
Mehr Reizungen gewiesen haben kann.
Und zittert doch und wünscht: O fände mich
Endymion nur halb so schön als ich!

Die Schönheit wird mit Wunder angeblickt,
Doch nur *Gefälligkeit* entzückt.
War *Juno* [9] nicht, war nicht *Minerva* [10] schön,
Als *Zeus* den *Paris* ausersehn,
Den Streit der Schönheit zu entscheiden [11]?
Man weiß, sie ließen sich, um bösen Schein zu meiden,
Dem Richter ohne Röcke sehn.
Sehr lange ließ der Hirt von einem Reiz zum andern
Die ungewissen Blicke wandern,
Und zehnmal rief ein neuer Blick
Den schon gefaßten Schluß zurück.
Untadelig ist alles, was sie zeigen;
Beisammen sind sie gleich, *allein*
Scheint jede reizender zu sein:
Was wird zuletzt des Schäfers Urteil neigen?
Der *Juno* Majestät? Der *Pallas* Würde? – Nein!
Die flößen nichts als Ehrfurcht ein;
Ein stärkrer Reiz wird hier den Ausschlag geben müssen:
Sie, die so zaubrisch *lächeln* kann,
Cythere [12] lacht ihn an – er fällt zu ihren Füßen,
Und beut der Lächelnden den goldnen Apfel an.

Gefälligkeit raubt unserm Schäfer oft
Die Gunst, worauf umsonst die stolze Schönheit hofft.
Die blasse Schar der halb verwelkten Wangen
Erwirbt durch zärtliches Bemühn,
Durch Blicke, die an seinen Blicken hangen,
Und süßen Scherz manch kleines Recht an ihn.
Wie eifern sie, ihm liebzukosen!
Die schmückt sein Lamm, die kränzt ihm Hut und Stab;
Der Lenz ward arm an Blüt' und Rosen,

Sie pflückten ganze Haine ab;
Sie wachten, daß ihn nichts in seinem Schlummer störte,
Sie pflanzten Lauben hin, wo er zu weiden pflag;
Und weil er gerne singen hörte,
So sangen sie den ganzen Tag.

Des Tages Lust schließt bis zum Sternenglanz
Manch muntres Spiel und mancher bunte Tanz;
Und trennt zuletzt die Nacht den frohen Reihn,
So schläft er sanft auf Rosenbetten ein.
Die Nymphen zwingt der keuschen Göttin Schein [13]
Sich allgemach hinwegzustehlen;
Sie zögern zwar, doch muß es endlich sein.
Sie geben ihm die Hand, die angenehmen Seelen,
Und wünschen ihm wohl zehnmal gute Nacht;
Doch weil der Schlaf sich oft erwarten macht,
Bleibt eine stets zurück, ihm Märchen zu erzählen.

An *Böses* wurde nie von einem Teil gedacht.
Der Schäfer war vergnügt, das Nymphenvolk nicht minder;
In Unschuld lebten sie beisammen wie die Kinder,
Zu manchem Spiel, wobei man selten weint,
Den ganzen Tag, oft auch bei Nacht, vereint;
Und träumten (zum Beweis, daß alles Unschuld war)
Nichts weniger als von Gefahr.

Der Nymphen schöne Königin [14]
Erfuhr – man weiß nicht wie – vielleicht von einem Faun,
Der sie beschlich – vielleicht auch, im Vertraun,
Von einer alten Schäferin
(Der, weil sie selbst nicht mehr gefiel,
Der Jugend eitles Tun mißfiel),
Kurz, sie erfuhr das ganze Schäferspiel.

Man kennt den strengen Sinn
Der schönen Jägerin,
Die in der Götter Schar
Die größte Spröde war.
Kein Sterblicher, kein Gott vermochte sie zu rühren.
Was sonst die Sprödesten vergnügt,
Sogar der Stolz, selbst unbesiegt
Die Herzen im Triumph zu führen,
War ihrem größern Stolz zu klein.
Sie zürnte schon, nur angesehn zu sein.
Bloß, weil er sie vom Wirbel bis zur Nase
Im Bad erblickt, ward – *Akton* [15] einst – ein Hase *
Dies Beispiel flößte selbst dem Satyr [16] Ehrfurcht ein.
Ihr schien ein *Blick* sie schon zu dreiste *anzufühlen*;
Kein Zephyr [17] wagt' es, sie zu kühlen,
Und keine Blume schmückt' ihr Haar,
Die einst, wie *Hyacinth* [18], ein schöner Knabe war;
Von Liebe nur im Schlaf zu sprechen,

---

* Anspielung auf eine Stelle in Fieldings *Tom Jones*

Hieß bei *Dianen* schon ein strafbares Verbrechen:
Kurz, Männerhaß und Sprödigkeit
Trieb selbst *Minerva* nicht so weit.

Man ratet leicht, in welche Wut
Der Nymphen Fall sie setzen mußte!
Es tobt' ihr jungfräuliches Blut,
Daß sie sich kaum zu fassen wußte.
So zornig sahn die guten Kinder sie
In einem andern Falle nie.
Kallisto [19] ließ sich doch von einem Gott besiegen;
Das milderte die Schnödigkeit der Tat:
Doch einem Hirten unterliegen,
Wahrhaftig! dies war Hochverrat.

Ein fliegender Befehl zitiert aus allen Hainen
Das Nymphenvolk, persönlich zu erscheinen.
Sie schleichen allgemach herbei,
Und keine läuft, daß sie die erste sei.

Die Göttin steht an ihren Spieß gelehnt,
Und sieht, mit einem Blick, der ihren Kummer höhnt,
Im ganzen Kreise nichts als feuerrote Wangen,
Und Augen, die zur Erde niederhangen.

»Hofft (spricht sie) nicht, durch Leugnen zu entgehn,
Man wird euch bald die Zunge lösen können;
Und werdet ihr nicht gütlich eingestehn,
So soll euch mir der Gott zu *Delphi* [20] nennen.
Durch Zaudern wird die Schuld nicht gut gemacht:
Nur hurtig! jede von euch allen,
Die sich verging, lass' ihren Schleier fallen!«

Sie sprichts, und – ach! wer hätte das gedacht?
Die Göttin sprichts, und – *alle* Schleier fallen.

Man stelle sich den Lärmen vor,
Den die beschämte Göttin machte,
Indes der lose *Cypripor* [21]
Auf einer Wolke saß und laut herunterlachte.
»Wie?« rief sie voller Wut empor,
(Und selbst die Wut verschönert ihre Wangen)
»Du, Wildfang, hast dies Unheil angestellt,
Und kommst noch gar damit zu prangen?
Zwar rühmst du dich, daß alle Welt
Für ihren Sieger dich erkenne;
Daß Vater *Zeus* sogar, so oft es dir gefällt,
Von unerlaubten Flammen brenne,
Und bald als Drache, bald als Stier,
Bald als ein böckischer Satyr,
Und bald mit Staub und Schäfertasche
Der Nymphen Einfalt überrasche.
Doch trotze nicht zu viel auf deine Macht!
Die Siege, die dir noch gelungen,
Hat man dir leicht genug gemacht;

Wer selbst die Waffen streckt, wird ohne Ruhm bezwungen.
Auf *mich*, auf mich, die deine Macht verlacht,
Auf *meine* Brust laß deine Pfeile zielen!
Ich fordre dich vor tausend Zeugen auf!
Sie werden sich vor halbem Lauf
In meinen feuchten Strahlen kühlen,
Und stumpf und matt um meinen Busen spielen.
Du lachst? – So laß doch sehn, wieviel dein Bogen kann,
Versuch's an mir, und sieg – und lache dann!
Doch ständ es dir, versichert, besser an,
Du kämst, statt Köcher, Pfeil und Bogen,
Mit einem – Vogelrohr geflogen.
Latonens Kindern [22] nur gebührt
Der edle Schmuck, der deinen Rücken ziert.
Bald hätt ich Lust dich wehrlos heimzuschicken,
Und, weil der Flug dich nur zur Schelmerei verführt,
Dir deine Schwingen auszupflücken.
Doch flieh nur, wie du bist; laß meinen Hain in Ruh,
Auf ewig flieh aus meinen Blicken,
Und flattre deinem *Paphos* [23] zu!
Dort tummle dich auf Rosenbetten
Mit deinen Grazien [24], und spiele Blindekuh
Mit Zephyrn und mit Amoretten [25]!«

Diana sprichts. Mit lächelndem Gesicht
Antwortet ihr der kleine Amor – nicht;
Gelassen langt er nur, als wie von ungefähr,
Den schärfsten Pfeil aus seinem Köcher her;
Doch steckt er ihn, als hätt er sich bedacht,
Gleich wieder ein, sieht *Phöben* [26] an und lacht.
»Wie reizend schminkt der Eifer deine Wangen!
(Ruft er, und tut zugleich, als wollt er sie umfangen)
Ich wollte dir, wie Amors Wunde sticht,
Ein wenig zu versuchen geben;
Allein, bei meiner Mutter Leben!
Es braucht hier meiner Pfeile nicht.
An Spröden, die mir Hohn gesprochen,
Hat mich noch allezeit ihr eignes Herz gerochen.
Drum, Schwesterchen, (doch unter dir und mir)
Was nützt der Lärm? er könnte dich gereuen.
Weit sichrer wär's, die kleine Ungebühr
Den guten Nymphen zu verzeihen.«

Die Nymphen lächelten, und Amor flog davon.
Die Göttin zürnt und rächt an *ihnen*
Des losen Spötters Hohn.
»Unwürdige – mir mehr zu dienen,
(Spricht sie mit ernstem Angesicht)
Zur Strafe der vergeßnen Pflicht
Hat euch mein Mond zum letzten Mal geschienen.
Sobald sein Wagen nur den Horizont besteigt,
Sie euch verwehrt im Hain herumzustreichen,
Bis sich des Tages Herold zeigt!

Entflieht mit schnellem Fuß, die einen in die Eichen,
Die übrigen zu ihren Urnen hin²⁷;
Dort liegt und schlaft, solang ich *Luna* bin!«
Sie spricht's und geht, die Drachen anzuspannen,
Die ihren Silberwagen ziehn,
Und die bestraften Nymphen fliehn
Mehr traurig als bekehrt von dannen.

        Der Tag zerfließet nun
        Im allgemeinen Schatten,
        Und alle Wesen ruhn,
        Die sich ermüdet hatten.
        Es schlummert Tal und Hain,
        Die Weste selbst ermatten
        Von ihren Buhlerein,
        Und schlafen unter Küssen
        Im Schoße von Narzissen
        Und Rosen gähnend ein.
        Der junge *Satyr* nur
        Verfolgt der *Dryas*²⁸ Spur;
        Er reckt sein langes Ohr
        Bei jedem leisen Zischen
        Aus dem Gesträuch hervor,
        Ein Nymphchen zu erwischen,
        Das in den finstern Büschen
        Vielleicht den Weg verlor.
        Er sucht im ganzen Hain
        Mit wohl zerzausten Füßen;
        Umsonst! der Göttin Dräun
        Zwang sie, sich einzuschließen;
        Die armen Mädchen müssen
        Für kürzre Nächte büßen
        Und schlafen jetzt allein.
        Dem Faun sinkt Ohr und Mut;
        Er kehrt mit kühlerm Blut
        Beim ersten Morgenblick
        Zu seinem Schlauch zurück²⁹:
        Er denkt: mich zu erhenken,
        Da müßt ich albern sein;
        Ich will die Liebespein
        In süßem Most ertränken!

Indessen schwebt der Göttin Wagen³⁰ schon
Nah über jenem Ort, wo in des Geißblatts Schatten
Die Nymphen dir, *Endymion*,
Vielleicht auch sich, so sanft gebettet hatten.
Wie reizend lag er da! – Nicht schöner lag *Adon*³¹
An seiner Göttin Brust, die seinen Schlaf bewachte³²,
Mit liebestrunknem Blick auf ihren Liebling lachte
Und still entzückt auf neue Freuden dachte;
Nicht schöner lag, durch doppelte Gewalt
Der Feerei und Schönheit überwunden,
Der wollustatmende *Rinald*³³

François Boucher: Badende Nymphen

Von seiner Zauberin umwunden,
Als hier, vom Schlaf gebunden,
Endymion. – Gesteht, daß die Gefahr
Nicht allzu klein für eine Spröde war!
Das Sicherste war hier – die Augen zuzumachen.

Sie tat es nicht und warf, jedoch nur obenhin
Und blinzend, einen Blick auf ihn.
Sie stutzt und hemmt den Flug der schnellen Drachen,
Schaut wieder hin, errötet, bebt zurück
Und suchet mit verschämtem Blick,
Ob sie vielleicht belauschet werde:
Doch da sie ganz allein sich sieht,
Lenkt sie mit ruhigerm Gemüt
Den Silberwagen sanft zur Erde;
Bückt sich, auf ihren Arm gestützt,
Mit halbem Leib heraus, und überläßt sich itzt
Dem Anschaun ganz, womit nach Platons Lehren
Sich in der andern Welt die reinen Geister nähren.

Ein leicht beschattendes Gewand
Erlaubt den ungewohnten Blicken
Nur allzu viel – sie zu berücken.
Man sagt sogar, sie zog mit leiser Hand
Auch dieses weg: – doch wer hat zugesehen?
Was sagt man nicht? – Und wär es auch geschehen,
So zog sie doch beim ersten Blick
Gewiß die Hand so schnell zurück
Als jenes Kind, das einst im Grase spielte,
Nach Blumen griff, und eine Schlange fühlte.

Indessen klopft, vermischt mit banger Lust,
Ein süßer Schmerz in ihrer heißen Brust;
Ein zitterndes, wollüstiges Verlangen
Bewölkt ihr schwimmend Aug und brennt auf ihren Wangen.
Wo, Göttin, bleibt dein Stolz, die harte Sprödigkeit?
Dein Busen schmilzt wie Schnee in raschen Flammen!
Kannst du die Nymphen noch verdammen?
Was ihre Schuld verdient, ist's Tadel oder – Neid?

Die Neugier hat, wie *Zoroaster*[34] lehrt,
Von Anbeginn der Weiber Herz betört.
Man denkt, ein Blick, von ferne, von der Seiten,
Ein bloßer Blick, hat wenig zu bedeuten.
Oh! glaubet mir, ihr habt schon viel getan:
Der erste Blick zieht stets den andern an;
Das Auge wird (so sagt ein *weiser Mann*)
Nicht satt vom Sehn, und *Lunens* Beispiel kann
Uns hier, wie wahr er sagte, lehren.

Der Gegenstand, der Ort, die Zeit,
Wird die Entschuldigung der Göttin machen müssen.
Selbst ihre Unerfahrenheit
Vermindert ihre Strafbarkeit.
So neu sie war, wie kann sie wissen
(Wie manche wissen's nicht!), daß man
Vom *Sehn* sich auch berauschen kann?
Sie schaut, und da sie so, wie aus sich selbst gerissen,
So unersättlich schaut, kommt sie ein Lüstern an,
Den schönen Schläfer gar – zu küssen.

Zu küssen? – Ja: doch, man verstehe mich,
So züchtig, so unkörperlich,
So sanft, wie junge Zephyrn küssen:
Mit dem Gedanken nur
Von einem solchen Kuß,
Wovon *Ovidius* [35]
Die ungetreue Spur
Nach mehr als einer Stunde
(Laut seiner eignen Hand)
Auf seines Mädchens Munde
Und weißen Schultern fand.

   Es kostet ihr, den Wunsch sich zu gestehen.
Sie lauscht und schaut sich um. Doch allgemeine Ruh
Herrscht weit umher im Tal und auf den Höhen.
Kein Blättchen rauscht. Itzt schleicht sie leis' hinzu,
Bleibt unentschlossen vor ihm stehen,
Entschließt sich, bückt sich sanft auf seine Wangen hin,
Die, Rosen gleich, in süßer Röte glühn,
Und spitzt die Lippen schon, und itzt – itzt wär's geschehen,
Als eine neue Furcht (wie leicht
Wird eine Spröde scheu!) sie schnell zurücke scheucht.

   »Sie möcht·es noch so leise machen,
So könnte doch der Schläfer dran erwachen.
Was folgte drauf? Sie müßte weitergehn,
Ihm ihre Neigung eingestehn,
Um seine Gegenliebe flehn
Und sich vielleicht – wer könnte das ertragen?
Vielleicht sich abgewiesen sehn –
Welch ein Gedanke! Kann Diana so viel wagen?
Bei einer *Venus*, ja, da möchte so was gehn!
Die gibt oft ungestraft den Göttern was zu spaßen,
Und kann sich eh im Netz ertappen lassen
Als ich, die nun einmal die Spröde machen muß,
Bei einem armen trocknen Kuß.
Und wie? Er sollte mich zu seinen Füßen sehn?
Dianens Ehre sollt in seiner Willkür stehn?
Wie? wenn er dann den Ehrfurchtsvollen machte,
(Man kennt der Schäfer Schelmerei)
Und meiner Schwachheit ohne Scheu
An einer Nymphe Busen lachte?
Wie würde die der Rache sich erfreun
Und meine Schmach von Hain zu Hain
Den Schwestern in die Ohren raunen!
Die eine spräch's der andern nach,
Bald wüßten's auch die Satyrn und die Faunen
Und sängen's laut beim nächtlichen Gelach.
In kurzem eilte die Geschichte,
Vermehrt, verschönt, gleich einem Stadtgerüchte,
Bis zu der obern Götter Sitz,
Dem *Momus* [36], der beim Saft der Nektarreben

Die Götter lachen macht, und *Junons* scharfem Witz
Beim Teetisch neuen Stoff zu geben.«

Die Göttin bebt, erblaßt und glüht
Vor so gefährlichen Gedanken;
Und wenn sie dort die Neigung zieht,
So macht sie hier die Klugheit wanken.
Man sagt, bei Spröden überzieh
Die Liebe doch die Vorsicht nie.
Ein Kuß mag freilich sehr behagen,
Doch ist's am Ende nur ein Kuß;
Und Freuden, wenn man zittern muß,
Sind doch (was auch *Ovide* sagen)
Für Schöne nicht gemacht, die gerne – sichergehn.
Schon fängt sie an, nach ihrem Drachenwagen
Unschlüssig sich herumzudrehn;
Schon weicht ihr scheuer Fuß – doch bleibt er wieder stehn;
Sie kann den Trost sich nicht versagen,
Nur *einmal* noch (was ist dabei zu wagen?)
Den schönen Schläfer anzusehn.

»Noch einmal?« ruft ein *Loyolist* [37]:
»Und heißt denn das nicht alles wagen?«
Vielleicht; doch ist es, wie ihr wißt,
Genug, die Göttin loszusagen,
Daß sie es nicht *gemeint*. Die Frist
War allzu kurz, euch Rats zu fragen;
Und überdies, vergönnet mir zu sagen,
Daß *Pater Eskobar* auf ihrer Seite ist [38].

Vorsichtig oder unvorsichtig,
Uns gilt es gleich; genug, so viel ist richtig,
Sie bückte sich noch einmal hin und sah
(Doch mit dem Vorsatz ihn auf ewig dann zu fliehen)
Den holden Schläfer an. – Betrogne *Cynthia*!
Schon kann sie ihm den Blick nicht mehr entziehen,
Und bald vergißt sie auch zu fliehen.
Ein fremdes Feuer schleicht durch ihren ganzen Leib,
Ihr feuchtes Aug erlischt, die runden Knie erbeben,
Sie kennt sich selbst nicht mehr, und fühlt in ihrem Leben
Sich itzt zum ersten Mal – ein Weib.

Erst ließ sich ihr Gelust mit *einem* Kusse büßen,
Itzt wünscht sie schon – sich *satt* an ihm zu küssen;
Nur macht sie stets die alte Sorge scheu.
Diana muß sich sicher wissen
Und wird ein wenig Feerei
Zu brauchen sich entschließen müssen.

Es wallt durch ihre Kunst
Ein zauberischer Dunst,
Von Schlummerkräften schwer,
Um ihren Liebling her.
Er dehnt sich, streckt ein Bein

Johann Heinrich Tischbein: Die Muse Terpsichore

Und schläft *bezaubert* ein.
Sie legt sich neben ihn
Aufs Rosenlager hin
(Es hatte, wie wir wissen,
Für eine Freundin Raum),
Und unter ihren Küssen,
Den Schlaf ihm zu versüßen,
Wird jeder Kuß – ein *Traum*.

Ein Traumgesicht von jener Art,
Die oft, trotz Skapulier und Bart,
Sankt Franzens fette *Seraphinen* [39]
In schwüler Sommernacht bedienen;
Ein Traum, wovor, selbst in der Fastenzeit,
Sich keine junge Nonne scheut;
Der (wie das fromme Ding in seiner Einfalt denket)
Sie bis ins Paradies entzückt,
Mit einem Strom von Lust sie tränket
Und schuldlos fühlen läßt, was nie ihr Aug erblickt.

Ob *Luna* selbst dabei was abgezielet;
Ob ihr das schelmische Gesicht,
Cupido, einen Streich gespielet, –
Entscheidet die Geschichte nicht.
Genug, wir kennen *die* und *den*,
Die gerne nie erwachen wollten,

Wenn sie Äonen lang so schön
Wie unser Schäfer träumen sollten.

Was *Jupiter* als *Ledas Schwan*
Und als *Europens Stier* [40] getan,
Wie er *Alkmenen* hintergangen [41],
Und wie der hinkende *Vulkan*
Sein Weibchen einst im Garn gefangen [42];

Wie stille Nymphen oft im Hain
Dem Faun zum Raube werden müssen;
Wie sie sich sträuben, bitten, dräun,
Ermüden, immer schwächer schrein
Und endlich selbst den Räuber küssen;

Des Weingotts [43] Zug, und wie um ihn
Die taumelnden Bacchanten schwärmen,
Wie sie von trunkner Freude glühn,
Und mit den Klapperblechen lärmen;
Sie wiehern laut ihr *Evoe* [44]!
Es hallt zurück vom *Rhodope* [45];
Der Satyr hebt mit rasender Gebärde
Die nackte *Mänas* [46] in die Höh
Und stampft in wildem Tanz die Erde.

Ein sanfter Anblick folgt dem rohen *Bacchanal.*
Ein stilles, schattenvolles Tal
Führt ihn der Höhle zu, wo sich die Nymphen baden;
Diana selbst errötet nicht,
(Man merke, nur im Traumgesicht,
Und von geschäftigen Najaden
Fast ganz verdeckt) von ihm gesehn zu sein.
Welch reizendes Gewühl! Es scheint vom Widerschein
So mancher weißen Brust, die sich im Wasser bildet,
So manches goldnen Haars die Flut hier übergüldet,
Dort Schnee im Sonnenglanz zu sein.
Sein trunknes Auge schlingt mit gierig offnen Blicken
So viele Reizungen hinein,
Er schwimmt in lüsternem Entzücken
Und wird vor Wunder fast zum Stein.

Man glaubt, daß *Cynthia* hierbei
Nicht ungerührt geblieben sei.
So süß auch Küsse sind, wenn wir *Tibulle* [47] hören,
So haßt doch die Natur ein ewig Einerlei.
Beim Nektartisch und beim Konzert der Sphären
Sind Götter selbst nicht stets von langer Weile frei.
Zum mindsten sagt's *Homer.* Wie wird denn, satt von Küssen,
Diana sich zu helfen wissen?
Sie tat (so sagt ein Faun, der sie beschlichen hat),
Was *Platons Penia* im Göttergarten tat [48].
Was tat denn *die*? – wird hier ein Neuling fragen.
Sie legte – Ja doch! nur gemach!
Schlagt euern Plato selber nach;
Es läßt sich nur auf Griechisch sagen.

DAS URTEIL DES PARIS
Eine scherzhafte Erzählung nach Lukian (1764)

Aus dreien Reizenden die Schönste auszuwählen,
Fand *Aristipp* [1], ein weiser Mann, nicht leicht:
Er guckte lang, und sich an keiner zu verfehlen
Erwählt' er alle drei; unweislich, wie mich deucht.
Der Mann verstand sich nicht auf Weiberseelen;
Sein Grund hält wenigstens nicht Stich.
Ein Kenner, Ihr, *Herr Leser*, oder ich,
Wir hätten uns um *eine* doch von dreien
Durch unsre Wahl verdient gemacht,
Anstatt, wie er, mit allen dreien
Uns ohne Vorteil zu entzweien.

Just so wie wir hat *Paris* [2] einst gedacht,
Als ihm den goldnen Preis der Schönsten zuzusprechen
Ein Götterwink zur Pflicht gemacht.
Anstatt den Kopf sich lange zu zerbrechen,
Erklärt' er sich, um eine hübsche Nacht,
Für die gefällige *Cythere* [3].
Freund *Lukian* [4], der Spötter, sagt uns zwar
Von diesem Umstand nichts; doch, wär er auch nicht wahr,
So macht' er doch dem Witz des Richters Ehre.

Wer kennt ihn nicht, den Spötter *Lukian*?
Wer bei ihm gähnt, der schnarchte wohl am Busen
Cytherens beim Gesang der Musen.
Daß niemand feiner scherzen kann,
Daß er ein *schöner Geist*, ein *Kenner*,
Ein Weltmann war, gesteht ihm jeder ein;
Doch wünschen *Tillemont* [5] und andre wackre Männer
Mit gutem Fug, er möchte *frömmer* sein.
Was *uns* betrifft, die gern *sokratisch lachen*,
Uns dient er oft zum wahren Äskulap;
Er treibt die Blähungen der Seele sanft uns ab,
Und weiß die Kunst, mit Lächeln oder Lachen
Uns klüger oft, vergnügter stets zu machen:
Und das ist mehr, gesteht's, als mancher großer Mann
In Folio und Quarto leisten kann.
Um euch aus ihm für diesmal zu erbauen,
Erzähl ich euch den Streit der schönen Götterfrauen.

Sie flammte noch, von *Eris* [6] angeschürt,
Die Fehde [7], ohne die Fürst *Priam* unbezwungen,
Achillens Zorn und *Hektor* unbesungen,
Herr *Menelas* am Vorhaupt ungeziert,
Und seine schöne Frau, zu ihrer größern Ehre,
Uns unbekannt geblieben wäre;
Der Zank, der Götter selbst in Hochzeitfreuden stört,
Und wahrlich nicht um Kleinigkeiten;
Nicht was die Linien im Buch *Ye-kin* [8] bedeuten,
Ob *Dudeldum*, ob *Dudeldei* [9]

Jean-Etienne Liotard:
Die schöne Leserin.
(Dargestellt ist Mlle Lavergne,
die Nichte des Künstlers)

Der Musen größrer Günstling sei,
Ob Käuzchen oder Eule besser singe,
Nicht ob das erste Huhn am Anfang aller Dinge
Vor oder nach dem ersten Ei
Gewesen, noch wie hoch ein Floh im Dunkeln springe,
Nicht wie Saturn zu seinem Ringe,
Noch wie der Mann im Mond zum Mond gekommen sei;
Göttinnen machten auch um nichts so viel Geschrei
Wie Philosophen und – wie Kinder!
Der Streit betraf nicht mehr noch minder
Als – *wer die Schönste sei.*

Um *diesen* Preis kann man zu viel nicht wagen.
Die Damen schreien nicht allein:
Das Nymphenvolk aus Flüssen, Meer und Hain
Hat auch zur Sache was zu sagen;
Die Zofen kriegten sich bereits beim goldnen Haar,
Und kurz, es war nicht weit vom Schlagen,
Als *Vater Zeus*, dem hier nicht wohl zumute war,
Weil alle stürmend in ihn dringen.

Ihm seinen Ausspruch abzuzwingen,
Sich glücklich einer List besann.

Er spricht: »Man weiß, daß ich, als *dieser* Göttin Mann
Und *jener Zwei* Papa, nicht gültig sprechen kann;
Denn (was auch unsre Priester sagen)
Parteilichkeit steht Göttern übel an.
Zum Richter weiß ich euch nur *einen* vorzuschlagen,
Der tauglich ist: er ist aus *Ilion* ¹⁰,
Ein junger Hirt, wiewohl ein Königssohn;
Schön wie der Tag, geübt in solchen Fragen,
Ein *Dilettante* und zugleich
Ein *Kenner*, kurz ein Mensch von ungemeinen Gaben.
Der, Kinderchen, der ist der Mann für euch!
Ihr könnet wider ihn nichts einzuwenden haben.
Doch redet frei, denn mir gilt alles gleich.«

»Meinthalben (spricht mit hohem Selbstvertrauen
Saturnia ¹¹) mag *Momus* ¹² Richter sein!«

»Und ich«, fällt *Cytherea* ¹³ ein,
»Ich rühme mich zwar nicht so hoher Augenbrauen,
Doch laß ich mir vor keiner Prüfung grauen:
Ist *Paris* nur nicht blind, so hat's wohl keine Not.«

Minerva ¹⁴ schweigt und läßt ihr Köpfchen schmollend hangen.
»Und du«, spricht *Zeus*, indem er in die Wangen
Die Tochter freundlich kneipt, »du schweigest und wirst rot?
Doch, Jungfern machen's so, wenn von dergleichen Sachen
Die Rede ist: ihr Schweigen gilt für *Ja*.
Wohlan, *Merkur* ¹⁵ steht schon gestiefelt da;
Ihr könnt euch auf die Reise machen.
Vergeßt die Hüte nicht; der Tag ist ziemlich heiß,
Und, wie ihr wißt, macht Sonnenschein nicht weiß.«

Das Reiseprotokoll, und was sie auf den Straßen
Gesehn, gehört, geschwatzt, das will ich euch erlassen.
Man hebt den einen Fuß, man setzt den andern hin,
Und kommt, wie *Sancho* ¹⁶ sagt, dabei doch immer weiter;
Auch kürzt den Weg der aufgeweckte Sinn
Von ihrem schwebenden Begleiter.
Der ganze Chor der Götter wird
Von Glied zu Glied anatomiert;
Man steigt herab zu Faunen und Najaden;
Selbst von den Grazien, die im *Cocyt* ¹⁷ sich baden
Wird viel erzählt, vielleicht auch viel erdacht,
Das ihnen nicht die größte Ehre macht;
Nur der Erweisungslast will niemand sich beladen.

Inzwischen langt die schöne Karawan
Bei guter Zeit am Fuß des *Ida* ¹⁸ an.
Man weiß, daß Götter nicht wie *Deputierte* reisen.
Der Berg war hoch, mit Busch und Holz bedeckt,
Und im Gesträuch der krumme Pfad versteckt.
»Hier könnte *Venus* uns den Weg am besten weisen«,

Fängt *Juno* an, »des Orts Gelegenheit
Muß ihr noch aus *Anchisens* Zeit[19]
In frischem Angedenken liegen.
Es hieß (vielleicht aus bloßem Neid),
Sie sei auf Ida oft zu ihm herabgestiegen,
Und hab ihm da, nach Nymphenart geschürzt,
Als Jägerin die Zeit verkürzt.«

»Dein Spott«, versetzt *Idalia* mit Lachen,
»Kann, glaube mir, mich niemals böse machen;
Man weiß doch wohl...« – »Die Damen (fällt *Merkur*
Sehr weislich ein) geruhen sämtlich nur
Mir nachzugehn; das ganze Phrygerland
Und Ida sonderlich ist mir genau bekannt.
Ich ward, eh *Ganymed*[20] ein Amt im Himmel fand,
Vom Jupiter so oft hierher gesandt,
Daß ich den Weg im Dunkeln finden wollte.
Ich geh voraus – Schon öffnet sich der Hain:
Soviel ich hier die Gegend kenne, sollte
Der Richter nicht mehr weit – Seht ihr auf jenem Stein,
Dort wo die Ziege grast, den schönen Hirten sitzen?
Unfehlbar wird es *Paris* sein –
Er ist's, beim Styx! Der wird die Ohren spitzen,
Wenn er erfährt, was unsre Absicht ist!
Ich red ihn an – Sei mir gegrüßt,
Du junger Hirt!« – »Ihr auch, mein hübscher Herr!
Was führet Euch in diese wilden Höhen?
Und jene Mädchen dort, die bei der Eiche stehen?
Wer sind sie? Schön, beim Jupiter!
So schöne hab ich nie gesehen.
Die schwitzen wohl nicht oft im Sonnenschein!
Sie übertreffen ja die Schwanen selbst an Weiße!
Es müssen – ja, so wahr ich Paris heiße!
Es müssen Feen sein!«

»Nah zu, mein Freund! Du kannst dich glücklich preisen,
Der ganze Himmel hat nichts Schöners aufzuweisen.
Göttinnen sind's...« – »Göttinnen? nun, beim Pan!
Das dacht ich gleich, ich sah es ihnen an;
Doch sind's die ersten, die ich sehe.«

»Versichre dich's, wir kommen aus der Höhe;
Du siehst Gesichter hier, wie man's dort oben trägt:
Sie haben nur die Strahlen abgelegt,
Die, wie du weißt, sonst Götterköpfe schmücken
(Denn diese könntest du nicht ungestraft erblicken),
So tun sie nichts. Gib nur auf alles acht!
Die Große hier, die über alle raget,
Hat Jupiter vorlängst zu seiner Frau gemacht.
Doch siehst du selbst, der Morgen, wenn es taget,
Ist kaum so frisch; das macht der Götterstand!
Die vollste Rose prangt nicht prächtiger am Stocke!
Die andre dort, im kriegrischen Gewand

Mit Helm und Speer, wird *Pallas* zubenannt;
Und diese da, im leichten Unterrocke,
Mit offner Brust, die unterm Spitzenrand
Des kleinen Huts hervor so schalkhaft nach uns schielet,
Ist (wenn dein Herz sie nicht bereits gefühlet)
Dem Namen nach als *Venus* dir bekannt.
Was zitterst du? Sei ohne Grauen!
Göttinnen, glaub es dem Merkur,
Sind eine gute Art von Frauen;
Ihr hoher Stolz sitzt in der Miene nur.
Du kennst sie nun: betrachte sie genau;
Denn *Zeus* verlangt, nach vorgenommner Schau,
Den Ausspruch, welche dir die *Schönste* deucht, von dir.
Der Preis des Wettstreits ist der goldne Apfel hier.
Die Aufschrift sagt: *Die Schönste soll mich haben.*
Nun steht's bei dir, die Schönste zu begaben.«

Der junge Hirt zuckt, da er dieses hört,
Die Achseln, und versetzt:»Herr *Hermes,* wie ich höre,
Erweiset Jupiter mir allzu viele Ehre.
Ich bin, beim Pan! nicht so gelehrt,
Zum wenigsten nicht daß ich's wüßte;
Auch seh ich nicht, woher mir's kommen müßte:
Ich bin ein Hirt, der nichts gesehen hat
Als Küh und Schafe, Fichten, Eichen,
Und Mädchen, die – nicht diesen gleichen.
Dergleichen Fragen sind für Leute in der Stadt.
Fragt mich, ob diese junge Ziege,
Ob jene schöner sei, das weiß ich auf ein Haar.
Von euern Mädchen hier tut jede mir Genüge.
Sie sind ja alle schön und schlank und glatt;
Die Schönste, denk ich, ist die man gerade hat:
Und also, weil mir alle drei gefallen,
So geb ich euern Apfel – allen.«

»Das geht nicht an«, versetzt ihm Majens Sohn:
»Du kommst hier nicht so leicht davon!
Zeus will, du sollst als Richter sprechen;
Und was er will, ist ein Gesetz,
Das ungestraft wir Götter selbst nicht brechen.«

»Nun«, rief *Saturnia,* »wann endet das Geschwätz?
Die Herren wissen schlecht zu leben;
Man läßt uns stehn und schwatzt!« – »Wohlan«, versetzt der Hirt,
»*Zeus* will; ich muß mich schon ergeben;
Man sagt uns, daß durch Widerstreben
Nicht viel an ihm gewonnen wird.
Doch müßt ihr mir die Hand drauf geben,
Daß, weil doch eine nur die Schönste heißen kann,
Der andern keine mich deshalb befeinden wolle;
Sonst dank ich für die Richterrolle;
Mich ficht der Ehrgeiz gar nicht an.«

»Wir schwören dir's beim Styx!« – »Wohlan!
So tretet her, und stellt euch aneinander.
Den Kopf zurück! – So! so! Beim großen Pan!
Die Schönste, die ich jemals im *Skamander* [21]
In Sommernächten baden sah,
War gegen diese da – ein Affe!
Doch, lieber Herr Merkur, ich bitte, macht mich klug;
Mir fällt, indem ich sitz und gaffe,
Ein Zweifel ein. Ist's denn auch schon genug,
Sie so gekleidet zu betrachten?
Mich deucht, wenn sie sich leichter machten,
Dies sicherte mein Urteil vor Betrug.«

»Das steht bei dir: man kann dem Richter nichts verwehren,
Was dienen kann, das Urteil aufzuklären.«

»Nun wohl«, fährt *Paris* fort, und schneidt ein Amtsgesicht:
»So sprech ich denn, wozu mich Amt und Pflicht
Ohn Ansehn der Person verbindet;
Weil, wie bekannt, sich zwischen Hals und Fuß
Verschiednes eingehüllt befindet,
Das in Betrachtung kommen muß,
Und das Apollo selbst durch Raten nicht ergründet,
So zeigt euch alle drei *in naturalibus*!«

Wie, meinst du, würden unsre Weiber
Zu einem solchen Antrag schrein?
Der Aufruhr wär unfehlbar allgemein.
Das gingen sie in Ewigkeit nicht ein!
Sie sollten ihre heilgen Leiber
Vor Männeraugen so entweihn?
Sich kritisch untersuchen lassen,
Ob nichts zu groß, ob nichts zu klein,
Zu lang, zu kurz? ob alle Teile fein
Symmetrisch ineinander passen,
Durch ihre Nachbarschaft einander Reize leihn,
Schön an sich selbst, im Ganzen schöner sei'n?
Auch ob ihr Fell durchaus so rein
Und glatt und weiß wie ihre Hände?
Kein schwarzer Fleck, kein stechend Bein
Den weichen Alabaster schände;
Und kurz im ganzen Werk, von Anfang bis zu Ende,
Der Kunst gemäß, auch alles edel, frei,
Untadelig und rund und lieblich sei?
Das täten sie (ich rede nicht von allen)
Dem Amor selbst nicht zu Gefallen.
Gut! Aber mehr Entschlossenheit
Fand *Paris* bei den Götterfrauen.
Sie zeigten ihm ein edles Selbstvertrauen,
Und keine Spur von Furchtsamkeit.
Nur *Pallas* schlägt die Augen züchtig nieder,
Wie Jungfern ziemt; sie sträubt sich lange noch,

Radierung von R. Graves nach Thomas Gainsborough: Mrs. Graham

Da *Juno* schon gehorcht, und hofft, man lass' ihr doch
Zum wenigsten – ein Röckchen und ihr Mieder.

»Ein Röckchen? Ei, das wäre fein!
Des Richters Ernst geht keine Klauseln ein.
Nur hurtig! zieht euch ab! Was sein soll, muß geschehen!«
Ruft *Hermes.* »Mich darf keine scheun;
Ich werd indes beiseite gehen.«

Kaum ist er weg, so steht schon *Cypria,*
Voll Zuversicht in diesem Streit zu siegen,
In jenem schönen Aufzug da,
Worin sie sich (das lächelnde Vergnügen
Der lüsternen Natur) dem leichten Schaum entwand,
Sich selbst zum ersten Mal voll süßen Wunders fand,
Und im Triumph auf einem Muschelwagen
An *Paphos* [22] reizendes Gestad
von frohen Zephyrn hingetragen,
Im ersten Jugendglanz die neue Welt betrat:
So steht sie da, halb abgewandt
(Wie zu *Florenz* [23]), und deckt mit einer Hand,
Errötend, in sich selbst geschmieget,
Die holde Brust, die kaum zu decken ist,
Und mit der andern – was ihr wißt.
Die Zauberin! Wie ungezwungen lüget
Ihr schamhaft Aug! Und wie behutsam wird
Dafür gesorgt, daß Paris nichts verliert!

Auch *Junos* Majestät bequemt sich allgemach
Zu dem, was, ohne solche Gründe,
Sie ihrem Manne, selbst im ehlichen Gemach,
Noch nie gestattet hat, noch jemals zugestünde.
Gewandlos steht sie da. Nur *Pallas* will sich nicht
Von ihrem Unterrocke scheiden,
Bis *Paris* ihr zuletzt verspricht,
Wenn sie noch länger säumt, sie selber auszukleiden.

Nun ist's geschehn! – »O *Zeus*«, ruft er entzückt,
»O laß mich ewig hier wie eine Säule stehen,
Und, lauter Auge, nichts als diesen Anblick sehen!
Mehr wünsch ich nicht.« Kaum ist der Wunsch geschehen,
So schließet sich, von so viel Glanz gedrückt,
Sein Auge zu, und, fast erstickt
Vom Übermaß der Lust, schnappt er mit offenem Munde
Nach kühler Luft. Doch wird er unvermerkt
Durch jeden neuen Blick zum folgenden gestärkt;
Er schaut, und schaut fast eine Viertelstunde,
Und wird's nicht satt. – »Was fang ich nun, o Pan!
(Ruft er zuletzt) mit diesem Apfel an?
Wem geb ich ihn? Bei meinem Amtsgewissen!
Ich kann, je mehr ich schau, je minder mich entschließen.
Der wollusttrunkne Blick verirrt,
Geblendet, taumelnd und verwirrt,
In einer See von Reiz und Wonne.

Die *Große* dort glänzt wie die helle Sonne;
Vom Haupt zum Fuß dem schärfsten Blick
Untadelig, und ganz aus einem Stück;
Zu königlich, um einen schlechtern Mann
Als den, der donnern kann,
An diese hohe Brust zu drücken!
Der *Jungfer* hier ist auch nichts vorzurücken.
Beim Amor, hätte sie mir nicht
So was – wie nenn ich's gleich? was Trotzigs im Gesicht,
Ich könnte wohl ins Los, ihr Mann zu sein, mich schicken.
Doch *dieser Lächelnden* ist gar nicht zu entgehn!
Man hielte sie, so obenhin besehn,
Für minder schön; allein beim zweiten Blicke
Ist euer Herz schon weg, ihr wißt nicht wie,
Und holt mir's, wenn ihr könnt, zurücke!
Mir ist, vom Ansehn schon, ich fühle sie,
So groß sie ist, bis in den Fingerspitzen:
Was wär es erst –«
                    »Nun«, ruft *Saturnia*,
»Was sollen hier die Selbstgespräche nützen?
Wir sind nicht für die lange Weile da.
Ihr werdet doch, wenn's Euch beliebt, nicht wollen,
Daß wir, bis man sich müd an uns gesehn,
In einem solchen Aufzug stehn
Und uns den Schnupfen holen sollen?
Es ist hier kühl!« –
                    »Frau Göttin, nur Geduld!
Wir wollen uns nicht übereilen;
Und müßtet ihr bis in die Nacht verweilen,
So seid so gut, und gebt euch selbst die Schuld.
Wer hieß euch um den Vorzug streiten,
Und mich zum Richter ausersehn?
Mein Platz, ich will's euch nur gestehn,
Hat seine Ungemächlichkeiten;
So viele Augenlust wird mir zuletzt zur Qual.
Mehr sag ich nicht – Doch kurz, *so* ist die Wahl
Unmöglich! Eine muß sich nach der andern zeigen!
Seht wie ihr euch indes die Zeit vertreibt;
Ihr tretet ab, und *diese* bleibt:
Doch müßt ihr euch nicht gar zu weit versteigen.«

    Wieviel der kleine Umstand tut,
Nicht *ganz allein* (denn das ist niemals gut)
Doch *ohne Zeugen* sein, ist nicht genug zu sagen.
Die Einsamkeit macht einem Nönnchen Mut;
Und Schäfern, die sonst, blaß und stumm, den Hut
In beiden Händen drehn, an ihren Fingern nagen,
Mit offnem Munde kaum gebrochne Silben wagen,
Und, wenn die *Sylvien* ²⁴ sich gleich fast heiser fragen,
Was ihnen fehlt, und durch ihr Lächeln sagen:
Wie, blöder Hirt, was hält dich noch zurück?
Verspricht dir denn mein nachsichtsvoller Blick

Nicht alles zu verzeihn? – sich noch mit Zweifeln plagen;
Selbst dieser Blöden schwachen Mut
Verkehrt sie oft in ungestüme Wut,
Und heißt sie plötzlich alles wagen.
Sie stärkt das Haupt, sie gibt den Augen Glut,
Und Munterkeit den Lebensgeistern,
Den schwächsten Armen Kraft, Heldinnen zu bemeistern,
Und selbst den Weisen Fleisch und Blut.

Saturnia, die mit verschränkten Armen
Euch kurz zuvor wie eine Säule stund,
Ist kaum allein, (erratet mir den Grund)
So sieht der Hirt den Marmor schon erwarmen,
Den schönen Mund, die Wangen frischer blühn,
Die weiße Brust, die Alabaster schien,
Mit Rosen sich auf einmal überziehn,
Und sanft, wie leicht bewegte Wellen,
Mit denen Zephyr spielt, sich jeden Muskel schwellen,
Kurz jeden Reiz im schönsten Feuer glühn.

»Ha«, rief der Hirt, da sie so plötzlich sich beseelte,
»Nun merk ich erst, was Euer Gnaden fehlte!
Ich fühlt es wohl, und wußte doch nicht *was*?
Ich stand erstaunt, und blieb Euch kalt wie Erde;
Nun seh ich wohl, es war nur *das!*
Jetzt sorg ich nur, daß ich zu feurig werde.«

»Ein allzu günstiges Geschick
(Spricht sie mit Majestät) enthüllt vor deinem Blick
Was, seit die Sphären sich in ihren Angeln drehen,
Kein Gott so unverhüllt gesehen.
Was zögerst du? Was hält dich noch zurück,
Den goldnen Preis mir zuzusprechen?
Der kleinste Zweifel ist, seit du mich sahst, Verbrechen.
Gib mir, was mir gebührt, und von dem Augenblick
Ist nichts zu groß für deine Ruhmbegierde!
Der Juno Gunst gewährt dir jedes Glück,
Den Thron der Welt, ja selbst die Götterwürde!«

»Den Thron der Welt? – Frau Göttin, wenn Ihr's mir
Nicht übelnehmt, mich reizt ein Thron nur wenig.
Was mangelt mir zum frohen Leben hier?
Hier bin ich frei, und das ist mehr als König.
Ihr zählet, seh ich, mehr auf meine Ruhmbegier
Als Euern Reiz, den Apfel zu erlangen:
Doch wenn Ihr wolltet, könntet Ihr
Mit weniger mich weit gewisser fangen.
Ihr seid sehr schön, – so schön – (die andern sind doch fort?)
Daß unser einer – Kurz, Ihr merkt doch, was ich möchte?
Mehr sag ich nicht! – Frau *Jupitrin,* ich dächte,
So eine kluge Frau verständ aufs halbe Wort!
Nun, wie so stumm? Bei unsern Schäferinnen
Heißt Schweigen, *ja:* ich denke dieser Brauch
Gilt in der andern Welt bei Euersgleichen auch.

Die Zeit vergeht, was nützt so viel Besinnen?
Komm, schöne Frau, ich will nicht geizig sein!
Drei Küsse nur! dem roten Mäulchen einen,
Und auf die Backen zwei, so ist der Apfel dein.
Das ist doch wohlfeil, sollt ich meinen?
Du gibst mir wohl noch selber einen drein.«

»Wie?« fällt ergrimmt die stolze Göttin ein:
»Verwegner, darfst du dich entblöden
Mit mir, des Donnerers Gemahlin, so zu reden?
Gib her! Der Apfel ist kraft seiner Aufschrift mein.
Gib, oder zittre, Staub, vor einer Göttin Rache!«

»He! sachte, wenn ich bitten darf,
(Fällt *Paris* ein) zum Wetter! nicht so scharf!
Ein Kuß ist wohl so eine große Sache!
Am Ende kommt mir's auch auf einen Kuß nicht an:
Meint Ihr, es sei zu viel für mich getan,
So muß ich mir's gefallen lassen.
Ihr glaubtet mich beim schwachen Teil zu fassen;
Allein ein Richter soll nicht auf Geschenke sehn:
Es wird, was rechtens ist, geschehn.
Wir wollen nun die Blonde kommen lassen!«

Er ruft wohl siebenmal, bis *Pallas* sich bequemt,
Aus ihrem Busch hervorzusteigen:
Das edle Fräulein war mit gutem Fug beschämt,
Sich einer Mannsperson in solcher Tracht zu zeigen.
Auch schien sie in der Tat ihr gar nicht anzustehn.
Man mußte sie in Stahl, mit Helm und Lanze,
Beim Ritterspiel, beim kriegerischen Tanze,
Mit *Mars* und *Herkules* ein *Trio* machen sehn;
Da wies sie sich in ihrem wahren Glanze.
Allein der Kunst der feinen Buhlerei,
Der Kunst, aus hinterlistgen Blicken
Zum Herzenfang ein Zaubernetz zu stricken,
Zu losem Scherz und holder Tändelei,
Besaß die Göttin kein Geschicke.
Wir wünschen ihr zu ihrer Unschuld Glücke:
Doch hätt ein wenig Freundlichkeit
Und, was wir sonst an Mädchen *Seele* nennen,
Für dieses Mal ihr wenig schaden können.

»Nun? Jungfer, wie? Was soll die Schüchternheit?
(Spricht unser Hirt, und nimmt sich ungescheut
Die Freiheit, sie beim runden Kinn zu fassen)
Mir wär an Ihrem Platz nicht leid,
Mich neben jeder sehn zu lassen.
Die Augen auf!« –
                    »Zurück, Verwegner! (schreit
Tritonia) – drei Schritte mir vom Leibe!
Vergesset nicht den Unterscheid
Von einer Tochter Zeus' und einem Hirtenweibe!
Es scheint, zu viele Höflichkeit

Ist Euer Fehler nicht. – Doch (setzt sie gleich gelinder
Hinzu) soll diese Kleinigkeit
Uns nicht entzwein; ich bleibe dir nicht minder
In Gnaden zugetan; und wenn, nach Recht und Pflicht,
Dein Mund zu meinem Vorteil spricht,
So soll die Welt, mit schimmernden Trophäen
Bis an des Ganges reichen Strand
Durch dich bedeckt, von Cäsarn und Pompeen,
Vom Schweden *Karl*, vom Guelfen *Ferdinand* [25],
Vom Helden jeder Zeit, in *dir* das Urbild sehen!«

»Im Ernst? (lacht *Paris* überlaut)
Das sind mir reizende Versprechen!
Die Jungfer denkt damit mich zu bestechen?
Allein mir ist ganz wohl in meiner Haut,
Und Händelsucht war niemals mein Gebrechen.
Meint Sie, weil ich ein Fürstensöhnchen sei,
So müsse mich's gar sehr nach Wunden jücken?
Bei Nägelkriegen, ja, da bin ich auch dabei,
Wo wir, für Lorbeern, Küsse pflücken,
Der Feind in Büsch und Grotten flieht,
Sich lächelnd wehrt, den Sieg zur Lust verzieht,
Und, wenn er alle Kraft zum Widerstand vereinigt,
Dadurch nur seinen Fall beschleunigt:
In diesen Krieg, der wenig Witwen macht,
Da laß ich mich gleich ohne Handgeld werben.
Doch wo man nach der heißen Schlacht
Nicht wieder von sich selbst erwacht,
Um einen Lorbeerkranz in vollem Ernst zu sterben,
Da dank ich! Sprecht mir nichts davon!
Ich hasse nichts so sehr als Schwerter, Dolch' und Spieße;
Auch kenn ich manchen Königssohn,
Der, eh er sich, selbst um die Kaiserkron,
In einen Küraß stecken ließe,
Die Kunkel [26] selbst willkommen hieße.
So viel zur Nachsicht, junge Frau!
Indes ist Euch damit die Hoffnung nicht benommen;
Mir gilt die Eule, was der Pfau.
Doch, laßt mir nun *die Kleine* kommen!«

Sie kommt, die Lust der Welt, des Himmels schönste Zier,
Und unsichtbar die Grazien mit ihr.
Dem Hirten ist's, da er sie wiedersieht,
Als säh er sie zum ersten Mal.
Ihr erster Blick erspart ihm schon die Wahl;
Das Herz entscheidet; ein einzigs Lächeln ziehet,
Noch eh er sich besinnen kann,
Und fesselt ihn an ihren Busen an.

Sie spricht zu ihm: »Du siehst, ich könnte schweigen,
Mein schöner Hirt; ich siege nicht durch List,
Die Schönheit braucht sich nur zu zeigen;
Man weiß, daß du ein Kenner bist,

Und guten Tänzern ist gut geigen.
Doch was ich sagen will, betrifft dich selbst, nicht mich.
Schön wie *Apoll*, wie kann, ich bitte dich,
Dir dieser wilde Ort gefallen?
Sei immerhin der Schönste unter allen
Im Phrygerland, sei ein *Endymion* [27],
Sei ein *Narziß*, was hast du *hier* davon?
Du denkst doch nicht, daß deine Herden
Von deinem Anschaun fetter werden;
Die Mädchen hier, die man im Walde findt,
Empfinden nicht viel mehr als ihre Ziegen:
Die Liebe ist für sie Bedürfnis, nicht Vergnügen;
Sie sehn den Mann in dir, und sind für's andre blind.
Den Hof, die Stadt, wo deinesgleichen sind,
Die solltest du zum Schauplatz dir erwählen!
Dort ist die Lieb ein Spiel, ein süßer Scherz.
Die Schönsten würden sich dein Herz
Einander in die Wette stehlen:
Und wenn du wolltest, wüßt ich dir
Ein junges Mädchen zuzuweisen,
Die, ohne sie zu viel zu preisen,
An jedem Reiz, an jeder Schönheit mir
In keinem Stücke weicht.« – »Beim Pan! *die* möcht ich sehen!
(Ruft *Paris* aus) So schön, so hold, wie Ihr?
Ihr wollt mir, hör ich wohl, ein kleines Näschen drehen?
Wo käme mir noch eine *Venus* her?
So schön wie Ihr?« – »Du sagst vielleicht noch mehr,
Wenn du sie siehst.« – »Das glaub ich nimmermehr!
Sie hätte mir so schöne lange Locken
Vom feinsten Gold, und weich wie seidne Flocken?
Und einen Mund, der so verführ'risch lacht,
Und wenn er lacht, nach Küssen lüstern macht?
Und ihre schwarzen Augenbrauen,
Die flössen ihr so fein und sanft verloren hin?
Und solch ein Aug und solche Blicke drin,
Die einem durch die Seele schauen?
In jedem Backen und im Kinn
Ein Grübchen, wo ein Amor lächelt,
Und Arme, die *Auror'* [28] nicht schöner haben kann,
Und eine Hand wie Marzipan,
Und Hüften . . .« – »Still! nichts weiter, junger Mann«,
Fällt *Venus* ein. – »Sagt mir nur dies noch – fächelt
Denn auch, so schön wie hier, in ihrer Lilienbrust
Die Wollust selbst den Geist der Jugendlust?«
»In diesem Stück«, erwidert sie mit Lachen,
»Kann mir *Helene* [29] noch den Vorzug streitig machen.«
»Ihr flößt mir fast ein wenig Neugier ein.
Helene nennt Ihr sie? Ich laß es mir gefallen.
Doch – um nur halb so schön als Ihr zu sein,
Muß wahrlich Götterblut in ihren Adern wallen.«

»Du irrst nicht«, erwidert *Paphia*,
(Die der gelungnen List und ihres Siegs sich freute)
»Sie ist mein Schwesterchen (zwar von der linken Seite),
Ein Kind von *Zeus*, der ihrer Frau Mama
Zulieb ein Schwanenfell sich borgte,
Und seinen Vorteil einst bei ihr im Bad ersah.
Frau *Leda* [30] wußte nicht, wie ihr dabei geschah,
Und sah den Schwan, von dem sie nichts besorgte,
Und seinem Scherz in unschuldvoller Ruh,
Nicht ohne Lust, mit süßem Wunder zu:
Doch wenig Monden drauf wird, wider alles Hoffen,
Die gute Frau, von *Tyndar* [31], ihrem Mann,
Beim Eierlegen angetroffen.
Ein Weiser trägt, was er nicht ändern kann.
Die Schuld blieb auf dem Schwan ersitzen:
Doch zeigte schon die Tat genüglich an,
Der Schwan, der dies gekonnt, sei kein gemeiner Schwan.
Man fand in einem Ei zwei wunderschöne Knaben [32],
Und aus dem andern kroch das schönste Mädchen aus.
Herr Tyndar machte sich (wie billig) Ehre draus,
Den wundervollen Schwan so nah zum Freund zu haben,
Und alles endigte mit einem Kindbett-Schmaus.
Nach funfzehn oder sechzehn Lenzen
War Ledas Töchterchen das Wunder von *Mycen* [33].
Schon macht ihr Ruhm sich immer weitere Grenzen;
Die Dichter finden schon mich selbst nicht halb so schön.
Man sieht um sie die Schönen und die Erben
Vom festen Land und von den Inseln werben.
Doch alles dies, und was noch mehr geschah,
Verschlägt uns nichts; genug, sie ist nun da,
Macht ihrem Vater Schwan viel Ehre,
Ist weiß und rot, als wie ein wächsern Bild,
Ist jung und reizend wie Cythere,
Und dein, mein Prinz, so bald du willst.«

»Beim Pan! (ruft *Paris* aus) wenn's hier nur Wollen gilt,
So wollt ich, daß sie schon in meinen Armen wäre!
Doch zweifl' ich . . .« – »Zweifle nicht, und trau *Cytheren* mehr!
Ich und mein Sohn, wir können vieles machen.
Wir brachten, glaube mir, wohl ungereimtre Sachen
Zustand als dies. Die Frage ist
Nur bloß, ob du entschlossen bist,
Um *sie* nach *Sparta* hinzureisen?
Den Weg soll dir mein Amor selber weisen:
Er ist, so klein er ist, so schlau,
Du kannst dich ganz auf ihn verlassen.
Nur mußt du zu dir selbst auch mehr Vertrauen fassen!
Ein feiges Herz freit keine schöne Frau.«

»Der Vorschlag, Göttin, läßt sich hören«,
Versetzt der Hirt der lächelnden Cytheren:
»Wenn sie nur halb so reizend ist als Ihr,
So ist, wer sie besitzt, ein Jupiter auf Erden.

Allein was soll indessen hier
Aus diesem goldnen Apfel werden?«

»Dem Apfel? – Gut, mein Sohn, den gibst du *mir*.
Bekommst du nicht das schönste Weib dafür?« –

»Frau Göttin (spricht der Jüngling), darf ich reden?
Ich gäb um einen Kuß von Euch, ich sag es frei,
Gleich eine ganze Welt voll *Leden*
Und Ledeneiner hin, wenn auch aus jedem Ei
Ein Mädchen wie ein Rosenknöspchen schlüpfte,
Und ungelockt mir auf die Schultern hüpfte.
Ein Wort für tausend, Göttin – doch, verzeih,
Es muß heraus und gält es gleich mein Leben!
Mit Freuden will ich's dir samt diesem Apfel geben,
Wofern du diese Nacht, nur bis zum Hahnenschrei,
Ein Stündchen nur – wie bald ist das vorbei! –
Dich überreden willst, daß ich *Anchises* sei.
Wie sollt ich nicht den Glücklichen beneiden?
Er war ein Hirt wie ich; und eben dieser Hain
War einst ein Zeuge seiner Freuden!
Sprich, Göttin, soll er's nicht auch von den *meinen* sein?«

Cythere fand die Frag ein wenig unbescheiden,
Und sieht ihn, glaubt sie, zürnend an:
Doch weil ihr lachend Aug nicht sauer sehen kann,
So wird's ein Zorn, der ihn so wenig schrecket,
Daß ihr sein Blick nur feuriger entdecket,
Was *Venus* selbst nicht ohne Röte *hört*.
Sie hätte gern sich längre Zeit gewehrt;
Doch Ort und Zeit verbot ein langes Sträuben.
Der Jüngling fleht, und sie so weit zu treiben,
Als man Göttinnen treiben kann,
Die nicht von Marmor sind, fängt er zu weinen an
Das mußte seine Wirkung haben!

»Nun, sprich mein Urteil – nur kein Nein!«

Sie beut dem ungestümen Knaben
Die schöne Hand, und sagt – nicht nein.

Der Schlaue will noch mehr Gewißheit haben:
»Beim Styx, mein Täubchen?« – »Sei's! Willst du nun ruhig sein?«

»Hier, Göttin, nimm! der Preis ist dein!« –

ASPASIA
oder die platonische Liebe

Schön, liebenswert, mit jedem Reiz geschmückt,
Der Aug und Herz und Geist zugleich entzückt,
An edlem Bau und langen blonden Haaren
Der schönsten Frau in *Artaxatens* Reich [1],
An Grazie nur Amors Mutter gleich,

Sah sich, im Flor von fünfundzwanzig Jahren,
Aspasia [2] zum priesterlichen Stand,
Aus eines Helden Arm, aus *Cyrus'* Arm [3], verbannt.

Es hatte zwar zu *Ekbatane* [4]
(So hieß ihr Sitz) die Oberpriesterin
Der stets jungfräulichen *Diane*
Die Majestät von einer Königin.
Ihr Kerker war ein schimmernder Palast,
Ihr Zimmer ausgeschmückt mit indischen Tapeten;
Und, ihr Brevier gemächlicher zu beten,
Schwoll unter ihr mit Polstern von Damast
Der weichste Kanapee. Auch hielt die Frau im Beten
(Wie billig) Maß, aß viel und niedlich, trank
Den besten Wein, den *Kos* und *Cypern* [5] senden,
Und, wenn sie sich zur Ruh begab, versank
Die schöne Last der wohlgepflegten Lenden
In Schwanenflaum: und doch, bei frischem Blut
Und blühendem Gesicht schlief sie – nur selten gut.

Man glaubt, der Stand der Oberpriesterinnen
Sei diesem Ungemach vor andern ausgesetzt.
Vergebens hoffen sie mit ihren andern Sinnen,
Was *einem* abgeht, zu gewinnen;
Durch alle fünfe wird der sechste nicht ersetzt.

Die *Stoa* [6] lehrt uns zwar, wir *können*, was wir *wollen*;
Allein dem Prahlen bin ich gram.
Aspasien hätte man, eh sie den Schleier nahm,
Vorher im *Lethe* [7] baden sollen.
Liegt's etwa nur an ihr, sich nicht bewußt zu sein?
Und kann man stets der Phantasie gebieten?
Sie mag sich noch so sehr vor Überraschung hüten,
Gebärde, Kleidung, Blick mag noch so geistlich sein;
Man ist deswegen nicht von Stein.
Oft fällt im Tempel selbst, bei ihrer Göttin Schein,
Ein weltlicher Gedank ihr ein:
»So schien durch jenen Myrtenhain,
Wo Amorn über sie der erste Sieg gelungen,
Der stille Mond!« – Was für Erinnerungen!
An solchen Bildern schmilzt der priesterliche Frost.
Diana selbst, um ihr die Strafe gern zu schenken,
Darf [Braucht . . . zu] an *Endymion* nur denken [8].
Ein Priester hälfe sich vielleicht, in süßem Most
Versuchungen wie diese zu ertränken:
Doch, wenn ich recht berichtet bin,
Schlägt dies Rezept nicht an bei einer Priesterin.
Galenus [9] sagt: das Übel quille
Bei dieser aus der Herzensfülle.
Nichts hemmt und alles nährt bei ihr die Phantasie;
Die Einsamkeit, die klösterliche Stille,
Die Andacht selbst vermehrt, ich weiß nicht wie,
Den süßen Hang zu untersagten Freuden.
Muß Amor gleich Dianens Schwelle meiden,

Ist ihre Stirne gleich verhüllt:
Ihr Herz, von dem, was sie geliebt, erfüllt,
Läßt sich davon durch keine Gitter scheiden,
Und sieht im *Mithras* [10] selbst des schönen *Cyrus* Bild.

Mit einem Wort: ihr gings nach aller Nonnen Weise.
Die gute Priesterin gestand sich selbst ganz leise,
Es irre, wer sie glücklich preise.
Die Schäferin, die, statt auf Samt und Flaum
Im dunkeln Busch auf weiches Moos gestrecket,
Ihr junger Hirt leibhaftig, nicht im Traum,
Mit unverhofften Küssen wecket,
War, wenn sie schlaflos sich auf ihrem Lager wand,
Oft ihres Neides Gegenstand.

Doch (wie uns die Natur für alle kleine Plagen
Des Lebens immer Mittel weist)
Auch unsre Priesterin fand endlich das Behagen,
Das ihr Gelübd' und Zwang versagen –
Wo, meint ihr wohl? – *in ihrem Geist!*

Der Zufall führt ihr einen *Magen* [11]
Vom Strand des *Oxus* [12] zu. Es war in seiner Art
Ein seltner Mann, wiewohl noch ohne Bart,
Von Ansehn jung, doch altklug an Betragen;
An Schönheit ein *Adon*, an Unschuld ein *Kombab* [13];
Bei Damen, denen er sehr gern Besuche gab,
Kalt wie ein Bild von Alabaster;
Doch seelvoll, wie ein Geist in einem Luftgewand,
Und mit dem *unsichtbaren* Land
Beinahe mehr als unsrer Welt bekannt;
Mit einem Wort: ein zweiter *Zoroaster!*

Ein Weiser dieser Art schien wirklich ganz allein
Für eine Priesterin wie sie gemacht zu sein.
Er sprach von dem, was in den Sphären
Zu sehen ist, mit aller Zuversicht
Der Männer, die, versengt an Angesicht
Und an Gehirn, vom Land der fabelhaften *Seren* [14],
Gebläht mit Wundern, wiederkehren.

Der Weg – nur bis zum nächsten Stern –
Ist ziemlich weit, wie uns die *Zache* [15] lehren:
Drum lügt sich's gut aus einer solchen Fern;
Und was er ihr erzählt – setzt, daß es Märchen wären –
So wünscht man's wahr und glaubt es gern.
Wie dem auch sei, die Luft der idealen Sphären
Bekam *Aspasien* gut; sie ward in kurzer Zeit
So schön davon! Ihr ist, es werde
So leicht ihr drin, so wohl, so weit
Ums Herz, daß ihr der Dunstkreis unsrer Erde
Bald grauenhafter scheint als eine Totengruft.

Die vorbesagte Luft
Hat eine sonderbare Tugend

45

Mit *Lethens* Flut gemein.
Aspasia sog darin von ihrer freiern Jugend
Ein gänzliches Vergessen ein.
Bald wurde selbst an jenen Myrtenhain,
Wo sie dem Liebesgott ihr erstes Opfer brachte,
Nicht mehr gedacht als an ein Puppenspiel,
Das ihr vordem die Kindheit wichtig machte.
Ihr schien die Welt und was ihr einst gefiel
Ein Traum, woraus sie eben itzt erwachte.
Ihr Geist (der ganz allein itzt alles bei ihr tat,
Was bei uns andern pflegt mechanisch zuzugehen)
Sah in der neuen Welt, in die er wundernd trat,
Rings um sich nichts als – *Geister* und *Ideen.*
Doch führt Herr *Alkahest* (so hieß der Weise) sie
Nicht so geradezu ins Land der Phantasie.
Ihr neu geöffnet Aug ertrüge (wie er spricht)
Den unsichtbaren Glanz des Geisterreiches nicht.
Erst läßt er (wie ein weiser Okuliste [16]
In solchem Fall verfahren müßte)
Von dem, was wahr und immer schön
Und selbstbeständig ist, ihr nur *die Schatten* sehn,
Die auf den Erdenkloß, auf dem wir alle wallen,
Herab aus höhern Welten fallen [17];
Denn was uns Wesen heißt, ist bloßer *Widerschein.*
So malen sich im majestätschen Rhein,
Indem er stolz mit königlichem Schritte
Das schönste Land durchzieht, bald ein bejahrter Hain,
Bald ein zertrümmert Schloß, bald Hügel voller Wein,
Bald ein Palast, bald eine Fischerhütte.

Nachdem in weniger als einem Vierteljahr
Ihr diese Art zu sehn geläufig war:
Nun war es Zeit zu höhern Lehren!
Nun wies ihr *Alkahest* die edle Kunst – *zum Sehn
Der Augen gänzlich zu entbehren* [18].
Notwendig mußte dies ein wenig langsam gehn.
Erst sah sie – *nichts.* Doch nur getrost und immer
Hineingeguckt! Schon zeigt ich weiß nicht welcher Schimmer
Von ferne sich. Was kann ein fester Vorsatz nicht!
Zusehends öffnet sich ihr innerlich Gesicht
Dem nicht mehr blendenden unkörperlichen Licht:
Dem Element ätherischer Geschöpfe.
Sie sieht – o welche Augenlust! –
Sie sieht bereits die schönsten Engelsköpfe
Mit goldnen Flügelchen; bald wächst die schönste Brust
An jeden Kopf, an jeden Busen schließen
Sich schöne Arme an. Zuletzt stehn *Geister* da
(So geistig als *Aspasia*
Sie immer glaubt), vom Kopf bis zu den Füßen
Den schönsten Knaben gleich, die man sich denken kann:
Doch da es *Geister* sind, macht sie sich kein Gewissen
Und sieht sie unerrötend an.

46

Der *Name*, wie man weiß, tut öfters viel zur Sache.
Vor alters stellten euch die von *Böotien* [19]
Drei *Klötze* auf, und nanntens Grazien.
Man irrt noch heutzutag sehr gern in diesem Fache.
Wie mancher sieht bei seinem Trauerspiel,
Daß unsre Augen Wasser machen,
Und, überzeugt, wir weinen aus Gefühl,
Bemerkt er nicht, wir weinen bloß vor Lachen.
Zwar Tränen sind's, in diesem Falle wie
In jenem: nur die Quelle ist verschieden.
Allein, wie selten gibt auch jemand sich hienieden,
Den *Quellen* nachzuspähen, Müh!
Die muntre rasche Phantasie
Hat einen kürzern Weg. Sie gibt den Dingen Namen
Nach Willkür und Bequemlichkeit;
Vermenget Wesen, Form, Verhältnis, Ort und Zeit,
Bestimmt den Platz und Wert der *Bilder* nach den *Rahmen*
Und läßt, wie Kinder, gern von jeder Ähnlichkeit,
So plump sie ist, sich hintergehen.

47

Dies war *Aspasiens* Fall. Die gute Frau befand
Nur darum sich so wohl im Lande der Ideen,
Weil alles dort dem schönen Feenland,
Worin von Jugend an sie gern zu irren pflegte,
Dem Land der Phantasie, so wunderähnlich sah.

Ob *Alkahest* hiervon die Folgen überlegte;
Ob ihm nicht selbst vielleicht was Menschliches geschah,
Wovon er anfangs nicht den kleinsten Argwohn hegte;
Kurz, ob er, ohne die Gefahr
Vorauszusehn, der Narr von seinem Herzen war,
Getrauen wir uns nicht zu sagen.
Er fing sein Werk so systematisch an,
Daß man zur Not sich überreden kann,
Er habe nichts dabei zu wagen
Vermeint; – wiewohl für einen Mann
Von seiner Gattung gut zu sagen
Bedenklich ist. Genug, Herr *Alkahest* gewann
Bei seiner guten Art, die Damen
In den Mysterien der Geister einzuweihn.
Von jeher, um ein *Herz* zu überschleichen, nahmen
Die *Alkahesten* erst das *Cerebellum* [20] ein.

Die Geister – konnten sie auch wohlerzogner sein? –
Die Geister kamen nun, zwar ohne Fleisch und Bein,
Doch so geputzt als Geister nur vermögen,
In *Mäntelchen von Sonnenschein*
Aspasien auf halbem Weg entgegen.
Den ganzen Weg zu ihr zurückzulegen,
Dies hieße (meint Herr *Alkahest*)
Mehr fordern, als sich billig fordern läßt.
Man soll vielmehr zu beiden Teilen
Einander gleich entgegeneilen.
Wenn Geister, einer schönen Frau
Zulieb, in Rosenduft sich kleiden:
So ziemt es auch der schönen Frau
Der Geister wegen, selbst mit einem kleinen Leiden,
Von Fleisch und Blut sich möglichst zu entkleiden.
Nichts, dächt ich, kann so billig sein!

Aspasia ergibt sich desto leichter drein,
Da sie dabei an Schönheit zu gewinnen
Die beste Hoffnung hat. Den *Salamanderinnen* [21]
An Reizen gleich zu sein, dies ist doch wohl Gewinn
Für eine Oberpriesterin,
Die ihrem Spiegel gegenüber
Mit jedem Tag ein Reizchen welken sieht?
Die unsrige, wie ganz natürlich, glüht
Vor Ungeduld, je schleuniger je lieber
Entkörpert sich zu sehn. Allein Herr *Alkahest*
Belehrt sie, daß sich hier nichts übereilen läßt.
Das große Werk kann nur durch Stufen
Zur Zeitigung gedeihn. Die *erste* ist, den Geist,
Der oft zur Unzeit sich am tätigsten erweist,

Von aller Wirksamkeit zum *Ruhen* abzurufen;
Die *zweite*, nach und nach ihn von der Sinnlichkeit,
Von dem, worin wir uns den Tieren ähnlich finden,
Selbst vom *Bedürfnis*, loszuwinden;
Die *dritte* Stufe – Doch, so weit
Kam unser Pärchen nicht. Denn, leider! auf der zweiten,
Schon auf der zweiten, glitscht der Fuß den guten Leuten.
Auch ist der Schritt ein wenig dreist,
Wenn man es recht bedenkt. Verwickelt
Im Stoffe, wie wir sind, – verstümmelt und zerstückelt
Man leichter sich, als daß man los sich reißt.
Zum mindsten ist den Kandidaten
Des Geisterstandes *kaltes Blut*
Und *Eile langsam!* anzuraten:
Denn hier tut Eilen selten gut!

Herr *Alkahest*, um beim Entkörprungswesen
Recht ordentlich zu gehn, fing mit der *Tafel* an.
Aspasia aß und trank nach Skrupel und nach Gran, [22]
Und nur was ihr der Weise ausgelesen;
Nichts, was nicht fein und leicht und geistig, kurz so nah
An Nektar und Ambrosia
Als möglich war, der echten Geisterspeise.
Dem *Schlummer* brach er gleicher Weise
Die Hälfte ab, zumal beim Mondenschein
In schönen warmen Sommernächten;
Nur ließ er sie alsdann, *aus Vorsicht*, nie allein.

Wir selbst gestehn, wir sind den Sommernächten
Bei Mondschein gut, wiewohl wir dächten,
Daß unserm schwärmerischen Paar
Die Hälfte schon entbehrlich war.

Der Mondschein hat dies eigen, wie uns deucht,
Er scheinet uns *die Welt der Geister* aufzuschließen:
Man fühlt sich federleicht
Und glaubt in Luft dahinzufließen;
Der Schlummer der Natur hält rings um uns herum
Aus Ehrfurcht alle Wesen stumm;
Und aus den Formen, die im zweifelhaften Schatten
Gar sonderbar sich mischen, wandeln, gatten,
Schafft unvermerkt der Geist sich ein *Elysium*.
Die Werktagswelt verschwindt. Ein wollustreiches Sehnen
Schwellt sanft das Herz. Befreit von irdischer Begier
Erhebt die Seele sich zum wesentlichen Schönen,
Und hohe Ahnungen entwickeln sich in ihr.

Es sei nun, was ihr wollt – denn hier es zu entscheiden,
Ist nicht der Ort – es sei ein süßer Selbstbetrug,
Es sei Realität, es sei vermischt aus beiden,
Was diesen Seelenstand so reizend macht – genug,
Ein Schwärmer, der in diesem Stande
Mit einer Schwärmerin, wenn alles dämmernd, still
Und einsam um ihn ist, *platonisieren* will,

Gleicht einem, der bei dunkler Nacht am Rande
Des steilsten Abgrunds schläft. Auch hier macht *Ort* und Zeit
Und *Er* und *Sie* sehr vielen Unterschied!

Die zärtlichste Empfindsamkeit
Bemächtigt unvermerkt sich unsers *Mystagogen* [23].
Der *Geist der Liebe* weht durch dies Elysium,
Wohin er mit *Aspasien* aufgeflogen.
Er schlägt, indem er spricht, den Arm um sie herum,
Und schwärmt ihr von der Art, wie sich die Geister lieben,
Die schönsten Dinge vor, mit einem Wörterfluß,
Mit einer Glut, daß selbst *Ovidius*
Corinnens Kuß nicht feuriger beschrieben [24].
»Wie glücklich diese Geister sind!
Wieviel ein Geist dadurch gewinnt,
Daß ihn im Ausdruck seiner Triebe
Kein Körper stört! – An ihm ist *alles* Liebe,
Und sein Genuß ist nicht ein Werk des Nervenspiels.
Wie matt, wie unvollkommen malet
In *unsern Augen* sich die Allmacht des Gefühls!
Wenn dort ein Geist den andern ganz durchstrahlet,
Ihn ganz durchdringt, erfüllt, mit ihm in eins zerfließt,
Und, ewig unerschöpft, sich mitteilt und genießt!
Ach!« – ruft er und drückt (vor Schwärmen und Empfinden
Des, was er tut, sich unbewußt)
Sein glühendes Gesicht an ihre heiße Brust –
»Ach!« ruft er, »welch ein Glück, vom Stoff sich loszuwinden,
Der so viel Wonn uns vorenthält!«

Aspasia, in eine andre Welt
Mit ihm entzückt, und halb, wie er, entkörpert, fühlte
So wenig als ihr Freund, daß hier
Der unbemerkte Leib auch eine Rolle spielte.
Zu gutem Glück kommt ihr – und mir
Ein Rosenbusch zu Hilf, in dessen Duft und Schatten
Sie, in Gedanken, sich zuvor gelagert hatten.

Wie weit sie übrigens in dieser Sommernacht
Es im *Entkörprungswerk* gebracht,
Läßt eine Lücke uns im Manuskript verborgen.
Nur so viel sagt es uns: Kaum war am nächsten Morgen
Das gute fromme Paar erwacht,
So wurden sie gewahr, der Weg, den sie genommen,
Sei wenigstens – der *nächste* nicht,
Um in die Geisterwelt zu kommen.
Sie sahn sich schweigend an, verbargen ihr Gesicht,
Versuchten oft zu reden, schlossen wieder
Den offnen Mund und sahn beschämt zur Erde nieder.
Der junge Zoroaster fand,
Er habe bei dem Amt von einem Mystagogen
Sich selbst und seinen Gegenstand
Durch *wie?* und *wo?* und *wann?* betrogen.
Gern hätt er auf sich selbst, gern hätt auf sich und ihn

Aspasia gezürnt: allein sie fühlten beide
Ihr Herz nicht hart genug, in dem gemeinen Leide
Des Mitleids Trost einander zu entziehn.

»Freund«, sprach die Priesterin zuletzt, »wir müssen fliehn!
In dieser Art gilt *ein* Versuch für hundert:
Wir würden immer rückwärts gehn;
Und alles was mich itzt bei unserm Zufall wundert,
Ist, *daß wir nicht den Ausgang vorgesehn.*«

Und nun – was haben wir aus allem dem zu lernen?
Sehr viel zu lernen, Freund, sehr viel!
Kennt ihr den Mann, der, als er nach den Sternen
Zu hitzig sah, in eine Grube fiel?
Es war ein Beispiel mehr! Laßt's euch zur Warnung dienen!
Auch, wenn ihr je bei Mondenlicht im Grünen
Platonisieren wollt, platonisiert *allein!*
Und kommt die Lust euch an, in einem heilgen Hain
Um solche Zeit – des Stoffs euch zu entladen,
So laßt dabei (so wie beim Baden
In einer Sommernacht) ja keine *Zeugin* sein!

Wir zögen leicht mehr schöner Sittenlehren
Aus der Geschichte noch heraus:
Allein wir lassen gern den Leser selbst gewähren.
Wer eine Nase hat – spürt sie unfehlbar aus;
Die andern können sie entbehren.

SALOMON GESSNER
1730-1788

MENALKAS UND ÄSCHINES DER JÄGER

D er junge Hirt Menalkas weidete auf dem hohen Gebirge, und er ging tief
ins Gebirg, im wilden Hain ein Schaf zu suchen; und im wilden Hain fand
er einen Mann, der abgemattet im Busch lag. Ach junger Hirt! (so rief der
Mann), ich kam gestern auf dies wilde Gebirge, die Rehe und die wilden Schweine zu
verfolgen; und ich habe mich verirret und bis itzt keine Hütte und keine Quelle für
meinen Durst und keine Speise für meinen Hunger gefunden. Der junge Menalkas
gab ihm itzt Brot aus seiner Tasche und frischen Käs und nahm seine Flasche von der
Seite; erfrische dich (so sprach er), hier ist frische Milch, und dann folge mir, daß ich
dich aus dem Gebirge führe; und der Mann erfrischete sich, und der Hirt führte ihn
aus dem Gebirge.

ÄSCHINES, der Jäger, sprach itzt: Du schöner Hirt! Du hast mein Leben gerettet;
wie soll ich dich belohnen; komm mit mir in die Stadt, dort wohnet man nicht in
strohernen Hütten; Päläste von Marmor steigen dort hoch an die Wolken, und hohe
Säulen stehen um sie her; du sollst bei mir wohnen und aus Gold trinken und die
köstlichsten Speisen aus silbernen Schüsseln essen.

MENALKAS sprach: Was soll ich in der Stadt? Ich wohne sicher in meiner niedern
Hütte; sie schützt mich vor Regen und rauhen Winden; und stehen nicht Säulen
umher, so stehen doch fruchtbare Bäume und Reben umher; dann hol' ich aus der
nahen Quelle klares Wasser im irdenen Krug; auch hab' ich süßen Most; und dann
eß' ich, was mir die Bäume und meine Herde geben; und hab' ich nicht Silber und
Gold, so streu ich wohlriechende Blumen auf den Tisch.

ÄSCHINES. Komm mit mir, Hirt! Dort hat man auch Bäume und Blumen; dort hat
sie die Kunst in gerade Gänge gepflanzet und in schön geordnete Beeten gesammelt;
dort hat man auch Quellen; Männer und Nymphen von Marmor gießen sie in große
marmorne Becken.

MENALKAS. Schöner ist der ungekünstelte schattichte Hain mit seinen gekrümmten
Gängen; schöner sind die Wiesen mit tausendfältigen Blumen geschmückt; ich hab'
auch Blumen um die Hütte gepflanzet, Majoran und Lilien und Rosen; und o wie
schön sind die Quellen, wenn sie aus Klippen sprudeln oder aus dem Gebüsche von
Hügeln fallen und dann durch blumichte Wiesen sich schlängeln! Nein, ich geh' nicht
in die Stadt.

ÄSCHINES. Dort wirst du Mädchen sehen in seidenem Gewand, von der Sonne un-
beschädigt, weiß wie Milch, mit Gold und köstlichen Perlen geschmückt; und die
schönen Gesänge künstlicher Saitenspieler entzücken da dein Ohr.

MENALKAS. Mein braunes Mädchen ist schön; du solltest sie sehen, wenn sie mit frischen Rosen und einem bunten Kranz sich schmückt; und o wie froh sind wir, wenn wir bei einer rauschenden Quelle im schattichten Busch sitzen! Sie singt dann; o wie schön singt sie! Und ich begleite ihren Gesang mit der Flöte; unser Gesang tönt dann weit umher, und die Echo singet uns nach; oder wir behorchen den schönen Gesang der Vögel, die von den Wipfeln der Bäume und aus den Gebüschen singen. Oder singen eure Saitenspieler besser als die Nachtigall oder die liebliche Grasmücke? Nein, nein, ich geh nicht mit dir in die Stadt.

ÄSCHINES. Was soll ich dir denn geben, Hirt? Hier nimm die Hand voll Gold und dies goldne Hüfthorn.

MENALKAS. Was soll mir das Gold? Ich habe Überfluß. Soll ich mit dem Golde die Früchte von den Bäumen erkaufen oder die Blumen von den Wiesen? Oder soll ich von meiner Herde die Milch erkaufen?

ÄSCHINES. Was soll ich dir denn geben, glücklicher Hirt! Womit soll ich deine Guttat belohnen?

MENALKAS. Gib mir die Kürbisflasche, die an deiner Seite hängt; mir deucht, der junge Bacchus ist darauf gegraben und die Liebesgötter, wie sie Trauben in Körben sammeln.

Und der Jäger gab ihm freundlich lächelnd die Flasche; und der junge Hirt hüpfte vor Freude, wie ein junges Lamm hüpft.

DER FAUN

Nein, für mich kein froher Tag! so rief der Faun [1], als er beim Morgenrot aus seinem Felsen taumelte. Seit mir die schönste Nymph' entfloh', haß' ich den Schein der Sonne. Bis ich sie wieder finde, soll kein Epheukranz um meine Hörner sich winden, soll keine Blume rings um meine Höhle stehn; mein Fuß soll sie, noch ehe sie blühen, zertreten; und meine Flöte soll ... und diesen Krug soll er zertreten.

Sein Fuß zertrat, da kam ein andrer Faun, er hub den schweren Schlauch von seiner Schulter. Du rasest, du, rief er und lachte; heut, an dem frohen Tag, Lyeens Fest [2]! Schnell wind' einen Epheukranz [3] um deine Hörner und komm zum Fest, dem besten Tag im Jahr!

Nein, für mich kein froher Tag, so sprach der Faun, ich schwöre! Bis ich sie finde, soll kein Efeukranz um meine Hörner sich winden. O schwarze Stunde, da mir die Nymph' entfloh'! Sie floh bis an den Fluß, der ihren Lauf itzt hemmte; unentschlossen stund sie da; ich bebte schon vor Freude; schon glaubt' ich, das sträubende Mädchen mit starken Armen zu umfassen, als die Tritonen, o die verfluchten Räuber!, sich aus dem Fluß erhoben und die Nymph' um ihre Hüften faßten, um dann, in die Hörner blasend, schnell mit ihr an das andre Ufer schwammen. Ich schwöre beim Styx! Bis ich sie wieder finde, soll kein Kranz von Epheu um meine Hörner sich winden.

Und eine spröde Nymphe macht dir, so sagt der andere Faun, o ich muß lachen!, und eine spröde Nymphe macht dir so trübe Tage! Mir, Faun!, mir soll die Liebe nicht eine trübe Stunde machen, nein, keine trübe Stunde! Versagt mir diese den Kuß, dann hüpf' ich zu der andern hin; ich schwör es dir, Faun! Meine Lippen sollen keine Nymphe mehr küssen, wenn mich eine nur eine Stunde in ihren Armen behält, heut an dem frohen Fest; ich will sie alle lieben, alle will ich küssen. Kränke dich nicht, Faun!, du bist noch jung und schön; schön ist dein braunes Gesicht und wild dein großes schwarzes Aug, und dein Haar kräust sich schön um die krummen Hörner her; sie stehen aus den Locken empor wie zwo Eichen aus dem wildesten Busch. Laß dich kränzen, Faun! Hier ist das schönste Schoß, laß dich kränzen! Ich höre schon fernher ein wildes Geräusche von Thyrsus-Stäben [4] und Klapperschalen und Flöten [5]!

François Boucher: Die eingeschlafene Schäferin

Bücke dich her, das Geschrei kommt schon nahe; schon kommen sie hinter dem Hügel hervor; laß dich kränzen! Wie stolz die Tiger den Wagen ziehen! O Lyeus!, sieh die Faunen, die Nymphen, wie sie hüpfen! Welch frohes Getöse! O Evan Evoe[6] – – du bist bekränzt; schnell, hebe den Schlauch mir auf die Schulter; o Evan Evoe!

DER FESTE VORSATZ

Wohin irret mein verwundeter Fuß, durch Dornen und dicht verwebete Sträuche? Himmel!, welch schauerndes Entzücken! Die rötlichten Stämme der Fichten und die schlanken Stämme der Eichen steigen aus wildem Gebüsche hervor und tragen ein trauriges Gewölb über mir. Welche Dunkelheit, welche Schwermut zittert ihr von schwarzen Ästen auf mich! Hier will ich mich hinsetzen und an den hohlen vermoderten Eichstamm, den ein Netz von Epheu umwickelt; hier will ich mich hinsetzen, wo kein menschlicher Fußtritt noch hingedrungen ist, wo niemand mich findet als ein einsamer Vogel oder die summenden Bienen, die im nahen Stamm ihren Honig sammeln; oder ein Zephir[7], der, in der Wildnis erzogen, noch an keinem Busen geflattert hat. Oder du, sprudelnder Bach! Wohin rauschest du, an den unterhöhlten Wurzeln und durch das wilde Gewebe von Gesträuchen? Ich will deinen Wellen folgen; vielleicht führest du mich ödern Gegenden zu. Himmel! Welche Aussicht breitet sich vor meinem Aug aus! Hier steh' ich an dem Saum einer Felsenwand und seh' ins niedere Tal; hier will ich mich auf das zerrissene, überhangende Felsenstück setzen, wo der Bach stäubend in den dunklen Tannenwald herunter sich stürzt und rauschet, wie

wenn es fernher donnert. Dürres Gesträuch hängt von dem Felsenstück traurig herunter, wie das wilde Haar über die menschenfeindliche Stirne des Timons[8] hängt, der
noch kein Mädchen geküßt hat. Ich will in das Tal hinuntersteigen und mit traurig
irrendem Fuß neben den Wellen des Flusses wandeln, der durch das öde Tal schleicht.
Sei mir gegrüßt, einsames Tal, und du Fluß und du schwarzer Wald! Hier auf deinem
Sand, o Ufer!, will ich itzt irren; einsiedlerisch will ich in deinem Schatten ruhen,
melancholischer Wald! Leb itzt wohl!, Amor!, dein Pfeil wird mich hier nicht finden;
ich will nicht mehr lieben, und in einsamer Gegend weise sein. Lebe wohl, du braunes
Mädchen!, das mit schwarzen Augen mir die Liebe in mein bisher unverwahretes
Herze geblitzet hat. Lebe wohl; noch gestern hüpftest du froh im weißen Sommerkleid
um mich her, wie die Wellen hier im Sonnenlicht hüpfen; und du, blondes Mädchen!,
lebe wohl! Dein schmachtender Blick ... ach!, zu sehr, zu sehr hast du mein Herz
bemeistert, und dein schwellender Busen ... ach!, ich fürchte, ich werd' ihn hier oft in
einsamen traurigen Betrachtungen sehen und seufzen. Lebe wohl, majestätische
Melinde!, mit dem ernsten Gesicht wie Pallas[9] und mit dem majestätischen Gang;
und du, kleine Chloe, die du mutwillig nach meinen Lippen aufhüpftest und mich
küßtest; in diese Gegenden will ich itzt fliehen und in ernsten Betrachtungen unter diesen Fichten mich lagern und die Liebe verlachen; in melancholischen Gängen von
Laub will ich irren, und ... Aber ..., Himmel!, was entdecket mein Aug am Ufer im
Sand! Ich zittre, ach ... der Fußtritt eines Mädchens; ... wie klein, wie nett ist der
Fuß! ... Ernste Betrachtung! Melancholie! Ach wo seid ihr? – O wie schön war ihr
Gang! Ich folg ihr ... Ach Mädchen, ich eile, ich folge deiner Spur! Oh!, wenn ich dich
fände, in meinen Arm würd' ich dich drücken und dich küssen! Flieh nicht, mein Kind,
will ich sagen, oder flieh, wie die Rose flieht, wenn ein Zephir sie küßt, sie biegt sich
vor ihm weg und kommt lächelnder zu seinen Küssen zurück.

ALEXANDER POPE
1688-1744

ALEXANDER POPE
von Franz Blei

D iese Mahnung bekam der junge Pope von einem älteren Modepoeten, der in
Epigrammen und Pastoralen glänzte: »Wir haben große Dichter gehabt,
aber nicht einen einzigen großen Dichter, der korrekt war.« Da W. Walsh
schon 1708 starb, hat er es nicht mehr erlebt, wie sein Rat Richtung und Devise von
Popes Dichten wurde.

Popes Lebensgeschichte ist die Geschichte seiner Bücher: er war nichts als ein Autor.
Sonst ein körperlicher Krüppel, der siebenundfünfzig Jahre lang im Sterben lag und
dem es die Biographen hoch anrechnen müssen, daß er seine Eltern liebte, weil er
sonst ein umständlicher Belüger und Betrüger seiner Freunde war, in kleinlichstem
Ehrgeiz und lächerlichster Eitelkeit seine Feinde bis über den Tod hinaus verfolgte,
von der Veröffentlichung einer Satire um den Preis von tausend Pfund abstand, die
er von der betroffenen Dame erhielt, und sich immer stellte, als ob er es nicht gewesen
wäre, wenn eine seiner kleinen Schurkereien ans Licht kam. Es soll aber nicht weiter
auf die gleichgültigen und ermüdenden Details von Popes praktischer Moral eingegangen werden, welche die Wohlmeinenden mit seiner Krüppelhaftigkeit entschuldigen wollen, indem sie ausführen, es wären diesem Manne keine anderen Entschädigungen für entgangenes Leben und keine andere Entladung seines Temperaments
möglich gewesen.

Pope galt mit siebzehn Jahren als der erste Dichter seiner Zeit und blieb der Monarch der englischen Poesie die erste Hälfte des Jahrhunderts, um in der zweiten ihr
Gott auch auf dem Kontinent zu werden. Er selbst faßte sich durchaus als ein Wunder
auf und half dem auch so nach, daß er manche seiner Schriften ins Knabenalter
zurückdatierte. Die Dichter um Wordsworth entthronten ihn; sie sahen in ihm die
Verkörperung der dichterischen Verderbtheit des ganzen Jahrhunderts, dessen Dichter Keats eine ill fated race; [schicksalhaft irregeleitete Menschengattung [9]] nannte und
nicht anders Byron. Und doch erklärte Byron Pope für den »großen Moralpoeten
aller Zeiten, aller Zonen, aller Formen des Gefühls und Schauplätze des Lebens«. Und
sein dichterisches Ansehen wuchs bis zu Ruskin hinauf, der ihn in einer seiner *Ox-
ford lectures* »den vollendetsten Repräsentanten echten englischen Geistes seit Chau-
cer« nennt. Byron wie Ruskin ist Pope die in die korrekteste Form poetischer Gattung
gebrachte Moral des Common sense, und dieser ist Englands größte moralische Leistung. Zitate aus Pope belegen ihn am besten, wenn man ihn als Sentenz braucht.
Jeder Engländer kann Pope zitieren wie jeder Deutsche Schiller. Einmal nur hat er
sich die Extravaganzen des *Lockenraubes* erlaubt, sonst hat er recht, wenn er stolz
auf seine anständige Vernünftigkeit sagt:

Alexander Pope.
(Stich nach
zeitgenössischem Gemälde)

That not in fancy's mere he wandered long
But stooped to truth and moralised his song *.

Er hatte eine enge Welt und brachte eine korrekte Ordnung hinein. The *proper study of mankind is man* (Das wahre Studium der Menschheit ist der Mensch) verstand er nicht wie Goethe, der ein Ähnliches sagte, sondern in der Einschränkung, die der Mensch dieses Jahrhunderts auf nichts als seinen Verstand erfuhr. Popes Mensch ist der Mensch des achtzehnten Jahrhunderts, den er selber so ganz zu vertreten gerüstet ist, daß ihm Menschen und Werke jeder anderen Zeit nur in den Formen seiner eigenen zu sehen möglich ist: Homer etwa, den er in recht schauerliche Verse übersetzt hat, durchaus als einen, der mit seinen Göttern und Helden eine ihm ganz bewußte unterhaltsame Theatermaschinerie konstruiert hat, wie er selber es mit den Sylphen und Feen im Lockenraub getan: lächelnd wissend, daß es das natürlich nicht gibt, und nur zum Vergnügen der Damen aufgestellt.

Als ein vollkommenes Beispiel korrekt versifizierten Common sense hat Pope nicht seinesgleichen. Phantasie ist ihm ein nichts als Ausgedachtes, Auszudenkendes zum Schmuck der Rede. Er glaubt nicht daran, wie er nicht an die Feen glaubt, nicht an die Leidenschaft, nicht an Gott. Das einfache mystische Leben der Ergebenen ist ihm Dummheit, die politischen Aktionen eines Volkes sind ihm kleine Durchstechereien, um zu Stellen zu kommen, Gott ist bei ihm eine blasse metaphysische Demonstration, die Liebe etwas, das sich deklariert und im Catull nachschlägt, wenn ihr der Ausdruck nicht schön genug einfällt. Er ist der Geschickte, der Gemeinplätze mit dem erschütternden Pathos vortragen kann, das der allem Dichterischen aus Natur

* »Daß nicht im Meer der Phantasie er lange schweifte,
Doch beugte sich der Wahrheit und versittlichte sein Lied.«

Abholde für das Gedicht anspricht und mit dem er sich in das Recht eines dem Gedichte nicht Verschlossenen einsetzt. Das Hochgefühl der Sonntagsgedanken des braven, gänzlich nüchternen, korrekten Mannes, den es freut, einmal in Reimen bestätigt zu bekommen, was er immer so denkt, und den es aus der Freude an diesen Reimen freut, daß er in des Lebens mühevollen Tagen sich doch die Fähigkeit des höheren Schwunges bewahrt hat.

Die Satiriker dieser Zeit sind ganz in das Vergessene gefallen. Ihr milder Witz an den Kleinigkeiten des täglichen Lebens, mit dem sie Zeitungen und Bücher füllten, ist uns so witzlos wie die Zornausbrüche, mit denen sie die Bildungen ihrer Klasse, des Bürgertums, begleiten, Pope etwa die Erfindung des Papiergeldes:

> Blest paper credit! lost and best supply!
> That lends corruption lighter wings to fly! *

Die Satiriker, wie auch alle anderen, die den Alltag vornehmen und eine Profession daraus machen, glauben ja nicht mit dem Glauben, der nötig ist, daß er sich zu einem großen Zorn entzünde. Ernsthaft leiden sie ja gar nicht und tun nur so. Sie leben ganz gut mit diesen satisierten Dingen, zu denen sie selber durchaus gehören. Cervantes konnte eine Zeit überblicken, die vorüber war und deren Parodie er sah. Molière sah die tragische Komik des Bürgers, der sich Edelmann dünkte. Aber diese Satiriker des achtzehnten Jahrhunderts leben und wachsen mit dem aufkommenden Bürgertum, dessen Wesentliches zu fassen erst die Revolution ihr Pathos gibt, dessen Unwesentliches sie aus der Enge des Lebens zu verspotten allein imstande sind. Die heutige Komödie des Bürgers ist die des nicht mehr repräsentierenden Kleinbürgers. Erst wenn der Bürger als Zugehöriger einer Klasse nicht mehr, wie heute noch, die Zeit repräsentiert, wird er der große Gegenstand der großen Komödie sein: ein typischer Held und nicht mehr ein von den tausend Möglichkeiten des Tages differenzierter und zerlegbarer Charakter. Walpole schreibt einmal: »Das Leben ist für die, die fühlen, eine Tragödie; für die, die denken, eine Komödie.« Wenn auch das, was wir das Fühlen nennen, im achtzehnten Jahrhundert zur Welt kam, so war dieses Neugeborene doch arg geplagt von dem Stärkeren dieser Zeit, dem Denken, auf das man so stolz war. Dieses Denken hat gewiß den Stil heiterer Ruhe – Horaz war das Ideal der Zeit – produziert, den wir in den besten Büchern, dem *Jacques le fataliste*, dem *Candide*, dem *Tristram Shandy* bewundern und mehr noch dort, wo er bei Nichtstuern wie Walpole und anderen Briefschreibern ganz ohne äußeren Zwang eines Werkes sich gebend am sublimsten sich ausbildet. Das Denken ist der beste Ordner einer eingeschränkten Welt; er sichert die Haltung dem einzelnen im Ganzen. Das Gefühl war der Feind, den man kajolierte, solange man noch die Haltung, die das Denken gab, zu behaupten stark war. Und die formende Kraft des Denkens vermochte das anarchische Gefühl noch in seine Form zu zwingen, als es so trotzig wie in den Räubern, so ganz sich selber hingegeben wie im Werther auftrat. Erst bei den Romantikern war die formende Kraft des Rokoko erlahmt, wovon Zeichen schon an Goethe, an Beethoven, an Stendhal sogar zu merken sind. Doch ist sie, als einmal so stark gewesen, doch nie ganz verschwunden und immer die nächste Zeit hindurch wieder sich äußernd, weil es das letzte ist, was wir im Stile erlebt haben, sich äußernd nicht nur in der unbewußten und bewußten falschen Nachahmung, sondern auch im Eigentümlichen eines durchaus neuzeitlichen künstlerischen Komplexes; man sei an Smetana erinnert, an Renoir und Cézanne, an Hofmannsthal, an Schröder, der den Lockenraub in deutsche Verse gebracht hat, welche die Anmut und den Witz des Originales nicht nachahmen, sondern sich im deutschen Gedichte bilden lassen.

Aus der Beziehung, die zwischen Kunst und Moralität besteht, machte das Pathos

* »Gepriesen der Papierkredit! Verlorenes und feilstes Angebot,
Das der Verderbnis leichtre Schwingen leiht zum Fluge!«

des achtzehnten Jahrhunderts eine Identität so selbstverständlicher Art, daß sich der Dichter davon ausschließen konnte, nach der von ihm gepredigten Moral zu leben, ja sich erlauben konnte, im Gegenteil seiner Lehre zu leben wie Pope, der sein Werk durchaus nicht mit seinem Leben zu kommentieren imstande ist. In seinem schönsten Gedichte, der Epistel an Dr. Arbuthnot, sagt er von sich:

>»I was not born for courts or great affairs;
>I pay my debts, believe, and say my prayers;
>Can sleep without a poem in my head,
>Nor know if Dennis be alive or dead *.«

Für sein Leben stimmt nur die Unabhängigkeit, die er, der erste Schrifsteller, der von seinem Berufe lebte, genoß, und auch sie war Geiz und Egoismus, wie Lüge alles andere, was die Zeilen behaupten. Daß Pope, was man ihm vorwirft, ein schamloser Plagiator gewesen sei und seine moralischen Sentenzen alle gestohlen habe und ein schlechter Baum keine guten Früchte tragen könne, dies trifft die Sache nicht. Dem Dogma der Zeit von der Identität der Moral und des Gedichtes gab er den stärksten Ausdruck, weil er an die von ihm vorgetragene Moral durchaus glaubte, um so inbrünstiger, je stärker er die Defaillance seiner eigenen Natur erkannte. Aus dieser illusionären Kraft seines Glaubens wurde er der Dichter, wie ihn seine Zeit verstand. Ist er nicht ein Artist, im Jargon unserer Zeit?

AUS: DER LOCKENRAUB

Wie Kränkung oft aus Liebesquellen spring'
Und bitter Haß aus einem kleinen Ding,
Wird – und der Sang sei Caryll [1] zugedacht –
Euch durch Belinda [2] hier vors Aug' gebracht.
Schlecht ist der Stoff; doch groß, mein Ruhm, wirst du,
Nickt Er mir freundlich, und blaß Sie mir zu.
        Wie war es möglich, Muse, sag' mir's schnell:
Ein Lord verging sich gegen eine Belle [3]?
Und – noch ein Rätsel, spottend jedes Worts:
Die Belle verschmäht den Antrag eines Lords?
Der Menschenzwerge Mut, ist er so kühn,
Und kann so wild ein zarter Busen glühn?
        Durch weißen Mull traf scheu ein Sonnenstrahl
Das Auge, das ein leuchtender Rival'.
's war um die Zeit – recht weit nach Mitternacht,
Wo selbst der Schlummerloseste erwacht;
Der faule Schloßhund reckt sich auf dem Flur,
Und silbern repetiert [4] die Taschenuhr.
Belinda schlummert fort in süßer Ruh,
Ihr Wächtersylphe [5] weht ihr Träume zu.
Er hat ihr auch den Morgentraum geschickt,
Der jetzt sich leis ihr übers Lager bückt:
Ein Jüngling, schöner als dein schönster Flirt,
Der selbst im Traum, Belinda, dich verwirrt,

---

* »Ich war nicht geboren für den Hof oder große Affären;
Ich zahle, glaubt mir, meine Schulden und verrichte meine Gebete,
Kann durchaus schlafen ohne ein Gedicht in meinem Kopf,
Noch weiß ich, ob Dennis [John D., engl. Dichter, 1657–1734] tot sei oder lebe.«

Jean-Baptiste Greuze:
Kopf einer
liegenden Frau

Er hielt ans Ohr dir seinen Rosenmund.
Und gab dir – scheinbar oder wirklich? – kund:
»O Schönste du, die um sich her beruft
Die leichten tausend Wächter in der Luft,
Wenn je ein Traumbild deinen Geist genährt,
Von dem, was Amm' und Priester dich gelehrt,
Von zarter Elfen mondbeglänzten Reihn,
Von blauer Blume und verwunschnem Hain,
Von Engeln, die bei Jungfraun einst zu Gast,
Mit Himmelsblust und goldener Kronen Glast,
Hör mich und glaub! Erkenne, wer du seist,
Und hefte nicht an niedern Staub den Geist.
    's gibt Dinge, die – dem stolzen Sinn versteckt –
Nur Jungfraun werden[6], Kindern nur entdeckt.
Was tut's, wenn zweifelnd uns der Witz [Verstand] verlacht?
Schönheit und Unschuld glauben unsrer Macht.
So wiss' unzählige Geister um dich her,
Leichte Miliz[7] in niedrer Lüfte Meer,
Sie nehmen ungesehn bei Tag und Nacht
Zu Haus, im Freien, lautlos dich in acht.

Denk, welch ein Hofstaat dir in Lüften ward,
Wenn hier vielleicht ein Page deiner harrt.
Wir waren einst vor langer Zeit zu schaun
So hold wie du im Körper schöner Fraun.
Dann führte sanft der Übergang der Gruft
Uns von der Erde in das Reich der Luft.
   Denk nicht, mit ihrem letzten Seufzer schon
Sei alle Eitelkeit der Frau entflohn.
Sie freut sich noch an voriger Torheit Bild
Und blickt in Karten, die sie nicht mehr spielt.
Vergoldete Karossen, L'hombre [8], Sport,
Die hier ihr Herz entzückt, entzücken's dort,
Wenn sich der Schönheit stolzer Geist, entseelt,
Aufs neue mit dem Element vermählt.
Es steigt der bösen Sieben [9] trotziger Mut
Als Salamander [10] auf in Flammenglut.
Die schmachtend Süßen schlürfen ewigen Tee
Mit Nymphenscharen im Bereich der See.
Zum Gnomen schrumpft die strenge Prüde ein,
So kann sie weiter Unheilstift'rin sein.
Kokette wandelt sich zum Sylphen gleich
Und spielt und flattert in der Lüfte Reich.
Noch eins: Kommt spröde Keuschheit nie zu Fall,
Ist's, weil ein Sylphe heimlich ihr Gemahl.
Nimmt doch ein Geist, den keine Fessel hält,
Geschlecht und Form an, wie es ihm gefällt.
Was wahrt beim Maskenfest, bei Hof, beim Tanz
Der hingeschmolznen Jungfrau ihren Kranz
Vorm listigen Freunde, vorm verwegnen Geck,
Vorm offnen Blick, vorm Flüstern im Versteck,
Wenn euch Musik erweicht, der Tanz erhitzt,
Und hold Gelegenheit im Dunkeln sitzt?
's ist nur ihr Sylph, die Geister wissen's wohl,
Das doch der Welt als Tugend gelten soll.
   Nun gibt es Nymphen, allzu selbstbewußt,
Vorausbestimmt für schnöder Gnomen Lust.
Die füllen sie mit Stolz und eitler Sucht,
Und lehren sie Verachtung, Liebesflucht,
Und zaubern ihnen in ihr leeres Hirn
Von Titeln, Rang ein ganzes Schweifgestirn,
Gekrönter Häupter den erlauchten Chor;
Und, ›Euer Gnaden‹ wispert's in ihr Ohr.
So kommt's, daß, früh im Herzensgrund befleckt,
Sich junge Eitelkeit aufs Äugeln legt.
Künstlich erröten lernt ein halbes Kind,
Scharfsichtig für die Lust, für Liebe blind.
   Oft nennt die Welt euch wankelmütig, Kind,
Führt euch der Sylphe durch ein Labyrinth,
Ihr wißt, wo ihr im Flatterzirkel bleibt
Und alten Tand durch neuen Tand vertreibt.
Welch zarte Nymphe käme nicht zu Fall
Bei Damons Fest, wär nicht Damötens Ball?

Wenn Florio spricht, welch Mädchen hielte stand,
Drückt' ihr nicht Lykas liebevoll die Hand[11]?
So stellen sie vergnügt von Haus zu Haus
Den Spielzeugladen ihres Herzens aus,
Wo Baudelier[12] an Baudelier sich reibt,
Der Beau den Beau, der Groom den Groom vertreibt[13].
Leichtsinn, so nennt's die Welt; doch sie ist blind
Und weiß nicht, daß es nur die Sylphen sind.
    Der Geister, die zu deinem Schutz sich mühn
Und das kristallne Feld der Luft durchziehn,
Bin einer ich – mein Nam' ist Ariel[14].
Im Spiegel deiner Sterne klar und hell,
Da sah ich, ach, ein schrecklich Schicksal drohn,
Noch eh die Sonne heut hinabgeflohn.
    Gern täte dir dein Sylphe mehr noch kund,
Doch was? wie? wo? verschwieg des Himmels Mund.
Drum, fromme Maid, hör meine Warnung an:
Scheu alles heut, am meisten scheu den Mann!«
    Er sprach's, als Shock[15], dem's allgemach zu hell,
Dich aus den Träumen scheuchte mit Gebell.
Da – spricht man wahr – Belinda, blicktest du
Zuerst, erwachend, auf ein Billetdoux[16].
Von Wunden, Reizen, Flammen las man kaum;
Und aus dem Hirn entschwand der Morgentraum.
Entschleiert nun die Toilette steht,
Geordnet glänzt das silberne Gerät.
In Weiß verhüllt seht ihr die Schöne nahn.
Um der Kosmetik Weihe zu empfahn.
Der Spiegel zeigt ein himmlisches Gesicht,
Sie neigt sich zu ihm und betrachtet's nicht.
Die niedre Priest'rin[17], seitlich vom Altar,
Nimmt ihres Diensts mit Furcht und Zittern wahr.
Unzählige Schätze öffnen sich zugleich,
Die Spenden, dargebracht von jedem Reich . . .
Die weiß sie für die Göttin auszuspähn
Und schmückt sie mit den glitzernden Trophä'n.
Hier schimmert Hindostans Juwelenschein;
Und ganz Arabien haucht an jenem Schrein.
Schildkröte hier und Elefant erscheint
Als Kamm, das Bunte mit dem Weiß vereint,
Dort Nadeln, reihweis und vereint in Ruh,
Putts, Puder, Pflaster, Bibeln, Billetdoux.
    Nun tritt die Schönheit furchtbar auf den Plan,
Legt, immer wachsend, alle Waffen an,
Erweckt ihr Lächeln neu im Strahl des Lichts,
Ruft alle Wunder ihres Angesichts,
Daß Grad um Grad ein frischres Rot erblüht
Und immer heller ihre Wimper sprüht.
Die Sylphen, eifrig, nehmen ihrer wahr,
Der plättet ihr die Stirne, der das Haar,
Den Ärmel der, den Rock, der sich verschob,
Und Betty[18] erntet unverdientes Lob.

LAURENCE STERNE
1713-1768

LAURENCE STERNE
von Franz Blei

D oktor Johnson sagte, der *Tristram Shandy* würde vergehen, denn es sei
ein wunderliches, abseitiges Buch, und nichts der Art habe Dauer. Es will
nun nicht viel sagen, daß es den ganzen Doktor Johnson überdauert hat, dem
ein Leben nur erhalten blieb durch die wunderliche Arbeit seines Biographen Boswell.
Freilich: Man spricht mehr von Sternes Büchern, als man sie liest. Doch ist dieses
das Schicksal aller großen Bücher und nicht schuld daran die Klassifizierung als
Humorist, wenn auch das Schicksal gerade diese Humoristen besonders sicher
trifft. Die großen Bücher bekommen ein mythisches Weiterleben. Sie werden zu kul-
turellen Werten, und ihre große Wirkung läßt die Ursache vergessen. Die Existenz
der Bücher Sternes wäre an ihren Folgen beschreibbar, wenn ein Zufall sie vernichtete.
An einer sehr bestimmten Stellung zum Objekt, die dieser Mann zum ersten Male
einnahm, ist er bis heute immer zu erkennen. Man mag den Humor Ausdruck
einer persönlichen Idiosynkrasie nennen und den Humoristen einen, dem sich die
tragischen und komischen Elemente des Lebens in neuen und unerwarteten Kombi-
nationen darstellen. Mag sagen, daß ihn allseits hochgeschätzte Dinge in einer lächerlichen, verachtete Dinge in einer anziehenden Weise berühren. Und in ihm einen
Mann finden, der ein stilles Übereinkommen stört. Ihm ist also nicht zu trauen: man
ist nie sicher mit ihm. Er schüttelt einem die Hand, macht treuherzige Augen und
sagt einem eine Unverschämtheit. So etwa mag der Humorist seinen moralischen
Aufriß von den Menschen, die in ihm den Humoristen meinen, bekommen. Der
Humorist sucht, was ihm die Menschen, die ihm nicht trauen, wieder verbindet, denn
er braucht sie, wenn auch nur in der Idee. Er muß einen Charakter prestieren, ein
deutliches Gemeinsames, das Vertrauen wiedergewinnt. Die meisten »Humoristen«
wählten die Träne: Sterne, Jean Paul, Heine. Sie gibt ihnen Kredit als doch guten
Menschen. Cervantes brauchte sie nicht, Rabelais brauchte sie nicht: man hat sie auch
mit dem »Humoristen« verschont.

Die Dinge aus seinem Leben:

In Sutton, acht Meilen von York, war er Vikar. Die Buben liefen neben ihm her
und konnten nicht genug seine schlampige Kleidung und schlendrige Haltung an-
schauen. Stellte auf dem Weg in die Kirche sein Pointer einen Strich Schnepfen, so
ließ er die Gemeinde warten und jagte. Die fand sich mit ihm ab wie er sich mit ihr.
Es war eine etwas vergnügte Religion.

Sein Weib war zeitweilig verrückt. Einmal glaubte sie, sie sei die Königin von Böhmen. Da fuhr sie Sterne über die Stoppelfelder mit spektakelnden Schweinsblasen
an den Chaisenrädern und erklärte ihr, so fahre man in Böhmen. Seine Gutherzigkeit

tat der armen Verrückten den Gefallen, ihr die harmlose Narrheit nicht auszureden, sondern amüsant zu machen.

Er spielte die Geige und baute sein Stück Land. Er malte und beteiligte sich heftig an kirchlichen Disputen. Er fuhr nach York, wenn dort die Pferderennen waren. Machte ihm das alles keinen Spaß mehr, so fuhr er auf Crazy Castle zu seinem alten Freund Hall-Stevenson hinüber, der immer im Bett blieb, wenn der Wetterhahn, den er aus den Kissen heraus sehen konnte, Nordost zeigte. Brachte man ihn zum Aufstehen, so machte er indezente Verse oder las mit Sterne obszöne Bücher. Im Oktober kamen die Yorkshirer Landedelleute, jagten bei Tag, tranken die Nacht und lebten wüst. Der schwindsüchtige Vikar mit ihnen – er war da ganz in seinem Element. Sonst hatte sein Freund viele Bücher, und Sterne las alle, ob er von ihrem Gegenstand eine Ahnung hatte oder nicht.

Er liebte viele Frauen, aber sie waren ihm gleichgültig. Sie gaben ihm den Schwung, den er sich von Zeit zu Zeit einreden mußte, um nicht ganz ohne Charakter zu sein. Er mußte sich, aus sonstigem Überdruß an der genialen Isolation, einen Charakter fingieren: wir erkennen jetzt die Fälschung (die ihm jedoch wahrscheinlich durchaus selbst bewußt war). Seine Charakterfiktion war die durch ihn berühmte *sentimentality*, die Empfindsamkeit. Ihre Produktion fiel ihm schwer, und deshalb geizte er damit. Er kopierte die schriftlich seinem Weibe geäußerten Gefühle von 1740 und schickte sie mit veränderten Namen an Eliza. Ließ es außerdem noch drucken. Wenn ihm in den Briefen an seine Geliebte etwas besonders Empfindsames gelungen war, zeigte er es zuerst seiner Tochter Lydia. Das Journal, das er für Stella schrieb, druckte er in der *Empfindsamen Reise*. Vielleicht aber war diese Empfindsamkeit auch eine kleine Scham, die er äußern mußte, aber nicht anders konnte als mit jenen Tränen und dem gewissen Augenaufschlag, was wir nicht mehr sehen mögen, weil wir es falsch glauben und uns des Fälschers schämen. Vielleicht hielt sich Sterne für einen Buffone (seine Zeit konnte wohl einen solchen Irrtum über sich selber zustande bringen), und er schämte sich dessen; und übertrieb diese Scham, damit sie ihm das gebe, was man ihm als bedauerlichen Mangel vorwarf: den Charakter. Aber sein Genie war die Charakterlosigkeit. Ihr verdankte er das Wesentliche und unerhört Neue seiner Kunst.

Aus seinem Leben vielleicht noch dieses: er konnte Wilkes schmeicheln und sehr intim mit Holbach und Crébillon sein, wenn ihn sein Bischof nicht sah. Er schrieb der geliebten Jenny von ewiger Liebe und daß diese »nur ein Hindernis« habe – nämlich Frau Vikarin Sterne. Und schrieb an die Geliebte Mrs. Draper ewige Liebe mit »nur zwei Hindernissen« – Frau Sterne und Jenny. Und dies ging so weiter. Er hatte wirklich keine Gefühle, oder er genoß sie so ganz für sich selber als eine unerhörte Wollust, daß er sie nicht weiter gegen andere hin praktizieren wollte und die Maske der sentimentalen Übertreibung vornahm. Der Zyniker Walpole, der das besser hätte verstehen müssen, mißbilligte es, und der gefühlvolle Goldsmith hatte Angst um seine Spezialität und brach in Zorn aus gegen die Damen, die so schmutzige Bücher lesen konnten, womit er aber nur etwa die Antwort der Madame de Rambouillet meinte, die den Wagen halten läßt: »Ich fragte, ob ihr was fehlte? ... Rien que pisser, sagte Madame de Rambouillet ... Siehe nicht scheel, geneigter Reisender, daß Madame pissen muß. – Ich hob sie aus dem Wagen, und wär' ich der Priester der keuschen Castalia gewesen, ich könnte an ihrem Brunnen mit keinem ehrfurchtsvolleren Anstande gedient haben.« Heute noch gilt Sterne in England als ein stellenweise sehr unanständiger Schriftsteller, den keine junge Dame liest.

Warum es gerade das Gefühl war, mit dem sich Sterne seinen Charakter konstituierte, darauf gibt die Zeit Antwort. Philanthropie war Mode geworden auch in England, und eine vage Unzufriedenheit mit der bestehenden Ordnung wuchs auch hier und suchte für das Emotionelle neue Wege. Des *common sense*, den Pope repräsentierte, war man irgendwo müde, und man liebte die Unruhe des Herzens, die

64

Laurence Sterne.
(Stich nach einem
Gemälde von Reynolds)

es bis zur Leidenschaft erst später bringen sollte. Man wartete und erwartete etwas
und suchte überall, steigerte seine Erregtheit. Eine Phase dieses Zustandes war der
Sentimentalismus: man hatte Gefühle und wußte nicht wohin, war immer den Tränen nah, ob vor dem Sternenhimmel oder einem toten Esel, das war gleich. Denn das
Absichtslose, das Zwecklose der Gefühle war ihre Existenz. Sterne war dessen literarischer Meister. Alles, was in Sterne nicht sentimental ist, beweist, daß er nicht
einem Wesen der Zeit erliegt, wo er empfindsam wird, sondern daß er sich bewußt
daraus den Charakter bildet, den man einmal verlangt und den man haben muß.

Man kann, gewiß, kein Wort für die ethische Bedeutung Sternes sagen, und das
Außerordentliche seiner Geistigkeit soll nicht in eine Tugend gewendet werden. Aber
deshalb ist er noch immer kein humoristischer Schriftsteller und schon gar nicht ein
sehr witziger Schriftsteller. Gewiß: er kann nicht sublimieren, und seinen Menschen
fehlt die mystische Atmosphäre. Er hat gar kein besonderes Erbarmen mit ihnen,
sieht kein Rätselhaftes in ihnen, ist ganz ohne Religion. Er ist ein genialer Verstand,
den das Denken der Menschen beschäftigt, nicht ihr Tun. Die Luft in seinen Büchern
ist ganz dünn, wie er sie braucht, um so Feines, so Schnelles wie das Denken zu zeigen. Daher ist das Tempo dessen, was vergeht, so langsam, denn Sterne dehnt die
Sekunde, weil sie voll weiß von Geschehen. »Welch eine Menge von Begebenheiten kann der Mann mit seiner kleinen Lebensspanne umfassen, der sein Herz an
allem teilnehmen läßt und der, da er Augen hat zu sehen, was ihm Zeit und Gelegenheit, so wie er seinen Weg fortsetzt, ohne Unterlaß darbieten, nichts unberührt
läßt... Wenn das eine nichts hervorbringt, so wird's das andere tun. – Es schadet

nichts. – Es ist ein Versuch über die menschliche Natur. – Ich fasse Wasser in ein Sieb. – Genug. – Das Vergnügen des Experiments hat meine Sinne und den besseren Teil meines Blutes wachend erhalten und den gröberen eingeschläfert.« Man sieht, wie dies mit einer Leidenschaft geschieht, die kein Notizbuch braucht. »Ich weiß nicht, wie es kommt, daß ich niemals das Dasein einer Seele in mir so überzeugt empfinde, als wenn ich darein verwickelt bin.« Sterne sieht so intensiv, daß sein Bericht wie von etwas lautet, das gar nicht von dieser Welt ist, sondern aus einem Zaubergarten. Das Absurde wird Sinn und Beweis. Die Schärfe dieser Psychologik spottet aller gemeinen Logik. Alles ist wie auf den Kopf gestellt und von äußerster Natürlichkeit. Er mußte sich für dieses Neue seinen eigenen Ausdruck, seine klare Sprache schaffen, die er sich mit großer Peinlichkeit erarbeitete, bis sie fähig wurde, solche Komplexe vergänglicher Art auszudrücken, die in einem Minimum von Zeit spielen. Denn er notiert nie als sein zweiter Autor psychologische Kausalitäten am Rande seines Textes. Er schreibt keine Erläuterungen, keine wahrscheinlichen Motive neben die Geschichte, die als das, was man so Geschichte nennt, gar nicht vorhanden ist. Wie etwa bei dem, was in der Küche von Shandy-Hall vorgeht beim Eintreffen der Nachricht von Bobby Shandys Tod: »›Unser Junker in London ist tot!‹« sagte Obadiah.

Ein grüner atlaßner Schlenter meiner Mutter, der schon zweimal aufgeputzt worden, war die erste Idee, welche Obadiahs Ausrufung in Susannens Kopf brachte. – Locke hatte wohl recht, ein Kapitel über die Unvollkommenheit der Worte zu schreiben. ›Nun‹, sagte Susanna, ›so müssen wir alle trauern.‹ – Aber das Wort trauern, ungeachtet Susanna selbst es brauchte, verfehlte dennoch seine Wirkung; es erweckte keine einzige in Schwarz oder Grau gefärbte Idee. Alles war grün – der grüne atlaßne Schlenter hing noch da. – ›Oh! meine arme Madame wird den Tod davon nehmen‹, rief Susanna. Nun folgte meiner Mutter ganzer Kleidervorrat. Ihr rotdamastnes, ihr orangefarbenes, ihr weiß und gelb gestreiftes, ihr brauntaffetnes Kleid, ihre Spitzenkopfzeuge, ihre Schlenter, Nachtkontüschen und ausgenähten Unterröcke – alles bis auf den geringsten Lappen. – ›Nein, das erlaubte sie gewiß nicht‹, sagte Susanna.«

Die Empfindsame Reise ist freilich eine reinere Bildung von Sternes Kunst als der Tristram Shandy, in den Skurriles gezogen wurde aus Übermut, den der fünfundvierzigjährige Sterne empfunden haben mußte, als er das entdeckte und artistische Lügentum der Worte Funken daraus schlug.

AUS: TRISTRAM SHANDY

… Alles, was ich hier verfechte, ist, daß ich nicht notwendig mit einer Definition der Liebe anfangen muß, und solange ich meine Geschichte verständlich erzählen und mich dabei des Wortes selbst bedienen kann, ohne einen andern Begriff damit zu verknüpfen als den, welchen ich mit allen Leuten gemein habe, warum sollte ich einen Augenblick vor der Zeit davon abgehen? Wenn ich nicht mehr weiterkann und mich erst von allen Seiten in diesem mystischen Labyrinth verwickelt sehe, wird meine Meinung von selbst ans Licht kommen und mich hinausführen.

Gegenwärtig, so hoffe ich, wird man mich hinlänglich verstehen, wenn ich dem Leser sage, daß mein Onkel Toby sich verliebte.

Ich kann nicht sagen, daß mir die Redensart gefiele; denn wenn man sagt, ein Mann sei verliebt, oder, er sei heftig verliebt, oder gar, er sei rasend verliebt, oder noch ärger, er sei bis über die Ohren verliebt, so wollen diese gängigen Redensarten andeuten, daß der Zustand eines Menschen, welcher liebt, unnatürlich und gefährlich sei; damit kehrt man aber zu der Meinung des Plato zurück, welche ich, trotz all seiner Göttlichkeit, für verdammenswert und ketzerisch halte – und damit genug davon.

Die Liebe mag also sein, was sie will – mein Onkel verfiel ihr.

Und vermutlich, gütiger Leser, würdest du ihr bei einer solchen Versuchung ebenso verfallen; denn nie sahen deine Augen oder begehrten deine Begierden etwas auf dieser weiten Welt, was begehrenswerter gewesen wäre als die Witwe Wadman.

Um es recht zu erfassen, verlangen Sie Tinte und Feder. – Hier ist ein Bogen Papier für Sie. – Setzen Sie sich, Herr, malen Sie sie so, wie es Ihnen gefällt, Ihrer Geliebten so ähnlich, wie Sie können, Ihrer Frau so unähnlich, wie es Ihnen Ihr Gewissen erlauben will – mir ist es ganz gleich, wenn nur Ihre Phantasie auf ihre Kosten kommt.

. . . . .

Die Schicksalsgöttinnen, denen ganz gewiß alles über diese Liebesgeschichte der Witwe Wadman mit meinem Onkel Toby im voraus bekannt war, hatten von der ersten Schöpfung der Materie und Bewegung an (und zwar mit mehr Wohlwollen, als sie bei Dingen dieser Art sonst aufbringen) einen Strang von Ursachen und Wirkungen gesponnen, die so fest aneinanderhingen, daß es meinem Onkel kaum möglich gewesen wäre, in irgendeinem andern Haus auf der Welt zu wohnen oder einen andern Garten in der Christenheit zu besitzen als gerade das Haus und den Garten, welche dicht neben dem Haus und Garten der Witwe Wadman lagen; dieser Umstand sowie eine vorteilhafte dichte Laube in Madame Wadmans Garten, die aber in Onkel Tobys Hecke hineinragte, gaben ihr alle die Gelegenheiten an die Hand, deren die Kriegskunst der Liebe bedurfte. Sie konnte Onkel Tobys Bewegungen beobachten und erfuhr zugleich alle seine Entschlüsse im Kriegsrat; und da sein argloses Herz dem Korporal auf Bridgets Vermittlung hin die Erlaubnis erteilt hatte, ihr ein Heckenpförtchen zu machen, damit sie desto mehr Platz zum Spazieren habe, war sie dadurch imstande, ihre Approchen sogar bis an die Tür des Schilderhauses zu führen und zuweilen, gleichsam aus Dankbarkeit, eine Attacke vorzutragen und zu versuchen, meinen Onkel in seinem eigenen Schilderhaus in die Luft zu sprengen.

. . . »Ich bin halb von Sinnen, Herr Hauptmann Shandy«, sagte Madame Wadman und hielt ihr Batisttaschentuch vor ihr linkes Auge, als sie sich der Tür von Onkel Tobys Schilderhaus näherte. »Ein Stäubchen oder ein Sandkorn oder so etwas, ich weiß nicht was, ist mir da in mein Auge gekommen. Sehen Sie doch einmal hinein – es ist nicht im Weißen.«

Sowie sie das sagte, drängte sie sich zu meinem Onkel Toby hinein, und indem sie sich auf die Ecke seiner Bank drückte, gab sie ihm Gelegenheit, es zu tun, ohne daß er aufstehen mußte. »Bitte, sehen Sie doch einmal hinein!« sagte sie.

Gute, ehrliche Seele! Du sahst hinein, mit der gleichen Unschuld des Herzens, mit der jemals ein Kind in einen Guckkasten geschaut hat, und es wäre eine ebenso große Sünde gewesen, wenn man dir weh getan hätte. Schaut ein Mensch aus freien Stücken in solche Dinge, so habe ich nichts dazu zu sagen.

So etwas tat mein Onkel Toby niemals, und ich will für ihn Bürge sein, daß er vom Juni bis zum Januar (welche Zeit, wie Sie wissen, die heißen und kalten Monate umfaßt) bei einem ebenso schönen Auge, wie es das Auge der thrazischen Rhodope war, ruhig auf einem Sofa gesessen hätte, ohne daß er hätte sagen können, ob das Auge schwarz oder blau war.

Die Schwierigkeit bestand darin, meinen Onkel Toby dahin zu bringen, daß er überhaupt in eines hineinsah. Diese Schwierigkeit ist überwunden, ich sehe ihn dort, wie er mit seiner Pfeife in der Hand schlenkert und die Asche herausfallen läßt, wie er schaut, dann sich die Augen reibt und wiederum schaut, und zwar doppelt so treuherzig, wie Galilei nach einem Flecken in der Sonne Ausschau hielt.

Vergebens! Denn bei allen Mächten, welche die Sehwerkzeuge beseelen – das linke Auge der Witwe Wadman strahlt in diesem Augenblick ebenso hell wie ihr rechtes.

Es schwimmt in ihm kein Stäubchen, kein Sandkorn, kein Schmutz, keine Spreu, kein Fleck und kein Teilchen von undurchsichtiger Materie – du findest nichts in ihm, mein lieber väterlicher Onkel, als ein lieblich loderndes Feuer, das verstohlen aus allen Ecken ihres Auges und in allen Richtungen in deines schießt.

Wenn du, Onkel Toby, nach diesem Stäubchen noch einen Augenblick länger suchst, so bist du verloren.

Ein Auge gleicht insofern vollkommen einer Kanone, als es nicht das Auge oder die Kanone an sich sind, sondern die Richtung des Auges und die Richtung der Kanone, wodurch beide so große Verwüstungen anrichten. Ich halte diesen Vergleich nicht für schlecht. Da ich ihn jedoch sowohl des Nutzens als auch der Zierde wegen gemacht und an den Anfang des Kapitels gestellt habe, so verlange ich dafür nur, daß Sie ihn, sooft ich von Madame Wadmans Augen spreche (ein einziges Mal im nächsten Satz ausgenommen), im Sinn behalten mögen.

»Ich versichere Ihnen, Madame«, sagte mein Onkel Toby, »ich kann nicht das geringste in Ihrem Auge entdecken.«

»Es ist nicht im Weißen«, sagte Madame Wadman. Mein Onkel Toby schaute angestrengt in die Pupille.

Nun war von allen Augen, die jemals geschaffen worden sind – von Ihren eigenen, gnädige Frau, bis zu den Augen der Venus, die doch wahrhaftig das buhlerischste Augenpaar waren, das je in einem Kopf gestanden hat –, kein einziges Auge so geeignet, meinen Onkel Toby um seine Ruhe zu bringen, wie gerade das Auge, in das er hineinsah. Es war kein rollendes Auge, Madame, kein wildes oder lüsternes, auch war es kein funkelndes, drohendes oder befehlendes Auge, das auf der Stelle viel

68

fordern und ertrotzen wollte und das sogleich jene Milch der menschlichen Natur hätte gerinnen lassen, die meinen Onkel Toby erfüllte, sondern es war ein Auge voll zarter Grüße und lieblicher Erwiderungen; es sprach nicht wie das Trompetenregister einer schlecht gebauten Orgel, in welchem Ton manches Auge, mit dem ich spreche, eine grobe Unterhaltung führt, sondern lispelte sanft, gleich dem leisen Röcheln einer sterbenden Heiligen: »Wie können Sie so trostlos leben, Herr Hauptmann Shandy, und so einsam, ohne einen Busen, an den Sie Ihr Haupt legen oder dem Sie Ihre Sorgen anvertrauen könnten?«

Es war ein Auge – Aber ich werde mich noch selbst darin verlieben, wenn ich nur ein weiteres Wort darüber sage. Auf meinen Onkel Toby wirkte es.

Nichts setzt die Charaktere meines Vaters und meines Onkels in ein ergötzlicheres Licht als ihr unterschiedliches Verhalten bei dem gleichen Vorfall – ich nenne die Liebe keinen Unfall, weil ich überzeugt bin, daß sie das Herz eines Menschen stets veredelt. – Gütiger Gott! Was muß aus dem Herzen Onkel Tobys geworden sein, das ohnedem schon lauter Güte war?!

Mein Vater war, wie aus vielen seiner Papiere hervorgeht, dieser Leidenschaft sehr unterworfen, ehe er heiratete, aber wegen einer etwas säuerlichen Art von komischer Ungeduld in seinem Wesen wollte er sich ihr, sooft sie ihn überfiel, niemals wie ein Christ hingeben, sondern tobte und schnaubte und stampfte und schlug aus und raste wie ein Verrückter und schrieb die bittersten Philippiken gegen das Auge, die jemals ein Mann geschrieben hat. Eine gereimte handelt von irgendeinem Auge, das ihn zwei oder drei Nächte hintereinander am Schlaf gehindert hatte; diese beginnt er in der ersten Aufwallung seines Zornes folgendermaßen:

Ein Satan ist's und tut solch Unheil wirken,
Wie niemals noch geschah von Heiden, Juden, Türken. *

Kurz, während des ganzen Anfalls tat mein Vater nichts als schimpfen und schmähen, ja sogar fluchen. Nur ging er nicht so methodisch vor wie Ernulphus – dazu war er zu hitzig –, noch mit Ernulphus' Vorsicht, denn obgleich mein Vater im unduldsamsten Geist dieses und jenes und alles unter der Sonne, was seine Liebe entzündete oder begünstigte, zu verfluchen pflegte, schloß er doch niemals sein Kapitel der Flüche, ohne sich selber ebenfalls zu verfluchen als einen der größten Narren und Gimpel, wie er zu sagen pflegte, die nur jemals auf die Welt losgelassen worden seien.

Mein Onkel Toby hingegen nahm es hin wie ein Lamm, saß still und ließ widerstandslos das Gift in seinen Adern wirken. Selbst bei den heftigsten Qualen seiner Wunde (wie bei der Wunde an seinem Latzbein) ließ er niemals ein gereiztes oder mißvergnügtes Wort fallen; er tadelte weder Himmel noch Erde und dachte oder sagte auch nie etwas Beleidigendes gegen jemanden oder jemandes Körperteile. Er saß einsam und nachdenklich da mit seiner Pfeife, blickte auf sein lahmes Bein und hauchte ein empfindsames Ach, das sich mit dem Rauch vermischte und keinem Sterblichen lästig fiel. Er nahm es hin wie ein Lamm, sage ich.

Die Welt schämt sich, tugendhaft zu sein. Mein Onkel Toby wußte wenig von der Welt; und deswegen, als er fühlte, daß er sich in die Witwe Wadman verliebt hatte, kam er nicht auf den Gedanken, daß die Sache ein größeres Geheimnis bleiben müßte, als wenn Madame Wadman ihn mit einem Klappmesser in den Finger geschnitten hätte. Und wäre es auch anders gewesen, so hätte es doch, da er nun einmal seinen Trim als einen ergebenen Freund betrachtete und jeden Tag neue Gründe fand, ihm als solchem zu begegnen, nichts an der Art geändert, mit der er ihm von der Sache berichtete. – »Ich bin verliebt, Korporal!« sagte mein Onkel Toby.

* Dies soll zusammen mit meines Vaters »Leben des Sokrates« usw. usw. abgedruckt werden.

FRANÇOIS MARIE AROUET, GEN. VOLTAIRE
1694-1778

VOLTAIRE
von Ernst Sander

Wenn Familien sich lange erhalten, so kann man bemerken, daß die Natur
endlich ein Individuum hervorbringt, das die Eigenschaften seiner
sämtlichen Ahnherren in sich begreift und alle bisher vereinzelten und
angedeuteten Anlagen vereinigt und vollkommen ausspricht. Ebenso geht es mit
Nationen, deren sämtliche Verdienste sich wohl einmal, wenn es glückt, in einem
Individuum aussprechen. So entstand in Ludwig XIV. ein französischer König im
höchsten Sinne und ebenso in Voltaire der höchste unter den Franzosen denkbare,
der Nation gemäßeste Schriftsteller. Die Eigenschaften sind mannigfaltig, die man
von einem geistvollen Manne fordert, die man an ihm bewundert, und die Forderungen der Franzosen sind hierin, wo nicht größer, doch mannigfaltiger als die anderer
Nationen... Alles, was übrigens an Fähigkeiten und Fertigkeiten auf eine glänzende
Weise die Breite der Welt ausfüllt, hat er besessen und dadurch seinen Ruhm über
die Erde ausgedehnt.«

Das schrieb Goethe in den Anmerkungen zu seiner Übertragung von Diderots
»Rameaus Neffe«, und er war damit wohl der letzte Deutsche, der Voltaire als eine
geistige Weltmacht erkannt und anerkannt hat. Denn gerade in Deutschland ist
durch das romantisch und nationalistisch eingestellte 19. Jahrhundert das Bild dieses
großen Menschen und Schriftstellers verzerrt und entstellt worden; man bekannte
sich lieber zu Rousseau und dessen sentimentalen Verschwommenheiten; man schloß
sich Lessings persönlichem Haß gegen Voltaire an, Lessings einseitiger, ihrem Gegenstand nicht gewachsener Kritik der klassischen französischen Tragödie, deren
letzter Repräsentant Voltaire war; und das Zerwürfnis zwischen Friedrich II. und
Voltaire, das von beiden nur zu bald als ein zu vernachlässigender Zwischenfall
übergangen wurde, bei dessen unmittelbaren Auswirkungen jedoch der König sich
sehr unköniglich gezeigt hatte, mußte herhalten, Voltaire, seine Persönlichkeit und
seine geistige Leistung zu schmähen. Eine der großen Ausnahmen, auch in diesem
Zusammenhang, ist Nietzsche, der 1873 sein Buch »Menschliches, Allzumenschliches«
Voltaire als »einem der großen Befreier des Geistes« widmete und sich später bei
einer Auseinandersetzung mit dem Antagonismus Voltaire–Rousseau für Voltaire
entschied.

Weder Hermann Missenharters noble Voltaire-Biographie (1949) noch das Monumentalwerk des dänischen Literarhistorikers Georg Brandes »Voltaire und sein
Jahrhundert« (deutsch 1923) haben einen Wandel in der deutschen Einstellung zu
Voltaire zuwege gebracht oder auch nur die übelsten der gegen ihn im Schwange befindlichen Vorurteile beseitigt. Innerhalb der für geistige, für literarische und histo-

rische Dinge aufgetanen Leserschaft verehrt ihn nur eine kleine Elite und hat ihn gelesen, wenn auch sicherlich nicht die siebzig Bände der durch Beaumarchais in Kehl, auf badischem Boden, 1784–1789 veranstalteten ersten Gesamtausgabe, so doch einzelne Werke, etwa die Erzählungen und Romane in der unübertroffenen Klarheit, Eleganz, geistigen Präzision und Reinheit ihres Stils, allen voran den unsterblichen »Candide«, oder die Tragödien »Mahomet« und »Tankred«, die Goethe um der Läuterung des deutschen Geschmacks willen übersetzte und aufführte; oder seine fesselnden, auf überlegener Auswertung der Quellen beruhenden, von dynastischen und weltanschaulichen Voreingenommenheiten freien historischen Werke, die »Geschichte Karls XII.« oder das imponierende »Zeitalter Ludwigs XIV.«, oder eine Auswahl seiner funkelnden Briefe.

»Es gibt Schriftsteller, die in die Literaturgeschichte hineingehören. Die wertvollsten unter ihnen sind epochemachend in der Dichtung, der Wissenschaft oder Geschichtsschreibung ihres Landes. – Es gibt einige recht wenige Schriftsteller, vielleicht alles in allem ein paar Dutzend, die der Weltgeschichte angehören. – Voltaire ist einer von ihnen. – Es war einmal ein Nervenbündel; mit Elektrizität geladen, das Europa einnahm und erleuchtete. – Es war einmal ein Mann, der sich frühzeitig dazu entwickelte und dafür galt, der überlegene Witz in Menschengestalt zu sein, und der, soweit die Zivilisation reicht, noch heute diesen Ruf bewahrt hat. – Es war einmal ein Dämon, dessen Geist Feuer und dessen Einfälle blitzartig waren, dessen Herz warm

Voltaire.
(Zeitgenössische
Darstellung)

in Hingebung und Freundschaft schlug, während sein Verstand in leuchtender Klarheit kalt war, während seine Kunst, als natürlich-einfache Beredsamkeit, die kaum erreicht, niemals übertroffen wurde, die Beredsamkeit des Vortrags und nicht der Rede war; denn er hielt niemals Reden. – Es war einmal ein Weltmann, ein Hofmann, ein Gutsherr, ein Dichter, ein Gelehrter, ein Geschichtsschreiber, ein Einsiedler, dessen Wesen Wille, dessen Begierde Ehre, dessen Lust Handlung, dessen Form Anmut, dessen Stütze ein seltenes Gedächtnis, dessen Verstand eine geniale Wachsamkeit war; dessen Lob eine Auszeichnung bedeutete, die ein Papst ebensosehr wie eine Schauspielerin, ein König ebensosehr wie ein Poet leidenschaftlich wünschte, und dessen Spott Brandmale hinterließ, die einige Jahrhunderte sichtbar geblieben sind ... Durch nie rastende Wißbegierde und unerschöpfliche Erfindungsgabe, durch Tatkraft, die sich als Lust am Wirken zu erkennen gab, gelangte er dahin, nichts Geringeres als eine Nationalität, einen Weltteil und ein Jahrhundert mit dessen ganzer Kultur in sich zusammenzufassen.«

Nie ist Voltaire eindringlicher gewürdigt und gekennzeichnet worden als durch diese hymnischen, ihren Gegenstand ins Legendäre entrückenden Sätze, mit denen Georg Brandes sein Voltaire-Werk einleitet, und wenn sie hier angeführt werden, so geschieht es, weil sie Gültigeres aussagen, als eine summarische Skizze von Voltaires Leben es vermöchte.

Es war ein großartiges und hektisches, ein stürmisches und von wichtigen und nichtigen Kämpfen erfülltes Leben mit Fluchten, zwei Haftzeiten in der Bastille, Exil, Triumphen in Salons und an Fürstenhöfen, und es endete patriarchalisch im schloßartigen Gutshaus zu Ferney bei Genf: dort lebte er als ein großer Herr und als Schirmer einer von ihm gegründeten freien, glücklichen Kolonie von Bauern und Gewerbetreibenden, nach allen Seiten Segen verbreitend. »Er ist hier größer als in seinen Büchern«, schrieb Madame de Genlis, »denn man bemerkt überall eine geniale Güte.«

Seit 1760 wohnte der bis dahin Unstete in Ferney, auf französischem Boden, aber nahe der Schweizer Grenze, um der Fluchtmöglichkeit willen; denn sein Jahrhundert war nicht nur das der Reifröcke, der zierlich-gravitätischen Menuette und des gepflegten Miteinanders bei guter Musik, gutem Essen und geistvollen Gesprächen, sondern gleichzeitig das der Folter und der letzten Scheiterhaufen, des Despotismus und der kirchlichen und gerichtlichen Willkür. Er hat das meiste von dem, was er an Polemischem oder Philosophischem schrieb, anonym oder unter Pseudonymen erscheinen lassen und erscheinen lassen müssen, da es ihm unter den obwaltenden Verhältnissen lebenslängliches Gefängnis, wenn nicht gar den Tod gebracht hätte.

Er, auf dessen Wort nach wie vor Europa lauschte, der im Briefwechsel mit allen stand, die zu seiner Zeit berühmt oder groß waren, hatte sich darauf beschränkt, wie sein »Candide«, am Ende seines Lebens auf kleinem Raum das Nächstliegende und Notwendige zu tun. »Als ich ankam, habe ich nur wüstes Land vorgefunden, nur Armut und Skrofeln. Ich habe Felder urbar gemacht, Korn wachsen lassen, wo Disteln wucherten, der Armut gesteuert und das Völkchen meines kleinen Gebietes in wenigen Jahren um das Dreifache vermehrt, wenn ich auch nicht den Vorzug hatte, zu dieser Volksvermehrung einen persönlichen Beitrag zu leisten. Würde ich nicht fürchten, als ein eitler Narr dazustehen, so müßte ich sagen: es ist ein köstliches Leben, das ich führe«, schrieb er als Siebzigjähriger.

Seine Gegner, vor allem Rousseau, haben ihm seinen Reichtum vorgeworfen und ihn deswegen beneidet, und vielleicht gar, weil dieser die Grundlage seiner Unabhängigkeit bildete. Er hat ihn sich nicht durch seine Feder erworben; das wäre in einer Zeit, die kein Urheberrecht kannte, unmöglich gewesen, und er dankte ihn auch nicht, wie Diderot, Geschenken hochmögender Gönner. Neben seinem schriftstellerischen Genie besaß er ein kaufmännisches, das er für Spekulationen einsetzte, unmittelbar oder durch dunkle Mittelsleute. Die Einzelheiten sind auch heute noch unbekannt; allein er gewann dadurch das größte Vermögen, das je ein Schreibender besessen hat; er konnte wie ein Fürst leben. Einmal lieh er dem verschuldeten Herzog Karl von Württemberg eine halbe Million, ließ sich dafür die Weinberge von des Herzogs elsässischem Besitz Riquewihr (Reichenweiher) verpfänden und trank somit einen der besten Weine Frankreichs.

Aber damit ließ er es nicht bewenden, und ebensowenig mit einer ausgedehnten literarischen Tätigkeit. An der Schwelle seines achten Lebensjahrzehnts trat er, dessen Kampf bislang dem »Obskurantismus« im allgemeinen gegolten hatte, großherzig und furchtlos für einzelne Opfer der Willkür und der Unterdrückung ein, für Verfolgte und zu Unrecht Verurteilte: für die Rehabilitierung und Entschädigung der Familie des auf kirchliches Betreiben unter falscher Beschuldigung geräderten Hugenotten Jean Calas, für die Hugenottenfamilie Sirven, deren vierzehnjährige Tochter in ein Kloster verschleppt worden war und Selbstmord begangen hatte und die, des Falles Calas gedenkend, in die Schweiz und zu Voltaire geflüchtet war; er setzte sich, leider vergeblich, für den siebzehnjährigen Leutnant La Barre ein, der ein frivoles Lied gesungen hatte und bei dem zwei Bücher Voltaires gefunden worden waren: La Barre wurde auf eine grauenerregende Weise hingerichtet; sein Gefährte d'Etallande hatte zu Voltaire flüchten können. Daß Voltaire im höchsten Alter unter vollem Einsatz seiner Person und unter Aufopferung beträchtlicher Geldmittel gegen die Ungerechtigkeit seiner Zeit, gegen religiösen Fanatismus und befangene Justiz gekämpft hat, gereicht ihm zu höchstem Ruhm und straft alles Geschwätz über seine Herzlosigkeit Lügen.

Toleranz, Menschlichkeit, Freiheit des Denkens und des Gewissens: diese Formelworte drücken aus, um was es Voltaire als Dichter, Philosoph und praktisch Wirkender ging. Vermöge der Universalität seines Geistes und der unbestechlichen Schärfe seiner kritischen Urteilskraft, seiner Feindschaft gegen allen Fanatismus, seines Gerechtigkeitssinnes, seiner Vorurteilslosigkeit und seiner Überlegenheit in der Wertung und Lösung aller seine Zeit bewegenden Fragen, gipfelnd in der, unter welchen Bedingungen sich menschliches Glück verwirklichen lasse, gehört er zu den großen Gestalten seines Jahrhunderts und, darüber hinaus, der Menschheit.

BABUK ODER DER LAUF DER WELT,
von ihm selbst niedergeschrieben

Unter den Genien, die die Reiche dieser Welt beherrschen, ist Ituriel einer der erhabensten; ihm untersteht Oberasien. Eines Morgens schwang er sich zu der Behausung des Skythen Babuk am Ufer des Oxus nieder und sprach zu ihm: »Babuk, die Narrheiten und Ausschweifungen der Perser haben unsern Zorn erregt; gestern hat eine Zusammenkunft der Genien Oberasiens stattgefunden, um zu beschließen, ob Persepolis gezüchtigt oder zerstört werden solle. Geh in die Stadt, prüfe alles; nach deiner Rückkehr sollst du mir getreulich Rechenschaft ablegen, und auf deinen Bericht hin will ich mich entscheiden, ob ich die Stadt maßregle oder ausrotte.« – »Aber Herr«, sagte Babuk demütig, »ich bin nie in Persien gewesen; ich kenne dort niemanden.« – »Desto besser«, sagte der Engel, »dann bist du unvoreingenommen; der Himmel hat dich mit Unterscheidungsvermögen begabt; ich füge die Eigenschaft hinzu, Vertrauen einzuflößen; geh, schau, höre, beobachte, und fürchte nichts; du wirst überall willkommen sein.«

Babuk bestieg sein Kamel und brach mit seinen Dienern auf. Nach einigen Tagereisen traf er auf der Ebene von Senar das persische Heer, das sich anschickte, wider

Bernardo Belotto: Husar auf einem Schimmel

das indische Heer zu kämpfen. Er wandte sich zunächst an einen Soldaten, der abgesondert stand. Er redete ihn an und fragte ihn, warum Krieg geführt werde? »Bei allen Göttern«, sagte der Soldat, »das weiß ich nicht. Das geht mich nichts an; mein Beruf ist es, zu töten und getötet zu werden; auf diese Weise verdiene ich meinen Lebensunterhalt: mir ist es gleich, wem ich diene. Ich könnte sehr wohl morgen in das Lager der Inder hinüberwechseln; denn es heißt, sie zahlten ihren Soldaten täglich fast eine halbe Kupferdrachme mehr, als wir in dem verfluchten Perserdienst bekommen. Wenn Sie wissen wollen, warum Krieg geführt wird, müssen Sie meinen Hauptmann fragen.«

Nachdem Babuk dem Soldaten ein kleines Geschenk gemacht hatte, ging er ins Lager. Bald schloß er Bekanntschaft mit dem Hauptmann und fragte ihn nach der Ursache des Krieges. »Woher soll ich denn das wissen?« fragte der Hauptmann. »Und was geht mich diese herrliche Ursache an? Ich wohne zweihundert Meilen von Persepolis entfernt; ich höre, der Krieg sei erklärt worden; sogleich verlasse ich meine

Familie und suche, meiner Gewohnheit gemäß, Reichtum, oder den Tod, weil ich nämlich nichts sonst zu tun habe.« – »Aber wissen denn Ihre Kameraden«, fragte Babuk,
»nicht ein bißchen besser als Sie Bescheid?« – »Nein«, sagte der Offizier, »selbst unsere führenden Satrapen wissen kaum, warum dieses Schädelspalten stattfindet.«

Der erstaunte Babuk drang bis zu den Generalen vor; er gewann ihr Vertrauen.
Einer von ihnen sagte ihm schließlich: »Die Ursache des Krieges, der seit zwanzig
Jahren Asien verheert, beruht ursprünglich auf einer Streitigkeit zwischen dem Eu-
nuchen einer der Frauen des persischen Großkönigs und einem Angestellten in der
Schreibstube des Großkönigs von Indien. Es handelte sich um ein Recht, dessen Wert
ungefähr dem dreißigsten Teil eines Dareikos entspricht. Der Erste Minister von
Indien und der unsrige wahrten die Rechte ihrer Herren auf eine höchst würdige
Weise. Der Streit wurde immer hitziger. Beide Parteien haben eine Armee von rund
einer Million Soldaten ins Feld rücken lassen. Diese Armee muß jährlich um mehr als
vierhunderttausend Mann ergänzt werden. Morde, Feuersbrünste, Ruinen, Verheerungen nehmen ständig zu; die Welt leidet darunter, und die Erbitterung dauert an.
Unser Erster Minister und der von Indien beteuern des öfteren, sie handelten einzig
um des Glückes der Menschheit willen, und nach jeder dieser Beteuerungen wird eine
Stadt zerstört, werden ein paar Provinzen verheert.«

Als sich am nächsten Tag das Gerücht verbreitete, der Friede solle geschlossen werden, beeilten sich der persische und der indische General, eine Schlacht zu schlagen;
es war eine blutige Auseinandersetzung. Babuk sah alle Fehler und Schandtaten mit
an; er war Zeuge der Ränke der führenden Satrapen, die ihr Möglichstes dazu taten,
daß ihr Oberkommandierender geschlagen wurde. Er sah, wie Offiziere von den
eigenen Truppen getötet wurden; er sah, wie Soldaten ihre eigenen sterbenden Kameraden umbrachten, um ihnen ein paar blutige, zerfetzte, kotbedeckte Lumpen zu
entreißen. Er ging in die Lazarette, wohin die Verwundeten gebracht wurden, von
denen die meisten durch die unmenschliche Nachlässigkeit derer zugrunde gingen,
die der König von Persien als ihre Pfleger teuer bezahlte. »Sind das Menschen«, rief
Babuk aus, »oder wilde Tiere? Ach, ich sehe schon, daß Persepolis zerstört werden
wird.«

Mit diesem Gedanken beschäftigt, ging er in das Lager der Inder hinüber; er wurde
dort ebenso herzlich willkommen geheißen wie in dem der Perser, ganz wie es ihm
vorhergesagt worden war; aber er sah dort die gleichen Mißstände, die ihn entsetzt
hatten. »Oh, oh«, sprach er bei sich, »wenn der Engel Ituriel die Perser ausrotten
will, dann muß der Engel der Inder auch die Inder vernichten.« Nachdem er sich
dann über die Einzelheiten dessen unterrichtet hatte, was in den beiden Armeen
geschehen war, erfuhr er von Edelmut, von Seelengröße, von Menschlichkeit, von
Taten, die ihn erstaunten und begeisterten. »Unerklärliche Menschenwesen«, rief er
aus, »wie könnt ihr in euch so viel Niedrigkeit und Größe, so viel Tugenden und
Verbrechen vereinen?«

Inzwischen wurde der Friede erklärt. Der Befehlshaber der beiden Armeen, von
denen keiner den Sieg davongetragen hatte, die aber beide um ihrer eigenen Interessen willen das Blut so vieler Menschen ihresgleichen hatten vergießen lassen, bewar-
ben sich bei ihren Höfen eifrig um Belohnungen. Der Friede wurde in öffentlichen
Bekanntmachungen gefeiert, die nichts Geringeres als die Wiederkehr der Tugend
und der Glückseligkeit auf Erden ankündigten. »Gott sei gepriesen«, sagte Babuk;
»Persepolis wird die Stätte der geläuterten Unschuld sein; es wird nicht zerstört werden, wie die garstigen Genien es wollten: ich will unverzüglich in diese Hauptstadt
Asiens eilen.«

Er gelangte in die Riesenstadt durch das alte Tor, das völlig barbarisch war und
dessen ekelerregende Ungeschlachtheit die Augen beleidigte. Dieser ganze Teil der
Stadt stammte noch aus der Zeit, da sie erbaut worden war; und trotz der Versessen-

heit der Leute, das Antike auf Kosten des Modernen zu loben, muß zugegeben werden, daß die ersten Versuche auf allen Gebieten plump ausfallen.

Babuk mischte sich in eine Volksmasse, die sich aus dem Schmutzigsten und Häßlichsten zusammensetzte, was es innerhalb der beiden Geschlechter gab. Diese Masse stürzte sich mit stumpfsinnigen Gesichtern in einen weitläufigen, düsteren, geschlossenen Raum. Aus dem unablässigen Gemurmel, den Bewegungen, die er wahrnahm, dem Geld, das einige Leute anderen gaben, um des Rechtes willen, sich hinzusetzen, schloß er, daß er sich in einer Markthalle befinde, wo Strohstühle verkauft würden; aber da er alsdann sah, wie mehrere Frauen niederknieten und so taten, als schauten sie starr vor sich hin, und als er, seitwärts blickend, die Männer betrachtete, wurde ihm deutlich, daß er in einem Tempel sei. Schrille, rauhe, mißlautende Stimmen füllten das Gewölbe mit verworrenen Tönen; sie wirkten genauso wie die Stimmen der Wildesel, wenn sie in den Ebenen der Piktaven auf das Bockshorn antworteten, das sie ruft. Er hielt sich die Ohren zu; aber er war geneigt, sich auch Augen und Nase zuzuhalten, als er Arbeiter mit Zangen und Schaufeln in diesen Tempel kommen sah. Sie hoben einen großen Stein auf und warfen nach rechts und links Erde beiseite, von der ein pestartiger Gestank ausging; dann wurde ein Toter in das Loch gelegt und der Stein wieder darüber geschoben.

»Wie«, rief Babuk, »diese Völker begraben ihre Toten an der gleichen Stätte, wo sie ihre Gottheit anbeten? Wie, ihre Tempel sind mit Leichen gepflastert? Jetzt wundere ich mich nicht mehr über die pestilenzialischen Krankheiten, die Persepolis so häufig heimsuchen. Der Unrat der Toten und derjenige so vieler Lebender, die an ein und demselben Orte versammelt und zusammengedrängt sind, ist imstande, den Erdball zu vergiften. Ach, diese garstige Stadt Persepolis! Augenscheinlich wollten die Engel sie zerstören, um an ihrer Statt eine schönere zu erbauen und sie mit Einwohnern zu bevölkern, die weniger schmutzig sind und besser singen. Die Vorsehung mag ihre Gründe haben; lassen wir sie gewähren.«

Indessen näherte sich die Sonne dem Höhepunkte ihrer Bahn. Babuk wollte am anderen Ende der Stadt bei einer Dame zu Mittag essen, für die ihr Gatte, ein Offizier, ihm Briefe mitgegeben hatte. Zunächst unternahm er noch einige Rundgänge durch Persepolis; er sah andere Tempel, die schöner gebaut und schöner ausgeschmückt, in denen schmucke Leute waren und wo eine wohlklingende Musik erscholl; er nahm öffentliche Brunnen wahr, die, obwohl schlecht aufgestellt, durch ihre Schönheit auffielen, er sah Plätze, wo die besten Könige, die Persien je regiert hatten, in Bronze zu atmen schienen, und andere Plätze, wo er das Volk rufen hörte: »Wann werden wir unseren geliebten Herrn hier sehen?« Er bewunderte die großartigen Brücken, die den Strom überspannten, die prächtigen, bequemen Uferstraßen, die Paläste zur Rechten und zur Linken, ein ungeheuer großes Gebäude, in dem Tausende von alten, versehrten, siegreichen Soldaten tagtäglich dem Gott der Schlachten Dank sagten. Schließlich ging er zu der Dame, die ihn inmitten einer Gesellschaft angenehmer Leute zum Essen erwartete. Das Haus war sauber und hübsch, das Mahl köstlich, die Dame jung, schön, geistvoll, liebenswert; die Gesellschaft war ihrer würdig, und Babuk sagte sich unaufhörlich: »Der Engel Ituriel spottet der Welt, daß er eine so reizende Stadt zerstören will.«

Indessen nahm er wahr, daß die Dame, die ihn anfangs zärtlich um einen Bericht über das Ergehen ihres Mannes gebeten hatte, sich gegen Ende des Mahles noch zärtlicher mit einem jungen Magier unterhielt. Er sah einen Beamten, der in Gegenwart seiner Frau auf das lebhafteste eine Witwe an sich drückte, und eben jene nachsichtige Witwe hatte die eine Hand dem Beamten um den Hals gelegt, während sie die andere einem jungen, sehr hübschen und sehr bescheidenen Bürger darbot. Die Frau des Beamten stand als erste vom Tische auf, um in einem benachbarten Kabinett den Direktor ihres Mannes zu unterhalten, der zu spät gekommen war und den man zum

Essen erwartet hatte; und der Direktor, ein redegewandter Mann, sprach in jenem Kabinett mit so viel Ungestüm und zugleich so salbungsvoll, daß die Dame, als sie wiederkam, feuchte Augen und flammende Backen hatte, daß ihr Gang unsicher war und ihre Stimme schwankte.

Da begann Babuk zu fürchten, daß der Genius Ituriel recht haben könne. Seine Gabe, Vertrauen einzuflößen, verschaffte ihm noch am gleichen Tage Einblick in die Geheimnisse der Dame; sie vertraute ihm ihre Neigung zu dem jungen Magier an und versicherte ihm, er vermöge in allen Häusern von Persepolis das gleiche zu finden, was er in dem ihrigen gesehen habe. Babuk schloß daraus, daß eine solche Gesellschaft keinen Bestand haben könne; daß Eifersucht, Zwietracht, Rache alle Häuser verheeren, daß alle Tage Trauer herrschen und Blut fließen, daß sicherlich die Ehemänner die Galane ihrer Frauen töten müßten und daß im Grunde Ituriel sehr gut daran täte, wenn er eine beständigen Verwirrungen preisgegebene Stadt mit einem Schlag zerstörte.

In diese düsteren Gedanken war er versunken, als an der Tür ein ernster Mann in schwarzem Mantel erschien, der demütig den jungen Beamten zu sprechen verlangte. Ohne aufzustehen, ohne hinzusehen gab dieser ihm stolz und mit zerstreuter Miene einige Papiere und verabschiedete ihn. Babuk fragte, wer dieser Mann sei. Die Herrin des Hauses sagte ihm leise: »Er ist einer der besten Advokaten der Stadt; seit fünfzig Jahren befaßt er sich mit den Gesetzen. Der Herr, der erst fünfundzwanzig und seit zwei Tagen Justizsatrap ist, läßt ihn einen Auszug aus den Akten eines Prozesses machen, den er morgen entscheiden soll und noch nicht durchgearbeitet hat.« – »Der junge Leichtfuß handelt klug«, sagte Babuk, »daß er einen Greis um Rat fragt; aber warum ist nicht der Greis Richter?« – »Sie belieben zu scherzen«, wurde ihm geantwortet, »wer in arbeitsreichen und niedrigen Stellungen alt geworden ist, gelangt niemals zu Rang und Würden. Dieser junge Herr bekleidet ein hohes Amt, weil sein Vater reich ist und weil hierzulande das Recht, Recht zu sprechen, käuflich ist wie ein Meierhof.« – »O Sitten! O unglückselige Stadt!« rief Babuk; »das ist denn doch der Gipfel der Verwirrung! Zweifellos verkaufen jene, die das Recht zu richten gekauft haben, ihrerseits die Urteile. Ich sehe hier nichts als Abgründe der Sittenverderbnis.«

Als er auf solcherlei Weise seinem Schmerz und seiner Überraschung Ausdruck gab, sagte ein junger Krieger, der am gleichen Tag vom Heere heimgekommen war: »Was haben Sie eigentlich dagegen, daß die juristischen Stellen käuflich sind? Ich habe mir das Recht gekauft, an der Spitze von zweitausend Mann, die ich befehlige, dem Tode Trotz zu bieten; es hat mich dieses Jahr vierzigtausend Golddareiken gekostet, daß ich dreißig Nächte hintereinander in Uniform auf der nackten Erde geschlafen und dann zwei tüchtige Pfeilschüsse abbekommen habe, die ich noch immer spüre. Wenn ich mich im Dienst des persischen Kaisers, den ich niemals gesehen habe, zugrunde richte, kann der Herr Justizsatrap doch wohl auch etwas dafür ausgeben, daß er das Vergnügen hat, den Prozeßführenden Audienzen zu gewähren.« Der unwillige Babuk konnte nicht umhin, im tiefsten Seelengrunde ein Land zu verdammen, in dem in Krieg und Frieden die höchsten Würden an den Meistbietenden versteigert wurden; er schloß daraus in jäher Erkenntnis, daß man hier gänzlich ahnungslos darüber sei, was es mit dem Kriege und den Gesetzen auf sich habe, und daß Ituriel diese Völker nicht auszurotten brauche, da sie allein schon durch ihre schlechte und elende Verwaltung zugrunde gerichtet würden.

Seine üble Meinung wurde noch durch die Ankunft eines beleibten Mannes gesteigert, der, nachdem er die ganze Gesellschaft höchst vertraulich gegrüßt hatte, an den jungen Offizier herantrat und ihm sagte: »Ich kann Ihnen nur fünfzigtausend Golddareiken leihen, denn tatsächlich haben die Reichszölle mir dieses Jahr nicht mehr als dreihunderttausend eingebracht.« Babuk erkundigte sich, wer der Mann sei, der sich beschwerte, daß er so wenig verdiene; er vernahm, daß es in Persepolis vierzig

Daniel Chodowiecki: Friedrich der Große, zur Parade reitend, 1777

plebejische Könige gebe, die das Perserreich gepachtet hätten und dem Monarchen etwas dafür zahlten.

Nach dem Essen ging er in einen der herrlichsten Tempel der Stadt; er setzte sich unter eine Schar von Frauen und Männern, die zum Zeitvertreib hergekommen waren. Auf einer erhöhten fahrbaren Vorrichtung erschien ein Magier, der des langen und breiten über Laster und Tugend sprach. Dieser Magier zerlegte in mehrere Teile, was gar nicht mehr geteilt zu werden brauchte; er bewies methodisch, was ohnehin völlig klar war; er lehrte, was man bereits wußte. Er ereiferte sich heftig und ging schwitzend und außer Atem fort. Dann wachte die ganze Versammlung auf und meinte, an einer Belehrung teilgenommen zu haben. Babuk sagte: »Dieser Mann hat sein Bestes getan, um zwei- oder dreihundert seiner Mitbürger zu langweilen; aber seine Absicht war gut, und ich wüßte nicht, daß Persepolis deswegen zerstört werden müßte.«

Nachdem er diese Versammlung verlassen hatte, führte man ihn auf ein öffentliches Fest, das das ganze Jahr hindurch jeden Tag gefeiert wurde; es fand in einer Art Gerichtshalle statt, in deren Hintergrund ein Palast zu sehen war. Die schönsten Einwohnerinnen von Persepolis und die bedeutendsten Satrapen, die in wohlgeordneten Reihen dasaßen, bildeten einen so schönen Anblick, daß Babuk anfänglich glaubte, dies sei das ganze Fest. Zwei oder drei Personen, die Könige und Königinnen zu sein schienen, betraten alsbald die Vorhalle jenes Palastes; ihre Sprechweise war von der des Volkes durchaus verschieden; sie war gemessen, harmonisch und verfeinert. Niemand schlief; alle hörten in tiefem Schweigen zu, das lediglich durch Bezeigungen der Erschütterung oder der allgemeinen Bewunderung unterbrochen wurde. Die Pflicht der Könige, die Liebe zur Tugend, die Gefahren der Leidenschaften wurden in so lebendigen und rührenden Beispielen dargestellt, daß Babuk Tränen vergoß. Er zweifelte nicht daran, daß die Helden und Heldinnen, die Könige und

Königinnen, denen er gelauscht hatte, die Prediger des Reiches seien. Er nahm sich sogar vor, Ituriel aufzufordern, daß er komme und sie anhöre; sicherlich würde ein solches Schauspiel ihn für alle Zeit mit der Stadt aussöhnen.

Als das Fest beendet war, wollte er die erste der Königinnen aufsuchen, die in dem schönen Palast eine so edle und reine Moral verkörpert und verkündet hatte; er ließ sich bei Ihrer Majestät anmelden; man führte ihn über ein Treppchen in ein im zweiten Stock gelegenes, schlecht ausgestattetes Zimmer, wo er eine unansehnlich gekleidete Frau fand, die ihm mit nobler und pathetischer Miene sagte: »Dies Handwerk bringt mir nicht einmal genug zum Leben ein; einer der Fürsten, den Sie gesehen haben, hat mir ein Kind gemacht; ich komme demnächst nieder; ich habe kein Geld, und ohne Geld werde ich nirgends entbunden.« Babuk schenkte ihr hundert Golddareiken und sagte: »Wenn es in der Stadt nur diesen Übelstand gäbe, so hätte Ituriel unrecht, so aufgebracht zu sein.«

Von dort begab er sich zu einer Abendgesellschaft von Kaufleuten, die mit überflüssigen Luxusartikeln handelten. Ein kluger Mann, dessen Bekanntschaft er gemacht hatte, brachte ihn dorthin; er kaufte, was ihm gefiel, und man nahm ihm überaus höflich sehr viel mehr Geld dafür ab, als es wert war. Nach der Heimkunft öffnete der Freund ihm die Augen darüber, wie sehr er übervorteilt worden war. Babuk schrieb den Namen des Kaufmanns auf sein Täfelchen, damit er ihn am Tage der Zerstörung der Stadt herausfinden könne. Als er noch schrieb, klopfte es an die Tür; es war der Kaufmann in Person, der die Börse zurückbrachte, die Babuk versehentlich in seinem Geschäftsraum hatte liegen lassen. »Wie ist es nur möglich«, rief Babuk aus, »daß Sie sich als so treu und edelmütig bezeigen, nachdem Sie so schamlos gewesen sind, mir Flitterkram viermal so teuer zu verkaufen, als er wert ist?« – »Es gibt in dieser Stadt keinen einigermaßen bekannten Kaufmann«, erwiderte der Händler, »der Ihnen Ihre Börse nicht zurückgebracht hätte; aber Sie sind getäuscht worden, als man Ihnen sagte, ich hätte Ihnen, was Sie aus meinem Laden mitgenommen haben, zum vierfachen Preis verkauft; ich habe es Ihnen zehnmal so teuer verkauft: und das ist so wahr, daß Sie, wenn Sie es in einem Monat wiederverkaufen wollten, nicht einmal den zehnten Teil dafür bekämen. Doch so ist es nun einmal Handelsbrauch; die Phantasie der Menschen bestimmt den Preis von solcherlei Nichtigkeiten; eben diese Phantasie schafft den hundert Arbeitern, die ich beschäftige, den Lebensunterhalt; ihr danke ich ein schönes Haus, einen bequemen Wagen, Pferde; sie regt den Gewerbefleiß an, der wiederum den Geschmack, den Geldumlauf und den Überfluß fördert. Ich verkaufe den gleichen Krimskrams an zwei Nachbarvölker noch teurer als an Sie, und auf diese Weise bin ich dem Reiche nützlich.«

Nachdem Babuk ein wenig nachgesonnen hatte, löschte er den Namen auf seinem Täfelchen wieder aus.

Babuk, der sich völlig im ungewissen darüber war, was er von Persepolis denken sollte, beschloß, die Magier und die Gelehrten aufzusuchen; denn die einen studierten die Weisheit, die anderen die Religion; und er gab sich der Hoffnung hin, daß beide Gruppen Gnade für den Rest des Volkes erlangen würden. Am nächsten Morgen begab er sich in ein Kollegium der Magier. Der Archimandrit gestand ihm, er genieße eine Rente von zehntausend Talern dafür, daß er das Armutsgelübde, und er übe eine ziemlich ausgedehnte Macht aus, weil er das Demutsgelübde abgelegt habe; dann überließ er Babuk der Sorge eines gewöhnlichen Ordensbruders, der ihm die Honneurs machte.

Während jener Bruder ihm den Glanz und die Pracht dieses Hauses der Buße und Einkehr zeigte, verbreitete sich das Gerücht, er sei gekommen, um alle Häuser dieser Art zu reformieren. Sogleich empfing er von jedem einzelnen eine Denkschrift, und all diese Denkschriften besagten im Grunde das eine: »Schone uns und zerstöre alle anderen.« Wenn man ihren Verteidigungsreden Gehör schenkte, so waren diese Gesellschaften samt und sonders notwendig. Wenn man den gegeneinander gerichteten Anklagen Gehör schenkte, so verdienten sie samt und sonders, ausgerottet zu werden. Es erfüllte ihn mit Bewunderung, daß es auch nicht eine unter ihnen gab, die, um eine Welt zu erbauen, nicht die Herrschaft darüber hätte haben wollen. Da gesellte sich ihm ein Männlein zu, das ein Halbmagier war und ihm sagte: »Ich sehe sehr wohl, daß das Werk sich vollenden soll; denn Zerdust ist auf die Erde herabgestiegen; die kleinen Mädchen prophezeien es, indem sie sich vorn mit der Haarzange zwicken und hinten peitschen lassen. So bitten wir Sie denn also um Hilfe wider den Groß-Lama.« – »Wie«, sagte Babuk, »gegen den Priesterkönig, der in Tibet residiert?« – »Gegen eben jenen.« – »Sie wollen ihm also den Krieg erklären und Heere gegen ihn ausheben?« – »Nein; aber er sagt, der Mensch sei frei, und das glauben wir nicht; wir schreiben Broschüren gegen ihn, die er nicht liest; er hat kaum von uns reden hören; er hat uns lediglich verdammt, wie ein Herr befiehlt, daß man die Bäume seiner Gärten von Raupen befreie.« Babuk erbebte ob der Narrheit dieser Menschen, die aus der Weisheit ein Geschäft machten; ob der Ränke derer, die auf die Welt verzichtet hatten; ob des Ehrgeizes und der hoffärtigen Begehrlichkeit derer, die Demut und Entsagung predigten; er schloß daraus, daß Ituriel gute Gründe habe, dies ganze Gezücht zu vernichten.

Als er wieder daheim war, ließ er sich neuerschienene Bücher holen, um seinen Kummer zu lindern, und lud einige gelehrte Literaten zu sich zum Essen, um seine Freude an ihnen zu haben. Es kamen doppelt so viele, wie er gebeten hatte, gleich den Wespen, die der Honig lockt. Diese Parasiten drängten sich, zu essen und zu reden, sie lobten zwei Sorten von Menschen, die Toten und sich selbst, aber keinen einzigen der Zeitgenossen, den Hausherrn ausgenommen. Wenn einer von ihnen ein Wortspiel machte, schauten die anderen zu Boden und bissen sich auf die Lippen vor Schmerz, daß nicht sie es gemacht hatten. Sie zeigten weniger Verstellungskunst als die Magier, weil die Gegenstände ihres Ehrgeizes weniger groß waren. Sie trachteten alle nach einer dienenden Stellung und dem Ansehen großer Herren; sie sagten einander beleidigende Dinge ins Gesicht, die sie für geistvolle Äußerungen hielten. Sie hatten einiges über Babuks Mission erfahren. Der eine bat ihn ganz leise, einen Autor zu verderben, der ihn vor fünf Jahren nicht genug gelobt hatte. Ein anderer verlangte den Untergang eines Mitbürgers, der bei seinen Komödien nie gelacht hatte; ein dritter begehrte das Erlöschen der Akademie, weil es ihm niemals gelungen war, hineinzukommen. Nach beendeter Mahlzeit gingen sie, jeder für sich, heim; denn unter der ganzen Schar waren nicht zwei, die einander leiden konnten; sie sprachen lediglich miteinander, wenn sie bei reichen Leuten zu Tisch gebeten wurden. Babuk meinte, es sei nicht weiter schade, wenn dieses Gewürm bei der großen Vernichtung zugrunde ginge.

Als er ihrer ledig war, fing er an, ein paar neuerschienene Bücher zu lesen. Er erkannte darin den Geist seiner Gäste wieder. Vor allem gewahrte er voller Unwillen das Geschwätz der üblen Nachrede, die Anhäufungen schlechten Geschmacks, wie Neid, Niedrigkeit und Hunger sie diktieren; die feigen Satiren, in denen die Geier geschont und die Tauben zerfetzt werden; die aller Erfindungskraft baren Romane, in denen man so viele Bildnisse von Frauen gewahrt, die der Autor nicht kennt.

Er warf alle diese lächerlichen Schriften ins Feuer und verließ das Haus, um einen Abendspaziergang zu machen. Es wurde ihm ein alter Gelehrter vorgestellt, der die Zahl seiner Parasiten nicht vergrößert hatte. Dieser Literat floh stets die Masse, kannte die Menschen, machte Gebrauch davon und war nur unter Wahrung von Diskretion mitteilsam. Babuk erzählte ihm voller Schmerz, was er gelesen und gesehen hatte.

»Sie haben recht jämmerliche Dinge gelesen«, sagte der weise Gelehrte; »aber zu allen Zeiten, in allen Ländern und auf allen Gebieten gibt es Schlechtes im Übermaß,

und das Gute ist selten. Sie haben in Ihrem Haus den Abschaum der Schulfuchserei empfangen, weil sich überall die des Erscheinens Unwürdigsten stets mit der größten Schamlosigkeit als erste einfinden. Die wahren Weisen leben zurückgezogen und still unter.sich; es gibt auch bei uns Menschen und Bücher, die Ihrer Aufmerksamkeit würdig sind.« Während er so sprach, gesellte sich ihnen ein anderer Gelehrter zu; ihre Gespräche waren so angenehm und so lehrreich, so über die landläufigen Vorurteile erhaben und so im Einklang mit der Tugend, daß Babuk gestand, er habe dergleichen niemals vernommen. »Leuten dieser Art«, sagte er ganz leise, »darf der Engel Ituriel kein Haar krümmen, oder aber er ist unbarmherzig.«

Zwar hatte er sich mit den Gelehrten ausgesöhnt, aber gegen den Rest des Volkes war nach wie vor Zorn in ihm. »Sie sind ein Fremder«, sagte ein urteilsfähiger Mann zu ihm, mit dem er sich unterhielt; »die Mißstände bieten sich Ihren Augen in Fülle dar, und das Gute, das sich verbirgt und das bisweilen gar jenen Mißständen entspringt, entgeht Ihnen.« So erfuhr er denn, daß sich unter den Gelehrten einige befänden, die frei von Neid, und selbst unter den Magiern einige, die tugendhaft seien. Er sah schließlich ein, daß die großen Körperschaften, die, indem sie widereinander anrannten, ihrer aller Untergang anzubahnen schienen, im Grunde heilsame Einrichtungen waren; daß jede Magier-Gesellschaft ein Hemmnis für die gegnerische war; daß, wenn auch die Wettbewerber in einigen Meinungen voneinander abwichen, sie doch alle die gleiche Moral lehrten, daß sie das Volk unterrichteten und daß sie unter den Gesetzen lebten, gleich den Lehrern, die über den Sohn des Hauses wachen, während der Herr wieder über sie wacht. Er prüfte mehrere von ihnen und gewahrte himmlische Seelen. Er erkannte selbst, daß unter den Narren, die vorgaben, sie wollten wider den Groß-Lama zu Felde ziehen, sehr bedeutende Leute waren. Es stieg in ihm schließlich der Verdacht auf, daß es mit den Sitten von Persepolis sein könne wie mit den Gebäuden, von denen ihm einige bemitleidenswert erschienen waren, während ihn andere zur Bewunderung hingerissen hatten.

Er sagte zu seinen Gelehrten: »Ich erkenne sehr wohl, daß die Magier, die ich für so gefährlich gehalten hatte, in Wahrheit höchst nützlich sind, vor allem wenn eine weise Regierung sie hindert, sich allzu unentbehrlich zu machen; aber Sie müssen zumindest zugeben, daß Ihre jungen Beamten, die sich eine Richterstelle kaufen, sobald sie zu Pferde steigen können, innerhalb des Gerichtswesens alles verkörpern, was es an lächerlichster Unverschämtheit und perversester Ungerechtigkeit gibt; es wäre zweifellos besser, wenn die Stellen kostenlos an alte Rechtskundige gegeben würden, die ihr Leben damit hingebracht haben, das Für und Wider zu erwägen.«

Der Gelehrte erwiderte ihm: »Bevor Sie nach Persepolis gekommen sind, haben Sie unsere Armee gesehen; Sie wissen, daß unsere jungen Offiziere sich vortrefflich schlagen, obwohl sie ihre Stelle gekauft haben; vielleicht sehen Sie auch ein, daß unsere jungen Beamten nicht übel richten, obwohl sie dafür bezahlt haben, daß sie richten dürfen.«

Anderntags führte er ihn vor das oberste Gericht, wo ein bedeutsames Urteil gefällt werden sollte. Der Fall war allgemein bekannt. Sämtliche alten Advokaten, die darin auftraten, waren in ihren Meinungen schwankend; sie führten hundert Gesetze an, von denen im Grunde kein einziges auf die betreffende Frage angewandt werden konnte; sie betrachteten die Sache von hundert Seiten, deren keine die richtige war; die Richter gelangten schneller zur Entscheidung, als die Advokaten es vermuteten. Ihr Urteil war nahezu einstimmig; sie richteten gut, weil sie den Erleuchtungen der Vernunft folgten; und die anderen hatten schlecht votiert, weil sie lediglich ihre Bücher befragt hatten.

Babuk schloß daraus, daß sich innerhalb von Mißständen häufig sehr viel Gutes finde. Von jenem Tage an wurde ihm sogar deutlich, daß der Reichtum der Steuerpächter, der ihn so aufgebracht hatte, vortreffliche Wirkungen zeitigen könne. Denn wenn der Kaiser Geld brauche, treibe er mittels ihrer innerhalb einer Stunde so viel auf, wie er auf dem gewöhnlichen Wege nicht innerhalb eines halben Jahres zusammengebracht hätte; er erkannte, daß das dichte, vom Tau der Erde geschwellte Gewölk ihr als Regen wiedergab, was es von ihr empfangen hatte. Übrigens taugten die Kinder dieser Emporkömmlinge, die häufig besser erzogen waren als die der ältesten Familien, bisweilen sehr viel mehr; denn nichts hindert daran, ein guter Richter, ein tapferer Krieger, ein geschickter Staatsmann zu sein, wenn man einen Vater gehabt hat, der ein guter Rechner war.

Ohne dessen innezuwerden, wurde Babuk nachsichtig gegenüber der Habgier des Steuerpächters, der im Grunde nicht habgieriger als die anderen Menschen, aber notwendig ist. Er entschuldigte die Narrheit, sich zu ruinieren, um Recht zu sprechen oder um kämpfen zu können, eine Narrheit, die große Beamte und Helden erzeugt. Er fand Neid und Eifersucht der Gelehrten verzeihlich, unter denen sich Leute befanden, die der Welt Licht brachten; er söhnte sich mit den ehrgeizigen, ränkesüchtigen Magiern aus, bei denen die großen Tugenden die kleinen Laster überwogen; aber es blieb ihm noch eine Fülle von Gründen zu Verdruß und Beschwerde, und vor allem die Leichtlebigkeit der Damen und die Verheerungen und Trostlosigkeiten, die sich daraus folgerten, erfüllten ihn mit Unruhe und Schrecken.

Da er sich in alle menschlichen Zustände und Daseinsbedingungen Einblick verschaffen wollte, ließ er sich bei einem Minister einführen; aber unterwegs erzitterte er bei dem Gedanken, daß in seiner Gegenwart eine Frau von ihrem Mann ermordet werden könnte. Als er bei dem Staatsmann angekommen war, blieb er zwei Stunden im Vorzimmer sitzen, ohne daß er angemeldet wurde, und weitere zwei Stunden, nachdem er angemeldet worden war. Während dieser Wartezeit nahm er sich vor, dem Engel Ituriel sowohl den Minister als auch seine unverschämten Türhüter zu empfehlen. Das Vorzimmer war mit Damen jeden Standes voll besetzt, mit Magiern aller Farben, mit Richtern, Kaufleuten, Offizieren, Schulfüchsen; alle klagten über den Minister. Der Geizige und der Wucherer sagten: »Sicherlich plündert dieser Mensch die Provinzen aus.« Der Launische warf ihm vor, er sei wankelmütig und willkürlich; der Wollüstling sagte: »Er denkt an nichts als an sein Vergnügen.« Der Ränkeschmied malte sich aus, der Minister werde bald einer Kabale zum Opfer fallen; die Frauen hofften, daß sie bald einen jüngeren Minister bekommen würden.

Babuk hörte diese Reden an; er konnte nicht umhin zu sagen: »Das ist einmal ein glücklicher Mensch; er hat alle seine Feinde in seinem Vorzimmer beisammen; er zerschmettert vermöge seiner Macht alle, die auf ihn neidisch sind; er sieht alle, die ihn verabscheuen, zu seinen Füßen.« Endlich trat er ein; er sah einen kleinen, unter der Last seiner Jahre und der Geschäfte gebeugten Greis, der indessen noch immer lebhaft und geistvoll war.

Babuk gefiel ihm, und er erschien Babuk als ein achtenswerter Mann. Die Unterhaltung wurde interessant. Der Minister gestand ihm, er sei ein tief unglücklicher Mensch; er gelte als reich, und dabei sei er arm; man halte ihn für allmächtig, und dabei stoße er auf nichts als auf Widerspruch; er habe sich lediglich Undankbare verpflichtet, und in unablässiger, vierzig Jahre währender Arbeit sei ihm kaum je ein Augenblick des Trostes zuteil geworden. Babuk empfand darob Rührung und dachte, daß dieser Mann, wenn er Fehler begangen habe und der Engel Ituriel ihn bestrafen wolle, nicht ausgelöscht, sondern nur in seinem Amte belassen zu werden brauche.

Während er mit dem Minister sprach, trat unvermittelt die schöne Dame ein, bei der Babuk zu Mittag gegessen hatte; in ihren Augen und auf ihrer Stirn gewahrte man Anzeichen des Schmerzes und des Zornes. Sie erging sich in Vorwürfen gegen den Staatsmann; sie vergoß Tränen, sie beklagte sich bitter, daß ihrem Mann eine Stellung verweigert worden sei, auf die er seiner Geburt wegen Anspruch habe und deren sein Dienst und seine Wunden ihn würdig machten; sie drückte sich dermaßen unumwunden aus, sie legte eine solche Fülle von Anmut in ihre Klagen, sie wies alle Einwände dermaßen geschickt zurück, sie verschaffte ihren Gründen mit einer solchen Beredsamkeit Geltung, daß sie das Zimmer nicht verließ, ohne das Glück ihres Mannes gemacht zu haben.

Babuk reichte ihr die Hand:»Ist es möglich, Gnädigste«, sagte er, »daß Sie sich aller dieser Mühe um eines Mannes willen unterzogen haben, den Sie mitnichten lieben und von dem Sie alles zu befürchten haben?« – »Um eines Mannes willen, den ich nicht liebe?« rief sie.»Sie sollen wissen, daß mein Mann der beste Freund ist, den ich auf Erden besitze; daß es nichts gibt, was ich ihm nicht opfern würde, ausgenommen meinen Liebhaber; und daß er für mich alles tun würde, außer sich von seiner Geliebten zu trennen. Ich will Sie mit ihr bekannt machen; sie ist eine reizende Frau, sie steckt voller Geist und hat den besten Charakter der Welt; wir soupieren heute abend zusammen mit meinem Mann und meinem Magier; kommen Sie und teilen Sie unser Glück.«

Die Dame nahm Babuk mit in ihr Haus. Der Mann, der endlich schmerzgebeugt heimgekommen war, sah seine Frau mit überschwenglicher Heiterkeit und Dankbarkeit wieder; er umarmte abwechselnd sie, seine Geliebte, den kleinen Magier und Babuk. Eintracht, Frohsinn, Geist und Anmut bildeten die Seele dieser Mahlzeit.»Erkennen Sie«, sagte ihm die schöne Dame, bei der er soupierte, »daß diejenigen, die man oft als schlechte Frauen bezeichnet, es sich fast immer als Verdienst anrechnen dürfen, daß sie einen vortrefflichen Mann haben; und damit Sie sich davon überzeugen, kommen Sie morgen mit mir zum Mittagessen zu der schönen Teone. Zwar machen ein paar alte Vestalinnen sie herunter; aber sie tut mehr Gutes, als jene zusammen. Sie würde nicht die kleinste Ungerechtigkeit um des größten Vorteils willen begehen; sie gibt ihrem Geliebten immer nur großherzige Ratschläge; sie ist stets nur auf seinen Ruhm bedacht; er würde vor ihr erröten, wenn er sich eine Gelegenheit hätte entgehen lassen, Gutes zu tun; denn nichts feuert in stärkerem Maße zu tugendhaften Handlungen an, als daß man als Zeugin und Richterin seines Verhaltens eine Geliebte hat, deren Achtung man würdig sein will.«

Babuk verfehlte nicht, sich einzufinden. Er sah ein Haus, in dem alle Freuden herrschten. Diese wiederum wurden von Teone beherrscht; sie wußte mit jeder in ihrer Sprache zu sprechen. Ihr natürlicher Geist schuf dem der anderen Behaglichkeit; sie gefiel, fast ohne es zu wollen; sie war ebenso liebenswürdig wie wohltätig; und, was den Wert aller ihrer guten Eigenschaften übertraf: sie war schön.

So sehr Babuk Skythe und überdies sogar Gesandter eines Engels war, wurde er sich bewußt, daß er, wenn er noch länger in Persepolis blieb, Ituriel um Teones willen vergessen würde. Er faßte eine herzliche Zuneigung zu der Stadt, deren Bevölkerung höflich, gutartig und wohltätig war, wenngleich leichtlebig, zu übler Nachrede geneigt und eitel. Er fürchtete, daß Persepolis verdammt werden könnte; er fürchtete sich sogar vor dem Rechenschaftsbericht, den er erstatten mußte.

Folgendermaßen verhielt er sich bei der Ablegung dieses Rechenschaftsberichtes. Er ließ durch den besten Gießer der Stadt eine kleine Statue herstellen, die aus allen Metallen, Erden und Steinen zusammengesetzt war, den kostbarsten und den geringsten; die trug er zu Ituriel:»Würdest du«, sagte er, »diese hübsche Statue zerbrechen, weil sie nicht ganz und gar aus Gold und Diamanten besteht?« Ituriel verstand ihn ohne Mühe; er beschloß, Persepolis nicht einmal zu bessern, sondern der Welt ihren Lauf zu lassen.»Denn«, sagte er, »wenn auch nicht alles gut ist, so ist es doch erträglich.« Man ließ also Persepolis fortbestehen, und Babuk war weit davon entfernt, sich darüber zu beklagen, wie Jonas, der sich erboste, weil Ninive nicht zerstört wurde. Aber wenn man drei Tage lang im Bauch eines Walfisches gewesen ist, dann ist man nicht so gut gelaunt, als wenn man aus der Oper oder aus der Komödie oder von einem Abendessen in angenehmer Gesellschaft kommt.

DENIS DIDEROT
1713-1784

DENIS DIDEROT
von Ernst Sander

Ich hatte im Verlaufe eines Tages hundert verschiedene Gesichter, je nach dem, womit ich mich befaßte. Ich war heiter, traurig, träumerisch, zärtlich, heftig, leidenschaftlich, begeistert ... Ich hatte eine breite Stirn, sehr lebendige Augen, ziemlich flächige Züge, einen Kopf wie ein antiker Redner ... dazu eine Gutmütigkeit, die an Dummheit grenzte, an das bäurische Wesen alter Zeiten.«

So schildert Denis Diderot sich selber im Jahre 1769 angesichts des »sehr ähnlichen«, aber »etwas gekünstelten« Porträts, das Michel van Loo von ihm geschaffen hatte – es hängt heute im Louvre. Das Bildnis zeigt »den Philosophen« – wie er sich nannte und wie von seinen Freunden genannt zu werden ihn freute, da er ohne Ehrgeiz geboren sei und eine ehrliche Seele besitze, deren Frieden der Neid nie beeinträchtigt habe, und da er arm und mit seiner Armut zufrieden sei –, im seidenen Schlafrock mit lockeren Spitzenmanschetten und offenem Hemdkragen von der Arbeit aufblickend, die rechte Hand beim Schreiben innehaltend, die linke in einer anmutigbestimmten Geste erhoben, den Blick in einem Gemisch von leichtem Unwillen, kritischem Denken und überlegenem Spott dem zugekehrt, der ihn unterbrach; den feingezeichneten, ironischen Mund noch geschlossen, freilich auf eine Weise, daß man nicht anders meint, als müsse im nächsten Augenblick nicht eine Replik, sondern eine Fülle von Sätzen als Entgegnung sich entladen, Sätzen, die nie Entgegnung bleiben, vielmehr von Naheliegendem auf Fernes überschwingen ...

Houdons noble Diderot-Büste von 1775 zeigt die gleichen Züge ohne Stilisierung der Individualität ins Klassische veredelt, gleichsam als habe der große Plastiker die Selbstcharakteristik des »Philosophen« als eines antiken Rhetors gekannt und gültig darzustellen sich bemüht.

Denn ein Redner, ein vom Drang nach mündlicher Äußerung Besessener war Diderot vor allem. Das beste, was er geschrieben hat, sind seine kurzen Novellen, und sie muten an wie mündlich vorgetragen: nichts von Voltaires elegantem, glattem Fluß der betont *geschriebenen* Sätze, sondern stete Unterbrechungen durch Fragen, Ausrufe, Gedankenstriche, kurzum, eine »natürliche« Redeweise. Damit setzt sich der »bürgerliche Schriftsteller« gegen den großen »Homme de lettres« ab. Aufgetanen, beweglichen, fruchtbaren Geistes, wie er war, Anregungen auf allen Gebieten und von allen Seiten aufgreifend, kommentierend und weiterleitend, immer sich verschwendend, beratend, eingreifend, ungestüm disputierend, Dialoge mit sich selbst führend, das Für und Wider einer These aufzeigend, ohne den Partner zu Worte kommen zu lassen, erzählend, von der Anekdote zu Maximen überspringend, dann wieder in Erörterungen sexueller Dinge und Praktiken von schier unbegreiflicher

Gewagtheit verfallend: so hat man ihn sich vorzustellen. »Der Ausdruck seiner Augen war für gewöhnlich sanft und sensibel«, berichtet sein Freund, der Baron Grimm, »doch wenn sein Kopf sich zu erhitzen begann, sprühten sie Funken... Seine Haltung war lässig; aber vor allem, wenn er sprach, bezeigte er Noblesse, Energie und Würde. Enthusiasmus, so schien es, war die natürliche Ausdrucksform seiner Seele, seiner Stimme, seiner Züge. Nur gelegentlich war seine Haltung von kalter Ruhe; dann wirkte er gezwungen, linkisch und sogar affektiert. Der wahre Diderot indessen war er lediglich, wenn der Schwung seines Denkens ihn über sich hinausriß.« Er konnte nicht anders: er dachte laut. Was er schrieb, mutet zum guten Teil an wie zu Papier gebrachte Monologe oder Dialoge mit einem imaginären oder mit Namen bezeichneten Partner, so in »Le Rêve de d'Alembert« (»D'Alemberts Traum«, geschrieben 1769, veröffentlicht 1830) oder in »Le Neveu de Rameau«. Der Dialog ist die von ihm bevorzugte Form gewesen, und in seine Romane, seine Novellen flicht er weit mehr Gespräche ein als irgendein anderer seiner Zeitgenossen. Hinter alledem steckt ein Dramatiker, ein Bühnenautor, dem es an der rechten Kraft gebrach. Denn seine beiden rührseligen bürgerlichen Schauspiele »Le Fils naturel« (»Der natürliche Sohn«, 1757, ohne Erfolg 1771 aufgeführt) und »Le Père de Famille« (»Der Hausvater«, 1758, erfolgreiche Aufführung 1761), beide von Lessing ins Deutsche übersetzt, haben, mehr noch in der Buchausgabe als auf der Szene, die Zeitgenossen bewegt, da im Bilde bürgerlicher Handlungen die »Empfindsamkeit« der Epoche und Diderots eigene ihren Ausdruck gefunden hatten; sie sind heute vergessen wie die intelligente, ein ethisches Problem aufgreifende dramatische Studie »Est-il bon, est-il méchant?« (»»Ist er gut, ist er böse?«, geschrieben 1771, erschienen 1834) aus Diderots Spätzeit. Die in unsern Tagen mehrfach erfolgten szenischen Aufführungen des Dialogs »Rameaus Neffe« in Goethes Übertragung von 1805 sind Experiment geblieben.

»Je schneller ich schreibe, desto besser schreibe ich«, hat Diderot geäußert. Aber allem Anschein zum Trotz ist er als Schriftsteller kein Improvisator. Stets ist das Vollendete das Ergebnis der Beherrschung einer mit Geduld erarbeiteten und dann virtuos gehandhabten schriftstellerischen Technik. Wenn nichts anderes, so vermöchte davon allein schon die beinahe verruchte Künstlichkeit des Aufbaus und der Durchführung seines von Einflüssen Voltaires und Sternes nicht freien Romans *Jacques le Fataliste* (»Jakob und sein Herr«, vollendet 1773, veröffentlicht 1796) zu zeugen, neben Gides »Les Faux-monnayeurs« (»Die Falschmünzer«, 1925) wohl der im Formalen komplizierteste Roman der Weltliteratur.

Seine Philosophie dagegen ist systemlos, ein Konglomerat aus den seine Zeit bewegenden allgemeinen Ideen und deren individuellen Ausdeutungen und Weiterführungen auf der Basis seiner materialistisch-atheistischen Weltanschauung, wobei er dennoch als einer der wagemutigsten Geister seiner Epoche zu gelten hat, als »ein ursprüngliches und unnachahmliches Genie«, wie Goethe ihn nennt. Einige seiner Leitsätze: »Man kann von mir verlangen, daß ich die Wahrheit *suche*, aber nicht, daß ich sie *finde*.« – »Der Wille entspringt dem Begehren. Das Begehren ist der Sprößling der organischen Anlage. Glück und Unglück sind Erzeugnisse des Wohlbefindens und des Mißbehagens. Wir alle wollen glücklich sein. Es gibt nur *eine* Leidenschaft, nämlich die, glücklich sein zu wollen. Je nach den Objekten nimmt sie unterschiedliche Namen an; sie ist Laster und Tugend, je nach ihrer Heftigkeit, ihren Mitteln und ihren Wirkungen.« – »Was existiert, kann nicht wider die Natur sein oder außerhalb der Natur stehen.« Er war in seinem Denken mehr Neuerer als Umstürzler, und ungeachtet seiner bürgerlichen Herkunft kein Demokrat: »Le peuple est méchant, mais il est encore plus sot« (»Das Volk ist bösartig, aber in noch weit höherem Maß dumm«). Er erkennt die Gesellschaft und ihre damalige Struktur vollauf an: man solle ihre Mißstände ändern, ohne ihre Fundamente zu erschüttern. Er teilte den Fortschrittsglauben der Aufklärer, und so lag ihm vor allem an der Verbreitung des Wissens, das er, der Sohn des Volkes, sich mühselig erworben hatte, und an der Liberalisierung der öffentlichen Meinung, an der Schwächung des Einflusses der Kirche, der sich in jener Zeit nicht nur auf die Seelen und nicht nur auf die Gläubigen erstreckte und gelegentlich Gewaltmaßnahmen und Willkürlichkeiten zeitigte, die uns Heutige unbegreiflich dünken. Damals galten die Flammen der Scheiterhaufen als die der Erleuchtung. Jene Bestrebungen nach Popularisierung systematischen, rational gegliederten und aufgezeigten Wissens gipfelten später in der »Enzyklopädie«, einem umfassenden Kompendium des gesamten Wissens der Zeit, einem alphabetisch und in Sachgruppen geordneten Nachschlagewerk, das der Weltkenntnis und -erkenntnis diente, und das Perspektiven von ungeahnter Weite erschloß.

Der Gedanke zu einem solchen Monumentalwerk ist, durch einen Zufall ausgelöst, Diderots Gedanke, und daß er Wirklichkeit wurde, ist zum überwiegenden Teil Diderots Leistung: mit der Schaffung der »Enzyklopädie« wird in der Geistesgeschichte der Menschheit sein Name verbunden bleiben.

Diderots schriftstellerische Tätigkeit erstreckt sich somit auf vier Gebiete: seine Arbeit an der Enzyklopädie, für die er nicht nur die Artikel über Philosophie, Handwerke und Technik schrieb, sondern auch zahlreiche andere, die keiner der Mitarbeiter übernehmen wollte, wobei ihm sein erstaunliches, in mühseliger Arbeit erworbenes Wissen zustatten kam, ein Wissen, wie keiner seiner Zeitgenossen es besaß; alsdann seine philosophischen und polemischen Schriften, denen das *Paradoxe sur le comédien* (»Paradox über den Schauspieler«, geschrieben 1773, überarbeitet 1778, veröffentlicht 1830) zuzuzählen ist, eine kühne Entromantisierung des Künstlers im Zeitalter der Empfindsamkeit, von Bert Brecht hochgeschätzt und gedanklich weitergeführt, sowie den von Thomas Mann in »Tonio Kröger« gegebenen Kennzeichnungen des Künstlers verwandt, ohne daß angenommen werden könnte, Mann habe jenen Dialog gekannt; ferner seine dichterischen, seine dramatischen und epischen Werke, seine Novellen und die drei Romane; und letztlich seine kunstkritischen Schriften, zumal seine 1759 einsetzenden, umfangreichen Rezensionen der Kunstausstellungen im »Salon«, die gerade dadurch zu einem europäischen Ereignis wurden, wie Diderot zum Begründer einer methodischen Kunstkritik. Eine besondere Stellung nehmen seine Briefe ein, und unter diesen zumal die an Sophie Volland gerichteten, seine Geliebte während der letzten zwanzig Jahre seines Lebens. Diderot ist, neben Voltaire, wohl der glanzvollste Briefschreiber Frankreichs.

Wie nun aber verlief das Leben dieses Mannes, dessen ausstrahlungsmächtige Persönlichkeit ihn im gleichen Maß wie seine Bücher zu einer europäischen Berühmtheit machte? Sein Leben, dessen erste warmherzige, an anekdotischen Zügen reiche Darstellung wir seiner von ihm zärtlich geliebten Tochter Angélique de Vandeul verdanken, ist, wenn man von den literarischen Fehden, den gehässigen Verfolgungen, den wenigen Liebesabenteuern absieht, verhältnismäßig ereignislos verlaufen; es ist das Durchschnittsleben eines Schriftstellers nicht nur jener Zeit. Denis Diderot wurde am 5. Oktober 1713 als ältestes der drei überlebenden Kinder eines wohlhabenden, geachteten Messerschmieds in Langres geboren und für den geistlichen Stand bestimmt wie auch sein jüngerer Bruder Didier-Pierre, der sich zu einem fanatischen Priester entwickelte und nach Denis' Tod die Vernichtung seines literarischen Nachlasses forderte; dieser jedoch wurde als Eigentum Katharinas II. nach Rußland gebracht und blieb dadurch erhalten. Im Jesuitenkollegium seiner Vaterstadt fiel der junge Diderot durch ungewöhnliche Begabung, aber auch durch einen rigorosen Unabhängigkeitsdrang auf. Nach einer vorübergehenden Weigerung, Priester zu werden, erhielt er 1726 die Tonsur und trug die Soutane. Zur Fortsetzung seiner Studien bezog er in Paris das Collège Louis-le-Grand und erhielt 1732 den akademischen Grad eines Magisters. Sein Vater steckte ihn, den Berufsunlustigen, in eine Anwalts-

kanzlei, aus der er nach zwei Jahren entlief, worauf der Vater ihm den Unterhalt verweigerte und ihn für zehn Jahre einem regellosen Boheme-Dasein preisgab. Er lebte von Unterrichtsstunden, Übersetzungen und untergeordneten journalistischen Arbeiten, machte Schulden, verschaffte sich durch eine recht üble Mystifikation Geld, hielt sich zumeist in Kaffeehäusern auf, in denen Gelehrte und Literaten verkehrten, und gewann auf diese Weise Bekanntschaften, die ihm später wichtig werden sollten. Es umgab ihn bereits eine Legende, noch ehe er als Schaffender hervorgetreten war. 1741 lernte er die Tochter einer armseligen Spitzen- und Wäschehändlerin kennen, Antoinette Champion, ein nicht unschönes, aber völlig ungebildetes Mädchen, das drei Jahre älter als er war. Sie wurde seine Geliebte und 1743, gegen den Willen des Vaters, seine Frau. Er war des ungeregelten Lebens wohl satt. Antoinette wird eine vorzügliche Hausfrau, aber da die Charaktere der beiden Gatten einander völlig entgegengesetzt waren, wurde die Ehe unglücklich, und zwar um so mehr, als Diderot es mit der Treue nicht eben genau nahm. Man lebte kärglich, und als im nächsten Jahr die Tochter Marie-Angélique geboren wurde, zwang die Not Diderot, umfangreiche, schwierige Übersetzungen historischer und medizinischer Werke zu übernehmen. Sie fanden Beifall, und nun trat der Zufall auf den Plan: ein Verlegerkonsortium trug ihm die Übersetzung eines fünfbändigen englischen Nachschlagewerks unter Zahlung eines festen Jahresgehalts an. Diderot erkannte sofort die Unzulänglichkeit der Vorlage und zugleich die Möglichkeiten einer verbessernden und erweiternden Neugestaltung: so wurde der Plan der Enzyklopädie geboren. Fast stets hat

87

Diderot eines Anstoßes bedurfte, und so ist, nach Gustave Lansons kluger Bemerkung, sein Gesamtwerk gewissermaßen als eine Anzahl genialer Randbemerkungen zu den Büchern anderer geschrieben worden, was seine Bedeutung nicht mindert. »Les Bijoux indiscrets« (»Die geschwätzigen Kleinode«) ist ohne Crébillons »Sopha« so wenig denkbar wie »Jacques le Fataliste« ohne »Candide« und »Tristram Shandy«. – Wie dem auch sei: die Verleger waren von Diderots großem Plan angetan und bemühten sich um ein Privileg dafür, und Diderot warb unter den besten Geistern seiner Zeit um die unerläßlichen Mitarbeiter. D'Alembert war bereit, die redaktionellen Arbeiten mit ihm zu teilen, die Ausarbeitung der wissenschaftlichen und mathematischen Teile zu übernehmen und die Einleitung zu schreiben; Rousseau übernahm die Musik; Montesquieu und Voltaire sagten Artikel zu, und mit ihnen viele andere. So wuchs das Werk unter den argwöhnischen Blicken von Polizei und Kirche, die sich vor allem auf Diderot richteten.

Zwei kleine philosophische Schriften, in denen er u. a. die Vollkommenheit der gottgeschaffenen Natur angriff, führten am 24. Juli 1749 zu seiner Verhaftung; er wurde nicht in die relativ milde Bastille gebracht, sondern in die Festung Vincennes. Zunächst leugnete er die Verfasserschaft der beanstandeten Schriften ab, wurde bei unzulänglicher Verpflegung in strenger Einzelhaft gehalten und gestand schließlich, da nicht zum Märtyrer geschaffen, alles ein und widerrief. Daraufhin wurde seine Haft erleichtert; er durfte schreiben und Besuche empfangen, die seiner Frau, seiner Verleger, d'Alemberts und Rousseaus. Dieser hatte bei einem Besuch Diderots im Oktober jene »Erleuchtung«, über die er in seinen »Confessions« so dramatisch berichtet: in Wahrheit jedoch hat Diderot ihm den Rat erteilt, die berühmte Preisfrage der Akademie zu Dijon, ob das Aufblühen der Künste und Wissenschaften die Sitten geläutert habe, negativ zu beantworten. Im November konnte Diderot entfliehen und wurde nicht weiter behelligt. Jene Monate der Haft brachten ihn dahin, alle diejenigen seiner Arbeiten, die ihm möglicherweise hätten gefährlich werden können, von der Verbreitung auszuschließen; erst viele Jahrzehnte nach seinem Tode sind sie aus seinem Nachlaß veröffentlicht worden.

Es fanden sich für die »Enzyklopädie« Subskribenten in genügender Anzahl; trotz allen Anfeindungen und verschiedenen Beschlagnahmen wurde das Werk zu Ende geführt. D'Alembert war aus der Redaktion ausgeschieden, der unzulänglichen Honorierung wegen; seine Freundschaft mit Diderot hat dadurch keine Einbuße erlitten. 1766 erschien der letzte Textband, 1770 wurden die Bände mit den illustrierenden Kupferstichen nachgeliefert. Nicht unerwähnt bleibe, daß 1762 die schlimmsten Feinde der »Enzyklopädie«, die Jesuiten, die unerträglich geworden waren wie zwei Jahrhunderte früher die Hugenotten, aus Frankreich vertrieben wurden. Diderot hat an dem Werk, der geistigen Gipfelleistung des 18. Jahrhunderts, die Hauptarbeit geleistet. Er sagt von sich: »Ich bin mein Leben lang zu Betätigungen gezwungen gewesen, für die ich nicht geeignet war, und habe alles beiseite lassen müssen, wozu ich durch Neigung, Talent und einige Hoffnung auf Erfolg berufen war.«

Die Rente, die er auch weiterhin erhielt, erlaubte ihm zu leben. Dabei war er verschwenderisch, ein gewaltiger Esser, ein leidenschaftlicher, aber ungeschickter Spieler, der stets verlor; jedes Buch, das ihn lockte, mußte er kaufen. Er wohnte im vierten Stock eines Hauses in der Rue Taranne; im fünften war die Bibliothek untergebracht. Wie in jungen Jahren besuchte er häufig das Palais-Royal oder das Café de la Régence; oftmals war er Gast der Mme d'Epinay auf deren Schloß, oder auf den Besitzungen der Mme Necker, trotz dem dort verabreichten schlechten Essen und der Gespreiztheit der Hausherrin, oder im Stadtpalais oder auf dem Landsitz seines Freundes, des Barons Holbach, des Dogmatikers des absoluten Atheismus, der, ohne an Gott zu glauben, den ganzen Tag von ihm sprach und ihn lästerte. Grimm betraute ihn für die Zeit seiner Abwesenheit mit der Weiterführung seiner »Correspondance littéraire«, einer ausschließlich für die große Welt redigierten Zeitschrift. Seit 1755 war er mit Sophie Volland befreundet, einer kultivierten, intelligenten, unansehnlichen alten Jungfer, die für ihn zur Idealfrau wurde, die er bis zu seinem Tode liebte und an die er seine schönsten Briefe schrieb.

Der Not im eigentlichen Sinn war Diderot längst entronnen, aber es war ihm nicht möglich, für seine Tochter eine Mitgift auszusetzen, und so bemühte er sich seit 1761 vergeblich, seine riesige Bibliothek zu verkaufen. Durch Grimm erfuhr die Zarin Katharina die Große davon. Sie erbot sich, für die Bibliothek 15 000 Francs zu zahlen, Diderot die lebenslängliche Nutzung zu überlassen und ihn überdies mit einem Jahresgehalt von 12 000 Francs als Kaiserlichen Bibliothekar anzustellen. Ludwig XV. erteilte sogleich die Erlaubnis zur Annahme dieses wahrhaft kaiserlichen Anerbietens. Aber es ergaben sich Schwierigkeiten bei der Überweisung, und als im nächsten Jahr das Gehalt ausblieb, zahlte die Zarin es ihm auf fünfzig Jahre voraus, so daß er aller materiellen Bedrängnisse enthoben war.

Fortan spann sich ein reger Briefwechsel zwischen der Zarin und dem Philosophen an. Er wurde ihr Berater in Kunstfragen; als es sich um die Gestaltung eines Denkmals für Peter den Großen handelte, schickte er ihr den Bildhauer Etienne-Maurice Falconet, der dann das berühmte Reiterstandbild in St. Petersburg (dem heutigen Leningrad) schuf. Diderot vermittelte für die Zarin den Ankauf von Bibliotheken, Kupferstichen und Gemälden, so der Sammlung Crozat, die den Grundstock der Eremitage bildet und für die 460 000 Francs gezahlt wurden; Diderot sorgte für den schwierigen Transport nach Rußland.

Schon im Juli 1767 hatte er in einem Brief an Falconet feierlich gelobt, nach St. Petersburg zu reisen und der Zarin persönlich zu danken. Wider seine Hoffnung, Katharina werde dieses in einem Gefühlsüberschwang gegebene Versprechen vergessen – denn nichts widerstrebte dem Alternden mehr als eine Reise –, wurde er immer dringlicher daran gemahnt, trotz seinen mannigfachen Ausflüchten. So trat er denn im Mai 1773 die Reise an, und zwar unbegleitet. Am 10. Oktober traf er ein und wurde von der Zarin glänzend empfangen und sogleich zum ordentlichen Mitglied der Akademie ernannt. Fortan war er häufig Gast Katharinas in der Eremitage und im Winterpalais. Am russischen Kaiserhof herrschten Glanz und eine gewisse unzeremonielle Zwanglosigkeit. Katharina hatte ihre Freude an den Gesprächen mit ihm; freilich befremdete sie seine unbeherrschte Gestik: er pflegte nämlich beim Sprechen immerfort auf den Tisch zu schlagen oder gar auf die Schenkel der Majestät, die ihm deswegen nicht zürnte, sondern, um vor blauen Flecken bewahrt zu bleiben, einen Tisch zwischen sich und den Philosophen stellen ließ. Seinen Reformvorschlägen wich sie gewandt und mit fürstlicher Überlegenheit aus. Die französische Botschaft in St. Petersburg machte sich Diderots gutes Einvernehmen mit der Kaiserin zunutze, indem sie ihn bei ihren Versuchen zu einer politischen Annäherung der beiden Reiche einsetzte, die sich gegen den König von Preußen richten sollte, und da Diderot die gleiche Abneigung gegen Friedrich II. empfand wie dieser gegen ihn, unterzog er sich dieser Aufgabe um so lieber und sogar erfolgreich.

Allmählich jedoch überkam ihn Heimweh, und so reiste er nach einem siebenmonatigen Aufenthalt nach Frankreich zurück. Katharina schenkte ihm zum Abschied einen Ring mit einer ihr Porträt darstellenden Gemme, einen Pelz und Muff sowie außer den Reisekosten 3 000 Rubel: alles in allem hat er von ihr 269 000 Goldfrancs erhalten. So konnte er die ihm verbleibenden Jahre in angenehmem Wohlstand verleben.

Er überarbeitete den schon 1760 entstandenen, wenig erfreulichen, antiklerikalen Roman »La Religieuse« (»Die Nonne«, veröffentlicht 1796) und einige kleinere philosophische Schriften. Übrigens war bereits 1772 in Amsterdam die erste Sammelausgabe seiner Werke in sechs Bänden erschienen.

Seine letzten Lebensjahre verflossen friedlich. Es gibt eine Fülle von Anekdoten über seine Wohltätigkeit, Uneigennützigkeit und Nachsicht für seine Gegner; daß Rousseau eine Versöhnung hart ablehnte, schmerzte ihn. Freilich, wie Alphonse Sèche sagt: »Diderot war ein von Grund auf gütiger Mensch, Rousseau ein böser.« Nach und nach starben die alten Freunde, Voltaire am 30. Mai 1778, d'Alembert am 29. Oktober 1783. Mit Diderots Gesundheit war es seit geraumer Zeit nicht zum besten bestellt. Im Februar 1784 erkrankte er an einer Lungenentzündung; kaum genesen, erlitt er einen Schlaganfall. Danach begab er sich zur Erholung aufs Land.

Seit einem Menschenalter hatte er im vierten Stock des Hauses in der Rue Taranne gewohnt. Jetzt untersagten ihm die Ärzte das Treppensteigen. Grimm wandte sich an die Zarin Katharina und schilderte ihr den Sachverhalt, und sie bewilligte ihrem Bibliothekar sogleich eine fürstliche Wohnung im unteren Geschoß des Hauses Rue Richelieu Nr. 39; während seines Landaufenthalts wurde sie eingerichtet. Er sollte sich ihrer nur zwölf Tage erfreuen.

Am 30. Juli 1784 stand er auf, ließ sich das Zugpflaster abnehmen, das ihn schmerzte, und setzte sich zu Tisch. Beim Dessert stützte er den Ellbogen auf die Platte und hüstelte. Seine Frau fragte ihn etwas, und da sie keine Antwort erhielt, blickte sie auf und sah ihn an. Er war nicht mehr.

So berichtet seine Tochter.

In der Kirche Saint-Roch wurde er aufgebahrt; wo er begraben liegt, weiß niemand. Seine Bibliothek und sein literarischer Nachlaß wurden im Oktober 1875 nach St. Petersburg geschickt und blieben viele Jahre lang der Öffentlichkeit unzugänglich.

Seine Tochter starb 1824.

PIERRE CHODERLOS DE LACLOS 1741-1803

CHODERLOS DE LACLOS
von Franz Blei

Im Roman fand diese Zeit wie von da ab die künftige ihren entsprechendsten literarischen Ausdruck. Der Roman des Rokoko, der Zeit von 1740 bis 1770, sucht ein liebenswürdiges Dasein in oft gefühlereicher Wollust. Diese Verführer haben im letzten ein gütiges, weiches Herz und ihre Libertinage ist ein Amüsement und fern von aller Ruchlosigkeit. Und die Geliebten haben für ihre augenblicklichen Verhältnisse immer nur Treue und Aufrichtigkeit. Selbst die Betrogenen lieben die Liebe und sagen nichts Schlechtes über sie. Die kleinen Sentiments und die kleinen Sinnlichkeiten so ineinander geschoben, wie es der Roman dieser Zeit liebt, amüsieren und rühren, aber sie berunruhigen nicht. Man sagt, diese Romane malen falsch, die Gesellschaft sei nicht so gewesen. Dies ist möglich, ja sogar sehr wahrscheinlich. Aber es war dieser Gesellschaft angenehm, so zu scheinen, wie sie die Romane malten. Und Zeit war genug, daß sie nach den Fiktionen dieser Romane sich ihr Leben, wenn nicht richten, so doch korrigieren konnte. Denn in einem waren die Fiktion und das Leben gleich: im Verbergen der Tiefe aus Wohlerzogenheit. Das Grenzenlose mußte sich in die Grenzen der verkräuselnden Wellen eines Ornaments finden. Selbst wo diese Romane das darstellen, was man Ausschweifung nennt, wie es die Bücher des Andréa de Nerciat tun oder diese Phantasien des einsam in Charenton exedierenden Grafen von Sade, sind die Helden und Heldinnen Wollüstige mit einem Hintergrund kleiner und wohlerzogener Gefühle, Wollüstige, die allerlei Kunststücke verstehen, aber von dem Bösen der Leidenschaft wie unberührt sind, das mauvais genre der Liebe nicht kennen oder nicht zu kennen scheinen. Die nicht sehr große Gesellschaft, aus der und für die geschrieben wurde, war in ihren Tiefen vielleicht nicht so, wie man sie beschrieb, ja, sie war gewiß nicht so, denn es lebte da ein Richelieu, aber sie akzeptierte durchaus die Fiktion ihrer Schriftsteller und Maler und kleinen Poeten. Einer niedergehenden Gesellschaft fällt der Dandyismus nicht schwer, und der wird ihre zusammenhaltende Kraft, wenn diese Gesellschaft so soziabel ist, wie es die französische des 18. Jahrhunderts war, so eng miteinander verbunden durch den Adel, den Parasitismus, die Untätigkeit, die leise Angst und den Klatsch – so eng verbunden und so stark im einzelnen gerade dadurch getrennt und jeder auf sich selbst geworfen, wovon ihm die Lust der Analyse ebenso Erleichterung schaffen soll wie die Utopie vom natürlichen Menschen. Die amouröse Logik dieser Romane ist alles, aber sie ist nie eine psychologische. Denn noch ist man sich nicht problematisch, lebt ganz gegenwärtig im Zustand und gar nicht vergangen in den psychologischen Kausalitäten.

In diese Landschaft konventioneller Gartenkunst fällt zerstörend ein Gewitter.

Und ein Herr im Schäferkostüm, den man gerade noch Tirsis nannte, wirft ein Gewand ab, und es ist der Wolf. Dieses Ereignis heißt *Les Liaisons dangereuses.* Kaum ein Maler der Zeit, der nicht die Bascule [Schaukel] gemalt hat, und die Literatur beschrieb die Liebe nicht anders denn als ein solches Schaukelspiel, bei dem vom einen zum anderen ein wippendes Brett führt, das auf des Hahnreis Rücken balanciert. Des Spieles Zweck und Ende ist immer, daß oben einer ins Gleiten kommt und dem Kavalier unten in die offenen Arme rutscht; die Kleider geraten ein bißchen in Unordnung, man schreit ein bißchen, aber es klingt wie Lachen. Die Zuschauer und auch der Betrogene klatschen Beifall, und schon schaukelt ein neues Paar, da das andere sich in die Laube verlor, an deren Eingang Hymen eine Fackel senkt.

Zuerst meint man auch bei den *Liaisons dangereuses,* man sähe der galanten Basküle zu und als spänne der Autor eine Intrige um ihrer selbst willen. Aber da fällt ein Wort, man sieht eine Bewegung, ein Gesicht, und was erst ein Spiel schien, ist ein richtiger Kampf. Es bewegen sich in diesem Buche nicht mehr die amourösen Typen der Zeit, welche die Autoren in amüsanten Geschichten kaum mehr variieren, weil die Variation der alten Fabel die Hauptsache ist. Nicht mehr die erotischen Figurinen treten in den »Liaisons« auf, sondern die erotischen Charaktere des Jahrhunderts, die Intellektuellen, die Naiven, die Sentimentalen. Und was immer nur als ein heiteres Spiel zwischen Damen und Herren en pastel gezeigt wurde, offenbart sich in den Tiefen als der Kampf der Geschlechter. Wo diese Menschen auch immer ihren Weg zur Liebe nehmen mögen, ob sie die intellektuelle Perversion des Verführers leitet oder die Sinnlichkeit oder das Herz – keinem von ihnen ist die Liebe jenes *égarement* [Ausschweifung], das man sonst in dieser Zeit nur suchen und immer finden sah, allen ist sie eine Leidenschaft, die tötet oder düpiert.

In diesem Roman der letzten Aristokraten der *race physiquement diminuée*[körperlich herabgeminderte, degenerierte Menschenart], wie sie de Maistre nennt, ist Frau von Tourvel, eines der Opfer des Verführers Valmont, die einzige, die – ihr Adel ist Beamtenadel – zur Bourgeoisie gehört, zu der neuen Kaste, die in den Dingen der Liebe ein fatales Erbe antrat, für das sie sich bei Rousseau vorbereitet hatte. Das Bürgertum divinisierte – um mit dem Adel irgendwie auf gleich zu kommen, also immer noch *Bourgeois Gentilhomme* [»Bürger als Edelmann«, s. die Komödie Molières] – alle seine Mittelmäßigkeitstugenden, machte sie zu *den* Tugenden schlechthin; auch diese Tugend der ehelichen Treue, die sie zum ganzen Inhalt der Liebe und diese also sentimentalisch machte: die Liebe ein außerordentliches Gefühl mit sinnlichen Begleiterscheinungen, von denen man nicht spricht.

Wie dem *Werther,* dessen schöne Schwester sie ist, wachsen der bürgerlichen Präsidentengattin aus dem Kampf ihrer Natürlichkeiten (die man nicht mehr bekennt) mit dem bürgerlichen Ideal der Treue (welches *die* Liebe ist) übermenschliche Kräfte und jene Grausamkeit gegen sich selbst, die Schmerz und Tod mehr lieben machen als das um Ehre und Ruhe erkaufte Vergnügen ihrer Sinne. Was er in allen Romanen dieser Zeit nicht war, das wird der Ehebruch in der bürgerlichen Heldin der »Liaisons dangereuses«: eine Tragödie.

Auch die Verführung ist alteriert. Sie ist nicht mehr, als was sie sich sonst gab: Lust nach dem anderen, der gerne nachgab und nur, um den Genuß zu erhöhen, zögerte. Sie ist in Valmont und Frau von Merteuil eine Kraftentfaltung Willens und Verstandes, die um ihrer selbst willen genossen wird und sofort einem anderen Ziel der Verführung sich zuwendet, wenn das eine erreicht ist. Diese beiden machen das Kalkül jeder Geste und bereiten jedes Wort vor, denn sie wollen in der Lust noch vom Genuß ihres Genusses wissen und sich weder von den Gefühlen noch von den Ekstasen um ihre Bewußtheit bringen lassen. »Ich bin sicher«, schreibt die Merteuil, »käme mir jetzt die Laune, dem Chevalier den Abschied zu geben, er wäre verzweifelt, und nichts amüsiert mich so wie ein verzweifelter Liebhaber. Er würde mich

Choderlos de Laclos.
(Zeitgenössische
Darstellung)

perfid nennen, und perfide genannt zu werden hat mir immer Vergnügen gemacht –
nach jenem anderen Wort: ›grausam‹ ist es das süßeste für Frauenohren und weniger schwierig, sich zu verdienen.« Diese Frau verwechselt nicht die Liebe mit den
Liebhabern, und deshalb ist ihre strategische Kunst immer eine andere und neue. Sie
gibt Valmont, ihrem Schüler, Geliebten, Verbündeten und Gegner den Rat: »Fürchten Sie besonders für die Frauen, die in ihrem Müßiggang tatendurstig sind ... Unvorsichtige, die in ihrem jetzigen Liebhaber gar nicht ihren künftigen Gegner sehen.«
Es ist natürlich, daß die Sentimentalen und Naiven die Opfer der Intellektuellen sind:
die naive Volanges des Verführers Valmont, der von sich sagt: »Mittel, eine Frau zu
entehren, habe ich hundert, habe ich tausend gefunden«; und Danceny, der Bräutigam des Fräuleins von Volanges, das Opfer der Merteuil, die von sich sagt: ».... meine Grundsätze ... ich habe sie geschaffen, und ich kann sagen, ich bin mein eigenes
Werk«, und die dem Mädchen rät: »Suchen Sie deshalb Ihren Stil auszubilden. Sie
schreiben ausnahmslos wie ein Kind, ich sehe gut, woher das kommt: Sie sagen alles,
was Sie denken, und nichts, was Sie nicht denken ... Sie sehen doch ein: Wenn Sie
an jemand schreiben, dann geschieht das um seinet- und durchaus nicht um Ihretwil-
len. Sie sollten ihm daher weniger zu sagen trachten, was Sie denken, als, was ihm
vor allem gefällt.«

Und es ist natürlich, daß die Intellektuellen die Opfer ihrer selbst sind. »Ich weiß nicht, warum es da diese seltsamen Dinge nicht mehr gibt, die mir Freude machen«, bemerkt am Ende Frau von Merteuil und Valmont: »Ich bin empört, wenn ich denke, daß dieser Mensch (Danceny), ohne zu überlegen, ohne sich die geringste Mühe zu geben, einfach, indem er ganz dumm dem Trieb seines Herzens folgt, zum Glück gelangt . . .« Das Ende ist Müdigkeit, Überdruß, Ekel und vielleicht Verzweiflung. Das Pathos gehört den edlen Gefühlen.

Die »Liaisons dangereuses« kamen auf den Index der infamen Bücher, obgleich der Autor dieses macchiavellistischen Traktates von der Liebe die moralische Absicht seines Werkes nicht nur im Vorwort betont. Mädchen, die es gelesen haben, werden danach nicht in das Kloster gehen, und die Verführer können aus Büchern höchstens verlernen. Es wird die einen nicht warnen, die anderen nicht bessern, denn an den moralischen Angelegenheiten ändert die Lehre nichts. Und wir lesen ja auch mit unseren immoralischen Instinkten. Aber das 18. Jahrhundert besaß zu dieser Zeit diesen Aberglauben, und so mag man an der ehrlichen Absicht Laclos' nicht zweifeln, muß hinter seiner Versicherung keine Ironie suchen und es wie Laclos als die gerechte Strafe hinnehmen, daß Valmont im Duell und Frau von Merteuil an den Blattern stirbt; man braucht das nicht symbolisch so zu deuten, daß die Dummheit des Zufalles das Kalkül des Verstandes zuschanden macht.

Aus dem Nachlaß hat man ein Manuskript von Laclos veröffentlicht, das die Preisaufgabe einer Provinzakademie zu lösen versucht. Dieser Essay über die Erziehung der Frauen tendiert zu dem vorrevolutionären Ideal der »femme naturelle« und ist ein Fragment geblieben. Ob Laclos während der Arbeit die »natürliche Frau« wie ein Phantom verschwand, so daß er, dem die scharfen Augen für das Lebendige gegeben waren, davon nichts mehr zu schreiben wußte, oder ob ihn die Umstände seines wechselvollen Lebens von dieser Arbeit entfernten, ist nicht zu unterscheiden. Man kann beides oder eine dritte Möglichkeit annehmen, denn von dem inneren Leben dieses Mannes weiß man nichts, und die Schicksale seines äußeren Lebens, die allein man kennt, machen sein inneres Leben nur rätselhafter.

Als im Jahre 1782 die Liaisons dangereuses erschienen, war der Artilleriekapitän Laclos einundvierzig Jahre alt. Seine kleinen Verse aus der früheren Zeit, die man da und dort in Almanachen findet, geben nur an, daß er seine Rolle als personnage regnant [tonangebende Persönlichkeit] in der Gesellschaft spielte, wo Verse zu machen zum guten Ton gehörte und durchaus keinen Dichter bedeuten mußte. »Jung sein, in Paris leben und keine Verse schreiben, das ist unmöglich«, sagte jemand. Zu Beginn des Jahres, da man die Bastille stürmte, wurde Laclos zum Secrétaire surnuméraire des commandements [»überzähligen« Geheimsekretär ohne festes Gehalt] des Herzogs von Orleans ernannt. Diese Stelle, die er der Protektion der Frau von Genlis verdanken soll und die nichts weiter als eine Livrée war, entschied für Laclos: die Revolution hatte keine große Rolle für ihn. Die Ereignisse des 5. und 6. Oktober nennen ihn, aber nicht seinen Anteil. Er schloß sich wie sein Herr den Jakobinern an, und Michelet beschuldigte ihn, den homme noir, wie er ihn öfters nennt, daß er unter die Leute der einzigen Revolte Geld des Egalité verteilt habe. Es ist sehr wahrscheinlich, daß der Orleans in Laclos einen Vertrauten seiner weitzielenden Absichten hatte und in ihm den Macchiavell seines künftigen Hofes gefunden zu haben glaubte. Doch ernennen die Jakobiner Laclos zum Redakteur ihres Journal des amis de la Constitution [Journal der Freunde der Verfassung], und Laclos spricht in den Klubs, bei den Feuillants [Klub gemäßigter Republikaner 1792] wie auf der Butte des Moulins [Höhe, Hügel der Mühlen, Mühlenhügel] unter großem Beifall wie ein Valmont der Politik. Er inszeniert mit Brissot die Petition an den Flüchtling in Varennes – er wendet viel Diplomatie auf, dem Egalité den Weg zum Thron zu richten, aber die Ereignisse gehen schneller: Bailly proklamiert die Loi martiale, und das Massaker auf dem Champ-de-Mars macht Laclos' politischer Tätigkeit ein Ende. Er war gewiß kein

Republikaner, aber wohl auch kaum ein Orleanist. Man wird ihn zu Mirabeau, Rivarol und Chamfort stellen müssen, denen die Feinheit ihres Geistes und ein gewisser nonchalanter Zynismus die Wahl der Partei schwer machten. Diese Ironiker schrieben in der Zeit des Schreckens galante Gedichte und veröffentlichten sie. Laclos machte etwa solche an eine Margot:

»Doux objet d'un tendre délire
Le temps que j'emploi à t'écrire
Est sans doute un temps que je perds.
Jamais tu ne liras ces vers,
Margot, car tu ne sais pas lire *.«

Vor der Petiton hatte Laclos seinen Abschied als Offizier genommen, aber 1792 tritt er wieder in die Armee ein und geht als Brigadechef gegen Preußen an den Rhein, wo ein anderer galanter Dichter, der schreckliche Saint-Just, die Brigade revidiert und die Husaren aus dem Lager jagen läßt und Siege befiehlt. 1793 wird Laclos mit dem Egalité ins Gefängnis gesetzt, und er arbeitet hier an neuen Sprengstoffen und Belagerungsgeschützen, die er, wieder in Freiheit, mit Erfolg erprobt. Im September desselben Jahres sieht ihn das Gefängnis zum zweitenmal, und nur die Dankbarkeit Robespierres rettet ihn vor dem Fallbeil. Laclos arbeitete nämlich dem Schulmeister der Revolution die Reden aus. Aus den Berichten der Gefängniswärter erfährt man etwas aus seinem Privatleben: daß er verheiratet ist, zwei Kinder hat und von einem sehr mäßigen Einkommen lebt. Der Morgen des Thermidor gibt ihm mit den vielen anderen nach zehn Monaten Haft die Freiheit, und das Direktorium schickt ihn als Brigadegeneral unter Moreau zur Rheinarmee. Als Generalinspektor der Südarmee starb Laclos am 5. Oktober 1803. In seinem letzten Brief empfiehlt er dem ersten Konsul Weib und Kinder.

Ein kurzes und das beste Urteil über Laclos, und ein Urteil, dessen Zweck nicht Lobpreisung war, steht in einem Polizeibericht der Sektion des Berges: »Homme de génie, très froid et très fin. – Ein Mann von Genie, äußerst kalt und äußerst feinsinnig.«

AUS: GEFÄHRLICHE LIEBSCHAFTEN

Die Marquise von Merteuil an den Vicomte von Valmont, auf Schloß . . .

Kehren Sie zurück, lieber Vicomte, kehren Sie zurück! Was tun Sie, was können Sie denn überhaupt noch bei einer alten Tante tun, deren Vermögen Ihnen schon vermacht ist? Reisen Sie augenblicklich ab; ich brauche Sie. Ich habe einen herrlichen Plan, mit dessen Ausführung ich Sie betrauen will. Diese wenigen Worte sollten Ihnen genügen; und in der Erkenntnis, daß meine Wahl Sie allzusehr ehrt, sollten Sie sich beeilen herzukommen, um auf den Knien meine Befehle entgegenzunehmen. Aber Sie mißbrauchen meine Güte, selbst noch, seit Sie keinen Gebrauch mehr davon machen; und bei der Alternative, Sie ewig zu hassen oder übermäßige Milde walten zu lassen, will Ihr Glück, daß meine Güte überwiegt. Also will ich so gut sein und Sie von meinen Plänen in Kenntnis setzen: aber schwören Sie mir, daß Sie als treuer Kavalier sich in kein Abenteuer einlassen werden, ehe Sie nicht dieses zu Ende geführt haben. Es ist wert eines Helden: Sie werden der Liebe und der Rache dienen,

---

* »Süßer Gegenstand eines zarten Wahns,
Die Zeit, die ich damit verbringe, an dich zu schreiben,
Ist ohne Zweifel verlorene Zeit für mich.
Du wirst niemals lesen diesen Vers,
Margot, denn du kannst nicht lesen.«

kurz, es soll ein gemeiner Streich mehr für Ihre Denkwürdigkeiten werden – jawohl, für Ihre Denkwürdigkeiten, denn ich verlange, daß Sie eines Tages gedruckt werden, und übernehme es, sie zu schreiben. Aber lassen wir das, und kommen wir zur Sache.

Frau von Volanges will ihre Tochter verheiraten: es ist noch ein Geheimnis, das ich aber gestern von ihr selbst erfuhr. Und wen, glauben Sie, hat sie sich zum Schwiegersohn ausgesucht? Den Grafen Gercourt. Wer hätte mir gesagt, daß ich Gercourts Cousine werden würde! Ich bin in einer Wut darüber . . . Nun also! Ahnt Ihnen noch nichts? Oh, wie schwer von Begriff! Haben Sie ihm die Geschichte mit der Intendantin denn verziehen? Und ich, ich habe mich doch noch mehr über ihn zu beklagen, Sie Ungeheuer, denn er hat mich für diese Intendantin verlassen, die Sie dem Grafen geopfert hat. Aber ich werde schon wieder friedlich, und die Hoffnung auf Rache erheitert meine Seele.

Sie haben sich, gerade wie ich, hundertmal über die Wichtigkeit geärgert, mit der Gercourt die Frage seiner künftigen Frau behandelt, und über die dumme Eigenliebe, die ihn glauben macht, er werde das unvermeidliche Geschick vermeiden. Sie wissen, wie lächerlich voreingenommen er für die Klostererziehung ist, und kennen sein noch lächerlicheres Vorurteil, Blondinen seien zurückhaltender. Ich würde tatsächlich wetten, daß er trotz der sechzigtausend Francs Rente der kleinen Volanges sie nie geheiratet hätte, wenn sie brünett oder nicht im Kloster gewesen wäre. Drum wollen wir ihm zeigen, daß er nichts als ein Dummkopf ist. Eines Tages ist er's ganz sicher, das macht mir keine Sorge: das Komische wäre, wenn er damit gleich anfinge. Wie wir uns am nächsten Tag freuen werden, wenn wir ihn prahlen hören! – denn prahlen wird er; und wenn Sie das kleine Mädchen dann erst einmal ausgebildet haben, muß es sich schon höchst unglücklich treffen, wenn Gercourt nicht, wie nur irgendeiner, in Paris zum Stadtgespräch wird.

Im übrigen verdient die Heldin dieses Romans Ihre ganze Aufmerksamkeit: sie ist wirklich hübsch. Sie ist erst fünfzehn, die richtige Rosenknospe. Dumm allerdings, wie's nicht so leicht vorkommt, und nicht im geringsten geziert, wovor ihr Männer ja keine Angst habt. Dazu einen gewissen schmachtenden Blick, der in der Tat viel verspricht. Setzen Sie hinzu, daß ich sie Ihnen empfehle; und Sie haben mir also bloß noch zu danken und zu gehorchen.

Diesen Brief bekommen Sie morgen früh. Ich verlange, daß Sie morgen um 7 Uhr abends bei mir sind. Ich werde bis 8 Uhr niemanden vorlassen, nicht einmal den regierenden Ritter: er hat nicht Kopf genug für eine so große Sache. Sie sehen, die Liebe macht mich nicht blind. Um acht beurlaube ich Sie, und Sie kommen um zehn wieder und soupieren mit dem schönen Ding; denn Mutter und Tochter werden bei mir soupieren. Adieu, es ist zwölf vorüber: bald gebe ich mich nicht mehr mit Ihnen ab.

Paris, am 4. August 17**

Der Vicomte von Valmont an die Marquise von Merteuil in Paris

Ihre Befehle sind allerliebst; Ihre Art, sie zu geben, ist noch reizvoller; Sie könnten einem Liebe zum unbedingten Gehorsam beibringen. Es ist nicht das erstemal, wie Sie wissen, daß ich bereue, nicht mehr Ihr Sklave zu sein; und wenn ich auch, wie Sie sagen, ein »Ungeheuer« bin, denke ich doch nie ohne Vergnügen der Zeit, da Sie mich mit süßeren Namen beehrten. Oft wünsche ich sogar, sie von neuem zu verdienen, und zum Schluß noch, zusammen mit Ihnen der Welt ein Beispiel der Beständigkeit zu geben. Doch höhere Pflichten rufen uns. Erobern ist unser Geschick, und es heißt ihm folgen. Am Ende unserer Laufbahn begegnen wir uns vielleicht noch einmal; denn ohne Sie kränken zu wollen, wunderschöne Marquise, sei es gesagt: Sie

halten zumindest gleichen Schritt mit mir; und seitdem wir uns zum Heil der Welt getrennt haben und jeder auf eigene Hand Treue und Liebe predigt, haben Sie, scheint es mir, auf dieser Liebesmission mehr Proselyten als ich gemacht. Ich kenne Ihren Eifer, Ihre hingebende Inbrunst; und wenn jener Gott uns nach unseren Werken richtete, wären Sie eines Tages die Patronin irgendeiner großen Stadt, indes Ihr Freund höchstens ein Dorfheiliger wäre. Diese Sprache wundert Sie, nicht wahr? Aber seit acht Tagen höre und rede ich keine andere; und um mich darin zu vervollkommnen, sehe ich mich genötigt, Ihnen ungehorsam zu sein.

Werden Sie nicht böse und hören Sie zu. Mitwisserin aller meiner Herzensgeheimnisse: Ich will Ihnen den größten Plan anvertrauen, den ich je gefaßt habe. Was schlagen Sie mir vor? Ein junges Mädchen zu verführen, das nichts gesehen hat, nichts kennt; das mir sozusagen schutzlos ausgeliefert wäre; das eine erste Huldigung unfehlbar berauschen und die Neugier vielleicht rascher vorwärtsbringen wird als Liebe. Zwanzig andern kann das so gut gelingen wie mir. Anders steht es mit dem Unternehmen, das mich beschäftigt: sein Gelingen sichert mir ebensoviel Ehre wie Vergnügen. Amor, der meinen Kranz winden will, schwankt selber zwischen Myrte und Lorbeer, oder vielmehr er wird sie beide zusammenwinden zu Ehren meines Triumphs. Sie selbst, schöne Freundin, werden von heiligem Schauder erfaßt werden und begeistert sprechen: »Das ist der Mann nach meinem Herzen.«

Sie kennen die Präsidentin Tourvel, ihre Frömmigkeit, ihre Gattenliebe, ihre strengen Grundsätze. Darauf also mache ich einen Angriff; das ist der meiner würdige Feind; das ist das Ziel, das ich mir setze ...

Sie müssen also wissen, daß der Präsident in Burgund ist, wegen eines großen Prozesses. (Ich hoffe, einen wichtigeren soll er durch mich verlieren.) Seine untröstliche Hälfte soll hier die ganze Zeit dieser betrübenden Witwenschaft zubringen. Täglich eine Messe, ein paar Besuche bei den Armen des Kirchspiels, Morgen- und Abendgebete, einsame Spaziergänge, fromme Unterhaltungen mit meiner alten Tante, und manchmal ein trauriger Whist sollen die einzigen Zerstreuungen sein. Ich besorge ihr wirksamere. Mein guter Engel hat mich hergeführt, zu ihrem und meinem Glück. Ich Unsinniger! Mir taten die vierundzwanzig Stunden leid, die ich Höflichkeitsrücksichten opferte. Wie würde man mich jetzt strafen, wenn man mich zwänge, nach Paris zurückzukehren! Glücklicherweise gehören zum Whistspiel vier; und da es hier bloß den Ortspfarrer gibt, ist meine ewige Tante eifrig in mich gedrungen, ihr ein paar Tage zu opfern. Sie erraten wohl, daß ich eingewilligt habe. Sie können sich nicht vorstellen, wie sie mich seit dem Augenblick verhätschelt, und besonders wie sie darüber erbaut ist, mich regelmäßig bei ihren Gebeten und ihrer Messe zu sehen. Von der Gottheit ahnt sie nichts, die ich dort anbete.

So gebe ich mich also schon vier Tage lang einer starken Leidenschaft hin. Sie wissen, wie lebhaft ich begehren kann, wie ich über Hindernisse wegstürme; aber was Sie nicht wissen, das ist, wie sehr die Einsamkeit die Glut der Begierde erhöht. Ich habe nur noch einen Gedanken; tags denke ich dran, nachts träume ich davon. Ich habe es sehr nötig, diese Frau zu bekommen, um mich vor der Lächerlichkeit zu retten, daß ich in sie verliebt bin: denn wohin führt nicht eine durchkreuzte Begierde? O köstlicher Genuß! Ich erflehe dich um meines Glückes und vor allem um meiner Ruhe willen. Wie sind wir glücklich, daß die Frauen sich so schlecht verteidigen! Wir wären vor ihnen nur furchtsame Sklaven. Ich habe in diesem Augenblick ein Gefühl des Dankes für die gefälligen Frauen, das mich ganz von selbst bis zu Ihren Füßen geleitet. Ich knie vor Ihnen nieder, um Verzeihung zu erlangen, und ende diesen allzu langen Brief. Adieu, wunderschöne Freundin: und nicht böse sein!

Schloß ..., am 5. August 17**

Wissen Sie, Vicomte, daß Ihr Brief von einer seltenen Frechheit ist und daß es bloß an mir läge, böse darüber zu werden? Aber er hat mir klar bewiesen, daß Sie den Kopf verloren hatten, und das allein hat Sie vor meinem Zorn bewahrt. Als edle und mitfühlende Freundin vergesse ich die mir zugefügte Kränkung, um mich mit nichts zu beschäftigen, als mit Ihrer gefährlichen Lage; und so langweilig das Vernunft-predigen ist, will ich mich doch dazu bequemen, weil Sie es in diesem Augenblick so nötig haben.

Sie wollen die Präsidentin Tourvel haben! Was ist denn das für eine lächerliche Schrulle! Daran erkenne ich Ihren nichtsnutzigen Kopf, der sich immer nur das wünscht, was er glaubt nicht erhalten zu können. Was ist denn an der Frau? Regel-mäßige Züge, wenn Sie wollen, aber gar kein Ausdruck; leidlich gewachsen, aber anmutslos; immer angezogen zum Lachen, mit ihren Haufen von Busentüchern und ihrem bis zum Kinn reichenden Schnürleib! Ich sag' Ihnen als Freundin, von solchen Frauen braucht's nicht zwei, damit Sie all Ihr Ansehen verlieren. Denken Sie doch an den Tag, wo sie in Saint-Roche sammelte, und wo Sie sich so bei mir bedankten dafür, daß ich Ihnen das Schauspiel verschafft hatte. Ich sehe sie noch vor mir, wie sie jener langen Latte mit langen Haaren die Hand gab, bei jedem Schritt nahe am Hinfallen war, mit ihrem vier Ellen breiten Reifrock immer an irgend jemandes Kopf stieß und bei jeder Verbeugung rot wurde. Wer hätte Ihnen da gesagt, Sie würden die Frau begehren? Also bitte, Vicomte, werden Sie selber rot und kommen Sie wieder zu sich! Ich verspreche Ihnen, daß ich schweigen werde.

Und dann, sehen Sie mal, welche Mißhelligkeiten Sie erwarten! Mit welchem Nebenbuhler müssen Sie kämpfen? Mit einem Ehemann! Fühlen Sie sich nicht bei dem bloßen Wort gedemütigt? Was für eine Schande, wenn Sie scheitern! Und selbst im Erfolg wie wenig Ruhm! Ich behaupte noch mehr: hoffen Sie auf gar kein Ver-gnügen. Gibt es das bei Prüden? Bei den ehrlichen, meine ich. Zurückhaltend selbst noch im höchsten Vergnügen, bieten sie Ihnen stets nur halbe Genüsse. Die volle Hingabe ihrer selbst, der Wollustrausch, worin das Vergnügen sich reinigt durch sei-nen Überschwang – diese Schätze der Liebe sind ihnen nicht bekannt. Ich sage Ihnen im voraus: im günstigsten Fall wird Ihre Präsidentin alles für Sie getan zu haben glauben, wenn sie den Herrn Vicomte wie ihren Mann behandelt; und im ehelichen Zusammensein, sei es noch so zärtlich, bleiben es immer zwei. Hier liegt es noch weit schlimmer: Ihre Prüde ist fromm, und zwar mit einer Gänschenfrömmigkeit, die zu ewiger Kindheit verdammt. Vielleicht übersteigen Sie dies Hindernis; aber schmei-cheln Sie sich nicht, es zu zerstören: mögen Sie über die Liebe zu Gott Sieger bleiben, die Furcht vor dem Teufel werden Sie doch nicht besiegen; und wenn Sie Ihre Ge-liebte in den Armen halten und ihr Herzklopfen fühlen, wird das aus Furcht und nicht aus Liebe sein. Vielleicht hätten Sie, wenn Sie die Frau früher kennengelernt hätten, etwas aus ihr machen können; aber jetzt mit zweiundzwanzig – und zwei Ehejahren! Glauben Sie mir, Vicomte, wenn eine Frau dermaßen verknöchert ist, muß man sie ihrem Schicksal überlassen.

Sie sollen aber doch wissen, daß die kleine Volanges schon einem den Kopf ver-dreht hat. Der junge Danceny ist in sie vernarrt. Er hat mit ihr gesungen; und tat-sächlich singt sie besser, als man es einem Schulmädchen zutraut. Sie werden wohl viele Duos miteinander üben, und ich glaube, sie würde gerne ein gewisses anderes Duett mit ihm anstimmen; aber dieser Danceny ist ein Kind, das seine Zeit mit Liebesgetändel verlieren und nichts zustande bringen wird. Das kleine Wesen ihrer-seits ist ziemlich scheu; und was auch geschehen mag, es wird immer viel weniger erfreulich sein, als Sie es hätten machen können. Drum bin ich auch verstimmt und werde dem Ritter, wenn er kommt, sicher eine Szene machen. Ich rate ihm, sanft zu sein; denn in diesem Augenblick würde es mich gar nichts kosten, mit ihm zu brechen. Ich bin sicher, wenn ich so gescheit wäre, ihn jetzt zu verlassen, würde er darüber in Verzweiflung sein; und nichts belustigt mich so wie eine verzweifelte Liebe. Er würde mich treulos nennen; und das Wort treulos hat mir stets Vergnügen gemacht; nach dem Wort grausam ist es das süßeste für ein Frauenohr und weniger mühsam zu verdienen. Im Ernst, ich will mich um den Bruch kümmern. Und daran sind nur Sie schuld! Sie müssen es aber auch auf Ihr Gewissen nehmen. Adieu. Empfehlen Sie mich dem Gebet Ihrer Präsidentin.

Paris, am 7. August 17 **

Der Vicomte von Valmont an die Marquise von Merteuil

Gibt es denn keine Frau, die ihre Macht nicht mißbraucht! Sie sogar, die ich so oft meine milde Freundin nannte, Sie hören auf, es zu sein, und scheuen sich nicht, mich in dem Gegenstand meiner Neigung anzugreifen! Mit was für Farben wagen Sie Frau von Tourvel zu malen!... Welcher Mann hätte dieses dreiste Wagnis nicht mit seinem Leben bezahlt? Welcher andern Frau als Ihnen hätte es nicht zumindest einen üblen Streich eingetragen? Ich beschwöre Sie, stellen Sie mich nicht wieder so schwer auf die Probe; ich würde nicht dafür bürgen, daß ich sie bestände. Im Namen der Freundschaft bitte ich Sie, von dieser Frau nichts Übles zu sagen, bis ich sie gehabt

Jean Honoré Fragonard:
Der Liebesbrief

99

habe. Wissen Sie nicht, daß nur die Wollust das Recht hat, der Liebe die Binde abzunehmen?

Doch was sage ich? Bedarf Frau von Tourvel der Täuschung? Nein; um anbetungswürdig zu sein, braucht sie nur sie selbst zu sein. Sie werfen ihr vor, sie zieht sich schlecht an. Ich glaub's: aller Putz schadet ihr, alles, was sie verdeckt, entstellt sie. Erst in der Zwanglosigkeit von Hauskleidern ist sie wahrhaft entzückend. Dank der drückenden Hitze, die wir ausstehen, läßt ein einfaches Leinenkleid mich ihren runden, biegsamen Wuchs sehen. Ein einziger Musselinschleier bedeckt ihren Busen; und meine verstohlenen, aber durchdringenden Blicke haben seine bezaubernden Formen schon umfaßt. Ihr Gesicht, sagen Sie, hat keinen Ausdruck. Und was soll es in den Augenblicken, wo nichts zu ihrem Herzen spricht, denn ausdrücken? Nein, zweifellos hat sie nicht, wie unsere koketten Frauen, den lügnerischen Blick, der manchmal verführt und uns immer täuscht. Sie versteht die Leere einer Redensart nicht mit einem eingelernten Lächeln zu verdecken; und obschon sie die schönsten Zähne von der Welt hat, lacht sie nur über das, was sie belustigt. Aber man muß sehen, wie sie bei mutwilligen Spielen das Bild unbefangener, offener Fröhlichkeit bietet! Wie bei einem Unglücklichen, dem sie mit Eifer Hilfe bringt, ihr Blick reine Freude und mitfühlende Güte ausdrückt! Vor allem muß man beim leisesten Wort des Lobes oder der Schmeichelei auf ihrem himmlischen Antlitz die rührende Verlegenheit einer ungeheuchelten Bescheidenheit sich spiegeln sehen!... Sie ist prüde und fromm, und deshalb halten Sie sie für kalt und seelenlos? Ich denke sehr anders. Welchen erstaunlichen Gefühlsreichtum muß man haben, um ihn sogar über einen Gatten auszugießen und immer ein stets abwesendes Geschöpf zu lieben? Was für einen noch stärkeren Beweis können Sie wünschen? Und doch habe ich mir noch einen anderen zu verschaffen gewußt.

Ich habe ihren Spaziergang so gelenkt, daß ein Graben zu überschreiten war; und obwohl sie sehr gewandt ist, überwog doch ihre Schüchternheit. Sie hat sich mir anvertrauen müssen. Ich habe diese sittsame Frau in meinen Armen gehalten. Unsere Vorbereitungen und der Sprung meiner alten Tante hätten eine Betschwester in laute Heiterkeit versetzt; sobald ich mich jedoch ihrer bemächtigt hatte, schlangen sich, infolge einer geschickten Ungeschicklichkeit, unsere Arme ineinander. Ich preßte ihre Brust gegen meine; und in diesem Zeitraum fühlte ich ihr Herz heftiger schlagen. Die liebeswürdige Röte färbte ihr Gesicht, und ihre bescheidene Verwirrung belehrte mich hinlänglich darüber, *daß ihr Herz vor Liebe gebebt hatte und nicht vor Furcht.* Meine Tante täuschte sich darüber gleich Ihnen und sagte: »Das Kind hat sich gefürchtet«; aber die bezaubernde Aufrichtigkeit des »Kindes« gestattete ihr keine Lüge, und sie erwiderte arglos: »Ach nein, aber ...« Dies eine Wort hat mich aufgeklärt.

Von diesem Augenblick an ist die grausame Unruhe der süßen Hoffnung gewichen. Ich bekomme die Frau; ich werde sie dem Gatten, der sie heiligt, rauben; dem Gott sogar, zu dem sie betet, werde ich sie zu rauben wagen. Welche Wonne, abwechselnd Gegenstand und Besieger ihrer Gewissensbisse zu sein. Fern sei von mir der Gedanke, die Vorurteile, worin sie befangen ist, zu zerstören! Sie werden mein Glück und meinen Ruhm vermehren. Mag sie an die Tugend glauben, aber sie mir opfern; mögen ihre Vergehungen sie in Grauen stürzen, ohne sie aufhalten zu können; und möge sie, von tausend Schrecken geschüttelt, sie nirgends vergessen, nirgends besiegen können als in meinen Armen! Dann mag sie mir sagen: »Ich bete dich an.« Sie allein unter allen Frauen wird würdig sein, diese Worte auszusprechen. Ich werde in der Tat der Gott sein, dem sie den Vorzug gab.

Seien wir ehrlich: bei unseren ebenso kalten als leichtfertigen Unternehmungen ist, was wir Glück nennen, höchstens ein Vergnügen. Soll ich's Ihnen sagen? Ich hielt mein Herz für vertrocknet, fand in mir nur noch Sinnlichkeit und klagte über ein vorzeitiges Alter. Frau von Tourvel hat mir den bezaubernden, holden Wahn der Jugend zurückgegeben. Bei ihr brauche ich nicht zu genießen, um glücklich zu sein. Das einzige, was mich schreckt, ist die Zeit, die mich dies Abenteuer kosten wird; denn ich wage nichts dem Zufall zu überlassen. Vergebens erinnere ich mich noch so viel an meine glücklichen Verwegenheiten, ich kann mich nicht entschließen, sie anzuwenden. Damit ich wahrhaft glücklich sei, muß sie sich mir geben; und das ist nicht wenig.

Ich bin gewiß, Sie würden meine Vorsicht bewundern. Das Wort Liebe habe ich noch nicht ausgesprochen, aber schon sind wir bei den Worten Vertrauen und Teilnahme. Um sie so wenig wie möglich zu täuschen, und besonders um der Wirkung des Klatsches, der zu ihr gelangen könnte, vorzubeugen, habe ich ihr selbst, und so, als klagte ich mich an, einige meiner bekanntesten Streiche erzählt. Sie würden lachen, wenn Sie sähen, mit welcher Arglosigkeit sie mir Predigten hält. Sie will mich, sagt sie, bekehren. Sie ahnt noch nicht, was der Versuch sie kosten wird. Sie ist weit entfernt, daran zu denken, daß sie, die, um ihre Worte zu gebrauchen, »die Sache der von mir ins Verderben gebrachten Unglücklichen vertritt«, zum voraus in eigener Sache spricht. Dieser Gedanke kam mir gestern mitten in einer ihrer Reden, und ich konnte mir das Vergnügen nicht versagen, sie zu unterbrechen, um ihr zu versichern, sie spräche wie ein Prophet. Adieu, wunderschöne Freundin. Sie sehen, ich bin noch nicht rettungslos verloren. – Nachschrift. Dabei fällt mir ein: Hat der arme Ritter sich aus Verzweiflung umgebracht? Sie sind wahrhaftig hundertmal schlimmer als ich und würden mich beschämen, wenn ich eitel wäre.

*Schloß . . ., am 9. August 17** *

Die Marquise von Merteuil an den Vicomte von Valmont

Sie sind mit mir böse, Vicomte? Oder aber sind Sie tot? Oder was dem sehr ähnlich sähe, leben Sie nur noch für Ihre Präsidentin? Diese Frau, die Ihnen »den holden Wahn der Jugend« wiedergegeben hat, wird Ihnen bald auch die lächerlichen Vorurteile der Jugend wiedergeben. Schon sind Sie schüchtern und unterwürfig; gerade so gut können Sie verliebt sein. Sie verzichten »auf Ihre glücklichen Verwegenheiten«. So verfahren Sie denn nun also ohne Grundsätze, überlassen alles dem Zufall oder vielmehr der Laune. Denken Sie nicht mehr daran, daß die Liebe wie die Medizin *nur die Kunst ist, die Natur zu unterstützen?* Sie sehen, ich schlage Sie mit Ihren eigenen Waffen: aber ich werde mir nichts darauf einbilden; denn hier wird ja nur ein Mann geschlagen, der schon am Boden liegt. »Sie muß sich mir geben«, sagen Sie. Ganz gewiß muß sie das; drum wird sie sich auch hingeben wie die anderen, mit dem Unterschied, daß sie es ungern tun wird. Aber dafür, daß sie sich schließlich gibt, ist das beste Mittel, daß man sie sich erst einmal nimmt. Diese lächerliche Unterscheidung ist wirklich eine Faselei, recht wie sie der Liebe eigen ist! Ich sage der Liebe: denn Sie sind verliebt. Anders zu Ihnen reden, hieße, treulos an Ihnen handeln; hieße, Ihnen Ihre Krankheit verheimlichen. Sagen Sie mal, schmachtender Seladon: die Frauen, deren Gunst Sie bisher genossen haben, ja glauben Sie denn, daß Sie die vergewaltigt haben? Lieber Gott, wenn man noch so große Lust hat, sich zu ergeben, und es noch so eilig hat – einen Vorwand braucht man doch; und gibt es einen bequemeren für uns, als den, der uns den Schein gibt, als wichen wir der Gewalt? Für mich, ich gestehe es, gehört zum Schmeichelhaftesten ein lebhafter, gut ausgeführter Angriff, bei dem alles geordnet, wenn auch rasch erfolgt; der uns nie in die peinliche Verlegenheit setzt, daß wir selber eine Ungeschicklichkeit wieder gutmachen müssen, aus der wir im Gegenteil hätten Gewinn ziehen sollen; der uns den Schein der Vergewaltigung noch bei dem läßt, was wir bewilligen, und unseren zwei Lieblingsleidenschaften zu schmeicheln weiß: dem Stolz auf unsere Verteidigung und dem Vergnügen an unserer Niederlage. Ich gebe zu, dieses Talent, das seltener ist, als man glaubt, hat mir stets Vergnügen gemacht, selbst dann, wenn es nicht verführt hat, und es ist mir schon manchmal vorgekommen, daß ich mich einzig zur Belohnung ergeben habe. So überreichte bei unseren früheren Turnieren die Schönheit der Tapferkeit und Geschicklichkeit den Dank.

Sie aber, der Sie nicht mehr Sie selbst sind, Sie betragen sich, als wäre Ihnen bange vor dem Gelingen. Also bitte, seit wann reisen Sie denn so langsam und auf Umwegen? Lieber Freund, wer ankommen will, nehme Postpferde und die Landstraße! Doch lassen wir diese Sache, die mich um so mehr verstimmt, als sie mich des Vergnügens beraubt, Sie zu sehen. Wenigstens schreiben Sie mir öfter als bisher und halten Sie mich über Ihre Fortschritte auf dem laufenden. Wissen Sie, daß dies lächerliche Abenteuer Sie jetzt schon über vierzehn Tage beschäftigt, und daß Sie alle Welt vernachlässigen?

Bei »vernachlässigen« fällt mir ein: Sie sind wie die Leute, die regelmäßig bei ihren kranken Freunden nach dem Befinden fragen, sich die Antwort aber nie sagen lassen. Am Schluß Ihres vorigen Briefes fragen Sie mich, ob der Ritter tot ist. Ich antworte nicht, und Sie beunruhigen sich weiter nicht darüber. Wissen Sie nicht mehr, daß mein Liebhaber Ihr geborener Freund ist? Doch beruhigen Sie sich, er ist nicht tot; oder wenn schon, wäre er's nur aus übergroßer Freude. Der arme Ritter, wie zärtlich er ist! Wie er für die Liebe geschaffen ist! Wie er lebhaft empfinden kann! Ich werde ganz verliebt dadurch. Im Ernst, das vollkommene Glück, das für ihn darin liegt, von mir geliebt zu werden, verbindet mich ihm wirklich.

Am selben Tage, da ich Ihnen schrieb, ich würde am Bruch unserer Beziehungen arbeiten – wie glücklich machte ich ihn da! Ich sann gleichwohl allen Ernstes über die Mittel nach, ihn zur Verzweiflung zu bringen, da meldete man ihn. Sei's aus Laune oder mit Grund, aber nie schien er mir so liebenswürdig. Jedoch ich empfing ihn ungnädig. Er hoffte, mit mir zwei Stunden hinzubringen, ehe meine Tür sich allen öffnen sollte. Ich sagte ihm, ich gehe aus; er fragte, wohin ich ginge; ich verweigerte ihm die Auskunft. Er bestand drauf. »Wo Sie nicht sein werden«, sagte ich scharf. Zum Glück für ihn stand er nach dieser Antwort wie versteinert; denn hätte er ein Wort gesagt, wäre unfehlbar ein Auftritt daraus geworden, der den von mir geplanten Bruch herbeigeführt hätte. Über sein Stillschweigen verwundert, wandte ich ihm den Blick zu, ohne andere Absicht, schwöre ich Ihnen, als mir seine Miene anzusehen. Ich fand wieder auf diesem bezaubernden Gesicht jene zugleich tiefe und zartliche Traurigkeit, der nach Ihrem eigenen Zugeständnis so schwer zu widerstehen ist. Dieselbe Ursache brachte dieselbe Wirkung hervor; ich ward zum zweitenmal besiegt. Von dem Augenblick an sann ich nur noch auf die Mittel, zu vermeiden, daß er mir ein Unrecht vorwerfen könne. »Ich gehe wegen eines Geschäftes aus«, sagte ich etwas milder, »und es betrifft sogar Sie; aber fragen Sie mich nicht. Ich soupiere.zu Hause; kommen Sie wieder, und Sie sollen alles erfahren.« Da fand er die Sprache wieder; doch erlaubte ich ihm nicht, davon Gebrauch zu machen. »Ich bin sehr eilig«, fuhr ich fort. »Lassen Sie mich! Auf heute abend.« Er küßte mir die Hand und ging.

Sogleich entschließe ich mich zu seiner Entschädigung, und vielleicht zu meiner, ihm mein kleines Haus zu zeigen, von dem er keine Ahnung hatte. Ich rufe meine getreue Victoire. Ich habe meine Migräne, ich gehe für alle meine Leute zu Bett; – und wie ich endlich mit ihr allein geblieben bin und sie sich als Lakai verkleidet, ziehe ich mich wie eine Kammerfrau an. Darauf läßt sie eine Droschke an die Gartentür kommen, und fort sind wir. Bei der Ankunft in dem Liebestempel wähle ich das galanteste Hauskleid. Das ist entzückend; es ist meine Erfindung: es läßt nichts sehen und doch alles erraten. Ich verspreche Ihnen das Modell für Ihre Präsidentin, wenn Sie sie erst würdig gemacht haben, es zu tragen.

Nach diesen Vorbereitungen, und während Victoire sich mit den anderen Einzelheiten befaßt, lese ich ein Kapitel auf dem »Sofa«, einen Brief Heloisens und zwei
Geschichten von La Fontaine, um mir die verschiedenen Saiten zu spannen, die ich
tönen lassen wollte. Indes langt mein Ritter, mit seiner gewöhnlichen Ungeduld, vor
der Tür an. Mein Schweizer läßt ihn nicht ein und teilt ihm mit, ich sei krank. Gleichzeitig übergibt er ihm ein Billett von mir, doch nicht in meiner Schrift, nach meiner
vorsichtigen Regel. Er öffnet es und findet darin von Victoires Hand: »Schlag neun
Uhr auf den Boulevards vor den Cafés.« Er verfügt sich hin; und dort kommt ein
kleiner Lakai, den er nicht kennt, den er wenigstens nicht zu kennen meint, denn es
war wieder Victoire, und meldet ihm, daß er den Wagen wegschicken und ihm folgen
muß. Der ganze romantische Weg erhitzte ihm beträchtlich den Kopf. Und ein er-
hitzter Kopf kann nicht schaden. Schließlich langt er an, und Überraschung und Liebe
bewirkten, daß er wahrhaft bezaubert war. Damit er Zeit hat, sich zu erholen, gehen
wir einen Augenblick im Boskett spazieren; dann führe ich ihn wieder ins Haus
zurück. Er sieht erst zwei Bestecke aufgelegt, dann ein gemachtes Bett. Wir gehen
weiter bis ins Boudoir, das sich in seinem vollen Glanz präsentierte. Da – halb aus
Überlegung, halb aus Gefühl – lege ich den Arm um ihn und ließ mich vor ihm auf
die Knie nieder. »O mein Freund«, sagte ich, »weil ich dir die Überraschung dieses
Augenblicks verschaffen wollte, muß ich mir nun vorwerfen, dich durch den Schein
übler Laune betrübt und eine Minute lang mein Herz wohl vor deinen Blicken verschleiert zu haben. Verzeihe mir meine Verfehlungen: ich will sie abbüßen mit lauter
Liebe.« Die Wirkung dieser gefühlvollen Rede können Sie sich denken. Der glückliche

Ritter hob mich auf, und die Verzeihung ward auf derselben Ottomane besiegelt, wo Sie und ich so fröhlich auf die gleiche Art unsere ewige Trennung besiegelten.

Da wir sechs Stunden für uns hatten und ich entschlossen war, daß die ganze Zeit gleich köstlich für ihn sein sollte, schränkte ich seine Verzückungen ein, und liebenswürdige Koketterie löste die Zärtlichkeit ab. Ich glaube nicht, daß ich mir je so viel Mühe gegeben habe, zu gefallen, noch daß ich je so zufrieden mit mir war. Nach dem Souper war ich abwechselnd kindlich und verständig, ausgelassen und gefühlvoll, manchmal sogar liederlich, und gefiel mir darin, ihn als Sultan inmitten seines Serails anzusehn, dessen verschiedene Favoritinnen ich abwechselnd vorstellte. Und wirklich wurden seine mehrmals wiederholten Huldigungen zwar von derselben Frau, aber immer von einer neuen Geliebten entgegengenommen.

Schließlich bei Tagesanbruch mußten wir uns trennen; und was er auch sagte, was er sogar tat, um mir das Gegenteil zu beweisen – das Bedürfnis war da, wenn auch nicht die Lust. Im Augenblick, als wir hinausgingen und als letztes Lebewohl, nahm ich den Schlüssel zu dem glücklichen Aufenthalt und legte ihn in seine Hände. »Ich habe ihn nur für Sie eingerichtet«, sagte ich; »Sie müssen hier gerechterweise der Herr sein; dem Opferpriester steht die Verfügung über den Tempel zu.« Durch diese Geschicklichkeit habe ich den Erwägungen vorgebeugt, die der stets verdächtige Besitz eines kleinen Hauses bei ihm hätte erwecken können. Ich kenne ihn gut genug, um gewiß zu sein, daß er es nur mit mir benutzen wird; und ich, wenn ich Lust bekäme, ohne ihn hinzugehn, habe ich ja noch einen zweiten Schlüssel. Er wollte mit aller Gewalt einen Tag bestimmt haben zum Wiederkommen; aber ich liebe ihn noch zu sehr, als daß ich ihn so rasch abnützen möchte. Ausschweifungen darf man sich nur mit Leuten gestatten, die man bald verlassen will. Er weiß das nicht; zu seinem Glück aber weiß ich es für uns beide.

Ich merke, daß es drei Uhr früh ist, und daß ich einen Band geschrieben habe, während ich vorhatte, nur ein Wort zu schreiben. Das ist der Zauber vertrauender Freundschaft. Er macht, daß Sie mir noch immer am liebsten sind; aber allerdings, der Ritter reizt mich mehr.

..., am 12. August 17 **

Der Vicomte von Valmont an die Marquise von Merteuil

Es ist sehr anständig von Ihnen, mich nicht meinem traurigen Geschick zu überlassen. Das Leben, das ich hier führe, ermüdet wirklich durch das Übermaß seiner Ruhe und seine fade Gleichförmigkeit. Wie ich Ihren Brief und die Einzelheiten Ihres reizenden Tête-à-tête las, war ich zwanzigmal versucht, ein Geschäft vorzuschützen, zu Ihren Füßen zu fliegen und Sie dort zu meinen Gunsten um eine Untreue gegen Ihren Ritter zu bitten, der schließlich sein Glück nicht verdient. Wissen Sie, daß Sie mich eifersüchtig auf ihn gemacht haben? Was reden Sie mir von ewigem Bruch? Ich widerrufe diesen im Wahnsinn geleisteten Eid. Wir wären nicht wert gewesen, ihn zu schwören, wenn wir ihn hätten halten können. Ach, könnte ich eines Tages in Ihren Armen mich für den unwillkürlichen Ärger rächen, den des Ritters Glück mir verursacht hat! Ich bin empört, ich gestehe es, wenn ich denke, daß dieser Mensch, ohne seinen Verstand anzustrengen, ohne sich die geringste Mühe zu geben, bloß indem er einfältiglich seinem Herzenstriebe folgt, ein Glück findet, das ich nicht erreichen kann. Ich werde es aber stören!... Versprechen Sie mir, daß ich es stören soll. Fühlen Sie selbst sich nicht gedemütigt? Sie nehmen sich die Mühe, ihm was vorzumachen, und er ist glücklicher als Sie. Sie glauben, ihn gefesselt zu haben, und sind in seinen Ketten! Er schläft ruhig, während Sie für sein Vergnügen die Nacht durchwachen. Könnte seine Sklavin noch mehr tun?

Hören Sie, schöne Freundin, solange Sie sich unter mehrere verteilen, fühle ich nicht die leiseste Eifersucht; ich sehe dann in Ihren Liebhabern nur die Nachfolger Alexanders, unfähig, alle zusammen das Reich zu erhalten, über das ich als einziger geherrscht habe. Aber daß Sie sich einem von ihnen ganz geben! – daß es einen andern Mann gibt, so glücklich wie ich! – das werde ich nicht dulden; hoffen Sie ja nicht, daß ich das dulde. Entweder nehmen Sie wieder mich oder nehmen Sie wenigstens einen andern; und verraten Sie nicht durch die ausschließliche Laune für einen die unverletzliche Freundschaft, die wir uns geschworen haben.

Es ist wahrhaftig ganz genug, daß ich mich über die Liebe zu beklagen habe. Sie sehen, ich gehe auf Ihre Anschauungen ein und gebe mein Unrecht zu. Allerdings, wenn es verliebt sein heißt, daß man nicht leben kann, ohne zu besitzen, was man begehrt, daß man ihm seine Zeit, seine Vergnügungen, sein Leben opfert, dann bin ich wirklich verliebt, trotzdem aber immer noch auf demselben Fleck. Ich hätte Ihnen in dieser Hinsicht überhaupt nichts mitzuteilen, wäre nicht ein Ereignis eingetreten, das mir viel zu denken gibt, und von dem ich noch nicht weiß, soll ich es fürchten oder etwas von ihm hoffen.

Sie kennen meinen Jäger, einen Schatz bei Intrigen und einen Bedienten ganz wie aus der Komödie. Sie können sich wohl denken, daß er laut Vorschrift sich in die Kammerfrau zu verlieben und die Dienstleute betrunken zu machen hatte. Der Schlingel ist glücklicher als ich; er hat schon Erfolg gehabt. Eben hat er herausbekommen, daß Frau von Tourvel einen ihrer Leute dazu angestellt hat, sich zu erkundigen, was ich treibe, und mir sogar auf meinen Morgenspaziergängen soviel als möglich und unauffällig nachzugehen. Was nimmt die Frau sich heraus? Also die Bescheidenste von allen wagt, was kaum wir uns erlauben würden! Ich schwöre aber ... Doch ehe wir an Rache denken für diese weibliche List, wollen wir auf Mittel sinnen, sie zu unserm Vorteil zu wenden. Bisher hatten die Gänge, die ihr Argwohn einflößen, keinen Zweck; ich muß ihnen einen geben. Das verdient meine ganze Aufmerksamkeit, und ich verlasse Sie, um darüber nachzudenken. Adieu, schöne Freundin.

*Noch immer in Schloß ..., am 15. August 17***

Die Marquise von Merteuil an den Vicomte von Valmont

Sobald Sie den Erfolg scheuen, lieber Vicomte, sobald Ihre Absicht ist, Waffen gegen sich selbst zu liefern, und Sie nicht so sehr nach Sieg als nach Kampf verlangen, habe ich nichts mehr zu sagen. Ihr Verhalten ist ein Meisterwerk der Klugheit. Wenn man das Gegenteil annimmt, wäre es eins der Dummheit; und, daß ich Ihnen die Wahrheit sage, ich fürchte, Sie geben sich einer Täuschung hin.

Nicht das werfe ich Ihnen vor, daß Sie den Augenblick nicht ausgenutzt haben. Einerseits kann ich nicht deutlich erkennen, daß er da gewesen wäre; andrerseits weiß ich, was man auch sagen möge, zur Genüge, daß eine versäumte Gelegenheit sich wiederfindet, während man einen übereilten Schritt nie wieder rückgängig machen kann ...

Ferner wundere ich mich, daß Sie eine Bemerkung noch nicht gemacht haben, nämlich daß in der Liebe nichts so schwierig ist, als sich auf eine glaubwürdige Art schriftlich auszudrücken. Nicht daß man sich nicht derselben Worte bediente; aber man setzt sie nicht in der gleichen Weise, oder vielmehr ja, man macht sie zurecht, und das genügt. Lesen Sie Ihren Brief nochmals durch: es herrscht eine Ordnung darin, die Sie bei jeder Wendung verrät. Ich will wohl glauben, daß Ihre Präsidentin noch so wenig ausgebildet ist, daß sie es nicht bemerkt: doch was liegt daran; die

Wirkung ist darum doch verfehlt. Den Fehler haben auch die Romane; der Autor ist es nicht so. Die Gewohnheit, seine Stimme zu nuancieren, verleiht beim Sprechen die Fähigkeit, zu empfinden, die Leichtigkeit, Tränen zu vergießen, erhöht sie noch. Der Ausdruck der Begierde verschmilzt in den Augen mit dem der Zärtlichkeit; kurz, die nicht so zusammenhängende Rede führt leichter den Ausdruck von Verwirrung und Verlegenheit herbei, der der Liebe wahre Beredsamkeit ist; und vor allem verhindert die Gegenwart des geliebten Wesens das Nachdenken und erweckt den Wunsch, überwunden zu werden.

Glauben Sie mir, Vicomte: Sie werden gebeten, nicht mehr zu schreiben; benutzen Sie das, um Ihren Fehler wieder gutzumachen, und warten Sie die Gelegenheit ab, um zu sprechen. Wissen Sie, daß die Frau stärker ist, als ich dachte? Ihre Verteidigung ist gut; und wäre nicht die Länge des Briefes und die Wendung von ihrer Erkenntlichkeit, wodurch sie Ihnen den Vorwand in die Hand gibt, auf die Sache zurückzukommen, dann würde sie sich überhaupt nicht verraten haben.

Was Sie außerdem noch über Ihren Erfolg, scheint mir, beruhigen kann, ist, daß sie zuviel Kraft auf einmal ausgibt; sie wird sich, ich sehe es voraus, zur Verteidigung des Wortes erschöpfen, und zur Verteidigung der Sache bleibt ihr dann keine mehr.

Ich schicke Ihnen Ihre beiden Briefe zurück, und wenn Sie klug sind, sind es die letzten nach dem glücklichen Moment. Wenn es nicht so spät wäre, würde ich Ihnen von der kleinen Volanges erzählen, die ziemlich rasche Fortschritte macht, und mit der ich höchst zufrieden bin. Ich glaube, ich werde vor Ihnen fertig, und Sie sollten sich recht darüber schämen. Für heute leben Sie wohl.

..., am 27. August 17**

NICOLAS
RÉTIF DE LA BRETONNE
1734-1806

RÉTIF DE LA BRETONNE
von Franz Blei

Jeder Mensch hat etwas in seiner Natur, das, wenn er es öffentlich aussprädte, Mißfallen erregen würde, sagt Goethe in den Sprüchen. Daß dieses Heimlichste verschwiegen wird, sichert den Bestand der gesellschaftlichen Formen. Denn dieses Heimlichste ist vielleicht ein Rest von Barbarei, den das sittliche Milieu wohl zum Schweigen, aber nicht zum Verschwinden bringen konnte, und den es zum Schweigen bringen kann, wenn es im vollen Besitz unerschütterter und unbezweifelter Kräfte ist. Wo die verbindenden Kräfte dieses Milieus der Sitte in Form und Art nachlassen und sich auflösen, wo sie verfallen aus ungleichen und widerstreitenden Interessen: in sinkenden gesellschaftlichen Kulturen wird das Heimlichste leichter den schönen Mut oder die kühne Frechheit finden, sich zu äußern und das damit erregte Mißfallen zu ertragen. Nietzsche ist so vielleicht ein Zeichen von der Unfähigkeit unserer Zeit zu kultureller Bändigung, Zeichen von einem Verfall der gesellschaftlichen Formen aus ungleichen Inhalten. Man könnte einwenden, daß bei Nietzsche von dem Verfall einer Kultur nicht die Rede sein könne, eher von einem langwierigen Streben, zu einer Kultur zu kommen. Aber Verfall und neue Bildung sind Prozesse, die in der gleichen Zeit spielen und gleiche Erscheinungen fördern. Der Verfall der Kultur des Ancien régime trug die Möglichkeit einer neuen Bildung in sich, und gerade die faulste Erde gab den Humus für ein neues Erblühen. Um diese Zeit lebten Naturen, wie ausersehen, das Ganze des Jahrhunderts in einem Leben wiederzuleben, die Summe zu ziehen und sogar den Epilog zu sprechen. Was sie sagen, ist die alte Zeit; wie und weshalb sie es sagen, kündet die neue. Das Mißfallen, das das Aussprechen ihres Geheimsten erregte, hob sich langsam von der Person, wurde Staunen, Verehrung; und daß sie es sagte, wurde den Späteren selbstverständlich und nicht weiter merkwürdig: da ist es ein Element der neuen Kultur, ein kultureller Wert geworden. So kann der einzelne in diesem seinem Heimlichsten die Zukunft der Gesamtheit bergen. Die vom Moralismus des 18. Jahrhunderts aufgestellte Forderung von der Rückkehr zur Natur brachten die letzten dieser Zeit als Schrankenlosigkeit der eigenen Natur zu Worte, reserviert noch und mit Bedenken in den allgemeinen Sätzen und befangen im überlauten Echo dieser Worte, das wie aus der Erde kam. Die Trunkenheit des deutschen Sturm und Drang taumelt in der Aufgeregtheit dieser neuen Worte, Laclos gab sie die Schärfe des Gesichtes für das, was die alte Zeit die Liebe nannte, und Rétif brachte eine Welt von unten herauf ans Licht.

Von diesem Rétif sagen französische Kritiker, daß mit ihm eine ganz neue Epoche der Literatur anhob. Seine ersten Bücher erschienen, da das Erotische in die klandestinen Bücher der Nerciat und Sade sich zurückzuziehen anfing und hier sich selbst überlassen Krämpfe bekam. In der öffentlichen Literatur, die auf die Damen Riccoboni und Genlis heruntergekommen war, fingen die *Paravents couleur de rose* [rosenfarbenen Wandschirme], hinter denen Crébillon und Louvet ihre Paare sich vergnügen ließen, schon an so blaß zu werden, wie die Sprache in diesen Romanen dünn und mager wurde und das Abenteuer zur Pastiche [plagiierende Nachahmung]. Mit Rétif kam eine menschliche Brutalität in den Kunstinhalt, so neu wie die Menschen, welche die Revolution an den Tag brachte.

Der Mann war eine gewaltsame Natur und ein Narr in mancher Beziehung. Er kam vom Lande her und war ohne die schwächenden Kenntnisse von Form und Sitte, aber auch ohne Geschmack, ohne Macht und Beherrschung. Steht ganz naiv zu seinen Instinkten, die sich ungeschickt der Mittel der alten Kultur bedienen müssen, weil sie aus sich selbst heraus sich noch keine Formen schaffen können. Er redet von neuen Dingen mit alten Worten oder umgekehrt. Kein Wissen der Zeit hat ihn müde gemacht, und nur der Stolz auf seine schlecht erworbenen halben Kenntnisse läßt ihn sich für einen Denker, für einen Reformer halten. Er ist ein Barbar, dessen Proletenstolz die gute Gesellschaft verachtet und deren Raffinements ihn anziehen, daß er wie ein Kind davon träumt.

In dem vielbändigen, ungeheuerlichen Werk dieses halben Narren wird man Kunst kaum finden, denn er schrieb nichts sonst als seine Lebensangelegenheiten, immer wieder nur dieses; und sein Leben ging ins Formlose, Bizarre, erfuhr von seinem Intellekte keinerlei Bestimmung, daß er es in der Kunst hätte begrenzen können. Er sprach mit großer Leidenschaft von sich: das war die inauguration d'une époque litteraire toute nouvelle [Eröffnung einer völlig neuen literarischen Epoche], von der Kritiker sprechen. Er übte eine Wirkung.

Schiller schrieb am 2. Januar 1798 an Goethe: »Haben Sie vielleicht das seltsame Buch von Rétif? *Cœur humain devoilé* [etwa: »Mein entschleiertes Herz, das Herz eines Menschen«] je gesehen oder davon gehört? Ich habe es nun gelesen und ungeachtet alles Widerwärtigen, Platten und Revoltanten mich sehr daran ergötzt. Denn eine so heftig sinnliche Natur ist mir nicht vorgekommen, und die Mannigfaltigkeit der Gestalten, besonders weiblicher, durch die man geführt wird, das Leben und die Gegenwart der Beschreibung, das Charakteristische der Sitten und die Darstellung des französischen Lebens in einer gewissen Volksklasse muß interessieren. Mir, der so wenig Gelegenheit hat, von außen zu schöpfen und die Menschen im Leben zu studieren, hat ein solches Werk einen unschätzbaren Wert.«

Der Beziehungen Rétifs zu seinen Zeitgenossen sind wenige. Er haßte die Gensdelettres [Männer der Literatur] und überwarf sich früher oder später mit allen, die er kannte, wie Linguet, Mirabeau, Beaumarchais und Mercier, um nur die bekannten zu nennen. Einige Salons müssen ihn nach seinem ersten Erfolg bei sich haben; wie ein Wundertier holt man den Mann in schlechten, oft schmutzigen Arbeitskleidern aus seinem unterirdischen Leben in die Gesellschaft der schönen Geister, wo er nur von sich spricht und gar nicht sich unterhält. Sein naiver Haß zittert vor Genugtuung, und er verspricht sich selbst, den Bart wachsen zu lassen und seine Kleider noch schlechter zu tragen, um sich den Genuß seines Stolzes zu erhöhen. Humboldt mußte ihn da im Auftrage von Weimar kennenlernen und berichtet über ihn an Goethe. Er beschreibt ihn als einen großen kräftigen Mann mit einem auffallenden Gesicht: hohe Stirn, dichte Brauen, weitvorspringende Habichtsnase, volle, sinnliche Lippen.

Die wenig bemittelten Eltern wollten den Jungen in die Kirche geben, aber ein Onkel fand bei dem zehnjährigen Rétif, daß er sich zu sehr für die Frauen interessiere, und wenn das auch kein Fehler sei, so sei es doch auch wieder nicht das Wesentliche für den geistlichen Beruf. Er verliebt sich in alle Mädchen und hat es mit zwölf Jahren zum Vater gebracht. Er muß damit die Leistungsmöglichkeit seines Heimatdorfes erschöpft haben, denn er ging alsbald nach Paris und wurde da Lehrling in einer Druckerei. Er verfaßte für seine Kameraden deren Liebesbriefe und bestellte sie auch. Die Freundlichkeit der Mädchen, auf die der Bote Eindruck machte, ließ ihn weitergehen, und er bekam dafür von den Kameraden Prügel. Er hungerte, um Geld für die Liebe zu haben, deren Zärtlichkeiten zu entbehren ihm schwerer zu tragen ist als jedes andere. Er sieht sich plötzlich verheiratet und weiß nicht, wie er dazu kam. Mit dreißig Jahren nennt er sich stolz Autor; sein drittes Stück bringt ihm Geld und macht Aufsehen. Er kommt zu Vermögen, gründet eine Druckerei und verliert sein Geld in den Assignaten. Von nun ab ist sein Leben allen Unglücks voll, und alle Manien, die in dem Manne lebten, bringen seine Existenz in Wirrnis und Ungemach. Er läßt sich scheiden und lebt zusammen mit seiner geschiedenen Tochter, von deren Mann er bis ans Ende für sein Leben fürchtet. Und schreibt unermüdlich, druckt seine Werke selbst auf der einen Presse seines armseligen Ladens, und schreibt sie oft gar nicht mehr, sondern setzt sie gleich ohne jede handschriftliche Vorlage. Mit großen merkwürdigen Plakaten kündigt er seine letzten Bücher an, die niemand mehr kauft. In der Komtesse Fanny de Beauharnais, der Tante von Josephine, fand er eine Freundin, die ihn nicht verhungern ließ. Er half ihr wohl bei ihren kleinen Komödien, die in den Varietés ausgezischt wurden. »Elle fait son visage, mais ne fait pas ses vers«, spottete ein Epigramm. Als Rétif de la Bretonne 1806 starb, hinterließ er seinen beiden Töchtern nichts als Ballen bedruckten und beschriebenen Papiers und einen vergessenen Namen. Sein gedrucktes Werk zählte zweihundertzwölf Bände.

Was füllte dieses lange Leben aus? Gewiß, das Schreiben. Aber ein Schreiben, das ohne Erfindung die Erlebnisse notiert, Tag für Tag. Rétif läßt in der bändereichen Geschichte seines Lebens höchstens etwas von der wirklichen Wahrheit aus, da »la vérité n'est pas vraisamblable« [»die Wahrheit nicht wahrscheinlich ist«]. Er kann nicht lügen: dies ist sein künstlerischer Mangel. Seine Romane enthalten so weit sein Leben, daß er unbedenklich seine Korrespondenz, abgeschickte und empfangene Briefe, darin mitteilt; in seinem Hauptwerk nennt er auch die wirklichen bürgerlichen Namen der Personen, denn er sei in diesem Roman »verpflichtet, die Wahrheit zu sagen, und – mich selbst an den Pranger stellend, um meinem Jahrhundert und der Nachwelt nützlich zu sein – habe ich kein Bild des Glückes gegeben. Dieses Werk, vollendet, wird etwas in seiner Art Einmaliges sein. In ihm muß ich die Wahrheit sagen und nichts als die Wahrheit, möge sie auch impertinent (eine Zumutung) sein.« Diese impertinente Wahrheit läßt manchmal die Kunstlosigkeit ihrer Mitteilung vergessen, und auch die falsche Eloquenz und die ethischen Platitüden erträgt man für diese Impertinenz, von denen das eine aus dem Jargon der Zeit, das andere aus dem selbsterworbenen Halbwissen des Plebejers kam, der auf seine Gebildetheit um so stolzer ist, je mehr ihr Erwerb ihm Mühe gemacht hat. Das Moralisieren der Zeit und sein verwirrtes Proletarierwissen bringen ihn auch zu den utopistischen Reformbüchern, die er schrieb und »Idées Singulières« nannte. Und machte er auch zu dem »Pornographe«, der die Prostitution reformierte, genaue Studien in allen Pariser Bordellen, de visu, de auditu et de tactu, so läßt er doch hier eine phantastische Phantasie schwärmen, die ein sonderbares Widerspiel zur sinnfühligen Realität des Gegenstandes gibt. Was er erfinden und dichten konnte, zeigte er in diesen acht monströsen Reformbüchern, was er sah und erlebte, gab er, zu ihrem Vorteil auf seine barbarische Phantasie verzichtend, in den anderen.

Er war ein Erotomane. Alles Glück und Unglück seines Lebens ist mit Frauen, die er zu Glück und Unglück sucht. Seiner Unsterblichkeit sicher macht ihm dieser Wahn keine Sorgen, und er gibt sich ganz unter den Befehl seiner Sinne. Er verachtet die Frauen nicht wie der Don Juan und will sich nicht bei ihnen betäuben; er verläßt sie nicht im Ekel und sucht sie nicht für Stunden auf. Sie sind ihm weder Mittel für irgend etwas, noch bewußter Zweck seiner Existenz, sondern diese Existenz selber.

»Les Femmes furent toujours pour moi le feu, l'air et l'eau [Die Frauen waren immer für mich Feuer, Luft und Wasser (das Element)]«. Die Frauen sind völlig sein Leben, mit dem er sonst nichts anzufangen weiß. Was ein solcher Erotomane über die Frauen sagt, wird immer voll Widersprüche sein, denn jedes Erlebnis ist ihm ein ganz neues, und seine Meinungen werden immer nur seinen wechselnden Erregungen folgen. Rétif verkehrte in den Salons schöngeistiger Frauen und kommt zu dem Schluß: »Alle Weisheit einer Frau ist nicht die Narrheit eines Mannes wert.« Aus einem anderen Erlebnis merkt er an: »Die Laster der Frauen sind immer das Werk der Männer.« Er sprach wie jedermann von der »einfachen Natur« und »ihrer sittlichen Größe«, aber er verteidigt seine maniakalische Vorliebe für hohe Absätze an Frauenschuhen mit vielen Gründen, deren bester ist, daß hohe Absätze dem Gang der Frau etwas Zögerndes, Unentschiedenes, Fürchtendes geben, was den Appetit des Mannes stark reizen muß. Als junger Mann schrieb er einen ganzen Roman »*Le Pied de Fanchette*« [»Der Fuß der Fanchette«] über den schönen Fuß und die hohen Absätze der Herzogin von Choiseul. Von seinen Frauen und von seiner Muse sah er vornehmlich die Beine.

Wer die Geduld hat, die zweiunddreißig Bände von Rétifs *Contemporains* [»Zeitgenossen«] zu lesen, wird in jeder der dreihundertdrei Geschichten von dreihundertdrei Frauen einen anderen Satz über die Frau finden und allerlei Widerspruch, aber nie die schematische Psychologie, wie sie die Zeit hier übte. Einmal heißt es da: »Die Moral hat alle Übel in die Liebe gebracht«, ein Satz, der von Stendhal sein könnte: dem alles Einzelne zum Größten seiner selbst sich steigerte, der vermochte nur in den Stunden schwächsten Lebens ein Allgemeines vorzubringen, das so platt sein mußte wie Rétifs »natürliches Weib«.

Nicht nur die Moral, sondern auch was sich als Antimoral für ihr Gegenteil gibt, aber doch nur ihre übertreibende Verzerrung ist, hat »alle Übel« in die Liebe gebracht, wenn wir damit bezeichnen, was sie aus der Seele für Sublimierungen erfährt. Rétif hat gegen seines Zeitgenossen Sade »Justine« eine erbitterte »Anti-Justine« geschrieben, ein Buch, sonderbar durch die naive Art, wie es von der Liebe handelt, Keusches und Sittenloses ohne Absicht und in natürlicher Weisheit in einem menschlichen Dritten bindet.

Wie Casanova im Alter sich daran tröstete, daß er sein Leben aufschrieb, so schob auch Rétif im Alter alle Geschichten seines Lebens beiseite, um die Geschichte seines Lebens zu beschreiben in den fünfzehn Bänden des *Herrn Nicolas oder das entschleierte menschliche Herz.* Casanova legte vor dem letzten Kapitel die Feder hin und schrieb nicht weiter. Der Fürst von Ligne nahm sie und erzählte das grausame Alter und Ende des Abenteurers. Rétif schrieb auch diese Kapitel seiner Enttäuschungen und Verzweiflungen, erzählt, wie er, ein Mann von sechzig Jahren, im Verdacht, betrogen zu werden, hinter dem Wagen seiner Geliebten atemlos herläuft, zu sehen, wohin sie führe; wie er unter den Fenstern der Wäscherinnen und Putzmacherinnen nächtlich Liebeslieder singt und dafür ausgelacht wird; wie sich ihm eine Menge Freudenmädchen des Palais Royal als seine Töchter zu erkennen geben, was er glaubt und bezahlt, er, der einst von kinderlosen Frauen gegen hundert Francs als Enfanteur gemietet wurde. Diese Bekenntnisse, die Ohnmacht und Verzweiflung eines Alters beschreiben, dem das Leben, die Frauen, entflieht, erreichen mit ihrer brutalen Wahrheit oft genug die Wirkungen einer großen Kunst. Etwa unterbricht er sich mit einem solchen Aufschrei: »Leser, hier liefere ich mich euch aus, um noch einige Tage zu leben zu haben, wie der zum Tode verurteilte Engländer seinen Kadaver verkaufte. Wozu das Leben! Ich habe kein Hemd...« Der »Nicolas« hat seinesgleichen nur in Rousseaus »Bekenntnissen«, von denen Rétif nicht angeregt wurde, der die Beschreibung seines Lebens im Jahre 1777 begann – die Confessions erschienen 1782 – und an deren später Veröffentlichung nur die schlimmen äußeren Ver-

hältnisse Schuld trugen. Was die beiden Bücher vergleichen läßt, ist nur ihr Bekennt-
nischarakter: dort wird die Leidenschaft zur Wahrheit Lüge, denn Rousseau lebte
imaginär und war ein Dichter und Rétif keiner, denn er war zu sehr dem über ihn
mächtigeren Leben seiner Instinkte verfallen und sein Schreiben war Impuls des Gra-
phomanen, nicht von der Phantasie belebter Wille, einem Erlebnis die zweite Gestalt
zu geben.

»Rétif de la Bretonne war unvermeidlich und mußte kommen« sagt ein Biograph
von ihm. Die rosa- und goldfarbenen Bücher von Crébillon, Voisenon und den anderen trugen in sich die tollen Bücher des göttlichen Marquis nicht minder als die wild-
gewaltsamen des burgundischen Proletariers. Die parfümierten Vergnügungen des
Hirschgartens machten den galanten Jägern einen starken Appetit nach den kräfti-
geren Gerüchen des Blutes. Und Neid, Neugierde und Hunger der vom Feste Ausge-
schlossenen mußten, von der starken Hand der Not in eines gepreßt, zur Leidenschaft
werden, zu einer Qualität der Seele, die sich nicht mehr in die Empfindsamkeit par-
odieren ließ. Eine lange Zeit starrte das Volk mit seinem Hunger und seiner Neugier
in die Fenster des Pavillons, in dem die kleine Gesellschaft ihre Feste feierte, aus der
die eine, der andere mit einer Vorliebe für den Schweißgeruch der zerlumpten Zuschauer gefährlich kokettierte, deren Neugier an dem Bilde sich nicht sättigte, sondern
zur Unsinnigkeit sich erregte, bis es geschah. Da schlug dann die Leidenschaft die
Fenster ein, trieb groben Unfug mit den Damen und Herren, die sich mit Fächern und
Degen nicht wehren konnten, ließ den Wein auslaufen, der in Fässern und Bäuchen
lag, zerbrach, was für ihre roten, plumpen Hände zu zierlich war, vernichtete, was zu
gebrauchen ihr jede Bildung des Geschmacks fehlte, äffte es parodierend auf der
Straße nach. Die ausgehungerte Leidenschaft zündete, was blieb, mit den letzten wohlriechenden Kerzen an, die sich fanden. Einige der Tafelnden waren gleich davon-
gelaufen, andere haben bei dem Drunter und Drüber den Kopf verloren und nicht
mehr gefunden und manche, die Koketten, halfen der Leidenschaft mit der Hysterie
ihrer feinen Nerven.

Auf diesem Hintergrund steht halb im Dunkel, halb im Lichte die Nachtgestalt Rétifs und wirft ihren bizarren Schatten ins kommende Jahrhundert.

DIE UNBEKANNTE

Die Liebe macht alle Menschen gleich. Aus Liebe seufzen Könige zu Füßen einer Hir-
tin, aus Liebe finden unbändige Despoten Asiens ihre Glückseligkeit in dem Lächeln
einer Sklavin; so hat Mutter Natur es gewollt. Ihr Sterblichen, segnet sie!

An einem schönen Sommerabend, gegen sieben Uhr, ging ein elegant gekleideter
junger Mann auf dem Boulevard du Temple spazieren, als er ein junges Mädchen bemerkte, das bürgerlich, aber sehr sauber angezogen war und seine Schritte beschleu-
nigte, um sich den indiskreten Bemerkungen zweier junger Lebemänner zu entziehen. Graf de la S. – das ist der Name meines Helden – war überrascht, daß junge,
vornehm aussehende Männer ein liebenswürdiges Mädchen in dieser Weise beläsli-
gen konnten. Er sprach sie an und machte ihnen Vorstellungen, wurde aber ziemlich
schroff von ihnen zurückgewiesen. Er hielt sich nun nicht weiter damit auf, ihnen im
gleichen Ton zu antworten, sondern eilte der Dame nach und bat sie um die Erlaubnis, sie begleiten zu dürfen. Eine kurze Antwort, die mit einem lieblichen Erröten
gegeben wurde, bewilligte ihm dies. Der Graf knüpfte eine Unterhaltung mit ihr an
und zeigte sich sehr rücksichtsvoll; das junge Mädchen legte Bescheidenheit und Anmut an den Tag. So kamen sie an ein neuerbautes Haus in der Rue de la Lune. Dort
dankte das junge Mädchen ihm für seine freundliche Begleitung und trat dann in das

Haus. An der Tür sagte der Graf zu ihr: »Muß ich auf das Glück verzichten, Sie wie- derzusehen? Sie werden doch nicht so grausam sein, mir das Liebenswerteste, was die Natur geschaffen hat, nur gezeigt zu haben, nur, damit ich ewig bedauern müßte, es verloren zu haben?« – »Glauben Sie mir, mein Herr«, war die Antwort, »jeder weitere Verkehr zwischen uns ist unmöglich. Machen Sie sich also keine Kopfschmer- zen, die doch zu keinem Ergebnis führen würden!«

»Legt Ihnen Bangigkeit gegen meine Person diese Worte in den Mund? Bitte sagen Sie es mir! Das wäre der einzige Grund, vor dem ich verstummen könnte und dem ich mich ohne weiteres unterwerfen würde.«

»Sie würden mir doch nicht glauben, wenn ich Ihnen solche Lügen sagen würde«, erwiderte das Mädchen und verschwand auf der Treppe. Der Graf hörte, wie sie im zweiten Stock anklopfte, wie eine Tür sich öffnete und kräftig wieder zugeschlagen wurde. Er war im ersten Augenblick versucht, ihr nachzugehen und einen Besuch zu machen, fürchtete dann aber, die liebenswürdige Unbekannte dadurch zu kränken. Dafür nahm er sich aber vor, herauszubekommen, wer sie sei. Er fing auf der Stelle mit seinen Nachforschungen an und erkundigte sich bei einer benachbarten Obst- händlerin; diese antwortete, das neue Haus sei erst seit wenigen Tagen bewohnt, und sie kenne noch keinen von den Bewohnern.

Der Graf kehrte nach Hause zurück und dachte über sein Abenteuer nach. Er be- schloß, das betreffende Viertel häufig wieder aufzusuchen; das tat er denn auch, aber

J. F. Beauvarlet
nach Boucher:
Das Vergnügen
des Fischens

JEAN-BAPTISTE PATER (1695–1736)
ERHOLUNG AUF DEM LANDE
(Originaltitel: Les Délassements de la campagne)
Musée de Valenciennes. (Mit Genehmigung von Photographie Giraudon, Paris)

JEAN-BAPTISTE PATER
LÄNDLICHES KONZERT
(Originaltitel: Le Concert champêtre)
Musée de Valenciennes. (Mit Genehmigung von Photographie Giraudon, Paris)

alle seine Mühe war umsonst. Endlich verlor er die Geduld, betrat eines Tages das neue Haus und klopfte an die Tür im zweiten Stock, durch die die schöne Unbekannte verschwunden war. Ein Greis öffnete ihm. Der Graf blickte um sich, ob er nicht den Gegenstand seiner Wünsche entdecken könnte, bemerkte aber nichts von ihr. So faßte er einen kurzen Entschluß und fragte nach der jungen Dame, die an dem und dem Tage, um die und die Stunde diese Wohnung betreten habe. Eine alte Magd, die das Gespräch mit angehört hatte, sagte zu ihrem Herrn:

»Das war Fräulein Cécile«, worauf der alte Herr bemerkte:

»Mein Herr, wenn Sie der Dame etwas mitzuteilen haben, so betrauen Sie mich damit oder schreiben Sie mir. Die Dame ist nämlich nicht meine Tochter, wohnt auch nicht hier. Sie ist nur fünf- oder sechsmal dagewesen, um mir eine Unterstützung zu überbringen, die ihr Vater mir gewährt.«

»Können Sie mir nicht ihren Namen und ihre Wohnung sagen?«

»Das ist mir völlig unmöglich.«

»Wie, nicht einmal diesen kleinen Gefallen wollen Sie mir erweisen?«

»Ich wiederhole, es ist mir unmöglich, sonst würde ich mich nicht so drängen lassen.«

Nun entschloß der Graf sich, an sie zu schreiben und den Brief dem alten Mann zur Besorgung dazulassen. Er schrieb folgendes:

»Mein Fräulein, der Herr, der die Ehre hatte, Sie Dienstag abend auf dem Boulevard zu begleiten, ist täglich in dasselbe Viertel gekommen, in der Hoffnung, Sie wiederzusehen. Sein böses Geschick hat dies aber nicht gewollt. Wollen Sie selber mir nun vergönnen, was der Zufall mir versagt? Ich muß Sie sprechen, wäre es auch zum letztenmal. Es kann in Gegenwart des ehrwürdigen Greises geschehen, bei dem ich diese Zeilen schreibe. Ich habe Ihnen Wichtiges mitzuteilen, und es wäre unrecht von Ihnen, mir meine Bitte zu verweigern.

Ich bin in aller Hochachtung

Ihr Graf de la S.«

Am andern Morgen stellte er sich wieder ein, um zu erfahren, ob die schöne Unbekannte gekommen wäre. Gerade als er in das Haus eintreten wollte, sah er sie aus demselben herauskommen. Er eilte auf sie zu und bat sie in so eindringlicher und zartfühlender Weise um einen Augenblick Gehör, daß sie ihm seine Bitte nicht gut abschlagen konnte. Sie stiegen also zusammen in die Wohnung des alten Herrn hinauf, und dort hörte die Schöne aufmerksam den Grafen an. Er schilderte ihr seine Gefühle so kräftig und nachdrücklich, wie es gewöhnlich Liebende tun, die auf unerwartete Hindernisse stoßen. Sie ließ ihn sich aussprechen, ohne ihn ein einziges Mal zu unterbrechen, sei es, daß seine Reden ihre Teilnahme erweckten, oder daß sie ihn alles, was er ihr zu sagen hatte, auf einmal sagen lassen wollte. Dann erwiderte sie:

»Ich bin, mein Herr, nicht unempfindlich gegen die schmeichelhaften Beweise Ihrer Teilnahme für mich. So freundliche Gefühle müssen meine Dankbarkeit hervorrufen; aber wären dieselben auch noch inniger, ja, würde ich Sie selbst lieben, so könnte doch von einer Verbindung zwischen uns nicht die Rede sein!«

»Gerechter Himmel! Wollen Sie mich denn zur Verzweiflung bringen?«

»Glauben Sie mir, mein Herr, wir dürfen uns nicht wiedersehen, und ich bitte Sie, in Zukunft keine weiteren Annäherungsversuche mehr zu machen, sondern mir lieber aus dem Wege zu gehen.«

»Ich begreife Sie nicht, verehrtes Fräulein.«

»Ich darf mich nicht näher erklären.«

»Und ich werde niemals aufhören, Sie zu verehren und mich an Ihre Fersen zu heften. Ich will Ihren Widerstand überwinden oder sterben.«

»Oh! Wenn Sie wüßten, was Sie verlangen!« flüsterte die schöne Unbekannte mit einem leichten Seufzer.

»Wie! Wären Sie vielleicht ein Mann?«

»Denken Sie das nur, das wäre besser.«

»Dann... seien Sie mein Freund und teilen Sie mit mir alles, was ich mein nenne... Aber das ist ja unmöglich!« fügte er hinzu, mit einem Blick auf ihren vor Erregung wogenden Busen.

»Mein Gott«, erwiderte sie; »wird es mir denn nicht gelingen, Sie von mir zu entfernen?«

»Nein, nein, niemals! Ich gehöre Ihnen für das ganze Leben an.«

»So muß ich also das schmerzliche Gefühl mit mir herumtragen, einen Menschen unglücklich gemacht zu haben!...«

»Gut, seien Sie schuld an meinem Unglück, dann habe ich doch wenigstens eine Beziehung zu Ihnen!«

Die Unbekannte sah ihn tränenden Auges, aber mit sanftem Lächeln an und äußerte: »Wenn Sie wüßten, wie sehr Ihre Gefühle für mich meine Qualen noch vermehren, dann würden Sie Mitleid mit mir haben!«

Da fiel der Graf ihr zu Füßen und sagte: »Sie kennen mich nicht. Erhören Sie mich, und ich werde alle Hindernisse überwinden, allem trotzen. Stände die ganze Welt zum Kampfe gegen uns auf, es würde mich nicht erschrecken! Nur Ihre abweisende Strenge kann mich zur Verzweiflung bringen und mich zum beklagenswertesten aller Menschen machen.«

»Ich sehe«, erwiderte die Unbekannte, »daß ich Sie nicht mit einem Male überzeugen kann und dringe nicht weiter in Sie, doch bleibe ich fest bei meinem Entschluß.«

»Aber ich werde Sie wiedersehen?«

»Das verspreche ich Ihnen!«

»Aber Sie werden nicht ausbleiben?«

»Ich gebe Ihnen mein Wort, ich werde übermorgen hier sein und werde dann versuchen, Sie umzustimmen.«

»Mich vollends zu bestimmen, bei meinem Vorsatz zu bleiben!... Glauben Sie denn, mich darin erschüttert zu haben?«

»Wenn Sie fest bleiben, so bleibe ich es nicht weniger, nur mit dem Unterschiede, daß ich meine guten Freunde habe, während Sie blind drauflos gehen.«

Bei diesen Worten stand sie auf und verließ das Zimmer, indem sie dem Grafen verbot, ihr zu folgen. Er wagte es nicht, ungehorsam zu sein, er begnügte sich damit, ihr mit den Blicken zu folgen, solange er sie in der Rue Poisonnière sehen konnte.

Am nächsten Tag stellte der Graf sich wieder in der Rue de la Lune ein, obgleich das Zusammentreffen erst am folgenden stattfinden sollte, und hatte das Glück, seine schöne Unbekannte wieder bei dem alten Herrn eintreten zu sehen. Er versteckte sich und wartete geduldig, bis sie ihren Besuch beendigt hatte. Dann folgte er ihr von fern. In der Rue grange Batelière begegnete ihr ein junger Mann, der ziemlich jung gekleidet war, aber harte, grobe Gesichtszüge hatte und sogar ein wenig den Eindruck eines Raufbolds machte. Er grüßte sie recht vertraulich, sie dankte lächelnd, aber ohne sich aufzuhalten. Diese Begegnung machte dem Grafen klar, daß er eifersüchtig sei; denn er gab die Verfolgung seiner Angebeteten auf, um seinem vermeintlichen Nebenbuhler nachzugehen. Dieser begab sich ebenfalls nach der Rue de la Lune zu dem alten Herrn; da dachte der Graf bei sich selber, es könne doch wohl kein Verehrer von ihr sein, denn wenn er das wäre, würden sie sich doch hier getroffen haben! Aber Eifersucht läßt sich nicht so schnell zum Schweigen bringen; der Graf kam auf tausend unsinnige Gedanken, zum Beispiel, der alte Herr könnte vielleicht als Vermittler für eine Verabredung gedient haben. Er verfolgte daher den jungen Mann einen großen Teil des Tages und sah ihn in die Gefängnisse Grand-Châtelet und

Conciergerie eintreten. Daraus konnte er keine bestimmten Schlüsse ziehen, und so gab er endlich, ermüdet, seine Verfolgung auf, als der junge Mann denselben Weg wieder zurückging. Am nächsten Tag war er schon vor der bestimmten Stunde in der Rue de la Lune. Seine Schöne kam pünktlich und stieg schnell die Treppe hinauf. Der Graf folgte ihr. Sie ließ die Tür halb offen.

»Ist er schon da?« hörte er sie fragen.

»Nein, mein Kind.«

»Oh! Möchte er mich doch vergessen haben!«

»Das wäre das beste! Ihr würdet sonst beide unglücklich werden!«

»Ich weiß es, aber seine Verzweiflung war so echt!...«

»Ich glaube, er ist ein Ehrenmann; das wäre wohl ein Unglück mehr!«

»Und warum wäre meine Ehrenhaftigkeit ein Unglück mehr?« rief der Graf aus, ins Zimmer hineinstürzend; »erklären Sie mir endlich das Seltsame, das ich in allen Ihren Äußerungen finde... Sie antworten nicht?« wendete er sich an den Greis, »Ihnen müßte doch das Alter Einsehen und Verstand gegeben haben! Ist sie verheiratet? Liegt sie in unseligen Fesseln, die ihre Freiheit einschränken? – Ist sie Jüdin, Mohammedanerin? Hat jemand aus ihrer Familie, ihr Vater, ihr Bruder, ein ehrenrühriges Verbrechen begangen?... Ich bin erhaben über alles; dieses göttliche Mädchen würde sogar – Gott verzeih mir die Lästerung! – das Verbrechen edel machen!... Wie? Noch immer dieses mich zur Verzweiflung bringende Stillschweigen? Mein Fräulein, lieben Sie einen anderen? Außer einem solchen Unglück ist mir alles andere gleichgültig!«

Diese rührende Sprache machte großen Eindruck auf den alten Mann, der einem inneren Drange folgend, unwillkürlich ausrief: »Ja, sie liebt... sie liebt Sie!...«

Bei diesen Worten kniete der Graf vor der schönen Unbekannten nieder und bedeckte ihre Hände mit Küssen. Dann erhob er sich und sagte:

»Nun bin ich nicht mehr beklagenswert und will auch nichts mehr fragen. Dies eine Wort erhebt mich über alles, macht mich namenlos glücklich. Ihr armen Sterblichen, deren Leben und Tod von einem Wort, einem Laut abhängt, beneidet mich!...«

»Wehe«, rief das schöne Mädchen aus, und dabei rollte eine Träne über ihre Wangen, »was haben Sie dem Himmel getan, Sie, eines seiner würdigsten Geschöpfe, daß er so Ihr Verderben will?«

»Mein Verderben? Wenn Sie mich lieben? Sie selber fordere ich heraus und erkläre, durch Sie kann ich nicht unglücklich werden!«

»Unseliger! Halten Sie ein! Das also ist das Ergebnis dieser Unterredung, von der ich alles hoffte!«

»Ja, sie hat mein Glück begründet! Erwarten Sie nun nicht mehr von mir, daß ich Sie Ihrem Schicksal überlasse. Jetzt gehören Sie mir! Ich bin der Graf de la S...«

»Großer Gott! Sie sind adlig...«

»Ich bin mein eigener Herr, und nichts soll mich abhalten, Ihnen einen Titel zu geben, der mich mehr ehren wird als Sie.«

»Ihre hohe Stellung, Herr Graf, vermehrt die Hindernisse, die uns trennen. Wir dürfen uns nicht mehr sehen. Es ist völlig unmöglich...«

»Befehlen Sie mir doch zu sterben! Das wäre nicht das schlimmste, was mich treffen könnte!«

Lange Zeit herrschte zwischen den beiden Liebenden ein Schweigen, das der Graf durch zahllose Küsse auf die Hand ausfüllte, die die Geliebte ihm überlassen hatte. Endlich sagte sie, wie aus einem Traume erwachend und in Tränen zerfließend, zu ihrem hochherzigen Freier:

»Lassen Sie mich, Herr Graf!... Wollen Sie denn gar nicht nachgeben? Wollen Sie mich zur Verzweiflung bringen?«

»Nein, nein, ich lasse Sie nicht! Wären Sie, was nicht sein kann, die gemeinste

Dirne, so würde ich Sie doch lieben, denn Ihre Seele ist unverdorben und der Tugend geweiht, und ich würde Ihnen helfen, den rechten Weg wiederzufinden.«

»Ich werde Ihnen niemals den Makel bekennen, der auf mir ruht, nein, das soll niemals geschehen!«

»Ist es Schuld des Schicksals?« fragte ängstlich der Graf, »oder Ihre eigene?«

»Erwarten Sie keine Antwort auf diese Frage!«

»Und du kannst es über dich bringen«, fragte er weiter mit unsagbar schmerzlichem Ton, »vor mir, deinem andern Ich, ein Geheimnis bewahren zu wollen?...«

»Sie kann nicht anders«, mischte der Greis sich ein; »Cécile darf Ihnen niemals das Geheimnis enthüllen. Achten Sie ihre Gründe, wenn Sie sie wirklich lieben! Sie sehen mich tief bewegt und voll Mitleid mit Ihnen beiden. Ich will Ihnen daher erlauben, mit Cécile hier bei mir zusammen zu kommen. Vielleicht wird die Zeit Sie beide von Ihrer Leidenschaft heilen; wenn nicht, so werden die Stunden, die Sie miteinander verleben, jedenfalls beiden einiges Glück verschaffen... Ich bin ein alter Mann und verachte alle Vorurteile. Ich habe oft dem Tode ins Auge gesehen und habe mir meine eigene Philosophie geschaffen. Treffen Sie also Cécile hier. Ich kenne sie, sie hat ein gutes Herz und eine empfindsame Seele. Seit zwei Tagen predige ich ihr, sie solle Sie lieben, den Augenblick genießen und nicht an die Zukunft denken. Cécile, mein Kind, folge dem Rat eines alten Mannes, damit du am Ende deines Lebens nicht darüber zu trauern brauchst, dich durch eigene Schuld eines glücklichen Augenblicks beraubt zu haben.«

Diese eigentümlichen Worte setzten den Grafen in höchstes Erstaunen, sie stießen ihn sogar ab, und doch – so ist einmal ein leidenschaftlich bewegtes Menschenherz – unterstützte er sie mit aller Kraft. Cécile ließ sich besiegen und versprach, so oft wie möglich den gefälligen alten Herrn zu besuchen, und erwiderte sogar schüchtern einen zärtlichen Händedruck des Grafen.

Der Graf war über das Benehmen des Greises ganz erstaunt; er wußte nicht, was er davon denken sollte. Es stieg ihm sogar ein Verdacht auf, aber wie weit war er von der Wahrheit entfernt!

Er erkundigte sich nach dem alten Mann in der Nachbarschaft. Nur der Bäcker und der Weinhändler kannten ihn oberflächlich. Sie sagten aus, daß er seit zwei Jahren in diesem Viertel wohne und keinen Verkehr habe. Nach dem jungen Mädchen scheute der Graf sich zu fragen, da er nicht die Augen der Neugierigen auf sie lenken wollte.

Von nun an sahen sich die Liebenden jeden Tag. Der Graf hoffte, mit der Zeit hinter das unselige Geheimnis zu kommen. Das junge Mädchen aber hatte ganz andre Gedanken. Sie wußte zwar nicht aus eigener Erfahrung, sondern durch die Belehrungen des Greises, daß Leidenschaft nicht ewig dauert, und sie rechnete damit, daß die Liebe des Grafen zu ihr mit der Zeit nachlassen und daß sie also nicht gezwungen sein werde, sich zu entdecken. Daß sie nicht gleich mit dem Grafen brach, lag in ihrer beginnenden Neigung zu ihm und der mehr als nachsichtigen Moral des alten Mannes. Seitdem sie den Grafen zuerst gesehen, hatte sie auf alle Männer der Welt verzichtet, ja sogar auf den, den sie liebte, den Grafen selbst. Aber der Freude, ihn zu sehen, konnte sie nicht widerstehen, und ohne zu bedenken, wohin das alles führen könnte, ließ sie sich vom Strome forttreiben. Bisweilen kam ihr wohl der Gedanke an eine furchtbare Katastrophe, aber dann schloß sie die Augen, um nicht den Abgrund zu sehen. Diese ihre Haltung kann niemanden überraschen, der weiß, was Leidenschaft ist. Wie oft sieht man nicht einen Mann für eine Frau schwärmen, die über ihm steht und für ihn unerreichbar ist, sie so heiß begehren, daß ihm selbst der Tod für eine Minute Glücks nicht zu teuer scheint. Und Cécile befand sich in gleicher Lage. Sie liebte diesen Mann, der so hoch über ihr stand, daß sie nie daran denken konnte, ihm jemals vor der Welt anzugehören. Die Folge dieses häufigen Zusammenseins mit dem Grafen war, daß Cécile mehr und mehr in Liebe zu ihm entbrannte. Eine köstliche Vertraulichkeit entstand zwischen ihnen, und durch die Liebe verblendet, vergaß Cécile alle Hindernisse, während der Graf, vor Leidenschaft trunken, nicht einmal mehr an das undurchdringliche Geheimnis dachte. Glückseliges Vergessen, das beide selig machte!

Nach sechs Monaten eines so köstlichen Lebens wollte der Graf Cécile eines Abends ins Theater führen. Man gab gerade Iphigenie, dieses Meisterwerk dramatischer Musik, das der Altmeister eigens geschaffen zu haben scheint, um alle seine Tadler zu zerschmettern. Cécile lehnte nicht sehr ernstlich ab . . ., sondern nur so, wie man sich selbst Widerstand leistet, wenn man gegen eine angenehme Versuchung ankämpft. Doch plötzlich nahm sie sich zusammen und antwortete mit einem harten Nein – aber dabei strömten Tränen aus ihren Augen.

»Sie zerstören mein Glück«, rief sie aus, »ich hatte, ach!, schon vergessen, wer ich bin . . . Warum erinnern Sie mich so grausam durch diese Einladung daran?«

Der Graf war sprachlos; tausend Gedanken beschäftigten seine Phantasie, und einer von diesen befestigte sich in ihm: Cécile ist vielleicht Sängerin oder Tänzerin an der Oper gewesen, und das ist das große Geheimnis, das sie mir verschweigen will. Nun fürchtet sie, daß sie dort erkannt werde und daß ich für einen Mann gelten könne, der Theaterprinzessinnen aushalte. Von diesem Gedanken aber schwieg er, tröstete Cécile und versprach ihr, nie wieder den Besuch eines Theaters vorzuschlagen.

Am darauffolgenden Tage kam das Gespräch zufällig auf die Räderung eines

Unglücklichen, der einen Mord begangen hatte, und dessen ehrbare junge Schwestern nun allem Elend des Lebens ausgesetzt seien.

»Kennen Sie sie?« fragte Cécile tiefbewegt.

»Nein, aber dennoch beklage ich sie. Wie furchtbar! Ein Bruder!...« Der Graf hielt inne, weil er sah, wie sehr dieses Gespräch Cécile angriff. Um des Himmels willen, dachte er, sollte sie eine der Schwestern sein? In dieser Vermutung umarmte er die Weinende, ohne ein Wort hinzuzufügen, und seine Liebkosung war so zärtlich und sogleich so achtungsvoll, daß es ihm gelang, sie wieder zu beruhigen. .

Ein anderes Mal sprach der Graf, der aus der Lothringer Gegend war, von einem schönen jungen Mädchen, das auf die ungerechte Anklage ihres Herrn, eines reichen Edelmannes, gehängt werden sollte. Der Henker aber, der nach allem, was er von der Ärmsten wußte, von ihrer Unschuld überzeugt war, wollte ihr das Leben retten. Er bereitete sie in geschickter Weise darauf vor, damit die Erregung sie nicht tötete, und bat sie, auf Gott zu vertrauen. Die Richter hatten dem Henker Befehl gegeben, den Leichnam sofort nach der Vollstreckung des Urteils zu entfernen, da sie nicht diesen jugendlichen schönen Körper einer lüsternen Neugier aussetzen wollten. Das erleichterte sein Vorhaben. Das junge Mädchen hielt ihre Hände so, wie der Henker es ihr gesagt hatte, und indem sie ihre Füße an dem eigenartig gebundenen Knoten stützte, bewirkte sie, daß sie gar keinen Schmerz empfand und am Leben blieb. Er nahm den »Leichnam« dann sofort vom Galgen herunter und tat so, als ob er ihn rücksichtslos in den Karren würfe. Diesen hatte er aber fürsorglich vorher reichlich mit Stroh ausgefüllt. Dann fuhr er schnell nach seinem Hause, wo das junge Mädchen sich rasch von seinem Schreck erholte. Er schickte es nach Paris, wo es, wie man sagt, sich noch befinden soll. Doch die Sache kam heraus, und ihr Retter mußte die Flucht ergreifen. Auch er soll in Paris weilen und von den Unterstützungen des jungen Mädchens leben, das er vor dem Tode bewahrt hat...

Cécile war während der Erzählung des Grafen bald blaß, bald rot geworden. Als er geschlossen hatte, fühlte sie sich sehr schlecht. Der Graf bemühte sich hingebend um sie. Dieser Zwischenfall hatte aber zur Folge, daß ihr Zusammensein länger dauerte als sonst; es war darüber Abend geworden. Eben erhob der Graf sich, um fortzugehen, als es klopfte. Cécile und der alte Mann zögerten, zu öffnen, doch der Graf redete ihnen zu, so daß sie sich nicht länger weigern konnten.

Ein junges Mädchen erschien in dem Türrahmen, offenbar ganz erschrocken, einen Dritten hier anzutreffen. Cécile küßte sie, während der Alte sie mit freudestrahlendem Antlitz beiseite nahm und eine Zeitlang mit ihr sprach. Dann bat Cécile den Grafen, das junge Mädchen ebenfalls zu begrüßen. Bald waren alle so vertraut miteinander, daß Cécile den Grafen zum Essen einlud, was noch niemals vorgekommen war.

Er war aber hocherfreut darüber und ging sofort, das Nötige zu besorgen. Als er zurückkehrte, fand er die beiden Mädchen eng umschlungen beieinander sitzend. Ihre Augen waren gerötet, sie schienen geweint zu haben. Sobald sie ihn aber bemerkten, nahmen sie wieder eine heitere Miene an, und bei Tisch konnte der Graf mit ihrer Fröhlichkeit wohl zufrieden sein. Die Neuangekommene war reizend und schien mehr mit den Gebräuchen der Welt bekannt zu sein als Cécile. Aber so liebenswürdig und anziehend die Fremde auch war, so genügte doch ein Blick aus Céciles schönen Augen und ihr sanftes Lächeln, um alle Reize der anderen in den Schatten zu stellen.

Als es Zeit war, aufzubrechen, fragte der Graf mit gleichgültiger Miene, welche von den Damen er nach Hause begleiten dürfe.

Cécile antwortete:

»Keine von beiden!« – und indem sie seine Hand in ihre beiden nahm, fügte sie hinzu: »Mein lieber Graf, ich vertraue auf Sie, zerstören Sie nicht unser Glück!«

»Niemals, Angebetete, obwohl Sie nicht recht gegen mich handeln. Wenn es jemals zerstört werden sollte, so werde nicht ich daran schuld sein, und gewiß nicht

Jean François de Troy: Die Liebeserklärung

mein Ungehorsam. Erlauben Sie mir aber wenigstens, jede der Damen zu einem Wagen zu begleiten.«

»Nein, nein, wir werden allein einsteigen.«

»Ganz, wie Sie wünschen. Aber ich darf Ihnen wenigstens mit den Augen folgen, bis Sie eingestiegen sind, denn es ist schon spät?«

Dies wurde angenommen, aber unter der Bedingung, daß er dann sofort seines Weges gehen würde.

Alles wurde nach der Verabredung ausgeführt, bis auf eins. Der Graf sah die beiden Damen in ziemlicher Entfernung ihre Wagen nehmen, offenbar, damit er nicht die Nummern erkennen und sich erkundigen könnte. Cécile kannte ihren Geliebten noch immer nicht genug; er liebte sie so aufrichtig, daß er sich die größten Gewissensbisse gemacht haben würde, gegen ihre Absichten zu handeln. Der eine Fiaker nahm die Richtung nach den Petits-Carreaux, in diesem saß Cécile. Der Weg, den der andere mit der jungen Fremden einschlug, war derselbe, den der Graf zu gehen hatte. Plötzlich sah er, wie der Wagen anhielt, da die halbverhungerten Mähren nicht mehr weiter konnten; es blieb der Dame nichts weiter übrig, als an der Ecke der Rue Beauregard auszusteigen und zu Fuß weiterzugehen. Es war bereits Mitternacht. Der Graf folgte ihr von weitem. An der Ecke der Rue de Bourbon wurde sie von drei Nachtschwärmern ernstlich behelligt. Sie bat sie flehentlich, sie doch in Ruhe zu lassen, statt dessen wurden sie noch unverschämter. Als sie einen lauten Schrei ausstieß, eilte der Graf herbei und stürzte sich mit gezogenem Degen auf die Bummler, die bei diesem Anblick die Flucht ergriffen. Als er sich nach der jungen Dame umsah, war sie verschwunden. Er rannte, so schnell er konnte, die Rue des Petits-Carreaux hinunter, in der sie verschwunden sein mußte, und als er die Rue de Boul du Monde erreicht

hatte, erblickte er seine schöne Tischnachbarin von vorher in den Händen einer Polizeipatrouille! Er näherte sich und sagte:
»Meine Herren, diese Dame ist anständig, ich bürge für sie. Wir haben eben erst bei einer befreundeten Familie zusammen zu Abend gespeist. Unverschämte Flegel haben sie attackiert, und ich habe sie aus deren Händen befreit, daher ist ihre Kleidung ein wenig in Unordnung. Lassen Sie sie frei!«
»Kennen Sie den Herrn?« fragte der Sergeant, da die Dame kein Wort sagte.
»Nein!«
Der Graf war außer sich vor Überraschung bei dieser unerwarteten Antwort. Noch mehr aber erstaunte er, als er bemerkte, daß das junge Mädchen dem Sergeanten etwas ins Ohr flüsterte und dieser sich darauf an ihn wandte und sagte:
»Hören Sie, das beste für Sie ist, daß Sie verschwinden, sonst verhafte ich Sie!«
Zugleich befahl er zweien von seinen Leuten, ihn zu arretieren, wenn er der Dame und ihm folgen würde. Der Graf hätte seinen Namen nennen und die Leute zwingen können, in einem höflicheren Ton mit ihm zu sprechen, aber er glaubte die Absicht der Dame zu erraten, und so ging er ganz zerknirscht seines Weges weiter.
Als er sich des anderen Tages einstellte, fand er Cécile nicht vor, dafür aber einen Brief von ihr:
»Mein lieber Graf, ich hatte es wohl nicht verdient, einen Geliebten zu haben, wie ich Sie mir seit sechs Monaten geträumt hatte. Sie haben nicht gewollt, daß wir uns weiter sehen; ich werde daran sterben, aber es muß so sein! . . . Wie konnten Sie gestern abend dem jungen Mädchen, das mit uns gespeist hat, folgen? Sie wollten trotz Ihren Versprechungen, die Sie uns mit so treuherziger Miene gaben, in ein Geheimnis eindringen, dessen Aufdeckung uns alle, wenigstens Sie und mich, unglücklich machen würde! . . . Welches Vertrauen könnte ich von nun an noch in Ihre Versicherungen setzen? Ach, ich bin schwer bestraft worden! . . . Leben Sie wohl, Graf, und vergessen Sie mich. Ich werde Ihrer mein ganzes Leben lang gedenken . . . Dazu wird meine Kraft ausreichen, denn mein Leben wird kurz sein.   Cécile.«
Als der Graf den Brief gelesen hatte, war er wie versteinert. Er erklärte darauf dem Alten, wie sich in Wirklichkeit alles zugetragen hatte, und schwor bei seiner Ehre, daß er die Sache nicht entstellt habe.
»Was kann ich dazu tun?« erhielt er zur Antwort. »Cécile wird dieses Haus nicht mehr betreten, das ist beschlossene Sache.«
»Aber Sie werden sie doch wenigstens sehen. Sagen Sie ihr, es handle sich um mein Leben, denn wenn ich sie morgen nicht sehe, dann werde ich hier unter Ihren Augen in diesem selben Zimmer . . . Wenn ich noch mein Unglück verdient hätte, dann würde ich mich vielleicht fügen, aber daß ich so vollkommen unschuldig leiden soll . . . Ich habe doch stets ihren Willen geachtet! . . .«
Was auch der Graf vorbringen mochte, der Alte versprach nichts. Schon wollte er verzweifelt fortgehen, schon hatte er die Türklinke in der Hand, als er sich von zarter Hand zurückgehalten fühlte. Es war Cécile, die zu ihm sagte:
»Ich glaube Ihnen, mein lieber Graf, aber bei allem, was Ihnen teuer ist, beschwöre ich Sie, niemals unser Glück aufs Spiel zu setzen. Wenn Sie vor mir jetzt nicht vollkommen gerechtfertigt dastünden, wären wir für immer getrennt gewesen.«
»Ich verlange nur eins«, erwiderte der Graf, »Sie anbeten zu dürfen und Ihr Herz mein zu nennen. Verfügen Sie, teure Cécile, über mein Geschick, ich fühle, daß ich ohne Sie nicht leben kann. Fürchten Sie nicht, daß ich Schritte tun werde, um meine Neugier zu befriedigen, denn diese Neugier hat die Liebe getötet. Nur Liebe, nur meine Leidenschaft für Sie halten mich noch gefangen.«
Um fünf Uhr waren sie noch beisammen, als das junge Mädchen vom Tage zuvor dazukam. Sie war sehr überrascht, daß zwischen dem Grafen und Cécile so gutes Einvernehmen herrschte. Er wollte sich rechtfertigen, aber Cécile überhob ihn der

Mühe. Sie machte die Gründe ihres Geliebten mit so viel Nachdruck und Beredsamkeit geltend, daß er wohl sah, sie wünschte ebensosehr wie er, daß seine Schuldlosigkeit anerkannt würde. Sie speisten wieder zusammen zu Abend, blieben aber nicht so lange wie tags zuvor. Cécile ging zuerst fort, darauf ihre Freundin, die diesmal aus freien Stücken den Grafen bat, sie bis zur Rue de Cléri zu begleiten. Dort verließ sie ihn, indem sie ihr Bedauern aussprach, sich ihm nicht entdecken zu können. Sie richtete an ihn sogar eine Bitte, an die Cécile niemals gedacht hatte: niemals gegen seine Freunde ein Wort von seinem Abenteuer verlauten zu lassen. Sie sagte, ihr persönliches Geheimnis erfordere an sich nicht so große Vorsicht, wohl aber dessen Zusammenhang mit dem ihrer Freundin.

»Wenn es sich nur um ihr Glück handelte«, schloß sie, »dann hätte sie, wie ich sie kenne, es Ihnen längst geopfert, denn sie liebt Sie mehr als ihr Leben; aber sie denkt nur an Ihr Glück, das ohne Gnade zerstört werden würde. Leben Sie wohl, Herr Graf, ich habe versucht, durch meine Indiskretion wieder gutzumachen, was ich Sie gestern und heute habe leiden lassen . . . «

Am nächsten Tage wurde der Graf von Cécile mit unsagbarer Freude empfangen. »Lieber Freund«, sagte sie zu ihm, »du hast mich lieben gelehrt. Niemals würde ohne dich dieser köstliche Lebensbalsam meine Seele gestärkt haben. Kann ein Weib in meiner Lage jemals geliebt werden, kann ein Mann ein Weib in seine Arme drükken, das . . . doch fort mit diesen unseligen Gedanken! . . . Ach, ich Unglückliche, ich versage mir sogar die Liebkosungen, die mir die Natur gebietet! Lieber Freund . . . Ich habe nun dich, und noch dazu hängt meine Glückseligkeit an einem Faden . . . an deiner Unkenntnis der Dinge, teurer Freund! . . . Verzeih mir, daß ich dir dies grausame Geheimnis·verhehle, sage mir, daß du mir verzeihst, Liebling meiner Seele . . . Ja, du hast mir erst geoffenbart, daß ich ein Herz besitze; bei deinem ersten Anblick, bei den ersten Worten, die du zu mir sprachst, hat es für dich geschlagen. Woher kam dir, lieber verführerischer Mann, dieser Zauber, der mich sofort gefangennahm?«

»Eben daher, wo du den Zauber fandest, der mich unterjochte, meine Cécile.«

»Die Liebe gab ihn mir.«

»Dann hat die Liebe ihn auch mir verliehen.«

»Wir wollen uns also ewig lieben.«

»Das ist mein Herzenswunsch! Teure Cécile, erfülle mir eine Bitte. Ich bin reich und habe noch nie gewagt, dir ein Geschenk zu machen. Die Liebe, die du mir heute bezeugst, ermutigt mich: teile mit mir mein Vermögen, wie ich mit dir das deine teilen werde. Denke nicht, teure Freundin, daß ich dir damit eine Falle stellen will, eine Kenntnis von deiner Lage zu bekommen, nein, nein. Wenn mein Vorschlag dich schmerzt, Cécile, so will ich mich auf eine Forderung beschränken, aber auf dieser muß ich bestehen, daß nämlich meine Geschenke von dir angenommen werden . . . Du antwortest nicht, Cécile? Ich bestehe darauf, sonst müßte ich vermuten, daß du mich weniger liebst, als ich glaubte.«

»Oh! Laß alles beim alten, lieber Freund, wir fühlten uns so wohl dabei!«

»Ja, du hochherziges Mädchen! Aber ich leide darunter, daß die Hälfte meines Ichs nicht mitgenießt, was ich besitze.«

»Ich nehme an, ich nehme alles an, aber ich will auch meinerseits die Macht haben, deiner Großmut Schranken zu setzen.«

»Einverstanden.«

»Für morgen wünsche ich einen Blumenstrauß.«

»Den sollst du haben, angebetete Cécile, es ist mein erstes Geschenk, und mit welcher Freude will ich es auswählen!«

Der Graf hatte seit seiner Bekanntschaft mit Cécile fast nichts ausgegeben und hatte daher viel Geld liegen. Der Strauß, den er ihr am nächsten Tage mitbrachte, hatte 15 000 Franken gekostet. Er bot ihn ihr dar und sagte:

»Ich fühle, daß ich gegen deinen Willen gehandelt habe, aber ich wollte mein erstes Geschenk selbst aussuchen; alle folgenden sollen nach deinem Geschmack sein.«

Cécile nahm den Schmuck an und bemerkte:

»Ich bringe dir ein Opfer, wenn ich's annehme, ich hätte Blumen vorgezogen. Aber mein Herr Geliebter hat mich wie die andern Frauen beurteilt und weiß noch nicht, daß ich in gewissen Dingen über ihnen stehe. Aber, lieber Freund, da ich nur ein gewöhnliches Weib bin, so wollen wir auch die Folgerungen daraus ziehen; wie willst du mich haben? Soll ich falsch, kokett, schamlos, eigennützig, zänkisch, leichtsinnig, flatterhaft sein? Sprechen Sie, mein Herr Graf, wenn Sie wollen, daß ich Ihnen ähneln soll!«

»Nein, um Gottes willen, nein!« rief der Graf lachend.

»Dann nimm den Brillantstrauß wieder und schenke mir Blumen.«

»Cécile wollte mein Geschenk zurückweisen?«

»Nun beruhige dich, dazu bin ich zu zartfühlend, teurer Freund, aber verfalle nicht wieder in diesen Fehler. Ich bringe dir wirklich damit ein Opfer, denn ich kenne den Preis dieser Kostbarkeit.«

Der Graf erwiderte nichts, sondern ging fort und holte einen Blumenstrauß.

»Vergiß den anderen, liebe Cécile, und nimm diesen, den dir mein Herz anbietet!«

Als Céciles Freundin dazu kam, wurde der Vorschlag gemacht, bis zum Abendessen etwas vorzulesen. Dies geschah zum erstenmal. Man wählte Werke Voltaires aus, und es wurde beschlossen, alle Nachmittage mit solchem Vorlesen auszufüllen, sobald Valbrune – so hieß Céciles Freundin – eingetroffen wäre. Nach Voltaire lasen sie J. G. Rousseau und darauf Buffon. Damit unterhielten sie sich während der nächsten achtzehn Monate, bis die Katastrophe über die Liebenden hereinbrach.

Während der ganzen langen Zeit hatte der Graf nichts von dem Geheimnis erfahren. Jeden Abend begleitete er die Valbrune bis zur Rue de Cléri, wo er sich von ihr verabschiedete. Aber eines Abends sah er, wie sie, gleich nachdem er von ihr Abschied genommen hatte, von einem Mann belästigt wurde, der aus einem Kabriolett sprang. Er wußte nicht, was er tun sollte, da ihm noch der Vorfall von jenem Abend in der Erinnerung war. Während er noch unschlüssig dastand, hörte er die Valbrune rufen: »Zu Hilfe, Herr Graf!« Das genügte. Er stürzt sich auf ihren Angreifer, schlägt ihn zu Boden, nimmt Valbrune in seine Arme und eilt mit ihr davon. Als sie bei der Porte Saint-Denis außer Gefahr waren, setzte er sie nieder und sagte zu ihr:

»Befehlen Sie über mich. Soll ich Sie begleiten? Soll ich Sie verlassen? Mir ist alles gleich, wofern ich nur Ihnen dienlich sein kann.«

»Es gibt keinen zweiten Menschen wie Sie auf der Welt«, erwiderte Valbrune, noch am ganzen Leibe zitternd, »und so will ich jetzt kein Geheimnis mehr vor Ihnen haben. Begleiten Sie mich. Sie haben mich aus den Händen meines Todfeindes errettet!«

Sie bogen in die Rue de *** ein, Valbrune klopfte an ein Tor. Ein Lakai öffnete.

»Ist der Herr schon zu Hause?«

»Nein, Madame.«

»Der Herr ist mein Gatte«, erklärte sie dem Grafen; »er hat mich aus Liebe geheiratet, ohne mich zu kennen. Unsere Ehe ist in den Augen der Menschen vielleicht keine ganz gültige, aber mein Gewissen ist ruhig. Eine der Bedingungen, unter denen ich eingewilligt habe, mich ihm zu ergeben, besagt, daß ich täglich den alten Mann besuchen darf, den wir soeben verlassen haben, und daß mein Mann sich nie nach ihm erkundigen darf. Oft hat er mich dorthin begleitet, und was er da sah, hat ihm volles Vertrauen zu mir eingeflößt. Er weiß, daß ich dort meine Freundin treffe, und hat mich oft gebeten, sie in unser Haus zu führen. Da er aber bemerkte, daß ich dies nicht beabsichtigte, so hat er nie wieder darauf gedrängt. Er ist der beste Mann von der Welt! Da ich nun einmal eingewilligt habe, mich von Ihnen begleiten zu lassen, so werden Sie die Güte haben, auf ihn zu warten. Denn ich will vor ihm kein Geheimnis haben, mit Ausnahme des großen, undurchdringlichen, das auch sein Glück zerstören würde.«

Während sie noch so sprach, wurde das Tor wieder geöffnet.

»Das ist mein Mann«, sagte sie zu ihm; »hier stelle ich dir einen Kavalier vor, der mich nach Hause begleitet hat. Es ist derselbe, mit dem ich oft bei dem alten Mann speise, der Geliebte meiner einzigen Freundin ... Dieses Wort wird dir alles sagen.«

Valbrunes Gatte begrüßte den Grafen auf das herzlichste. Sie unterhielten sich höflich einige Minuten, bis der Graf sich verabschiedete.

»Leben Sie wohl, lieber Graf«, sagte die Valbrune zu ihm; »wenn Sie Cécile vor mir sehen, so erzählen Sie ihr schonend, was sich ereignet hat. Sagen Sie ihr auch, daß meine Besuche von jetzt an seltener sein werden, und daß ich ihr daher den alten Mann doppelt warm empfehle. Sehen Sie zu, daß Sie sich schnell verheiraten, so wie wir. Sie könnten dann in der Nähe eine Wohnung nehmen, und wir würden täglich zusammenkommen ... Doch kein Wort zu Cécile, daß ich es war, die Ihnen diesen Rat gegeben hat! ... Leben Sie wohl, gehen Sie schnell fort.«

Der Graf war über diese Worte sehr überrascht, aber er nahm sich vor, den Rat zu befolgen und zu diesem Zweck vor allem herauszubekommen, wie es sich mit der Heirat der Valbrune verhalte.

Der Vorfall war an einem Sonnabend geschehen. Am Sonntag hatte er in der Faubourg Saint-Laurent zu tun. Er befand sich in der Nähe der Kirche, als er sah, daß Cécile diese gerade verließ. Sie hielt ihr Taschentuch vors Gesicht, als ob sie ein Erröten oder Tränen verbergen wollte. Der Graf geriet in Versuchung, sie anzusprechen, doch hielt ihn die Vernunft davon zurück. Er ging in die Kirche, um ihr, falls sie ihn bemerkt hatte, durch irgendein Wahrzeichen beweisen zu können, daß er ihr nicht gefolgt sei. In dem Augenblick, als der Graf eintrat, bestieg der Vikar gerade die Kanzel. Er fing mit einem sonderbaren Aufgebot an, in dem er verkündigte: der Scharfrichter habe eine Tochter zu verheiraten, der er eine Mitgift von 30 000 Franken gebe; es werde nun ein ehrlicher Mann für sie verlangt von guten Sitten, gutem Charakter usw.

»Bei Gott«, sagte der Graf bei sich selber; »besser konnte ich es nicht treffen! Nun kann ich Cécile beweisen, daß ich ihr nicht gefolgt bin, indem ich ihr erzähle, daß ich diesem sonderbaren Aufgebot beigewohnt habe.« Er hörte noch eine Viertelstunde die Predigt mit an, besorgte dann seine Geschäfte und begab sich endlich in die Wohnung des Greises. Dort traf er bereits Cécile an, die erregter war denn je. Er dachte, sie wisse bereits von dem Vorfall des vorigen Abends, und fing davon an, aber sie wußte noch von nichts, und er mußte ihr die Einzelheiten berichten, wobei er betonte, wie sehr er Valbrunes Gemahl um sein Glück beneide.

»Lieber Freund«, erwiderte Cécile darauf, »ich bin sehr aufgebracht über die Unvorsichtigkeit und Indiskretion meiner Freundin, aber beneide nicht die beiden um ihr Los; ich werde dir ein viel süßeres auch ohne Heirat bereiten.«

»Ohne Heirat! Nein, das lehne ich ab.«

»Verblendeter! Glaubst du denn, ich würde deine Hand ausschlagen, wenn ich sie annehmen könnte? Was hat die Valbrune angerichtet! Welchem Unheil setzt sie mich aus! ...«

»Sie ist nicht meine Geliebte und hat doch mehr Vertrauen zu mir als du!«

»Vertrauen! Ach! Ich würde mehr Vertrauen zu dir haben als irgendeine Frau der Welt, wenn solches Vertrauen wirklich einen Beweis meiner Liebe bedeutete ... Geliebter! Bist du deines Glückes schon überdrüssig? Sage, langweile ich dich? Du bist mein Glück ... genügt dir das nicht?«

»Wenn ich heute früh gewollt hätte, so gäbe es kein Geheimnis mehr für mich. Ich habe dich getroffen ...«

Nicolas Lancret: Der Winter

»Wo denn?«

»Ich habe dich aus der Kirche kommen sehen, habe aber, deinem Gebote getreu, keinen Schritt getan, dir nachzugehen. Ich bin in die Kirche getreten, um dir Zeit zu lassen, zu verschwinden. So habe ich gehandelt, und solltest du daran zweifeln, dann kann ich es dir beweisen.«

»Deine Diskretion, teurer Freund, kommt dir selbst zugute; sie macht dein Glück aus, denn wenn du anders handeltest, so würdest du selber einen glücklichen Traum zerstören. Ich, Geliebter, liebe dich abgöttisch: treu und liebevoll machst du mich glücklich; wärst du ungetreu und wankelmütig, würde ich dich auch dennoch lieben und von meinen Hoffnungen leben; wenn ich aber deine Achtung verlöre, dann bliebe mir nur der Tod... Du willst mir beweisen, daß du mir nicht nachgegangen bist, doch ich glaube dir, ich glaube dir, denn du würdest mich ja nicht mehr lieben, wenn du mich täuschtest...«

»Mein Beweis? Ich habe den Vikar von der Kanzel herab verkünden hören, daß die Tochter des...«

»Halt ein, halt ein«, unterbrach Cécile ihn, bleich wie der Tod. Sie war einer Ohnmacht nahe, doch erholte sie sich allmählich wieder. Der Graf bemühte sich zärtlich um sie, ganz betroffen von der Aufregung, die sie erfaßt hatte. Er sprach von Heirat zu ihr, einer heimlichen, einer öffentlichen, mit oder ohne Formalitäten – kurz, er zeigte sich zu allem bereit, was Cécile bestimmen würde; aber er verlangte, daß endlich eins oder das andere geschehe. Cécile verteidigte sich, solange sie konnte, willigte aber schließlich in eine geheime Eheschließung ohne alle Formalitäten, die also vollkommen ungültig sein mußte.

Der Graf machte diesen Einwand, sie entgegnete aber, sie wolle es so.

»Nun, du göttliches Weib«, sagte er darauf, indem er sie in seine Arme schloß, »dann sei es so! Ich sehe, es ist das beste, ich überlasse mein Schicksal dir allein. Mach mit mir, was du willst, meine Cécile! Sei mein Schutzgeist und meine Königin!...«
Cécile wollte ihm antworten, da klopfte es. Sie glaubten, es sei die Valbrune, aber in der Tür stand ein Mann. Es war der Mann, der am Abend vorher die Valbrune angegriffen hatte.

»Ist das der Graf de la S...«, fragte er, »den ich zu Füßen der Tochter des Henkers sehe? Gestern reichte er seinen Arm einer anderen, die dieser alte Schuft da vom Galgen rettete...«

»Halt«, rief der Graf, »du Elender! Mag, was du sagst, wahr oder erlogen sein, sie ist meine Frau, hab' Achtung vor ihr! Die Geschichte der anderen kannte ich, ohne zu wissen, daß es sich um sie handelte: sie ist unschuldig, und du bist ein Scheusal. Flieh! Oder du bist ein Kind des Todes!«

»Fliehen?« erwiderte der schändliche Ankläger der Valbrune; »ich habe einen Degen an meiner Seite!«

Der Graf riß sich aus den Armen Céciles, die ihn zurückhalten wollte, und stürzte hinter dem Verleumder her, den er auf der Straße stellte. Der Kampf war kurz. Der Graf brachte seinem Gegner einen tödlichen Stoß bei und streckte ihn neben dem Wagen, der ihn hergebracht hatte, zu Boden. Er konnte noch seinem Diener befehlen, ihn nach Hause zu fahren; dort starb er.

Die Sache wurde totgeschwiegen, weil die Familie des Toten, die ohnehin nicht an die Schuld der Valbrune glaubte, fürchtete, der Graf möchte, wenn er angeklagt würde, die alte Geschichte wieder vorbringen und die Unschuld des Mädchens beweisen können.

Doch wenden wir uns wieder an Cécile. Sie war während des Zweikampfes in Ohnmacht gefallen. Als sie wieder zu sich gekommen war, sah sie sich in den Armen des Grafen.

»Träume ich?« waren ihre ersten Worte; »doch nein... es ist furchtbare Wahrheit. Sie kennen mich jetzt, Herr Graf, nun ist alles aus!«

»Ja, teure Cécile, jetzt weiß ich endlich, wer du bist. Und nun vergöttere ich dich erst recht, jetzt, wo ich die Schönheit deiner Seele kennengelernt habe. Du wirst meine Frau werden, Cécile! Ich will es so, und von nun an werde ich als dein Gebieter sprechen und dich an den Platz stellen, der dir gebührt!«

Während er sprach, schien Cécile in tiefes Nachdenken versunken zu sein. Plötzlich raffte sie sich auf und fragte:

»Und was ist aus deinem Gegner geworden?«

»Er ist in seinem Wagen davongefahren.«

»Verwundet?«

»Ja, schwer verwundet!«

»Ach, teurer Freund! Und du bist noch hier? Rette dich, wenn du mein Leben bewahren willst.«

»Diesem Worte bin ich gehorsam«, erwiderte der Graf. »Lebe wohl, teure Gattin – denn das mußt du sein! Sonst lege ich keinen Wert mehr auf mein Leben, das du mir zu erhalten befiehlst.« Damit entfernte er sich.

Am anderen Morgen konnte er nicht dem Drange widerstehen, den Greis zu besuchen, obwohl er erfahren hatte, daß sein Gegner der Verwundung erlegen war. Er traf Cécile nicht an; sie war erkrankt und hütete das Bett. Da hörte er auf keinen Rat mehr und folgte nur den Eingebungen seiner Liebe. Er ging zu ihr. Er kannte jetzt ihre Wohnung aus den Worten, die seinem Gegner entschlüpft waren. Er verlangte ihren Vater zu sprechen und setzte diesem die Gründe auseinander, warum er Cécile sofort sprechen müßte. Man führte ihn zu ihr und ließ die beiden Liebenden allein.

»Ach, lieber Freund, welches Haus besuchen Sie?«

»Ich komme, teures Mädchen, dir ewige Liebe zu schwören und mit dir zu besprechen, wie wir es anstellen können, damit mir gewisse Unannehmlichkeiten erspart bleiben. Das geht dich soviel an wie mich, denn von nun an sind wir eins. Selbst wenn ich dich nur mit den peinlichen Folgen heiraten kann, die du für mich befürchtetest, werde ich es dennoch tun. Aber ich überlasse es dir, darüber nachzudenken, ob es nicht möglich wäre, dies von mir abzuwenden. Jedenfalls aber werde ich dich, meinen kostbaren Schatz, unter keinen Umständen im Stich lassen. Ich achte, ehre, liebe, vergöttere dich, Cécile. Und deshalb gibt es für mich nur eins: dich zu heiraten.«

»Nein, nein«, antwortete Cécile. »Sie dürfen sich nicht selber ein solches Unrecht zufügen! Dazu werde ich nie meine Einwilligung geben!«

»Dann werde ich es mir aber gegen deinen Willen zufügen.«

»Ach, lieber Graf! Und die Kinder! Unseliger, die Liebe verblendet dich.«

»Ja, aber ich liebe diese Verblendung, ich liebe ihre Quelle und liebe ihre Ursache!«

Er sagte ihr noch vieles andere; aber er konnte sie nicht bestimmen, ihm ihre Hand zu schenken. Trotzdem traf er alle Vorbereitungen, und als der Tag gekommen war, forderte er sie auf, mit ihm vor den Altar zu treten. Sie weigerte sich und wollte nicht das Bett verlassen, das sie noch immer hütete. Da rief er den Geistlichen ins Haus, und unter Tränen mußte sie seinen dringenden Bitten nachgeben.

Graf de la S... führte seine junge Frau auf eins seiner Güter in Lothringen – den Namen verschweige ich – wo er mit ihr ein glückliches Leben führt. Die Valbrune und ihr Gatte folgten ihnen bald ebenfalls dahin nach.

Der Graf ist der einzige Mitwisser des Geheimnisses der Valbrune. Die glückliche Cécile kann ihren Mann nicht genug bewundern, der sie unsagbar liebt und sich ihretwegen über das größte und vielleicht berechtigtste Vorurteil hinweggesetzt hat.

HELFERICH PETER STURZ
1736-1779

HELFERICH PETER STURZ
von Franz Blei

N achruhm ist ein blind geworfenes Los, das aus der Schale des Schicksals nicht immer auf den Würdigsten fällt...« – manche Umstände haben sich vereinigt, das Wort an dem wahr zu machen, der es ohne Bitterkeit und, ohne eigenes Schicksal zu ahnen, schrieb: Helferich Peter Sturz ist in unserer Zeit so sehr vergessen, daß man ihn nicht liest? – nein, dieses Geschick teilte er mit Berühmteren; daß man vielmehr kaum seinen Namen je hört und der, nennt man ihn, nichts erinnert. Er ist ein völlig Unbekannter. Und verdiente doch, um es gleich zu sagen, unter den deutschen Prosaisten der neueren Zeit mit großem Lobe genannt zu werden, als ein Schriftsteller, der nicht als ein Gelehrter, kaum als ein Autor, sondern als ein Weltmann schrieb, der sein Leben gar nicht auf das Schreiben einrichtete, das er selten als Wonne und meist als Trost trüber Stunden trieb; der seinem Schreiben nicht die geringste Wichtigkeit gab und ohne Pose ziemlich geringschätzend davon sprach. Diejenigen »Deutschen, die als Geschäfts- und Lebemenschen bloß aufs Praktische gehen, schreiben am besten«, sagte Goethe zu Eckermann, und für den Satz ist Sturz ein Musterexempel, der einmal erklärt: »Ich mache keinen Anspruch auf Autorschaft, als wozu mich weder die Geschäfte noch die Schicksale meines Lebens führen konnten.«

Die Geschäfte und Schicksale dieses Mannes füllten ein kurzes Leben. 1736 in Darmstadt aus einfachen Verhältnissen geboren, wurde er nach Studentenjahren in Göttingen, Jena und Gießen mit sechsundzwanzig Jahren Privatsekretär beim Grafen Bernstorff in Kopenhagen, das damals kein unbedeutender Vorort deutscher Kultur war. So sehr bevorzugten der dänische Hof und die Hofgesellschaft deutsche Art und deutsche Kunst, daß man auf Christian VII. den Witz machte, er sei an seinem Hofe der einzige, der dänisch sprechen könne. Holberg, der Komödiendichter, suchte wütend ein Publikum für seine dänischen Stücke, während der klügere Baggesen anfing, seine prätentiösen Kleinigkeiten auf deutsch zu reimen. Die Dänen galten im eigenen Hause nicht viel und mußten in den Ecken stehen, während Klopstock und Cramer, Basedow und der ältere Schlegel, Gerstenberg und Schönborn an der Tafel saßen. Man traf sich in dem gastfreundlichen Hause Bernstorffs, und der lebhafte witzige Sturz, dem Staatsminister in Freundschaft verbunden, lebte hier eine glückliche Zeit, die ihm alles bot, woran sich seine eigene Art bilden konnte. Als Legationsrat begleitete er Christian nach England und Frankreich, wo er in der besten Gesellschaft eine gute Figur machte. Garrick wird sein Freund, die Madame Geoffrin schreibt ihm noch lange später hübsche kleine Briefe, Helvetius schätzt ihn hoch, und er schwärmt für Galiani. Spätere Reisende berichteten, wie Sturz noch allen gegenwärtig war, da er selbst schon nicht mehr unter den Lebenden weilte. Die leichte Beweglichkeit seines Geistes gab ihm Wichtigkeit im Gespräch der Männer, wie sie ihn angenehm machte in der Unterhaltung mit den Damen. Er hing dem Tiefsinn nicht nach, denn sein Leben hatte bisher nur Glücksfälle erfahren. Wir hätten wohl starke Dokumente seiner ironischen Überlegenheit, hätte sich sein Leben nicht schließlich so in Ungunst und Unglück gebrochen und hätte es da länger gedauert, um mehr als den Prozeß langsamer Überwindung zu zeigen.

Der Fall Bernstorffs und das abenteuerlich rasche Emporkommen Struensees machten Sturz nicht mißtrauisch. Der sonst klar sah, vertraute hier blind seinem Glücke, das ihn, den armen und unbekannten jungen Menschen, in beide Arme genommen hatte. Sein Verhältnis zu dem kleinen so mächtig gewordenen Hamburger Arzt wurde wohl ein reserviertes, aber er hatte es in völliger Unkenntnis der Dinge, die sich vorbereiteten, versäumt, sich der Gunst der Gegenpartei, die ein Rantzau, sein früherer Protektor, führte, zu versichern. Am 17. Januar 1772 vollzog sich, was man etwas großartig die »dänische Revolution« zu nennen beliebte, und am 21. Januar wurde Sturz verhaftet. Er hatte sich gerade verlobt, und von seiner Braut weg brachte man ihn ins Gefängnis, aus dem man ihn nach einem halben Jahr entließ. Seine völlige Unschuld hatte sich wohl herausgestellt, doch fand es die neue Regierung gut, ihn als Rat mit einem kleinen Gehalt nach Oldenburg zu schicken, das damals das dänische Sibirien war. Der arme, aus den angenehmsten Verhältnissen so jäh geworfene Sturz setzte alle Freunde in Bewegung, daß sie ihm in Wien oder in Petersburg eine Stelle erwirkten. Das dauert ein paar Jahre in Not und Hoffnung. Ein Brief, der ihm Erlösung scheint, trifft ihn am 19. November 1779 auf dem Sterbebett.

»Ertragt der Glücklichen stolzes, niedertretendes, erwürgendes Mitleid und liebt die Menschen, wenn ihr könnt –«, so macht sich nur einmal der Groll gegen sein Geschick frei, das Sturz nach außen um so ruhiger trug, je mehr es ihn im Innersten erregte und seine Gesundheit zerstörte. Gesellschaft und Geschäfte, die seine glückliche Zeit so angenehm ausfüllten, hatten ihn freigegeben, und er gab seine trübe Muße dem Schreiben. Das wenige, was wir von ihm haben, ist mit Ausnahme eines literarischen Scherzes, in dem er sich über die Wut der moralischen Zeitschriftengründungen belustigte, und der Briefe von der Reise, die er nicht an ein Publikum schrieb, in diesen trüben Oldenburger Tagen entstanden. Es sind, wenn man von dem Freundschaftsdenkmal der »Erinnerungen an Bernstorff« absieht, Arbeiten geringen Umfanges, kleine Aufsätze moralischen oder ästhetischen Auseinanderlegens, die sich keine Gelehrsamkeit aufladen, sich lose an den Tag knüpfen und nichts weiter wollen, als eine nachdenkliche Meinung äußern: die spielende Arbeit einer gezwungenen Pause, die nicht ganz untätig vergehen will. Manches davon erbaten sich Freunde für Zeitschriften, das meiste erschien erst nach dem Tode des Autors, der anderes wollte und, jeder literarischen Betriebsamkeit abhold, nur diesen Ehrgeiz hatte, daß ordentlich geschrieben sei, wenn schon geschrieben sein müßte.

Wohl mit Recht macht man heute vornehmlich die Zeitung für den Verfall der deutschen Prosa verantwortlich, und der Gründe sind genug dafür. Und doch war es wieder die Zeitung, die um die Mitte des 18. Jahrhunderts die Bildung der neuen deutschen Prosa am stärksten förderte, indem sie die schwerfällige Weitschweifigkeit zur Kürze zwang, vom Worte Deutlichkeit und Schärfe verlangte und die Schriftsteller mehr auf die Mitteilung schöner Bildung und eigener Meinung wies, als auf das Ablagern von allgemein gelehrten Kenntnissen. Die Größten jener Zeit schrieben für die Zeitung in jenem besten Sinne: dem Tage dienend, indem sie ihre Persönlichkeit mitteilten: Lessing vor allem, dann Herder, Merck, Lichtenberg, Goethe, um nicht Möser und andere zu nennen, deren Beruf die Zeitung war. Noch im Anfange des 18. Jahrhunderts geboten Satzungen literarischer Gesellschaften ihren Mitgliedern, nur keine kleinen Bücher zu schreiben, sondern in voluminösen Quartfolian-

Georg David Matthieu: Trauung in einem mecklenburgischen Schloß im 18. Jahrhundert

ten ihre Eitelkeiten von sich zu geben, wenn sie nicht wollten, daß der Respekt vor der Zunft verloren ginge. Die vielen Zeitschriften, die sich in Nachahmung der Engländer plötzlich in Deutschland auftaten, nahmen der Foliantengelehrtheit den Dünkel und schufen eine den Deutschen neue Form: den *Versuch.* Keiner übte sie besser als Sturz, dem eine angenehme Bildung und Kenntnis der Engländer und Franzosen ebenso dienten wie Glück und Unglück seines Lebens, das ihn mit Tätigen nicht weniger als mit den Müßigen in Berührung brachte. Seine Gelehrtheit aus Büchern erfuhr durch die unmittelbare Anschauung Korrektur und Leben, allgemeine Philosophien verloren die Starre durch die Beobachtung, und ein lebhafter Witz schützte seine Intelligenz vor Wichtigtuerei und Pedanterie. Dies ist natürlich: man wird auch bei ihm in den letzten Dingen auf die bürgerliche Mythologie seiner Zeit kommen, diese emblematischen Tugenden und Laster der Vernünftigkeit, aber man muß auch sagen, daß er diese Maschinerien mit Grazie handhabt. Er hat eine sympathische Weise, sich aus dem Besonderen dem Allgemeinen zu nähern, und er erreicht schon viel damit, daß er nie frivol wird. Er will lieber oberflächlich erscheinen, als mit hohlem Klang Tiefe posieren. Er sucht nicht mit einem allzu sicheren Vortrag einer Meinung den Wert dieser Meinung zu übertreiben und den flüchtigen Dingen Gewalt anzutun. Er bleibt kühl und verbindlich, ein vornehmer Herr und wirft sich nicht in die Brust. Er spricht von der Schönheit und läßt mit feinen Bemerkungen, die keinen Lärm machen, die Möglichkeit ihrer begrifflichen absoluten Fassung problematisch. Er erzählt in den Briefen der Reise seine Eindrücke von den Franzosen, deren Tendenz zur Monomanie in der Literatur ihm damals schon auffällt, und schränkt alles Gesagte mit dem Worte ein: »Jedes Volk ist gewohnt, durch ein eigenes Medium zu sehen.« Seine Neigung zu den Allgemeinheiten ist für diese Zeit auffallend gering. Zur Philosophie als einem System hat er kein Verhältnis; auch nicht im Unglück verfällt er ihren tröstenden Verführungskünsten, die nur um den Wert des Unglücks bringen. Der Zwang eines Systems widerstrebt ihm, der die sichtbaren Wahrheiten der täglichen Offenbarung jenen erdachten Wahrheiten vorzieht, die nichts sonst beweisen als die Existenz ihres Erfinders. Er sagte da schon etwas, das man als die Maxime seines Lebens ansprechen kann: »Auf dem Sandfelde hinter meinem Hofe gelang es mir, durch Dünger, Kosten und Arbeit eine grasreiche, blühende Wiese zu schaffen; aber die Kunst, die Lüneburger Heide urbar zu machen, ist darum noch nicht erfunden. Wer in unserer Welt allein nach hoher Vollkommenheit ringt, wird viel Vortreffliches sagen und wenig Gutes tun.« Das mag nicht hoffnungsvoll und mutig sein, an den Anfang eines Lebens gestellt und als dessen vorgewußtes Ziel erstrebt, aber aus den Sorgen des Lebens und eines wechselvollen Lebens, wie Sturz es hatte, ist es ein schönes Resultat, diese Erkenntnis, daß wir aus dem Großen ins Kleine gehen, aus dem Schweifenden ins Ruhige kommen, aus der endlosen Weite ins Engbegrenzte: so wenigstens der, dem das Leben gut will. Heute, da das Wort von der harmonischen Gestaltung des Lebens zu so billiger Popularität gekommen ist, mag es uns nicht sonderlich neu und tief vorkommen; vor dem Sturm und Drang war es beides. In einem anderen Aufsatz sagt Sturz dazu dieses: »Eine Tat, welche deinem Bruder frommt und gedeiht, ist verdienstlicher als deine Herkulesarbeit zum Besten der Welt. Sei Mann deines Weibes, Vater deiner Kinder, Bürger deines Städtchens und lehre nicht gleich die Fürsten regieren. Das allgemeine Wohl hängt wahrlich nicht am Faden in der Hand irgendeines Genies, sondern tausend Räder wälzen sich unaufhaltsam fort, und das Universum wandelt unter dem Finger Gottes. Geister, die zerrütteten, umschafften, bildeten, sind zum Glück der Erde nur selten. Ja, wenn du die Geschichte nicht bloß an ihren Zipfeln anfaßt, wenn du nicht mit Einfällen über ganze Perioden hinfährst, sondern kalt und geduldig wägst, so findest du, daß die Halbgötter alle durch Glück und Zufälle mächtiger wirkten als durch eigentümliche Kraft.«

Vielleicht gibt der Satz, den ich hier anführte, einige Vorstellung von der Art, wie Sturz schrieb, und deutet den Grund an, weshalb diese Art hoher Auszeichnung wert ist, im Vergleich mit der deutschen Prosa aller Epochen, denn die des Sturz hat keine Zeichen des Alters. Als Schulbeispiel der besten Prosa jener Zeit gilt Lessing, und mit der Prosa Lessings kann man die des Sturz vergleichen, vermag man des anderen größere kritische Bedeutung auszuschalten. Da wird sie beim Vergleich gewinnen. Sturz schreibt klarer und mit jener Eleganz, die die Rede in guter Gesellschaft auszeichnet. Er hastet nicht, bleibt ruhig und gemessen. Auch wo er satirisch wird, zeigt er immer die Höflichkeit des Mannes von Welt, der sich selbst zu höflich behandelt, als daß er grob gegen andere werden könnte. Er bewahrt immer die Haltung. Seine Sätze sind wie gesprochen und machen doch nicht unruhig. Er baut keine langen Buchperioden, die man nur mit dem Zeigefinger lesen kann, betont stark das Konstruktive seines Satzes, setzt an dessen Akzentstelle das inhaltlich wichtigste Wort und liebt es, einen Ausdruck in zwei Wörter zu zerlegen, womit er die deutsche Sprache reicher gemacht hat: was man in Grimms Deutschem Wörterbuch verzeichnet finden kann. Aber es sind dies – wohl unnötig zu bemerken – weniger Überlegungen als Art des Mannes, dem es, wie Goethe sagt, »zuvor klar in seiner Seele ist« und der »deshalb einen klaren Stil schreibt«.

Ein merkwürdiges Urteil hatte Jean Paul über Sturz. Er sagt, Sturz »erkältet mit dem Glanze einer herrlichen Prosa, die keinen neuen Gedanken zu offenbaren, sondern nur Welt und Hofwinkel zu erleuchten hat«. Mag auch das Erleuchten dieser Winkel ein ganz so Verächtliches nicht sein, vielleicht liegt, daß man Sturz so ganz vergessen hat, daran, daß das, was er zu sagen hatte, nicht die Bedeutung der Art hatte, in der er es sagte, und daß, was er sagte, bald an die Fülle der Späteren verloren ging. Jean Paul hat das Schicksal so erfahren, daß er viel zu sagen hatte und alles unerträglich sagte, und daß man ihn so immer wieder vergaß. Es gibt der Stil manchen Werken für eine Weile und nur für eine Weile intensivstes Leben und große Aufmerksamkeit, andere tötet er zu früh. Die Ewigkeit haben die großen Bücher, die auch immer gut geschriebene Bücher sind. Die kurzen Künste wirken nur eine Zeitlang als ein Ferment. Sturz gab, was er hatte: eine feine, nicht große, liebenswürdige, nicht sehr temperamentvolle Persönlichkeit, und seine Zeitgenossen lernten an der Gebärde, mit der er gab, was er hatte.

Frankfurt am Main, den 10. Mai 1777.

Hochwohlgeborener gnädiger Herr Papa!

Ich hoffe, daß Sie diese Zeilen noch bei guter Gesundheit antreffen, denn ich bin auch noch wohlauf; aber ich habe eine beschwerliche Reise gehabt, und Frankfurt am Main ist eine schöne Stadt.

Auf des Postillons Rat trat ich in der besten Herberge ab, wo man elend ißt und teuer bezahlt.

Hier hab ich mit Heinrich, dem Hausknecht, das Merkwürdigste besehen: die Kirche, wo sie den Kaiser gemacht haben, der sich aber nun in Wien aufhält, die güldene Bulle, die aber nicht von Gold ist, und den Römersberg, der nicht wie ein Berg, sondern wie ein Marktplatz aussieht.

Morgen geht meine Reise nach Frankreich mit dem Postwagen vor sich. Ich habe mit Micheln alles wohl überlegt, und meine Reisekutsche verkauft, denn das Geld ist am besten in der Tasche, wie Ew. Hochwohlgeboren Gnaden zu sagen pflegen, und auf dem Postwagen ist gute Gesellschaft, so daß mir die Zeit nicht lang werden wird. Ich grüße meine Schwester, Fräulein Lieschen, und die Tante, Hans Jürgen, und verbleibe jederzeit

Ew. Hochwohlgebornen Gnaden

gehorsamer Diener und Sohn.

Paris in Frankreich, den 5. Juni 1777.

Mon reverend Père!

Werden aus dem Titel ersehen, daß ich nun endlich in Paris angekommen bin. Ich dachte, daß es mit dieser Stadt kein Ende nehmen sollte. Ich glaube, daß der Umfang wohl 1 000 Last Kocken [Heu- oder auch Misthaufen] Einfall hält.

Wir reisten Tag und Nacht, durch eine Menge Städte und Dörfer; der Henker mag alle die Namen behalten.

In Straßburg traf ich im Wirtshaus »Zum Geist« zwei junge Edelleute aus Sachsen an, der eine ein geputzter und gepuderter Bursch, der seine Muttersprache vergessen haben will; der andere eine sauertöpfische Stat [Erscheinung] von Kerl, hat in Göttingen studiert, und fragte mich, ob ich die Alten kennte? Mein Alter, sagte ich, ist der Baron Hunter auf Wildenheim, und ich heiße Junker Fritz, das werden Sie, denke ich, so gut wissen als ich. Hier hätten Sie das alberne Gelächter hören sollen.

Auf der Dielschanze von Straßburg nach Paris fand ich drei artige französische Herren. Der eine sprach gut deutsch und war mit einem Prinzen als Hom de Schamber (ist eine Hofbedienung) auf Reisen gewesen; der andere war der vornehmste Komödiant in Straßburg, der alles versteht, was die andern nicht wissen, denn ich habe es mit meinen Augen gesehen, daß er den Kopf aus der Diele steckte, und ihnen jedes Wort einblies. Der Dritte war ein königlicher Tobakskommissarius und Visiteur. Außerdem war noch ein Frauenzimmer da, die mir mit ihren schwarzen Augen nicht übel gefiel, nur hätte ihre Wäsche reinlicher sein können. Sie ist, wie sie sagt, von einer vornehmen Familie, und hat eine Menge Bekannte unter den Offizieren in der Garnison.

Man kann nicht höflicher sein, als es meine Reisegefährten waren. Wenn ich lachte, so lachten sie mit; wenn ich gähnte, so rissen sie den Kinnladen auf, und wenn ich nieste, so zogen sie die Hüte vom Kopf. Niemand hatte bessre Tage als Michel.

Der Hom de Schamber kämmte mich zuerst, und der Königliche Kommissarius trug mir die Sachen vom Wagen; ich mußte darum höflich sein, und die Herren frei halten. Aber das Geld ist nicht weggeworfen, denn ich habe dreimal mehr französisch gelernt, als der Bettel wert ist, und Michel lernt umsonst mit. Sie wundern sich alle über mein Genie, wie sie es nennen.

Mit nächstem Bericht ein mehreres. Eins ärgert mich in Paris: ich wollte heute früh auf die Hühnerjagd gehen, das, sagt man, ist verboten. Sie müssen hier noch nicht wissen, wer ich bin, und daß wir die hohe und niedere Jagd haben; aber das will ich ihnen zeigen, und ich verbleibe usw.

Paris, den 20. Juni 1777.

Monsieur mon très aimable Père!

An unserm Tisch speisen feine Leute, drei Offiziere mit dem Ludwigsorden, zwar in zerrissenen Kleidern, aber Männer von Geburt und Ehre, ein lahmer berühmter Tanzmeister, und ein geschickter Zahnarzt, der sich seine eigenen Zähne, wie er sagt, ohne Schmerzen ausgerissen hat. Ihr Essen ist wunderliches Zeug, und schmeckt nach allerhand und nach nichts. Niemand versteht hier ein rechtliches Gericht westfälischer Klumpe zu kochen; das macht, die Kerle wissen nichts.

In der Oper bin ich auch gewesen. Wenn ich unsern Pudel ins Ohr kneipe, so singt er meiner Ehre besser. Doch bunt und drollig sieht das Ding aus, wie ein großer Raritätenkasten, wenn sie in lauter Gold und Silber in einer Wolke niederschaukeln; auch blitzen und donnern sie gut, und, wenn nicht alles Blendwerk ist, so mögen die Menscher hübsch sein.

Im Trauerspiel war ich gestern, gehe aber da nicht wieder hin, ob ich gleich nichts davon verstehe. Ein alter Kerl neben mir weinte wie ein Kind. Möchte wissen, warum jemand sein Geld dafür hinträgt, daß ihm wird, als wenn er Schläge kriegte. – Lieber gehe ich nach dem deutschen Kränzchen; da schmeckt kein hungeriger Franzmann hin, und man vergißt seine Muttersprache nicht.

Vorige Woche bat mich der Gesandte zum Essen. Er macht mir zu viel Komplimente und will mich, wie er sagt, in gute Häuser führen; aber ihre besten Häuser gefallen mir nicht; sie sind so groß wie Kirchen, und der Hof sieht einem Gottesacker ähnlich, wo man weder Hühner, Tauben noch Hunde, noch irgendeine lebendige Seele gewahr wird. Er fragte mich, ob ich nicht französisch lernen wolle? Wenn ich Zeit dazu habe, gab ich ihm zur Antwort. Warum lernen auch die Monsieurs nicht deutsch? Ich sollte des Kaisers Schwester sein! Auch Frauenzimmer waren da, alle übertüncht, bemalt und gefirnißt. – Ich habe noch nicht ein echtes Fleckchen Weiberhaut gesehen. Wenn ich hier heiraten sollte, so würde ich die Braut durch Lauge ziehen, um zu sehen, ob sie Farbe hielte.

Nach dem Tisch gab es doch einen Schnaps, aber in Gläsern, wie Fingerhüte. Ich bat mir ein Trinkglas voll aus, darüber lachten die Affen.

Hier trägt der Kutscher einen Haarbeutel, und der Herr fährt ungekämmt Visiten. Flohcouleur ist jetzt die Leibfarbe; kommt wohl die Reihe auch an das andere Ungeziefer.

Paris, den 1. August 1777.

De l'empire libre haut et bien né Monsieur!
Haut ordonnant et gracieux Seigneur Père!

Nun hab ich endlich Ihren rechten Titel rein französisch herausgebracht, und hat mich auf Ehre Mühe gekostet, alles aus dem Wörterbuch zusammen zu finden, denn die Franzosen sind nur kahle Monsiers, und was Reichs-, Frei-, Hochwohlgeborene für Ihrse sind, begreift ihrer keiner. Ihro Gnaden sehen hieraus, daß ich mitunter die Sprache treibe, ohne meine Muttersprache zu vergessen, wie das einigen von meinen Landsleuten in drei Monaten begegnet ist.

Würden doch das Lachen nicht halten, wenn Sie mich in meinem Aufzug erblickten. Sie haben mich in eine kurze Jacke gesteckt, in der alle meine Glieder wieder fest-

Bernardo Belotto: Ansicht der Dresdner Altstadt mit Elbbrücke im 18. Jahrhundert

quellen; darunter wird ein Wams getragen, heißt Henri quatre, mit einer Quaste auf der Brust, die einer Schafglocke ähnlich sieht.

Michel wird hier krank und mager. Ihm will die dünne Kost nicht gedeihen, und er sieht aus, als wenn er sich mit lauter Fröschen gefüttert hätte. Dazu hat er sein Unschlittsgesicht in ein paar weißgepuderte Locken gesteckt, daß er erbärmlich anzusehen ist.

Heute ging ich durch eine von ihren Rues, heißen Straßen bei uns, und fand da in einer Bude ein paar Kupferstiche, die ich für Euer Gnaden übersende. Eines ist der König von Frankreich, das andere, das mir in seiner Art besser gefällt, stellt eine Mißgeburt dar.

Ich halte mir auch einen Tanzmeister hier. Er ist wohl mit mir zufrieden und versichert, daß kein Franzose so viel Kraft in den Knochen hat, um, wie er es nennt, ein à plomb zu machen, oder, deutsch zu reden, auf einem Bein zu stehen. Der Kerl ließ sich gelüsten, mich fest zu schrauben, um mir die Füße auswärts zu drehen, aber da ließ ich ihn übel anlaufen, und wir sind nun einig geworden, daß es bei der Natur bleibt. Hin und wieder sehe ich auch etwas, das einem Nutzen bringt. Gestern bin ich in der Bastille gewesen, und morgen will ich das große Tollhaus besuchen.

Von der Nation wollen Sie allerlei wissen?

Alle Franzosen sind schwarz und hager, nehmen ewig Schnupftobak, schwatzen unaufhörlich und hören nie zu, lachen sich satt und fressen sich hungrig. Alle Fremden grinsen sie an; alle fragen sie aus, als wenn sie über den Katechismus verhörten. Von ihren Sitten wäre manches zu sagen; hier ist das hauptsächlichste: ein Franzose braucht mehr Puder als wir, salbt und badet sich mit Riechereien und erspart es wieder am Wein. In ihrer Dienerstube müssen ihre Gäste essen, ihre Krebse werden kalt aufgetragen, ihre Messer sind stumpf und unsere Hühnerleiter ist reiner als ihre Treppen.

Seit ein paar Tagen bin ich mit dem Grafen Nivello, einem freundlichen Italiener, bekannt, der zwar nicht das reinste Deutsch, aber doch vornehmlich spricht, ungefähr wie ein Mausefallenkrämer.

Gnädiger Herr Papa!

Nun auf immer gute Nacht, vermaledeites Paris! Gestern war für mich ein unglücklicher Tag, und ich danke schönstens für die übersandten 200 Louisdors, aber ich will alles von vorn erzählen. Mein bester Freund, der Graf Nivello, half mir den Wechsler finden, den ich sonst nicht ausgefragt hätte. Ich erhielt mein Geld, und der Graf trug mir ein Souper oder Abendessen in einem vornehmen Hause von seiner Bekanntschaft an. Wir fanden dort eine ältliche Dame und ein paar allerliebste Nichten, die niedlichsten Dinger von der Welt, frisch wie ein paar Borsdorfer Äpfel, leicht auf den Füßen wie Tänzerinnen, und munter wie die Kanarienvögel. Hier war mein Name nicht fremd; sie wußten unsere Güter und auch das Regiment zu nennen, wo Euer Gnaden als Hauptmann gedient haben, denn, wie sie sagen, Leute von Stand kennen sich durch die ganze Welt. Mir war herrlich zumute. Ich gefiel den Fräulein nicht übel, und in einer halben Stunde war ich wie ein Pudel bekannt. Eine spielte Zither, und, so wahr ich ehrlich bin, sang ein deutsches Lied dazu. Huch! da ging mir das Herz auf. Es ist doch was Stolzes um die deutsche Sprache, rauscht so vornehm durch die Gurgel und gellt kräftiger und voller ins Ohr, als das französische Nasengeleier. Außerdem brachten sie mir echten alten Rheinwein zu. Selbst der Pastor hätte sich da nicht gehalten. Ich trank etwas über die Schnur, und nun fällt einer von den Hexen ein dummes Spiel, Basette genannt, ein. Man hatte mich aber vor den Karten gewarnt, und so wandte ich ein, daß ich kein Spiel, als höchstens Pasch, verstünde. Flugs zieht der italienische Graf, der mir alles, was ich wünsche, an den Augen absieht, drei Würfel aus der Tasche, die wohl in der Hölle gedrechselt sind, denn es war an keinen Treffer zu denken; die Louisdors flogen wie Staub; in einer Stunde war keine Art davon übrig. Mir war das Heulen nahe; denn es betrug doch einen ganzen Holländerpacht, und es gehört manche Tonne Butter dazu; aber ich habe mich bei vornehmen Leuten zwingen gelernt. Die guten Mädchen bedauerten mich. Eine gab mir ihren Ring vom Finger, um ihn zum Andenken zu tragen; da hätt' ich nun bald in der Verwirrung ein großes Versehen begangen und ihr nichts wiedergegeben. Der Graf Nivello raunte mir ins Ohr, daß es meine Uhr sein müßte. Laß sie springen, dachte ich. Hart ging sie mir freilich ab, aber man soll in Frankreich nicht erzählen, daß Junker Fritz nicht zu leben weiß.

Nun war mir das Land äußerst zuwider, das mir schon in der ersten Stunde mißfiel, und was ist auch unter Katholiken und Papisten für einen jungen Edelmann zu tun? Ich entschloß mich also, nach Hause zu reisen; aber woher die Rechnung im Hotel bezahlen? Hier half mir wieder die ehrliche Haut vom Grafen aus der Not. Einer seiner Bekannten kaufte mir all meinen welschen Flitterkram, die verbrämten und verschnittenen Kleider, Spitzen, Riechflaschen, Etuis und Tobaksdosen ab. Freilich verlor ich achtzig am Hundert, aber in vierzehn Tagen ist hier alles aus der Mode, und kaum mehr des Wegschenkens wert. Ich ziehe Michels Überrock an, und für mein Patengeschenk, das mir Mama in der Sparbüchse mitgab, denke ich die ordinäre Post zu bezahlen.

Ein anderer hätte sich nicht so gut aus dem verwirrten Handel gezogen. Ich habe nun die Welt näher kennen gelernt, und bringe, wenigstens im Kopfe, viel Neues für die Unkosten zurück. Nun ist es Zeit, meinem Vaterlande zu dienen, und Euer Gnaden zum Großpapa zu machen.

Das Gerücht geht, daß der junge Herr seit seiner Zurückkunft im nahe gelegenen Städtchen den Ton angibt und auf würdige Männer stolz herabsieht, weil sie die große Welt nicht kennen. Es ist freilich angenehm genug, durch angeborene Talente und mit Hilfe einiger Holländerpachten sich in der Fremde so schleunig zu bilden, wie Herr von Hunter; aber Bescheidenheit kleidet auch bei Verdiensten und mäßigt den Haß, der immer blendende Gaben verfolgt.

Auf einer kleinen Bühne kann man füglich ein à plomb [nachdrücklichen Effekt] im neuesten Geschmack entbehren; und wer bedarf des Scharfsinns immer, womit der junge Herr sich in dem Rocke seines Dieners aus dem verwickelten Handel zog? Allgemeiner Menschenverstand führt uns gemächlicher durchs Leben.

ARMAND LOUIS DE GONTAUT, DUC DE BIRON ET DE LAUZUN 1747-1793

PARISER GESPRÄCHE
ODER DIE LIEBE IN DER GUTEN GESELLSCHAFT

PERSONEN
Die Szene ist bei der Vicomtesse de Sénanges
Vicomte von Sénanges
Graf von Marsal, früherer Geliebter der Vicomtesse
Marquis von Mirville, der neue Geliebte der Vicomtesse
Herzog von Longueville
Marquis von Crécy, Großvater der Vicomtesse
Kommandant von Reynelle, Marineoffizier, Onkel der Vicomtesse
Herr Weyrauch, Major des Regiments des Marquis von Mirville
Herr Campana, Maler
Abbé des Gautières
Dubois, Kammerdiener der Vicomtesse, Emilies Bruder
La Fleur, Lakai der Vicomtesse
Dubourg, Haushofmeister des Marquis von Crécy
Vicomtesse von Sénanges
Madame de Rufée, Betschwester, Freundin der Mutter der Madame von Sénanges
Prinzessin von Luts
Frau von Siry, intime Freundin der Madame de Sénanges
Frau von Kell, frühere Geliebte des Marquis
Fräulein Bertin, Modistin
Emilie, Kammerfrau der Vicomtesse

ERSTER AKT
Toilettenzimmer der Vicomtesse de Sénanges neben dem Schlafzimmer.

ERSTE SZENE
Emilie, Dubois.

EMILIE. Wirklich, lieber Bruder, ich möchte, daß du Madame ebenso schön frisierst, wie du mich heute morgen frisiert hast; keine dreiviertel Stunde hat es gedauert, und ich sehe prächtig aus.

DUBOIS. So zum ersten Male habe ich Angst, denn ich weiß nicht, ob es mir gelingen wird; aber ich versichere dich, ich werde mein Bestes versuchen. Es liegt mir sehr viel daran, daß Madame la Vicomtesse mit mir zufrieden ist und daß ich ihr zusage. Ich

Joulin nach einem Gemälde von Watteau: Die Freuden des Sommers

sehe die Vorteile, in demselben Hause zu dienen wie du, ein, und will sie mir durch mein Betragen erringen.

EMILIE. Das wird nicht schwer sein, denn Madame ist gut und freigebig; sie ist hie und da launisch, aber welch schöne Frau hat keine Launen? Sie ist zum Beispiel oft pressiert; und eine schöne Frau, die es eilig hat, ist für ihre Umgebung immer unausstehlich.

DUBOIS. Man beeilt sich eben; und dann kommt das ja auch nicht alle Tage vor.

EMILIE. Weißt du, daß Madame die gesuchteste Frau von Paris ist; und abgesehen von all den Beschäftigungen, die das mit sich bringt, hat sie ein prachtvolles Talent zum Tändeln.

DUBOIS. Was nennst du tändeln?

EMILIE. Also, das heißt, zwei Stunden sitzen und nichts tun, und dann in einer halben Stunde das tun wollen, wozu man zwei Stunden nötig hätte.

DUBOIS. Das verstehe ich nicht; es scheint mir nicht viel Sinn zu haben.

EMILIE. Verstand hat es keinen, aber leicht ist es auch nicht. In weniger als sechs Monaten wirst du das vollkommen begriffen haben.

DUBOIS. Nun sag mir, ich bitte dich, wie lebt sie mit ihrem Mann?

EMILIE. Oh, gegenwärtig sehr gut; er ist ein wenig pedantisch, aber er ist ehrgeizig; sie hat sehr viele Freunde; sie gehen nicht in dieselben Gesellschaften, sie sehen sich sehr selten und leben sehr anständig zusammen.

DUBOIS. Sie hat also Geliebte?

EMILIE. Ich kann nicht sagen, daß sie gegenwärtig einen hat; für einen Geliebten braucht man viel Zeit, und ich weiß nicht, wo sie die hernehmen soll; mit Schlittenfahrten, Gängen und Jagden im Bois de Boulogne ist der Tag ausgefüllt ... aber da kommt der Herr!

ZWEITE SZENE
Herr v. Sénanges, Emilie, Dubois.

HERR V. SÉNANGES. Guten Morgen, Mademoiselle; ist Madame von Sénanges schon aufgestanden?

EMILIE. Sie hat noch nicht geläutet, – will der gnädige Herr, daß ich hineingehe?

HERR V. SÉNANGES. Ist sie spät zu Bett?

EMILIE. Ich weiß nicht. Fräulein le Brun hat Madame zu Bett gebracht; aber ich glaube es, denn sie sagte gestern abend beim Fortgehen, sie würde im Palais Royal zu Abend essen.

HERR V. SÉNANGES. Lassen Sie sie schlafen, Emilie; sagen Sie ihr nur, daß wir acht Tage lang Trauer haben, für Madame de Saucourt, und daß sie meine Mutter besuchen möchte, die krank ist. Ich gehe nach Versailles. Ich werde morgen oder übermorgen zurück sein. – Wer ist der Herr?

EMILIE. Kein Herr. Es ist mein Bruder, welchen Madame als Diener und Coiffeur engagiert hat. Ich wollte ihn schon heute früh dem gnädigen Herrn vorstellen, aber er war beschäftigt. – Wie finden der gnädige Herr meine Frisur?

HERR V. SÉNANGES. Nicht schlecht, aber zu hoch gesteckt.

EMILIE. Das wird Madame nicht mißfallen.

HERR V. SÉNANGES. Ich weiß. Sie würde jedoch zehnmal besser aussehn, wenn sie sich wie jede andere frisieren würde; ich weiß nicht, welches Vergnügen sie daran findet, sich so zu entstellen. Ich muß nach Versailles. *(Ab.)*

DRITTE SZENE
Emilie, Dubois.

DUBOIS. Als Vertraute der Gnädigen scheinst du mit dem Herrn nicht schlecht zu stehen.

EMILIE. Ich könnte sogar noch besser stehn, wenn ich wollte, aber ich bin ihre Dienerin.

DUBOIS. Während sie schläft, führ mich ein wenig ins Hauswesen ein, damit ich nicht zu viel falsch mache. Ist jetzt einer im Haus der Liebhaber?

EMILIE. Einer? Jeder selbstverständlich.

DUBOIS. Ich verstehe, aber einer davon muß doch der Bevorzugte sein.

EMILIE. Im Gegenteil.

DUBOIS. Ich versteh' dich nicht.

EMILIE. Weil du keine Übung hast! Ich werde es dir erklären. Wir hatten letztes Jahr einen Geliebten. Der beste Kolonel der Armee. Er ging sich die Manöver des Königs von Preußen ansehn, und wir blieben bei den Truppen der Heimat.

DUBOIS. Wie?

EMILIE. Mein Gott, bist du dumm! Während er auf der einen Seite sein Handwerk lernte, wurde es ihm auf der anderen Seite gelehrt. Der Graf von Marsal beging die Unvorsichtigkeit, ein bißchen zu viel Schlechtes über einen liebenswürdigen Mann zu sagen, vor seiner Abreise. Er sagte, dem wäre nichts heilig. Wir sind ihm nichts schuldig geblieben und haben ihn mit Verachtung behandelt: das hinderte nicht, auf ihn neugierig zu werden. Ein Mann, dem nichts heilig ist, ist nicht gefährlich. Man ist versucht zu erfahren, wessen er noch fähig ist. Herr von Mirville war überall zu sehen, und er tat, als wenn nichts vorgefallen wäre, ... eine Erklärung auf dem Opernball ... ein Mann von Geist und Grazie ist nie im Unrecht, wenn er sich erklärt. Kurz, seit einem Monat ist es aus, und wir warten nur auf den Moment, abzuschließen. Aber, um es bei Madame nicht zu verderben, muß man sehr exakt sein. Nicht, daß sie an ihm keinen Gefallen gefunden hätte. Aber es liegt nicht in unserem Charakter, nur dem zu entsagen, was uns am wenigsten gefällt. Was uns jetzt in Verlegenheit setzt, ist, daß Herr von Marsal zurückgekommen ist. Er zählte zu jenen Männern, welche sich immer gut benehmen und denen man nie etwas vorwerfen kann. Die Welt hat eben viele Freunde, denen man unmöglich den Abschied geben kann; und man kann auch nicht hoffen, daß sie ihn nehmen. Man geht ihnen wohl aus dem Weg, aber sie haben eben nichts zu tun, und zum Schluß kommen sie doch immer wieder.

VIERTE SZENE
La Fleur, Emilie, Dubois.

LA FLEUR. Fräulein Emilie, der Graf von Marsal ist da. Der Schweizer sagte ihm, daß Madame nicht empfängt, daß sie schläft. Ich sagte ihm, daß Sie schon längst auf und angezogen sind, und er will Sie sprechen.

EMILIE. Was hast du den Leuten zu sagen, wann ich aufstehe! ... Wenn Madame schläft, bin ich nie wach.

LA FLEUR. Verflucht, Fräulein, man kann das doch nicht erraten, wenn man es nicht gesagt bekommt.

EMILIE. Laß halt den Herrn von Marsal kommen.

FÜNFTE SZENE
Herr v. Marsal, Emilie, Dubois.

MARSAL *(indem er Emilie küßt).* Guten Morgen, meine liebe Emilie. Ich bin entzückt, Sie zu sehn. Ich bin schon zehnmal dagewesen, ohne die Komtesse zu treffen. Wir haben gestern abend glücklich zusammen im Palais Royal gespeist, und sie lud mich auf heute vormittag ein. Ihr Schweizer sagte mir, daß sie noch nicht aufgewacht wäre, und Sie auch nicht, und ohne La Fleur hätte ich weder die eine noch die andere zu sehen bekommen.

EMILIE. Ich bin La Fleur für seine Intelligenz verpflichtet, Herr Graf. Es ist wahr, Madame ist noch nicht auf. Ich beabsichtige erst nach dem Diner zu ihr hineinzugehen, denn sie fühlt sich nicht ganz wohl. Sie hat so schwache Nerven! Ich glaube, Sie werden besser daran tun, erst heute abend wiederzukommen. Allem Anschein nach geht sie heute abend nicht aus.

MARSAL. Wenn das so ist, dann geben Sie mir bitte etwas zum Schreiben.

EMILIE. Hier ist alles, was Sie zum Schreiben brauchen. Der Herr Graf scheint mir bei bester Gesundheit zu sein; hat er eine gute Reise gehabt? Obschon sie etwas lang war.

MARSAL *(schreibend)*. Ihnen sehr verbunden. Ich befinde mich sehr wohl und habe allen Grund, mit meiner Reise zufrieden zu sein.

EMILIE *(für sich)*. Nur, daß er zu früh zurückkam.

(Der Graf schreibt weiter.)

(Zu Dubois.) Wenn er so viel schreibt, wird sie es überhaupt nicht lesen.

MARSAL. Wollen Sie ihr dieses Billett übergeben, wenn sie aufwacht, meine liebe Emilie?

EMILIE. Ich werde es nicht vergessen, Herr Graf.

SECHSTE SZENE
Emilie, Dubois.

DUBOIS. Ein schöner Mann.

EMILIE. Und ein Mann von Verdienst. Man hat meiner Herrin zu viel Gutes von ihm erzählt. Seine Familie hat ihn ihr beinahe wie einen Gatten übergeben. Ein Schatz bei großen Gelegenheiten: er reißt sich in Stücke für seine Freunde. Aber so für den Tag und für eine Frau, die nicht auf große Ereignisse eingestellt ist: da ist es nicht schwer, bessere zu finden.

SIEBENTE SZENE
Marquis von Mirville, La Fleur, Dubois, Emilie.

LA FLEUR. Fräulein, der Herr sagt, daß Sie nicht schlafen, weil Sie am Fenster stehen; er sagt nur immer: »Sehr wohl«, und hier ist er.

HERR V. MIRVILLE. Wie schön Sie doch sind, Fräulein Emilie!

EMILIE. Aber Herr Marquis! Madame schläft noch.

HERR V. MIRVILLE. Aber irgendwann wird sie wohl erwachen, nicht wahr?

EMILIE. Das ist zu hoffen. Aber Gott weiß, wann: sie hat mir verboten einzutreten, bevor sie läutet.

V. MIRVILLE. Was könnte man nur tun, damit sie läutet?

EMILIE. Ich weiß nicht.

V. MIRVILLE. Ich wette, sie schläft nicht.

(Es läutet.)

EMILIE. Sie haben recht, denn nun läutet sie.

Im Schlafzimmer der Vicomtesse. Vicomtesse, Emilie.

EMILIE. Haben Madame gut geschlafen?
VICOMTESSE. Nein, ich habe die ganze Nacht geträumt.
EMILIE. Der gnädige Herr hat mir aufgetragen, Madame zu sagen, daß sie auf acht Tage Trauer habe für eine Dame, deren Namen ich nicht mehr weiß.
VICOMTESSE. Ich bin glücklich, daß sie mich zu ihren Lebzeiten nicht dazu verpflichtet hat. Habe ich ein schwarzes Kleid?
EMILIE. Madame hat nur das Hermelinkleid.
VICOMTESSE. Genauso gut könntest du mir vorschlagen, ich solle in großer Toilette gehen.
EMILIE. Der Herr läßt noch sagen, Madame möchte zu seiner Mutter gehen, die krank ist.
VICOMTESSE. Ich gehe nach der Oper zu ihr.
EMILIE. Herr von Mirville wartet.
VICOMTESSE. Laß ihn hereinkommen. – Ich muß mit seiner Börse zu Ende kommen.

NEUNTE SZENE
Herr v. Mirville, Vicomtesse, Emilie.

VICOMTESSE. Nun, Marquis, was haben Sie gestern bei Herrn von Genlis gemacht? Hat Ihnen mein Geld Glück gebracht?
MIRVILLE. So, so. Ich habe zwölfhundert Louis verloren; ich war aber um drei Uhr im Bett.
VICOMTESSE. Sie hatten mir doch versprochen, daß Sie nur hundert verlieren würden; zwölfhundert ist zu viel.
MIRVILLE. Es war Ihre Schuld. Sie wollten mich nicht im Palais Royal soupieren lassen.
VICOMTESSE. Seit drei Monaten haben Sie nicht ohne mich dort gespeist; und ich will nicht, daß man sagt, daß Sie mir überall nachlaufen.
MIRVILLE. Wenn ich Ihnen nachlaufe, so doch mit nur geringem Erfolg; denn ich bin der Mann der Gesellschaft, den Sie am wenigsten sehen. Ich werde abreisen mit der Überzeugung, daß Sie mich nicht lieben.
VICOMTESSE. Ich werde vielleicht etwas Besseres tun. *(Sie gibt ihm die Hand.)* Ich glaube es jedoch nicht.
EMILIE. Ich vergaß den Brief von Herrn von Marsal.
MIRVILLE. Geben Sie acht, er ist vielleicht drinnen.
VICOMTESSE. Das scheint ernst zu sein. *(Liest.)* »Wenn ich eine weniger gute Meinung von Ihnen hätte, meine liebe Vicomtesse, würde mich Ihr Betragen beunruhigen; ich kann mir aber nicht vorstellen, daß Sie schlecht sein wollen gegen einen Mann, der Sie innig liebt und das nicht verdient; und die Achtung, die er stets beobachtete ...«
MIRVILLE. Halten wir uns an die Achtung. Der Brief ist ein Dokument. Aber die Zeit vergeht, und ich habe Ihnen tausend wichtige Dinge zu erzählen.
VICOMTESSE. Lassen Sie mich Herrn von Marsal antworten, den ich bei all meinen Verwandten treffen kann; ich würde nie damit fertig werden. *(Sie läutet.)* La Fleur, mein Schreibzeug. *(Schreibt.)* »Ich bin sehr betrübt, mein lieber Graf, Sie heute früh nicht gesehen zu haben; ich hoffe, Sie werden mich heute abend dafür entschädigen, und daß Sie an meiner zärtlichen Freundschaft nie zweifeln; wir werden uns in aller Freiheit unterhalten können.« Trag das sofort zu Herrn von Marsal.

MIRVILLE. Ich setze keine Memoire auf wie Marsal, bin aber auch nicht viel zu-friedener; und doch benehme ich mich besser. Aus Angst, Sie zu kompromittieren, will ich nicht, daß man uns zuviel zusammen sehe. Sie haben mir verboten, in dem-selben Hause zu speisen wie Sie, und deshalb sah ich mich auf einmal aus halb Paris verdrängt. Als Preis für meine Vorsicht versprachen Sie mir tausend Möglichkeiten, Sie allein zu sehen; aber zu welcher Stunde es auch immer sei, in der ich komme, betrachtet Ihr Schweizer mein Erscheinen als Zeichen, alle Passanten ebenfalls herein-zulassen. Sie können sich nicht entschließen, denen Ihre Tür verbieten zu lassen, und so bin ich bei Ihnen immer wie in einer großen Loge; seit vierzehn Tagen sind wir keine zehn Minuten allein gewesen. Mit einer solchen Geliebten kann man als Jung-frau und Märtyrer sterben.

VICOMTESSE. Ich gebe das zu, mein Freund, und bitte Sie um Verzeihung, obwohl es nicht meine Schuld ist. Glauben Sie, ich bin nicht ebenso betrübt darüber wie Sie? Und wenn es möglich war, waren Sie nicht zufrieden mit mir? Wie ich mich Ihnen gegeben habe – haben Sie das vergessen? Zeigte ich Ihnen eine dieser kleinen Falsch-heiten und Grimassen, die man bei allen Frauen erwartet und zu denen sie durch den Leichtsinn der Männer berechtigt sind? Ich mache mir oft Vorwürfe über das, was ich getan habe, ich bereue es aber nicht, wenn Sie das glücklich macht. Seien Sie vernünftig, wenn Sie mich lieben. Die Zeit wird uns mehr Recht auf Freiheit bringen. Ich kann gegenwärtig nichts in meiner Lebensart ändern, ohne alles aufzudecken und mich der Öffentlichkeit und meinen Verwandten preiszugeben; meine Zerstreutheit, meine für jedermann offenen Türen stellen mich vor Spionage, vor Szenen und all die kleinen Miseren, denen eine junge verdächtigte Frau ausgesetzt ist. Lassen Sie mir Gerechtigkeit widerfahren, mein lieber Mirville, – wenn ich eine Liste führte, könnte ich Sie darauf sehen?

MIRVILLE. Nein ... aber statt all diesem ... *(er küßt sie.)*

VICOMTESSE. Geben Sie doch acht, meine Dienerschaft ist nebenan.

MIRVILLE. Und ich habe noch einen gewichtigen Grund, mich über Sie zu beklagen. Ihr Porträt zum Beispiel; ich verlangte es tagtäglich. Ich sehe, daß es gemacht wird, ich setze mich seit einem Monat der Langweile mit Herrn Campana aus, hoffe, es wird für mich sein, und Sie schicken es einer Tante, die Äbtissin ist, und die Ihnen Pflaumen schenkt.

VICOMTESSE. Glauben Sie, daß meine Tante Äbtissin mir raten würde, mein Bild einem Wüstling wie Ihnen zu geben?

MIRVILLE. Einem Wüstling wie mir? Ein solcher Wüstling ist vernünftiger, als man denkt; der setzt keine schlechten Procédés hinter große Worte und hat nur die Frauen zu Feinden, die er nicht besessen hat.

VICOMTESSE. Wenn alle die ihn verteidigen würden, denen er angehört hat, würde er eine Armee besitzen.

MIRVILLE. Solch ein Kind sind Sie, daß Sie so was sagen? Das geht doch mehr gegen die Frauen als gegen mich! Wenn keine sich beklagt, bin ich nicht im Unrecht: man weiß ja, daß die verlassenen Frauen nicht duldsam sind; und Sie haben mich also verlassen; ich nahm die Sache wohlwollend auf; ich war also weder ein Wüstling, noch war ich unbeständig.

VICOMTESSE. Sie werden sehen, daß zum Beispiel Frau von Valbonne sich nicht über Sie beklagt.

MIRVILLE *(ihr Brusttuch verschiebend)*. Darauf wird mir nicht schwer zu antworten.

VICOMTESSE. Was machen Sie denn?

MIRVILLE. Lassen Sie mich Sie hier küssen.

VICOMTESSE. Nein, pfui.

MIRVILLE. Ich bitte darum.

VICOMTESSE. Sie sehen doch, Emilie kommt. *(Emilie öffnet die Türe.)*

Tarieu nach einem Gemälde von Lancret: Der Herbst

ZEHNTE SZENE
Fräulein Bertin, Emilie, die Vorigen.

EMILIE. Madame, hier ist Fräulein Bertin.

VICOMTESSE. Wie geht es Ihnen, liebes Fräulein Bertin? Ich bin entzückt, Sie zu sehen.

FRL. BERTIN. Madame la Vicomtesse ist zu gütig. Ich bringe das fertige Häubchen und Ihre Circassienne.

VICOMTESSE. Sie sind reizend ... und was ist das?

FRL. BERTIN. Das ist ein Hut, den allein ich für Sie gemacht habe.

VICOMTESSE. Ich will ihn aber nicht; ich habe mich wegen lauter Hüten ruiniert diesen Monat.

FRL. BERTIN. Sehen Sie ihn doch wenigstens an; setzen Sie ihn zwei- oder dreimal auf und geben Sie ihn mir zurück; ich weiß, mindestens zwanzig Frauen werden ihn dann haben wollen.

MIRVILLE. Und zu mir, Fräulein Bertin, sagen Sie gar nichts? Warum so stolz?

FRL. BERTIN. Ich bitte um Verzeihung, Herr Marquis; ich hatte nicht die Ehre, Sie zu sehen. Überreden Sie doch Madame la Vicomtesse, meinen Hut zu probieren, sie wird entzückend darin aussehen.

MIRVILLE. Finden Sie sie denn nicht schön ohne Hut?

FRL. BERTIN. Oh, Herr Marquis, ich dachte nicht, daß Sie so schlimm wären; aber Madame la Vicomtesse wird Ihnen nicht glauben; sie weiß, daß ich alles für sie tue: sie ist meine Beschützerin, sie macht mein Vermögen; es genügt, daß sie eine Sache trägt, und die wird Mode ... *(halblaut)* sie ist so schön, so gut gewachsen und hat so viel Grazie!

VICOMTESSE. Ich bin Ihnen viel Geld schuldig, Fräulein Bertin.

FRL. BERTIN. Ich verlange ja nichts von Ihnen. Tragen Sie als erstes alles, was ich mache; das ist es, was ich von Ihnen verlange. Ich kann warten. Wollen Sie, daß ich Ihnen Ihre Circassienne und den Hut anprobiere?

VICOMTESSE. Gerne. Herr von Mirville, drehen Sie sich um. Was haben Sie in dieser Schachtel, Fräulein Bertin?

FRL. BERTIN. Das Kleid der Königin für heute abend.

VICOMTESSE. Und das?

FRL. BERTIN. Das ist ein Kragen wie der, dessen Muster Sie mir gaben; ich habe über fünfzig davon gemacht in dieser Woche.

MIRVILLE. Was Fräulein Bertin für einen schönen Fuß und für schöne Beine hat.

FRL. BERTIN. Bitte, keine schlechten Scherze, Herr Marquis.

VICOMTESSE. Herr von Mirville, schauen Sie nicht her und fahren Sie in der Geschichte fort, die Sie zu erzählen angefangen hatten, als Fräulein Bertin eintrat. Nennen Sie aber bitte wenigstens keine Namen.

MIRVILLE. Also, der besprochene Wüstling hat etwas Blutiges erlebt, von einer Dame, die Sie kennen.

VICOMTESSE. Wer ist es? Sagen Sie es leise. *(Er spricht leise zu ihr.)* Ach ja, wie dumm ich bin.

MIRVILLE. Er hatte sich mit den sensiblen Frauen zerstritten; er hielt sich an ein kleines weißes Mädchen, sanft und dumm, das ihm vollständig genügte. Unsere Vestalin findet ihn in Chantilly, scherzt mit ihm und kommt ihm entgegen, worauf er nicht antwortet. Ich weiß nicht mehr – Sie erinnern sich vielleicht – eines Tages beim Fest für Sylvia, es ist zwei Jahre her, kam eine Erklärung in aller Form, und alles arrangierte sich. Er behielt sie den ganzen Winter hindurch aus purer Herzensgüte, denn er hätte Besseres tun können, oder auch: er konnte nichts Schlimmeres tun; er verließ sie, als er zu seinem Regiment reiste. Als er aber zurück kam, fand er, daß sie ihm viel Schlechtes angetan hatte – hätte er nicht über hundert Briefe von ihr gehabt, der eine lächerlicher und schlechter geschrieben als der andere.

VICOMTESSE. Oh, das abscheuliche Geschöpf! Von all dem wußte ich kein Wort!

MIRVILLE. Und trotzdem verurteilten Sie den Mann schon!

FRL. BERTIN. Ich bin fertig. Sind Madame la Vicomtesse zufrieden?

VICOMTESSE. Glänzend.

FRL. BERTIN. Ich muß eilen, denn die Königin hat mir gesagt, ich solle frühzeitig in Versailles sein: sie zieht sich gleich nach dem Diner an.

Mirville, die Vicomtesse.

MIRVILLE. Gott sei Dank, endlich ist meine Freundin Bertin fort. Wir wollen rasch etwas ausmachen. Ein Rendezvous und das Porträt.

VICOMTESSE. Ein Rendezvous, das wäre doch jetzt: wenn nun eine halbe Stunde lang niemand kommt, sind wir frei bis zum Diner. Mein Porträt, von Herzen gerne. Aber wie kann ich mich malen lassen, ohne zu sagen, für wen? Das bringt mich in Ungelegenheit. Ich will sehen, ob mein Vater jenes noch hat, das ich ihm für meine Tante gab, und ich werde es unter einem Vorwand zurücknehmen und kopieren lassen.

MIRVILLE. Eine andere Möglichkeit: Marsal hat Ihr Porträt. Sie werden sich mit ihm verzanken, er wird es Ihnen zurückgeben, und Sie geben es mir.

VICOMTESSE. Ich möchte doch vermeiden, gänzlich mit ihm zu brechen. Außerdem bin ich fest davon überzeugt, daß er es mir nie wiedergeben wird.

MIRVILLE. Wenn alles zwischen Ihnen und ihm aus ist, werde ich mit ihm darum spielen gegen eine Karte von Gibraltar, die mir mein Onkel schenkte.

VICOMTESSE. Das heißt mir wirklich viel Ehre erweisen ... Hier ist mein Großpapa, gehen Sie nicht, er bleibt nicht lange. Rufen Sie wenigstens Dubois, damit er uns nicht allein findet.

MIRVILLE. Der Großpapa, der immer sagt: ein Wort für hundert? Dubois, Dubois! *(Dubois kommt.)*

VICOMTESSE. Schnell, Dubois, machen Sie mir das Haar.

DUBOIS. Ich bin bereit, Madame.

VICOMTESSE. Bitte, Marquis, machen Sie Großpapa nicht lächerlich.

MIRVILLE. Ich? Von der ganzen Familie liebe ich ihn am meisten.

ZWÖLFTE SZENE
Marquis von Crécy, Mirville, Vicomtesse, Dubois, Emilie.

MARQUIS *(der taub ist, spricht sehr laut)*. Ah, endlich sind Sie aufgestanden, Frau Langschläferin. Ein Wort für hundert, ich glaubte, Sie würden nie mehr aufwachen.

VICOMTESSE. Es ist doch nicht spät.

MARQUIS. Wie?

VICOMTESSE. Es ist nicht spät!

MARQUIS. Zwischen Ihnen, die Sie jung sind, und mir ist ein Unterschied. Ein Wort für hundert, ich war schon in der Messe, spazieren auf dem Quai, und seit einer Stunde bin ich zurück.

VICOMTESSE. Das kommt daher, lieber Papa, weil du so früh schlafen gehst.

MARQUIS. Das bringt Glück. Sie würden sich wohler fühlen, wenn Sie nicht die Nächte draußen verbrächten. Hat Ihnen Ihr Gatte gesagt, daß Sie drei Wochen lang Trauer haben für Madame de Saucour?

VICOMTESSE. Nein, guter Papa, er sprach nur von acht Tagen.

MARQUIS. Wie?

VICOMTESSE. Ich sagte, lieber Papa, Herr von Sénanges sprach nur von acht Tagen.

MARQUIS. Das kann man leicht herausfinden: sie war ein Fräulein de Tonins, Tochter eines Ferval, die in erster Ehe ein Marquis de Bon geheiratet hat, dessen Vater in Malplaquet getötet wurde, und der in zweiter Ehe die Schwester aus der ersten Ehe meines Großvaters geheiratet hat.

VICOMTESSE. Mein guter Papa, was hat ihr das eingebracht?

MARQUIS. Sie war schön gewesen, einst, zuletzt nicht mehr. Ein Wort für hundert, sie war beinahe achtzig Jahre alt.

VICOMTESSE. Herr von Mirville, wollen Sie mir meine Schachtel geben?

MARQUIS. Mein Herr von Mirville, ich bitte tausendmal um Verzeihung, ich sah nicht, daß ich vor Ihnen stand.

MIRVILLE. Sie machen sich über mich lustig, Herr Marquis, ich bitte Sie, mich gar nicht zu sehen.

VICOMTESSE. Machen Sie Herrn von Mirville keine Komplimente, Großpapa.

MARQUIS *(steht auf)*. Ich war Ihrem Herrn Onkel sehr verbunden; ich kaufte von ihm meine Kompanie Kavallerie in Vermandois, das war 14; er erwies mir die Freundschaft, gleichzeitig ein Pferd für 35 Pistolen zu verkaufen, das wurde unter mir getötet, das war 17, als ich ...

DUBOURG *(alter Maitre-d'hotel)*. Herr Marquis, es ist serviert.

MARQUIS. Ich komme, Dubourg ... ich gehe meine Nudelsuppe essen. Ich küsse Ihnen die Hände. *(Geht.)*

MIRVILLE. Ohne Herrn Dubourg, glaube ich, hätte ich Trauer wegen des Pferdes anlegen müssen. Noch ein Besuch, und ich bin verloren ... denn ich reise übermorgen ab.

VICOMTESSE. Wieso übermorgen?

MIRVILLE. Muß ich nicht zur Neubildung meines Regiments gehen?

VICOMTESSE. Was heißt Neubildung?

MIRVILLE. Ich muß Ihnen das erklären? ... Bitte, fragen Sie doch Marsal. Er kann Ihnen das an den Fingern herzählen. Das ist vielleicht das einzige Mittel, eine Erklärung zu vermeiden.

DREIZEHNTE SZENE
La Fleur, Madame de Rufée, Mirville, Emilie, Vicomtesse, Dubois.

LA FLEUR. Madame la Marquise von Rufée.

MIRVILLE. Der Teufel hole sie!

MARQUISE. Küssen Sie mich, meine Königin. Wissen Sie, daß Ihre Schwiegermutter sehr erkältet ist und daß Bourard ihr verordnete, im Bett zu bleiben? Ihre Dienerin, mein Herr.

VICOMTESSE. Ich will heute abend hingehen, meine schöne Dame.

MARQUISE. Da könnten Sie sie nicht mehr sehen, denn sie wird sich um acht Uhr zurückziehen. Wollen Sie, daß ich gleich mit Ihnen hingehe?

VICOMTESSE. Ich bin ja erst halb frisiert.

MARQUISE. Das macht nichts, ich werde auf Sie warten, ich bringe Sie hin, bringe Sie zurück, und gehe von hier aus zu meinem kleinen Kloster, wo der große Abbé auf mich wartet.

VICOMTESSE. Sie sind sehr gütig. *(Mirville geht.)* Adieu, Herr von Mirville. Sehe ich Sie wieder?

MIRVILLE. Ich werde die Ehre haben, Ihnen meine Aufwartung vor meiner Abreise zu machen.

MARQUISE. Ich gestehe, mein liebes Kind, daß ich Ihren Herrn von Mirville nicht leiden kann.

VICOMTESSE. Meinen, Madame? Er ist einer der Freunde des Herrn von Sénanges, ein Mann von Geist.

MARQUISE. Oh, das finde ich gar nicht! Er ist fade; ihm ist nichts heilig, und mit welchen Frauenspersonen er sein Leben zubringt! Wirklich, mein liebes Kind, in deinem Alter sollte man solchen Menschen die Türe verschließen.

146

VICOMTESSE. Ich habe nie dergleichen über ihn sagen hören.

MARQUISE. Er ist ein schlechter Mensch. Man wollte ihm meine Tochter zur Frau geben; er hat mir aber ganz und gar nicht zugesagt. Er ruiniert sich, wie man sagt, für eine kleine Tänzerin, die eben an der Oper debütiert.

VICOMTESSE *(errötet)*. Ich weiß keine Details aus seinem Leben.

MARQUISE. Aber ich weiß sie, denn ich bin mit all seinen Verwandten befreundet, zu denen er nie geht. Ich habe eine schreckliche Meinung über ihn und halte ihn für einen Poltron. Ich bat ihn einigemal zu Tisch; er hat mir nie die Ehre erwiesen. Ich bat um eine Kompanie Dragoner in seinem Regiment für den kleinen von Suzanges: er refüsierte sie mir und gab sie darauf einem Mann, der nichts bedeutete und der Soldat war.

VICOMTESSE. Madame, ich bin fertig.

MARQUISE. Gehen wir. Wir können ja unterwegs plaudern. Ich will Ihnen zürnen, denn ich *muß* Ihnen zürnen, meine schöne Königin!

ZWEITER AKT
Atelier des Herrn Campana, Maler.

ERSTE SZENE
Mirville, Campana, Major Weyrauch.

MIRVILLE. Aber, mein lieber Campana, Sie werden ja nicht fertig, und ich muß morgen abreisen! Ich will mein Porträt haben, wie es ist!

CAMPANA. Wenn der Herr Marquis sich die Mühe nehmen wollte, eine halbe Stunde zu warten, dann wäre es fertig; und ich hoffe, diese Arbeit wird mir Beifall bringen!

MAJOR. Sie sind glücklich zu schätzen, Herr Campana; Sie haben ein hübsches Talent – höchst angenehm, so während der Unterhaltung Geld zu verdienen. Ich bin von jeher für die Malerei sehr eingenommen. Ich zeichnete immer auf den Festungen, aber es wurde nie recht ähnlich.

MIRVILLE. Haben Sie viel angefangene Proträts, Herr Campana?

CAMPANA. Ach, Herr Marquis, allzu viele! Täglich habe ich Unannehmlichkeiten mit den Damen.

MIRVILLE. Zeigen Sie uns doch etwas davon.

CAMPANA *(zeigt einige angefangene Porträts)*. Kennen Sie die hier? Sie wird bald kommen.

MIRVILLE. Sehr schön, aber ich mag das Gesicht nicht. Wer ist es?

CAMPANA. Die Frau eines Präsidenten, Frau von Ormecourt. Hier ist ein hübsches.

MIRVILLE. Ah! scharmant... Und wer?

CAMPANA *(lächelnd)*. Eine kleine Landsmännin von mir, Neapolitanerin.

MAJOR. Sie hat, bei Gott, einen wollüstigen Blick.

MIRVILLE. Diese kenne ich, das ist Frau von Kell.

CAMPANA. Ja, eine elegante Dame aus Straßburg.

MAJOR. Auf den ersten Blick habe ich sie erkannt. Es ist frappant. Oberst, hat Ihr Herz gar nichts dabei gesprochen?

MIRVILLE. Schweigen Sie, Major. Sie sind ungeschickt.

MAJOR. Haben Sie keine Angst, ich weiß... ich werde schon nichts sagen.

MIRVILLE. Geht es vorwärts?

CAMPANA. Eine knappe Viertelstunde; ich mache den Rock fertig.

ZWEITE SZENE
Frau v. Kell, Mirville, der Major, Campana.

FRAU V. KELL. Habe ich Sie warten lassen, Herr Campana?

CAMPANA. Gar nicht, Madame; stets Ihr Diener!

MIRVILLE. Wie geht es der Frau Baronin?

FRAU V. KELL *(kühl)*. Danke, sehr gut. Herr Campana, wenn Sie zu tun haben, komme ich um drei Uhr wieder.

CAMPANA. Wenn Madame mir eine Stunde schenken wollen, können Sie ihr Bild mitnehmen.

MIRVILLE. Ich wußte gar nicht, daß Sie in Paris sind.

FRAU V. KELL. Weil Sie es anscheinend nicht wissen wollten. Ich hatte zu Ihnen geschickt; und dann sind wir uns doch in der Oper begegnet.

MIRVILLE *(leise)*. Ich schrieb Ihnen am folgenden Tag.

FRAU V. KELL. Das ist nicht wahr.

MIRVILLE. Auf Ehre. *(Er spricht leise.)*

Jacques Aliamet
nach Fragonard:
Liebesszene

FRAU V. KELL. Ich glaube auch das nicht.

MIRVILLE. Geben Sie mir Aufträge nach Straßburg.

FRAU V. KELL. Was machen Sie in Straßburg?

MIRVILLE. Mein Regiment kehrt dahin zurück, übermorgen kommt es an. Ich reise morgen abend.

FRAU V. KELL. Ich auch.

MIRVILLE. Reisen wir zusammen.

FRAU V. KELL. Pfui!

DRITTE SZENE

Der Abbé des Gantières, Fr. v. Kell, Mirville, Campana, der Major.

DER ABBÉ. Haben Sie an mich gedacht, Herr Campana?

CAMPANA. Herr Abbé, ich hoffe, Sie werden zufrieden sein.

MIRVILLE. Der Abbé läßt sich im Glück malen.

ABBÉ. Gar nicht, Marquis, Sie schlechter Spaßmacher: warum dürfte sich ein ehrlicher Geistlicher nicht malen lassen?

MIRVILLE. Die ehrlichen Geistlichen wie der Herr Abbé erlauben sich viele Dinge ... aber, wie er verändert ist ... das ist ja entsetzlich, dieser kleine Abbé!

ABBÉ. Das glaube ich. Die Gesellschaft tötet mich; ich bin erst um vier Uhr schlafen gegangen.

MIRVILLE. Haben Sie denn in gewisser Gesellschaft gespeist?

ABBÉ. Pfui, Marquis, machen Sie keine solchen Scherze mit mir, Sie sind ein schlechter Mensch! Ich speiste bei der Herzogin mit Madame von Puismorin, und das sind zwei ewige Lampen.

MIRVILLE. Abbé, haben Sie immer noch diese Präsidentin, die so fett ist?

ABBÉ. Sie tun mir weh. Sagen Sie mir lieber, ob Sie mit meinem Cousin, dem kleinen Gerval, zufrieden sind.

MAJOR. Ein schöner Offizier, aber er liebt das Billard zu sehr und geht nicht oft genug in die Gesellschaft; ich wollte ihm Ratschläge geben, aber er ist noch sehr jung.

MIRVILLE. Wenn er gewollt hätte, der Major hätte ihm sicherlich die beste Gesellschaft gezeigt. Madame, wir genieren den Abbé, er hat Geschäfte mit Herrn Campana zu besprechen. Sie haben Aufträge für mich nach Straßburg – setzen wir uns etwas abseits.

FRAU V. KELL *(leise)*. Schauen Sie, daß Sie sich des Majors entledigen.

MIRVILLE. Major, wenn Sie bei meinem Vater speisen wollen, dann müssen Sie gehen; Sie wissen, er setzt sich früh zu Tisch.

MAJOR. Ich will einen Wagen rufen lassen.

FRAU V. KELL. Ich habe eine Kutsche; wenn der Major sie benutzen will.

MAJOR. Mit Dank nehme ich sie von einer so liebenswürdigen Frau an. *(Geht ab.)*

VIERTE SZENE

Mirville, Frau v. Kell, Campana, der Abbé (Mirville und Frau v. Kell leise in der Ecke).

ABBÉ. Das ist das schönste Gemälde, das man sich denken kann; einfach entzückend! Sprechen Sie bitte nicht darüber, Herr Campana, es könnte mir schaden. Ich versichere Ihnen, es ist nicht für mich, es ist ein Auftrag.

CAMPANA. Sie können darauf rechnen, daß ich mit niemandem auf der Welt davon sprechen werde. Es liegt in unserm Interesse, Beichtvater zu sein, und ich müßte einen schlechten Charakter haben, wollte ich indiskret sein.

149

MIRVILLE. Sie sehen, Madame, ich war nicht so sehr im Unrecht, wie Sie dachten. Wenn Sie alles glauben, was man Ihnen sagt, dann geht es Ihnen schlecht in diesem Lande.

FRAU V. KELL. Ich möchte gern im Unrecht sein. Sie haben mir mehr Leid zugefügt, als Sie denken. Frau v. Gléon, Frau von Sénanges, das alles ist nicht ganz klar.

MIRVILLE. Glauben Sie doch nicht, daß all die Frauengeschichten und Lächerlichkeiten stimmen, die mir die Öffentlichkeit anhängt. Wir werden zusammen reisen?

FRAU V. KELL. Aber wie denn?

MIRVILLE. Nichts einfacher. Sie nehmen mich mit. Fräulein Eleonore, Ihre Kammerjungfer, fährt in meinem Wagen und steigt auf den Postwagen vor Straßburg.

FRAU V. KELL. Das ist nicht sehr klug.

DIENER DES HERRN CAMPANA. Die Kutsche der Frau Baronin ist zurück.

FRAU V. KELL. Danke.

LAVIOLETTE *(Läufer vom Marquis)*. Dieser Brief wurde soeben im Hotel abgegeben, Herr Marquis.

MIRVILLE *(liest)*. »Ich werde um sieben Uhr allein sein, wie ich hoffe; kommen Sie so früh wie möglich, Sie werden sehen, ob ich Sie liebe.«

ABBÉ. Hier sind zwanzig Louis, Herr Campana; aber hüten Sie das Geheimnis, ich bitte Sie darum.

FRAU V. KELL. Ich sehe Sie vor zehn Uhr?

MIRVILLE. Bestimmt. Adieu, Herr Campana.

FÜNFTE SZENE
Boudoir der Madame de Sénanges. Madame de Siry, Madame de Sénanges.

FRAU V. SIRY. Mein Gott, wie Sie ausschauen! Jung, schön, geliebt, ich glaubte Sie glücklich – was fehlt Ihnen denn noch, um es zu sein?

VICOMTESSE. Sie glauben gar nicht, meine Liebe, wie weit entfernt mein Leben von der Vorstellung ist, die man sich von ihm macht. Es hat weniger Reize für mich, als Sie denken. Die Öffentlichkeit ist der bizarrste und strengste Richter, dem ich immerfort gerade das opfere, was mir am liebsten ist, und doch fürchte ich ihn nicht weniger darum. Ihr Schicksal ist besser als das meine.

FRAU V. SIRY. Ich bin damit zufrieden, wenn es auch nicht glänzend ist. Herr von Siry ist nicht gerade zum Lieben, aber er hat andere gute Qualitäten, die für diesen Mangel entschädigen: ein anständiges Vermögen, das ihm erlaubt, den Winter in Paris zu verbringen und den Rest des Jahres auf einem schönen Landgut. Ich habe einen Geliebten, den ich bis zur Raserei liebe, der mich anbetet; außer vier Monaten im Jahre, die er beim Regiment verbringt, verläßt er uns fast nicht. Herr von Limeuil hat eine stürmische erste Jugend hinter sich und weicht allem aus, was seinem Alter gefährlich werden könnte; er fühlt den Wert einer aufrichtigen und liebenswürdigen Frau und ehrt Herrn von Siry, meinen Gatten; er hat ihm verschiedene Beweise seiner persönlichen Freundschaft gegeben; sie schätzen sich und begegnen einander ohne Abneigung und ohne auf die Dinge tiefer einzugehen. Herr von Siry war nie gegen meine Beziehungen zu Herrn von Limeuil.

VICOMTESSE. Ich habe Ihnen nie etwas verborgen, intime Freundinnen aus dem Kloster, die wir sind. Ich bin verzweifelt und in der schrecklichsten Situation, in der sich eine Frau befinden kann. Ich habe Herrn von Sénanges geheiratet, ohne ihn zu lieben, wie Sie wissen, und nur aus Rücksicht gegen meine Eltern. Man wollte mich damit entschädigen, daß man mich im größten Wirbel von Paris leben ließ, und ich hatte bald einen größeren Ehrgeiz, als in Mode zu sein. Von all den Männern, die um mich geworben haben, ist Herr von Marsal der einzige, der sich meinem Vater vorstellte. Ich hatte so viel Gutes über ihn sagen hören, seine Bemühung um mich schmeichelte mir; ich hatte große Schulden und glaubte mich verloren – durch die Aufmerksamkeit des Herrn von Marsal wurden sie bezahlt, ohne daß ich von irgend jemand geschimpft wurde. Er hatte damit so viel Vorrechte über mich, ohne daß ich mich dessen versah; aber ich glaubte nicht, daß er sie ausnützen würde, und fand in ihm eher einen Gatten als einen Geliebten. Über Herrn von Mirville sagte er mir das denkbar Schlechteste; ich glaubte es und behandelte ihn darnach, ich war sogar unhöflich gegen ihn. Er war hübsch, ein Spieler, sehr gesucht, ging überall hin, und es war nur natürlich, daß wir uns begegneten. Marsal reiste nach Preußen. Ich erfuhr voller Dankbarkeit, daß Mirville meine Figur, meinen Geist lobte. Eines Tages sagte er mir, wie leid es ihm täte, daß ich eine so schlechte Meinung von ihm hätte, er verdiene sie nicht. Er fing eine Erklärung an, die unterbrochen wurde, und bat mich darauf, er möchte sie am nächsten Tage auf dem Opernball fortsetzen; ich war dort allein mit meinem Kammermädchen; er erging sich in die größten Details, erschien mir nicht schuldig; zur Belohnung sollte ich ihm aber erlauben, zu mir kommen zu dürfen. Die Erlaubnis gab ich ihm auch. Bald darauf sagte er mir, daß er mich liebe, ich machte ihm aber gar keine Hoffnung, und da brach er mit Frau von Selver. Ich war darüber gerührt; etwas daran entzückte mich. Mirville sprach nichts mehr mit mir und nahm Abschied. Er sagte mir, er ginge auf Reisen. Ich wollte ihn davon abbringen. Ich konnte den Gedanken nicht ertragen, daß er fortgehen sollte, und zeigte ihm, daß ich ihn liebte. Aber all die Vorsichtsmaßregeln, die wir zu unserer Sicherheit anwenden mußten, haben uns sozusagen getrennt. Seither sah ich ihn nur für Momente, und mein Geliebter ist unzufrieden. Marsal ist zurückgekehrt: es wird unmöglich sein, ihm alles zu verbergen; er wird mich eine Betrügerin nennen, und aus Rücksicht auf die Öffentlichkeit werde ich den Mann verlieren, den ich liebe; und der, den ich nicht mehr liebe, der wird mich verlieren.

FRAU v. SIRY. Marsal ist ein Ehrenmann, sprechen Sie mit ihm; er ist vernünftig und ich zweifle nicht daran, daß er sich korrekt benimmt. Aber hier kommt Besuch.

SECHSTE SZENE
Der Kommandant von Reynelle, Frau v. Siry, die Vicomtesse.

DER KOMMANDANT. Ich wollte nicht abreisen, ohne dir vorher Adieu gesagt zu haben, liebe Nichte.

VICOMTESSE. Wohin, Onkel?

KOMMANDANT. Nach Brest. Ich kommandiere den Neptun.

FRAU v. SIRY. Werden Sie lange unterwegs sein, Kommandant?

KOMMANDANT. Ich weiß nicht, ich habe Lebensmittel für sechs Monate. Ich soll meine Aufträge erst bekommen, wenn ich fort bin. Ich denke, es geht nach Amerika. Wenn ich daraufhin nicht Flottenchef werde, schicke ich die Marine zum Teufel.

FRAU v. SIRY. Bringen Sie mir bitte Kolibris mit, Kommandant!

SIEBENTE SZENE
Herr v. Marsal, die Vorigen.

HERR v. MARSAL. Kapitän, Sie werden mich in Ihrer Liste eingeschrieben finden, ich wollte Ihnen meine Aufwartung machen. Es tut mir so leid, daß Sie mit Ihrer Gicht abreisen müssen.

KOMMANDANT. Auf dem Meer geht es mir gut; nur auf dem Lande werde ich alt. Was gibt es Neues in Deutschland?

HERR V. MARSAL. Ich war bei den Manövern des Königs von Preußen; er erlaubte mir, ihn nach Schlesien zu begleiten. Man kann sicher sehr viel dort lernen.

KOMMANDANT. Schade, daß dieser König keine Marine hat.

VICOMTESSE. Ich hoffte, mit Ihnen bei meiner Mutter zu speisen, Herr von Marsal.

MARSAL *(ernst)*. Das hatte ich vor, Madame; ich mußte aber beim Marschall v. Broglie essen... Was haben Sie zu dem Sturm in dieser Nacht gesagt, Frau von Siry, Sie sind doch so ängstlich?

FRAU V. SIRY. Ich habe ihn gar nicht gehört.

KOMMANDANT. Es war ein Höllenlärm. Dieser Südost könnte wohl die Flotte hereintreiben. Das Meer läßt sich nicht halten. Ich wollte an die Küste im Jahre 34 bei einem solchen Wind. Ich verlor auf der Consolante drei Anker, es blieb mir nur noch der Hoffnungsanker übrig.

DIENER *(eintretend)*. Der Herzog von Longueville.

ACHTE SZENE
Herzog von Longueville, die Vorigen.

DER HERZOG. Barmherzigkeit! Alter Haudegen, ich wette, du sprichst von alten Kriegen, was die Damen sehr amüsieren wird. – Wir haben eine Schlacht geliefert, Vicomtesse.

VICOMTESSE. Wer denn?

DER HERZOG. Verceil und Saudricour.

FRAU V. SIRY. Und was ist daraus geworden, Herzog, sagen Sie's schnell.

DER HERZOG. Saudricour erhielt einen schönen Degenstich in den Arm. Die Ursache des Streites ist die: Saudricour mußte auf seine Güter fahren wegen einer Abholzung und ließ Madame d'Albi gläubig zurück. Verceil, der keinen Wald und keine Güter hat, hat sich ihrer bemächtigt und kam gestern mitten in eine Erklärung hinein. Er sagte Saudricour alles gerade heraus, dem das mißfiel. Sie haben sich auf dem Platz Ludwig XV. geschlagen. Saudricour wird auf lange nur einen Arm haben, wie man sagt; der andere wird in der Binde sein.

KOMMANDANT. Ich sollte Frau von Albi einsperren.

DER HERZOG. Warum denn, Kommandant?

KOMMANDANT. Weil es mich verdrießt, daß so eine Person die Ursache ist, daß zwei tapfere Männer sich umbringen.

DER HERZOG. Das ist Schuld der Männer. Man muß sich nicht in die Dame verlieben und keine gute Meinung von ihr haben; ich, zum Beispiel, könnte sie nie lieben.

MARSAL. Eine leichtsinnige Frau kann viel Unheil stiften. *(Die Vicomtesse errötet.)*

DER HERZOG. Unser Freund Marsal ist sehr streng und läßt euch nichts durchgehen, meine Damen. Er ist kein so guter Mann wie ich. Wenn es Frauen erst seit heute gäbe, wäre ich seiner Meinung: es wäre gar nicht übel, ihnen Prinzipien zu unserm Vorteil beizubringen. Aber seit dem Beginn der Geschäftsverbindung unter uns hat sich so viel zugetragen auf beiden Seiten, daß jeder von sich aus wissen muß, woran sich halten: um so schlimmer für den, der sich erwischen läßt.

MARSAL. Schöne Moral, in der Tat! Ich versichere dir, daß ich großen Wert darauf lege, weniger Gleichgültigkeit dem weiblichen Betragen entgegenzubringen. Ich fühle, wenn ich jemals liebte, so würde das Glück oder das Unglück meines Lebens von meiner Liebe abhängen.

Claude-Louis Châtelet: Nächtliches Fest im Garten von Petit Trianon

DER HERZOG. Zweifellos. Ich streite niemals über anderer Denkungsart. Ich kenne dich jetzt seit zehn Jahren, immer hast du deine Geliebten geachtet und wurdest von ihnen geachtet; das gelingt dir, und ich bin entzückt davon.

MARSAL. Ich weiß wohl, daß es ihnen oft genügt, ihnen zu gefallen, um sie zu betrügen. Das reicht aber nicht aus, sie glücklich zu machen, und ich gebe zu, daß mich ihr Glück interessiert.

DER HERZOG. Das ist sehr anerkennenswert. Aber ich behaupte, daß man sie immer betrügt, wenn man ihnen nicht gefällt.

KOMMANDANT. Das stimmt; denn die Frauen sind unbegreiflich. Was mir auf meiner letzten Reise nach Guadeloupe passierte, als der »Phönix« dorthin verurteilt wurde, ist der Beweis.

DER HERZOG (leise). Ich wette, ich weiß es: du bekamst Hörner.

KOMMANDANT. Ich hatte drei Finger hoch Wasser in meinem Kahn, als ich hinkam.

DER HERZOG. Bedenken Sie, meine Damen, diese Geschichte dauert vom Kahn bis zum Kommandanten, und das kann lange dauern – erlaß uns und den Damen die Erzählung und komm mit mir zu Abend essen; ich verspreche dir, wir werden die Geschichte bis zum Schlusse anhören.

KOMMANDANT. Und mit wem? Mit Damen?

DER HERZOG. Was machst du dir daraus? (leise) Ich habe der Vicomtesse etwas Wichtiges mitzuteilen, erweise Madame de Siry und Marsal die Ehre des Hauses. Madame, erlauben Sie ein Wort?

VICOMTESSE. Was wollen Sie?

DER HERZOG. Ich muß mit Ihnen sprechen. (Sie gehen zum Fenster.) Ich gebrauche ein seltsames Mittel, um Ihnen eine Erklärung zu machen, aber ich ziehe dasjenige vor, das uns beide am wenigsten kompromittiert. Sie haben sich mit Marsal zerstritten und sehen einer Erklärung entgegen. Das kann man leicht erraten. Ich liebe Sie

153

seit langem. Sie hatten einen Geliebten, ich hätte mich unnötigen Auseinandersetzungen ausgesetzt, ich sagte nichts und sage auch jetzt noch nichts. Wenn Sie Marsal um eines anderen willen verlassen, bitte ich Sie nur, mein Geheimnis zu wahren; denken Sie an den Preis, den ich dem meinigen gebe.

VICOMTESSE. Sie setzen mich in Erstaunen, Herzog. Ich weiß wirklich nicht, welche Meinung Ihnen die Öffentlichkeit von mir gegeben hat; sie muß aber sehr schlecht sein, weil Sie glauben, mich beleidigen zu dürfen.

KOMMANDANT. . . . Ich behaupte, ich spiele das Spiel im Grunde besser als er.

FRAU V. SIRY. Das kann sein, aber er hat den ganzen Winter gegen Sie gewonnen, und das spricht nicht für Sie.

KOMMANDANT. Ist nur Glückssache. Wie ich, zum Beispiel. Ich bin fünfmal eingenommen worden, ich habe nie eingenommen, aus Mangel an Gelegenheit.

DER HERZOG. Ich glaube ja nicht, daß Sie Mirville haben; aber geben Sie zu, daß ich Ursache habe, ihn zu fürchten.

VICOMTESSE. Sprechen wir nicht mehr darüber. Ich habe keinen Geliebten; ich habe tausend Gründe, keinen zu haben. Freundschaft, Interesse – mehr kann ich nicht für Sie aufbringen. *(Sie trennen sich.)*

DER HERZOG. Kapitän, willst du, daß ich dich in die Oper führe?

KOMMANDANT. Gerne. Gehen wir. *(Sie gehen.)*

FRAU V. SIRY. Ich gehe mich umziehen. Adieu, meine Königin; kommen Sie einmal zum Frühstück in dieser Woche. *(Geht.)*

VICOMTESSE. Gerne.

NEUNTE SZENE
Vicomtesse, Marsal.

MARSAL. Vicomtesse, ich muß Ihnen sagen, daß mein Herz zerrissen ist. Sie würden das bemerkt haben, wenn Sie es gewollt hätten, aber Sie lieben mich nicht mehr, Vicomtesse – seien Sie so ehrlich, es zu gestehen.

VICOMTESSE. Wirklich, mein lieber Marsal, Sie wären ungerecht, wenn Sie an meiner Freundschaft und meinem zärtlichen Interesse zweifelten.

MARSAL. Wie entfernt sind doch diese Empfindungen von denen, die Sie mir versprachen! Ich habe aber so viel Gleichgültigkeit nicht verdient. Es wird mir ein Trost sein zu wissen, daß jener Mann, dem Sie mich geopfert haben, Sie strafen wird für alles, was Sie mir angetan haben.

VICOMTESSE *(in Tränen)*. Marsal, was für ein Vergnügen haben Sie daran, mich zu betrüben? . . . Sagen Sie . . . mein Betragen, ich schwöre Ihnen . . .

MARSAL. Ich betrübe Sie? Ich glaubte Sie unfähig, betrübt zu sein.

ZEHNTE SZENE
Mirville, Marsal, die Vicomtesse.

MIRVILLE *(in Uniform)*. Ich komme, um Ihre Befehle nach Straßburg in Empfang zu nehmen. Guten Tag, Herr von Marsal.

VICOMTESSE *(etwas verlegen)*. Sie gehen zu Ihrem Regiment, Herr v. Mirville? Wann reisen Sie?

MIRVILLE. Morgen abend, Madame. Dieser kleine Scherz des Herrn von Saint-Germain ist mir sehr widerwärtig. Ich werde mehr dabei verlieren, als der Staat dabei gewinnt.

154

MARSAL. Es ist ein vorzüglicher militärischer Plan und eine Versammlung des Glänzendsten der Nordarmee.

MIRVILLE. Ich glaube, wir sind Ihnen zu einem großen Teil deswegen verpflichtet, Herr von Marsal.

MARSAL. Ich möchte gern dazu beitragen, etwas Gutes zu tun; aber ich besitze in keiner Weise das Vertrauen des Ministers.

MIRVILLE. Eine Neuigkeit für Sie, Vicomtesse. Madame von Gremouville hat die Frömmigkeit aufgegeben für den kleinen Chevalier von Versac; der will die kleine Julie von der Oper nur in dem Falle verlassen, wenn er mit der Madame von Gremouville zufrieden ist. Sie werden zugeben, daß es nur recht und billig ist, wenn der kleine Chevalier mit dieser Heiligen vorsichtig ist.

MARSAL. Frau von Gremouville ist eine kluge und respektable Frau, der man, um ihr zu schaden, eine Geschichte angehängt hat, die sicher nicht wahr ist.

MIRVILLE. Ich garantiere für diese Geschichte mit tausend Louis. Versac und seine Dame teilen sich gern in das gute Geschäft, denn ihre Tugend ist gewiß nie fünfhundert Louis wert gewesen.

MARSAL. Verzeihung, aber das ändert nichts an meiner Meinung über sie. Sie beurteilen sie nicht, wie sie es verdient.

MIRVILLE. Ach, mein Gott, ich habe ja gar keine Lust, über sie zu urteilen! Ich begnüge mich damit, als Amateur tausend Louis zu wetten, daß sie d'Apremont verlassen hat und die Frömmigkeit für Versac. Wenn mich der verlorene Beweis tausend Louis kostet, wäre ich, wie mir scheint, bestraft genug.

VICOMTESSE. Wenn Madame von Gremouville irgendwo unrecht hat, so ist sie zu beklagen, denn ihre unerbittliche Strenge gibt ihr kein Recht auf die öffentliche Nachsicht.

MARSAL. Sie haben diese Strenge nie empfunden, denn sie hat Sie stets wie ihre Tochter angesehen.

VICOMTESSE. Ich bewahre die Dankbarkeit, die ich ihr schulde, aber sie wäre noch größer, wenn sie sich nicht gegen einige meiner Freunde ausgelassen hätte.

MARSAL. Gegen Ihre Freunde hat sie sich nie ausgelassen. Aber sie hat vielleicht nicht all Ihre Bekannten verschont, und da Sie jetzt eine so zahlreiche Bekanntschaft haben, ist dies entschuldbar.

MIRVILLE. Das ist trotzdem nicht christlich. Was mich anbetrifft, so finde ich sie nicht im Unrecht, wenn sie mir übelwill; denn ich betrachte sie nicht als meinen Nächsten, auch Madame de Rufée nicht; und zwar, weil ich ein guter Christ bin und meinen Nächsten lieben möchte.

MARSAL. Werden Sie morgen mit Ihrer Schwiegermutter zu Abend essen?

VICOMTESSE. Ich glaube – aber ja, natürlich!

MARSAL. Dann werde ich mir die Ehre geben, Ihnen guten Abend zu sagen. *(Geht.)*

ELFTE SZENE
Vicomtesse, Mirville.

VICOMTESSE. Es tut mir leid, daß Marsal Sie hier traf.

MIRVILLE. Warum? Habe ich mich nicht ausgezeichnet gehalten?

VICOMTESSE. So, daß Sie damit anfingen, ihn zu reizen; und darin taten Sie Unrecht, denn er ist entschieden eifersüchtig auf Sie.

MIRVILLE. Ich glaube ihn da im Unrecht, denn Sie fürchten ihn mehr, als Sie mich lieben.

VICOMTESSE. Sie würden es verdienen, wenn Sie so dächten. Sagen Sie das nicht ernsthaft, Sie tun mir weh.

MIRVILLE. Ich bitte um Verzeihung. *(Ihr die Hand küssend.)*
VICOMTESSE *(zärtlich).* Sie wissen gar nicht, Sie schlechter Mensch, wieviel Leid Sie mir zufügen, wieviel Sorgen! Und die größte ist, Sie verlieren zu müssen – das geht über meine Kraft. Marsal, meine Schwiegermutter, Frau von Rufée, alle gefallen sich darin, mich Ihretwegen in Angst zu bringen, und raten mir, Ihnen meine Tür zu verschließen – und doch sind Sie schon zum zweiten Male heute in meinem Zimmer.
MIRVILLE *(kniet).* Wie schön Sie sind! Wie liebenswürdig! Küssen Sie mich, mein Engel, küssen Sie mich, wenn Sie mich lieben!
VICOMTESSE *(küßt ihn errötend auf die Stirne).* Stehen Sie auf, es könnte jemand kommen.
MIRVILLE. Wäre es sehr schlimm, wenn ich Ihre Türe zusperrte? Der Großpapa, der Kapitän, die Rufée, Marsal, die waren schon da, und Ihre Schwiegermutter ist krank.
VICOMTESSE. Man wird Ihren Wagen sehen.
MIRVILLE. Ich habe eine Mietskutsche.
VICOMTESSE. Es ist nicht recht, aber Sie wollen es, und so muß es sein. Hören Sie, ich werde eine Liste aufsetzen von allen, die nicht kommen dürfen, das wird das beste sein. *(schreibt)* Läuten Sie. *(Diener.)* Man soll nur diejenigen einlassen, die auf der Liste stehen. *(Sie kommt zu Mirville und macht einen Knix vor ihm.)* Sind Sie zufrieden? Glauben Sie, daß ich Sie in dieser Stunde liebe?
MIRVILLE *(nimmt sie in die Arme).* Mein Engel, ich glaube es.
VICOMTESSE. Nehmen Sie mich nicht so; ich will das nicht, lassen Sie mich.
MIRVILLE. Es macht mir zu viel Vergnügen!
VICOMTESSE. Lassen Sie mich, und ich werde Ihnen etwas sagen.
MIRVILLE *(zeigt auf einen Stuhl neben sich).* Kommen Sie, setzen Sie sich hierher.
VICOMTESSE. Nur wenn Sie brav sein wollen.
MIRVILLE. Ich werde brav sein.
VICOMTESSE. Man hat mir heute eine reizende Liebeserklärung gemacht.
MIRVILLE. Wer?
VICOMTESSE. Raten Sie.
MIRVILLE. Erraten? Das hieße eine Nadel im Korn suchen. Also wer?
VICOMTESSE. Der Herzog von Longueville.
MIRVILLE. Schriftlich?
VICOMTESSE. Was denken Sie!
MIRVILLE. Um so schlimmer. Ich liebe Dinge, die auf die Nachkommenschaft übergehen. Der Herzog von Longueville in Sie verliebt! Nichts kommt mir ungelegener.
VICOMTESSE. Was macht das Ihnen? Sind Sie meiner nicht sicher? Was fürchten Sie?
MIRVILLE. Ich wäre doch ruhiger, wenn ich bliebe.
VICOMTESSE. Ich muß Ihnen erzählen, wie sich das zugetragen hat. *(Sie spielt mit seinem Haar.)* Er fand Marsal hier mit unzufriedener Miene. Er sah, daß wir uns zerstritten hatten und fragte mich, ob Ihretwegen; ich sagte, nein. Er sprach von Ihnen sehr nett.
MIRVILLE. Das glaube ich gerne: wir sagen nie Böses voneinander, das ist nicht unsere Methode. Er ist liebenswürdig, Longueville, hat gute Eigenschaften, man könnte aber die ganze Kavallerie zu Fuß und die Infanterie zu Pferd setzen, dieser Teufelsmensch würde Paris nicht verlassen.
VICOMTESSE. Geben Sie mir von Ihrem Haar.
MIRVILLE. Nehmen Sie und geben Sie mir von dem Ihren.
VICOMTESSE. Ich habe welches in einer Schachtel in der Toilette.
MIRVILLE. Das will ich nicht.
VICOMTESSE. Warum?
MIRVILLE. Ich will die Frucht vom Baume.

VICOMTESSE. Ist das nicht dasselbe?

MIRVILLE. Nein; Sie würden mir vielleicht Haare von Ihrer Emilie geben.

VICOMTESSE. Ich bitte Sie!

MIRVILLE. Zur Zeit, als ich Frau von Graffigny hatte ... es ist schon sehr lange her, es war mein Eintritt in die Welt –, da hatte sie eine Kammerjungfer, die sie verließ, weil sie mir die Hälfte ihrer Haare gegeben hatte und weil sie in einem Anfall von Zärtlichkeit mir auch die andere Hälfte geben wollte. '

VICOMTESSE. Was? Sie haben diese dicke Frau von Graffigny gehabt?

MIRVILLE. Wie jeder andere.

VICOMTESSE. Entsetzlich. Erzählen Sie.

MIRVILLE. Was Sie wollen. Vorerst aber – *(küßt sie)*.

VICOMTESSE. Geben Sie doch acht... die Türe.

DIENER *(meldet)*. Prinzessin von Luts.

ZWÖLFTE SZENE
Prinzessin v. Luts, die Vorigen.

DIE PRINZESSIN. Wollen Sie, daß ich Sie führe, Kätzchen? Unsere Frauen können in Ihrem Wagen fahren.

VICOMTESSE *(küßt sie auf die Stirne)*. Wohin, mein Kätzchen?

PRINZESSIN. Auf das Land. Haben Sie vergessen, daß wir alle gehen?

VICOMTESSE. Mein Gott ja! Aber ich habe doch gesagt, ich bin krank, ich habe schreckliche Kopfschmerzen.

PRINZESSIN. Schön sind Sie wie ein Engel. Nehmen wir den Marquis mit. Aber warum denn in Uniform? Sie sind zum Sterben langweilig mit Ihren Regimentern!

MIRVILLE. Und unsere Regimenter sind zum Sterben langweilig mit uns, und Sie, meine Damen, sind auch nicht liebenswürdig zu mir. Sie geben sich keine Mühe mit mir. Wissen Sie, was Sie tun sollten, Prinzessin? Nicht auf das Land gehen und mit mir zu Abend speisen.

PRINZESSIN. Nichts lieber; aber wirklich, ich kann nicht. Ich habe der Herzogin von Sinclair versprochen, daß mich nichts hindern wird, hinzukommen.

MIRVILLE. Gehen Sie doch morgen.

PRINZESSIN. Ich sage Ihnen doch, mein lieber Mirville, daß es nicht sein kann. Morgen ist Jagd, und abends das Stück von Laugeon, *(zur Vicomtesse)* wo Sie spielen und das nicht stattfinden kann, wenn Sie nicht kommen.

VICOMTESSE. Ich kann meine Rolle noch gar nicht.

PRINZESSIN. Sie haben vier Worte zu sagen und kennen Ihre zwei Liedchen auswendig.

MIRVILLE *(zur Prinzessin)*. Ich hasse Sie, Prinzessin; Sie versetzen mich in die übelste Laune!

PRINZESSIN *(zu Mirville)*. Ach, kommen Sie, Dummkopf. *(Sie läutet, Emilie kommt.)* Emilie, die Vicomtesse kommt mit uns. Elenore wird Sie führen, tun Sie alle Sachen in meinen Wagen.

EMILIE. Madame la Vicomtesse zu Pferd?

VICOMTESSE. Vielleicht.

PRINZESSIN. Gehen wir, es ist Zeit. Und Sie, Mirville, schreiben mir.

VICOMTESSE. Ich komme sofort. *(Zu Mirville)*. Seien Sie nicht böse, ich bin unglücklich, ich liebe Sie; küssen Sie mich.

MIRVILLE. Ich bin nicht böse, aber ich gestehe, ich bin konsterniert.

Herr v. Sénanges, Mirville.

SÉNANGES. Guten Tag, Mirville, eben begegnete ich meiner Frau und Madame de Luts, sechsspännig.

MIRVILLE. Sie gehen aufs Land, und ich hüte ihr Haus inzwischen. Neuigkeiten aus Versailles?

SÉNANGES. Alle Obersten gehen zu ihren Regimentern. Und du?

MIRVILLE. Ich gehe mit einer hübschen Frau nach Straßburg.

SÉNANGES. Wer ist sie?

MIRVILLE. Frau von Kell, aber sprich nicht darüber.

SÉNANGES. Kein Wort.

MIRVILLE. Ich bin in Eile. Leb wohl.

SÉNANGES. Gute Reise!

GIOVANNI GIACOMO CASANOVA 1725-1798

GIACOMO CASANOVA
von Franz Blei

Vielleicht möchte man jenen anderen Italiener, der sich zum Grafen Cagliostro nobilitierte, als die reinere Verkörperung des Abenteurers ansprechen, da er im Abenteuer seines Lebens so sehr aufging, daß er weder Zeit noch Standpunkt finden konnte, über ein Leben zu reflektieren, wie es der alte Casanova tat. Aber die Kenntnis eines Lebens wie Cagliostros bringt nicht mehr, als man zuvor wußte: daß ein geschickter Schwindler immer die Dummen findet, die er braucht, um so zu leben, wie er leben möchte, d. h. auf Kosten der anderen wie diese anderen, als Graf, mit einem Palais, mit sicheren Einnahmen. Ein solches Ziel ist aber zu geringfügig, um Teilnahme zu wecken. Schon ein richtiger Graf und ein rechtmäßig ererbtes Palais und Renten sind keine Vorzüge von unbedingt menschlicher Bedeutung. Der Abenteurer im Stile Cagliostros ist ein Schwindler ohne Idee. Bestenfalls variiert ihn eine Zeit, zu deren Charakteristik er dann ein kleines Detail beiträgt, wenn seine Mittel und Tricks nicht ganz gewöhnlich sind, wie es bei dem Grafen von Saint-Germain der Fall war, der mit einigen kosmetischen Kenntnissen und charmanten gesellschaftlichen Gaben, die sogar sein Rivale Casanova bewunderte, etwas wie ein Schwindler wider Willen wurde. Man wollte es ihm einfach nicht glauben, wenn er erklärte, daß er nicht verjüngen könne, und da gab er als der Gescheitere, und weil er ganz gut dabei lebte, nach. Die Zeit kam ja solchen Scharlatanen außerordentlich entgegen. Sie venerierte sie mit einem Fanatismus des Glaubens, dem die Tyrannis der Philosophen das alte Objekt entzogen hatte. An Gott zu glauben war, da die Vernunft an seiner Statt regierte, fürder nicht mehr schicklich, aber das Bedürfnis nach dem Wunderbaren suchte seine Befriedigung. Casanova bedauert mit großer Offenheit, daß man ihn nicht habe Medizin studieren lassen, denn damit hätte er für seine Scharlatanerie weit mehr anzufangen gewußt als mit der Jurisprudenz. Die Schwindler haben im 18. Jahrhundert eine großartige Geste, aber sie korrigiert nur äußerlich die Banalität ihrer Idee, welche nicht die des Abenteurers ist, den man nicht daran erkennt, daß er oft auch die Mittel des Schwindlers gebraucht. Der Abenteurer hat etwas vom Narren und etwas vom Weisen. Er gibt dem Leben, das er ganz als seine Angelegenheit, als seine Schöpfung nur kennt, einen so hohen Wert, daß er es nie aus den Augen verliert, nie in fremde Hände gibt. Er ist immer der auf sich Aufmerksame, lebt mit dem Degen in der Hand. Und er gibt ihm wieder nicht den geringsten Wert – und hier scheidet er sich vom gewöhnlichen Imposteur –, da es ihn immer wieder treibt, sein Leben zu wagen. Er gibt keiner Situation die Dauer. Er verliert sein Leben, um es immer wieder gewinnen zu können, gewinnt es, um es sofort wieder ins Spiel zu werfen. Ja: wie der wahre Spieler, der nicht des Gewinstes, son-

dern des Spieles wegen spielt, so lebt der Abenteurer erst im Maximum der dramatischen Spannung wirklich, um derentwillen allein er alles unternimmt. Dafür macht
er Verse, Gaunereien, Duelle, Gold, Reisen, Liebe. Nach keinem dieser Mittel läßt sich
ein solches Leben bestimmen, denn keines wird Zweck. Der Abenteurer müßte wie
der Soldat im Felde sterben, um seinen Sinn ganz zu behalten. Er darf nicht in Pension gehen, darf nicht wie der hübsche Buck Whaley nach fünfzig Jahren Abenteurer
Hausherr und braver Familienvater werden. Und nur weil er seine Erinnerungen
aufschrieb und so sein Leben zum andernmal lebte, übersieht man es, daß der alte
Casanova in Dux eine komische Figur machte, daß er boshaft, kratzbürstig, recht-
haberisch, eitel, gefräßig und kindisch wurde. Der Sinn seiner Existenz war in ihm
noch lebendig, aber es half ihm kein Körper mehr, diesen Sinn aktiv zu machen.
Also schrieb er.

»Der Leser wird aus meinen Erinnerungen ersehen, daß ich niemals ein bestimmtes
Ziel im Auge gehabt habe, und daß das einzige System, das ich hatte – wenn es überhaupt eines ist –, darin bestand, mich von Wind und Wellen treiben zu lassen...
Meine Abwege lehren vielleicht den denkenden Leser, wie man sich über dem Abgrund in der Schwebe erhält. Es kommt nur darauf an, Mut zu haben.« Wie man
sich über dem Abgrund in der Schwebe hält – unfigürlich wird so der Aviatiker sprechen (der Flieger, nicht der Konstrukteur), der Abenteurer unserer Zeit, dem es wie
jenem der anderen Zeiten Natur ist, daß er wirklich nur im Wagnis des Lebens lebt
und der mögliche Verlust des Lebens dessen einziger Gewinn ist. Die Zeit variiert
nur die Mittel. Die Idee bleibt die gleiche. Anders käme man über ein diskutables
historisches Interesse an Persönlichkeiten wie Casanova nicht hinaus; dann wären sie
nichts als in der Zeit bedingt und von ihr völlig aufgebracht, und ein Erinnern
daran wäre nur eine antiquarische Neigung. Aber er ist ein Typus menschlicher
Energie, wie ihn zuerst die Renaissance im Kondottiere hervorbrachte, prachtvoll von
der Zeit, die ihm die Form gab, abgewandelt. Aller Reichtum der Linie, alle Lebhaf-

tigkeit der Farben, alle Anmut des Details und alle Öffnung in große historische Perspektiven würden nicht hinreichen, das Faszinierende der »Erinnerungen« des Casanova zu erklären; mit all dem würden sie nicht viel mehr bedeuten als etwa die Memoiren, die der Page Graf Tilly oder sonst irgendein Frauenjäger der Zeit hinterließ, und die nicht weniger »galante« Abenteuer berichten als der Venetianer, dem es gar nicht auf eine Liste ankam, auf Trophäen des Boudoirs, im Salon zu zeigen.

Casanovas Frauen: sie sind ihm alle dankbar, und es vergessen ihn nur jene, die er in gottverlassenen Stunden sich selber vergessend nahm als eine kleine Gelegenheit. Das war im Leben dieses außergewöhnlich sinnlichen Mannes selten genug. Seine Regel ist, daß ihn die Frau bis in den Grund so erschüttert und zum Äußersten steigert, wie es der gemeine Mann mit nichts als seinem Sexualappetit nie erlebt. Die Frau entzündet ihn so ganz, daß er ein Zauberer wird, und seine Magie reißt die Frau fort: sie erlebt einen Helden, der alles um sie wagt; sie fühlt sich als höchsten Wert über alles Leben gesetzt. Und gibt sich so ganz entbunden diesem Manne hin, daß sie für später mehr als die Erinnerung an eine Liebe behält; geht so auf in diesem Manne, daß sie sich aus ihm nicht mehr zurücknehmen kann, ohne zu verarmen. Casanova hat seine Frauen reicher gemacht, als sie waren, und das im Vergessen zu verlieren, davor hütet sich jede. Darum ist sein Zorn so maßlos, wenn ihn ein böser Augenblick zu dem Unwürdigen verleitet: als Strafe Gottes faßt er dann die oft üblen Folgen, als Strafe für die Sünde an seiner Seele.

Wem es nur darauf ankommt, Mut zu haben, dessen Moral wird Zeiten, die mehr zur Feigheit als zur Tapferkeit, mehr zu »du sollst nicht lügen« als »du sollst die Wahrheit sagen« erziehen, etwas weitherzig vorkommen. Nun ist es aber ein Irrtum, anzunehmen, daß sich die Qualität des Moralischen ändere. Was sich ändert, ist nur der Modus des öffentlichen Verhaltens zu dem, was man unter dem Moralischen begreift, also ein Formprinzip. Die Rücksicht des einzelnen auf das öffentliche Urteil wächst mit der Zahl jener, die das öffentliche Urteil bilden auf Grund einer behaupteten Gleichheit. De facto begibt sich moralisch immer das gleiche: daß man etwas öffentlich mißbilligt, hindert nicht, daß man es heimlich tut; daß man heimlich etwas nicht tut, hindert nicht, daß man es zu tun öffentlich behauptet.

Casanova traf einmal in Barcelona einen Ruffian und erzählte dem, was er über einen gewissen Manucci wußte, z. B., daß der seinen Namen mit Unrecht trüge. Mit diesem Venetianer war Casanova befreundet und er redete ganz ohne Malice über ihn, bloß des Schwatzens wegen, aus Unachtsamkeit, und jener Ruffian profitierte davon zum Schaden Manuccis. Dieser Verrat aus Leichtsinn ist das einzige, was sich Casanova ernstlich vorwirft und nie verzeiht. Man wird sonst kein Urteil Casanovas über seine Moralität finden, aber es mag auch in diesem einzigen Falle schlechten Gewissens die Deutung mehr für sich haben, daß er sich weniger des Verrates selbst – er war, um in seiner Heimat wieder zu leben, einige Jahre lang gemeiner Polizeispion – als seiner Zwecklosigkeit schämte oder daß er, dessen Leben immer aufmerksam war und dessen Wahlspruch, ganz Stil der Aufklärung, nemo sapit qui sibi non sapit, hieß – daß dieser immer Aufmerksame einmal ganz gedankenlos albern war. Kein Zweifel: die Zeit kam Casanova in dem entgegen, was er sich aus seiner Kondottierenatur heraus zu seiner Moral gemacht hatte, und die Avantgarde der Zeit waren die Frauen, ihre als Sklavinnen maskierten Tyrannen. Man entdeckt die Frau immer, hört sie im Schatten lächeln, wo irgendein Mann agiert, reimt, redet, befiehlt. Das Wissen der Frau um ihre Macht wird Wahn, wie jene Dame, die eine Freundin, die die Sonnenfinsternis versäumt hat, tröstet: »Laß gut sein, ich stehe mich mit Herrn von Canini, er läßt die Geschichte wiederholen.« Casanova bedurfte nicht des Rates, den ein Jesuit dem jungen Rousseau gab, sich viel mit Frauen abzugeben, denn »durch sie geschehe alles«. Aber man irrte, wenn man aus der reichlichen Wahl dieses Mittels der Frauen in Casanovas Leben die Frau als Zweck bestimmen wollte, und irrte, suchte man wieder in ihnen nichts als ein Mittel. Casanova will ja nichts über den Augenblick hinaus erreichen, tut nichts, was ihm irgendwann später einmal nützen soll; nützte es ihm, so hatte er es nicht darauf abgesehen. Die Selbstkenntnis, die er sich zusprach, besaß er ja zum Glücke nicht: er ist nie sein eigener Sekretär geworden, auch im Alter nicht, als er seine Jugend mit romantischer Naivität und durchaus nicht als ein objektiver Realist niederschrieb, der von sich eine klare Formel hat, die ihn über das, was er lügt, wegbringt. Casanova dichtet, aber er lügt sich nicht zurecht wie alle jene, die »sich selbst erkennen«. Eingebildet ist er auf das, womit er seine Zeitgenossen nicht wenig gelangweilt hat: auf seine klassische Bildung, seine Homer-übersetzung, seine Vergilkenntnis, seine Mathematik: ein ausgemachter Pedant stellt sich vor. Daß er die Quadratur des Kreises gefunden habe, hätte er, gefragt, auf dem Sterbebette sicher als den Zweck seines Lebens angegeben. Es ist das Zwei-gesichtige des Jahrhunderts, das auch diesem so robusten Menschen von unten den rätselhaften Aspekt gibt, der allen Figuren dieser Zeit eignet. Er ist Pedant und Falschspieler, Zyniker, dem kein Bekenntnis schwer wird, und Empfindsamer, der über anderer Unglück Tränen vergießt. Rousseau steckt seine Kinder ins Findelhaus und traktiert über die Erziehung, Diderot baut die Enzyklopädie auf und schreibt die »Verliebten Kleinode«; der »Geist der Gesetze« und der »Tempel von Gnidos« haben einen Verfasser. Der schwere Buffon tadelt ein Buch, weil man merke, daß es nicht auf den Knien einer Frau geschrieben sei. Jener Prozeß, der heute noch nicht zu Ende ist, hatte begonnen: die Auflösung der Form, einmal durch die Aufklärung, dann durch deren Folge, die Entdeckung des Gefühls. Die Anstrengung, die jeder einzelne sich geben mußte, seine Form gegen die auflösenden Feinde zu behaupten, förderte nur, was heimlich gegen die Form rebellierte, nämlich das Individuum. Die wirkliche Revolution, von der wir uns datieren müssen, war dreißig, vierzig Jahre vor 1789. Als Kind seiner Zeit war Casanova auch ein starker Ausdruck dieser Zeit: er bediente sich der Gesellschaft, um gegen sie zu leben; er nahm ihre Form auf sich, um sie sprengen zu helfen. Er war ein Rebell wie die anderen.

AUS BRIEFEN CASANOVAS
AN J. F. OPITZ, DEN »PHILOSOPHEN VON TSCHASLAU«

Dux, den 10. Jänner 1791.
Ich schreibe »mein Leben«, um was zu lachen zu haben, und es glückt mir. Ich schreibe dreizehn Stunden am Tag, die mir vorübergehen, als wären es ebenso viele Minuten. Es ist ein großes Vergnügen, sich seiner Vergnügen zu erinnern. Aber welcher Schmerz, das mit den Schmerzen zu tun! Ich amüsiere mich, weil ich nicht erfinde. Was mir Mühe macht, ist die Pflicht, die Namen zu maskieren, denn ich habe nicht die Autorität, die Angelegenheiten anderer zu veröffentlichen.

Dux, den 11. Juli 1791.
Meine Gesundheit ist gut, und ich beschäftige mich mit »meinen Memoiren«. Das dient mir als Erholung. Ich fühle mich jung und wie ein Schuljunge, während ich schreibe. Und breche oft in lautes Lachen aus, weshalb man mich für einen Narren hält, denn die Idioten glauben nicht, daß man allein mit sich selber lachen kann ...

Was »die Weisheit« anlangt, so weiß alle Welt, worin sie besteht. »Weise« und »Philosoph« sind Synonyma, und darum muß ich lachen, als Sie mir den Titel »Philo-soph« gaben. Denn ich bin nämlich gar nicht »weise«, aber halte ich mich für einen honnête homme. Der Philosoph ist der homo justus [Mensch der Gerechtigkeit], der alles,

Antoine Pesne:
Gräfin Juliane von Bose

was man »Vorurteile« nennt, unter die Füße gebracht hat. Das ist alles. Seine Devise ist, was Epiktet aus dem Griechischen übersetzt hat: Sustine et abstine. So bin ich nicht, und so war ich nicht. Ich habe niemals verziehen, außer wenn ich die Beleidigung vergaß; ich bin wütend, daß man die Geduld unter die Tugenden zählt; ich pfeife aus Gourmandise auf die Interessen meines Magens. Wie soll ich nicht lachen, wenn man mich einen Philosophen nennt? Der Mensch, der nicht, koste es, was es wolle, imstande ist, sich glücklich zu machen, ist weder »weise« noch ein »Philosoph«, so gescheut und gelehrt er auch sein mag. Scire ist nicht sapere.

Oberleutensdorf, den 20. Februar 1792.
Je weiter »meine Memoiren« fortschreiten, um so überzeugter sehe ich mich, daß das Werk zum Verbrennen gemacht ist. Woraus Sie sehen, daß es sicher nicht das Licht erblicken wird, solange ich Herr darüber bin. Es ist von einer Art, über die der Leser die Nacht versäumt; aber der »Zynismus«, den ich hineingegeben habe, ist übertrieben und überschreitet die Grenzen, welche Brauch und Sitte der Indiskretion gesetzt haben. Aber Sie ahnen nicht, wie sehr mich da das unterhält. Ich habe, ohne zu erröten, wahrgenommen, daß ich mich mehr liebe als irgendwen. Aber bemerken Sie auch, daß ich darüber erröte, nicht rot zu werden; und diese zweite Erubeszenz rechtfertigt mich mir selber gegenüber, und um die andern kümmere ich mich nicht. *Sed metuo, ne cui de te plus quam tibi credas.* [Ich fürchte aber, daß du niemandem mehr über dich glaubst als dir selbst]. Ich sage alles und schone mich nicht, und doch kann ich als Ehrenmann meinen Memoiren nicht den Titel Bekenntnisse geben, denn ich be-

reue nichts, und ohne die Reue, wissen Sie, kann man nicht absolviert werden. Sie könnten glauben, daß ich mich rühme? Durchaus nicht. Ich erzähle der Luft, um was zum Lachen zu haben – mihi scurror, sagte Erasmus.

Teplitz, den 27. Juli 1792.
Da Sie sich für »meine Memoiren« interessieren, muß ich Ihnen sagen, daß ich am Ende des zwölften Bandes halte, im Alter von siebenundvierzig Jahren, das heißt im Jahre 72 dieses Jahrhunderts. Aber ich muß Ihnen auch sagen, daß ich höchstwahrscheinlich Auftrag geben werde, es in meiner Gegenwart zu verbrennen, wenn ich durch Krankheit zu Tode kommen sollte, die den Menschen traurig und vom Leben angeekelt macht. Das wird nicht passieren, wenn ich das Glück haben sollte, in guter Laune zu sterben, das heißt plötzlichen Todes, vor dem Gott Sie bewahre, wenn Sie in der Sache anders denken als ich. Mein seliger Freund, der Graf Max von Lamberg, konnte den Gedanken nicht vertragen, daß ich meine Erinnerungen verbrenne, und da er mich zu überleben glaubte, überredete er mich, ihm die ersten vier Bände zu schicken. Aber nun hat seine schöne Seele seinen Leib verlassen... Um noch von meinen Erinnerungen zu sprechen. Ich bin nicht von der Sekte des Diogenes. Aber trotzdem ist der »Zynismus« so übertrieben in allen Details meiner allzu lebhaften Abenteuer bis zu meinem fünfzigsten Jahr, daß mein Leben ein Werk sein wird, dessen Lektüre man überall verbieten wird, wo man auf gute Sitten Wert legt. Ich bin ein detestabler Mensch; aber ich lege keinen Wert darauf, daß man das weiß, und ambitioniere nicht auf die Ehre, daß mich die Nachwelt verachtet. Mein Werk ist voll vortrefflicher moralischer Instruktionen. Aber wozu taugt das, wenn die reizenden Beschreibungen meiner Sünden die Leser mehr dazu aufregen, sie zu begehen als zu bereuen? Was ich Ihnen hier sage, ist wahr. Außerdem werden die instruierten Leser die Namen aller Frauen und Männer, die ich maskierte, erraten, und die werden sich gegen mich wenden und gegen die Perfidie meiner Seele, obwohl in meiner Geschichte nur die lauterste Wahrheit zu lesen ist.

Mein »Zynismus« hat übrigens keine Verwandtschaft mit dem irgendeines alten priapischen Dichters. Aber denken Sie sich einen »Portier von Chartreux«, eine »Thérèse philosophe«, eine »Aloysia Sygaea« und Schlimmeres noch. Und dann sagen Sie mir, ob ich verbrennen soll oder nicht.

Teplitz, den 15. April 1793.
Erlauben Sie, daß ich Ihnen etwas sage: damit mir unser Briefverkehr Vergnügen macht, haben Sie es nicht nötig, lateinische Zitate zu suchen. Inkommodieren Sie sich nicht mit Zitieren, ich mag Sie auch ohne das. Seien wir wahrhaft und ehrlich in dieser Welt und begnügen wir uns, unsere eigene Ware zu schicken, sicher, daß wir ihren Wert verantworten können. ... Dazu, daß Sie sich von italienischen Obizzos abstammend wähnen und ich Ihnen beim Aufsuchen dieser Ihrer vermeintlichen Familie durch meine italienischen Beziehungen helfen soll, sag' ich Ihnen, daß es noch einen Marquis Obizzo gibt; er ist heute dreißig Jahre alt, immens reich und wohnt in einem Schloß Catayo, sieben Meilen von Padua. Er wurde nach Rousseau erzogen, zieht die Freiheit der Heirat vor, und begräbt man ihn, so ist es mit der Familie Obizzo aus. Haben Sie authentische Papiere, daß Sie sein Verwandter sind, so fahren Sie hin, stellen sich vor, und er wird Sie gut aufnehmen, denn ich kenne ihn persönlich. Er hat Geist. Und wenn er kann, wenn er will, macht er Sie zu seinem Erben. Sie finden bei ihm seine Bastardkinder, einen Serail, eine Menagerie, ein Arsenal, eine Bibliothek, ein naturwissenschaftliches Kabinett und, was die Hauptsache ist, einen vortrefflichen Tisch. Aber statt an ihre Aszendenz zu denken, rate ich Ihnen besser, sich um Ihre Deszendenz zu bemühen. Die wirkliche »Noblesse« hängt nur von uns ab.

Teplitz, den 20. Juli 1793.
Was meine Erinnerungen betrifft, glaube ich, ich lasse sie dort stehen, wo sie stehen. Denn von meinem fünfzigsten Jahr ab habe ich nur Trauriges zu berichten, und das macht mich traurig. Ich habe sie nur geschrieben, um mich mit meinen Lesern zu erheitern; jetzt würde ich sie nur belästigen, und das ist nicht die Mühe wert.

Dux, den 4. Oktober 1793.
Ich hüte mich, Ihnen Lateiner zu zitieren, damit Sie nicht das gleiche tun. Sie tun es aber doch, und das mißfällt mir sehr. Sooft Sie Horaz zitieren, verhunzen Sie die Verse oder irren sich in dem, was Sie sagen. Zitieren Sie richtig, werter Freund, oder gar nicht, und hüten Sie sich besonders, französische Verse zu machen, denn damit machen Sie sich lächerlich, und das Lächerliche entehrt.

Dux, den 17. Februar 1794.
Es gibt Fälle, Herr Opitz, wo ein weiser Mann davon absehen muß, sein weitläufiges Wissen auszulegen, dann nämlich, wenn er jemand damit schockieren könnte. Hätten Sie mich etwa liebenswürdig und höflich gefunden, wenn ich Ihnen anläßlich Ihrer Meinung, daß Sie von den Obizzi wegen Ähnlichkeit der Namen geantwortet hätten, daß ein Tscheche Ihren Namen viel ähnlicher opice, dem tschechischen Worte für Affe, fände als dem italienischen Obizzi? Geben Sie zu, daß Sie meine Erudition impertinent gefunden hätten und beleidigt gewesen wären. Der Misanthrop Casanova fürchtete Ihnen zu mißfallen. Aber Sie müssen wissen, daß Ihre lächerliche Ahnenforschung mich ungeduldig gemacht hat. Möglich, daß mich das Ihnen gegenüber in schlechte Laune brachte, wozu noch die Verse und albernen Attribute kamen, die Ihr mir gesandtes Porträt zieren. Der Unterschied zwischen mir und Ihnen, werter Herr, ist, daß Sie die Schmeichelei lieben, die ich verachte. Aber ich gebe zu, daß die Schmeichelei charakteristisch für alle Philanthropen ist. Möge Gott ihnen vergeben. Um Sie in Ihrer allgemeinen Menschenliebe zu dementieren, versuchte ich, Ihnen unausstehlich zu werden; aber Sie schreiben mir, ich hätte meine Absicht verfehlt, denn Sie liebten mich. Wie kann ich Ihnen nur einen mit prachtvollen Zähnen zerreißen, den Sie lieben? Alle Ihre Ware, die Sie handeln, mein Herr Opitz, besteht nur in Worten, und ich liebe die Fakten. Mein Gott ist die Wahrheit selber, und es tut mir leid, Ihnen sagen zu müssen, daß sie der Ihre nicht ist. Sie nannten meinen letzten Brief ein Geschwätz, Sie werden diesen einen Galimathias nennen: ich finde Ihre Briefe der Nachwelt würdig. Schicken Sie meine Briefe in den Ofen.

ABBÉ
FERDINANDO GALIANI
1728-1787

ABBÉ GALIANI
von Franz Blei

Galiani war einer jener vielen Abbés ohne Weihen, wie sie in der zweiten Hälfte des 18. Jahrhunderts zu den Unentbehrlichkeiten der guten Gesellschaft gehörten. Er lebte zehn Jahre, von 1760 bis 1770, in Paris als Sekretär der neapolitanischen Gesandtschaft, liebte die Frauen und war das schlechte Gewissen der Philosophen, die gerade wieder daran waren, den lieben Gott abzusetzen. Er plauderte eines der diplomatischen Geheimnisse aus, und dies kostete ihn Paris. Von dieser Zeit bis zu seinem Tode – er starb 1787, achtundfünfzig Jahre alt – versah er in Neapel viele und hohe Ämter, sammelte Bilder, Bücher, Kuriositäten und Erinnerungen an seine Maitressen und sehnte sich nach Paris. Dort lebte er sein eigentliches Leben weiter; die Briefe, die er dahin schrieb, sind die Dokumente dieses Lebens, die Fenster seiner Seele, durch die man in sein Inneres blicken kann. Sie öffnen sich zu Frauen hin: zwei Drittel der Briefe sind an seine Freundin, die d'Epinay, an die Damen Necker und du Boccage gerichtet, die anderen an Grimm, seinen intimsten Freund, an Diderot und Holbach. Diese Briefe schreibt kein Autor, der seinen Schriften eine Folie zu geben sucht oder eine noch nötige Deutung, kein Diplomat, der seine Kunststücke und Intrigen enthüllt, kein Denker, der damit seine Systeme kommentiert – es sind Briefe, nichts weiter. Briefe, in denen sich ein Mensch bedeutungsvoll und merkwürdig offenbart. In Briefen von Künstlern, Staatsmännern, Denkern suchen wir Züge, Details zu einem vorbekannten Bild, Korrekturen oder Bestätigungen. In den Briefen Galianis hat man einen solchen Haltpunkt nicht und keinen Bezug; hier ist ein Mensch zu finden: das Ganze.

Die Gesellschaft des Ancien régime liebte die vielen Spiegel in den Gemächern. Man liebte die Geste und konnte sie nicht oft genug sehen; und doch nicht oft genug und nicht genügend. So schrieb man Briefe. Denn diese Briefe sind Spiegel: man schaut in sie hinein, wie man will, daß man von anderen gesehen wird. Man macht Toilette, weil man Zuschauer in der Nähe weiß. Die Briefe von damals sind nicht Mitteilungen wie die von heute; sie sind fixierte Toilettekunststücke des Geistes. Die Damen empfingen zum Lever die Besuche der Herren. Das Lever war keine Intimität. Auch die Toilette der Briefe war keine intime Angelegenheit; man schrieb sie meist für mehr als zwei Augen. Unglückliche, die keine oder zu wenig Adressaten hatten, nannten ihre Spiegel Memoiren. In Briefen handelte man von Wissenschaften, in Briefen schrieb man Romane; so sehr liebte man das Persönliche, daß man es wenigstens in der Form äußern mußte, wenn sie auch der Inhalt weder verlangte noch ertrug. Briefe und Memoiren sind eine Lektüre für jene, die einen Genuß darin finden, die doppelte Persönlichkeit des Briefschreibers herauszusehen, die natürliche

166

und die erworbene, oder die offen hingelegte und die versteckte, die wirkliche und die gewollte. Das Bild im Spiegel gehört dem Menschen, der hineinsieht; es sind seine Augen, sein Mund, aber er kann damit machen, was er will, er kann täuschen, sich und andere. Aber kann er täuschen? Gehört nicht das Täuschenkönnen auch ganz zu ihm? Folgt die Grimasse nicht der Form seiner Natur? Dieses Spiel ist in den Briefen sehr reizvoll zu sehen. Und sie haben noch eines: sie sind eine Probe auf den Wert der Persönlichkeit. Wie mancher, den man für einen Reichen hielt, erwies sich als ein Armer, da man seine Briefe las. Mérimée ist es fast so ergangen. Und andere wieder machten ihre Werke vergessen, als sie in ihren Briefen und Memoiren die ganze Persönlichkeit brachten, wie Amiel. Wie Galiani und Casanova. Andere wieder haben sich als Fürsten unter den Geistern offenbart, die nichts sonst geschrieben haben als ihre Briefe, wie die Madame du Deffand und Villers der Unbekannte.

Würde man Galiani nur von seinen Büchern her kennen, man würde ihn nicht kennen. In seinem Buche *Della Moneta*, das die Nationalökonomen klassisch nennen, gelangt man nur wissensausgerüstet durch die Schanzwerke der Gelehrsamkeit, um einen Gelehrten zu finden, einen Gelehrten allerdings von zwanzig Jahren. In den *Dialogues* ist der Weg unbequem, weil man mit der Historie und Geographie des Ortes vertraut sein muß, um alle die macchiavellistischen Bosheiten und Finessen verstehen und genießen zu können. Galiani schreibt darüber:»Meine Dialogues sind ein Lehrbuch für einen Staatsmann, d. h. für einen Menschen, der den Schlüssel zum Geheimnis besitzt und weiß, daß sich alles auf Null reduziert. Mein Buch ist ganz diabolisch tief, denn es hat keinen Grund. Aber ich hab' es nicht gern, daß man mich vor dem Publikum des Macchiavellismus beschuldigt; das Publikum ist so dumm, und ich bin noch nicht tot.« Das Außerzeitliche, Aufreizende in diesem Buche macht auf den Menschen neugierig, der es geschrieben, und den wir nicht hätten, wären nicht seine Briefe da. Galiani schrieb und war kein Schriftsteller, dessen Gewohnheiten weder noch Sitten er hat; er nimmt keine Pose vor dem Publikum an und affektiert keine Bedeutung. Die Schriftsteller kommen zu ihrem Leben durch ihr Talent, Galiani kam zu seinem Talent durch sein Leben. Von diesem sagt er:»Wenn man in dieser Welt sich des Lebens freuen will, muß man sich immer mit Menschen abgeben, nie mit Sachen. Die Sachen gehören der Flucht der Zeiten an, den Revolutionen, der Geschichte – und das gibt uns ganz und gar nichts. Die Menschen gehören in diesem kurzen Leben zum Genuß des Lebens.«

Die Pariser fanden manche Namen, mit denen sie sich dieses neapolitanische Phänomen an Körperkleinheit und Geistesgröße in eine Formel bringen wollten: einen Harlekin mit Platons Haupt nannten ihn die einen, Macchiavell mit Schellen und Pritsche die anderen, er selbst sich mit zynischer Tiefe: ein Schwein. Harlekin und Macchiavell – diese Lösungen haben den Stil des 18. Jahrhunderts:· man suchte da den Menschen in der Bildung seines Verstandes, man deutete ihn ganz ausschließlich aus seinem geistigen Vermögen. Der psychologische Stil unserer Zeit liebt das als ein Sekundäres zu behandeln; wir sehen den Menschen nicht so ohne Rechnung seiner Schicksale und Instinkte und Krankheiten wie das andere Jahrhundert. Wir suchen nicht mehr des Rätsels Lösung in den Köpfen, seit wir die so leicht und zahlreich vom Rumpf springen sahen. Galiani mußte wohl über die Deutungen lächeln, denn er schrieb:»Man ist weise und resigniert im Verhältnis zu dem, was man gelitten hat. Die Philosophie ist nämlich kein Effekt der Vernunft, sondern der Gewöhnung; sie ist eine bange Furcht, manchmal ein vernünftiges Verzweifeln.« Galiani war ein Skeptiker, auch der Skepsis gegenüber.»Dem Menschen sind fünf Sinne gegeben, daß sie ihm Freude und Schmerz vermitteln – kein einziger, der ihn das Wahre vom Falschen unterscheiden ließe. Der Mensch ist weder da, die Wahrheit zu erkennen, noch getäuscht zu sein. Das ist so gleichgültig. Er ist da, sich zu freuen und zu leiden; genießen wir und versuchen wir nicht zu leiden. Außerdem: es ist durchaus uninteres-

Gillberg nach einem
Gemälde von Lefèvre:
Fernando Galiani

sant, jemandem recht oder unrecht zu geben.« Seine Skepsis ist nicht eine Bequemlichkeit des Denkens und kein System; aber er war als außerordentlicher Beobachter
mißtrauisch gegen die absoluten Wahrheiten geworden. Er sah früh, daß alles wahr
und falsch zugleich sein kann, lustig und traurig, gut und schlecht. Er hatte nur Anti-
pathien gegen die Aufklärungswut seiner Zeit und gegen das Schema vom natürlichen
Menschen. Und da er nichts in der Welt zu repräsentieren schamlos genug war, so
machte er sich auch keine Moral im Stile seiner Zeit zurecht. Er zeigte vielmehr die
heftigsten Reaktionen gegen sie: »Wenn uns die Tugendhaftigkeit nicht glücklich
macht, wozu zum Teufel ist sie da?« Oder ernster: »Ich liebe die Monarchie, weil ich
mich viel näher dem Herrschenden fühle als dem Pflug. Ich habe fünfzehnhundert
Pfund Einkommen, die ich verliere, wenn die Bauern reich werden. Täte jeder wie ich
und spräche jeder nach seinen Interessen, man stritte sich nicht mehr in dieser Welt.
Der Galimathias und die Phrasen kommen daher, weil jeder sich herausnimmt, für
fremde Angelegenheiten einzutreten, statt für seine eigenen. Der Abbé Morellet
schreibt gegen die Pfaffen, der Finanzmann Helvétius gegen die Finanziers, Baudeau
gegen die Faulenzer – und alle für das größte Wohl des Nächsten. Die Pest hole den
Nächsten! Es gibt keine Nächsten! Sagt, was euch zukommt, oder schweigt.« Grimm
erzählt in seiner Zeitung, wie Galiani den Tiberius verteidigte, von ihm sagte, daß
er ein sehr anständiger Mensch gewesen sei. »Er war nur ein bißchen zu sehr Stutzer
und kompromittierte sich bei den Römern mit seiner Leidenschaft für alles Griechische.« Und Diderot schreibt an seine Geliebte: »Unlängst unternahm Galiani die
Apologie des Tiberius und Nero. Gestern die des Caligula. Er behauptete, Tacitus und
Suetonius seien arme Teufel gewesen, die ihre Bücher mit Pöbelmeinungen gefüllt
hätten.« Genau dasselbe, erinnert man sich, sagte Napoleon zu Suard. Die Neuheit
und Kühnheit dieser Stellung zu den moralischen Werten noch mehr zu zeigen,
schreibe ich noch diesen Satz aus einem Briefe her: »Ich weiß, ich! daß ohne diese
Tugenden der Toleranz, des Verzeihens, überhaupt ohne diese Möchereien die
Römer Weltreiche gegründet haben. Und ich weiß, daß mit anderen Grundsätzen die

168

Modernen überall Pygmäen und Schweine geblieben sind.« Was konnte ein Mensch sein, der so gegen seine und über seiner Zeit stand? Diese Zeit und der Niedergang seiner Rasse halfen Galiani nicht, aus seinen Erkenntnissen ein schöpferisches Prinzip zu machen. Seine künstlerische Art mußte unerträgliche Qualen erleiden in dem Unvermögen, sich zu äußern; denn es fehlten ihr die festen Anker der nötigen Beschränktheit. Er war charakterlos.

Was Galiani alles schreiben wollte! Ein Plan verjagte den anderen, keiner wurde ausgeführt. Er gibt in einem Brief den Geist seines Buches, das er schreiben will, und damit ist es ihm auch schon erledigt. Dieses Unvermögen, das ebenso in seiner persönlichen Eigenart begründet war wie in der künstlerischen Dekadenz seiner Rasse, erkannte Galiani früh, und die Frucht dieser Erkenntnis ist der Ton des Possenreißers, in dem er sich oft gefiel: er wird zynisch aus Wut über seine Klugheit. Die leichte geistige Beweglichkeit und die Sinnlichkeit des Südländers retten ihn vor dem Verkommen. – Galianis Leben weist nur einen einzigen Unglücksfall auf: sein ausdauerndes, nie weichendes Glück. Das Glück wartete auf ihn, als er zur Welt kam, ließ ihn sein Leben lang nicht los und ging in dem Trauergeleite hinter seiner Bahre. Dieses perfide, aufdringliche Glück gab Galiani die Kenntnis aller Freuden des Lebens und Verstandes, und es ließ das andere nicht an ihn herankommen: das Unglück, das Leiden, Tränen, Trauer gibt. Diese Wohltaten des Lebens genoß er nicht. So kam in sein Leben nicht die Harmonie, aus der große Dinge entstehen. Er verstand das Unglück nicht; er rühmte sich, nie geweint zu haben. So durch die Pein hartnäckigen Glückes unglücklich muß man sein, um das Ideal des Herrenmenschen naiv erfüllen zu können. Denn Galiani erlas sich seine Wertungen der Menschen nicht aus dem Macchiavell, sondern sie waren ihm mit seinem Leben gegeben, das ihn, wie er sagte, »in die Nähe der Fürsten und nicht die des Volkes gestellt hatte«. Ein Buch, das er immer schreiben wollte und das noch keiner frei genug zu schreiben war, wäre sein entsprechendstes geworden: über Cesare Borgia, »ce gaillard«, das ein anderer »Principe« geworden wäre. Wozu mir Galianis Wort einfällt: »Die Tugend der Fürsten ist wie das Vergnügen einer Jungfernschaft: die Vorstellung davon ist schöner als ihr Genuß.«

Galianis Briefe aus seinen letzten Lebensjahren haben nicht jenen morbiden Schimmer der Misanthropie wie die Briefe der du Deffand, des Walpole und der anderen berühmten Epistoliers der so amüsanten und so amüsierten Zeit des Ancien régime. »Alle Menschen werden einander so gleich«, klagt Walpole – es stieg die Morgenröte der Égalité auf und mit ihr die Langeweile dieser Gesellschaft, die »Misanthropie aux pastel«, wie es Barbey d'Aurevilly nannte. Der Naturgenuß war dem 18. Jahrhundert fremd; die Kunst hatte es sich mit Geist verkünstelt; um die Sensationen eines naivreligiösen Glaubens hatte es sich gebracht und hatte nur die paar kleinen Fieber des Aberglaubens; übrig blieb, was der Verstand des Menschen dem Menschen zu geben vermag. Im Salon wurde der letzte Tropfen Blut zu einem Bonmot verbraucht. Köpfe saßen an der Tafel, nur Köpfe, denn auch das Geschlecht war ermüdet. Wie sollte man sich da am Menschen nicht langweilen? So tat diesen Organismen ohne organische Funktionen das Blut der großen Revolution wohl wie ein stärkendes Bad. Systole und Diastole begannen wieder, die Brust hob und senkte sich wieder, man suchte Raum für die neue wiedererwachte Bewegung des Körpers; man mußte die Kleidertracht ändern, denn alles war zu eng, zu beengend geworden: sans culottes ging man am liebsten. Zu den Köpfen, die sich geistreich gelangweilt hatten, kamen wieder Hände, die zupackten, Bäuche, die verschlangen, Beine, die weite Kriegsmärsche machen wollten. Die Menschen wurden gegen die proklamierte Égalité wieder ungleich, und die misanthropische Langeweile verschwand.

Galiani starb zur rechten Zeit. Er wußte, was im Kommen war, und oft hatte er seine philosophischen Freunde vor dem Wege, den sie in den Tod gingen, gewarnt.

Er langweilte sich nicht, weil er wußte, daß alles bald ganz anders würde – er hatte genug damit zu tun, den schwindenden Rest der alten Zeit mit allen ihren seigneuralen Freuden aufzubrauchen; daß er dies nicht in Paris tun konnte und in Neapel mußte, wo ihm die Frauen nicht gefielen, war sein Kummer. Zwei Jahre vor 1789 trat er ab, als ob er den Menschenrechten hätte aus dem Wege gehen wollen, er, der nur Herrenrechte gekannt und gutgeheißen hatte.

GESPRÄCH ÜBER DIE FRAUEN

MARQUIS. Wie definieren Sie also die Frau?

CHEVALIER. Ein Geschöpf, das von Natur schwach und krank ist.

MARQUIS. Ich gebe zu, daß die Frauen oft beides sind, aber ich bin überzeugt, das ist eine Wirkung der Erziehung, des ganzen Systems unserer Sitten, und hat ganz und gar nichts mit der Natur zu tun.

CHEVALIER. Marquis, es gibt auf der Welt mehr Natur, und es findet weniger Verletzung der Natur statt, als Sie glauben: man ist, was man sein muß. Es ist mit den Menschen nicht anders als mit den Tieren. Die Hautfalten sind von Natur da; Erziehung und Gewohnheit machen die Schwiele. Sehen Sie sich die Hände eines Arbeiters an: Sie sehen in ihnen das Bild der Natur.

MARQUIS: Ein häßliches Bild! Nach Ihnen soll also die Natur die Frauen schwach geschaffen haben. Und die Weiber der Wilden?

CHEVALIER. Die sind ebenfalls schwach.

MARQUIS. Doch nicht alle, wie mir scheint.

CHEVALIER. Ich gebe zu, daß eine Wilde mit ihrem Stock vier von unsern Gardekavalleristen verprügeln würde; aber beachten Sie, daß der Wilde mit seiner Keule zwölf niederstrecken würde: also bleibt das Verhältnis immer das gleiche. Es bleibt stets wahr, daß die Frau von Natur aus schwach ist; man bemerkt dieselbe Ungleichheit bei mehreren Arten von Tieren. Vergleichen Sie den Hahn mit den Hennen, den Stier mit den Kühen. Die Frau ist um ein Fünftel kleiner als der Mann und fast um ein Drittel weniger stark.

MARQUIS. Welche Schlüsse ziehen Sie also aus dieser Definition?

CHEVALIER. Daß diese beiden charakteristischen Zeichen, Schwäche und Krankheit, uns den allgemeinen Ton, die wesentliche Farbe für den Charakter des weiblichen Geschlechts angeben. Wenden Sie diese Theorie im einzelnen und kleinen an, und Sie erklären alles damit. Vor allen Dingen wird ihre Schwäche die Weiber verhindern, sich allen jenen Berufen zu widmen, die einen gewissen Grad von Kraft und viel Gesundheit erfordern, zum Beispiel den Beruf des Schmiedes, des Maurers, des Seemanns, des Kriegers...

MARQUIS. Sie glauben, die Frauen wären nicht zum Kriegsdienst tauglich? Ich glaube, sie würden sich gut schlagen.

CHEVALIER. Das glaube ich auch; aber sie würden nicht biwakieren. Sie haben den Mut, der Gefahr die Stirn zu bieten, sie haben aber nicht die Kraft, die Strapazen zu ertragen.

MARQUIS. Das wäre wohl möglich; das Menschentöten ist ein anstrengender Beruf. Als ich ihn ausübte, kam es mir immer vor, als kostete es zuviel Mühe, seinen Feind zu töten. Wenn Sie aber den Frauen Mut zubilligen, so werden Sie auch einräumen müssen, daß sie Kraft haben.

CHEVALIER. Keineswegs: ein Sterbender kann wohl Mut haben, ohne die geringste Kraft zu besitzen. Wissen Sie, was Mut ist?

MARQUIS. Nun?

CHEVALIER. Die Wirkung einer ganz großen Furcht.

MARQUIS. Wenn das kein Paradoxon ist, will ich auf der Stelle tot sein!

CHEVALIER. Nennen Sie's Paradoxon, soviel Sie Lust haben; deshalb ist es doch nicht weniger wahr. Man läßt sich mutig ein Bein abschneiden, weil man große Angst hat, man werde sterben, wenn man es behält. Ein Kranker schluckt ohne Widerstreben eine Medizin hinunter, die ein gesunder Mensch niemals einnehmen würde, man stürzt sich in die Flammen, um seine Geldkiste zu retten, weil man Furcht hat, sein Geld zu verlieren; wenn man gleichgültig dagegen wäre, würde man sich nicht der Gefahr aussetzen.

MARQUIS. Aber wenn diese Wirkungen ihren Ursachen entsprechen, so wird also der Mut, genau wie die Furcht, nichts weiter sein als eine Krankheit der Einbildungskraft.

CHEVALIER. Außerordentlich richtig! Darum haben auch Weise niemals Mut, sie sind vorsichtig und maßvoll; mit andern Worten: feige. Im großen und ganzen haben nur Narren Mut. Gestatten Sie mir hinzuzufügen, daß die Franzosen die mutigste Nation der Welt sind?

MARQUIS. Nach den indischen Marotten, wenn's Ihnen recht ist. Sie können ein Lob auf meine Nation nicht boshafter anbringen; aber man kennt Sie ja; man weiß, was an Ihnen ist.

CHEVALIER. Schönsten Dank. Ich behaupte also: das Weib ist schwach in der ganzen Anlage ihrer Muskeln, daher ihr häusliches Leben, ihre Anhänglichkeit an den Mann, der für ihren Unterhalt sorgt, ihre Beschäftigung, ihr Handwerk, ihre leichte Bekleidung usw.

MARQUIS. Und warum stellen Sie sie als ein krankhaftes Geschöpf hin?

CHEVALIER. Weil sie es von Natur ist. Zunächst ist sie, wie alle Tiere, krank, bis sie vollkommen ausgewachsen ist. Dann treten die an der ganzen Klasse der Zweihänder so wohlbekannten Symptome ein: daran ist sie, alles miteinander gerechnet, monatlich sechs Tage krank, und das macht zum mindesten ein Fünftel ihres Lebens aus. Dann kommen Schwangerschaft und Kindernähren, zwei recht unbequeme Krankheiten, wenn man es recht nimmt; sie haben also nur Gesundheitspausen während einer beständigen Krankheit. Dieser beinah andauernde Zustand wirkt auf ihren Charakter ein; sie wird anschmiegend und entgegenkommend wie fast alle Kranken, manchmal aber auch schroff und launisch – wie die Kranken, leicht zu erzürnen, leicht zu besänftigen. Sie suchen Zerstreuung und Unterhaltung; ein Nichts amüsiert sie – wie die Kranken. Stets ist ihre Phantasie angeregt; Furcht, Verzweiflung, Hoffnung, Begierde, Abscheu folgen schneller aufeinander als beim Mann, üben eine stärkere Wirkung auf ihr Hirn und verschwinden auch schneller. Sie lieben lange Zeit zurückgezogen zu sein und zwischendurch einmal fröhliche Gesellschaft zu haben – wie die Kranken. Wir pflegen sie, wir werden mit ihnen gerührt, ihre echten oder falschen Tränen gehen uns zu Herzen; wir haben Teilnahme für sie, wir suchen sie zu zerstreuen, aufzuheitern; dann lassen wir sie wieder lange Zeit allein in ihren Zimmern. Dann suchen wir sie wieder auf, liebkosen sie und . . .

MARQUIS. Sprechen Sie das Wort nur aus! Bleiben Sie nicht auf bestem Wege stehen!

CHEVALIER. Ja, wir suchen sie zu heilen, indem wir ihnen vielleicht eine neue Krankheit zufügen.

MARQUIS. Fügen Sie hinzu, daß sie darüber nicht böse sind, sondern es in Geduld einnehmen, wie Kranke, die man pflegt, oder bei denen man Ätzmittel anwendet.

CHEVALIER. Sie lassen sich's gefallen, gerade wie die Kranken, weil sie glauben, daß alles zu ihrem Besten geschieht und daß sie sich danach besser befinden.

MARQUIS. Aber wenn die Zeit all dieser Gefahren und Wagnisse vorbei ist?

CHEVALIER. Dann sind sie allerdings nicht mehr krank, das gebe ich zu. Aber dann sind sie auch so gut wie nicht mehr vorhanden, das werden Sie zugeben.

MARQUIS. Wissen Sie, Chevalier, Sie können mir lange vorreden, die Frauen seien ihrem Wesen nach krank; das will mir nicht in den Kopf hinein. Wenn für Ihre Zwecke die Neapolitanerinnen durchaus krank sein müssen, so will ich das zugeben, um Ihnen gefällig zu sein. Aber von den Pariserinnen kann ich es nicht zugeben. Gehen Sie ins Vauxhall, auf die Boulevards, auf den Opernball, und sehen Sie mal diese Kranken an, die den Teufel im Leibe haben! Sie tanzen ganze Nächte durch und machen zehn Tänzer müde; sie machen einen ganzen Karneval hindurch und ziehen sich nicht die geringste Erkältung zu. Und die nennen Sie krank?

CHEVALIER. Mein lieber Marquis, Sie machen Einwendungen mit meinen eigenen Argumenten. Gerade alles das, was Sie da sagen, beweist, daß wir Männer mit unsern Verstandesgaben die Natur der Weiber nicht besser verstehen und definieren können, als indem wir sie Kranke nennen, weil sie im gewöhnlichen Zustand vollkommen so sind, wie wir in krankem. Haben Sie nicht beobachtet, daß vier Männer kaum genügen, um einen Kranken festzuhalten, der Krämpfe hat oder tobsüchtig ist? Wer von der Tarantel gestochen ist, hat mehr Kraft zum Tanzen als ein Gesunder. Diese ungleiche, übermäßig unbeständige Kraft ist gerade ein Krankheitssymptom und eine Wirkung der ungeheuern Erregung der Nerven, die durch eine erhitzte Phantasie überreizt sind. Die Nervenspannung kommt der natürlichen Schwäche der Fibern und Muskeln zu Hilfe. Darum brauchen Sie nur die Phantasie auszuschalten, und alles ist aus. Jagen Sie die Musikanten fort, löschen Sie die Kerzen aus, nehmen Sie die Leute fort, und die ewigen Tänzerinnen können keine dreißig Schritte zu Fuß machen und kommen völlig erschöpft zu Hause an; sie müssen Wagen und Tragstühle haben, selbst wenn sie nur die Straße zu überschreiten haben.

MARQUIS. Sie schlagen mich, wie gewöhnlich, weil es so Gottes Wille ist. Trotzdem fühle ich mich von dem, was Sie sagen, ganz und gar nicht überzeugt und glaube kein Wort davon. Ich glaube wohl, daß Sie recht haben, so wie die Dinge jetzt stehen; aber mir scheint dies alles eine Wirkung der Verderbnis zu sein und keineswegs dem natürlichen Zustand zu entsprechen. Wenn man die Natur gewähren ließe und nicht unaufhörlich ihre Ansichten durchkreuzte, würden die Frauen uns gleichwertig sein, mit dem Unterschiede, daß sie zarter und lieblicher wären.

CHEVALIER. Scherz beiseite: glauben Sie, daß es auf der Welt eine Umerziehung gibt?

MARQUIS. Oh, dieses Paradoxon ist aber doch zu stark! Ich rate Ihnen freundschaftlich, es etwas zu mildern, es ein wenig einzuschränken oder, wenn Sie wollen, es zu »erklären« – dieses Wort im Sinne von »zurücknehmen« verstanden, wie bei den königlichen Erklärungen, die »zur Auslegung vorher erlassener Verfügungen« dienen.

CHEVALIER. Ich habe Achtung vor Ihren Ratschlägen; man kann sie befolgen, denn ich habe mich stets wohl dabei befunden. Ich werde also »erklären«; Sie werden sehen, ob ich »zurücknehme« oder nicht. Man hat viel von »Erziehung« gesprochen, man hat Bände darüber geschrieben, und wie üblich ist das Gebiet überhaupt erst urbar zu machen, das Buch darüber noch ungeschrieben. Dreiviertel von den Wirkungen der Erziehung sind nichts weiter als die Natur selbst: eine Notwendigkeit, ein organisches Gesetz unserer Rasse, eine Wirkung unserer mechanischen Konstitution. Nur ein Teil der Erziehung hängt nicht vom Instinkt ab, hat weder mit der Natur noch mit unserer Anlage etwas zu schaffen und ist nur dem Menschengeschlecht eigentümlich; aber nicht von diesem Teil rührt die Verschiedenheit zwischen Mann und Frau her. Also habe ich recht.

MARQUIS. Wie? Sie sagen, die Erziehung sei ein Instinkt?

CHEVALIER. Ja, natürlich. Alle Tierrassen haben ihre Erziehung: die einen erziehen ihre Jungen zur Jagd, andere zum Schwimmen, noch andere dazu, daß sie ihre Feinde, ihre Beute und die Nachstellungen erkennen, mit denen man sie verfolgt. Der Mann

François Boucher: Toiletteszene

und das Weib erziehen in gleicher Weise instinktmäßig ihre Kinder: sie richten sie ab, daß sie gehen, essen, sprechen; sie schlagen sie und prägen ihnen den Begriff der Unterwerfung ein; dadurch schaffen sie, die Rute in der Hand, die Grundlage des Despotismus: Furcht. Sie putzen sie mit allerlei Tand heraus und errichten so das Gebäude der Monarchie: durch Ehre und Eitelkeit. Sie küssen sie, liebkosen sie, spielen mit ihnen, verzeihen ihnen ihre kindlichen Streiche, sprechen vernünftig mit ihnen und erwecken dadurch in ihnen die republikanischen Ideen der Tugend und der Familienliebe, die sich dann in Vaterlandsliebe wandelt.

MARQUIS. Sie schließen sich, wie ich sehe, ganz genau der Einteilung und dem System Montesquieus an.

CHEVALIER. Alle Moral ist ein Instinkt, lieber Freund, und nicht die Wirkung der Erziehung verändert und verschlechtert die Natur oder durchkreuzt ihre Absichten. Das bilden Dummköpfe sich ein. Im Gegenteil, alles ist Wirkung der Natur selber, die uns auf die Erziehung hinweist und uns antreibt, diese Erziehung zu geben, die nur eine Weiterentwicklung der Natur ist.

MARQUIS. Aber was ist denn das für ein Teil der Erziehung, der weder von der Natur noch vom Instinkt abhängt und ausschließlich uns Menschen eigentümlich ist?

CHEVALIER. Die Religion.

MARQUIS. Ah! Ich verstehe: man nennt sie übernatürlich, weil sie außerhalb der Natur steht.

CHEVALIER. Die Natur hat uns nicht einmal einen Hinweis auf die Religion gegeben; wir haben keine religiösen Instinkte. Die Religion ist keiner einzigen Gattung von Tieren eigentümlich. Sie ist ein Geschenk, das wir ganz und gar nur der Erziehung verdanken, und ein Mensch, der gar nicht erzogen wäre, hätte ganz gewiß gar keine Religion; ich berufe mich auf die wilden Menschen, die man in europäischen Wäldern gefunden hat. Tatsächlich unterscheidet nur die Religion den Menschen vom Tier; sie ist das Unterscheidungsmerkmal unserer Art. Statt den Menschen als »vernünftiges Tier« zu definieren, sollte man ihn ein »religiöses Tier« nennen. Alle Tiere sind vernünftig; der Mensch allein ist religiös. Moral, Tugend, Gefühl sind ein Instinkt in uns. Der Glaube an ein unsichtbares Wesen ist nicht instinktmäßig.

MARQUIS. Sie erinnern mich an einen Schriftsteller, der zum Beweis, daß der Elefant ein vernünftiges Tier sei, erzählte, man sehe ihn dem Monde eine Art Gottesdienst erweisen; denn an den Tagen des Neumondes gehe er andächtig in den Fluß, um seine Waschungen vorzunehmen.

CHEVALIER. Ich glaube nicht, daß der Elefant einen Gottesdienst hat. Aber wenn Sie sehen, daß ein Tier von irgendwelcher Gestalt: ein Nashorn oder eine Schildkröte oder ein Äffchen oder ein Urang-Utan sich eine Vorstellung von unsichtbaren Ursachen macht, so können Sie wetten, daß dieses Tier ein Mensch ist oder in der dritten Generation ein Mensch werden wird.

MARQUIS. Worin besteht denn nach Ihnen das Wesen dieser religiösen Idee?

CHEVALIER. In dem Glauben an das Vorhandensein eines oder mehrerer Wesen, die durch keinen unserer Sinne wahrzunehmen sind, die unsichtbar, unfaßbar und doch die Ursache gewisser Erscheinungen sind.

MARQUIS. Und die Tiere glauben nicht an so etwas?

CHEVALIER. Nein; wenigstens zeigen sie es uns auf keine Weise. Das Tier sieht den Orkan kommen, es hat Furcht, versteckt sich und wartet, bis er vorüber ist. Der Mensch sieht den Orkan, stellt sich vor, es gebe ein unsichtbares Wesen, das ihn hervorriefe, und glaubt schließlich, wenn er dieses Wesen besänftige, habe er ein Mittel gegen Stürme. Dies ist die allgemeine Begriffsbestimmung der Religion, und zwar umfaßt sie die wahren wie die falschen Religionen; aber ich will auf die Weiterentwicklung dieser Idee nicht eingehen. Immerhin will ich gegen jeden Freigeist zu behaupten wagen, daß alles, was uns vom Tier unterscheidet, nur eine Wirkung der Religion ist. Politische Gesellschaft, Regierung, Luxus, Ungleichheit der Stände, Wissenschaften, abstrakte Ideen, Philosophie, Mathematik, schöne Künste – mit einem Wort: alles verdankt seinen Ursprung diesem Unterscheidungsmerkmal unserer Art.

MARQUIS. Ich will Sie noch fragen, ob wir bei dieser Vorstellung von unsichtbaren Ursachen gewonnen oder verloren haben, ob es eine wahre Religion neben den falschen Religionen gibt, ob die wahren und die falschen gleich gut oder gleich schlecht sind. Ich wollte Sie fragen, woher denn nur, und aus welcher Urquelle, diese religiöse Idee uns kommen konnte, die nicht instinktmäßig ist, die nur durch eine besondere Erziehung sich in uns bildet, die für uns dasselbe ist wie die Reitschule für das Pferd; denn diese Reitschule ist für das Pferd eine Erziehung, die mit der ihm von seiner Mutter, der Stute, gegebenen nichts gemein hat. Aber ich werde Sie nach nichts mehr fragen; denn indem Sie den Menschen als »religiöses Tier« definieren, machen Sie mir den Eindruck, als wollten Sie sehr religiös sein.

CHEVALIER. Oder auch sehr dumm. Ich mußte wählen: ich habe es vorgezogen, Mensch zu sein. Das ist reine Geschmackssache. Ich weiß wohl, Rousseau hätte anders gedacht; er zieht es vor, auf allen vieren zu laufen, und läuft einstweilen in langen Unterhosen herum. Das ist nun mal sein Geschmack. Aber Sie haben unsern Ausgangspunkt aus dem Gesicht verloren. Sie werden mir zugeben, daß die Erziehung im eigentlichen Sinn des Wortes, das heißt die Idee der Religion und des Gottesdienstes, auf die Verschiedenheit des weiblichen Geschlechtes von dem unsrigen keinen Einfluß haben kann, da sie uns allen, Männern wie Frauen, gemeinsam ist.

Die Frauen haben ebensoviel Religion wie wir.

MARQUIS. Ebensoviel! Ich glaube, sie haben mehr.

CHEVALIER. Und ich glaube, sie haben weder mehr noch weniger. Im großen und ganzen läuft es auf folgendes hinaus: wenn sie eine größere Religion haben, so geben wir unserm Teil eine größere Entwicklung. Die Wirkungen bleiben die gleichen.

MARQUIS. Haben Sie das eben erschienene Buch von Thomas über die Frauen gelesen?

CHEVALIER. Nein.

MARQUIS. Er sagt nichts von dem, was Sie gesagt haben.

CHEVALIER. Wissen Sie auch, warum?

MARQUIS. Nein, allerdings nicht!

CHEVALIER. Weil ich nichts von dem sage, was er sagt.

MARQUIS. Das scheint mir klar zu sein. Ach, wie schade, ich muß Sie verlassen. Es tut mir recht leid, aber ich habe so viel zu tun.

CHEVALIER. Bleiben Sie; es wird auch ohne Sie fertig.

MARQUIS. O nein! Ich muß unbedingt auf die Quais, um Porträts berühmter Männer zu vierundzwanzig Sous das Stück zu kaufen, Porträts, die gar nicht schlecht sind, das schwör' ich Ihnen. Sie sollen meine Sammlung vervollständigen; ich weiß allerdings noch nicht, wo ich sie unterbringen soll; aber daran werde ich denken, wenn ich sie nur erst habe. Adieu!

CHEVALIER. Meinen Glückwunsch zu dieser Neuerwerbung. Aber mir scheint, Sie bezahlen diesmal mehr als für gewöhnlich. Sie richten sich zugrunde, Marquis.

MARQUIS. Man muß doch etwas zu seiner Erheiterung haben. Auf Wiedersehen, Chevalier.

CHEVALIER. Adieu, lieber Freund!

ALEXANDRE BALTHASAR LAURENT GRIMOD DE LA REYNIÈRE 1758-1838

GRIMOD DE LA REYNIÈRE
von Franz Blei

D as ganze 18. Jahrhundert speiste bei den R̃eynière, dem Großvater, dem Vater und dem Sohne Balthasar, der als der dritte einer Generation von Gourmands in diesen Stücken naturgemäß das Höchste leistete. Wobei ihm einmal seine zweifach ererbte Anlage, dann ein Bandwurm und schließlich eine Reihe anderer glänzender Eigenschaften zu Hilfe kam, was alles die Geschichte eines dicken Mannes nicht minder beschreibenswürdig macht als die eines großen.

Der älteste Reynière fand sich in einer Zeit leben, da die aufgehende Sonne der französischen Küche ihre ersten Strahlen warf, da neben Boileau, dem Gesetzgeber der Poesie, nicht minder Vatel, der große Gesetzgeber der neueren Küche, glänzte, die unter dem Regenten ihre Ausbildung, unter dem fünfzehnten Ludwig ihre Vollendung erfuhr. Die Schöpfung der modernen Kochkunst kommt ja gewiß den Italienern des 17. Jahrhunderts zu, aber zum endgültigen Siege über die Barbarei verhalfen ihr die Franzosen, indem sie mit ihren eigenen Traditionen, die bei Taillevent, dem Koche Charles' VII., beginnen, die italienischen Neuerungen geschickt und geschmackvoll zusammenbrachten, so daß dieses Resultat unter dem Regenten seinen Triumphzug durch die Welt antreten konnte. Vom Hofe kam die Kunst zum Adel; von dem übernahmen sie die Finanzleute, die Generalpächter, und retteten sie vor der Degeneration, die ihr unter dem sechzehnten Ludwig drohte, der gar nichts von der Kunst verstand und große Stücke Rindfleisch wie ein Kleinbürger verzehrte.

Reynière I., Generalpächter, erstickte an einer Gänseleberpastete und hinterließ Appetit, Vermögen und Würde Reynière II., der es schon zu einer gewissen Berühmtheit brachte; man kann sein Porträt im Louvre sehen. Er gab seinem Sohn, der ihm am 20. Dezember 1758 von einer sehr adeligen Frau geboren wurde, den glücklichen Namen Balthasar, dessen Verdienst als Reynière III. es ist, die großen Traditionen der neuen Küche glücklich über die schlimmen Zeiten der Revolution gerettet zu haben, durch treffliches Beispiel sowohl als geistvolle Lehre. Denn gleich geschickt führten seine eisernen, weißbehandschuhten Hände Gabel wie Feder. Ja, seine eisernen Hände. Das war ein kleines Malheur bei seiner Geburt, daß er mit Entenfüßen statt Händen zur Welt kam, was ihm ein Schweizer Arzt geschickt mit Eisen und Leder korrigierte. Er trug das mit Humor, rührte die heißesten Töpfe an, sagte, die seien kalt, und die anderen verbrannten sich die Finger. Seine Kindheit verbrachte er auf den Knien der Mlle. Quinault von der Comédie-Française, bei der ihn sein Großonkel, der Bischof von Orleans, einführte. Von da behielt Grimod eine Schwäche für das Theater, soweit es dessen weiblichen Teil betraf und der sich gerade hinter der Bühne aufhielt. Von den Knien der Quinault kam er in die weniger weichen Hände

seiner Hofmeister, die ihm das Leben zum Verdruß machten, so daß er sich in vielerlei Liebschaften davon erholen mußte. Seine Eltern, die auf Würde hielten, fanden das nicht gut und schickten ihn auf Reisen in die Schweiz, wo er sich mit Voltaire so gut unterhält wie mit Lavater. In Lausanne fiel es ihm ein, seine ersten Poesien drucken zu lassen, die aber aus seiner Bedeutung nicht so viel mitteilen wie ein zufälliges Zusammentreffen mit seinem Vater in einer Provinzherberge der Dauphiné. Reynière der Vater kommt hungrig in den Gasthof und bekommt nichts zu essen, findet aber in der Küche, wo er selbst danach sieht, sieben geschlachtete Truthähne. Doch sie sind bereits bestellt von einem Herrn. Der hungrige Generalpächter muß diesen Herrn sehen, der allein sieben Truthähne speist, und es ist sein Sohn.»Aber, verehrter Papa, Sie haben mir doch stets gesagt, daß man aus den Stücken immer nur das Beste nehmen darf. Das Beste beim Truthahn ist, wie Sie wissen, diese Kleinigkeit hinten, und das gibt von sieben Hähnen gerade eine kleine Mahlzeit.« Man sieht, Grimod ließ es schon frühzeitig nicht an Ernst in seinen Angelegenheiten fehlen: er war erst achtzehn Jahre alt, als er seinem Vater die Lektion gab.

Grimod darf heimkommen und wird Advokat; darüber hatte er Ideen, die nicht die seiner Eltern waren, wie er sich auch sonst in diesem Hause nicht wohl fühlte und manche Bosheit über die cordons rouges und cordons bleus sagte, die seine sehr adelsbewußte Mama in ihrem Salon empfing. Er sollte als Richter in die Regierung eintreten, aber er zieht es vor, arme Teufel umsonst zu verteidigen. Eine kleine Philosophie leistete sich damals jeder, und Grimod erklärte:»Als Richter kann ich in den Fall kommen, meinen Vater hängen zu lassen, als Advokat kann ich ihn verteidigen.« Er bekam aber während der acht Jahre seiner juristischen Tätigkeit keinen Anlaß dazu, was vielleicht nicht an dem Papa Generalpächter lag.

Obwohl das Herz dem Magen so nahe ist, kann man es doch als ganz ausgeschlossen betrachten, daß der Gourmand ein der Liebe geneigtes Temperament besitze. Grimod machte hier wie in vielen Dingen eine Ausnahme: er verliebt sich, und wieder sind es seine Eltern, die seine Liebe zu einer unglücklichen machen, da sie die betreffende Dame, die von kleinem Adel war, nicht standesgemäß finden. Man kann verstehen, daß es zwischen ihm und den Seinen zu völligem Bruch kam, als er in späteren Jahren eine kleine Tänzerin heiratete. Aber die unglückliche Liebe hatte zwei unmittelbare Folgen: Grimod richtete sich in dem Hotel de la Reynière, das heute noch an der Ecke Place de la Concorde und Rue de Champs-Elysées steht, seine eigenen Appartements ein mit seiner – und dies war die zweite Folge – eigenen Küche. Nicht, daß es der Tisch seines Papas an irgend etwas fehlen ließ, aber der Sohn hatte da seine eigenen Ideen. Und es war sein Charakter so, daß er höflich – und er hieß der höflichste Mann des Königreichs – jeden Rat anhörte und dann tat, was er schon vorher zu tun entschlossen war. In seinen Salon lud er jeden Freitag und Samstag die Gens de lettres und einige Advokaten zu seinen»Déjeuners philosophiques«, wie er es nannte; Beaumarchais fehlte nicht, er brachte Komödianten, Mercier war ein ständiger Gast und auch Rétif eine Zeit. Grimod war in seiner Jugend das, was man heute exzentrisch nennt. Hinter dem letzten erwarteten Gast schlossen sich Gittertüren, die von innen nicht zu öffnen waren. Um den Tisch in der Mitte standen die Stühle, einer nach der Sitte der englischen Klubs etwas erhöht für den Präsidenten, den man zu jedem Dejeuner neu wählte. Das Reglement war in goldenen Buchstaben an die Wand geschrieben. Von einem kleinen Jockei unterstützt, brachte Grimod in die Versammlung eine Pyramide Butterbrote. Zwei Diener folgten, jeder mit einer mächtigen Kanne Kaffee. Denn dieses war die Regel: Jeder mußte mindestens achtzehn, höchstens zweiundzwanzig Tassen Kaffee trinken. Der am schnellsten damit fertig war, wurde Präsident. Die Brote wurden gegessen, und dann machte ein Aal von mächtiger Dimension den Schluß. Als die Quinault starb, feierte Grimod ein Totenmahl, von dem Paris jahrelang erzählte, denn er hatte Zuschauer auf die Balkone

zugelassen, und es gab einigen Skandal über die phantastische Mischung von Leichen-
zeremonien und großem Essen. Bachaumont berichtet in seinen Memoiren die kleinsten Details dieser Geschichte wie des Duells, das Grimod im Bois mit einem Herrn,
der ein Flegel war, auskämpfte, vor dreitausend Zuschauern, da man Pistolen be-
nützte. Grimod schoß seinem Gegner den Kopf entzwei. Das hatte keine weiteren
Folgen, aber eine andere Sache kostete Grimod alles, was er hatte: Freiheit, Vermögen, Ansehen. Ein Pamphlet Grimods gegen einen schlechten Dichter benützt der
Minister de Breteuil als Vorwand für eine ganz persönliche Rache. De Breteuil war
der Geliebte der Mutter Grimods, und da waren ihm die boshaften Bemerkungen des
Sohnes unangenehm geworden. Er ließ ihn verhaften und auf zwei Jahre in ein
Kloster bei Nancy sperren. Der Gefangene schreibt nach zwölf Monaten Haft an einen
Freund: »J'ai perdu en énergie ce que j'ai gagné en méditation; mon âme n'a plus de
ressort, on ne m'accusera plus d'avoir un caractère. En un mot, je suis devenu comme
tout le monde, moi qui me piquois de ne ressembler à personne *.« Es muß ein trauriges Kloster gewesen sein, das Grimod so trübe Gedanken gab, und doch nicht so
traurig, daß es seinem Leben wirklich nach dieser weisen Resignation hin Richtung
gegeben hätte. Er war kaum dreißig und fing erst an, ganz anders zu sein als die
anderen Menschen. Wieder in Freiheit, ging er auf Reisen, in die Schweiz, nach
Deutschland; er konnte nach Paris zurück, aber es zog ihn nicht dahin, da er mit der
neuen Politik nicht sympathisierte, obwohl er unter der alten eingesperrt worden
war. In Lyon geschieht das Unbegreifliche: er heiratet Mme. Mitoire, die Tänzerin.
Daß er darüber die Prädestination zu seinem Ruhm nicht verlor, beweist, daß der auf
festen Füßen stand. Die Folge seiner Heirat war der Verlust seines Vermögens; seine
Bezüge aus Paris hörten auf, und angewiesen, sich selbst eine Tafel zu verdienen,
gründete er einen ambulanten Basar, mit dem er von Stadt zu Stadt zug. Und vergaß
über Merkur den Apoll nicht, wie man es im Stil der Zeit sagen muß und wie es den
kleinen Versen und Geschichten zukommt, die er mit Häubchen und Pantoffeln verkaufte, die vielleicht besser waren. Aber die große Kunst sucht man im ganzen
18. Jahrhundert vergeblich, so darf man mit der kleinen des Grimod nicht zu streng
sein. Und sie ist auch nicht sein Ziel, so viele Bände Verse und Theaterkritik von ihm
sein mögen. Sein Ruhm ist ein anderer.

»Es ist eine Tatsache, daß während dieser ganzen schrecklichen Revolution nicht
ein einziger schöner Turbot auf den Markt gekommen ist« – das ist Grimods summarische Verurteilung der Revolution, die eine lange Diät gewesen sein muß, aus
Namen und Zahl der Gourmands zu schließen, die das Directoire und Kaisertum ta-
feln sah. Die Revolution bestätigt den Satz, daß kleine Ursachen große Wirkungen
haben; sie gab Grimod voll und ganz seine Aufgabe, und sie schuf das Restaurant.
Vornehme Herren, die ihren Kopf oder ihr Vermögen oder ihr Vaterland verloren
hatten, brauchten keine Köche mehr, und als es einem dieser einfiel, ein öffentliches
Speisehaus zu errichten, fand er schnell Nachahmer, und die neuen Restaurants
verdrängten die alten Weinstuben, deren Menü ein Hering oder bestenfalls ein
Spanferkel war. Die Revolution machte die vornehme Küche öffentlich. Jeder konnte
nun essen, was Küchensterne wie Méot, Beauvilliers, Archambourd, die früher nur
in Privatküchen geleuchtet hatten, kochten. Und die über Nacht reich gewordenen
Parvenüs dieser Zeit, die die Stadt überschwemmten, wollten sich mit einem großen
Haus, das sie nicht hatten oder nicht zu führen verstanden, nicht blamieren und ihren
Reichtum lieber öffentlich zeigen – à la Grande Taverne bei Naudet oder bei Archam-
baud in der rue de Louvois. Andere wollten das Spektakel sehen, und das Geschäft

---

* »Ich habe an Energie verloren, was ich an Betrachtsamkeit gewonnen habe; meine Seele hat nichts
mehr von ihrer Schwungkraft, man wird mich nicht mehr anklagen, einen Charakter (von Eigenart)
zu besitzen. Mit einem Wort, ich bin geworden wie alle Welt, ich, der ich meinen ganzen Stolz darein
setzte, niemandem ähnlich zu sein.«

François Boucher: Venus mit der Taube

der Köche blühte. Und die Hallen waren gefüllt mit den herrlichsten Dingen. Es bildeten sich Gesellschaften von Leuten, die gut essen wollten, und dick sein gehörte – bei den Herren nur – zum guten Ton.

>A quatre heures, lorsque j'entre
Chez le traiteur du quartier
Je veux que toujours mon ventre
Se présente le premier *!«

heißt es in einem Couplet der Zeit.

Solche Zustände konnten Grimod nicht unbewegt lassen. Die Revolution brachte zwar nicht nur keinen anständigen Lachs mehr auf den Markt, sie ruinierte auch Generalpächter, und das Erbe, das Grimod von seinem Vater zufiel, hatte sie arg beschnitten. So machte ihn die Aufgabe nachdenklich. Das stand fest: Große Mähler wie früher, das ging nicht mehr. Aber konnte er so nicht mehr der erste sein, so mußte er abseits der einzige sein. Und er fand seine Aufgabe, die er auf seine in ganz Frankreich unbestrittene Autorität gründete: er wurde Lehrer und Gesetzgeber der Gourmandise, deren Code er in den neun Bänden seines *Almanach des Gourmands* [»Almanach der Feinschmecker«] niederlegte.

»Par un vieil amateur« [»Von einem alten Liebhaber« (der Gaumenfreuden)] nannte sich der Autor des Almanachs, der alles enthält, was das gute Essen angeht; das Buch handelt vom Rösten, Kochen und Braten, von der durchaus nötigen Gesundheit der Köche so gut wie vom Falten der Serviette. Man darf nicht an diese lieblose Ansammlung von Rezepten denken, die Kochbücher heißen. Der Almanach Grimods haspelt nicht teilnahmslos alle Möglichkeiten herunter, wie ein Huhn zu füllen oder wie Kartoffeln zu verarbeiten sind. Scherz, Weisheit, Liebe und ein sehr ausgebildeter feiner Gaumen lehren, erziehen und richten. Zum Beispiel: »L'étymologie du mot faïsander annonce assez que le faisan doit être attendu aussi long-temps que la pension d'un homme de lettres, qui n'a jamais du flatter personne. On le suspend par la queue et on le mange lorsqu'il s'en détache; c'est ainsi qu'un faisan pendu le mardi-gras est susceptible d'être embroché le jour de Pâques **.« Anderswo heißt es: »Es gibt Leute, die etwas fürchten, wenn an einer Tafel dreizehn sitzen. Diese Zahl ist nur zu fürchten, wenn nur für zwölf gekocht ist; und was das Salzfaß anlangt, ist es das wichtigste, daß es nicht in eine gute Platte fällt.« Oder: »Landwein, ein unzeremoniöses Diner und Amateurmusik – das sind drei Dinge, die gleichermaßen Furcht einflößen.«

Grimod besuchte sehr gewissenhaft die Verkäufer, Metzger, Wildbrethändler, Konditoren, Obst- und Fischhändler, lobte die guten und warnte vor den schlechten. Kostproben füllten allwöchentlich sein Haus, und eine Gesellschaft von Gourmands richtete darüber unter seinem Vorsitz. Unter seinem Vorsitz; denn sein Ansehen wuchs mit den Jahren, und sein guter Geschmack wie sein Appetit verfiel nicht dem Los des Alters, das Beschränkung heißt. Aber eines Tages wurden die ahnungslosen Tisch-

---

* »Um vier Uhr, wenn ich beim
Speisewirt meines Viertels eintrete,
sehe ich, daß sich noch immer
mein Bauch als erster vorstellt!«
(er ist eher da als sein Besitzer)

** »Die Etymologie des Wortes ›faïsander‹ (die im Französischen auf Fasan weist; allg. Bedeutung: Wildbret aufbewahren, bis ›Haut-gout‹ erzielt ist) zeigt ausreichend an, daß man auf den Fasan warten muß, so wie ein Literat, der nie jemandem (besonders einer ›Dame‹) geschmeichelt hat, auf seine Pension (Ehrengehalt). Man hängt ihn von seinem Ende her auf (hält ihn ›abhängig‹), und man vertilgt ihn, wenn er sich davon losreißt (doppeldeutiger Wortwitz nur im Französischen); so ist auch ein Fasan, zur Fastnacht aufgehängt, am Ostertag reif, an den Bratspieß gesteckt zu werden.«

genossen von der untröstlichen Witwe zu Grimods Totenmahl geladen – nach einem letzten Wunsch des Verstorbenen. Alle kamen, und keiner fehlte; man unterhielt sich etwas melancholisch, doch sachlich von den Qualitäten des zweiten Ganges und des Dahingeschiedenen, als sich die Flügeltüre öffnete und – son ventre le premier – Grimod eintrat, gesund, lachend und zufrieden mit der Teilnahme seiner Freunde. Die Scherze Grimods zeigen manchmal, daß auch ein Gourmand nicht immer seines guten Geschmacks sicher ist. Aber man nimmt dies gerne hin in Ansehung der ganzen großen Bedeutung dieses heiteren Mannes, der sein Leben in so wichtigen Dienst stellte. Und er diente seiner Zeit bis an sein spätes Ende. Das Jahr, in dem er achtzigjährig starb, ist schon tief in dem anderen Jahrhundert, das nicht mehr das galante heißt, dessen längstlebender Kavalier der Gourmand Grimod de la Reynière war.

DOMINIQUE VIVANT
BARON DENON
1747-1825

VIVANT DENON
von Franz Blei

Als die Lady Morgan von ihrem Besuche bei dem alten Herrn Denon nach Hause kam, notierte sie in ihr Reisejournal: »Die Gewohnheiten seines Lebens gestatten ihm nicht, für irgend etwas Partei zu ergreifen«, und die Dame hat mit diesem Urteil in der Tat den Charakter dieses Dilettanten umschrieben. Es kommt auf den Standpunkt an, ob man die glückliche Art dieses Lebens auf einen Vorzug oder auf einen Mangel in seiner Natur zurückführt, es bewundert oder bedauert. Wir haben das menschliche Maß von der größten menschlichen Anstrengung genommen, vom Helden oder vom Heiligen. Wir nennen Leben das, was Entfaltung größerer Energien ist als jener, die wir unmittelbar zur beiläufigen Erhaltung dieses unseres Lebens brauchen. Wo der Aufwand von Kraft gerade zur eigenen Behauptung hinreicht und kein das Gleichgewicht der Persönlichkeit immer störender Überschuß sichtbar wird, das lassen wir nur sehr bedingt als Leben gelten und sind geneigt, das Glück eines solchen Lebens nicht hoch einzuschätzen, weil es keinerlei Opfer in sich schließt, sich selber nur bedeutet und nichts abgibt an das Ganze der Menschheit, sei es durch ein Gefühl, durch eine Tat, durch eine Idee. Die Worte, mit denen wir einen solchen Menschen bezeichnen, haben alle kein positives moralisches Vorzeichen: Amateur, Egoist, Dilettant – etwas wie ein Vorwurf und eine leise Verachtung ist darin. Es ist, als ob uns die Narrheit lieber wäre, die einen Menschen in Verblendung über seine Art zu Dingen treibt, denen er mitnichten gewachsen ist. Wir möchten, daß er sich mit einer Narrheit bloßstelle, damit wir schneller mit ihm fertig werden, wenn kein Erfolg seiner Narrheit Recht gibt. Das nur auf sich bezogene Leben ist im einzelnen nicht angreifbar, darum stellt sich Vorwurf und Verachtung gerne gegen sein Ganzes. Daß einer sich vom Erleiden des Lebens ausschließt, ärgert die Menschen schon dort, wo einer sein Leben verbirgt und so tut (aus Scham, aus Haltung), als erlitte er nicht. Die Menschen möchten, er soll schreien und Wunden zeigen wie sie. Und erleidet gar einer das Leben nicht oder nicht in ihrem Sinne, dann sagen sie: er lebt nicht. Ein Wahres liegt am Grunde. Denn alles Große kommt aus dem Schmerz des Lebens. Nur daß wir nicht einig darüber sind, was das Große, was der Schmerz und was das Leben ist. »Sie müssen in Ihrer Jugend viel gelernt haben, nicht wahr?« fragte die Lady Morgan auch, und Denon sagte: »Im Gegenteil, Mylady, ich habe nichts gelernt, denn das langweilte mich. Aber ich habe viel gesehen, und das amüsierte mich. Davon war mein Leben ausgefüllt, und ich habe es vollauf genossen.« Denon sah das Große so oft in seinem Glanze und ins Dunkel sinken, sah den Schmerz in Lachen und Gelächter verfallen, sah Leben von Leben verdrängt und abgelöst eine Wertung von der andern; er sah und lebte als Zuschauer – was anders hätte er tun sollen? Er stand im Kugelregen der Schlachten, aber machte sich kein Heldentum daraus, und so in allem andern: er war und blieb ein menschlicher Mensch, denn keine Leidenschaft übertrieb ihn nach einer Seite hin. Aber das gerade ist vielleicht unmenschlich. Dinge nehmen, wie sie sind, heißt sie verstehen; aber wir mögen uns beim Verstehen nicht beruhigen, denn sie zu leben, sagen wir, ist besser. Doch dann tragen uns auch schon die Dinge mit sich fort, hinauf, hinunter. Denon gab von seinem Leben an die Dinge nur so viel, wie er gerade ohne Gleichgewichtsstörung seiner Person entbehren konnte. Leidenschaft, die sich vergißt, war nicht in ihm. Er besaß den subtilsten Sinn des Lebens: Geschmack. Er besaß und erwarb diesen delikaten Takt für das, was uns wohltut, und für das, was uns verletzt, in einer Zeit, die gerade diesen Sinn wie keinen andern ausgebildet hatte, im Rokoko. Und behielt ihn und lebte danach bis in die Zeit der Restauration. Ludwig dem Fünfzehnten gefiel Denons Art, Geschichten zu erzählen, so gut, daß er ihn zum Gentilhomme de la chambre du Roi machte. Das blieb er, wie immer er auch die Titel und die Herren wechselte, was ohne jeden Zynismus geschah, wie man, an Talleyrand erinnert, denken möchte, der ja sein schnüffelndes Gesicht in alles mischte, weil er es nicht schmutzig genug haben konnte. Denon änderte sich in keine geänderten Verhältnisse hinein und erkaufte sich keine Vorteile, denn was er haben wollte, das hatte er schon immer und war zudem in keinem Preise: Freiheit, zu leben nach seiner Fasson. Gerade damit gefiel er und gewann er. Gefiel den Männern und gewann die Frauen. Als die Revolution ausbrach, war er Gesandter in Neapel und radierte in Rembrandts Art merkwürdige Blätter, deren bekannteres jenes Bildnis Voltaires ist, das er von einem Besuch in Ferney mitbrachte: Voltaire, dürr wie ein Skelett, in dem nur die Augen und der Mund ein übermäßiges Leben haben; Nachtmütze und Schlafrock und Culotte. Als Denon hörte, daß er auf der Emigrantenliste stehe und seine Güter sequestriert seien, reiste er sofort nach Paris, wo sich David seiner annahm. Er bekam sein Eigentum wieder und den Auftrag, die Kostüme der neuen Herren zu entwerfen. Er zeichnete auch ihre Träger, heimlich in seinen Hut, während der Sitzungsstunden

Auguste de St. Aubin: Tafel modischer Porträts

des revolutionären Tribunals. Die Bildnisse sind ganz Ausdruck, gar nicht vom Stil der Zeit berührt. Bei Talleyrand traf er den General Bonaparte, dem er gefiel. Der Josephine gefiel er nicht minder. Denon war fünfzig Jahre alt, als er Napoleon nach Ägypten begleitete, als Zeichner. Zwei Jahre später wurde er Generaldirektor der Museen und füllte den Louvre mit den Schätzen, die er den Besiegten abnahm. Er war ein Galeriedirektor zu Pferd und mitten in den Schlachten. Bei Eylau holte ihn Napoleon selber aus platzenden Granaten heraus. 1815 tat der Direktor, was er konnte, um dem Louvre möglichst viel von dem zu erhalten, was die Alliierten zurückverlangten, aber er rettete nichts. Mit dem letzten Bilde, das die kaiserliche Sammlung verließ, reichte er seinen Abschied ein. Er war siebzig Jahre – sein Bild aus der Zeit, von Prud'hon gemalt, kann man im Louvre sehen – und hielt nun als einer, der in vier Zeitfolgen gelebt hatte und sich mit bester Laune in die fünfte fand, hof in seinem kleinen Hause am Quai Voltaire, das er sich zu einem Museum eingerichtet hatte, dessen kuriosen Katalog er leider nicht, wie er wollte, geschrieben hat. Er zeigte da seinen illustren Gästen auch ein Reliquiarium aus dem 15. Jahrhundert. Vom Heiligen enthielt es nichts mehr, aber: etwas Asche der Heloise aus dem Grabe im Karaklet, ein Stückchen vom Leibe der Ines de Castro, einige graue Barthaare von Henri IV., Knochen von Molière und Lafontaine, einen Zahn Voltaires, eine Locke des Generals Desaix und einen Tropfen vom Blute des Kaisers. Die Echtheit dieser Dinge wird Denon nicht viel gekümmert haben, denn sie waren ihm mehr sichtbares Zeichen für das, was er liebte: Schönheit der Frauen, Tapferkeit, Heldentum, Geist, Gedicht und Gedanke. Was eine zufällige Begabung von seinem Leben abgetrennt hatte, das hielt er gering: seine Radierungen, die etwas frei im Sujet, aber sehr meisterlich in der Technik sind, seine kleinen Komödien, die er zur Zeit der Pompadour für seine Freundinnen vom Theater schrieb, und diese beste Novelle der Zeit: *Point de Lendemain*, die er Dorat schenkte, der drei seiner albernen Bücher damit aufputzte. Er wußte, das Kunstwerk seines Lebens war allein seine wirkliche Leistung. Der Ruhm war vielleicht das einzige, vor dem er Ekel spürte, denn er hatte zu oft gesehen, wem er zur Beute ausgeliefert wird.

Denon genoß, was ihm das Leben gab; aber er gab dem Leben nichts, er hob es um nichts. Er schaute, traf seine Wahl, ordnete und spazierte darin wie ein Fürst inmitten seines Hofstaates. Sein Verstand war zu fein, als daß er ihm irgend etwas aufgezwungen hätte. Er verachtete nichts, denn es ist in der Verachtung schon Leidenschaft, die über sich hinausträgt. Er liebte mit seiner Intelligenz. Sein Leben blieb unverwirrt, weil das Leben verlor.

NUR DIESE NACHT

Die Komtesse *** nahm mich, ohne mich zu lieben, und betrog mich dann. Ich ärgerte mich, sie verließ mich. Das war alles ganz in der Ordnung. Anfangs hatte ich sie geliebt, und um mich nun besser rächen zu können, wollte ich sie wiederhaben, jetzt, da ich sie meinerseits nicht mehr liebte. Es glückte, ich verdrehte ihr den Kopf. Sie war mit Frau von T . . . befreundet, die mir seit einiger Zeit Augen machte und große Absichten mit meiner Person zu haben schien. Wo ich war, da war sie auch, tat, als ob sie mich närrisch liebte, ohne daß sie übrigens dabei etwas von ihrer Würde aufgab oder ihrem Anstand, an dem sie, wie man sehen wird, sehr peinlich festhielt.

Als ich eines Abends die Komtesse in ihrer Opernloge treffen wollte, kam ich so früh hin, daß es blamabel war, denn man hatte noch nicht einmal angefangen. Kaum war ich in die Loge getreten, als ich mich aus jener nebenan beim Namen nennen hörte. Es war die reizende Frau von T . . .!

»Wie? Sie sind da? Kommen Sie doch herüber.« Es lag mir fern, von diesem Zusamentreffen all das Wundersame und Ungewöhnliche zu erwarten, das es in der Folge haben sollte. Aber man kommt mit der Phantasie der Frauen sehr schnell vorwärts; und die der Frau von T... war an diesem Abend äußerst lebhaft.

»Ich muß Sie aus einer lächerlichen Situation retten, so allein und früh in der Loge! Ich muß... ja, die Idee ist brillant, und da Sie schon da sind, ist nichts einfacher, als daß Sie darauf eingehen. Eine göttliche Hand muß Sie hergeführt haben. Haben Sie zufällig für den heutigen Abend etwas vor? Und wenn auch: ich entführe Sie. Lassen Sie sich entführen, stellen Sie keine Fragen, leisten Sie keinen Widerstand – überlassen Sie sich der Vorsehung und rufen Sie meinen Diener. Sie sind ein ganz einziger und deliziöser Mensch... ich bete Sie an...«

Man schickt mich also hinunter, ich gehorche. Ich rufe nach dem Diener, er kommt. »Geh Er nach Hause zu diesem Herrn«, befiehlt sie ihm, »und sage Er, daß der Herr heute abend nicht heimkommt...« Dann flüstert sie ihm noch was zu, und der Diener geht. Ich will etwas sagen, aber die Oper beginnt, und man heißt mich still sein. Man hört zu oder tut so. Kurz vor Schluß des ersten Aktes überreicht man Frau von T... ein Billett, mit den Worten, daß alles bereit sei. Sie lächelt, nimmt meine Hand, wir gehen hinunter, sie läßt mich in den Wagen steigen, gibt ihre Befehle, und ich bin schon aus der Stadt, bevor ich nur die Frage stellen kann, was man mit mir da anfängt.

Jedesmal, wenn ich fragte, kam ein Lachen als Antwort. Hätte ich nicht genau gewußt, daß sie eine Frau von großer Leidenschaft war und gerade jetzt eine allgemein bekannte starke Neigung für jemand hatte – sie mußte wissen, daß ich davon wußte –, so hätte ich an mein Glück zu glauben versucht sein können.

Auch sie wußte ganz genau, wie es mit mir stand, denn die Komtesse war, wie ich schon sagte, ihre intime Freundin. Ich enthielt mich aber aller schmeichelhaften Gedanken und wartete, was kommen würde. Es ging dahin wie der Blitz. Die Geschichte schien mir nun doch ernster. Ich fragte eindringlicher, wieweit mich der Spaß bringen sollte.

»Er wird Sie an einen sehr hübschen Ort bringen. Wissen Sie wohin? Sie ahnen es nicht... Nämlich zu meinem Gatten. Kennen Sie ihn?«

»Nein, ich kenne ihn nicht.«

»Macht nichts, dafür kenn' ich ihn ein bißchen. Sie werden ganz zufrieden sein. Man söhnt uns nämlich aus. Das läuft seit sechs Monaten, und seit einem Jahr schreiben wir uns wieder. Ich denke, es ist doch nett von mir, daß ich ihn besuche, nicht?«

»Ja. Aber, ich bitte, was soll ich dabei? Wozu soll ich dabei gut sein?«

»Das ist meine Sache! Wissen Sie: ich fürchte mich vor der Langeweile dieses Tête-à-tête. Sie sind liebenswürdig, und mir ist viel leichter, weil ich Sie mithabe.«

»Ausgerechnet am Tag der Aussöhnung mich vorzustellen, das kommt mir doch etwas verstiegen vor. Sie machen mich da glauben, daß ich ohne Folgen bin, wenn man das mit fünfundzwanzig Jahren sein kann. Und dann: diese unangenehme Situation eines ersten Wiedersehens... ich sehe wirklich für keinen von uns dreien etwas Lustiges in der Geschichte, die Sie da einfädeln.«

»Ich bitte: keine Moral! Sie verkennen den Gegenstand Ihrer Aufgabe, Sie sollen mich amüsieren, mich zerstreuen, aber nicht mir predigen.«

Als ich sie entschlossen sah, wollte ich es mindestens ebensosehr sein. Also lachte ich über mich. Wir wurden sehr lustig, und schließlich fand ich, daß sie recht hatte.

Wir hatten schon zweimal Pferde gewechselt. Die mysteriöse Fackel der Nacht leuchtete auf dem reinen Himmel eines sehr wollüstigen Dämmerns. Wir kamen dem Orte näher, wo das Tête-à-tête sein Ende haben sollte. Von Zeit zu Zeit hieß man mich die schöne Landschaft bewundern, die Ruhe des Abends und die rührende Stille

der Natur. Um das alles gemeinsam zu bewundern, neigten wir uns natürlich an das gleiche Fenster, und da brachte eine Bewegung des Wagens ihr Gesicht an das meine. Da drückte sie mir auf einmal die Hand, und ich hatte durch den allermerkwürdigsten Zufall der Welt Frau von T... in meinen Armen. Ich wußte nicht, was wir in dieser Stellung zu sehen und zu bewundern suchten. Sicher ist, daß es mir vor den Augen flimmerte, als sie sich heftig von mir fortriß und in den Fond des Wagens zurückfallen ließ. Nach einigem Schweigen:

»Sie wollen mich wohl von der Unvorsichtigkeit meines... Vorhabens überzeugen, das ist wohl Ihre Absicht, nicht?«

Die Frage überraschte mich.

»Absicht... mit Ihnen... Sie sehen mehr als... es war ein Zufall, eine Überraschung... ist das so Schlimmes?«

»Es scheint, Sie haben mit diesem Zufall gerechnet.«

Ohne daß wir es merkten, waren wir im Vorplatz des Schlosses vorgefahren. Alles war hell erleuchtet, verhieß Lustigkeit und Freude, außer dem Gesicht des Schloßherrn, das etwas Säuerliches hatte. Er ließ ganz deutlich erkennen, daß es nur Familiengründe waren, die eine Aussöhnung bedürftig machten. Die Wohlerzogenheit brachte ihn aber doch bis an das Portal. Ich werde vorgestellt, reiche die Hand und bin, von meiner gerade beendigten Rolle träumend, ganz gegenwärtig und zukunftswartend. Ich werde durch ebenso prächtige wie geschmackvolle Räume geführt: der raffinierte Luxus ist die Liebhaberei des Schloßherrn. Er suchte gesunkene Kräfte der Natur durch die Bilder der Wollust wiederzugewinnen. Ich wußte nichts zu sagen und rettete mich in die Bewunderung. Die Göttin beeilt sich, die Honneurs des Tempels zu machen und dafür die Komplimente zu empfangen.

»Da sehen Sie gar nichts«, sagte sie, »ich muß Sie in das Zimmer des Herrn führen.«

»Eh, Madame, das hab' ich vor fünf Jahren ganz ausräumen lassen, es ist nichts mehr zu sehen.«

»Ah?« sagt sie, während sie an was ganz anderes denkt.

Ich wollte herauslachen, als ich sie so vortrefflich auf dem laufenden des Hauses sah. Wird sie ihm nicht beim Souper Rindsbrust anbieten, und Monsieur wird sagen: Madame, seit drei Jahren esse ich nur mehr Hühnerfleisch –? Und sie wird sagen: Ah? und an was ganz anderes denken. Man kann sich eine Unterhaltung ausmalen, die zwischen drei Leuten statthat, die ganz erstaunt sind, sich beieinander zu sehen.

Das Souper war zu Ende. Ich dachte, daß wir nun zu Bett gehen würden; aber ich dachte nur für den Gatten richtig. Während man in den Salon ging, sagte er: »Ich bin Ihnen sehr dankbar, Madame, daß Sie die Vorsicht hatten, Herrn Damon mitzubringen. Sie haben sich gedacht, daß ich nicht fürs lange Aufbleiben bin, und Sie haben ganz richtig gedacht, denn ich ziehe mich zurück.« Darauf wandte er sich zu mir und sagte etwas ironisch: »Sie werden mich schon entschuldigen und es wohl übernehmen, meinen Frieden mit Madame zu machen.« Und damit verließ er uns.

Wir sahen einander an, und um sich von den Gedanken abzubringen, die ihr dieser Rückzug ihres Gatten machte, schlug mir Frau von T... einen Gang auf die Terrasse vor, während dem die Leute abendessen würden. Die Nacht war ganz wundervoll; sie ließ den Gegenständen geradesoviel von ihren Formen, daß sie der Phantasie noch mehr Weite gab. Der Schloßgarten fiel in Terrassen zur Seine hinunter ab, zerbröckelte unten in kleine pittoreske Inselchen, was einen charmanten Anblick bot.

Wir promenierten auf der obersten, weitesten Terrasse, unter dichten Bäumen. Sie hatte den anfänglichen persiflierenden Ton aufgegeben und machte nun Konfidenzen [»vertrauliche Mitteilungen«]. Konfidenzen ziehen einander an, also machte ich auch welche, und sie wurden beiderseits immer intimer, interessanter. Wir schritten lange auf und ab. Erst hatte sie mir den Arm gegeben, dann hatte sich, ich weiß nicht wie, dieser Arm so geschlungen, daß ihn meine Hand halten mußte, sollte er nicht zur Erde sinken. Die Stellung war angenehm, aber auf die Dauer ermüdend, und wir hatten uns einander doch noch so manches zu sagen. Da war eine Moosbank, auf die man sich niederließ, ohne die Verschlingung aufzugeben. Es war in dieser Position, daß wir anfingen, das Lob des Vertrauens zu singen, seines Charmes und seiner Süßigkeit.

»Wer«, sagte sie, »könnte sich auch sorgloser dieses Vertrauens freuen, wo ich doch genau weiß, wie starke und welche Bande Sie fesseln, so daß man nichts neben Ihnen zu befürchten hat.«

Vielleicht wollte sie widersprochen sein, aber ich tat's nicht. Wir sagten und versicherten einander also gegenseitig, wie es unmöglich sei, daß wir jemals etwas anderes füreinander sein könnten als das, was wir eben jetzt wären.

»Und doch besorgte ich, daß die Überraschung, der Zufall vorhin im Wagen Sie erschreckt hätte.«

»Ach, ich bin nicht so leicht alarmiert.«

»Und doch fürchtete ich, daß er Sie etwas scheu gemacht hat.«

»Aber nein, gar nicht! Soll ich Sie vom Gegenteil überzeugen?«

»Sie könnten es.«

»Und wie?«

»Sie erraten es nicht?«

»Sie müssen mich aufklären.«

»Ja, aber ich muß sicher sein, daß Sie mir verzeihen.«

»Also ja, und?«

»Geben Sie mir den Kuß, der Sie vorhin überrascht hat, aus freien Stücken wieder.«

»Aber gerne. Sie würden zu eingebildet werden, wenn ich ihn verweigerte. Sie würden etwa gar meinen, daß ich Angst vor Ihnen habe.«

Also: ich sollte mir keine Illusionen machen. Ich bekam den Kuß.

Es ist mit den Küssen wie mit den Konfidenzen, sie ziehen einander an, sie mehren sich, die einen an den andern. Der erste Kuß war kaum gegeben, als ihm schon ein zweiter folgte, und noch einer; sie drängten sich in die Unterhaltung, sie ersetzten sie; gerade für ein bißchen Aufseufzen ließen sie noch Platz. Die Stille kam, man hörte sie – man hört manchmal die Stille – und sie erschreckte. Wir standen ohne ein Wort auf und gingen ein Stück.

»Wir müssen hinein«, sagte sie, »die Abendluft ist nicht gut für Sie.«

»Ich glaube, sie schadet Ihnen weniger«, sagte ich.

»Ja . . . mir weniger als einer anderen . . . aber, gehen wir doch hinein.«

»Sie nehmen Rücksicht auf mich . . . Sie . . . Sie wollen mich vor der Gefahr schützen, welche die Eindrücke einer solchen Promenade für mich allein haben können, vor den fatalen Folgen?«

»Sie unterstellen mir viel Zartgefühl . . . Aber gehen wir hinein, ich verlange es.«

(Das sind so Worte, die man zweien hingehen lassen muß, die sich die größte Mühe geben, so gut, als es geht, was anderes zu sagen, als was sie zu sagen haben.) Wir schlugen also den Weg zum Schloß ein.

Ich weiß nicht, ich wußte es wenigstens nicht, ob dieser Entschluß sie etwas kostete, ob es wirklicher Wille mit Gründen war, oder ob sie den Verdruß teilte, den ich empfand, als ich eine Sache, die so angenehm angefangen hatte, so enden sah. Aber ganz instinktiv wurden unsere Schritte langsamer, und wir gingen traurig, einer mit dem andern unzufrieden und mit sich selber. Wir wußten nicht ein noch aus. Keines von uns hatte ein Recht zu verlangen, zu begehren: nicht einmal das Hilfsmittel eines Vorwurfs hatten wir. So blieb alles in uns eingesperrt und gezwungen. Daß einen doch ein Streit erleichtert hätte! Aber woher einen nehmen? So waren wir schweigend damit beschäftigt, uns der Pflicht zu unterwerfen, die wir uns so ungeschickt auferlegt hatten.

Wir waren am Portal, als endlich Frau von T . . . sprach:

»Ich bin gar nicht zufrieden mit Ihnen . . . Nach dem Vertrauen, das ich Ihnen bewiesen habe, ist es schlecht von Ihnen, mir keines zu schenken, Sie – haben mir die ganze Zeit über nicht ein Wort von der Komtesse gesagt. Es ist doch süß, von dem zu sprechen, das man liebt! Und ich hätte Ihnen mit Interesse zugehört. Das ist das Geringste, was ich tun kann, nachdem ich es beinahe riskierte, ihr Sie zu rauben.«

»Ich kann Ihnen denselben Vorwurf machen. Statt mich zum Vertrauten Ihrer ehelichen Aussöhnung zu machen, hätten Sie mir von einem Gegenstande Ihrer Neigung erzählen können, von einem . . .«

»Damon, reden Sie nicht weiter. Vergessen Sie nicht, daß ein bloßer Verdacht uns verletzt. So wenig Sie auch die Frauen kennen, müssen Sie doch wissen, daß man warten muß, was sie einem beichten, und nicht . . . Aber wieweit sind Sie mit der Komtesse? Macht sie Sie glücklich? Ich fürchte wirklich das Gegenteil, und das tut mir so leid. Ich interessiere mich so sehr für Sie! Ja, ich interessiere mich für Sie, . . . mehr, als Sie vielleicht denken.«

»Weshalb, Gnädige, wollen Sie mit der Menge, die es amüsiert, zu übertreiben und zu vergrößern, glauben, daß ich ein Verhältnis mit der Komtesse habe?«

»Gott, ersparen Sie sich das. Ich weiß doch alles ganz genau. Die Komtesse tut viel weniger geheimnisvoll als Sie. Frauen von ihrer Art sind sehr freigebig mit den Geheimnissen ihrer Anbeter, besonders wenn eine Diskretion wie die Ihre ihren Triumph geheim hält. Ich nenne sie durchaus nicht kokett, aber eine prüde Frau hat nicht weniger Eitelkeit als eine kokette. Aufrichtig: sind Sie nicht oft das Opfer gerade solcher Frauen? – So reden Sie doch!«

»Gnädige Frau wollten doch hinein ... die Luft ...«

»Ist jetzt wieder ganz angenehm.«

Sie hatte wieder meinen Arm, und wir promenierten, ohne daß ich mich kümmerte, wohin. Was sie mir von ihrem Geliebten sagen wollte, den ich ihr erriet, was sie von meiner Geliebten sagte, die Reise hierheraus, die Szene im Wagen, auf der Bank, Situation, Zeit, alles das verwirrte mich; Verlangen, Eitelkeit, Reflexion wechselten beständig in mir ab. Außerdem war ich zu aufgeregt, um mir einen Plan zu machen, bestimmte Entschlüsse zu fassen. Und sie sprach währenddem immerfort und immer von der Komtesse; und mein Schweigen bestätigte ihr natürlich, was sie mir zu sagen sich gefiel. Einiges, was ihr so entschlüpfte, brachte mich wieder zu mir.

»Wie ist sie doch schlau«, sagte sie, »und mit solcher Grazie! Eine Perfidie wird in ihren Händen eine entzückende Sache. Eine Untreue, das ist bei ihr wie etwas, das vernünftigerweise sein muß, gar nicht so ein Aufgehen, Hingeben. Immer liebenswürdig, selten zärtlich, niemals wahr; verliebt aus Charakteranlage, prüde aus System, lebhaft, klug, gewandt, oft ganz dumm tuend, sensibel, kokett, gescheit – ein Proteus der Formen, eine Grazie der Manieren. Was hab' ich sie schon alles anrichten sehen! Übrigens, unter uns, sie hat einen ganzen Hofstaat von Düpierten um sich. Wie hat sie sich doch über den Baron lustig gemacht! Und was für Streiche dem Marquis gespielt, Gott ...! Als sie Sie zum Liebhaber nahm, war es, um zwei etwas zu ruchlose Rivalen zu zerstreuen, die schon auf dem Punkt waren, einen Eklat zu machen. Sie hat zu viel Schule reiten lassen, das gab ihnen Gelegenheit, sie zu beobachten. Und wie es beinah zum Klappen kam, da wurden Sie auf die Szene gebracht, und ihr wart alle vier zufrieden. Ach! Was eine geschickte Frau nicht über die Männer vermag! Und wie glücklich man ist, wenn man bei diesem Spiel alles in Bewegung bringt und selber doch nichts wagen muß!« Frau von T ... begleitete diese letzten Worte mit einem sehr intelligenten Seufzer: er sollte entscheidend wirken. Es war der coup de maître [Meisterstreich].

Ich fühlte, daß man mir eine Binde von den Augen nehmen wollte, und ich sah die nicht, die man mir anlegte. Ich war von der Wahrheit des Porträts frappiert. Meine Geliebte kam mir als die falscheste aller Frauen vor, und ich hatte mir doch eingebildet, in ihr das sensibelste Wesen zu umarmen. Ich seufzte auch, ohne zu wissen, für wen, ohne herauszukriegen, ob aus Bedauern oder aus Hoffnung. Frau von T ... schien verstimmt darüber, sich zu weit haben gehen zu lassen im Bericht über eine Frau, der verdächtig scheinen konnte, da er von einer Frau kam.

Ich begriff gar nichts. Wir gingen die große Straße der Empfindungen und stiegen darauf so hoch, daß uns das Ende dieser Reise zu erkennen unmöglich war. Nach vielem fast methodischem Drumherumgehen und Ausweichen machte man mich am Ende einer Terrasse auf einen Pavillon aufmerksam, einen Zeugen vieler süßer Augenblicke. Man detaillierte mir seinen Plan, seine Möblierung. Wie schade, keinen Schlüssel zu haben! Plaudernd kamen wir näher. Er war offen. Es fehlte ihm nichts als die Helle des Tages. Aber die Dunkelheit gab ihm auch seine Reize. Außerdem wußte ich, wie charmant der Gegenstand war, der ihn verschönern sollte.

Wir schauerten, als wir eintraten: es war ein Sanktuarium, und das der Liebe! Und der Gott ergriff uns, unsere Knie wichen. Und es blieb uns keine Kraft sonst, als die der Gott gibt. Verschlungen sanken wir wortlos auf ein Kanapee. Der Mond ging unter, und sein letzter Strahl nahm den letzten Schleier der Scham hinweg, die, glaube ich, nicht am Platze und lästig war. Alles zerging in der Dunkelheit. Die Hand, die mich zurückstoßen wollte, fühlte mein Herz schlagen; man wollte von mir weg und fiel weich zurück. Unsere Seelen trafen sich, vermehrten sich, aus jedem unserer Küsse entstand eine neue Seele ... Als die Trunkenheit unserer Sinne uns wieder uns selbst gegeben hatte, konnten wir den Gebrauch der Stimme nicht wiederfinden, und wir unterhielten uns in der Stille in der Sprache des Gedankens. Sie drückte sich in meine Arme, verbarg ihr Gesicht an meine Brust, stöhnte, beruhigte sich bei meiner Liebkosung. Sie betrübte sich, tröstete sich und verlangte Liebe für alles, was ihr die Liebe geraubt hatte.

Diese Liebe, die sie sonst erschreckt hätte, beruhigte sie jetzt. Wenn man auf der einen Seite das geben will, was man sich nehmen ließ, so will man von der anderen empfangen, was man gestohlen hat; und hier und dort beeilt man sich, einen zweiten Sieg davon zu tragen, zur Versicherung seiner Eroberung.

Alles das war ein bißchen rasch gekommen. Wir fühlten unsern Fehler. Wir nahmen im Detail vor, was uns entgangen war. In der Hitze ist man nicht zärtlich. Man läuft Sturm auf den Genuß und überrennt alles Köstliche, das vor ihm liegt. Man zerhaut einen Knoten, man zerreißt eine Spitze. Überall markiert die Wollust ihren Weg, und bald gleicht das Ideal einem Opfer.

Ruhiger kam uns die Luft, reiner und frischer vor. Wir hatten vorher gar nicht den Fluß gehört, dessen leises Rauschen neben dem Pavillon die Stille der Nacht brach. Die Dunkelheit ließ nichts unterscheiden; aber durch den transparenten Schleier einer schönen Sommernacht machte unsere Phantasie aus einer Insel vor dem Pavillon im Fluß einen Zauberort. Der Fluß war voller Amoretten, und die Wälder von Knidos waren nicht so von Liebespaaren bevölkert, als wir auf dem Ufer sahen. Liebespaare waren überall, und keines glücklicher als wir! Was war uns Amor und Psyche! Ich so jung wie jener, sie so reizend wie diese! Und jeder Augenblick bot mir eine neue Schönheit. Die Leuchte der Liebe gab den Augen meiner Seele Licht, und der ruhigste meiner Sinne bestätigte mein Glück. Ist die Angst so gebannt, so suchen die Liebkosungen die Liebkosungen. Sie nennen sich viel zärtlicher: man will nicht mehr, daß eine Gunst geraubt werde. Raffinement. Die Weigerung ist ganz furchtsam und nichts als eine zärtliche Sorge. Man hat Verlangen, man will nicht; es ist die Unterwürfigkeit, die gefällt... das Verlangen schmeichelt... Erregung... und man betet an... man wird nicht nachgeben... man hat schon nachgegeben.

»Ach!« sagte sie, »wir wollen von hier fort. Hier will man immer wieder und wieder und hat keine Kraft zu widerstehen. Komm.«

Wir traten hinaus. Sie sah sich ein paarmal um: eine Flamme schien über dem Pavillon zu glänzen. »Du hast ihn für mich eingeweiht«, sagte sie. »Wer wird es jemals dort verstehen, mir so zu gefallen wie du? Ach! Wie du lieben kannst! Wie ist sie glücklich!« – »Wer denn?« fragte ich erstaunt. Wir kamen an der Moosbank vorbei und blieben unwillkürlich stehen, in dieser stummen Bewegtheit, die so viel bedeutet. – Dann: »Wieviel Raum zwischen hier und woher wir kommen! Ich bin so voll Glück, daß ich kaum danken kann, daß ich Ihnen widerstanden habe.« Ich fühlte nicht gleich alles das, was die Worte Verpflichtendes einschlossen und wofür mich ihr Sinn engagierte. Ich sagte: »Soll ich hier alle die Reize sich verflüchten sehen, von denen ich da unten voll war? Soll diese Bank immer mein Verhängnis sein?«

»Gibt es das, wenn ich mit dir bin?«

»Ja doch, wenn ich hier so unglücklich sein soll wie dort glücklich. Die wahre Liebe vermehrt die Pfänder; sie glaubt, nichts bekommen zu haben, solange ihr noch etwas zu verlangen bleibt.« – »Noch... Nein, ich kann's nicht erlauben... Nein, niemals.« Und dies alles in einem Ton, der nicht befolgt, dem nicht gehorcht sein wollte. Was ich also ganz vollendet interpretierte.

Ich bitte den Leser, sich zu erinnern, daß ich kaum fünfundzwanzig Jahre alt war, und daß das, was man in diesem Alter tut, niemanden verpflichtet. Unsere Konversation änderte den Gegenstand; sie wurde weniger seriös. Man riskierte sogar einen Scherz über die Vergnügungen der Liebe, analysierte sie, indem man die Moral von ihr trennte, sie auf das Einfache reduzierte und bewies, daß sie eben ein Vergnügen

sei; daß es – philosophisch gesprochen – wirkliche Verpflichtungen nur mit der
Öffentlichkeit gebe, indem man sie ihre Nase hineinstecken ließe und mit ihr einige
Indiskretionen begehe.»Was für eine herrliche Nacht«, sagte sie,»haben wir ver-
bracht, bloß von diesem Vergnügen verlockt, unserm Führer unserer Entschuldigung.
Zwängen uns Gründe, uns morgen zu trennen, unser Glück, von dem keiner weiß,
diene uns zum Beispiel, kein Band zu knüpfen. Einiges Bedauern, das eine angenehme
Erinnerung gutmachte... und dann, au fait, Vergnügen, Lust, Genuß ohne alle diese
Längen über die Zeit, die Unruhe und die Tyrannei der üblichen Verfahren.«

P. Aveline nach Boucher: Die Musik

Wir sind so sehr Maschinen – und ich erröte –, daß ich trotz allen Zartgefühls vorher jetzt zumindest halb auf diese Grundsätze einging, die ich sublim fand; ich fühlte schon eine sehr nahe Anlage für die Liebe zur Freiheit.

»Die schöne Nacht, die schöne Gegend, acht Jahre ist's her, daß ich sie verließ, und es ist alles Weinen. Wir werden niemals das Kabinett im Pavillon vergessen, nicht wahr? Das Schloß hat ein noch hübscheres, aber man kann Ihnen nichts zeigen: Sie sind wie ein Kind, das alles anrühren will, was es sieht, und alles zerbricht, was es anrührt.« Eine plötzliche Neugierde, die mich überkam, ließ mich ihr versprechen, sehr brav zu sein, und nur das zu tun, was sie wollte und erlaubte. Aber Frau von T... gab dem Gespräch eine andere Richtung.

»Diese Nacht«, sagte sie, »wäre vollkommen schön, hätte ich mir nicht einen Vorwurf zu machen. Ich ärgere mich über das, was ich Ihnen über die Komtesse gesagt habe. Nicht daß ich mich über Sie beklagen will. Sie waren so – dezent, als es möglich war. Das Neue reizt, Sie haben mich hübsch gefunden, und ich glaube gern, daß Sie in gutem Glauben gehandelt haben. Aber die Gewißheit zu zerstören, dazu braucht es lange, und ich fühle, daß ich damit nicht an ein Ende komme. Mir fehlt das Zeug dazu. Und dann: ich habe alles verbraucht, was ich habe. Was können Sie noch von mir hoffen? Was verlangen? Und was tut man mit einer Frau ohne Verlangen und ohne Hoffnung? Ich habe Ihnen alles gegeben: vielleicht verzeihen Sie mir einen Tag des Rausches nachher, wenn das Überlegen kommt...

Übrigens, wie fanden Sie meinen Mann? Recht langweilig, nicht wahr? Ach ja, die Ehe ist nichts Lustiges. Unsere Freundschaft dürfte ihm etwas verdächtig vorgekommen sein. Wir dürfen deshalb die erste Reise nicht zu lang werden lassen; er könnte sonst doch vielleicht ganz schlechter Laune werden. Wenn Gesellschaft kommt, später... Aber Sie werden auch etwas zu tun haben... Erinnern Sie sich an das Gesicht, das er gestern machte, als er uns verließ?« Sie bemerkte den Eindruck, den ihre letzten Worte auf mich machten und sprach schnell weiter: »Ach ja, er war viel lustiger, damals, als er sich das Kabinett einrichten ließ, von dem ich Ihnen erzählte. Das war vor meiner Verheiratung; es war neben meinem Schlafzimmer. Es war für mich niemals etwas anderes als ein Beweis... für die künstlichen Hilfsmittel, die Herr von T... zur Befestigung seiner Gefühle brauchte und für den geringen Schwung, den ich seiner Seele gab.«

Immer wieder kam sie so auf das Kabinett zurück und reizte meine Neugierde.

»Es war neben Ihrem Schlafzimmer, und es wäre ein Vergnügen, Sie zu rächen, wenn ich es sein könnte, der Sie die einsamen Stunden vergessen macht und die Enttäuschungen, und...«

Sie erfaßte mit prompter Intelligenz, was ich sagen wollte und sagte, mehr überrascht als beleidigt: »Wenn Sie mir versprechen, brav zu sein...«

Ich muß zugeben, daß ich mich nicht in der rechten Verfassung fühlte, die heiligen Orte zu besuchen, aber ich war so neugierig. Es war nicht mehr Frau von T..., die ich verlangte, es war dieses Kabinett. Wir waren ins Schloß gegangen: Die Lampen auf den Stiegen und Korridoren waren ausgelöscht; wir irrten in einem Labyrinth. Die Schloßherrin selber fand sich nicht zurecht: Endlich kamen wir an die Türe zu ihren Gemächern, die jenes Kabinett einschlossen. – »Wohin führen Sie mich?« fragte ich. »Soll ich rufen?« – »Sie erlauben doch...« – »Alles! Alles!« Brav zu sein, diesen meinen Schwur hatte man natürlich in der Hoffnung entgegengenommen, daß ich eines Meineides fähig sei. Wir machten leise die Tür auf und fanden zwei Frauen eingeschlafen im Vorraum, die eine jung, die andere älter. Die letzte war die Vertraute und wurde aufgeweckt. Man sagte ihr etwas ins Ohr, und alsbald verschwand sie durch eine unsichtbare Tür in der Holzverkleidung. Ich bot mich für die Dienste der jungen an, die schlief, und man nahm sie an. Frau von T.. legte alles Überflüssige ab. Ein einfaches Band hielt das Haar. Sie steckte eine Rose hinein, die

ich im Garten gepflückt hatte und zerstreut in der Hand hielt. Ein offenes Kleid ersetzte die Toilette von vorhin. Ich fand sie schöner als je. Eine kleine Müdigkeit hatte ihre Augenlider schwer gemacht, und das gab ihrem Blick etwas süß Schmachtendes. Ihre Lippen waren noch lebhafter rot, was das Email ihrer Zähne hob und das Lächeln noch sinnlicher machte. Verführerischer war sie, als sie sich meine Phantasie in den zärtlichsten Momenten gedacht hatte. Da öffnete sich die Tür an der Wand, die Vertraute zeigte sich einen Augenblick und verschwand.

Bevor wir in das Kabinett traten, sagte sie ganz ernst zu mir: »Sie haben niemals den Ort gesehen, wo wir jetzt hingehen, wissen auch nichts von ihm, merken Sie sich das und machen Sie keine Dummheiten. Im übrigen bin ich beruhigt.«

»Ich bin die Diskretion selber; man verdankt ihr so viele glückliche Stunden.«

Alles das war wie eine Einführung, eine Einweihung in ein Geheimnis. An der Hand führte sie mich durch einen kleinen Korridor. Mir schlug das Herz wie einem jungen Proselyten, den man zur Feier der großen Mysterien führt. – »Aber Ihre Komtesse«, sagte sie und blieb stehen. Ich wollte antworten; die Türe ging auf, und was ich sah, machte mich sprachlos. Ich fing an, an Zauberei zu glauben. Die Tür schloß sich wieder, und ich sah nicht mehr, wo ich hereingekommen war. Ich sah nun ein luftiges Boskett, einen weiten Raum aus bemaltem Glas. Ein sanftes Licht machte manches deutlicher, anderes in Dämmer verschwimmen; woher das Licht kam, das sah man nicht. Hier und da kleine silberne Räucherpfannen, deren Duft berauschte. Die Seite, an der wir hereingekommen waren, bildete einen Portikus aus Laubengängen. Gegenüber war ein Amor, der Kränze verteilte; vor der Statuette ein Altar, auf dem eine Flamme brannte; und Kränze und Girlanden und ein Becher war da. An der linken Wand ging es in eine dunkle Grotte. Der Gartengott wachte am Eingang. Der Boden war mit einem grünen dicken Teppich bedeckt, auf dem es sich ging wie auf weichem Rasen. Rechts stand eine baldachinüberdeckte Estrade mit einer Anzahl von Kissen, auf die sich die Herrin dieses Ortes nonchalant niederließ. Ich kniete vor ihr hin, sie neigte sich zu mir, drückte mich in ihre Arme, und alsbald sah ich diese Insel bevölkert mit glücklichen Paaren.

Das Verlangen wurde stärker, da es sich im Bilde auf den Glaswänden sah. »Soll ich ohne Kranz bleiben?« fragte ich. »Und Ihre Schwüre?« sagte die Dame und erhob sich. – »Ach, ich war ein Sterblicher, als ich sie leistete. Sie haben mich zu einem Gotte gemacht, und Sie anbeten, das ist mein einziger Schwur.« – »Kommen Sie, das Dunkel des Mysteriums soll unsere Schwäche verbergen...«, und sie ging zur Grotte. Kaum waren wir eingetreten, als uns, ich weiß nicht welche geschickt gehandhabte Feder vorwärtsschob und uns gleichzeitig auf einen Berg von Kissen fallen ließ. Dunkel und Schweigen waren in diesem Heiligtume. Unser Seufzen redete, sagte alles, was wir fühlten, gesteigert fühlten... Wir verließen die Grotte. Die Szene war geändert. An Stelle des Altars und der Amorstatue war die des Gartengottes. (Dieselbe Feder, die uns so merkwürdig in die Grotte geschnellt hatte, hatte diese Änderung verursacht.) Wir hatten diesem neuen Gotte unsern Dank zu sagen. Er konnte in meinen Augen lesen, daß ich noch seiner Gunst würdig war.

»Nun«, sagte nach einer Weile meine schöne Dame und hob kaum die wollustfeuchten Augen, – »werden Sie die Komtesse jemals so lieben wie mich?«

»Ich vergaß ganz«, sagte ich, »daß ich je wieder zur Erde zurück muß.« Sie lächelte, gab ein Zeichen, und alles verschwand. »Gehen Sie schnell«, sagte im Eintreten die vertraute Kammerzofe; »es wird Tag, und man hört schon Geräusch im Schloß.«

Alles entschwand mir mit der Schnelligkeit, wie das Aufwachen einen Traum zerstört, und ich fand mich auf dem Korridor, ehe ich wieder meine Besinnung hatte. Ich wollte auf mein Zimmer. Aber wo ist das? Alles Fragen hätte mich verraten, wäre eine Indiskretion gewesen. Das klügste schien mir, wieder in den Garten zu gehen, wo ich bleiben konnte, bis ein Morgenspaziergang wahrscheinlich wurde. Die frische

Luft beruhigte mich nach und nach und tat mir sehr wohl. Statt einer verzauberten künstlichen, sah ich die naive Natur. Ich fühlte die Wirklichkeit wieder, mein Denken ordnete sich, ich atmete auf. Ich hatte nichts Wichtigeres als mich zu fragen, ob ich der Geliebte der Dame sei, die ich gerade verlassen hatte, und ich war sehr überrascht, darauf keine Antwort zu finden. Wer mir gestern gesagt hätte, daß ich mich das heute fragen würde! Ich, der ich zu wissen glaubte, daß sie sterblich seit zwei Monaten nur in den Marquis *** verliebt sei! Ich, der ich mich so verliebt in die Komtesse wähnte, daß mir jede Untreue unmöglich vorkam! Und nun Frau von T..., ist es denn wirklich wahr? Hat sie mit dem Marquis gebrochen? War es ein Abenteuer nur einer Nacht?

Und ich fragte mich, ob ich nicht noch immer träumte. Ich hatte mich auf eine Bank gesetzt und überließ mich diesen Gedanken. Zweifel und Sicherheit – und wieder Zweifel. Ich vernahm neben mir Geräusch. Ich schaute auf, rieb mir die Augen ... ich konnte es nicht glauben ... es war der Marquis.

»Du hast mich nicht so früh am Morgen erwartet, nicht wahr? Also wie ist es gegangen, wie war's!«

»Du wußtest also um mein Hiersein?« fragte ich erstaunt.

»Aber natürlich. Man ließ es mir gestern sagen, als du abfuhrst. Hast du deine Rolle gut gespielt? Der Gatte muß deine Ankunft sehr lächerlich gefunden haben, wie es übrigens im Programm stand. Wann schickt man dich wieder heim? Ich habe für alles gesorgt. Ich hab' dir einen guten Wagen mitgebracht, du brauchst nur deine Befehle zu geben. Bin zu Gegendiensten immer bereit. Frau von T... brauchte einen Stallmeister, und der warst du und hast sie auf der Reise hübsch amüsiert. Das ist alles, was sie wollte, und meine Erkenntlichkeit...«

»Nein, nein, ist gar nicht nötig. Ich tat es mit Vergnügen. Und Frau von T... wird dir sagen können, daß ich mehr tat, als wofür du mir je erkenntlich sein könntest.«

Der Marquis begann mir das Mysterium der Nacht zu entschleiern und mir den Schlüssel dazu zu geben. Ich war im Augenblick in meiner Rolle. Jedes Wort war am rechten Platz, ich hätte laut auflachen mögen. Alles was da geschehen war, nicht sehr komisch zu finden, wäre schwierig gewesen.

»Aber weshalb so früh?« fragte ich den Marquis. »Es wäre vielleicht klüger gewesen...«

»Alles ist ganz genau besprochen und bestimmt. Es gibt keine Überraschungen dabei. Es ist abgemacht, daß mich ein Zufall hierher führt. Ich komme angeblich von einer Gesellschaft aus der Umgebung. Hat dich denn Frau von T... nicht unterrichtet? Dieser Mangel an Vertrauen ist nicht hübsch von ihr, nach allem, was du für uns getan hast.«

»Sie wird gewiß ihre Gründe gehabt haben, und vielleicht hätte ich anders auch meine Rolle nicht so gut gespielt.«

»War lustig, nicht? Erzähl mir doch im Detail, mein Lieber.«

»Ach, einen Augenblick! Ich wußte ja nicht, daß es eine Komödie sei, und wenn ich auch schon in dem Stücke eine Rolle spiele...«

»Den Helden hast du nicht gespielt, allerdings.«

»Weißt du, für einen guten Schauspieler gibt es keine schlechten Rollen.«

»Ich verstehe, du hast dich gut aus der Affäre gezogen.«

»Ganz wunderbar!«

»Und Frau von T...?«

»Sublim! Sie spielt einfach alles.«

»Verstehst du, wie man diese Frau fesseln konnte? Es hat mir eine Heidenmühe gekostet. Aber ich hab' sie soweit gebracht, daß sie vielleicht die Frau in Paris ist, auf deren Treue man sich am meisten verlassen kann; ja, ich möchte sagen: Durchaus verlassen.«

Jean Honoré Fragonard: Der heimliche Kuß

»Das hast du ganz richtig herausbekommen.«

»Ja, das ist mein spezielles Talent! Ihre ganze Unbeständigkeit war nichts weiter als Frivolität und Laune. Aber man mußte sich eben der Seele bemächtigen!«

»Das ist es!«

»Nicht wahr? Du hast keine Ahnung, wie sie an mir hängt! Und sie ist doch reizend, nicht? Unter uns: sie hat nur einen Fehler: die Natur, die ihr alles gab, versagte ihr diese göttliche Flamme, die das Höchste gibt: Sie erregt alles, bannt alles Fühlen, aber sie bleibt kalt, ist Marmor.«

»Ich muß dir wohl glauben, denn ich, ich kann natürlich nicht... Aber weißt du, daß du diese Frau kennst, als ob du ihr Gatte wärst? Es ist täuschend, und wenn ich nicht gestern mit dem wirklichen Gatten soupiert hätte...«

»Wie war er übrigens?«

»Man war niemals mehr Ehemann.«

»Es ist doch ein famoses Abenteuer. Aber ich finde, du lachst nicht genug darüber. Empfindest du denn nicht all das Komische, das dir passiert ist? Ja, das Welttheater bietet merkwürdige Stücke und so unterhaltend! Aber gehen wir hinein. Ich muß Frau von T... sehen. Sie muß schon auf sein. Sie weiß, daß ich früh komme. Anständigerweise muß man mit dem Gatten anfangen. Komm in dein Zimmer, ich will etwas Puder auflegen. Also, man hat dich richtig für den Liebhaber gehalten?«

»Du wirst meine Erfolge nach dem Empfang beurteilen, den man mir bereiten wird. Es ist neun Uhr. Gehen wir zum Herrn Gatten.«

Ich hatte Gründe, mein Appartement zu meiden. Ich hatte ja keine Ahnung, wo es war, und das durfte der Marquis natürlich nicht merken. Der Zufall führte uns daran vorbei. Die Tür stand offen, mein Diener schlief in einem Lehnstuhl. Eine Kerze brannte neben ihm zu Ende. Er wachte bei unserm Eintritt auf, und ganz verschlafen reicht er dem Marquis meinen andern Anzug, macht ihm einige Vorhaltungen über

sein spätes Kommen. Ich stand auf Nadeln. Aber der Marquis merkte nichts und lachte nur über den verschlafenen Burschen. Ich gab ihm meine Befehle für die Abreise, und wir begaben uns zum Gatten. Man kann sich denken, wer nett empfangen wurde. Ich war es nicht, und das war auch ganz in der Ordnung. Der Marquis wurde wiederholt inständig zum Bleiben eingeladen, und der gute Gemahl wollte ihn zu seiner Gattin führen, damit sie ihm auch noch zurede. Mir erklärte man, daß man es nicht wage, mich zurückhalten zu wollen, ich sähe zu schlecht aus, es bekomme mir wohl die Landluft nicht gut. Man riet mir schleunige Rückkehr nach Paris. Der Marquis bot mir seinen Wagen an, ich akzeptierte, alles ging famos, und alle waren zufrieden. Ich wollte aber doch noch einmal Frau von T... sehen. Ein Vergnügen, das ich mir nicht versagen konnte. Meine Ungeduld teilte mein Freund, ohne daß er bei mir die Ursache auch nur ahnte. Als wir Herrn von T... verlassen hatten, sagte er:
»Er ist doch sehr nett. Wenn man ihm vorher gesagt hätte, was er zu antworten habe, er hätte es nicht besser sagen können. Alles in allem bin ich sehr mit ihm zufrieden. Es wird ein angenehmes Haus sein, und du wirst zugeben, daß er, um die Honneurs des Hauses zu machen, keinen besseren wählen konnte als seine Frau.« Niemand war von dieser Wahrheit überzeugter als ich. »Weißt du, mein Lieber, nur ist es wichtig, daß das Geheimnis bewahrt bleibe. Aber wir zählten auf dich, es kann nicht in besseren Händen sein.«
Man meldete, daß wir bei der gnädigen Frau eintreten könnten.
»Hier«, sagte mein Marquis, »sind Ihre beiden letzten Freunde.«
»Ich fürchtete schon«, wandte sich Frau von T... an mich, »Sie würden abreisen, bevor ich aufgestanden bin, und ich danke Ihnen, daß Sie gefühlt haben, wie wirklich peinlich mir das gewesen wäre.« Und sie sah uns aufmerksam an, den einen und den anderen. Aber die Sicherheit des Marquis gab ihr bald auch die ihre wieder. Und der Marquis machte weiter Witze auf meine Kosten. Und sie lachte mit mir darüber, so viel als zu meinem Trost ihr nötig schien, ohne sich in meinen Augen zu degradieren. Sprach zärtlich zu ihm, lieb zu mir. Scherzte, aber machte keine Späße.
»Er hat«, meinte der Marquis, »seine Rolle so gut zu Ende geführt, wie er sie begonnen hat.« Worauf sie ganz ernst sagte: – »Ich war des Erfolges in allem sicher, was man ihm anvertraut hatte.«
Der Marquis erzählte unsern Besuch beim Herrn Gemahl. Sie sah mich an, gab mir recht und lächelte nicht.
»Was mich anlangt«, erklärte der Marquis, der nicht aufhörte, »so bin ich einfach entzückt. Wir haben uns einen Freund gewonnen, Gnädige. Und ich wiederhole dir, unsere Erkenntlichkeit...«
»Lassen wir das«, sagte Frau von T..., »und glauben Sie mir, daß ich durchaus fühle, was ich ihm schulde.«
Man meldete Herrn von T..., und wir begaben uns in die nötige Haltung. Herr von T... hatte sich über mich lustig gemacht und mich weggeschickt, mein Freund düpierte ihn und machte sich über mich lustig, und ich gab es ihm wieder, Frau von T... bewundernd, die mit uns allen spielte, ohne auch nur das Geringste von ihrer Würde zu verlieren. Ich genoß noch eine Weile die Szene mit uns vieren und zog mich dann zurück. Frau von T.... tat, als ob sie mir noch einen Auftrag mitzugeben hätte und kam mir nach.
»Adieu! Ich danke Ihnen, viel Vergnügen, aber ich habe es Ihnen mit einem schönen Traum bezahlt: Jetzt ruft Sie Ihre Liebe wieder. Wenn ich ihr etwas genommen habe, so gebe ich Sie Ihrer Geliebten zärtlicher, aufmerksamer und erregter zurück, nicht wahr? Nochmals adieu! Sie sind reizend... und bringen Sie mich nicht mit der Komtesse auseinander.« Ein Händedruck, und sie geht.
Ich stieg in den Wagen und suchte auf der Fahrt die Moral dieses ganzen Abenteuers, aber ich fand keine.

ANNE CLAUDE PHILIPPE, COMTE DE CAYLUS 1692-1765

ABENTEUER DER COIFFEUSE FRÄULEIN GODICHE, WIE ES DER KUTSCHER GUILLAUME ERZÄHLT

W ie ich eines Nachmittags mit meinem Wagen so auf einen Fahrgast warte, kommt da auf mich ein niedliches kleines Fräulein zu und fragt: »Was nehmen Sie für eine Fahrt nach der Drehbrücke, mein Lieber?« – »Na, Mamsell«, sag' ich, »das kriegen wir schon hin.« – »Gar nichts«, sagt sie; »ich muß es wissen, und billig muß es auch sein. « – »Also«, sag' ich, »es kostet vierund- zwanzig Sous.« – »Was? Vierundzwanzig Sous? Wo es nur ein Schritt ist? Fünfzehn geb' ich dafür aus, und wenn Sie nicht wollen, dann nehm ich eine Schubkarre.« – »Steigen Sie ein, Mamsell. Und ein Trinkgeld.« – »Nicht einen Heller mehr . . . aber machen Sie die Fenster zu, es ist windig (nicht ein Lüftchen regte sich), und das ruiniert mir die Frisur, und meine Tante glaubt dann, ich komme von weiß Gott wo her.« Ich mach' also meine Fenster zu, und los geht's.

Gerade den Theatinern gegenüber passiert's, daß eine Fensterscheibe in den Wagen fällt, und ich hör' rufen: »Kutscher, Kutscher, bringen Sie doch das da in Ordnung!«

Während ich also das Fenster wieder in Ordnung bringe, geht da ein kleiner Herr vorbei, der in meinen Wagen schaut und gleich sagt: »Ha, das ist ja Mamsell Go- diche! Wohin fahren Sie denn so ganz alleine?« – »Ich fahre, wohin ich fahre«, sagt sie; »und das geht Sie gar nichts an.« – »Da haben Sie recht«, sagte der Herr, »aber das müssen Sie doch spüren, mein Fräulein, daß eine Demoiselle wie Sie, die in einem Fiaker fährt, nachmittags und ganz alleine, um diese Zeit nicht zu Damen fährt, um sie zu frisieren.« – »Da irren Sie sich, Herr Galonnet«, sagt Godiche, »und da sehen Sie eine Haube, die ich nur aufgesetzt habe, um sie einer Dame zu bringen, die in die Oper will.« Und die Kleine zieht wirklich unter ihrer Robe so ein Ding hervor, das darunter war, und der Herr sieht's, macht lächelnd seine Verbeugung und entfernt sich.

»Herrgott«, sagt Mamsell Godiche, wie er weg war; »was sind die Männer neu- gierig! Warum schließt auch Ihr Wagen so schlecht? Es war der Sohn von einem Schneider aus unserm Viertel, der es natürlich überall erzählen wird. Die böseste Zunge unserer Gegend, er und seine Sonnen von Schwestern. Weil man sich ein bißchen properer anzieht als andere, glauben sie schon, man sei weiß Gott was! Ich habe schon wirklich Malheur, daß ich ihn getroffen habe. Da haben Sie Ihre fünf- zehn Sous, ich mag nicht mehr in Ihren albernen Wagen. Mein Gott, was sagen! Wenn meine Tante davon erfährt, bin ich verloren! Da steht Ihr wie ein Holzklotz«, sagt sie zu mir, der ich ihr ohne ein Wort zuhöre; »fahren Sie doch weiter, wie ich Ihnen gesagt habe, ich muß doch schließlich meine Haube abgeben, die Dame wartet auf mich, so beeilen Sie sich doch!«

Also fuhren wir weiter. Wir kamen an die Drehbrücke, wo so wenig eine Dame war wie in meiner hohlen Hand. Mamselle Godiche schaut rechts, schaut links, schaut überall. Schließlich sagt sie zu mir: »Mein lieber Freund«, sagt sie, »wollen Sie mich so lange in Ihrem Wagen lassen, bis einer meiner Cousins, der mich wohin führen soll, kommt? Ich geb' Ihnen schon was dafür.« – »Gern«, sag' ich, denn ich hatte was für sie übrig, und dann wollte ich gern den Cousin sehen, von dem ich sicher war, daß er nicht viel mehr sei als ich.

Nach einer guten Viertelstunde kommt ein großer junger Mensch daher, so von der Porte Saint-Honoré heruntergebummelt. Ich zeig' ihn der Mamsell. »Ist das nicht Ihr Cousin?« – »Das ist er, wahrhaftig! Rufen Sie ihn doch, denn er weiß nicht, daß ich im Wagen bin.« Ich lauf' also hinter dem Cousin her, der sich gegen die Chaillot-gasse dünne macht, und sag' ihm: »Herr«, sag' ich, »da ist Ihre Cousine Mamselle Godiche im Wagen, die mit Ihnen ein Wort sprechen will.« Sagt er mir danke und läuft zum Wagen, steigt hinein, und da drinn hör' ich also meine zwei lang plauschen und flüstern wie die Elstern. Schließlich sagen sie, ich soll sie in ein gutes Wirtshaus aus meiner Bekanntschaft fahren, und daß ich mit ihnen zufrieden sein würde, wenn ich sie da erwartete, um sie nach Paris zurückzufahren, wenn sie einen Salat gegessen hätten. Und dabei drückt mir der Herr, als Angabe gewissermaßen und daß es eine ganz richtige Sache sei, einen Runden in die Hand.

Ich schlage ihnen also die Witwe Trophée vor, aber das ist ihnen zu sehr an der Straße. Dann also die Glacière oder Mutter Liard; man entscheidet sich für die Glacière, und da setz' ich sie bald darauf ab.

Da ich über die Cousinschaft so meine Zweifel hatte, machte ich der Wirtin ein Zeichen, auf das sich die versteht; sie führt sie also in ein kleines Kabinett, das auf den Garten hinaus geht, zu ebener Erde. Was mich betrifft, ich bringe also meinen Wagen ein, und da es da eine Menge Spitzbuben gibt, trägt die Wirtin meine Wagenkissen in das Zimmer, wo meine Herrschaft war, damit sie mir niemand stiehlt.

So was nach zwei Stunden kriegt Fräulein Godiche Lust nach frischer Luft, kommt in den Garten, und ihr Cousin folgt ihr, wo sie dem Tanzen zuschauen. Währenddem saß ich mit zwei meiner Freunde aus meiner Bekanntschaft, der eine ein Soldat, und wir tranken ein Pint Wein aus und aßen den Rest von einem Hühnerfrikassee und einem Salat, den uns der Cousin schickte, wobei wir es uns nicht schlecht schmekken ließen. Da wir nicht weit ab vom Tanzboden saßen, sah ich, daß man Mamsell Godiche zum Tanz aufforderte, und dann tanzte der Cousin mit ihr ein Menuett recht hübsch.

Während sie tanzten und auf nichts sonst acht hatten, kam der Herr Galonnet mit zwei anderen und zwei Demoisellen. Und sagte eine der Demoisellen, wie sie an unserem Tisch vorbeiging: »Bruder, schau, da tanzt sie mit ihrem Liebhaber, dem Herrn von Aulne.« – »Hab' ich mir's doch gedacht«, sagte der Galonnet; »aber sobald ich einen Schluck getrunken habe, bitte ich sie um einen Tanz.« Und das tat er auch. Die arme Mamsell Godiche wurde ganz blaß und der Herr von Aulne ganz bleich, wie der Galonnet sie sehr höflich zum Tanz nehmen wollte, Hut in der einen, einen weißen Handschuh in der andern Hand.

Sie hätt' ihn ja gern abgewiesen, aber ich sah, wie sie sich nicht traute, weil sie mit einem andern schon getanzt hatte, und weil das Spektakel gegeben hätte; also tanzte sie mit Herrn Galonnet, aber dann gleich wieder mit ihrem Herrn von Aulne und keinem von den anderen zweien, die zwei Schneidergesellen waren, wie das auch ganz der rechte Brauch ist gegen die frisch Gekommenen, die noch nicht getanzt haben.

Von den beiden Demoisellen, die mit Herrn Galonnet gekommen waren, war diese, die ein Gesicht wie ein Bierglas hatte, seine Schwester, die andere war krummbeinig; die setzten sich an einen Tisch neben dem unsern. Die Pockennarbige redete

Henry Robert Morland: Die Plätterin

von der Godiche: »Die kleine Kreatur muß sehr unverschämt sein, daß sie so allein mit ihrem Liebhaber ins Wirtshaus geht; ich, ich könnte so was nicht tun, so vor allen Leuten.« – »Sie will ihr Satinkleid zeigen, das sie sicher nichts gekostet hat«, sagte die Krummbeinige. – »Ich wette«, sagte die andere, »das hat der Spitzbub, der Aulne, bei seinem Vater gestohlen. Er wollte mir schon einmal eins schenken. Aber er hat bald gemerkt, daß er es bei mir nicht mit einer Godiche zu tun hat. Lächerlich, wie ein solcher kleiner Schmarren wie sie so ein Kleid tragen kann. Ich trag' kein solches, und ich könnte es mir als die Tochter eines Schneiders weiß Gott leisten, der noch dazu ein Haus hat. Aber schau nur, Gogo, wie sie die Hüften schmeißt beim Tanzen! Wie eine vom alten Ballett!« – »Ich würde mich schämen«, sagte die andere, »so zu tanzen. Du weißt, Babet, das letzte Mal wie wir in Groß-Caillou waren, hab' ich da

199

so getanzt mit solchen Verrenkungen? Ich hab' es auch nie herausbekommen.« – »Mich«, sagte Babet, »hat es meine verstorbene Mutter lernen lassen, drei Monate lang, beim Ballettanzmeister Colin vom Foiretheater, der dreißig ganze Franken für den Monat bekommt, hinter dem Rücken von Papa! Wir haben ihm gesagt, daß mich ein Freund von meinem Bruder umsonst hinbringt. Am Sonntag nachmittag schauten wir, ich und meine Schwester Cotton, manchmal bei Colin der Vorstellung zu, und da waren Mädchen, die tanzten wie die Godiche. Wie ist das häßlich für ein anständiges Mädchen! Ich schaute das an wie den Kot auf meinen Schuhen. Na, die kann sich drauf verlassen, ich grüß' sie nicht zuerst.« – »Mein Gott«, sagte die Gogo, »weil sie ein bißchen hübsch ist, da läßt sich's denken ...« – »Was nennst du hübsch«, sagte schnell Babet und riskierte zu ersticken; »du weißt, was hübsch ist! Weil sie große schwarze Augen hat? Aber daß sie schielt, hast du nicht gesehen. Und wenn ich aus der kleinen Büchse auflege, dann hab' ich auch Farbe. Ich bitte dich, Gogo, sprich mir nicht von ihrer Stupsnase. Und den Mund kneift sie ein, damit er klein aussieht. Gewachsen ist sie ja nicht schlecht, aber so groß wie ich ist sie nicht. Hast du gesehen, wie kurz sie sich anzieht?« – »Das kann ich nicht ausstehn«, sagte die Krummbeinige, »es ist zu häßlich!« – »Das tut sie nur, um ihre Stelzen zu zeigen, und einen Fuß, daß man glaubt, sie müsse bei jedem Schritt hinschlagen.« – »Ich versteh' nicht, weshalb ihr die Männer nachlaufen. Vielleicht hat sie Geist«, sagte Gogo. – »Geist? Ich bitte dich, nicht so viel«, sagte Babet. »Aber sie kennt die gewissen Worte, die schlechte Männer von Mädchen gern sagen hören, ohne das wär' sie blöd wie ein Topf. Ich versichere dir, mit allen meinen Pockennarben möcht' ich nicht mit ihr tauschen«, sagte Babet und streckte sich. Und gleich darauf: »Mein Gott! Wie kann man sich nur so dekolletieren! Wenn ich so was tun müßte; und ich kann doch ohne Stolz behaupten ... Aber reden wir nicht mehr von dem Fratzen, obwohl ich große Lust hätte, ihr meine Meinung zu sagen.«

Inzwischen hatte Mamsell Godiche mit viel Vergnügen getanzt und ging nun mit Herrn von Aulne in ihr Zimmer; aber dazu mußte sie an Babet vorbei, die, um den Streit anzufangen, den sie mit ihr suchte, ihr im Vorbeigehen sagte, obzwar sie sie nicht zuerst hatte grüßen wollen: »Guten Tag, Mamsell Godiche, wie geht's?« – »Guten Tag, Mamsell Babet ... Sie sind hier?« – »So gut wie Sie, Mamsell.« – »Ich bin gern da ... es macht mir Spaß.« – »Sie haben ein reizendes Kleid an«, sagte die Schneiderische. – »Das Ihre«, sagte die Marchandmodische, »haben Sie sehr geschmackvoll ausgesucht. Das ist von dem Stoff zu fünfzig Sous? Der meine kostet drei Francs fünf, und da muß man noch handeln.« – »Ja, jede kann's nicht so haben wie Mamsell Godiche«, sagte Babet, wobei sie durch die Zähne lachte, daß sie aussah wie der heilige Medardus. – »Ich will mir noch eines aus Taffet machen lassen. Wenn Sie nicht so viel Arbeit hätten, Fräulein Galonnet, ließe ich es bei Ihnen schneidern.« – »Oh, ich bin keine so berühmte Schneiderin, daß ich für eine Demoiselle Godiche arbeiten könnte.« – »Ah, Sie scherzen! Wo Sie meine Hüte tragen, können Sie mir schon meine Kleider machen.« – »Sie haben mir keine Hüte gemacht.« – »Das sagen Sie so, wo Sie mir noch zwei oder drei schuldig sind.« – »Ich Ihnen was schuldig? Zahlen Sie bitte lieber meinem Vater Ihren Hauszins von sieben Livres und zehn Sous.« – »Wird geschehen, Mamsell, wird schon geschehen, oder es hebt sich mit Ihren Schulden an mich auf.« – »Ja, Sie täten schon besser, Ihre Schulden zu bezahlen, als Volantkleider und Mantelets zu tragen.« – »Ich trag' es nicht auf Ihre Kosten, mein Fräulein.« – »Na, mit Hutgarnieren verdient man sich das nicht.« – »Sie allerdings nicht, weil Sie es nicht gut genug können.« – »Und anders verdienten Sie auch nichts.« – »Na, wenn ich es wie Sie verdiente, Sie Großmaul!« – »Kröte!«

Also kaum war das Wort heraus, als Babet Galonnet meiner Mamsell Godiche, weil sie sich gerade so am Armende befand, eine Giroflé mit fünf Blättern ins Gesicht pflanzt, die klatschte wie meine Peitsche. Alles war wie versteinert und redete kein

Wort. Bloß der Herr von Aulne sagt zu Babet: »Das tut man nicht, Mamsell, und wenn Sie kein Mädchen wären, so wollt' ich Ihnen schon zeigen...« – »Sie Dummkopf«, rief die Babet, »ich werd' es Ihrem Vater schon sagen, daß Sie ihn bestehlen, um das Geld mit Kreaturen auszugeben.«

Kaum hatte Fräulein Godiche, die sich die Ohrfeige aus den Augen rieb, sich Kreatur nennen hören, so zeigte sie der Blatternarbigen, daß sie eine gut eingehängte Zunge hatte, und schimpfte ihr die siebzehn Todsünden auf den Hals, so daß sich die Schneiderische auf sie warf, ihr die Haube wie der Wind herunterriß und sie in den Dreck schmiß, so daß sie gleich selber nichts sonst mehr war als Dreck. Dann wollte sie ihr ins Gesicht springen, das sie ihr verschandeln wollte, denn es hatte keine Pockennarben wie das ihre, aber der Herr von Aulne ließ sich an Stelle seiner Cousine verkratzen.

Währenddessen hatten der kleine Galonnet und seine Freunde einen Kontertanz verlassen, um zuzusehen, was da passiert war, und wie er den Herrn von Aulne sieht, daß er seine Schwester bei den Händen festhält, während die ihm seine Schienbeine mit den Füßen bearbeitet, setzt er sich in den Kopf, der Aulne verhaue sie, also stürzt er sich mit den andern zwei Schneidern auf ihn, um ihn zu vernähen, während Mamsell Godiche schreit wie Melusine.

Na, wie ich das sehe, sag' ich zu meinen Freunden: Wir wollen unsere Herrschaft nicht versalzen lassen! Die wollten nichts Besseres, und zu dritt fallen wir also über die Pflaumenfresser her, daß es wie ein kleiner Segen war.

Mein Soldat zog sein Eisen, und der andere war ein grober Bootsknecht, und ich mit meiner Peitsche, wir teilten keine schlechten Hiebe aus, während die Schneiderjungen sich mit Stühlen verteidigten. Ich gab den Aposteln einen Ordentlichen mit meiner Peitsche, einen von ihnen, der mich beim Zeug packen wollte, den setzte ich auf die Erde wie einen Frosch, daß er weder Fuß noch Pfote rührte.

Schließlich und endlich trennt man uns am Ende, und wer ein pochiertes Auge in schwarzer Butter hatte, der hatte es auf seine Rechnung. Während des Kampfes hatten sich meine zwei in ihr Zimmer verzogen, wo wir hingingen, ihnen sagen, daß sie nichts mehr zu fürchten brauchten, denn wir seien da. Mamsell Godiche weinte, als ob sie alle ihre Verwandten verloren hätte, und ihr Cousin tröstete sie. Er ließ uns eine Flasche zu fünfzehn Sous austrinken, die wie gewöhnlich nur sechs wert war. Daß Mamsell Godiche wieder ihre Haube auf den Kopf setzte, war nicht möglich, denn sie war einfach Dreck; aber sie steckte sich die von der Dame von der Drehbrücke auf.

Da sie sich sehr schämte, warteten wir, bis die ganze Bande weg war; und dann hatte sie auch Angst vor der Pockennarbigen, die ihr gesagt hatte, daß sie noch nicht quitt seien und daß ihre Tante es erfahren würde, und das noch an diesem Abend.

So gegen zehn schirrte ich meine Pferde und meine Wagenkissen an, und wir fuhren recht lebhaft in die Schustergasse, wo die Godiche wohnte. Meine Kameraden saßen neben mir auf dem Bock. Dann brachte ich den Herrn von Aulne nach Apport-Paris, wo er mir noch einen Taler gab und achtzig Sous für den Schnaps, den wir zu Capelin hinunterwaschen gingen.

Es schaute schon so her, als ob die Tante von der Mamsell Godiche ihr ein Tedeum gesungen hatte, das nicht schlecht war; aber die Kleine machte sich nichts draus, wie's scheint. Denn ich sah sie seitdem fein herausgerichtet, und ich fuhr sie öfter mit einem Cousin.

Und sie hat mich immer wiedererkannt und gab mir immer ein Trinkgeld; denn obgleich sie oft mit Herrschaften von der hohen Vornehmheit war, stolz war sie deswegen nicht so viel gegen mich.

CLAUDE
JOLYOT DE CRÉBILLON
1707-1777

DIE VERFÜHRUNG

DIE GRÄFIN. Ach, Sie sind es, Montade ...
MONTADE. Wer sonst, Madame?
DIE GRÄFIN. Es ist wahr: Sie machen sich nicht mehr so selten. Aber Sie müssen zugeben, daß ich es nicht gewohnt bin, Sie so früh schon bei mir zu sehen.
MONTADE. Gebe ich zu, Madame. Sie haben eben nur die Gewohnheiten, die Ihnen Vergnügen machen, und wissen dadurch die Leute zu behandeln – man trifft es schon nicht besser. Sie sperren sich allein ein, während alle Welt draußen im Bois ist.
DIE GRÄFIN. Sie rechneten also damit, mich nicht zu treffen? Sehr freundlich von Ihnen.
MONTADE. Mein Gott, Gnädige, das wäre mir ein Malheur mehr gewesen und kein neues. Es ist mir schon öfter passiert, daß ich vor Ihrer Tür wieder umkehren mußte. Und heute ...
DIE GRÄFIN. Eine Laune, die mich manchmal hemmt, was ich gar nicht beklage. Ich empfinde es mitunter als angenehm, mich aus der Gesellschaft zurückzuziehen, nicht alles mitzumachen. Es ist ein Atemschöpfen, und die meisten Frauen versagen sich das.
MONTADE. Die meisten Frauen werden Ihnen, Madame, antworten, daß Sie sich sehr vieles versagen, was sie sich gestatten; und so werden wohl auf beiden Seiten Fehler gemacht.
DIE GRÄFIN. Das weiß ich nicht. Aber wenn es so ist, dann soll jedes die seinen behalten. Ich zweifle stark, ob ich bei einem Tausch gewinnen würde.
MONTADE. Ihre Fehler ...
DIE GRÄFIN. Sind?
MONTADE. Daß Sie sich zurückziehen, zum Beispiel. Überlassen Sie das andern, denen das besser steht als Ihnen.
DIE GRÄFIN. Das versteh' ich nicht.
MONTADE. Es gibt noch vieles, das Sie wissen sollten und das man Sie nie lehren wird.
DIE GRÄFIN. Und das nicht zu wissen, glaube ich, mir ganz gut bekommt.
MONTADE. Das sollten Sie nicht sagen.
DIE GRÄFIN. Weshalb?
MONTADE. Nun eben, weil Sie nichts davon wissen.
DIE GRÄFIN. Es gibt so vieles im Leben, das man nicht weiß, weil man es nicht wissen will oder darf. Trotzdem kann man doch seine Meinung darüber haben, nicht?

MONTADE. Wer hat Ihnen diese Wissenschaft beigebracht, Madame? Ihre Gouvernante?

DIE GRÄFIN. Meine Vernunft.

MONTADE. Aber ja; wenn das Gefühl nichts sagt, dann denkt die Vernunft so von selber.

DIE GRÄFIN. Ich versteh' mich auf das Gefühl und seine Sprache nicht recht, und so stelle ich sie lieber zu den Dingen, die man ganz gut entbehren kann.

MONTADE. Und was dann?

DIE GRÄFIN. Nun, man ist dann weniger sensibel und ruhiger, ja, ja, man hat seine Ruhe.

MONTADE. Ruhe! Mein Gott, glauben Sie wirklich, daß es einem dabei besser geht? Da kommt doch immer gleich die Langeweile dazu und diese unsagbare Traurigkeit, die das Herz... Das Herz will bewegt sein, Madame. Dazu ist es da. Wir müssen spüren, daß wir leben, und an den Neigungen unseres Herzens spüren, daß wir leben, liebend leben.

DIE GRÄFIN. Was für Geschichten Sie mir erzählen, Montade! Die Liebe macht das Leben doch nicht glücklich, im Gegenteil! Was man liebt, wie lange liebt man's? Wie lange bleibt es so, daß man es liebt? Was braucht es, um alles zu ändern? Ein Nichts. Und nachher? Ekel, Bedauern, unnütze Vorwürfe, die einen nur daran erinnern, daß man gelitten hat, und den Schmerz nur vermehren. Wenn schon unser Herz ein Attachement haben muß, wie Sie meinen, so schon nicht in aufregenden Sachen, die nicht dauern, auf die man nicht zählen kann. Sehen Sie, wie ich es mache. Ich liebe mein Haus, meine Musik, die gute Verständigung, die zwischen mir und meinem Manne ist. Alles das fehlt mir nie.

MONTADE. Ich verstehe, daß Sie Ihre Talente lieben, Madame, und daß die Ihnen nie fehlen werden, so wenig wie die Zuneigung Ihres Gatten, über den Sie ganz beruhigt sein können. Es braucht doch nicht viel, um Sie bis zum Wahnsinn zu lieben! Und Sie sind nur allzusehr dazu geschaffen, sich einen Mann auf alle Arten zu unterwerfen und ihn sich treu zu machen.

DIE GRÄFIN. Sehen Sie, Montade, jetzt reden Sie sehr vernünftig. Schade, daß mein Mann nicht da ist, damit er es hört.

MONTADE. Hört er, was Sie sagen, Madame, so hätte er wohl Grund, unbändig stolz zu sein. Aber er braucht ja gar keine neuen Proben Ihrer Liebe und keine neuen Zeugen, die ihm sein Glück bestätigen, was er übrigens schon selber tut.

DIE GRÄFIN. Wie? Mein Mann spricht von meiner Liebe zu ihm?

MONTADE. Können Sie wirklich glauben, daß er diese Liebe versteckt, die ihm doch ein Ruhm ist? Was kann dem Stolz mehr schmeicheln als eine solche Liebe! Was kann stolz machen, wenn man es nicht ist, als eine solche Liebe! Sehen Sie doch: Ein Kind, das gerade aus dem Kloster kommt, wird vor den Altar gebracht, und da ist ein Fremder, der es vielleicht nie gesehen hat, der kraft der Familienautorität glaubt, sich dieses Kindes wie eines dargebrachten Opfers bemächtigen und es mit sich nehmen zu können, trotz aller Tränen und Ängste. Und von nun ab ist dieses Kind einem absoluten Herrn ausgeliefert, der nach nichts frägt und ihm die Perle seiner Schönheit ungestraft raubt, den Schatz seines Herzens, das einzige Gut des Kindes! Und Sie verlangen, Madame, daß ein Mann, der es bei all dieser Barbarei erreicht hat, daß das Kind ihn liebt, Sie verlangen, daß er sich nicht seines Triumphes und seines Glückes rühmen soll? wo er doch selber darüber ganz erstaunt ist!

DIE GRÄFIN. Pfui, Montade, erinnern Sie mich nicht an diese traurigen Sachen, die man besser vergißt.

MONTADE. Das nennt man eine Heirat, Madame, und was ich sagte, dürfte die Geschichte der Ihren sein.

DIE GRÄFIN. Ja. Aber lassen wir's.

Antoine Pesne:
Wilhelmine von Preußen-
Brandenburg
(Schwester Friedrichs
des Großen)

MONTADE. Ich hab es Ihnen ja nur erzählt, um zu beweisen, daß ich recht habe, als ich sagte, daß ein Gatte stolz gebläht sein muß, ob er will oder nicht, wenn er sieht, daß man so schnell seine Gewalttätigkeit vergessen hat, und er sich erinnerte, wie wenig es ihn gekostet hat, sich in den Besitz, zum Beispiel Ihrer Person zu bringen ... Heute kann er ganz schamlos sagen, daß er Sie besitzt, als ob er sich das mit Sorgen und Kümmern und Mühen verdient hätte ... ja, er kann sogar sagen, daß Sie ihn lieben.

DIE GRÄFIN. Wenn Sie da die Wahrheit sagen, so erstaunt es mich. Ich hätte meinen Gatten für aufmerksamer und diskreter gehalten, weil ... nun ja, weil ich seine Frau auf Befehl der Familie geworden bin. Aber ich glaube es nicht, oder vielmehr: man wird ihm das nicht so glauben.

MONTADE. Aber man glaubt es doch, ich kann es Ihnen versichern.

DIE GRÄFIN. Ja, ja, man tut so, aber worüber und wovon wurden die Leute überzeugt?

MONTADE. Überzeugt? Aber von allem! Es wäre gar nicht nötig, daß es Ihr Gatte sagt, wie Sie ihn lieben. Was, wollen Sie, soll man von einer Frau von zwanzig Jahren denken, die seit zwei Jahren verheiratet und hübsch wie Sie ist, von der besten Gesellschaft Frankreichs begehrt, und die unsichtbar bleibt, sich kaum einmal im Theater, auf der Promenade zeigt, sich nichts aus den Menschen im allgemeinen und im besondern zu machen scheint, die all dem dies vorzieht: ihre Tage allein zu verbringen auf einem Sofa, und da mehr liegend als sitzend, denn bitte, Sie liegen auf einem Sofa, Madame.

DIE GRÄFIN. Ja, und ganz bequem, und um es noch bequemer zu haben, geben Sie mir bitte noch das Kissen da hierher... Danke... Und da ist auch noch Platz für Sie. Setzen Sie sich auch auf das Sofa, da unten bitte... Haben Sie keine Angst, meine Füße werden Sie schon nicht berühren.

MONTADE. Ja, Sie geben fürchterlich darauf acht, daß Sie mich nicht berühren.

DIE GRÄFIN. Also, Montade, ich gelte als eine ungewöhnliche Frau.

MONTADE. Für eine Frau, die in ihren Gatten verliebt ist, und das ist in der Tat ungewöhnlich. Sie müssen doch zugeben: eine Frau wie Sie muß lieben. Nun weiß man, Sie leben zurückgezogen. Was hält Sie da? Was beschäftigt Sie da? Man sucht und sucht und findet nichts sonst als Ihren Gatten.

DIE GRÄFIN. Wenigstens hat man den Geist, meinen Geschmack an dieser Art zu leben der ehelichen Liebe zuzuschreiben, da man doch weiß, daß es auch noch andere und ganz gute Gründe gibt, die mich so leben lassen.

MONTADE. Andere Gründe? Gibt es nicht.

DIE GRÄFIN. Aber tausend! Und die nur wir wissen, und die ihr andern Männer nicht beachtet.

MONTADE. Aber nein, Madame, es gibt keine.

DIE GRÄFIN. Mein Gott, leben wir nicht unter dem Gesetz des Gatten? Ist er nicht unser Herr? Sollte der Mann, von dem das Glück unseres Lebens abhängt, weder zu fürchten noch zu menagieren sein? Es gibt für eine Frau nichts Wichtigeres, als sich darin zu üben, dem Manne zu gefallen, von dem ihr Los abhängt, koste es, was es wolle. Ich gebe zu, um dahin zu gelangen, darf man nicht zu oft fühlen, nicht zu oft auf sich hören, muß sogar oft recht taub und stumm sein und sich manches versagen, aber...

MONTADE. Ich höre alles das zum erstenmal in meinem Leben, Madame.

DIE GRÄFIN. Weil Sie nur Närrinnen sehen; und die sind es, die Sie brauchen.

MONTADE. Ehrlich: glauben Sie wirklich etwas von dem, was Sie sagen?

DIE GRÄFIN. Warum nicht?

MONTADE. Ganz offen: glauben Sie wirklich, daß die Frauen dazu da sind, sich unter das Joch und das Gesetz eines Gatten zu beugen, den Ihnen der Zufall gegeben hat?

DIE GRÄFIN. Ich sage nicht, daß sie dazu da sind, ich sage bloß, daß es so Brauch ist.

MONTADE. Brauch! Brauch! Und es ist der Brauch selber, der Ihnen alle Vorteile gibt, wenn sie Ihnen die besten Grundsätze nicht geben. Man kann doch nicht leugnen, daß die Frauen alle Macht über den Mann haben und alle Mittel vom Mann noch dazu bekommen, ihn und seinen Stolz so zu behandeln, wie es Ihnen, den Frauen, beliebt. Die Männer sind Sklaven, Madame, und kennen kein anderes Gesetz als das der Liebe und der Schönheit... mehr noch: sind diese Männer ihre Gatten, so sagt ihnen alles, daß sie nicht den Gatten markieren dürfen, daß sie einen Titel vergessen machen müssen, der sie nur an den ersten Affront erinnert, den sie Ihnen zugefügt haben. Alles lehrt und läßt die Männer fühlen, daß ihr Glück von dem Ihren abhängt, daß Sie deren Quelle und Bewegung sind. Ach, Sie wissen das besser als irgendeine! Wissen ganz gut, ob es möglich ist, einem Mann eine Liebe zu geben, die alles andere ausschließt, daß man so etwas fühlt. Urteilen Sie selbst aus Ihrer Situation, ob eine Frau, ob sie ein Recht darauf hat, sich nach der Stimme hinzuwenden, die sie ruft: zu wählen.

DIE GRÄFIN. Ah! Da schlägt mein Strumpf eine Falte...

MONTADE. Darf ich?

DIE GRÄFIN. . . .

MONTADE. Erst küss' ich den kleinen Fuß.

DIE GRÄFIN. Aber . . . aber . . . hören Sie doch schon auf!

MONTADE. Das ist doch, glaub' ich, der geringste Lohn für all die guten Lehren, die ich Ihnen gebe.

DIE GRÄFIN. Die guten Lehren kommen mir etwas lebhaft vor; und ich weiß wirklich nicht, warum ich sie dulde.

MONTADE. Ich weiß es: weil sie Sie nicht überzeugen. Das gleitet an Ihnen herunter und macht gar keinen Eindruck. Man wagt es nicht, alles zu sagen, wenn man weiß wie ich, daß nichts Sie aus Ihrem Gleichgewicht bringen kann.

DIE GRÄFIN. Man muß seine Gefühle im Zaume halten, sie nur dauernden Affektionen hingeben und kein Vergnügen suchen, dessen bösen Umschlag man zu befürchten hat.

MONTADE. Ja, und zu diesem Zwecke ist es sehr klug und vorsichtig, sich bei lebendigem Leib zu opfern, die schönste Jugend in ewigen Kämpfen mit sich einzubringen, in Langeweile oder in wirklichem Schmerz, den man da erfindet: das ist in der Tat mehr wert, als den natürlichen Neigungen, die man fühlt, nachzugehen, sich der Liebe hinzugeben, wenn man weiß, daß sie enden oder sich ändern kann. Es ist sicher viel klüger, das Leid von vornherein auf sich zu nehmen, indem man sich alles versagt, als daß man sich in der Hingabe der möglichen Gefahr aussetzte, daß man eines Tages daran leiden könnte.

DIE GRÄFIN. Sie machen sich lustig. Aber es hat vielleicht doch mehr Sinn, als Sie denken, und an meiner Stelle müßten Sie es genau so machen; Sie würden leiden, weil Sie sagen, daß man leidet, und würden dableiben.

MONTADE. An Ihrer Stelle, gnädige Frau? Ich erlaube mir, das zu bezweifeln. Entweder hab' ich ein heißes junges Herz wie alle Welt oder ein kaltes eisiges wie das Ihre. In diesem letzten Fall täte ich alles wie Sie: Ich verbrächte meine Tage auf einem Sofa; ich täte sogar mehr: ich versuchte, darauf zu schlafen, um mich weniger zu langweilen. Aber wenn ich mich jung fühlte, lebendig, reizvoll, so würde es mir, glaube ich, Vergnügen machen, das zu zeigen, vielleicht zu fühlen, daß man das liebt. Und fände ich einen Würdigen, der mich noch keinen Geschmack daran finden ließe, so würde ich mich dem nicht widersetzen. Wo das alles hinführt? Einen zu erregen, um selbst erregt zu werden, was nicht weniger angenehm ist; mich fähig fühlen, das ganze Glück eines Mannes zu bedeuten, wobei ich doch keine weitere Mühe habe, als mich dem Vergnügen hinzugeben.

DIE GRÄFIN. Ach! Was reden Sie da, Montade!

MONTADE. Ich sage, was ich an Ihrer Stelle täte, was alle Frauen tun, was Sie früher oder später tun werden, gnädige Frau, wenn Sie es nicht vorziehen, an Langeweile zu sterben.

DIE GRÄFIN. Wenn alles das auch richtig wäre, so ist doch die Meinung, die ich von den Männern im allgemeinen habe, eine so schlechte, daß ich es für das größte Malheur der Frauen halte, wenn sie eine Schwäche für die Männer haben.

MONTADE. Ich will die Männer nicht verteidigen; ich kenne sie, sie haben Fehler; aber alle sind doch nicht gleich, nicht? Es gibt doch auch Ausnahmen.

DIE GRÄFIN. Aber wie soll man die herauskennen?

MONTADE. Man studiert, man probiert.

DIE GRÄFIN. Und irrt sich doch! Die Männer treffen es so leicht, das zu scheinen, was sie nicht sind, und für lange. Sie haben eine Absicht mit uns und wollen die erreichen; sie brauchen alle Mittel dazu, sehr liebenswürdige, angenehme, die unserm Geschmack, unsern Schwächen entgegenkommen. Will es das Unglück, daß sie ihr Ziel erreichen, so ist alles für sie erledigt, und sie sind nicht wiederzuerkennen: Erst waren es unterwürfige treue Sklaven, jetzt sind es eifersüchtige untreue Herren; ja:

eifersüchtig und untreu oft zu gleicher Zeit. Ja, Tyrannen, die uns, scheint es, nur deshalb noch halten, um uns für das Verbrechen zu bestrafen, sie geliebt zu haben.

MONTADE. Ich will ja die Männer nicht rechtfertigen, Madame. Aber man darf doch nicht einseitig sein! Dieser Wechsel, dessen Sie sie für fähig halten, ist nicht so sehr die Schuld der Männer, wie man denkt. Diese Grausamkeit, die Sie bei den meisten Männern nach dem Vergnügen wahrzunehmen meinen, wäre doch für sie selber ein fürchterlicher und peinigender Zustand. Man kann doch nicht annehmen, daß sie sich den mit Absicht wählen, daß sie dafür freiwillig das frühere Vergnügen hingeben. Nichts ist doch natürlicher, als daß man sich das Vergnügen, die Lust, die Liebe zu erhalten sucht – was anderes? Und wenn wirklich etwas geschieht, das den Mann von der Liebe abbringt, so tun mir die Männer leid, und man muß es ihnen manchmal verzeihen, daß sie so verändert scheinen. Denn was verursacht oft solch eine Veränderung? Eine merkliche Abkühlung der Geliebten, eine gewisse Gleichgültigkeit – ist das nicht genug, um die Schwachen unter uns zu veranlassen, sich mit dem Erreichten zufriedenzugeben und auf das Erhalten dieses Erreichten zu verzichten?

DIE GRÄFIN. Die Männer, von denen Sie sprechen, sind immer ein Unglück für die Frauen, die sie lieben; aber es sind diejenigen, die ich noch am ehesten entschuldige. Es gibt noch andere, die die Frauen viel bedauernswerter machen, und die sind es, denen man nicht verzeihen kann.

MONTADE. Ich verstehe, Madame: Es ist die Geschichte der Ariadne, die aber doch von Bacchus getröstet wurde. Übrigens heißt das, der einen wie der anderen Partei den Prozeß machen: wenn ein Mann eine Frau vernachlässigt oder sie verläßt, so ist es oft doch nur um einer anderen willen, die es ihn bereuen läßt. Der einen wurde unrecht getan, und die andere rächt sie, und der arme Mann spielt dabei eine ziemlich traurige und dumme Rolle. Bedenken Sie, gnädige Frau, daß es in unserem und Ihrem Interesse liegt, diejenigen gut zu kennen, die wir lieben, und daß das Risiko ganz gleich groß ist, ja für uns sogar noch größer ist, denn wir suchen immer und überall die Schönheit. Überall liebt man sie, und überall setzt sie sich der Gefahr aus, überfallen zu werden, und wir, wir sind dem doch nie ausgesetzt.

DIE GRÄFIN. Nein, gewiß nicht. Weil Sie uns in diese Gefahr bringen, Montade, sagen Sie die Wahrheit: Wie viele Frauen haben Sie in Ihrem Leben so überfallen? So jung Sie auch sind, Sie haben so etwas... oder ich täusche mich sehr.

MONTADE. Ich habe niemals jemanden überfallen... und wenn ich es wagte, so machte ich es sehr schlecht... ich liebe zu sehr. ...Und Schüchternheit ist von der starken Liebe unzertrennlich... Das ist die Qual der zarten Seelen. Niemals fühle ich das stärker... Niemals... Ich schwöre es!

DIE GRÄFIN. Wie, Sie lieben, Montade, Sie? Ist das zu glauben? Ich kann es mir nicht vorstellen. Und wer ist diese arme unglückliche Frau, die Sie heute lieben und morgen vielleicht verlassen? Wenn ich sie kennte, gäbe ich ihr einen guten Rat.

MONTADE. Beruhigen Sie sich, Madame. Sie kennen sie nicht, und ich werde Ihnen nie ihren Namen sagen.

DIE GRÄFIN. Nie?

MONTADE. Nein, niemals!

DIE GRÄFIN. Um so besser. Ich werde diese Schmerzen also nicht kennen, wenn die Unbeständigkeit über Sie kommt.

MONTADE. Ja, ebenso wie sie die Freuden Ihrer Ruhe nicht kennen wird.

DIE GRÄFIN. Das ist es ja gerade, was mich ärgert. Ich möchte es ihr sagen und sie selbst als Zeuge für ihren Zustand und den meinen anrufen. Ich interessiere mich lebhafter für diese Frau als für Sie, Montade; nehmen Sie es mir nicht übel!

MONTADE. Ich nehme es Ihnen nicht übel. Diese Herzensgüte, die Sie zeigen, genügt mir, und mehr werden Sie nicht erfahren, ich werde kein Wort mehr darüber sagen.

DIE GRÄFIN. Warum denn? Was riskieren Sie dabei, mir ihren Namen zu nennen, wenn sie Sie liebt?

MONTADE. Ja, das ist es eben. Weiß man denn je, ob man wirklich geliebt wird, vielleicht bin ich es gar nicht, und was Sie mir eben sagten, macht mir Angst. Wären Sie wirklich imstande, mich durch die Ratschläge, die Sie dieser Dame geben würden, die mich liebt, zu verraten? Gott soll mich davor bewahren, Ihnen jemals diese grau- same Genugtuung zu geben.

DIE GRÄFIN. Noch etwas, Montade. Ist es wirklich wahr, daß ich die Dame Ihres Herzens nicht kenne? Antworten Sie aufrichtig. Es würde mich rühren und könnte mich, mehr, als Sie denken, an Sie attachieren.

MONTADE. Ich muß es nochmals wiederholen, Sie kennen sie nicht. Sie kennen ihren Wert nicht; sie ist ein Engel auf Erden, eines Gottes würdig; ein Herz, das selbst noch nicht gefühlt hat; seit zwei Monaten beherrscht mich diese unglückliche Leidenschaft; ich quäle mich und schweige; früher oder später hoffe ich sie loszu- werden. Urteilen Sie selbst, wie es um mich steht; ich habe es nicht einmal gewagt, ihr meinen Zustand zu entdecken.

DIE GRÄFIN. Was? Sie sind einer solchen Liebe fähig und wagen es nicht, sie zu gestehen?

MONTADE. Nein, ich wage es nicht. Ich habe zu sehr Angst, ihr damit zu mißfallen – lieber sterben. Auf diese Weise habe ich wenigstens das Vergnügen, sie zu sehen. Und das ist viel. Wenn ich ihr mein Herz eröffnete, würde sie sich vielleicht beleidigt fühlen und mich nicht wiedersehen wollen; und was würde dann aus mir!

DIE GRÄFIN. Montade, mich rührt Ihr Zustand! Nein, wenn Sie so lieben können, sind Sie keines schlechten Dienstes wert! Ich werde Ihre Freundin, wirklich Ihre Freundin. Sagen Sie mir, wen Sie lieben. Ist sie Ihrer Liebe würdig, so verdient sie, es zu wissen; ich will, daß sie es weiß, und wenn ich selbst ihr es sagen muß und ihr den Wert eines solchen Geliebten preisen.

MONTADE. Betrügen Sie mich auch nicht, Gräfin? Sprechen Sie wirklich die Wahr- heit?

DIE GRÄFIN. Wirklich die Wahrheit.

MONTADE. Geben Sie mir die Hand.

DIE GRÄFIN. Hier . . .

MONTADE. Legen Sie sie in meine.

DIE GRÄFIN. . . . was soll es . . . ?

MONTADE. Nun geben Sie mir die andere.

DIE GRÄFIN. Was machen Sie?

MONTADE. Fühlen Sie meinen Puls?

DIE GRÄFIN. Himmel, wie er schlägt!

MONTADE. Er nennt sie Ihnen, die Dame . . . er hat mehr Courage als ich.

DIE GRÄFIN. Montade!

MONTADE. Das ist mein Zustand seit einer Stunde.

DIE GRÄFIN. Und wie ist es mir erst! . . . Ach . . . ich ersticke . . . ich weiß nicht, was ich sage.

MONTADE. Wie Sie mich ansehn! Was für Augen! Sie erregen und beängstigen mich! Ihr Blick macht mich zittern . . . Ihr Fuß berührt mich . . darf ich ihn küssen? Welche Last ist von mir genommen.

DIE GRÄFIN. Was soll das heißen?

MONTADE. Ja, ja, für ewig!

DIE GRÄFIN. Wie, Sie erkühnen sich, eine Frau wie mich zu lieben? . . . Warum sag- ten Sie es mir?

MONTADE. Da ich es Ihnen sagte, werde ich es Ihnen noch öfter sagen, und Sie müssen sich schon entschließen.

DIE GRÄFIN. Nein, ich kann nicht. Warum behielten Sie dies unglückliche Geheimnis nicht für sich?

MONTADE. Warum haben Sie mich dazu gezwungen?

DIE GRÄFIN. Ach! Konnte ich denken, daß ich ...

MONTADE. Ja, ja, dachten es und wußten es, und konnten doch nicht daran zweifeln! Es ist schon so lange her, daß es Ihnen mein Kommen verrät.

DIE GRÄFIN. Wie sollte es das? Muß man denn immer denken, daß die Liebe allein die Menschen bestimmt, daß es kein reines und aufrichtiges Gefühl gibt? Sollte ich Sie wirklich einer zärtlichen, von aller Liebe freien Freundschaft für unfähig halten?

MONTADE. Eine reine Freundschaft, Gräfin? Mein Gott, es gibt keinen Mann auf Erden, der stark genug dazu wäre. Man sucht es sich doch nicht aus, wie man Sie liebt, wenn man bei Ihnen ist, wenn Ihre Gegenwart einen hinreißt. Seit zwei, drei Monaten füllen Sie jeden Augenblick meines Lebens. Seit dieser Zeit, glaube ich, habe ich an nichts sonst gedacht als an Sie, immer nur gelebt, um an Sie zu denken, von Ihnen zu träumen, ein Mittel zu finden, es Ihnen zu sagen ... Wie oft habe ich diesen Augenblick herbeigesehnt! Wie oft habe ich mich überzeugt, daß Sie ihn zu vermeiden suchen, und wenn ich alle Hindernisse hinweggeräumt hatte, die Sie umgeben, so blieben Sie doch unüberwindlich für mich! Ich war von diesem Gedanken ganz erfüllt, als ich Sie auf diesem Sofa liegend fand ... Ich sah mich allein mit Ihnen. Ich brannte darauf, zu sprechen und Ihnen mein Herz zu öffnen. Aber Ihre Augen, die ich anbete, machten mich so ängstlich und respektvoll, daß diese Unterredung geendet hätte wie so manche andere, wenn Sie mir nicht selbst nach und nach das Geheimnis entlockt hätten. Ich bin nicht schuld daran, wenn Sie es nun wissen – gegen meinen Willen habe ich es Ihnen entdeckt. Es wäre ungerecht von Ihnen, wenn Sie sich darüber beklagten.

DIE GRÄFIN. Lassen Sie ... machen Sie mir die Vorwürfe, die ich verdiene, ich mache mir selbst genug, arme Frau, die ich bin, arme gefallene Frau! Trösten Sie sich, Montade, Sie haben allen Vorteil, mir bleibt nichts als die Schande, unterlegen zu sein, da ich Ihnen Ihr Geheimnis nicht entlocken konnte, ohne mich selbst zu verraten ... Ich bin ganz ... ganz ... Ich weiß nicht, was ich sage und tue ... oder vielmehr, was ich tun sollte ... Ich ... ich fühle Dinge, an die ich nie zu denken wagte ... Wie bin ich unglücklich, daß ich Sie kenne, daß ich mich nicht verteidigen kann! Ja, ja, Sie hatten ganz recht, mein zurückgezogenes Leben zu mißbilligen ... Sie, der, ohne es zu wissen, die einzige Ursache davon war ... Sie, für den ich fast alle Tage zu Hause blieb ... und warum? Sie herbeizuwünschen, auf Sie zu warten, zu seufzen ... Unglückliches Weib, das ich bin ... so viel ich auch darüber nachdachte und mich beobachtete, seitdem Sie zu uns kamen, es ließ mich Sie nicht durchschauen. Ich hatte auch nicht den Mut, dieses Tête-à-tête zu vermeiden ... Und wie oft habe ich es zitternd herbeigesehnt! Ich wollte mich bis ans Ende beherrschen und verstellen, aber Sie haben mich verführt und in diese Situation hineingeschmeichelt, und ich konnte nicht mehr ... Montade, nutzen Sie das nicht aus ... Jetzt können Sie ja zufrieden sein. Gehen wir nicht weiter. Seien wir anständig bis zur Schwäche. Wir wollen uns nicht mehr sehen ... oder doch nur selten, und nicht allein. Vermeiden wir alles, was mich schwach machen könnte und was mich einem Unglück aussetzt ... der Gedanke daran allein erfüllt mich mit Entsetzen.

MONTADE. Je mehr Sie in die Irre gehen, desto sicherer gehe ich: da ist es gut miteinander zu gehen und sich an der Hand zu führen. Man unterstützt sich, man führt sich gegenseitig. Was fürchten Sie, jetzt, daß wir uns das Geheimnis unserer Herzen gesagt haben, da wir nur mehr beide dasselbe sehen? Wie schön ist es, ohne Furcht zu handeln, Gedanken und Gefühle auszutauschen, die aus derselben Liebe kommen ... von jetzt ab ist doch jede Gefahr vorüber, die Dronen sind alle entfernt, und wir können die Rosen pflücken ... Was sagen Sie? Habe ich unrecht?

DIE GRÄFIN. Ich weiß nicht ...
MONTADE. Wie, Sie wissen nicht, daß wir vereint sind?
DIE GRÄFIN. Auf wie lange?
MONTADE. Die Frage kränkt mich – in zehn Jahren werden Sie mich dafür um Verzeihung bitten.
DIE GRÄFIN. ...
MONTADE. Verzeihung, Madame, weshalb wird Ihre Freundschaft so unfreundlich?
DIE GRÄFIN. Wieso?
MONTADE. Sie haben versprochen, mit Ihrem Fuß schön bei sich zu bleiben, daß er mich nicht berührt, und jetzt ... sehen Sie, wo er liegt.
DIE GRÄFIN. Ich bitte um Verzeihung. Ich habe nicht darauf geachtet. Ich werde es nicht mehr tun.
MONTADE. Aber ich will, daß er da bleibt, um Sie dafür zu bestrafen, daß Sie nicht darauf geachtet haben.
DIE GRÄFIN. Nur unter der Bedingung, daß Sie ihn nicht anrühren, oder ich ziehe ihn gleich wieder weg.
MONTADE. Nur ansehn will ich ihn.
DIE GRÄFIN. Ja ...
MONTADE. Ihr Fuß macht den Schuh, der ihn bekleidet, zum Kunstwerk. Ach, wie dieser kleine Pantoffel mich entzückte, als er herunterfiel!
DIE GRÄFIN. Sie sind verrückt!
MONTADE. Wenn Sie wüßten, wie köstlich mir das Geräusch Ihres Pantoffels ist, wenn Sie über das Parkett schreiten, könnten Sie die Wirkung beurteilen, die es auf mich machte, als er Ihnen vom Fuß auf den Boden fiel. Das fühlt man so, es läßt sich nicht erklären.
DIE GRÄFIN. Wie glücklich Sie sind, Montade! Sie können lachen und scherzen! Lehren Sie mich, wie man den Geist frei behält, wenn man in einem Zustande wie jetzt sich befindet.
MONTADE. Sonderbar. Wenn ich diesen Schuh berühre oder ihn an Ihren Fuß ziehe oder abnehme, so habe ich das Gefühl, als ob ich unbedachterweise Samt berühre oder einen Pfirsich pflückte.
DIE GRÄFIN. Ziehen Sie mir den Schuh schnell wieder an – Sie kennen unsere Bedingung.
MONTADE. Ihr weißer Strumpf scheint mir ebenso schön wie Ihr Schuh zu sein ... bitte rühren Sie sich nicht ... Ihre weißen Jupons verbergen ihn mir zu sehr. Ich mag mich noch so sehr anstrengen, ich sehe nur bis an den Rand da ... das ist nicht lieb von Ihnen.
DIE GRÄFIN. Ich bin gar nicht zu Scherzen aufgelegt. Sprechen wir von etwas anderem ... Was machen Sie heute? Werden Sie mit uns zu Abend essen?
MONTADE. Mehr als das. Ich werde den Rest des Tages Sie nicht verlassen. Unter einer Bedingung. Sie haben vorhin welche gemacht, ich möchte jetzt auch welche machen ... wenn Sie mich den weißen Strumpf betrachten lassen ...
DIE GRÄFIN. Sie sind närrisch. Rühren Sie mich bitte nicht an! Ich verbiete es Ihnen.
MONTADE. Also, ich werde Sie nicht anrühren, ich verspreche es ... aber ist dies Opfer nichts wert? Was ich von Ihnen bitte, ist doch nicht viel. Nur daß ich diesen weißen Strumpf sehen darf, sehen, sehen, nicht anrühren! Lassen Sie doch den kleinen Fuß bei mir, ... und heben Sie die Röcke etwas höher ... sehen Sie, ich halte meine beiden Hände an meinen Kopf ...
DIE GRÄFIN. Mein Gott ... also ... ist es jetzt genug?
MONTADE. Ich sehe ja fast nichts ... Nur ein Stückchen Strumpf ... Bitte noch ein wenig hinauf.

Nicolas de Launay nach Baudouin: Die indiskrete Gattin

DIE GRÄFIN. Sie sind verrückt. So?

MONTADE. Noch mehr ... ich habe doch die Hände gebunden. ... Bis zum Strumpf-band ... ich möchte wissen, welche Farbe es hat.

DIE GRÄFIN. Nein, das geht zu weit, hören Sie auf!

MONTADE. Wenn es Ihnen ebensoviel Freude macht wie mir, würden wir besser enden; vorausgesetzt, daß wir überhaupt zum Ende kommen könnten. Wann werden wir wieder einen solchen Augenblick für uns haben? Wie vergeudet man doch die

Zeit, wenn man sie nicht zu nutzen weiß, wie sie kommt! Geben Sie mir wenigstens die Hand, den kleinen Finger, ich will sie halten und küssen.

DIE GRÄFIN. Lassen Sie ... ich bin ganz aus dem Gleichgewicht ... haben Sie doch Mitleid, lassen Sie meine Hand ... also, ja, sie gehört Ihnen auf ewig, aber mehr kann ich jetzt nicht ... Wenn es wahr ist, daß Sie mich lieben, so respektieren Sie mich. Die Liebe, die ich für Sie empfinde, ist die reinste der Welt und die zärtlichste. Sie werden sie sich besser erhalten, wenn Sie sie nicht verletzen.

MONTADE. Entziehen Sie mir wenigstens Ihre Augen nicht und auch nicht den schönen Mund, der mir mein Glück verspricht ... Geben Sie ihn mir, ich will heißes Feuer auf ihn legen. Damit du weißt, wie verrückt ich dich liebe. Jetzt mach, was du willst, ich halte dich, ich küsse dich, ich bin rasend in dich ... und du wehrst dich, kratzt meine Hände ...

DIE GRÄFIN. Was fällt Ihnen ein! Wer gab Ihnen ein Recht? Ich habe noch genug Ehre und Tugend in mir, mich dem nicht auszusetzen! Ich hasse Sie ebensosehr, wie ich Sie geliebt habe! Gehen Sie! Ich will Sie nicht mehr sehen. Ich glaubte, Sie hätten Ehre und Schamgefühl und wären meines Herzens würdig, aber Sie haben mich ganz unwürdig betrogen; ich werde mich für den Rest meines Lebens bestrafen. Ewig werden Sie für mich ein Gegenstand des Entsetzens sein! Ich verabscheue Sie! Gehen Sie schon!

MONTADE. Gut. Ich gehe. Sie sollen mich nie wiedersehn. Man kann sein Los nicht ändern. Das meine war, Sie zu lieben, ohne es Ihnen zu sagen und Sie damit zu beleidigen. Ich fühlte das, als ich mein Geheimnis nicht verraten wollte. Warum haben Sie mir es aus mir herausgelockt? Warum vertrauten Sie mir Ihr Herz an, das mich so trunken machte, daß ich so gegen Sie wurde? Zu Ihren Füßen liege ich, nicht um Gnade zu bitten, denn wer imstande ist, Sie zu beleidigen, verdient keine. Aber hören Sie mich an. Nur ein Wort. Wenn ich gehen muß, so verlange ich von Ihnen wenigstens das eine, daß Sie mich nicht im Zorn wegschicken – das wäre zu viel.

DIE GRÄFIN. Sie verdienen meinen Zorn.

MONTADE. Ich verdiene doch vielleicht mehr Ihr Mitleid, wenn ich mich von Ihnen trennen muß.

DIE GRÄFIN. Lassen Sie mich jetzt ... Ich fühle mich nicht wohl. Gehen Sie schon, oder ich muß meine Leute rufen. Gehen Sie, ich sage Ihnen doch, gehen Sie! Alles, was Sie mir nicht sagen, macht mir angst. Wenn jetzt mein Mann hereinkäme – ich glaube, ich würde tot umfallen. Also lassen Sie mich schon.

MONTADE. Für immer?

DIE GRÄFIN. Ah!

MONTADE. Erlauben Sie, daß ich noch einmal kommen darf, bevor ich sterbe?

DIE GRÄFIN. Ich weiß nicht mehr, wo ich bin.

MONTADE. Sie sind allein, Komtesse, allein mit dem unglücklichsten und leidenschaftlichsten Geliebten der Welt.

DIE GRÄFIN ...

MONTADE. Darf ich wiederkommen?

DIE GRÄFIN. Ich bin jetzt außerstande, es zu erlauben oder zu verbieten ...

MONTADE. Also ich darf bald wiederkommen?

DIE GRÄFIN. Was soll ich sagen ...

MONTADE. Wenn meine Gegenwart Ihnen so lästig ist, werde ich doch nicht die Unverschämtheit haben, zum Souper wiederzukommen.

DIE GRÄFIN. Nach der Unverschämtheit von vorhin wird Ihnen die andere nicht schwer werden. Aber jetzt gehen Sie, damit mein Mann Sie hier nicht findet. Und kommen Sie in einer Stunde wieder, wenn Sie durchaus wollen.

MONTADE. Ich will es nur, wenn Sie es wünschen.

DIE GRÄFIN. Wenn ich es wünsche? Der Mensch zweifelt noch daran! Wenn eine

Frau so weit gegangen ist, einem Mann ihre Liebe zu verraten, so ist alles gesagt und alles getan, sie hat ihre Rechte verwirkt. Ich habe kein Recht mehr, auf Sie böse zu sein. Ich bin nur mehr auf mein Herz gestellt... Aber gehen Sie jetzt und kommen Sie bald wieder. Bis dahin will ich mit mir allein sein. Ich muß mit mir allein sein und zu mir kommen, wenn ich es kann... Ich höre was. Es kommt wer... Sehen Sie schnell, wer es ist.

MONTADE. Herrgott, Ihr Mann!

DIE GRÄFIN. Mein Mann! Ich bin verloren. Er wird Verdacht schöpfen. Setz dich da in den Stuhl und rühr dich nicht. Nimm ein Buch und lies mir laut vor.

AUS: DIE LIEBESTATEN DES VICOMTE DE NANTEL

Ich war gezwungen, mich zu meiner Großmutter zu begeben, die krank wurde und wenige Tage nach meiner Ankunft starb. Sie hinterließ meiner Schwester und mir beträchtliche Güter in der Provinz. Was ich aber besonders schätzte, das war ein vor dem Urteilsspruch stehender Prozeß, der mir den Grund zu einer Reise nach Paris lieferte.

Ich hatte von dieser reizvollen Stadt eine Vorstellung, die mich im voraus entzückte. Ich bildete mir ein, die Glückszufälle und die hübschen Abenteuer würden mir auf Schritt und Tritt begegnen, wie man sie in der Provinz in dieser Art mühsam zusammenstoppeln muß, während man in Paris die üppigsten Erfolge ernten kann.

Der erste Anblick schon enttäuschte mich nicht im geringsten. Gleich nach meiner Ankunft am Morgen lief ich beschwingt überallhin. Ich ging in die Theater und auf die Promenaden sozusagen gleichzeitig, und überall sah ich Frauen, die jene feine und erregende Haltung zeigten, die für alle Pariser Galanterie so bezeichnend ist. Was man in Paris eine hübsche Frau nennt, ist ein ganz anderes Wesen als unsere Provinzschönheiten. Sie ist von Erotik umhüllt, sie atmet förmlich Erotik, sie fließt geradezu von Erotik über. Daher sind die Verehrung, die man empfindet, und die Huldigungen, die man ihr bringt, auch ganz anders. Mir schien, es handele sich für mich zunächst darum, vorgestellt zu werden; und es gab nichts, was mir im Augenblick lieber gewesen wäre. Aber von wo aus anfangen? Wie beginnen? Das war meine einzige Sorge. Ich war, was man einen hölzernen Provinzler nennt, das heißt: ein Mensch, der in einer Stadt wie Paris völlig neu ist und sich fremd fühlt.

In der Oper traf ich einen Kapitän, den ich in B. gesehen hatte. Er schlug mir ein kleines Souper mit zwei Damen in einer Petite Maison eines seiner Freunde vor. Ich stimmte sofort zu, denn ich verstand gar nicht, was »kleines Souper in einer Petite Maison« bedeutete. Ich dachte, es hieße, in einem mangelhaft eingerichteten Raum schlecht essen; aber man hatte mir Frauen angekündigt, und das allein machte mir Eindruck.

Ich stieg also in einen Wagen aus dem Stall eines Monsieur de Kerlen. Er war Bretone, wie man sich denken kann. Nach Paris war er gekommen, um die Erbschaft von einem alten Onkel, einem reichen Kaufmann aus Nantes, anzutreten, und er hatte eine gewisse Menge guter Taler beiseite gelegt, um sie hier in Vergnügungen jeder Art umzuwechseln. Damit war er gerade beschäftigt, als ich ihn kennenlernte.

In seiner vorteilhaften Lage machte ihm wirklich alles Spaß. Die meine war dagegen recht schwierig. Ich war ärmer. Ich durfte nicht einfach meine Einkünfte genießen, und meine Habe bestand aus Grundstücken, die ich nicht verkaufen konnte, weshalb ich fast nichts besaß, was ich in Torheiten umsetzen konnte. Denn so etwas macht einen unter den jungen Leuten nur lächerlich.

Die Petite Maison, wohin Kerlen mich führte, gehörte einem alten Bankier, der ebenso reich wie ausschweifend war. Ich fand einen herrlich ausgestatteten und erleuchteten Salon und ein Souper vor, bei dem sich mir geläufige mit ganz ausgefallenen Delikatessen vereinigten, wie man sie nur in Paris antrifft. Außerdem genossen zwei untergeordnete Schauspielerinnen von der Oper und eine andere Göttin die Ehre, zugezogen zu werden.

Ihre Gestalten, ihre Kleidung ließen sie mir, da ich es nicht besser wußte, als Damen von hohem Rang erscheinen, und ich glaubte mich an einen entzückenden Ort, in einen wahren Armidapalast versetzt. Ich zweifelte nicht im mindesten daran, daß Kerlen mich hatte überraschen und mir einen Streich spielen wollen, als er mir ein Souper und ein »kleines Haus« ankündigte, in welchem er mich mit Leuten vom Stande zusammenführte. Ich sagte ihm auch ehrlich, was ich dachte, und zwar in Gegenwart von Monsieur Durton und den Damen. Mein Urteil ließ sie in schallendes Gelächter ausbrechen, und sie kamen überein, mich in meinem Irrtum zu belassen, um daran ihren Spaß zu haben.

Jede der Damen legte sich sofort den Namen irgendeines Liebhabers zu, dem angehört zu haben sie sich rühmte. Zwei wurden auf diese Weise plötzlich zu Herzoginnen und die dritte zu einer Marquise. Der alte Durton wurde zum Grafen ernannt. Das Souper begann in respektvollem Ton, den ich noch überbieten zu müssen glaubte. Ich sah, wie die Tischgenossen über den von ihnen angeschlagenen Ton lachten, besonders aber über das, was ich sagte. Ich suchte zu begreifen, was denn so lächerlich war. Während ich wartete, bis ich es herausgefunden haben würde, hörte ich nicht mehr auf, genauso zu lachen wie die andern, um Gelegenheiten zu haben, ihnen auf die Schliche zu kommen. Nach und nach wurde ihr Gespräch schließlich so lustig und lebhaft, daß ich mich nicht entsinnen kann, je etwas Unglaublicheres in der Garnison gehört zu haben. Ich wunderte mich nur, daß dies die Sprache von Herzoginnen war.

Die Geliebte des Monsieur Durton gefiel mir sehr, und ich schielte zu ihr hin, so gut ich konnte. Aber sie schien es nicht wahrzunehmen und überhäufte ihn mit Zärtlichkeiten. Die aber nahm der alte Schuft ziemlich kalt entgegen, etwa wie ein Bankier, der sie im voraus bezahlt hat. Ich fluchte innerlich auf die Laune und den schlechten Geschmack der Herzogin. Die andere schien mit Monsieur de Kerlen auf bestem Fuße zu stehen, der seinerseits zum Unterschied von Durton ein leidenschaftliches Verhalten zeigte. Es blieb nur die Marquise, die völlig müßig zu sein schien und sich mit Neckereien und Annäherungsversuchen amüsierte. Ich ging darauf ein, da ich nichts Besseres tun konnte, denn sie war jung und hübsch. Ich sagte mir, wenn ich nicht im ersten Ansturm bis zu einer Herzogin fliegen kann, so ist eine Marquise immer noch besser, als man erwarten darf, und für den Anfang, für den ersten Tag in Paris, ist das nicht übel.

Nach dem Souper promenierten wir in einem hübschen Garten, wo es eine Art Labyrinth gab, das groß genug war, um sich darin zu verlieren, wenn man Lust hatte. Bald sah ich mich allein mit der Marquise. Ich glaubte mich bereits heftig geliebt, und ich zweifelte nicht im geringsten, daß der erste Moment, in dem wir allein sein würden, gut gewählt sein würde. In Wahrheit erwartete ich diesen Moment nicht so bald, aber als er gekommen war, wollte ich ihn nützen und rasch alle Proteste mittels Tatbeweisen überfahren. Aber Mademoiselle D. verhielt sich nicht so. All die kleinen Gunstbezeugungen, die die Liebe hervorzurufen geeignet sind, die lebhaften Appetit darauf wecken, gewährte sie aufs bereitwilligste und ohne daß man sie darum bat; alle diejenigen, die sie entschärfen und stillen konnten, verweigerte sie rundheraus, oder zum wenigsten mußte man erst einmal anfangen, sie sich zu verdienen.

Verdienen im Stil der Oper heißt: sie teuer und bar bezahlen. Ich empfing nichts bei diesem Dressurakt. Ich sowohl wie Toinon, Thérèse, Babette und alle die anderen hatten damals nicht einen Augenblick gedacht, daß Liebe und Geld auch nur im geringsten zueinander in Beziehung stehen könnten. Ich hielt dieses Metall bei unseren Vergnügungen für ebenso unnütz wie für die Vögel. Ich betrachtete daher die Weigerung und den Widerstand von Mademoiselle D. als eine sonderbare Laune, für die ich kein Beispiel kannte; denn sie versicherte mir, sie fände mich sehr liebenswert, sie würde einen Liebhaber wie mich rasend lieben, und übrigens gab es in ihren Reden und in ihrer Haltung nichts, was mich hätte auf den Gedanken bringen können, sie liebe an einem Liebhaber lediglich den Namen.

Ich beklagte mich in sehr gewählten Ausdrücken über ihre Härte.

»Ach, Herr Graf«, sagte sie, »nichts von Schmachten bitte! Reden wir vernünftig miteinander. Sich wie die Verrückten zu lieben, ist ja nun nicht ein und alles. Das führt zu gar nichts. Man muß damit beginnen, eine Übereinkunft zu finden, wenn man erreichen will, daß der Handel Dauer haben soll. Ich habe zwei Bekanntschaften, von denen ich mich nicht trennen möchte. Die eine ist ein Ausländer, den ich nur seiner Equipage wegen ansehe, die er lediglich benützt, wenn ich unpäßlich bin. Außerdem beauftrage ich ihn mit Kleinigkeiten bei meinen Einkäufen modischer Dinge und tausend anderen Belanglosigkeiten, die er alle vorzüglich erledigt. Die andere ist ein verrückter Alter, der mich anbetet. Ich kann ihn nicht ausstehen, aber ich hindere ihn daran, sich für eine andere zu ruinieren. Die Unkosten meines Hauses bestimme ich selbst. Wenn ich annehmen wollte, es ginge auch zu zweit, so müßten die Dinge doch so laufen, wie ich sie haben will. Das gerade ist meistens der Grund für unsere Mißhelligkeiten. Wenn Sie also in Gesellschaft dieser beiden Herren leben wollen, so will ich Sie gern beiden als einen Verwandten aus der Provinz vorstellen, und vielleicht würde ich Sie unter dieser Bezeichnung glühend lieben. Wenn Sie aber wünschen, daß ich mit ihnen breche und sie Ihnen opfere – gut, ich bin einverstanden. Aber Sie sehen doch wohl mit *einem* Blick, wohin Sie das stürzen würde. Sie müßten sich mit Umständen belasten, die man gern einem Ausländer und einem Bankier auflädt. Aber einem Dragonerkapitän? Dem sollte man das ersparen. Meinen Sie nicht auch?«

François Boucher: Venus und die drei Grazien

Solange Mademoiselle D. sprach, hörte ich mit angespannter Aufmerksamkeit zu, um den Versuch zu machen, sie zu begreifen. Aber als sie schloß, schämte ich mich, so wenig verstanden zu haben. Dieser Ausländer, den man nur seiner Equipage wegen ansah, dieser alte Bankier, den man nicht leiden konnte und den man hinderte, sich zu ruinieren, indem man ihm nur halb soviel Unkosten machte, als er gern zahlen wollte – das ging mir nicht in den Kopf. Ich begriff nicht, daß diese Bekanntschaften als beitragzahlende Liebhaber herangezogen wurden. Doch war die Sache absolut klar. Was mir jedoch das völlige Verständnis ausschloß, das war meine Vorstellung, eine Marquise vor mir zu haben, die riesige Einkünfte besaß, und der Gedanke an ein Marquisat und eine Menge andere Herrschaften.

In dieser Voreingenommenheit fragte ich Mademoiselle D., ob es nicht weit angebrachter sei, mich ihrem Gatten vorzustellen statt der beiden Bekannten, von denen sie sprach, und wie denn die beiden Herren mit dem Herrn Marquis stünden.

Sie brach in ein schallendes Gelächter aus, was mich völlig aus dem Konzept brachte. »Was sind Sie doch für ein Kindskopf!« rief sie. »Sie verlangen also von mir, eine Marquise zu sein, die Frau eines Marquis!«

Ich versicherte ihr, daß ich gar nichts verlange, daß ich jedoch, wenn sie nicht die Güte haben wolle, mir endlich zu erklären, wer sie nun wirklich sei, es unmöglich erraten könne.

Inzwischen begann ich allerdings, heftige Zweifel zu hegen.

»Ich bin«, antwortete Mademoiselle D. würdevoll, »eine Schülerin der Terpsichore. Und in dieser Eigenschaft bin ich Prinzessin, Königin, Göttin, Vertrauensperson, Zauberin, Vestalin und schließlich neben diesem allem eine ganz simple Sterbliche. Es gibt keine Größen oder Ränge, zu denen ich und meinesgleichen nicht von einem Augenblick zum nächsten erhöht werden könnten. Vergangenen Winter war ich Herzogin. Der Krieg hat mich dieser Ehre beraubt. Den ganzen Sommer über bin ich eine Mesalliance eingegangen, indem ich duldete, daß der Geldmann sich zu mir erhob. Ich weiß nicht, was der nächste Winter mir vorbehalten wird. Vielleicht werde ich einen ganz hohen Flug nehmen. Aber wir treten die Großen unter unsere Füße. Wir beweihräuchern und beten nur das Geld an und das Vergnügen. Haben Sie mir nun zugehört, Herr Graf?«

»O ja, sehr genau!« erwiderte ich. »Und die Herzoginnen, die sich bei den anderen Herren befinden, sind wahrscheinlich Herzoginnen, wie Sie Marquise sind?«

»Das sind sie noch weniger«, sagte sie, »denn sie schmücken sich mit einem Titel, den sie nicht mehr haben. Die Herzöge, die ihnen diesen Rang verliehen haben, haben ihn inzwischen nach und nach durch jeden Laden geschleift. Aber *ich* befinde mich tatsächlich in Funktion als Marquise, denn mein Ausländer *ist* ein Marquis, so gut man's nur sein kann.«

Die Offenheit, mit der Mademoiselle D. zu mir sprach, veranlaßte mich, ebenso freimütig zu reden und ihr zu versichern, daß ich ihr weder großartige Stellung noch Vermögen anzubieten hätte und daß die Lust der einzige Schatz wäre, den mit ihr zu teilen ich imstande wäre.

»Das kann ich mir gut vorstellen«, entgegnete sie. »In diesem Falle müssen Sie mich erst einmal Sie lieben machen, und dazu wiederum müssen Sie sich um mich bemühen und meine Launen ertragen. Alle talentierten Leute verstehen das vorzüglich. Es wird Ihnen nicht schwerfallen, mich auf Ihr Gesicht wild zu machen, denn Sie sind sehr liebenswürdig, und ich habe sehr zärtliche Momente. Es wird Ihre Sache sein, sie zu erfüllen und zu ergreifen. Ich mag keine Seufzer und keine süßen Redensarten. Ich möchte, daß man mir viel Liebe erweist, damit ich ein bißchen gebe. Ich möchte, daß Sie die Hauptsache auf der Grundlage einer schönen Leidenschaft mit mir betreiben und daß Sie keine Kleinigkeitskrämerei, keine Zänkerei, vor allem aber keine Eifersucht kennen. Das sind Verbrechen, die wir, das schwöre ich Ihnen, unsern Liebhabern nie verzeihen können und die wir lediglich unseren Zweckbekanntschaften überlassen. Für sie sind sie unerläßlich zwecks festerer Bindung, doch unsere Liebhaber dürfen sie nicht kennen. Ich möchte, daß Sie mitunter vor den Augen der ganzen Welt als mein Anbeter und Sklave erscheinen und daß Sie wiederum zu anderen Zeiten sich damit begnügen, es zu sein, ohne es zu zeigen, nicht einmal vor meinen eigenen Augen. Wenn Sie mich lieben, wird es Sie nichts kosten, mir zu gefallen, und Sie werden Erfolg haben.«

Diese Bedingungen kündigten mir einen harten, bisher ungewohnten Dienst an. Ich wollte mir zum mindesten die gleichen Freiheiten vorbehalten, die mir vor dieser Unterredung gestattet gewesen waren, und ich war entschlossen, mich für den gegenwärtigen Augenblick damit zufriedenzugeben, da ich kein Mittel besaß, es besser zu machen. Aber man bedeutete mir, ich müsse darauf verzichten. Was den Vertrag betraf, um den es sich handelte und der von gewöhnlichen Verträgen abwich, so hieß es eben, sich unterschiedlich zu verhalten, erst einmal Verdienste zu erwerben, ehe man etwas bekam, abzuwarten, ob man das gleiche Vergnügen beim Geben empfinden würde, das ich beim Nehmen fühlen würde. Und es wurde mir infolge dieses schönen Arrangements gerade noch gestattet, Mademoiselle D. die Hand zu küssen, weil es nicht »ihr« Moment war.

Soeben stießen Durton und seine Dame wieder zu uns. Er sang ein Triumphlied und fragte mich unter schallendem Gelächter, wie ich denn mit der Marquise stünde. Ich erwiderte, daß es schlechter stehen könnte, und sagte ihm, wie ich mir die Sache dächte. Meine Antwort befriedigte sie, wahrscheinlich, weil sie an Heuchelei glaubte. Sie drückte mir die Hand, um sich dafür zu bedanken.

Kerlen wurde sofort wieder sehr zärtlich und zeigte sich außerordentlich befriedigt von seiner Herzogin. Ich, der ich wußte, ohne im geringsten daran zu zweifeln, wie diese Damen von Zweckbekanntschaften dachten, beklagte meinen Freund sehr, dabei der Düpierte zu sein, und ich schwor mir, ihn eines Besseren zu belehren, wenn es einen Weg dazu geben würde, womit ich den Entschluß eines Dummkopfes faßte und einen falschen Schritt tat. Man klärt seine Freunde nicht über ihre Irrtümer auf; man verliert sie, man entfremdet sie sich, wenn man ihnen einen Irrtum nehmen will, den sie lieben.

Wir trennten uns unter gegenseitigen Versicherungen, uns so bald wie möglich wiederzusehen. Kerlen brachte die Marquise und mich in seinem Wagen zurück. Wir kamen vor dem Tor seines Palais an, dessen Äußeres nichts Glänzendes hatte. Ich wohnte nur hundert Schritt von seiner Tür und versprach ihm gewissenhaft, meinen Besuch zu machen, obwohl ich keineswegs diese Absicht hatte. Ein flüchtiger Händedruck war die ganze Antwort.

Kerlen blieb mit seiner Heldin allein, die er sicherlich in ihr Palais begleitete. Am andern Tag hatte ich nichts Eiligers zu tun, als ihn aufzusuchen, um ihm zu sagen, was ich von den zärtlichen und leidenschaftlichen Gefühlen seiner Dame hielte. Er nahm aber meine Meinung sehr schlecht auf und antwortete mir mit so wenig Zurückhaltung, daß unsere Unterredung hitzig wurde. Er wurde ziemlich brutal und ich ziemlich unbedacht, so daß wir beinahe nicht auseinandergegangen wären, ohne uns zu schlagen. Zum Glück kam einer seiner Freunde und legte uns Schweigen auf. Ich zog mich einigermaßen mißvergnügt über den Erfolg meines Eifers zurück. Anschließend wollte ich Mademoiselle D. sehen, aber es war nicht die Stunde, in der sie mir Audienz zu gewähren gelaunt war. Mir wurde ausgerichtet, sie hätte zu tun und könnte mich erst morgen zu einer bestimmten Stunde empfangen.

Diese Art, einem Liebhaber bestimmte Zeiten vorzuschreiben, mißfiel mir aufs äußerste. Dennoch ging ich am anderen Tag zu ihr. Ich wurde auch empfangen und mit einer geradezu unverschämten Erhabenheit behandelt. Kerlen hatte seine Geliebte über meine Ansichten unterrichtet, hatte sie ihr zu bedenken gegeben, und das Komitee hatte entschieden, ich sei ein Störer der öffentlichen Ruhe, der als Querkopf und gefährlicher Leichtfuß verbannt werden müsse.

In diesem Augenblick fühlte sich Mademoiselle D. als Königin. Sie wollte diese Rolle auch spielen und ihr Regiment über mich ausüben. Sie begleitete die Verkündigung meines Ausschlusses mit den härtesten und verächtlichsten Ausdrücken. Aber die S...schen Dragoner schätzten eine so üble Behandlung durchaus nicht; sie entsprach nicht dem Corpsgeist. Daher führte ich die gleiche Szene auf, wie sie manchmal bei diesen Damen ihre Zweckbekanntschaften aufführen, wenn sie in einem gewissen Punkt unzufrieden und verärgert sind. Ohne ein Wort auf die unglaublichen Unverschämtheiten Mademoiselle D.s zu erwidern, rächte ich mich an den Spiegeln, dem Porzellan, überhaupt an allem, was mir unter die Hände fiel. Ich zerschlug alles, was zerbrechlich zu sein schien, mit bewundernswerter Kaltblütigkeit. Mademoiselle D. stieß Verwünschungen und gellende Schreie aus, aber als sie sah, daß sie mir keinen Eindruck machten, mäßigte sie ihren Ton und verlegte sich aufs Bitten. Das entwaffnete mich. Wir begannen gerade, in aller Ruhe die Scherben zusammenzulesen, als ihr nützlicher Geldgeber erschien. Er zitterte angesichts der Zerstörungen, die ich an einigen erlesenen und sehr teuren Porzellanfiguren angerichtet hatte. Er hatte sie Mademoiselle D. erst in den letzten zwei Tagen geschenkt und geriet in Wut, aber nicht so sehr gegen mich. Er las in meinen Augen, daß ich durchaus der Mann dazu sei, ihn genauso zu behandeln wie diese zerschmetterten Pagoden, mit denen das Parkett übersät war.

Sein Zorn richtete sich jedoch gegen Mademoiselle D. Überzeugt, daß irgendein Eifersuchtsstreit mich zu dieser Gewalttätigkeit getrieben hatte, starrte er mich an wie einen jener glücklichen Sterblichen, die alles Gold Perus, alle Kostbarkeiten von Fresnay nicht hindern können, von Kulissengöttinnen in gewissen Momenten bevorzugt zu werden. Entsprechend behandelte er Mademoiselle D. »Undankbare«, »Treulose« und einige andere, noch weit energischere Bezeichnungen flogen ihr an den Kopf.

Ich durfte nicht dulden, daß er auf solche Gedanken verfiel. Nicht um Mademoiselle D. in ihrem Sinne zu rechtfertigen tat ich es, sondern in einer Regung von Eigenliebe. Sie war mir denn doch zu gleichgültig, als daß ich sie hätte glauben lassen mögen, ich liebte sie. Ich sagte also, er solle diese Beschimpfungen zurücknehmen, mit denen er seine Geliebte als untreu bezeichnet hätte; sie habe nicht die Ehre gehabt, mit mir zusammengewesen zu sein; sie sei lediglich frech geworden, und nur ihre Beleidigungen, nicht ihre Gunst hätten meinen Ausbruch verursacht. Ich erklärte ihm in knappen Worten den Gegenstand des Mißvergnügens zwischen ihr und mir sowie einige der Ausdrücke, mit denen sie ihre mir dargelegten Rechtfertigungen gewürzt hatte.

Diese Aufklärung gefiel dem Bankier gut. Er beruhigte sich und wurde wieder freundlich. Der von mir verursachte Schaden schien ihm eine Bagatelle, und er dachte an nichts anderes, als sein Unrecht gegenüber Mademoiselle D. wiedergutzumachen und sich bei ihr zu entschuldigen. Als sie ihn auf diesem Punkt angelangt sah, tat sie wunder wie böse und stellte sich unerbittlich. Die Kränkungen und groben Ausdrücke, mit denen er sie beschimpft hatte, gab sie ihm hundertfach zurück. Je lauter sie redete, um so demütiger und zerknirschter wurde er seiner Fehler wegen. Und je reumütiger er wurde, um so weniger zeigte sie sich zur Verzeihung aufgelegt.

Diese Szene ergötzte mich zu sehr, als daß ich nicht bestrebt gewesen wäre, sie in die Länge zu ziehen. Mehrmals noch schürte ich den Zorn Mademoiselle D.s durch einige in die Debatte geworfene Worte. Endlich bat mich der arme Geldmann, der völlig außer Atem und am Ende seiner Rechtfertigungsphrasen war, ich möchte, wenn möglich, Frieden stiften. Diesem Geschäft unterzog ich mich gern. Ich warf mich vor seiner Geliebten auf die Knie und sagte ihr lächerlicherweise die zärtlichsten Dinge im Namen des Geldschrankes, mit dem sie brechen wollte. Und es gelang mir, das

Paar wieder zu versöhnen. Mit Rücksicht auf mich wollten sie alles gern vergessen. So wenigstens drückte sie sich ihrem Verehrer gegenüber aus, der mir dafür eine ebenso lächerliche wie verrückte Freude und Dankbarkeit bezeugte. Und so sah ich mich denn plötzlich als eine notwendige Persönlichkeit in diesem galanten Haushalt. Ich wurde eingeladen, zurückgehalten und inständig zum Souper gebeten, und das geschah durch die beiden wiedervereinten Gatten im Chor.

Es dauerte nicht lange und ich merkte, daß der große Krach, den ich gemacht, und die Freundlichkeit, mit der ich das Porzellan zertrümmert hatte, Mademoiselle D. mehr gerührt und meine Angelegenheiten bei ihr besser vorangetrieben hatten, als sechs Monate beharrlichen Kurmachens und kleine Aufmerksamkeiten imstande gewesen wären. Die Lustigkeit des Soupers vollendete das große Werk. Das Gerede und die Spottliedchen der Garnison ließen mich für den amüsantesten jungen Mann und den besten der Kompanie gelten.

Mademoiselle D.s Geschmack an mir wurde so lebhaft, daß sie gestorben wäre, wenn sie hätte vierundzwanzig Stunden warten sollen, um ihn zu befriedigen. Zwei Worte genügten für das Arrangement, das sie treffen wollte: Sie bestand darauf, sich von dem Bankier zu verabschieden und mich bis zum anderen Morgen dazubehalten. Ich ging als erster, und in weniger als einer halben Viertelstunde setzten eine Migräne oder eine fliegende Hitze auf Bestellung den Bezahler der Pagoden an die Luft, ohne ihn annehmen zu lassen, daß er demjenigen seinen Platz abtrat, der sie zerschlagen hatte.

Die neue Liebesglut Mademoiselle D.s für mich drückte sich keineswegs in zärtlichen und leidenschaftlichen Gesprächen aus. Sie bestand in einer lebhaften Vertraulichkeit mit Liebkosungen bis zum jähen Ausbruch. Ich erwiderte sie mit all dem Feuer meines Temperaments und meines Alters, und wir gaben uns alle Beweise der innigsten Liebe, ohne gegenseitig je daran zu denken, uns auch nur ein einziges Mal zu sagen, wir liebten uns.

Diese Liaison dauerte zwei Monate, auf meiner Seite mit der gleichen Lebhaftigkeit, was Mademoiselle D. großen Eindruck machte. Die galanten Mädchen halten wenig von den ersten Aufwallungen eines Liebhabers. Sie nützen sie, ohne sie zu schätzen; aber wenn sie sie fördern, empfinden sie eine ungewöhnliche Verehrung für den seltenen Mann, der im Lieben immer der gleiche bleibt.

Mademoiselle D. zollte meinen Talenten großes Lob. Sie versicherte mir, ich stünde turmhoch über der ganzen Jugendelite aus dem Kaufmannsstande. Denn der wahre Prüfstein der Fähigkeiten sei der Laden. Alle Demoisellen, aus denen er sich zusammensetzt, lernen sich darin kennen und schmeicheln keineswegs: Eine einfache Rechnung setzt sie in den Stand, zu urteilen. Und mit der arithmetischen Regel, die man Addition nennt, schätzen und vergleichen sie unter sich das Verdienst ihrer Liebhaber. Stolz auf die Geschenke und die Verschwendung ihrer Zweckbekanntschaften, sind sie es doch ebensosehr auf die Liebesbeweise ihrer angenehmen Bekanntschaften; sie vermögen nicht, darüber zu schweigen, und auf diese Art beweisen sie untereinander deren Überlegenheit. Auch verzehrende Eifersucht und Zwietracht unterhalten sie dadurch. Aus dem gleichen Grunde spielen sie einander schlechte Streiche, stechen sich einander aus und schnappen sich gegenseitig unaufhörlich die Zweckbekanntschaften wie die Liebhaber weg.

Mademoiselle D. benahm sich nicht besser als ihre Geschlechtsgenossinnen. Sie strich mich auf eine Art heraus, die den Wunsch weckte, mich kennenzulernen; und sie tat es in einer Weise, daß ich mich in kürzester Frist neugierig betrachtet und belästigt sah, mit einem Wort: ich war im besten Zuge, den ganzen Laden zu durchlaufen und soviel Ungetreue zu machen, wie ich wollte. Die Situation schien mir köstlich, und ich hatte große Lust, Nutzen daraus zu ziehen. Aber Mademoiselle D. verhinderte es durch alle Listen und Quertreibereien, die sie sich nur ausdenken konnte. Sie ließ mich nicht einen Moment allein, und wenn sie gezwungen war, mich aus den Augen zu lassen, gab sie mir ihren Geldmann als Wache, dessen Freund ich geworden war und den ich vor ihr beschützte.

Ich war auch einem italienischen Marquis als Verwandter von Mademoiselle D. vorgestellt worden. Dieser Adelige war nicht sonderlich beglückt, daß ich zur Familie gehörte, aber er faßte sich in Geduld, weil ich ja nur sechs Monate in Paris bleiben würde. Er traf sich nie mit dem Finanzier, dessen Bekannter ich doch war. Auf diese Weise konnte er die Unwahrheit meiner Abstammung nicht aufklären.

Er kam ganz regelmäßig jeden zweiten Tag, um mit Mademoiselle D. zu speisen, und blieb genau drei Stunden bei ihr, keine Minute mehr oder weniger. Er war so methodisch und so steif, daß er nie zu irgendeiner anderen Stunde erschien. Seit zwei Jahren rechnete man mit seiner Abwesenheit oder seiner Rückkehr, wie man in einem Seehafen mit Ebbe und Flut rechnet; diese sind ebenso pünktlich.

Ich weiß nicht, was in seiner Maschinerie aus dem Lot gekommen war, gerade in einem Augenblick, da man am wenigsten daran dachte. Vielleicht hat ihn einzig und allein Eifersucht zu seinem Schritt veranlaßt. Jedenfalls trat er eines schönen Morgens gegen alle Regeln seines unwandelbaren Systems vor 7 Uhr in Mademoiselle D.s Wohnung. Wir lagen noch im Bett, in notwendigen, süßen und tiefen Schlaf versunken, wie er auf verliebte Abende zu folgen pflegt. Der Hanswurst, der sich seines langen Degens bedient hatte, um eine Kammerfrau und die Lakaien einzuschüchtern, die den Eingang verteidigten, zog die Vorhänge auf, indem er wie in der Italienischen Oper auf sie losmarschierte, und betrachtete einige Augenblicke Mademoiselle D., die sich in einer seiner Rache herausfordernden Lage befand.

Ich weiß nicht mehr, was ich dachte, jedenfalls schlug ich die Augen auf. Ich nahm seinen Blick für eine Herausforderung und sagte leise:

»Einen Augenblick, mein Herr Marquis; ich stehe Ihnen sogleich zur Verfügung. Keinen Lärm! Es wäre netter, wir führen uns an die Gurgel, ohne sie zu wecken.«

Gleichzeitig greife ich als einzige Ausrüstung nach meinen Hosen und meinem Degen und springe aus dem Bett. Anscheinend kam dem Marquis die Geschichte weniger nett vor als mir. Statt weiter zu schweigen, stieß er plötzlich Schreie und Anrufungen seines Vaterlandes aus, die Mademoiselle D. weckten; und ohne etwas zu mir zu sagen, kanzelte er sie auf eine wenig höfliche Weise ab.

Ich benutzte die Zeit, um mich völlig anzukleiden. Ich ging sogar in den Ankleideraum und puderte mich. Und als ich in absolut besuchsfähigem Zustand war, trat ich wieder ins Zimmer. Ich hatte genug gesehen, um zu wissen, was ich von der Tapferkeit des Marquis zu halten hatte. Daher sagte ich: »Mein Herr, schon viel zu lange haben Sie den Schlaf meiner Verwandten gestört und sie mit Vorwürfen strapaziert, die mich verletzen. Bei einem kleinen Spaziergang werde ich Sie überzeugen, daß Sie unrecht haben.«

Der Marquis empfand keine Lust zum Spaziergang mit mir. Da ich an seiner Feigheit nicht mehr zweifeln konnte, sagte ich ihm rundheraus, wir müßten nunmehr zusammen fortgehen oder einer von uns beiden bliebe, und es sei gewiß, daß ich meine Verwandte nicht länger seinen Kränkungen ausgesetzt ließe. Ob er mir nun folgen wolle oder ob er es vorzöge, sich zurückzuziehen.

Er verlangte nichts Besseres als seinen Rückzug. Nach einigen Spötteleien in seiner Eigenschaft als gekränkter Liebhaber und als mutiger Mann, der sich seine Rache überlegt, machte er sich aus dem Staube.

Mademoiselle D. schien sehr zufrieden, von ihm befreit zu sein, und sagte alles erdenkliche Schlechte über ihn. Den Rest des Tages verbrachten wir damit, die Bosheiten mit Zärtlichkeiten und die Zärtlichkeiten mit Bosheiten zu vermischen, aber stets auf Kosten des blöden Marquis!

Während wir damit beschäftigt waren, Schlechtes über ihn zu reden, dachte er darüber nach, mir Schlechtes anzutun, und kam auch bald zu einem Entschluß. Ich war bis kurz vor Einbruch der Nacht bei Mademoiselle D. geblieben. Als ich sie verließ, um nach Hause zu gehen, wurde ich plötzlich, hundert Schritte von ihrer Tür entfernt, von zwei Schurken angegriffen, die ich anfangs für Räuber hielt. Als ich mich noch auf meine Verteidigung vorbereitete, kamen zwei andere Kerle von hinten, und jeder versetzte mir einen Degenhieb. Dann ergriffen alle vier gemeinsam die Flucht.

Ich habe nie genau gewußt, durch was ich mir diese üble Begegnung zugezogen habe. Aber da ich fremd in Paris war und sonst keine Affären hatte, die zu so etwas hätten führen können, konnte es sich nur um einen Streich des Italieners handeln, der heute morgen vor die Tür gesetzt worden war. Ich blieb nicht lange ohne Hilfe; einige Passanten benachrichtigten die Wache, man trug mich zu einem Arzt, ein Kommissar mischte sich ein, und als ich wieder zu mir gekommen war, berichtete ich diesem, was ich über das Abenteuer wußte. Das konnte freilich nichts erklären, zumal ich keinen der Meuchelmörder kannte, die mich mißhandelt hatten. Man ließ ein Protokoll aufnehmen und ausführlich niederschreiben, während der Arzt mir Verbände anlegte. Danach teilte man mir mit, ich hätte Klage erhoben und brauchte nur zu unterschreiben und zu zahlen, damit dann alles geregelt würde. Auf diese Weise empfing ich zu den Degenhieben auch noch Unkosten.

Man brachte mich in meine Herberge. Meine Wunden, obwohl ziemlich tief, stellten sich als wenig gefährlich heraus, und ich war weit schneller wiederhergestellt, als ich anfangs gedacht hatte.

Aber dieses Erlebnis machte mich nachdenklich. Ich begriff, daß es in Paris gefährlich ist, unterschiedslos für alle Arten von »Prinzessinnen« den Don Quixote zu spielen, und daß ich künftig wählerischer sein müßte. Ich entsann mich, wie unser alter Familienvorstand es als den Hauptzweck meiner Reise betrachtet hatte, mich um den dicht vor der Entscheidung stehenden Prozeß zu kümmern und einige Verwandte kennenzulernen, die dem Juristenstand angehörten und mir behilflich sein konnten. Unmöglich durfte ich diesen Plan fallenlassen, den ich allen denjenigen erklärt hatte, die meiner Reise aus so vernünftigen Gründen zugestimmt hatten. Ich war noch bei keinem einzigen dieser Leute gewesen, die mir Neues von unserem Prozeß berichten konnten und beauftragt waren, darüber zu wachen. Da ich gar nicht daran gedacht hatte, sie aufzusuchen, hatte ich mich auch gehütet, ihnen das Geld zu schicken, das für sie bestimmt war und dem Urteil dienen sollte. Diejenige, gegen die wir den Prozeß führten, vertrat ihre Sache lebhaft und sparte mit nichts. Auf Grund der gerichtlichen Bestimmungen hielt ich das für verlorenes Geld. Zum Glück war diese Prozeßgegnerin, eine Madame de Serfroid, so alt und so häßlich, daß sie die günstigsten Prozesse verdarb, wenn sie sich sehen ließ, und ihre Beharrlichkeit, sich zu zeigen, konnte ihr sehr schaden, allerdings ohne uns zu nützen.

Mademoiselle D. kannte meine Unterkunft. Ich war sicher, daß sie sich sehr bald beunruhigen würde, mich überhaupt nicht zu sehen, und daß sie zu mir schicken würde, um zu erfahren, was aus mir geworden sei. Sei es nun, daß sie mich vergessen hatte, oder sei es, daß sie zu klug war, jedenfalls tat sie nichts dergleichen. Dieses Verhalten vertrieb meine Verliebtheit. Da es gegen Meuchelmord keine Vorbeugungsmaßnahmen gibt und auch keine gegen Leute, die dazu fähig sind, entfernte ich mich so weit von Mademoiselle D. und ihrem Marquis, wie ich ihnen nahegestanden hatte. Ich suchte mir ein Unterkommen in einem der menschenärmeren Stadtteile, wo man nicht mehr von der übrigen Welt erfährt, als wäre man hundert« Meilen entfernt.

Meine erste Sorge galt dem beklagenswerten Stand, in dem mein Prozeß sich befinden mußte. Ich erfuhr, man werde noch am gleichen Vormittag das Urteil sprechen. Ich eilte zu Monsieur Darfleur, der mir berichten sollte. Man sagte mir, er sei ausgegangen. Ich zweifelte etwas daran und zankte mich ein bißchen mit dem Pförtner herum. Nachdem ich an ihm das versucht hatte, womit man an Portalen immer etwas erreicht, begann ich es doch zu glauben.

Ich wollte mich gerade zurückziehen, als ein Lakai erschien und mir ausrichtete, Madame bäte mich heraufzukommen. Ich nahm an, sie oder ihr Diener hielten mich für jemand anderen, beschloß jedoch auf gut Glück, von der Verwechslung zu profitieren. Madame ist häufig eine schlechte Protektion im Vergleich zu Monsieur. Doch manchmal ist Monsieur auch der allerergebenste Diener und Sklave von Madame, und dann ist alles in Ordnung.

Ich ließ mich also nicht lange bitten und folgte dem Lakaien. Das, was seiner Herrin Lust gemacht hatte, mich zu sehen und zu sprechen, das war meine Uniform, die ich an diesem Tag angezogen hatte. Ich wollte mich Unbekannten gegenüber, denen ich begegnen würde, dadurch erkenntlich machen. Madame Darfleur sah an meiner Kleidung, daß ich der Kamerad eines ihrer Verwandten wäre, von dem sie Neues hören wollte. Dieser Kamerad hieß Permail und war wirklich ein tüchtiger junger Mann, darüber hinaus mein bester Freund, so daß ich von ihm mit Freuden und Herzenswärme sprach und das Bestmögliche in Ausdrücken sagte, die Madame Darfleur sehr gefielen und sie riesig interessierten.

Sie war noch keine zwanzig Jahre alt und erst seit achtzehn Monaten verheiratet. Ihr Mann galt als sehr guter Richter. Er zählte sechzig Jahre, war sehr gesetzt, ernst, fleißig, absolut unbescholten und eine Leuchte, denn er besaß alle guten Eigenschaften, die irgendwelche Prozeßgegner sich an einem Richter nur wünschen können. Freilich nützte diese Zusammenstellung Madame Darfleur wenig, denn sie führte keinen Prozeß und besaß das ganze Feuer und die Fröhlichkeit ihres Alters. Außerdem hatte sie ein reizendes, zartes und feines Gesicht, eine angenehme Stimme, Anmut, überhaupt alles, wonach Anbeter fragen und was sie in Scharen anzieht. Sie hatte nur einen Ehemann, und dieser Ehemann war nur ein alter Richter.

Wir unterhielten uns schon eine Stunde über Permail, als ihr einfiel, daß sie mich überhaupt noch nicht nach anderen Dingen gefragt hatte. Sie entschuldigte sich deshalb, und in der Meinung, die Höflichkeit geböte ihr, sich nach den Angelegenheiten zu erkundigen, die mich ihren Gatten um Rat fragen ließen, bat sie mich, sie zu unterrichten, damit sie sich dafür interessieren könne.

»Als ich Monsieur Darfleur um Rat anging, führte ich einen Prozeß, war sehr damit beschäftigt und fürchtete, ihn zu verlieren. Jetzt halte ich nichts mehr davon, denn indem ich Sie ansehe, hat sich meiner Seele ein unvergleichliches Gefühl bemächtigt und will über den Frieden meines ganzen Lebens entscheiden. Sie werden sich dafür nicht interessieren. Ich wage auch nicht, Sie damit zu unterhalten. Sprechen wir also von Permail, Madame, der das Glück hat, Sie dauernd zu sehen, wenn er in Paris ist, der . . .«

»Sprechen wir von Ihrem Prozeß«, unterbrach sie mich, ein wenig erregt und betroffen von meiner Erklärung.

»Sehr wohl, Madame«, antwortete ich, »da Sie es so wünschen. Ehe ich Sie sah, führte ich einen Prozeß gegen Madame de Serfroid, da sie mir das Herrschaftsrecht über ein Stück Land bestreitet, das uns Nantels gemeinsam gehört.«

»Ach ja, richtig!« sagte Madame Darfleur. »Sie führen diesen Prozeß noch immer. Aber Sie werden ihn bald nicht mehr führen. Heute vormittag spricht mein Mann das Urteil, und, wenn Sie mir darin Glauben schenken wollen, so werden Sie ihn aufsuchen in meinem und Permails Namen und werden ihm sagen, daß wir alle an der Gerechtigkeit interessiert sind, die man Ihnen schuldet.«

Ich versicherte ihr, daß ich, und wenn sie mich auch als lästig fortjagen wolle, nicht den Mut fühle, mich zurückzuziehen, daß ich vielmehr gern alle Herrschaften der Welt verlöre für einen einzigen Augenblick, da ich sie sehen könne.

»Sie sind ein schlechter Prozeßführer«, entgegnete sie mir, »und Sie verdienen gar nicht, daß Sie einen Prozeß gewinnen. Madame de Serfroid versteht das viel besser: sie belagert alle Türen, sie drängt, und sie rennt allen Richtern nach.«

»Dürfte ich es wagen, Sie zu fragen, Madame«, sagte ich, »ob Sie der Meinung sind, sie bestäche sie?«

»Meiner Meinung nach zermürbt sie sie«, erwiderte Madame Darfleur, »aber das ist mitunter auch eine Art von Bestechung. Eine aufdringliche Frau kann gefährlicher sein als eine liebenswürdige, und derjenige wird Reizen widerstehen, der der Aufdringlichkeit erliegt.«

Das ungewöhnliche und abstoßende Gesicht der Frau de Serfroid bildete einige Zeit den Gegenstand unserer Unterhaltung. Doch bald brachte ich Madame Darfleur auf die Vorzüge eines völlig abweichenden Gesichtes und sagte ihr auf hundert Arten alles, was das ihre mir an Gedanken einflößte. Ich sagte Ihnen zu Beginn meiner Geschichte, daß ich die romanhafte Liebe meinerseits nie kennengelernt habe. Aber wenn man mich hätte machen lassen, ich glaube, ich hätte Madame Darfleur geliebt wie all die Seladons von Asträa.

Ich sagte ihr also, ich liebte sie; ich beschwor ihr, ich würde sie mein Leben lang anbeten. Schließlich zählte ich ihr alle Verrücktheiten und alle Leiden auf, die man einer schönen Frau sagt, die einem den Kopf verdreht. Sie nahm es als Scherz auf, den ihr vorzuplaudern sie mir ja nicht verwehren konnte. Von Zeit zu Zeit fragte sie mich, ob ich nicht Angst hätte, meinen Richter könne, während ich mich derartig gegen seine Interessen verginge, eine dunkle Ahnung in Kenntnis setzen, und das würde meiner Sache eine schlechte Wendung geben.»Wenn in Ihrem Prozeß das Urteil gesprochen ist und Sie ihn verloren haben, wird man Ihnen aus Rache diese Tollheiten unter die Nase reiben.«

Zwei Stunden saß ich nun schon bei ihr und hatte ihr die schmeichelhaftesten und zärtlichsten Dinge, mit viel Heiterkeit untermischt, gesagt. Ich hatte kein Mißfallen erregt, hatte keine Langeweile aufkommen lassen. Doch diese böse Angewohnheit, wo auch immer ich war, gewisse recht drastische Zärtlichkeiten zu riskieren, die man nicht im geringsten erwartete, diese schlimme Angewohnheit, die ich nie bessern wollte, weil ich immer damit Erfolg gehabt hatte, ließ mich vergessen, daß ich sie wenigstens bei meinem ersten Besuch, den ich Madame Darfleur machte, der ich doch absolut fremd war und der ich jede Ehrerbietung schuldete, unterlassen sollte. Sie machte eine Bewegung, welche eine Seite ihrer Brust entblößte. Mein Mund flog dorthin, ehe ich mich noch hätte fragen können, ob es wohl angängig wäre. Ich verwarf meinen Schritt, aber es war getan. Man bat mich ernsthaft, mich zurückzuziehen. Ich wollte Vorstellungen machen, mich entschuldigen; man drohte mir noch ernstlicher, indem man nach dem Klingelzug griff, um die Dienerschaft herbeizurufen. Ich warf mich auf die Knie, um mit möglichst rührender Gebärde meine Reumütigkeit und mein Ichweißnichtwas auszudrücken; denn oft bedient man sich dieser Methode, ohne recht zu wissen, warum. Es ist eine der in der Liebe am meisten geschätzten Gesten und Stellungen.

In diesem Augenblick erschien Monsieur Darfleur im Zimmer seiner Frau. Sein Wagen, dessen Rumpeln seine Ankunft angemeldet hätte, war nicht auf den Hof gefahren. Monsieur Darfleur war vor seinem Portal ausgestiegen und hatte den Wagen einem Freund geschickt, der bei ihm speisen sollte. Er kam, um seiner Frau mit-

Maurice Blot nach Fragonard: Der Riegel

FRANÇOIS BOUCHER
BADENDE DIANA
(Originaltitel: Le Repos de Diane)
Musée du Louvre, Paris. (Mit Genehmigung von Photographie Giraudon, Paris)

FRANÇOIS BOUCHER
RUHENDES MÄDCHEN
(Originaltitel: Jeune Fille couchée)
Bayerische Staatsgemäldesammlungen, München. (Foto: Blauel)

zuteilen, daß es ihm endgültig gelungen sei, die Zudringlichkeiten der Madame de Serfroid abzuschütteln.

Monsieur Darfleur prallte zwei Schritte zurück, als er mich in flehentlich bittender Haltung knien sah. Er hatte beide Hände voller Papiere, die er nun vor Zorn und Schreck fallen ließ. Madame Darfleur, die weniger verwirrt war als er und als ich, ergriff das Wort und sagte:

»Sie sehen einen Offizier zu meinen Füßen, der einen Prozeß gegen Madame de Serfroid führt. Er traf erst gestern in Paris ein und ist ein Kamerad und Freund von Permail. Seine Uniform, über die ich mich sogleich wunderte, als er an der Tür nach Ihnen fragte, bewirkte, daß ich ihn in mein Zimmer zu treten bat, um mir Neuigkeiten zu berichten. Als er erfuhr, daß ich mit Permail verwandt bin und daß sein Prozeß heute vormittag entschieden werden sollte, hat er mich im Namen seines Kameraden beschworen, Sie aufzusuchen oder Ihnen zu schreiben, um Ihnen seine Angelegenheit ans Herz zu legen. Ich habe ihm gesagt, daß nichts unnützer wäre, aber er drängt und ist sogar etwas starrköpfig, weil er mich nicht durch seine Redensarten einspannen kann, damit ich mich für ihn verwende, was ich für falsch halte. Und nun hat er sich auf die Knie geworfen, um zu versuchen, es durch diese Anstrengung zu erreichen.«

Monseur Darfleur betrachtete mich eine Weile wortlos; dann sagte er:

»Sie haben Ihren Prozeß gewonnen, Monsieur, so daß Ihnen Madame keine Dienste mehr statt meiner zu leisten braucht. Aber ich möchte Sie um eine Gefälligkeit bitten. Geben Sie mir die Ehre, mir in mein Zimmer zu folgen.«

Ich ging hinter ihm her, ziemlich verlegen und beunruhigt über die Gefälligkeit, die ich ihm erweisen sollte.

Als wir allein waren, fragte er mich nach meiner Familie, deren Namen er durch den von ihm entschiedenen Prozeß kannte. Ich blieb ihm keine Antwort schuldig, so daß er daraus ersah, daß ich wirklich die Persönlichkeit war, für die ich mich ausgab. Lediglich dieser Aufklärung wegen hatte er mich in sein Zimmer gebeten. Er hatte weder gewollt, daß ich ginge, noch daß ich einen einzigen Augenblick mit Madame Darfleur allein bliebe. Indem er mich von allen Seiten betrachtete, war er sicher, die Wahrheit herauszufinden oder mich in Widersprüche zu verwickeln, falls ich ein Betrüger wäre.

Als ich seiner Befragung in allen Punkten Genüge geleistet hatte und er nicht zweifeln konnte, daß ich der echte Nantel wäre, dessen Prozeß er entschieden hatte, nahm er ein sehr zufriedenes und offenes Wesen an und erklärte, er freue sich, mir nützlich gewesen sein zu können, und es würde ihm bei jeder Gelegenheit ein Vergnügen sein, sich mir zu verpflichten. Ich erwiderte, daß ich für die mir entgegengebrachten Empfindungen sehr dankbar wäre und daß ich ihm, um sie nun auch zu verdienen, mir zu sagen bäte, womit ich ihm meinerseits nützlich sein könne; er möge meine Dankbarkeit danach beurteilen, wie ich mich ihrer bediene.

»Was ich Sie bitten möchte«, antwortete Monsieur Darfleur, »ist die einfachste und leichteste Sache von der Welt und hängt lediglich von Ihnen ab. Ich hoffe daher, daß Sie es mir nicht abschlagen werden. Wir werden nach Tisch darüber sprechen; denn Sie hörten wohl schon«, fügte er hinzu, indem er seine Vertraulichkeit und seine freundschaftlichen Gefühle verdoppelte, »daß jener Kamerad Permails ohne weiteres bei uns speist, wenn er gerade in der entsprechenden Zeit hier ist, und daß mein Richterberuf dabei beiseite gestellt wird.«

Madame Darfleur glaubte mich längst verabschiedet und schien verstört und überrascht, mich mit ihrem Mann zurückkehren zu sehen.

»Ich wollte nicht«, sagte er zu ihr, »daß sich der Herr Vicomte über uns bei Permail beklagt, der ja sein bester Freund ist. Wir werden daher das Vergnügen haben, Gutes von ihm zu sprechen und auf sein Wohl zu trinken. Nehmen Sie also«, sagte er, »an

Madame Darfleurs Seite Platz. Es ist der gewohnte Platz Ihres Kameraden, den sie Ihnen schuldig ist.«

Ich gehorchte, und er setzte sich gegenüber, so daß er uns beide von vorne sah und ihm unmöglich unsere Blicke und Gesten verborgen bleiben konnten. Er hatte diese Sitzordnung offenbar getroffen, um alles besser beobachten zu können. Ich wurde gutgläubig zum Betrogenen durch seine Maßnahmen, doch glaubte ich, in seiner Gesinnung und seinem Herzen festen Fuß gefaßt zu haben. Meine Freude darüber war außerordentlich. Ich dachte gar nicht daran, sie zu verbergen. Sie wurde noch durch eine gewisse Verlegenheit erhöht, in der ich Madame Darfleur sah und die mir Glück zu verheißen schien.

Ich war also sehr zufrieden mit mir, weil Madame Darfleur es offenbar auch war. Mir kam es so vor, als ob meine glänzende Laune und meine Fröhlichkeit ihm gefielen, und ich überließ mich ihnen daher, um ihn ganz zu erobern. Im Grunde jedoch empfand der spöttische, böse Alte keine Freude und grübelte, wie er mir einen Streich spielen könnte.

Das Mahl war kaum beendet, und wir saßen noch bei Tisch, als Madame de Serfroid angemeldet wurde. Sie wollte sich bei ihrem Richter bedanken, das heißt, sie wollte ihn mit Klagen und Vorwürfen überhäufen, denen sie sich ja nun gefahrlos überlassen konnte, nachdem der Prozeß verloren war.

Monsieur Darfleur befahl, man solle sie in sein Arbeitskabinett führen. Zum Unglück für ihn war sie kurz vorm Eingang einem Lakaien begegnet, der mich begleitet hatte und den sie genau kannte, da er ein alter Diener und in jenem Landstrich geboren war, der den Gegenstand des Prozesses gebildet hatte. Dieser Mann nun sagte ihr auf Befragen bereitwillig, daß ich bei Monsieur Darfleur diniere. Mehr bedurfte es bei dieser Megäre nicht, um sich für autorisiert zu halten, einen Haufen Beleidigungen herunterzuhaspeln.

Monsieur Darfleur, der die Sache nicht für so brennend hielt und der mich nicht einen Augenblick in den Stand gesetzt sehen wollte, seine Frau in seiner Abwesenheit zu unterhalten, sagte mir, ich möchte mit ihm gehen, damit ich in dem Zimmer Platz nähme, das neben dem Raum lag, in welchem er erwartet wurde, so daß ich also das Vergnügen haben könne, Madame de Serfroid zu sehen und, ohne selbst gesehen zu werden, ihre Danksagungen anzuhören. Ich begleitete ihn also, rechnete aber darauf, daß ich die Gelegenheit, mit Madame Darfleur zu sprechen, nicht verpassen würde. Kaum hatte die Prozeßführerin, die eine geborene Comtesse d'Orbèche war, ihren Richter erblickt, als sie ihm mit durchdringendem Geschrei erklärte, er sei ein pflichtvergessener, unwissender und bösartiger Mensch, ein entarteter und von seiner Partei bestochener Richter, der mit ihren Gegnern im geheimen Einverständnis stünde. Sie drohte ihm mit einer Klage beim König, bei den Ministern, bei Himmel und Erde, denen sie seinetwegen die Ohren vollschreien und denen sie seine Unehrlichkeit mitteilen werde.

Als endlich alle der Büchse der Pandora entstiegenen Übel ihrem Mund entquollen waren, kündigte sie deren Erscheinen an, wünschte sie ihm an den Hals und schien sie durch ihre Berufungen und Verheißungen heraufzubeschwören.

Monsieur Darfleur wollte sagen, daß er, weit entfernt von geheimen Verbindungen, mich erst vor kaum zwei Stunden zum ersten Male gesehen habe, aber sie unterbrach ihn, um ihm mit der ganzen Dreistigkeit einer verurteilten Prozessantin zu versichern, ich hätte schon immer bei ihm gespeist, seit ich vor zwei Monaten nach Paris gekommen sei.

Monsieur Darfleur bewahrte völlig kaltes Blut und ging auf diese Unterstellung nicht ein. Er bat sie nur zu gehen und begleitete diese Aufforderung mit einer Geste, die Madame Serfroid begreiflich machte, daß er, falls sie so fortfahren wolle, die Unhöflichkeit so weit treiben werde, sie vor die Tür setzen zu lassen. Um dem zuvor-

zukommen, strebte sie zum Ausgang, jedoch indem sie ihre Verbitterung noch verdoppelte und ihre Stimme um so lauter erhob, je mehr sie sich entfernte. Noch auf der
Straße hörte man sie weiter keifen. Als sie so weit war, daß man sie nicht mehr verstand, sagte Monsieur Darfleur zu mir:

»Sie sehen, Monsieur, wem alles man in unserem Stand ausgesetzt ist, wenn man
seine Pflicht tut. Aber, um Ihnen die Wahrheit zu sagen, diese Beschimpfungen da
fürchte ich am allerwenigsten. Sprechen wir von etwas anderem. Ehe ich mich jedoch
näher erkläre, seien Sie bitte überzeugt, daß Sie mir gegenüber durchaus keine Verpflichtung haben und daß ich Ihnen lediglich habe Gerechtigkeit widerfahren lassen.
Ich hoffe, Sie werden sich Ihrerseits ebenso verhalten und werden, wenn ich darauf
bestehe, nur eine einzige Verpflichtung fühlen. Erraten Sie nicht, welche?« fügte er
hinzu und sah mich scharf an. »Ich versichere Ihnen, daß es leicht zu raten ist.« Da ich
nicht gleich antwortete, fuhr er fort: »Dann muß ich mich also verständlicher ausdrücken. Sie wissen, daß ich Sie bei meiner Rückkehr vor meiner Frau auf den Knien
liegend vorfand. Diese Stellung hat nichts Schmeichelhaftes für einen Ehemann. Ich
kenne mich, ich bin von Geburt an ängstlich und sogar etwas eifersüchtig. Wenn Sie
meine Frau weiter aufsuchen, werde ich Sie mir immer zu ihren Füßen liegend vorstellen, sowie ich Sie bei ihr weiß. Daher ist denn die Freundlichkeit, um die ich Sie
bitte, die, daß Ihr heutiger Besuch bei uns der letzte gewesen sein möge. Sie sehen,
die Sache ist leicht und hängt von Ihnen ab.«

Diese Anrede und diese Art Freundschaftsdienst, um die mich mein Richter bat, bedrückten mich. Ich versicherte ihm, daß meine Ehrerbietung und die Tugend Madame Darfleurs solche Vorsichtsmaßnahmen ganz überflüssig machten und daß er, wenn er mir sein Haus verböte, ohne daß man wüßte, was mich daran hinderte, dort wieder zu erscheinen, mich in den Anschein der Undankbarkeit und der Unhöflichkeit versetze.

Dieser Mensch besaß reichlich Erfahrungen und wußte auf alles eine Antwort. »Ich glaube Ihnen«, sagte er sehr respektvoll. »Aber in Ihrem Alter ist die Achtung so schwach, so gefährdet und so mutwillig, daß man um so mehr zu fürchten hat, je mehr Achtung einem erwiesen wird. Um die Tugend meiner Frau ist mir nicht bange. Wenn sie sie nicht besäße, würde ich keine Sorge tragen, sie vor Fallstricken zu bewahren und Gelegenheiten von ihr fernzuhalten; sie würde sie doch suchen und würde sich bemühen, welche zu schaffen. Aber Madame Darfleur *besitzt* Tugend, sie verdient, daß man sie darin unterstützt, daß man sie vor Gefahren schützt und daß man ihr die Mühe und die Verlegenheit erspart, Gefahren zu fliehen, indem man sie ihnen nicht erst aussetzt. Ihre Tugend ändert ja nichts daran, daß sie jung und gefühlvoll ist. Ich habe bei Tisch sehr wohl Madame Darfleurs Verlegenheit und Ihre Freude bemerkt. Sie zeigten mir an, daß Ihre Herzen eine gewisse Aufnahmebereitschaft haben und daß es gut ist, der Wirkung zuvorzukommen. Ich habe mich bisher sehr wohl dabei befunden, mich rechtzeitig darum zu kümmern. Und bei zwei oder drei Gelegenheiten hat mein Rezept, das ich jetzt gegen Sie anwende, auch Erfolg gehabt. Ich behaupte nicht«, fuhr er fort, »daß es mir immer Erfolg bringen wird, aber zum mindesten käme es viel zu spät, wenn Madame sich überraschen ließe.«

»O Monsieur!« rief ich. »Welches Unglück das auch ist, es muß Ihnen doch einmal zustoßen. Die Eifersucht und die Vorsichtsmaßnahmen werden es schnell genug dazu kommen lassen.«

»Das sagt man allgemein«, antwortete Monsieur Darfleur, »aber ich müßte es schon mit eigenen Augen sehen, um es zu glauben. – Sie verweigern mir also den Dank nicht, den ich von Ihnen erbitte?«

Wir stritten noch eine Weile hin und her. Aber als ich die Nutzlosigkeit meiner Vorstellungen und seine grimmige Entschlossenheit, mich zu verbannen, sah, gab ich ihm mein Wort, weder ihn noch seine Frau wiedersehen zu wollen.

»Dennoch garantiere ich Ihnen«, fügte ich hinzu, »daß das Unglück, das Sie fürchten, unvermeidbar ist. Wenn Madame Darfleur gefühlvoll werden *muß*, so wird sie es eines Tages sein. Und dann gilt es gleichviel, ob ich es sein werde oder ein anderer.«

»Sie haben recht«, erwiderte Monsieur Darfleur. »Und wenn je mein Stern so entscheiden sollte, genauso wie Sie es voraussagen, so will ich gern Ihnen den Vorzug geben.«

»Indem Sie mir diesen Vorzug versprechen«, entgegnete ich, »werden Sie mich jedoch hindern, ihn zu erhalten, da Sie mich ja diejenige nicht sehen lassen wollen, von der es abhängt, und die ihn vergeben wird, ohne daß Sie es wissen, und ich auch nicht.«

»Wenn ich davon nichts weiß«, sagte er, »so haben Sie nicht das geringste Recht, mir Vorwürfe zu machen. Aber wenn ich es weiß, verspreche ich Ihnen, Sie zu benachrichtigen. Unterrichten Sie sich Ihrerseits geschickt über die persönliche Führung Madame Darfleurs. Ein Liebhaber sieht darin oft sehr viel klarer als ein Ehemann. Er wird besser bedient, besser unterrichtet. Wenn Sie infolgedessen einige Entdeckungen machen, so befürchten Sie nichts, mich daran zu beteiligen. Ich werde davon guten und klugen Gebrauch machen, indem ich zunächst für mich, dann für Sie tätig sein werde. Ich werde mein Bestes tun, die Schäden zu heilen, die Sie entdeckt haben werden. Habe ich damit keinen Erfolg, so werde ich zur Abwechslung meine Zuflucht zu Ihnen nehmen. Und wenn das Übel stärker sein sollte als meine Heilmittel, dann werden mir Geduld und Beispiele zu Hilfe kommen. Was die Undankbarkeit und

Unhöflichkeit betrifft, die man, wie Sie befürchten, Ihnen vorwerfen könnte, so werde ich es auf mich nehmen, Sie zu rechtfertigen. Ich werde sagen, gerade die Szene, die Madame de Serfroid hier aufgeführt hat, hätte mich veranlaßt, Sie um den Dank zu bitten, daß Sie nie wieder hier erscheinen möchten. Lassen Sie mich von Zeit zu Zeit wissen, was es Neues bei Ihnen gibt, und rechnen Sie bei jeder Gelegenheit mit meiner Freundschaft.«

Nach dieser Artigkeit erhob er sich und geleitete mich höflich zur Tür, die auf die Straße hinaus führte. Irgendwelche Einwendungen von meiner Seite, meine Verabschiedung doch nicht so hart zu gestalten, ließ er überhaupt nicht gelten. Wahrscheinlich wollte er mich seinem Pförtner signalisieren.

Man kann kaum dümmer und verärgerter dastehen als ich, wie ich da mit einem gewonnenen Prozeß und einer verlorenen Eroberung draußen stand. Ich kam mir vor wie das Spielzeug, wie der übers Ohr gehauene Tölpel eines Mannes, der im Grunde recht hat und der mich trotz aller Höflichkeiten, Vertraulichkeiten und merkwürdigen Versprechungen wie eine üble Bekanntschaft verabschiedet hatte, mit der man einen schlechten Griff getan hat. Madame Darfleur zu verfolgen, ihr aufzulauern, sie in Kirchen zu suchen, mich über die Häuser zu informieren, in denen sie aus und ein ging – das alles erschien mir als kümmerlicher Ausweg im Vergleich zu der Freiheit, sie bei sich im Hause zu sehen, was mir verboten war. Andererseits hätte das ja nicht den Vertrag und meinem Wort entsprochen, das ich ihrem Mann gegeben hatte und das mich zu seinem Feind hätte machen müssen ohne die Hoffnung, in der kurzen Zeit, die ich noch in Paris sein würde, etwas dabei zu gewinnen. Ich fand gewisse Möglichkeiten in seinen gutwillig gegebenen Versprechungen, und ich zweifelte nicht daran, ihm in dem erwähnten Fall »zur Abwechslung« notwendig zu werden und daraus Nutzen zu ziehen. Er war ein systematisch und methodisch verfahrender Mann. Ich beschloß also, für einige Zeit mit ihm in Briefwechsel zu treten, um zu sehen, was ich daraus machen könnte, und ob er mir gegenüber so aufrichtig sein würde, wie er gegen andere wachsam war.

Etwa vierzehn Tage nach dieser Szene entließ er einen Lakaien seiner Frau, und ich setzte an dessen Stelle den meinen, einen alten, sehr zuverlässigen und treuergebenen Diener, der übrigens ziemlich intelligent war, so daß er mich über alles unterrichten würde, was in Madame Darfleurs Haus vorging.

Dieser Wachtposten und Madame Darfleurs Geistesrichtung haben dann zu sonderbaren Vorfällen und zu einem Briefwechsel zwischen ihm und mir geführt, worunter sich einige lesenswerte Briefe befinden. Aber da ich sie nicht hier habe, und da der Ablauf und der Witz dieser Intrige in meinen und Monsieur Darfleurs Briefen enthalten ist, werde ich Ihnen nichts mehr erzählen, weder von ihm noch von seiner Frau, außer daß ich sie mehr als *einmal* wiedergesehen habe, mit Wissen ihres Mannes und »zur Abwechslung«, daß sie mich, allen meinen Grundsätzen entgegen, zu einer ehrerbietigen, allmählich wachsenden Liebe begeistert hat und daß ich sie noch liebe. Wenn Sie und ich einmal ein paar Tage zusammenkommen und Sie auf die Briefe neugierig sein sollten, so will ich Ihnen etwas daraus zum besten geben.

JEAN FRANÇOIS CAILHAVA D'ESTANDOUX 1730-1813

AUS: DAS SOUPER DER STUTZER
Die doppelte Verwechslung

Es war gegen Ende August. Die entsetzliche Hitze den Tag über und ein Abenteuer vom vorigen Tag brachten mich in sehr schlechte Laune, ich war unausstehlich und wütend über mich selber.

Ich wußte nicht, sollte ich in irgendeinem Theater gähnen oder in den Tuilerien
herumschauen, als ich mich entschloß, zu meiner Zerstreuung den Chevalier aufzusuchen, einen jungen Leutnant bei den Musketieren, lustig und nett und liebenswürdig; er sprach nie, wie die meisten Kameraden, vom Dienst oder vom Major. Aber
ich hatte kein Glück; er war nicht besser aufgelegt als ich.

»Ich bin untröstlich!« empfing er mich. – »Ich bin es auch, aber was ist dir passiert? Hast du das Geld verspielt, das dir deine Leute schicken, damit du dir ein
Offizierspatent bei der Kavallerie kaufst?« – »Ja, das auch, aber das ist es nicht. Und
was hast denn du? Bist du nicht mehr der charmante Abbé in aller Munde?« – »Das
ist es. Früher oder später wird man meine Verdienste würdigen. Ich kann übrigens
ruhig stehen; hab' ich nicht die gute Wohltat eines Zufalls?« – »Was nennst du denn
so?« fragte mich der Chevalier. – »Das Herz einer frommen Dame, die ganz im geheimen meine Wohlfahrt und ihr Vergnügen arrangieren will, hat mich mit der
Leitung ihrer Geschäfte betraut – die Kirche hat mich zum Abbé gemacht.« – »Ich
verstehe. Ich bin ja Malteserritter und erfreue mich da auch dieser Wohltat des Zufalles. Aber erzähl mir doch, was dich verstimmt.« – »Du kennst doch meine alte
Präsidentin? Ich habe sie allen meinen Freunden als eine Kuriosität gezeigt. Eine der
seltensten Antiquitäten, wirklich. Gelangweilt von diesem traurigen Antiquar-
geschäft, wollte ich mich mit einem etwas moderneren Stück zerstreuen, das ich in
Paris auftrieb. Eine junge, sehr liebenswürdige Kaufmannsfrau. Ihre Augen sagen
denen, die vorbeigehen: Treten Sie ein, meine Herren, wenn Sie ein hübsches Bijou
kaufen wollen; wenden Sie sich an mich und nicht an meinen Mann. Ich liebte sie
vom ersten Tag an, da ich sie sah, am zweiten sagte ich es ihr, am dritten schrieb ich
ihr folgendes Billett:

Ich weiß, mein Engel, daß Ihr Mann heute nacht über Land ist; ich komme zu
Ihnen soupieren, wenn ich eine verrückte Alte loswerde, die mich mit Zärtlichkeiten
plagt. Ich bringe mit mir nur die Liebe, sorgen Sie dafür, daß niemand sonst bei
Ihnen ist als die Grazien.

Nun schrieb ich gleichzeitig der Präsidentin, daß mich eine heftige Migräne ans
Haus fessele. Gebe die beiden Briefe meinem Lakaien. Der Schuft besäuft sich. Und
da ich die Vorsicht brauche, niemals Adressen auf meine Liebesepisteln zu schreiben,
macht dieser Bursche das unverzeihlichste quiproquo. Die Präsidentin bekommt den

ersten Brief, kommt wütend angerast, überhäuft mich mit Vorwürfen; und da ich gerade nach einer passenden Ausrede suche, kommt die Kaufmannsfrau, ganz ängstlich über meine Gesundheit – die Migräne für die andere! – und ich bin in dem größten Embarras. Und schließlich, mein Lieber, siegt, wie immer, das Interesse über die Liebe. Ich muß Hebe verabschieden, um Cybele zu traktieren. Aber das muß sie mir, bei Gott, teuer bezahlen!«

»Mein Beileid«, sagte der Chevalier, »und ich bitte um das deine. Ich war gestern in der Oper, im Amphitheater; angeödet, da Menschen zu sehen, die unnütze Anstrengungen machen, wie Monstra auszusehen, und kleine Monstra, die trotz aller verwandten Mühe kaum was Menschliches hatten, wollte ich schon gehen, als ich einen Engel im Kostüm einer Furie erblickte. Ich war auf der Stelle ganz weg. Wie schade, sagte ich mir, daß ein so hübsches Kind seine schönen Hände profaniert, indem sie die tödliche Fackel schwingt! Wieviel besser hielte sie die der Liebe! Ein Kamerad, der mit mir war, bemerkte den Eindruck, den mir die Tänzerin machte; er verließ mich und kam nach einer halben Stunde zurück. ›Sei unbesorgt‹, sagte er mir, ›du wirst die Schöne ganz nahe sehen. Der Herzog, dem sie gehört, geht heute abend nicht zu ihr, ich habe die Erlaubnis bekommen, seine Stelle einzunehmen. Punkt zehn wird man zu der Kleinen ein Souper bringen, das ich bestelle. Wir werden die Furie vermenschlichen.‹

Ich konnte meinem Freunde nur die Hand drücken, denn die Tänzerin trat wieder auf. Lust waren alle ihre Bewegungen. Ich sah durch das Unterweltliche ihres Kostüms den Olymp ihrer Glieder.

Wir versprachen uns von dem Souper zu dritt ein Göttervergnügen, als der Herzog, den wir nicht kannten und der hinter uns saß und alles gehört hatte, was wir sprachen, aufstand und den wachhabenden Offizier im Theater aufsuchte. Er zeigt uns ihm von weitem: ›Ich mache Sie darauf aufmerksam, daß jene beiden jungen Leute dort gerade den Entschluß geäußert haben, sich nach der Vorstellung die Gurgel abzuschneiden. Sorgen Sie dafür, daß das nicht geschieht, indem Sie sich der beiden versichern.‹

Unser Offizier dankt dem Herzog und veranlaßte meinen Kameraden und mich, in einen Wagen zu steigen, brachte jeden von uns heim und diktierte uns Arrest bis auf weiteren Befehl. Und die Nacht war Wut statt Genuß. Diesen Morgen fluchte ich noch, als der Offizier eintrat, der uns verhaftet hatte. Er kam mit einem Kameraden und erzählte mir den Streich, den uns der Herzog gespielt hatte, der uns gleichzeitig alle drei zum Diner einlud. Der liebenswürdige alte Herr ließ uns nicht aus, wir mußten mit ihm dinieren, wo wir doch ohne ihn hatten soupieren wollen. Er bat uns so nett um Entschuldigung für den Tort, den er uns als alter Kamerad angetan hatte, daß wir schließlich selber über unser Abenteuer lachten. Aber trotzdem! Ich habe eine Nacht verloren, die köstlich gewesen wäre.

Den Wert der Zeit fühlen und zittern, daß man sie verliert, das sind die jungen Abenteuer.«

»Lieber Freund«, sagte ich, »wir wollen nicht weiter klagen. Der Präsident von Persac erwartet mich, und er brennt darauf, deine Bekanntschaft zu machen. Wir wollen in seiner Petite Maison mit ihm soupieren, und ich versichere dir, wenn morgen früh der Tag aufgeht, wird er uns nicht erröten machen.«

Wir flogen nach der Petite Maison, als wir uns, über den Boulevard fahrend, von einer Unmenge Wagen aufgehalten sahen und nicht weiter konnten. Wir amüsierten uns über das Ungeschick der Reiter, über die Libertinage in Brokatkleidern, über die Koketterie, im Puder erstickt, in Diamanten und Pompons, über den modernen Reichtum, der sechsspännig an der Armut vorbeifährt, die am Straßenrand steht. Es war unmöglich durchzukommen.

Eine Blumenverkäuferin trat an unser Wagenfenster und wurde erst nicht sehr liebenswürdig abgewiesen; aber sie war so hübsch und bot ihre Blumen mit einer so entwaffnenden Grazie an, daß sie uns freundlich stimmte. Wir kauften ihr Blumen ab und baten sie, uns etwas von den Frauen zu erzählen, die in den Wagen saßen und so wenig weiter kamen wie wir.

»Gern«, sagte sie, »ich habe mehr als ein Talent und mehr als ein Geschäft. Sehen Sie da die Tänzerin, die sogar in ihrem Vis-à-vis noch hüpft, um glauben zu machen, daß sie immer sehr temperamentvoll ist. Sie ist bös auf mich, und mit Grund. Ich habe ihr letztes Jahr einen schlimmen Streich gespielt. Ein junger vornehmer Herr sah sie, fand sie ganz niedlich, wollte sie haben und beauftragte seinen Halbschöngeist, seinen Complaisant, sie ihm zu verschaffen; der wieder übertrug mir die Besorgung, und ich war nun von der Partie zu vieren. Werden Sie es glauben, daß es diese Prinzessin schockierte, sich in meiner Gesellschaft zu finden? Ich setzte ihr auseinander, daß, wenn ein Unterschied zwischen uns existierte, der zu meinen Gunsten wäre, da ich täglich Blumen verkaufte, die nicht verwelkt sind und über deren Stacheln sich noch nie jemand beklagt hätte. Sie fand an meinen guten Gründen keinen Geschmack, und dafür wollte ich sie strafen. Ich trieb es mit dem Herrn Marquis so, daß er alle meine Reize, einen nach dem andern, mit denen der Kleinen verglich, und ich hatte den Marquis, und der Complaisant blieb ihr. Ich fuhr in die Stadt mit sechs Pferden zurück, ebenso munter wie ich, und das Tanzmädchen fuhr in einer Schubkarre, die der halbe Schöngeist kutschieren mußte. Das war ein Aufzug!

Da fährt die kleine Joujou; immer noch hübsch, immer noch gesucht; aber ihre Leute sind doch nicht mehr so gut livriert wie letztes Jahr. Und der Wagen ist auch nicht mehr hervorragend. Wechselt auch nicht mehr jeden Monat die Pferde. Woher das kommt? Ich weiß es. Sie hat sich in einen Jungen aus der Gascogne verliebt, der sie ruiniert. Jeden Abend legt sie ihre Börse neben das Nachtlicht und erlaubt ihrem Liebhaber, sich jedesmal zwei Louis zu nehmen für jede deutliche Probe seiner Zärtlichkeit. Ihre Freunde läßt sie reden, daß sie bei dem Handel betrogen wird, daß die Gascogner bei allen Spielen mogeln: sie antwortet, daß sich die Frauen sehr wenig daraus machen, betrogen zu werden, vorausgesetzt, daß sie gut betrogen werden.

Schau, schau, die göttliche Raton hat nur einen Mietswagen. Man merkt, daß ihr geliebtes Vögelchen entflogen ist, dieser kostbare Vogel, der ihr fünfzehn Louis jeden Tag einbrachte und eine schöne Nacht. Was lachen Sie? Auf dieses Vogels fünfzehn Louis hätten Sie Eide geschworen? Hören Sie zu und schämen Sie sich, daß Sie eine so schlechte Meinung von Ihren Mitmenschen haben.

Die Raton hatte einen süperben Papagei, der ganz vortrefflich instruiert war, denn er verstand sich auf den Kulissenjargon. Eines Tages brauchte die Raton Geld, also gab sie bekannt, daß sie ihren Vogel in einer Lotterie ausspiele; er sei auf fünfzehn Louis geschätzt. Das Los entschied zugunsten eines jungen Abbé, der, zu höflich, allein von seinem Glücke zu profitieren, die Rückerstattung des Papageis zu so honetten Bedingungen anbot, daß sie schnell angenommen wurde. Man fand Geschmack am Lotto. Man veranstaltete es also regelmäßig jeden Tag und immer mit gleichem Erfolg. Bis eines Tages das unbeständige Glück den Papagei einem alten Offizier verschaffte, den die Raton oft mit seinem Greisenalter aufgezogen hatte. Schnell sprang der auf das Vieh, drehte ihm den Hals um und brachte ihn unserer Heldin mit der Kondolenz: ›Mademoiselle, ich bringe Ihnen Ihren Vogel in einem traurigen Zustand zurück, aber in meinem Alter kann das nicht gut anders sein. Ich hoffe, daß Sie mir es nicht zum Vorwurf machen, denn ich bin mehr zu bedauern als Sie.‹

Andere Lottounternehmungen! Sehen Sie sich doch die zwei übermäßig geschminkten Gesichter an, deren Besitzerinnen mit ihrer Umfänglichkeit die enorme Berline [viersitziger Wagen mit zurückklappbarem Verdeck] ganz ausfüllen. Sie waren vergangenen Sommer in Rouen, wo sie annoncierten, daß sie ihrer Diamanten müde seien und sie ausspielen wollten. Die Anbeter beeilten sich, Lose zu kaufen. Sie nehmen das Geld, am nächsten Tage sei Ziehung, reisen in der Nacht ab und lassen ein Schreiben herumgehen des Wortlautes: Wir haben uns allein in unser Appartement eingeschlossen; wir haben die Lotterie ausgespielt; meine Schwester hat die beiden Kolliers gewonnen, ich die Ohrringe und die Nadeln. Wir haben, wie Sie sehen, Glück. Adieu.

Da fährt die Baronin X mit ihrem Gatten; ich habe sie miteinander ausgesöhnt. Ich tue manchmal ein gutes Werk, wie dies zum Beispiel.

Die Baronin lebte seit langem mit ihrem Gatten, als ob sie geschieden wären. Sie ist aber keine Frau, die geduldig die Langweile der Witwenschaft ertragen könnte. Sie vertraute mir also ihr Leid an und bat mich, ihr mein Haus zur Verfügung zu stellen, um da ganz dezent ihren Tröster zu sehen. Ich hatte nichts dagegen. Ich bediente sie mit großer Aufmerksamkeit und aller möglichen Diskretion, in der Hoffnung, daß die Entschädigung den Diensten entsprechen würde. Aber die Baronin, die den Eifer der jungen Leute hatte und deshalb viele Kosten machte, gab mir nur einen Louis die Woche. Ich war pikiert und wollte mich rächen. Das geschah so: Eines Tages, da die Dame gerade Gesellschaft bei mir erwartete, lief ich zu ihrem Mann und erzählte ihm, daß eine junge hübsche Frau ganz toll nach ihm sei und bei mir auf ihn warte. Er war auf Abenteuer aus, und das von mir vorgeschlagene machte ihn nicht scheu: er flog und fand seine würdige Gemahlin. Sie können sich die Szene denken, die er ihr machte, und die Geschichte wäre schon fast schlimm ausgegangen, wenn sie nicht auf einmal ein großes Taschentuch hervorgezogen und weinend geschrien hätte: ›Allzugeliebter und perfider Mann! Jetzt sehe ich also deine Untreue, die mir deine Kälte nur allzu deutlich verriet! Ich sterbe jetzt, aber es macht nichts, und ich bin

Larmessin nach Lancret: Der Morgen; Besuch des Herrn Abbé

froh, durch diese List mich ganz von meinem Unglück überzeugt zu haben und eile, ein Leben zu verlassen, an das mich nichts mehr halten kann, nachdem ich das Herz des Einzigen verloren habe, den ich anbete.‹ – Und damit wirft sie sich auf ein Kanapee, röchelnd, stöhnend, zuckend und schließlich wie tot.

Ich war selber erst ganz baff und wäre beinah darauf hereingefallen, wenn mir nicht die ohnmächtige Schöne, um mich in ihr Interesse zu ziehen, unmerklich einen wertvollen Diamant in die Hand hätte gleiten lassen. Da wurde ich wieder ganz Eifer für sie. Ich machte dem Gatten Vorwürfe, der, ganz Liebe, Respekt und Dank, sich seiner Frau zu Füßen warf und um Verzeihung für alle seine Geschichten bat. Und durch das Schlüsselloch sah ich den Herrn Baron den Frieden unterzeichnen und beschwören, daß die Baronin die tugendhafteste und anständigste Frau sei, auf demselben Kanapee, das so oft Zeuge vom Gegenteil gewesen war.

Ich bitte Sie, bewundern Sie doch den Hochmut dieser Rosette da!« fuhr das Blumenmädchen fort. »Schaut mich über die Achsel an, weil sie einen Wagen hat und Dienerschaft und Diamanten. Aber das ist, weil ich noch im Alter bin, wo man gefällt, und weil sie anfängt, alt zu werden. Dann bekommen sie immer diesen Blick über die Achsel weg. Mein Gott, es braucht nur einen guten Augenblick, und ich sitze in der Fülle. Und eine Viertelstunde braucht es nur, so ist ihr Glück gewendet und ihre Karosse ein Tonnenwägelchen. Dieses Mädchen, das ist wie meine Blumen: kultiviert zum Verkauf, hat sie ein Geschickter gepflückt; heute zahlt ein Elegant weit über den Wert dafür; morgen kommen sie, dank der Sorgfalt, ihnen einen Rest von Frische zu bewahren, in die Hände eines Kammerdieners; übermorgen liegen sie in der Straße und sind die Beute der Kanaille.«

Die Moral des Blumenmädchens war nicht ganz übel, aber unser Kutscher hatte das Geheimnis gefunden, uns aus dem Gedränge zu bringen, wir bezahlten fürstlich die Historikerin des Boulevard und fuhren los.

Das Bad

Die Petite Maison ist entzückend. Jedes Möbelstück darin atmet Sinnenfreude. Man spürt, kaum daß man seinen Fuß in dieses reizende Heim gesetzt hat, daß es ein Tempel der Freude ist, und man wird von der Begierde verzehrt, darin zu opfern ...

Ein einfach, aber geschickt angelegter Garten beglückt Nase und Augen durch die Fülle verschiedener Blumen, mit denen er geschmückt ist. Zephir findet Flora darin schöner als irgendwo sonst. Auch seufzt er darin lieblicher. Zwei kleine buschige Baumgruppen begrenzen die Sicht und verweigern neugierigen Nachbarn jeden Einblick. Wir drangen in die zur Rechten gelegene ein. Sie verbarg ein Wasserbecken, dessen kristallene Fläche die umgebenden Bäume bis zu den kleinsten Blättchen widerspiegelte.

»Freunde!« rief der Präsident, »die Sonne will in die Fluten tauchen. Tun wir's ihr nach. Vielleicht findet jeder von uns eine Thetis, die ihn an ihren Busen ziehen wird.«

Der ernste M. de Saint-Val genoß unser Unternehmen sehr. Er sprach sich lobend aus, als ein mitten im Bassin aufgespanntes Zelt seine Blicke gefangen nahm, über dessen Zweck er sich informierte.

»Es ist ein Behältnis«, erklärte ihm der Präsident, »in dem sehr leckere und schwierig zu beschaffende Fische schwimmen, die nach dem Angelhaken schnappen, den man gerade in der Hand hält.«

Kaum hatte er diese Worte gesprochen, als wir ein Horn erklingen hörten. Uns überlief ein Schauer, ohne daß wir wußten warum. Das Zelt verschwand und ließ uns vier junge Schönheiten schauen, deren kaum im Wasser verborgene Reize das Bekken in ein Glutbad wandelten. Die eine der Schönen war eine hochgewachsene Brünette, die durch ihr majestätisches Aussehen großen Eindruck machte. Sie stellte Diana dar. Ihr Wuchs, der eher einer Sabinerin als einer Grazie entsprach, weckte bei uns allen kein geringes Verlangen, bei ihr die Rolle Endymions zu übernehmen.

Die drei Nymphen, die sich Diana zu dienen bemühten, boten unseren Blicken die köstlichsten, lieblichsten Reize. Ihre gemessene Würde stand zu ihren kindlichen Gesichtszügen im Gegensatz, und sie beteiligten sich an unseren Huldigungen. Aber wie groß war meine und des Chevaliers Überraschung, als er seine Tänzerin und ich meine kleine Verkäuferin wiedererkannte. Wir eilten zu ihnen, doch Diana gebot uns Halt: »Verwegene«, sprach sie, »kennen Sie die Geschichte von Aktäon nicht?«

»Ich weiß in der Mythologie besser Bescheid als im Gesetzbuch«, erwiderte der Präsident. »Die Nymphe des Waldes verwandelte den neugierigen Jäger in einen Hirsch, weil er die Unhöflichkeit besaß, zu flüchten, nachdem er ihre Reize betrachtet hatte. Wir sind gesitteter als Aktäon und verdienen, gnädiger behandelt zu werden.«

Die Gottheiten berieten sich. Das Ergebnis war, daß die Göttlichkeit eine Last für sie wäre, wenn ihnen das Vergnügen, sich zu vermenschlichen, versagt bliebe. Und sie streckten uns ihre Arme entgegen.

Saint-Val war seit dem Erscheinen der Nymphen unbeweglich stehengeblieben, den Blick fest auf sie gerichtet, den Mund halb geöffnet, als wolle er die Lust einsaugen oder das Feuer ausatmen, das ihn zu verschlingen drohte. Er merkte, freilich zu spät, daß Persac ihm eine Falle gestellt hatte. Tiefe Scham hinderte ihn am Nachgeben und wollte ihn zur Flucht treiben, doch die Lust begann, die ohnehin schwache Rivalin aus dem Felde zu schlagen und ließ ihm keine andere Wahl. Die Sinnenlust zeichnete sich durch lebhafteste Farben in den Augen dieser Priesterinnen ab. Sie machte sie seufzen, ließ ein Lächeln über ihre Lippen schweben und ließ ihre Busen erheben. Das Laub in den Bäumen schien mit seinem Rauschen immer wieder zu rufen: Lust! Lust!, der Bach, der das Bassin bewässerte und von Kaskade zu Kaskade herabplätscherte, schien auf die blumenbedeckten Ufer, die er näßte, Lust! zu malen. Die Luft, die uns umgab, schien die Lust selbst zu sein. Endlich geruhte M. de Saint-Val nachzugeben. Mit raschen Schritten trat er zu uns, um die tausend unterschiedlichen Reize mit tausend Küssen zu bedecken. Und das Begehren, das Zepter in der Hand, verbannte schließlich alle seine Gewissensbisse.

Eine geschickte Kokotte ist eine Zauberin, die sich immer wieder so zu wandeln weiß, daß sie unaufhörlich neue Begierden weckt. Zärtlich, leidenschaftlich, hingerissen, wollüstig vereinigt sie die Reize aller Frauen in sich, und man glaubt immer, sie zum erstenmal zu sehen. Solcherart waren unsere Schönen. Wie ein neuer Proteus verstanden sie, im Augenblick hundert verschiedene Formen anzunehmen, und die letzte schien uns jeweils die verführerischste. Sie wußten zwanzig Einfälle und lenkten uns alle zum Nutzen der Lust. Bald waren sie süß und hingebungsvoll, gleich zärtlichen Täubchen, die beim Nahen des Gefährten verliebt erbeben, bald gaben sie sich stolz und ernst und entzogen uns boshaft drei Viertel ihrer Reize, indem sie das Wasser aufwirbelten. Aber allmählich wurden die Fluten wieder kristallklar, und die Kostbarkeiten, die sie vor unseren Augen verborgen hatten, schienen uns herrlicher denn je.

Angenehme Art, Komödie zu spielen

Diana und die Nymphen verlangten, daß wir uns entfernten. Sie kleideten sich in rosige Taffetgewänder, zogen gleichfarbige Schnürstiefel an, nahmen leichte Köcher auf die Schultern und verschwanden, während sie uns mit Pfeilen beschossen. Die gefährlichsten jedoch behielten sie in ihren Händen.

Vergebens suchten wir unsere Anzüge. Wir waren gezwungen, unsere Tracht aus Kleidungsstücken unserer schönen Flüchtlinge zusammenzusetzen, und liefen ihnen nach in der Gewißheit, sie bald einzuholen. Sie mußten nur ihren Lauf verlangsamen, wir den unsrigen beschleunigen.

Sie befanden sich im Buschwerk am Waldrand. Sowie wir sie erreicht hatten, stachelten sie uns auf, indem sie uns Blumen an den Kopf warfen und dabei auf den im anderen Wäldchen gelegenen Irrgarten zuliefen.

Wie neue Theseus' drangen wir dort ein. Unsere Ariadnes, die wohl vorhatten, sich mit uns darin zu verlieren, hüteten sich, durch ein Garnknäuel ihre Gegenwart zu verraten. Die Mitte des Labyrinths formte einen Laubengang. Ringsherum hatte man kleine Kabinette errichtet, die nur mit einem breiten Rasensitz ausgestattet und mit Geißblatt, Jasmin und Rosen verkleidet waren. Die lebhafteste Ungeduld hatte bereits unsere Blicke und unsere Bewegungen befeuert, als Diana vorschlug, »Körbchen« zu spielen. Der Gedanke schien uns extravagant. Die Nymphen jedoch fanden ihn göttlich. Es hieß also, sich der neuen Laune zu fügen. Zum Glück kannten wir nur wenige Reime. Die Pfänder waren sehr bald aufgebraucht, Persac wurde zum Schiedsrichter bestimmt. Man bekränzte ihn mit Blumen. Er schlug einen der Würde seiner Stellung entsprechenden Ton an und befahl, jede seiner schutzbefohlenen Pfandgeberinnen solle sich einen zweiten wählen und sich mit ihm in eins der Laubengangkabinette zurückziehen, um dort nachzudenken.

Diese Auflage war nicht unangenehm. Deshalb wurde sie auch angenommen und sehr huldvoll durchgeführt. Diana bemächtigte sich Persacs. Die Tänzerin, die über Saint-Val triumphiert hatte, wollte ihren Sieg genießen, zum großen Bedauern des Chevaliers. Ich mußte über seine Enttäuschung lachen. Doch da rächte ihn meine kleine Verkäuferin, indem sie ihm vor mir den Vorzug gab. Ich tröstete mich bald mit Mlle Sophie, einer sehr hübschen Schauspielerin aus der Provinz, die mir die Ehre gab, mich zu wählen, um eine zärtliche Szene vorzuspielen und zu probieren, ob sie auf der Rasenbank eine mindestens ebenso gute Akteurin sei wie auf den Bühnenbrettern. Was hatte sie für schöne Bewegungen! Wie ausdrucksvoll war ihr Augenaufschlag! Wie erfühlte sie die Rolle, die sie spielte! Wie leidenschaftlich wußte sie ihrem Spiel Seele zu verleihen!

Der Vorhang hob sich und ließ eine Dekoration sehen, deren weißer, leicht mit Rot, Blau und Ebenholzschwarz durchsetzter Hintergrund nicht nur das Auge, sondern alle Sinne überraschte. Mein Mund eröffnete die Szene und spielte darin die angenehmste Rolle, die dem Prolog diente. Sophie schlug mir vor, die Zaïre darzustellen. Ich zollte dieser Wahl Beifall. Ich glaubte, Orosman zu sein, und legte mein Zepter meiner Geliebten zu Füßen, doch bald wandelte sich meine Zärtlichkeit in Glut. Rasch schritt ich auf Zaïre zu, der Dolch blitzte vor ihren Augen, um in ihrem Busen zu verschwinden. Sie rief: »Ich sterbe!« Ich werde stürmisch, werde sehr lebhaft, meine Bewegungen werden ungestüm, ich vergieße einen Strom von Liebestränen ... und sterbe meinerseits.

Wir unterbrachen das Theaterspielen etwas, jedoch nur kurz. Die Akteurin wünschte, wie es Brauch ist, einen zweiten Akt. Sie wählte »Das Orakel«, um das Vergnügen zu haben, charmant zu liebkosen und ihn an der Leine über die Bühne führen zu dürfen.

Echo wiederholte während einiger Zeit nur der Wonne geweihte Worte, jedoch in einem Ton, der uns begreiflich machte, daß die Nymphe Narziß zürnte, sie nicht eine ebenso süße Sprache gelehrt zu haben.

Beauvarlet nach de Troy: Rückkehr vom Ball

Erzählung des Präsidenten de Persac

»Ich hatte«, erzählte er uns, »mein 16. Lebensjahr erreicht. Mein Lehrer hatte sich in den Ruhestand zurückgezogen, und ich suchte meine Freiheit zu nutzen. Aber mit wem? Die Kammermädchen meiner Mutter waren nicht hübsch, und ihre Freundinnen waren fast alle alt. Einzig und allein Frau von Arsinoé schien mir meiner Aufmerksamkeit wert. Sie war in das Alter gelangt, in dem die Frauen nicht allerliebst wirken, sondern in schöner, reifer Blüte stehen und für einen jungen Mann ganz besonders gefährlich sind. Ihr blühendes Aussehen, ihre Fülle wirkten verführerisch auf mich. Mein ungeduldiges Herz schien mir durchgehen zu wollen, sooft ich sie sah. Ich betete sie an. Doch wie konnte ich es wagen, es ihr zu sagen? Sie legte kein Rouge auf, man sah sie bei keinem Schauspiel, auf keinem Ball, nie auf den Boulevards oder in den Parks. Ihre einstige Vorliebe für große Lakaien hatte sie abgelegt. Und endlich war sie fromm und fügte diesem Ruf noch zärtliche Liebe für ihren Mann hinzu.

Als ich eines Tages gerade über mein Unglück nachdachte, mein Herz ausgerechnet an die tugendhafteste und pflichteifrigste Frau gehängt zu haben, trat meine Schwester mit jenem freudigen Ausdruck in mein Zimmer, den nur erfüllte Liebe verleiht. Sie war seit kurzer Zeit mit einem reizenden jungen Mann verheiratet, den sie innig liebte. Ich beglückwünschte sie zu ihrem Los und seufzte. Ich berichtete ihr von meiner Liebe, nannte ihr auch den hochachtbaren Namen des Gegenstandes meiner Zuneigung und malte ihr meine Verlegenheit aus. Ein schallendes Gelächter war die Antwort.

Ich wollte schon böse werden, als meine Schwester mich belehrte, daß, wenn Frau von Arsinoé soviel Ergebenheit und Dienstbeflissenheit für einen langweiligen Gatten, einen eingebildeten Kranken, zur Schau trüge, dies nur deshalb geschähe, um einige galante Abenteuer vergessen zu machen, die etwas zuviel Aufsehen erregt hatten. Meine Schwester ging in ihrer Hilfsbereitschaft so weit, meine Aufmerksamkeit auf tausend kleine Avancen zu lenken, die man mir gemacht hätte. Ich bedankte mich bei ihr, machte mich hübsch, setzte ein Eroberergesicht auf und eilte auf den Flügeln der Hoffnung zu Arsinoé. Die Dame war allein in ihrem Gemach, als man mich anmeldete.

›Endlich einmal machen Sie von der Erlaubnis Gebrauch, die ich Ihnen gab, und kommen mich besuchen‹, sagte sie und reichte mir die Hand. ›Sie sind sehr verständig. Ich habe Migräne. Nur Sie können mich ablenken, und ich werde jedem anderen die Tür verschließen. Ich möchte jedoch durchaus nicht, daß Sie sich durch diese Begünstigung verpflichtet fühlen. Aber wissen Sie, ich würde sie keinem anderen jungen Mann gewähren. Die sind so dreist, so zudringlich, so unternehmend und haben eine so geringe Meinung von der Tugend einer Frau. Aber Sie bewundere ich. Sie sind der bescheidenste, der... O nein‹, fügte sie seufzend hinzu und legte eine ihrer Hände über meine Augen, ›seien Sie vernünftig und sehen Sie mich nicht so zärtlich an. Sie beunruhigen meine Tugend.‹

Die gleiche Hand, diese süße, weiche, wohlgeformte Hand, mit der sie mir die Augen schließen zu wollen vorgab, bewirkte es, sie mir zu öffnen und mir den Weg zu weisen, den ich einzuschlagen hatte, und ich bedeckte sie aus Dankbarkeit mit tausend Küssen.

›O Himmel!‹ rief die Arsinoé. ›Aber, aber! Persac! Persac! Was denken Sie nur?! Wissen Sie auch, daß Sie mich überraschen? Ich werde Sie ausschelten oder nach Hause schicken müssen... Aber nein, ich habe nicht die Kraft dazu, Sie sind ja noch ein Kind.‹

Ich seufzte ... sie seufzte ebenfalls ... und dann hielt sie mir, aus Furcht ihre Verwirrung zu verraten, mit ernstem Gesicht folgende fromme Ansprache:

›Mein lieber Junge, die Freundschaft, die mich mit Ihrer Mutter verbindet, bewirkt, daß ich mich Ihretwegen beunruhige. Sie sind noch jung und unerfahren. Ich sehe, daß Sie sich leicht durch die Anziehungskraft des Vergnügens verführen lassen. Und in diesem verderbten Jahrhundert suchen viele verlorene Frauen sich zu rühmen, die Jugend in ihre Netze gezogen zu haben. Thémire zum Beispiel. Viele falsche Zimperliesen heucheln die äußerste Sittenstrenge und fragen in Wahrheit nicht danach, ob sie die Jugend verderben. Orphise, Chloe haben diese verderbliche Leidenschaft. Sie werden Frauen finden, die es keinesfalls wagen würden, sich Ihnen zu erklären. Aber dabei verschlingen sie Sie mit ihren Augen, rühmen die Frische Ihres Teints, der in der Tat sehr schön ist, die Zierlichkeit Ihrer Statur, die wirklich wundervoll ist. Und das tun sie nur, damit Sie, von dem Lob geschmeichelt, Ihrerseits ihre Reize bemerken und sie preisen . . . Der Himmel weiß, wie das zugeht . . .‹

›Ach, Madame‹, erwiderte ich lebhaft, ›wie rührend ist Ihre Rede, fast so rührend wie Ihr Zauber! Sie ist ein Mittel, mich den Gefahren zu entreißen, die Ihre Freundschaft mir vor die Augen rückt, nämlich die Gefahr, mich an eine Frau zu ketten, deren kluges Verhalten, deren feine Empfindungen mir als Führer zum Glück dienen werden. Da Sie in meinen Augen die tugendhafteste und ehrwürdigste aller Frauen sind, so dulden Sie, um die Gefahren, die mich bedrohen, zu bannen, daß ich mich in Ihre Arme werfe . . .‹

Ich tat es wirklich, und die Arsinoé zeigte gerade keine Lust mehr zu moralisieren, als ein Störenfried meine Fortschritte aufhielt. Dieser Störenfried war ihr Mann. Kaum erschien er, da überschüttete ihn seine Frau mit Zärtlichkeiten und legte so starke Beunruhigung über seinen Gesundheitszustand an den Tag, daß mir schien, sie sei auf sich selbst böse, weil sie nicht um ihn herum gewesen war. Aber diese gleichen Zärtlichkeiten und Beunruhigungsbeteuerungen ließen mich, je stärker sie geäußert wurden, um so mehr Mut fassen. Die beiden Ehegatten spielten eine Szene, die würdig gewesen wäre, in Molières ›Der eingebildete Kranke‹ eingefügt zu werden. Die neue Beline betrachtete ihren Mann eine Weile besorgt und sagte dann im süßesten Ton zu ihm: ›Was ist denn nur, mein Schäfchen: Was haben Sie?‹

›Wie? Was ist, liebste Frau?‹ erwiderte der moderne Argan mit wirrem Blick, ›Sie finden mich blaß, nicht wahr, meine Kleine?‹

›Ach ja, ein bißchen.‹

›O du großer Gott! Ich wußte doch, daß ich krank bin, sehr krank!‹

›Ach regen Sie sich nur nicht auf, mein Freund; es wird schon nichts sein.‹

›Sie schmeicheln mir immer, meine Teuerste; sagen Sie mir die Wahrheit: ich möchte wetten, daß ich Fieber habe!‹

›Lassen Sie mal sehen . . . ja, ein wenig, wenn ich nicht lügen soll. Und der Kopf? Haben Sie keine Schmerzen da?‹

›O ja, heftige Schmerzen, wie gewöhnlich; ich wage nur nicht, darüber zu klagen, weil man mir vorwirft, ein eingebildeter Kranker zu sein. Aber Sie wissen es besser, mein Hühnchen!‹

›Aber gewiß doch, mein Kind! Doch Sie haben seit sieben oder acht Stunden nicht mehr geschlafen, was Ihnen doch so gut täte . . . Dumont, bringen Sie schnell Ihren Herrn zu Bett. Komm, komm, mein Kleiner; ich gestehe, ich wäre viel ruhiger, wenn ich Sie in Ihrem Bett wüßte.‹

Der Ehemann ging, von den Liebkosungen und Beunruhigungsäußerungen seiner Frau getäuscht, schlafen. Ich nahm sogleich den Platz ein, den er mir frei gemacht hatte, und um seine zärtliche, seine tugendsame Frau dafür zu gewinnen, mich den leichten Mädchen zu entziehen, bat ich sie, bestürmte sie und legte ihr meine Besorgnisse dar. Die Arsinoé gab zu, daß es für mich dringlich sei.

›Was wollen Sie denn tun?‹ fragte sie stockend.

›Mein Glück.‹

›Daran denken Sie?‹

›Gewiß!‹

›Aber mein Mann?‹

›Der schläft.‹

›Wie? Wo ich ihn doch anbete?‹

›Das habe ich gemerkt.‹

›Sie wollen also, daß ich ihm die empfindlichste Schmach antue?‹

›Sein Kopf wird davon auch nicht kränker.‹

›Nein! Niemals werde ich Ihrem Drängen nachgeben!‹

›Die Barmherzigkeit wird Sie zwingen.‹

›Die Welt, die selbst die verdienstvollsten Handlungen schlecht auslegt, wird nicht verfehlen, meinen Eifer zu tadeln.‹

›Sie wird nichts davon erfahren.‹

›Sicher nicht?‹

›Ganz sicher.‹

Bei diesen Worten nahm die fromme, die barmherzige Dame ein nachdenkliches Aussehen an, schloß züchtig die Augen, sank ergeben aufs Kanapee und fügte sich meinen Wünschen.

Die Tugend der Arsinoé wollte noch ein paar Redensarten stammeln, aber es war vergeblich. Ihr Tuch, das die Züchtigkeit selbst zurechtgelegt hatte, wurde durch die mutwilligen Gottheiten von Cythera zerknüllt und diente ihnen als Standarte, um die Gewissensbisse zum Kampf herauszufordern und aufzusuchen. Man bedrängte sie bis in die letzten Schlupfwinkel, und der starrsinnigste von ihnen sprach leise, als er unter den stets siegreichen Streichen der Liebe verhauchte: ›Diskretion... Diskretion... Dis... kre... tion...‹«

»O diese Zimperliesen!« riefen im Chor unsere Gefährtinnen, »o diese Zimperliesen!«

Und die Tänzerin, die wohl fürchtete, ebenso genannt zu werden, beeilte sich, uns zu beweisen, daß *sie* diesen Namen niemals verdienen würde.

Erzählung des Herrn de Saint-Val

»Durch meine Geburt vermehrte ich die Zahl der kleinen Plappermäuler, die zur unrechten Zeit auf die Welt kommen, und Zulinde, meine Mutter, die nicht verstand, sich an einem Treulosen durch Treulosigkeit zu rächen, ließ sich mit dem Titel ›Witwe‹ und der entsprechenden Langeweile in einer Provinz nieder, wo ich bis zum Alter von sechzehn Jahren schmachtete, ohne zu entdecken, daß ich ein Herz besaß. Eine junge Schöne, die ihrer Tante in das dem unseren benachbarte Schloß folgte, verhalf mir sehr bald zu dieser kostbaren Entdeckung.

Ich möchte keinesfalls das Porträt Minettes entwerfen, denn so nannten wir unsere liebenswürdige Nachbarin. Ich möchte nur sagen, daß sie fünfzehn Jahre alt und von jener Art war, die alle Frauen eifersüchtig und alle Männer begehrlich macht. Eines Nachts, als ich gerade wunderschön von meiner lieblichen Nachbarin träumte, glaubte ich, zwei Göttinnen in mein Zimmer treten zu sehen. Die eine war hochgewachsen und wohlgeformt. Ihr Wesen und ihre majestätische Haltung flößten Respekt ein. Ihre Blicke waren stolz, voller Adel, dennoch angenehm. Die andere, die sanfter und weniger leidenschaftlich aussah, war von nicht so imposanter Figur. Ihr Gang wirkte lässiger, ihre Stimme hatte einen einschmeichelnden Klang.

Die erste sprach:

›Ich bin die Wahrheit. Meine Begleiterin ist das Zartgefühl. An dem Tage, da Sie das Licht der Welt erblickten, faßten wir den Beschluß, Ihr Glück zu machen. Zu diesem Zweck haben wir uns für Minette entschieden, deren Erziehung wir geleitet haben. Wir verbürgen uns für die Reinheit ihres Herzens.‹

Von Dankbarkeit durchdrungen, wollte ich meine Gönnerinnen küssen, als sich meinen Blicken plötzlich ein Kind bot. Es besaß das Wesen, den Wuchs und das Äußere Amors und war auch mit allen entsprechenden Attributen ausgerüstet. Das war die Lust.

Es reichte lächelnd seine Hand einer Amazone, deren Anblick das Zartgefühl und die Wahrheit erzittern ließ. Ich jedoch war ganz im Gegenteil von ihrer ganzen Per-

sönlichkeit entzückt. Ihre Haltung war so unschuldig, so voller verführerischer Anmut!

›Werfen Sie sich in meine Arme, junger Mann‹, sagte sie zu mir. ›Überlassen Sie diese beiden Feen sich selbst. Sie tyrannisieren die Herzen, die sie begünstigen. Folgen Sie nur den Fußstapfen dieses Kindes, und wir werden Ihnen ein immerwährendes Glück bei den Frauen verschaffen. Denn die Lust ist ihre Lieblingsgöttin, und alle träumen so lebhaft von mir, daß sie in ihren Gemächern Altäre errichten, um an ihnen drei Viertel ihres Lebens meiner Verehrung zu weihen.‹

So schmeichelhaften Versprechungen vermochte ich nicht zu widerstehen. Ich wollte meinen Gönnerinnen entfliehen, vielleicht auf immer. Die Wahrheit stürzte sich auf die Amazone und riß ihr eine Maske herunter, die sie hatte so anziehend erscheinen lassen. Und auf diese Weise ließ die Wahrheit mich ein kleines Ungeheuer sehen, halb Mann, halb Frau. Es war die Kunst, die ihre Enttäuschung hinter einer verächtlichen Miene verbarg und schwor, die Beleidigung, die man an ihr versucht hatte, zu bestrafen. Die Wahrheit und das Zartgefühl versprachen mir, ihre ganze Kraft dieser Bedrohung entgegenzustellen. Der kleine Gott sagte nichts, doch schoß er einen Pfeil auf mich ab. Da verschwanden alle vier, und ich erwachte, als meine Mutter ins Zimmer trat und mir mitteilte, man hielte mich für noch zu jung, man müsse meine Erstlinge noch ein Jahr aufbewahren, und ich solle die Zeit benützen, mir die Hauptstadt anzusehen.

Zulinde schenkte mir ihr Porträt, bestand aber darauf, mir den Namen meines

Vaters zu verbergen. Ich verabschiedete mich von Minette, warf mich in meinen bequemen Wagen und reiste ganz überstürzt ab. Mehr als eine aus der Schar der Sylphiden unter dem Personal ließ die Luft von ihren Klagen erbeben.

Ich traf bei einem Bekannten, einem Kenner der Hauptstadt, in Paris ein. Der junge Provinzler hatte sich in einen eleganten Herrn verwandelt. Man sah mich, aufs beste ausstaffiert, in der Oper ein riesiges Lorgnon in der Hand.

Mit Staunen sah ich eine Menge junger Leute mit langem Haar, den Degen an der Seite, in kurzem Wams, von Loge zu Loge eilen, die hier und da einen leichten Schlag mit dem Fächer erhielten und sich dann mit sehr zufriedenem Gesichtsausdruck zurückzogen. Ich war überzeugt, einige Schauspieler in ihnen zu sehen, die dafür bezahlt wurden, jene Damen zu amüsieren, die auf das Aufgehen des Vorhangs warteten. Und ich fragte einen etwa vierzigjährigen Mann, wieviel sie damit verdienten, eine solche ebenso unerquickliche wie erniedrigende Rolle zu spielen.

Monsieur de Florignon, wie dieser Mann hieß, den ich angesprochen hatte, erkannte in seinem Zuhörer mühelos einen frisch Zugereisten, tat jedoch, als nähme er an, ich hätte nur scherzen wollen, und zollte meiner spöttischen Bemerkung höflich Beifall. Ich empfand auf den ersten Blick Gefühle für ihn, die ich nicht definieren konnte. Er seinerseits betrachtete mich aufmerksam, stellte mir tausend Fragen und schloß sich mir so eng an, als wolle er sich die Mühe machen, mich in die große Welt einzuführen.

Ich war mit der Gegend, in der ich wohnte, sehr zufrieden. Alle Männer schienen mir reizend zu sein und die Frauen anbetungswürdig. Ich bewunderte alles, was ich sah und hörte.

›Seien Sie auf der Hut‹, sagte mein liebenswürdiger Mentor eines Tages, ›und denken Sie daran, daß Sie sich hier im Reiche der Kunst befinden. Die Kunst bestimmt hier die Lobsprüche, die Komplimente, die Freundschaftsversicherungen und die Beteuerungen der Wertschätzung. Das sehen Sie am Beispiel dieser hochgestellten Persönlichkeiten, die sich mit leidenschaftlichem Ausdruck umarmen und die sich beim Auseinandergehen am liebsten gegenseitig umbringen möchten. Das sehen Sie auch am Beispiel irgendeines vorgeblichen Gönners, als der er sich nur aus Laune gibt oder der nur darum so lebhaft für Ihre Pläne eintritt, weil er sie genau kennenlernen und dann zum Vorteil irgendeines Kammerdieners oder einer Mätresse gelingen lassen will.

Aber machen Sie es nicht wie die blöden Reisenden, die alle Sitten der Landstriche, die sie durcheilen, studieren wollen und auf das Volk herabsehen, als ob es nicht vorhanden wäre, die nur die Kreise und alle diejenigen Männer aufsuchen, die eine gleiche Erziehung genossen haben wie sie selbst, und die doch stets die gleiche Oberfläche darstellen. Nur im breitesten Volksgewühl lernt man den Charakter einer Nation klar erkennen. Werfen Sie einen nachdenklichen Blick auf das Volk rings um Sie. Sie werden darunter den simpelsten Arbeiter finden, der sich scheinbar eines Vorzuges vor seinen Kameraden erfreut, weil er sich vor allen Fremden den Titel Mylord beilegt, weil der geringste Schreiberling sich Herr Präsident nennt oder sich mit Hilfe einer kleinen Tonsur den pompösen Titel Monsignore verleiht. Die Kunst bestimmt hier die Haltung, die Stimme, den Gang eines jeden. Machen Sie sich darauf gefaßt, daß man Ihnen meist nur so viel Licht lassen wird, wie es die Kunst für ratsam hält. Bei Monsieur Dimanche werden Sie ein Licht erleben, das Ihnen nicht gestattet, die Fehler seiner Tuche zu erkennen. Bei der Arsinoé wird Ihnen das Licht, das kaum die dichten Jalousien und den karminfarbigen Vorhang durchdringen kann, die Falten ihres Gesichtes verbergen und eine liebenswürdige Röte auf die Wangen zaubern. Schließlich sind die meisten Männer das Gegenteil von dem, was sie scheinen. Bei den Frauen besteht daran kein Zweifel, und viele, die die Natur verurteilt hat, allein zu stehen, sind wirklich schön. Empfindsam und feinfühlig, wissen sie nichts von Betrug und verdienten es, durch Liebe am Reiche der Herzen teilzuhaben. Es gibt auch Frauen, die Bouchers Grazien gleichen. Jeder ihrer Reize könnte einen kühnen, schöpferischen Künstlerpinsel in Begeisterung versetzen. Wenn man schließlich die Männer mit Marionetten vergleicht, deren Bewegungen die Kunst dirigiert, so sind die meisten Frauen Puppen, die die Kunst verschönen, und die Männer Gimpel, die auf den Pfiff der letzteren hören.‹

Monsieur de Florignon sprach nur allzu wahr, und ich konnte mich sehr bald davon überzeugen.

Wir befanden uns in jener Jahreszeit, in der die Leute sich gewöhnlich schämen, noch in der Stadt zu sein, und in der sie die Promenaden, die Schauspiele für Grisetten und Stutzer meiden.

Zénéide schlug mir vor, sie aufs Land zu begleiten. Sie suchte sich eine Freundin, und wir reisten ab. Die beiden Damen, die meiner Eroberung wegen aufeinander eifersüchtig waren, breiteten vor meinen Augen alle ihre Reize aus, die sie für die verführerischsten hielten und derentwegen sie mich schweigend um Zuerkennung des Erisapfels baten. Zénéide war nicht geradezu hübsch, aber sie besaß Anmut. Einige Pflästerchen auf ihrem Gesicht erhöhten die Weiße ihres Teints und verliehen ihrer Physiognomie etwas Spielerisches, eine Lebhaftigkeit, der man schwerlich widerstehen konnte.

Orphise, die noch schöner war, nur schon ein bißchen zu lange, schien sich einzubilden, die feineren Gedanken zu haben. Um ihr zu gefallen, hätte man ein Held an Zartheit sein müssen.

Orphise hat mich an ihr Feingefühl glauben lassen seit dem ersten Augenblick, da ich sie sah. Sie wollte sich dessen versichern, ehe sie mich glücklich machte. Ich war gerührt und konnte sicher sein, daß kein Fürst, nicht einmal der König mich hätte aus ihrem Herzen verdrängen können. Das waren Orphises eigene Worte.

Ich hatte also nur die Qual der Wahl. Aber ich überraschte Zénéide eines Tages bei der Toilette. Ich sah, wie sie ihre Schönheitspflästerchen mit Hilfe einer Nadelspitze erneuerte, die sie an einer qualmenden Kerze geschwärzt hatte, und meine Liebe entschwand. Lachend lief ich zu der ›feinfühligen‹ Orphise und betrat ihr Zimmer, ohne angemeldet zu sein. Ich beugte mich über ihre Sessellehne. Sie entwarf gerade das zärtlichste Billett an mich. Mein Herz wollte sogleich in Dankbarkeit ausbrechen, als ich ein Dutzend genau in den gleichen Ausdrücken entworfene Briefe liegen sah, die an die verrufensten Stutzer am Hof und in der Stadt gerichtet waren. Entsetzt prallte ich zurück und stieß einen Schrei der Entrüstung aus. Orphise drehte sich um, und da sie erkannte, daß sie die Rundschreiben nicht gut abstreiten konnte, erschien es ihr das beste, in Ohnmacht zu fallen.

Von Orphises augenblicklichem Zustand gerührt, der mich ihre Treulosigkeit fast vergessen ließ, lief ich zur Klingel, um ihre Kammermädchen herbeizurufen. Orphise bemerkte es, kam plötzlich wieder zu sich, bat mich in ironischem Ton, mich nicht aufzuregen, und sah mich voller Verachtung an:

›Lernen Sie daraus, mein Herr‹, sagte sie, ›wenn eine gefühlvolle Dame ein Tête-à-tête mit einem Mann hat und ihm die Ehre erweist, ohnmächtig zu werden, um so jeden Disput abzubrechen, so ist es an ihm, höflich zu erklären, wie betrübt er sei, ihr Kummer gemacht zu haben. Und ebenso liegt es an ihm, wenn er Lebensart besitzt, es noch höflicher zu vergelten. Adieu, mein Herr. Bitten Sie mich um meine Diskretion und treten Sie mir nicht wieder unter die Augen.‹

Ich dachte an meinen Traum. Rasch verließ ich ein Haus, in dem ich den größten Gefahren ausgesetzt war. Innerlich dankte ich dem Feingefühl und der Wahrheit, mich dem Nimbus der Kunst entrissen zu haben, und fuhr schnell in die Stadt zurück, wo einer meiner Diener mich ebenso verwirrt wie ungeduldig erwartete:

›O Monsieur, wem hätte ich mich denn anvertrauen sollen?‹
›Was gibt es denn?‹
›Monsieur de Florignon kam einen Tag nach Ihrer Abreise her.‹
›Und?‹
›Er trat in Ihr Arbeitszimmer.‹
›Und?‹
›Ach, Monsieur, er hat das Porträt Ihrer Frau Mutter von der Wand genommen. Das Metall des Rahmens und die Edelsteine, mit denen es geschmückt ist, haben ihn offenbar gereizt. Er hat mir aufgetragen, Ihnen diesen Brief hier zu übergeben.‹

›Das Porträt, das ich bei Ihnen fand, hat allzustarke Anziehungskraft. Ich kann nicht länger leben, ohne die Schönheit zu besitzen, die es darstellt. Mehrere der auf Ihrem Schreibtisch verstreut liegenden Briefe zeigen mir den Ort an, wo ich sie finden werde. Ich reise ab. Wenn mein Schritt Ihr Mißfallen erregt, so folgen Sie mir, und ich werde Sie mit einem einzigen Wort zur Vernunft zu bringen wissen.‹
Ich schickte rasch nach Pferden, reiste sofort ab und befahl, so schnell wie möglich zu fahren. Ich kam an meinem Ziel an, erblickte Monsieur de Florignon und griff nach dem Degen, um damit auf ihn loszustürzen. Da hörte ich plötzlich hinter mir einen durchdringenden Schrei, ließ den Arm sinken und sah das rührendste Bild. Meine Mutter... die zartfühlendste aller Mütter... verstört, bestürzt... Verwirrung und Verzweiflung in den Augen, lief auf mich zu, die Hände zum Himmel erhoben... Plötzlich zitterten ihre Beine... sie taumelte... fiel auf die Knie, den Kopf auf den Rand eines Sessels gestützt... Der Tod zeichnete sich auf ihrer Stirn ab... Sie wollte zu mir sprechen und brachte doch kein Wort heraus... Angst und zarteste Empfindung lassen sie eine letzte Anstrengung machen und halb und halb über ihre Schwäche triumphieren... ihre Gesten beweisen mir ihren inneren Aufruhr... eine Hand streckte sie mir entgegen, mit der anderen bedeckt sie ihren Busen... ihr Schweigen ist so vielsagend, so ausdrucksvoll... Das alles läßt mich erbeben und sagt mir, daß ich der besten der Mütter den Tod gäbe, wenn ich weiter dem blinden Eifer folge, der mich leitet... Da entsinne ich mich des Betragens meines Mentors... der Gefühle, die sich meiner bei unserer ersten Begegnung bemächtigten... und blicke auf ihn... Er lächelt mich liebevoll an... ich beginne, in meinem Herzen klarer zu sehen... ich bin entsetzt über den Degen in meiner Hand... er entfällt mir... ich stürze meinem Erzeuger in die Arme... ich rufe:
›Mein Vater... ach!... mein Vater... mein tugendhafter Vater!... mein...‹
Ich wollte noch ein anderes Beiwort hinzufügen, aber die Stimme versagte mir.
›O mein Sohn!‹ rief Monsieur de Florignon, indem er mich zärtlich umarmte und mich mit Tränen bedeckte, die so süß, so rein, so kostbar waren, wie die Natur sie in den Busen eines jeden Sterblichen senkt, wenn er nicht verdorben ist, ›mein lieber Sohn, wie traurig bin ich, daß ich Sie Ihre Jugend in so dunklen Umständen habe verbringen lassen! Zum großen Glück für Sie und mich habe ich in Ihrem Zimmer das Porträt Ihrer tugendhaften Mutter gefunden. Die Liebe zog wieder in mein Herz. Sie hat mir genug Qualen bereitet. Mir wurde verziehen. Ich bin mit der liebenswürdigen Zulinde durch unlösbare Fesseln verbunden. Ich habe die Schmach, mit der meine Unbeständigkeit ihre Tage verdunkelt hatte, getilgt. Und um mein Glück zu vollenden und zu krönen, will ich auch für das Ihre sorgen und will Sie mit Minette vereinigen.‹
Die geliebte Minette erschien. Wie sehr unterschieden sich doch ihre Reize von denen, die ich im Reiche der Kunst bewundert hatte! Sie schlug die Augen nieder und schwieg. Ich fühlte allzuviel, um ihm Ausdruck verleihen zu können. Mein Gott! Wie vielsagend war unser Schweigen! Man führte uns zum Altar, wo wir leidenschaftlich jenes Ja aussprachen, das bei gewöhnlichen Liebenden so zweifelhaften Wert hat.

Ich erspare Ihnen die Beschreibung des ganzen, für die Jungvermählten doch recht langweiligen Tages. Tausend lästige Leute überhäuften Minette mit faden Komplimenten und ließen sie in ihrem Feingefühl erröten, ohne ihre Wollust zu reizen. Es schlug Mitternacht. Meine Mutter und Minettes Tante erfanden einen Vorwand, die junge Frau ins benachbarte Zimmer und zu einem Alkoven zu locken, wo die Liebe mich auf den Gipfel ihrer Gunst führen sollte. Ich schlüpfte in ein nebenan gelegenes Kabinett, wo ich mich rasch entkleide und mein Nachtgewand überwerfe. Dann komme ich zurück, und ein rascher Blick auf meine Umgebung gießt Verwirrung und Begierde in meine Adern.

Die ersten Gegenstände, auf die meine neugierigen Blicke fallen, sind Minettes Kleidungsstücke. Sie liegen wie trauernd und verwaist auf dem Sofa und scheinen mir zu verkünden, daß sie dem Sieger weichen und meinen Leidenschaften nicht den geringsten Widerstand mehr entgegensetzen wollen.

Eine der Kammerfrauen Minettes stellt lächelnd hinter einem grünen Schirm Nachtlichter auf. Ihr wollüstiges Dämmerlicht, das bis in mein Herz fließt, läßt es erbeben und verursacht mir die süßesten Schauer.

Im Hintergrund deckt eine andere Frau das Brautbett auf und schmückt es mit Blumen. Die sanfte Röte, die Minettes Wangen färbt, das Zittern ihrer Hände, die Seufzer, die sie der Gedanke an bevorstehende Wonnen ausstoßen läßt, das alles kündigt mir eine Bereitschaft an, die ich mit ihr teile und die zu beruhigen ich begierig bin.

Endlich entdecke ich Minette mitten zwischen ihren Frauen. Ihr Götter, in welchem Nachtkleid! In welcher Haltung! Ein Häubchen verbirgt einen Teil ihres Gesichts. Allerzärtlichste Blicke dringen, wie mir scheint, durch das Spitzengeflecht. Ein einfaches weißes Mieder, mit rosenfarbenen Bändern durchflochten, umschließt lieblich die aufblühende Brust und ihre Puppentaille, die sich beide daraus befreien zu wollen scheinen, die eine ihrer Erregung, die andere ihrer Zartheit wegen. Die übrigen Reize besitzen als einzige Hülle nur ein Tuch, aber ein so feines, leichtes, daß Amor, wiewohl ein Kind, es mit einem Lufthauch hätte aufheben können. Gehen wir nun zur Haltung der schönen Neuvermählten über. Ihr weißer Hals, den feine azurblaue Äderchen durchziehen, trägt keinerlei unnützen Schmuck und ist leicht auf die Schulter geneigt. Er lockt die Hand, den Kuß.

Ihre Hände, die sie aus Sittsamkeit über zwei sanft aufsteigenden Hügeln gekreuzt hielt, waren indessen viel zu zärtlich, diese Kostbarkeiten bedecken zu können, die sie verbergen wollten, und boten verliebten Blicken einige Reize dar.

Ihr kleiner, wohlgeformter und rundlicher Fuß, der des Beines, das er trug, würdig war, ruhte schon auf dem Bettrand. Der andere, der noch auf dem Fußboden stand und halb von einem Pantöffelchen bedeckt war, ließ zwischen sich und seinem Bruder einen Zwischenraum, den die Phantasie mit Wonneschauern durcheilte und mit Wohlgefallen ausfüllte und den ich bald in Besitz zu nehmen gedachte.

Aber die Scham zögerte mein Glück hinaus und ließ Minette einige Zeit zaudern, sich ganz auf jenen Thron zu schwingen, wo ungeahnte Wonnen unserer warteten, um unser Glück zu krönen.

Die Kammerfrauen scherzten über die schöne Verschämte. Meine Mutter sagte ihr sehr ernst, sie möge sich nicht wie ein Kind betragen. Die Tante erzählte endlose Geschichten, um zu beweisen, daß die jungen Frauen sich immer absichtlich und nur formell zu zieren pflegen.

Aber das alles war unnötig. Minette widerstand den Spöttereien, dem Vernunftgerede, dem Geschwätz, sogar dem Verlangen, obwohl ihr alle rieten, rasch den Platz einzunehmen, auf den alle heimlich blickten.

Ich warf mich ihr zu Füßen. Immer noch verharrte sie in der gleichen Haltung, und

François Boucher: Die Modehändlerin

zwar so, daß mein Mund sich dementsprechend auf ein elfenbeinernes Knie heftete, das daher alsbald eine andere Färbung annahm. Meine Hand beteiligte sich an der Schwärmerei meines Mundes, der, von der Schönheit und köstlichen Rundung des Terrains, das er durcheilte, hingerissen, so rasche Fortschritte machte, daß Minette einen ängstlichen Schrei ausstieß, sich aufs Bett schwang und die Decke über sich zog. Dank meiner Geschicklichkeit wickelte sie mich mit hinein.

Amor freute sich, uns im gleichen Netz gefangen zu haben. Die Vorhänge fielen. Alle gingen lachend hinaus, und wir waren allein auf der Welt.

O meine geliebten Freunde! Sie neiden mir vielleicht mein Glück? Beklagen Sie dennoch mein Schicksal. Es gibt Augenblicke, in denen sich alle Sinne gegen einen verschwören, dem sie doch dienen wollen. Ein willkommener Taumel scheint uns in nichts auflösen zu wollen. Die Glut, die uns erregt, die uns fast verschlingt, erlaubt uns nicht, die Schönheit in Besitz nehmen zu können, durch die und für die wir entbrannt sind. Ach, ich fühlte einige Augenblicke lang alle Schrecken der Qualen des Tantalus! Ich war drauf und dran, mich der entsetzlichsten Verzweiflung zu überantworten, als ich mich entsann, daß ich, freilich ohne die Verdienste dieses Halbgottes zu besitzen, den großen Herkules als Schutzpatron hatte. Ich beschwor ihn und wurde des göttlichen Helden selbst würdig.

Der Bogen des neuen Alkiden ist gespannt. Der Pfeil fliegt los und trifft den Kentauren, dessen Haut sich rötet. Die Flamme kreist in den Adern des Helden. Von heiligem Zorn gepackt, schwingt er wild seine Keule, schlägt die Bäume nieder, die ihm im Wege stehen, und stürzt sich auf den brennenden Holzstoß. Seine Kraft verläßt ihn, er erbleicht, er gibt den Geist auf. Seine Seele entschwebt, durcheilt alle Himmel und trifft im innersten Olymp ein . . .«

Wir beglückwünschten den neuen Alkiden zu den Wonnen, die er noch einmal zu genießen schien, indem er sie uns schilderte.

Wir fragten ihn nach Nachrichten von seiner Déjanira.

»Sie befindet sich in Paris«, sagte er. »Ich bin hierhergekommen, um einem alten reichen Onkel meine Aufwartung zu machen. Da er mich enterben könnte, wenn er von meiner Ehe erführe, die ich ohne seinen Rat eingegangen bin, wohnt meine tugendhafte Gattin unter dem Namen einer angeblichen Comtesse in einem Palais in der Nähe des meinen. Bis auf diese Schwierigkeit verdoppelt alles nur unsere Liebe.«

Die Boudoirs

Wir plauderten noch einige Zeit über unsere verschiedenen Abenteuer, doch ohne rechte Anteilnahme. Die Unterhaltung wurde schleppend, die Bonmots folgten einander nicht mehr mit Lebhaftigkeit. Der Champagner kam uns fade vor. Sogar die Reize, die wir so sehr bewundert hatten, wollten uns alltäglich scheinen. Wir waren wie Unberufene: Wir rührten an das Heiligtum aller Wonnen, ohne die geringste Erregung zu spüren.

»Was ist nur?« fragte der Präsident. »Was ist nur, meine Freunde? Der Gott, dem wir dienen, verabscheut ebenso wie Mars den schwachen Mut. Wissen Sie das nicht? Kommen Sie mit mir an einen Ort, wo Sie Ihr Selbstgefühl wiederfinden werden.«

Wir folgten ihm. Er öffnete eine verborgene Pforte, und ein entzückendes Kabinett bot sich unseren Blicken. Es war quadratisch, die Decke war blau wie der Himmel, mit silbernen Sternen übersät. An der einen Seite blitzte eine nur halberleuchtete Spiegellampe, deren Reflexe derart auf ein gegenüberstehendes rotes Glas fielen, daß man die Geliebte Endymions sich niederlegen und die Gattin des alten Titon sich erheben zu sehen vermeinte.

In jedem der Sterne waren kleine unsichtbare Röhrchen angebracht, aus denen ein duftendes Wasser tröpfelte, und diese köstlich riechenden Perlen, die auf einen mit Blumen überstreuten Teppich fielen, ahmten täuschend ähnlich die Tränen Auroras nach oder die Edelsteine, die diese Göttin alle Morgen spendet, um unsere Blumenbeete zu verschönen.

Der Präsident, stolz auf seinen Besitz, genoß die Freude, die uns der Anblick seines Kabinetts verursachte, und überbot noch unsere ihm gespendeten Lobsprüche wie »Göttlich!«, »Köstlich!« indem er sagte:

»Aber, beim Himmel, es hat mich auch eine Menge gekostet. Denn da ich etwas Ungewöhnliches haben wollte, bin ich durch alle Boudoirs von Paris gelaufen. Ich weiß es ihnen zu danken, denn ich habe aus ihnen eine tiefe Kenntnis des menschlichen Herzens geschöpft. Ja, Sie haben gut lachen. Ich bin als Philosoph durch die Boudoirs gereist. Sie sind jung«, fügte der Präsident nach einigem Nachdenken hinzu. »Der Weise macht Entdeckungen nur, um sie zu veröffentlichen. Ich hätte Lust, Ihnen zu Ihrer Belehrung einige dieser Boudoirs, die ich sah, auszumalen. Ich werde dabei beachten, jedes nach seiner Art einzustufen. Ich werde Ihnen Boudoirs beschreiben, die der Wollust geweiht waren, andere, die der Macht dienten, und wieder andere, in denen nur der Nutzen regiert ... Jugend, ich spreche. Höre zu und lerne.

Denken Sie daran, meine lieben Freunde, wirklich erlesene Frauen stets nur unter denjenigen Schönen zu suchen, die noch in den ersten Tagen ihres Frühlings oder in der Mitte ihres Sommers stehen. Eine junge Person, deren Phantasie von Romanen beflügelt ist, die sie im Kloster gelesen, oder von Wonnen, die man ihrem Herzen ausgemalt hat, bewahrt die Erinnerung daran einige Zeit. Ist sie erst einmal in den Strudel der großen Welt geworfen, ist sie hineingerissen in deren Wirbel, in einen liederlichen oder albernen Kreis, so werden Leichtsinn und Torheit des Tages ihre Führer. Sie verliert den Sinn für das echte Vergnügen und wird nur durch Übersättigung mit Unechtem zurückgeführt. Sie würden niemals glauben, daß die kleine Baronin von ... mit ihrem frostigen Äußeren ein heimliches Liebesnest besitzt, aus dem sie allen nur möglichen Vorteil gezogen hat. Ich wurde dort eingeführt nach sechs Monaten voller Aufmerksamkeiten, Seufzern und Tränen. Es ist mit künstlichen Myrten tapeziert, unter denen eine Unzahl von Vögeln nisten, und da man ihnen nur zärtliche Weisen vorgepfiffen hat, wiederholen sie auch nichts anderes.

Als diese Tierchen ihre Herrin erscheinen sahen, schien es, als mache die Liebe und die Dankbarkeit ihr Konzert noch melodiöser. Einige unterbrachen sogar ihren Gesang und vereinigten sich paarweise miteinander, um durch ihr Beispiel zur Zärtlichkeit einzuladen.

Dieser ebenso einfache wie natürliche Anblick amüsierte mich eine Weile ebenso wie eine Art von Schäfergedicht, das die Baronin an ihre Vögelchen richtete: ›Kommt, meine Freunde‹, sagte sie zu ihnen. ›Ja, ich liebe euch. Ach wer verdiente es auch mehr als ihr? Ihr seid zärtlich, treu, fleißig. An Indiskretionen habt ihr keine Freude.‹

Dann öffnete sie ihnen einen der unter den Myrten versteckten Käfige. Man sah die Vögel fliegen und sich um das Glück streiten, sanft die Lippen der Baronin umschnäbeln zu dürfen. Die glücklichsten blieben Besitzer dieses angenehmen Postens. Die übrigen suchten sich andere Plätze und umfächelten mit ihren Flügeln verliebt den Busen ihrer Herrin.

›Nun hört aber auf, meine Kinderchen‹, raunte sie ihnen mit halb brechender Stimme und mit schmachtenden Augen zu. ›Ihr werdet euch noch umbringen.‹

Aber man hatte nicht die Kraft, sie auseinanderzuscheuchen. Ich wurde eifersüchtig auf ihr Glück. Ich gab ihnen einen Rivalen: Ich bat, bevorzugt zu werden. Man einigte sich über mich, indem man mich abschätzend betrachtete, ob ich ihrer würdig wäre, und die geflügelten Liebhaber, die man ihm opferte, waren so großmütig, der Herrin ein Hochzeitslied zu singen.

Die Marquise von ... versteht ebenfalls mit ihren Vergnügungen die liebenswürdigste Einfachheit zu verbinden. Sie hat eine Leidenschaft für Blumen wie die Baronin für Vögel. Der verführerischste Verehrer wäre für sie gefahrlos, wenn er sich nicht mit einem Blumenstrauß schmücken würde. Als ich eines Tages Kopf an Kopf mit der Marquise dinierte, nahm sie eine Rose, mit der ihr Mieder geschmückt war, und stellte sie in den Sektkühler neben sich. So, wie die Blume sich im Wasser entfaltete, so blühte auch das Herz der Dame auf. Sie seufzte, steckte sich die Rose errötend wieder an, küßte sie und sagte mit erstickter, wie um Atem ringender Stimme:

›Oh, so stelle ich mir eine Dame in dem Augenblick vor, da sie in den Armen eines geliebten Mannes aufblüht!‹ Von dieser Minute an wurde ich verliebt in sie, und die

François Boucher: Liegende Venus

Liebe malte sie mir jede Stunde des Tages und der Nacht, wie sie mit der Rose wetteiferte, aufzublühen und immer wollüstiger zu werden.

Alle Tage bewaffnete ich mich mit einem riesigen Strauß. Die Marquise wußte mir's wohl zu danken. Nach und nach geruhte sie, mir immer geneigter zuzuhören. Sie gestand, sie habe ein empfängliches und sehr zartfühlendes Herz, und es sei ihr ganz unmöglich, sich mit der schroffen Art ihres Gatten abzufinden.

›Stellen Sie sich einen Panduren vor‹, sagte sie zu mir, ›der plötzlich einen Korb voll Blumen ergreift, ihm eine Handvoll entnimmt, sie an die Nase preßt und dann fortwirft.‹

›Mein Gott!‹ rief ich leidenschaftlich, aber zugleich im Tonfall eines Schäferliedes, ›wenn Flora, die ich vergöttere, mir jemals die kleinste Blüte anzuvertrauen sich herabließe, ich wollte in tiefen Zügen die Wollust, sie zu bewundern, genießen, sie berühren, sie mit meinen Küssen bedecken und sanft alle ihre Blütenblättchen eins nach dem anderen um mich streuen, ehe ich die Beseligung ihres Kelches suchen würde, und die Zartheit selbst würde meine Wonne ausspinnen.‹

Die Marquise wollte mir soeben antworten, als ihr Mann eintrat. Er verspottete mich wegen meines Straußes und fragte seine Frau plump, ob es zu seinen Ehren geschähe, daß sie eine gelbe Blume daraus trüge.

Sie zuckte die Achseln und verließ das Zimmer. Dabei zischte sie zwischen den Zähnen hervor:

›Wahrhaftig, er verdient es reichlich!‹

Er nahm es leicht.

Am anderen Morgen eilte ich zur Marquise. Man sagte mir, sie befände sich in ihrem Kabinett. Ich trat ein und wurde geblendet und entzückt von der Fülle verschiedenster Blumen, mit denen es geschmückt war. Sie überraschten zu gleicher Zeit Nase und Auge. Die Göttin saß auf ihrem Kanapee. Zwei große Vasen, mit Weißdornzweigen gefüllt, formten um sie eine entzückende Laube, die im Zephir den Wunsch erweckte, mit Flora im gleichen Nest spielen zu dürfen.

Ich wollte eine der Vasen beiseite rücken, da sie störte. Ich war gezwungen, zwischen den Blütenzweigen hindurchzuschlüpfen. Das gelang mir jedoch nur, indem ich einige Dornenstiche in Kauf nahm. Aber man hätte es mir schwerlich verziehen, wenn ich mich darüber beklagt hätte, denn auch die Marquise traf ein Dorn, der Schaden aber ihren Mann.

Die erfolgreichen Liebhaberinnen haben ihre Anhänger. Ich hüte mich wohl, jene Betschwestern zu ihnen zu rechnen, die stolz darauf sind, zahlreiche Pedanten an ihrem Tisch zu haben, und die nur die Fahne ihrer Philosophie aufpflanzen, um trotz ihrer Häßlichkeit eine Rolle in der Gesellschaft zu spielen.

Die wahren erfolgreichen Liebhaberinnen sind meiner Meinung nach diejenigen, die, von der Natur begünstigt, aus deren wohltätigen Händen eine glühende Seele und ein heißes Herz empfangen haben. Es gibt viele davon, sagt man. Ich glaube es, aber im Grunde kenne ich nur eine sehr kleine Zahl von ihnen.

›Wieso?‹ werden Sie mich fragen. Ja, warum? Weil ein alltägliches Glück bald erschöpft ist, wenn man nicht die Kunst versteht, sparsam damit umzugehen. Ich mache es wie die klugen Spieler, die, durch einige hohe Vingt-et-un-Partien verwirrt, nur noch *die* Häuser aufsuchen, wo man sich bei einem bescheidenen Spielchen amüsiert.

Madame de..., eine erfolgreiche Liebhaberin, wenn es je welche gab, hat kein Winterboudoir, oder, richtiger gesagt, es ist überall: ob in der Fensternische, in einem Ankleideraum, auf einer Treppe – ihr ist alles gleich. Das für den Sommer kenne ich, und man kann zum Lobe der Dame sagen, daß es keineswegs prunkvoll ist. Es liegt ganz einfach am Ende ihres Gartens, in einem Heckenlabyrinth, wo sie auf einem Sockel einen bronzenen Priap errichtet hat. Lange Zeit eiferte sie Julia nach, der Tochter des Augustus. Wenn der Gott der Gärten Zeuge einer ihrer glücklichen Stunden war, setzte sie ihm einen Kranz auf das Haupt. Aber der bekränzten Tage waren bald so viele, daß man sich als Huldigung für den Gott nur noch mit einem Blatt begnügte.

Ich kenne auch das Kabinett der Herzogin von... Sie ist darin als Dejaneira in den Armen des Herkules gemalt. Mit der einen Hand spielt sie mit der riesigen Keule des Helden, mit der anderen gibt sie den fünfzig Danaiden Zeichen, sich zurückzuziehen. Ihre stolze Haltung scheint ihnen sagen zu wollen, daß sie allein alle ersetzen wird.

Wenn ich Ihnen alle interessanten, versteckten Winkel ausmalen wollte«, sagte der Präsident, »oh, ich glaube, ich fände kein Ende. Ich kenne noch eine ganze Menge. Meine Gläubiger wissen darüber so manches. Sophies Boudoir ist nicht freundlich. Da ihre gewöhnlichen Ausgaben sie gezwungen haben, sich an einen bestimmten Platz zurückzuziehen, den sie nicht zu verlassen wagt aus Furcht, verhaftet zu werden, ist ihr Kabinett mit gegen sie gerichteten Urteilssprüchen tapeziert. Keiner ihrer Anbeter kann hoffen, sie sich gefügig zu machen, wenn er nicht vorher eines dieser abgestempelten Papiere abgelöst und gleichzeitig diejenige Summe beglichen hat, zu deren Zahlung ›besagte Demoiselle‹ verurteilt worden ist durch ›besagtes, aus den und den Gründen ergangenes Gerichtsurteil, unbeschadet der Prozente, Spesen und Unkosten usw.‹. Ich wurde körperlich gezwungen, die Mahnung eines Kräuterhändlers zu bezahlen. Das war die niedrigste und war auf hundert Louisdor festgesetzt. Allein an Kerbelkraut waren achthundert Livres aufgelaufen.

Das Versteck der Präsidentin von... schien zunächst die Wollust selbst anzukündigen. Aber lassen Sie sich dadurch nicht täuschen; denn es trog. Es ist von Spiegeln eingerahmt, und zwar so, daß die Präsidentin keine Bewegung machen kann, ohne daß ihre Anmut unendlich vervielfacht den größten Eindruck hervorruft. Zwei kleine Amorfiguren tragen die Vorhänge, die die Ecke mit dem Sofa krönen; aber der kleine

Finger, also sozusagen ein Nichts, genügt, sie fallenzulassen. Ein dritter Amor, einen Myrtenkranz in der Hand, scheint Sie ärgern zu wollen, indem er ihn Ihnen entgegenhält. Nichts kann uncharmanter sein als ein verdammter Spieltisch, der immer in diesem köstlichen Kabinett bereitgestellt ist und meiner Meinung nach alle Schönheiten zerstört. Man muß absolut mit Madame eine Partie spielen, und Madame hat die glückliche Angewohnheit, fast immer zu gewinnen. Wenn mitunter das Schicksal über ihre Geschicklichkeit triumphiert, nützen ihre Finger die Ablenkung aus, die ihre schönen Augen verursachen. Ich überraschte sie eines Tages dabei, daß sie ganz sacht meine Spielmarken auf ihren Platz schob. Ich machte sie darauf aufmerksam und rief zärtlich:

›Schöne Hand, lassen Sie mein Geldkästchen stehen und nehmen Sie mein Herz!‹

Von diesem Augenblick an fiel ich in Ungnade und galt als ein unhöflicher Mensch, der die Rechte des schönen Geschlechts nicht anerkennt.

Sprechen wir von der schönen Colone. Manche Leute stufen sie unter die erfolgreichen Liebhaberinnen ein, andere in die Klasse der wollüstigen Schönheiten. Ich meinerseits weiß, daß sie als verständige Frau ihre Neigungen und Launen nur befriedigt, wenn ihre Interessen befriedigt werden. Der Gott des Vorteils nämlich regiert vorzüglich in ihrem Herzen, und ihm gebührt daher ein Platz in diesem Kapitel. Ein Tisch, der in ihrem Boudoir steht und in boshafter Weise als Abbild ihrer Abenteuer und dem Charakter der Dame entsprechend erdacht und gearbeitet ist, wird sie Ihnen vollständig darstellen. Colone ist wiedergegeben vor ihrem Schreibpult, ihre Gitarre zupfend. Rechts von ihr steht ein Soldat, der ein Horn bläst. Ein kleiner Abbé steht mit seiner Flöte zu ihrer Linken. Ihr gegenüber sitzt ein Geldmann und spielt Geige. Auf dem aufgeschlagenen Notenblatt liest man die Überschrift: *Konzert zu dritt.*

Der dumme Midas, der von dem modernen Apelles eine Phantasiegemälde verlangt hatte, hat es teuer bezahlt, ohne je den Sinn der Allegorie erraten zu haben. Der Soldat, der Abbé und die Schöne haben sich gehütet, ihn zu belehren . . .«

ROBERT ANDRÉA DE NERCIAT 1739–1800

ROBERT ANDRÉA DE NERCIAT

R obert Andréa de Nerciat, von neapolitanischer Abstammung, ist 1739 in Dijon geboren als Sohn eines Schatzmeisters am Parlament der Bourgogne. Er wurde Soldat bei den Gardegendarmen, bis der damalige Kriegsminister, der Graf von Saint-Germain, dieses Korps teilweise auflöste. Nerciat nahm als Oberstleutnant seinen Abschied und begab sich auf Reisen. In den Jahren 1779–1783 lebte er an deutschen Höfen in verschiedenen Funktionen. Er wurde Rat und Bibliothekar in Kassel, das ihm seine famose Bibliothek aus der Zeit dankt. Danach war er Bautendirektor beim Fürsten von Hessen-Rotenburg. Wieder in Frankreich, schickte ihn die Regierung mit einigen anderen Offizieren nach Holland zur Unterstützung der Insurgenten gegen den Stathouder. Dafür bekam er 1788 das Ludwigskreuz. Bei Ausbruch der Revolution emigrierte er nach Neapel, kam an die Königin Karoline, die dem hübschen Mann mehr als ihr Vertrauen schenkte. In geheimer Mission nach Rom geschickt, das die Armeen der Republik besetzt hatten, machte er sich verdächtig und wurde in San Angelo festgesetzt. Erst 1800 erhielt er seine Freiheit wieder und starb als gebrochener Mann einige Zeit darauf in Neapel.

AUS: FELICIA ODER MEINE JUGENDTORHEITEN

I. In Sir Sydneys Landhaus

Sir Sydney hatte uns das Versprechen abgenommen, ihn bald in einem prächtigen Landhaus zu besuchen, das er sich gerade verschafft hatte. Die dort versammelte Gesellschaft war zusammengesetzt aus Hochwürden und d'Aiglemont (wir hatten unseren Engländer freundschaftlich mit ihnen verbunden), einem anderen Engländer, der sich Mylord Kingston nannte, einer sehr schönen Frau, um die jener sich bemühte und die Soligny hieß, aus Monrose, Madame d'Orville, die wir oft sahen und auf die Sir Sydney große Stücke hielt, und schließlich aus Sylvina und mir. Es ging darum, die Neuerwerbung fröhlich einzuweihen und so lange oder so kurz dort zu bleiben, wie wir wollten.

Sydney war uns in der Begleitung von Köchen, Angestellten und Musikern, kurz, von allem, was dazu beitragen konnte, uns angenehme Tage verbringen zu lassen, vorausgeeilt. Therese, die seit unserer Rückkehr nach Paris eine Kur begonnen hatte, fühlte sich imstande, uns zu folgen; wir nahmen sie mit, weil die Landschaft heilsam

Bibliothek im Schloß Sanssouci, Potsdam

für sie sein sollte. Sie war frischer und hübscher geworden denn je. Unsere Reisegenossinnen hatten jede einen Lakaien. Die Männer brachten ebenfalls nur sehr wenig Leute mit. Wenn man sich vergnügen will, ist es besser, ein wenig schlechter bedient zu werden und dafür freier zu sein. Die Gesellschaft brach am verabredeten Tage auf. Ein Führer·erwartete uns an einem bemerkenswerten Denkmal, das an der Landstraße stand und Sir Sydneys Besitzungen als Begrenzung diente. Dieses Denkmal war eine von Meisterhand geschaffene, aus zwei Statuen, die auf einem Sockel einander den Rücken wandten, bestehende Gruppe: Die eine Figur, die in die Richtung blickte, aus der wir kamen, hielt man zuerst für eine Diana; sie verkörperte das Mißtrauen. Sie stand sprungbereit, mit wildem, drohendem Blick, bereit, einen auf einen Bogen gelegten Pfeil abzuschießen; ihr zur Seite schien eine wütende Dogge sich auf die Vorübergehenden zu stürzen. Auf der Tafel am Sockel war eingraviert: Odi profanum vulgus. Die andere Figur, die man von vorn sah, wenn man von Sir Sydney kam, saß und stellte die Freundschaft dar; sie bezeugte in Blick und Haltung ihr Mißvergnügen, die Freunde von Sir Sydney seinen Landsitz verlassen zu sehen. Ein Spaniel, der auf den Knien der Freundschaft lag, verriet durch ausdrucksvolle Bewegungen, daß er die Leute kannte und herabsteigen wollte, um sich streicheln zu lassen. Darunter las man: Redite cari.

Auf einem Weg, der so sorgfältig gepflegt war wie eine Parkallee, eng, sich schlängelnd, oft in mehrere Verzweigungen geteilt, die sich seitwärts wandten und sich kreuzten, trat man in einen buschigen Wald ein und befand sich wenige Schritte vor dem Wohnhaus von Sir Sydney, das zunächst nur wie ein altes Kastell erschien. Doch kaum war man innerhalb seiner Mauern, als für die Augen der Ankömmlinge alles völlig seinen Charakter veränderte.

Im Hintergrund eines weiträumigen Hofes entdeckte man einen zweiten, viel kleineren, zwischen drei Pavillons von modernster Eleganz. Der gegenüberliegende mittlere hatte eine Säulenhalle von einfacher und edler Bauweise, während die beiden anderen eine Art untergeordneter und zum Reichtum des Mittelteils im Verhältnis stehender Flügel bildeten.

Man fand darüber hinaus neue Schönheiten, die nicht weniger angenehm überraschten. Eines Feenreiches würdige Gärten führten an einen sanften Hang bis zur Seine. Dort verlor sich der Blick von einer langen Terrasse, deren Mauern vom Wasser bespült wurden, nach rechts und links in die unendliche Weite des Flußlaufes. Jenseits seines Bettes genoß man eine strahlende, mit allem, was das Land Interessantes bieten kann, geschmückte Landschaft.

So sah der Ort aus, den wir bewohnen sollten. Ein sehr reicher, genialer Mann hatte einst große Summen ausgegeben, um aus einem von der Natur so begünstigten Platz seinen Vorteil zu ziehen; Sohn und Enkel hatten letzte Hand an die Ausführung der Pläne gelegt; der Enkel genoß kaum die Früchte seiner Arbeit, als ein vorzeitiger Tod ihn hinweggerafft hatte. Die Erben überließen Sir Sydney die begrenzte Nutznießung vermittels einer Summe, die dem Ruf der Herren Engländer, unerschöpflich zu sein, angemessen war.

Der Hauptpavillon hatte jenseits eines prachtvollen Vorhofs einen bezaubernden ovalen Empfangsraum mit einer Kuppel darüber, dessen einer Teil in den Garten überging. An jeder Seite befanden sich zwei elegant ausgestattete Appartements für Damen und weiter oben vier Räumlichkeiten für Herren, in ein kleines Zwischenstockwerk eingebaut. Die Aufteilung war so, daß jeder, der oben für sich wohnte, sich gleichwohl nach unten zu allen anderen begeben oder diese bei sich empfangen konnte; ich werde bald erzählen, wie das vor sich ging. Man hatte sich an diesem Ort bemüht, die Freiheit und das Vergnügen zu Ehren der wohlwollenden Gottheiten zu begünstigen, denen er geweiht war.

Wir waren gerade so viele Personen, wie nötig waren, um das Haus zu füllen. Madame d'Orville wohnte mit Therese zusammen, die sie auch bedienen sollte. Sylvina wollte wegen Hochwürden ganz und gar unabhängig sein. Sydney, der ebenfalls seine Absichten hatte, war sehr zufrieden, daß niemand bei mir wohnte. Monrose, dem man noch keine Bedeutung beimaß, wurde nahe der Dame des englischen Herrn einlogiert, dort, wo die fehlende Kammerfrau hingehörte; Hochwürden, sein Neffe, Kingston und Sydney gingen nach oben. Unser Gastgeber hatte außerdem noch irgendwo ein Appartement, von dem ich später sprechen werde. Ich muß auf diese genauen Einzelheiten eingehen, weil sie zum Verständnis dessen, was ich berichten will, nötig sind. Im übrigen kann ja der Leser, der nun vor meiner Kleinmalerei gewarnt ist, eine Stelle überschlagen, wenn er sich von der Langeweile bedroht sieht, die ihm meine gewissenhafte Genauigkeit verschaffen kann.

Ich vergaß noch zu sagen, daß die Seitenpavillons alle dienstbaren Geister beherbergten, die man nicht unbedingt nahe bei sich zu haben brauchte.

Am ersten Abend lag ich schlaflos im Bett, und da ich Therese, deren Pflichten sich auf mehrere Frauen verteilen mußten, nicht bei mir behalten konnte, um mit ihr zu plaudern, bat ich sie, mir das erste Buch aus einer kleinen Bibliothek, mit der jeder Raum versehen war, das ihr in die Hände fiele, zu bringen. Es war ›Thérèse philosophe‹. Bald hatte mich die Lektüre entflammt. Ich grämte mich über meine Einsamkeit und das Unglück, eine Beute meiner Begierden zu bleiben, während unter dem gleichen Dach mein Monrose, mein Prälat, mein Chevalier und Sydney wohnten. Ich setzte mich im Bett auf; ich legte mich wieder hin, ich seufzte . . . ich horchte angestrengt, aber die tiefe Stille brachte mich fast zur Verzweiflung; in der unerträglichen Ruhe, die mich umgab, hätte man eine Mücke fliegen hören. Ein schwaches Hilfsmittel, das ich anwandte, täuschte nur für wenige Augenblicke über meinen Kummer hinweg.

Ich war wirklich in beklagenswertem Zustand, als die sanften Klänge einer Harfe so nahe bei mir ertönten, daß ich sie zuerst in meinem Zimmer und neben meinem Bett glaubte. Es war indessen niemand da. Nach einem hübschen Präludium vereinte eine leise, doch rührende Stimme ihren Gesang mit der Melodie der Harfe und brachte in sicheren Versen, die eines Anakreon würdig waren, die lebhafte Unruhe einer Leidenschaft, von der ihr Gegenstand noch nichts weiß, und die Betrübnis eines Liebenden, den seine Glut um den Schlaf bringt, zum Ausdruck. Diese Musik erschien mir bezaubernd, und da ich nicht zweifelte, daß sie aus dem Nachbarzimmer kam, ging ich mit einem Leuchter hinüber; doch ich hatte mich getäuscht. Mit ebensowenig Erfolg ging ich nacheinander durch alle Zimmer meiner Wohnung. Nie war ich den Klängen näher, als wenn ich mich meinem Bett wieder näherte. Nachdem ich mich mehrfach von der Vergeblichkeit meiner Suche überzeugt hatte, begab ich mich wieder dorthin . . . Wie groß war mein Erstaunen, als ich Sir Sydney erblickte! Wie war es möglich, daß er sich plötzlich bei mir befand! Wie konnte er eingedrungen sein? Ich schalt ihn aus und legte mich nieder.

»Schöne Felicia«, sagte er schüchtern und respektvoll, »trotz des Zornes, den Sie auf mich zu haben scheinen, glaube ich, daß ich ganz unschuldig bin. Seien Sie versichert, daß ich niemals die Kühnheit besessen hätte, mich zu Ihnen zu begeben, wenn ich nicht sicher gewesen wäre, daß Sie nicht schlafen.«

»Wie?!« antwortete ich etwas ärgerlich. »Sie waren versteckt? Man kann sich bei Ihnen also nicht sicher fühlen, Sir Sydney? Ich glaubte mich allein; und da . . .«

»Verzeihen Sie mir, liebenswerte Felicia, verzeihen Sie einem Mann, der Sie anbetet, eine Neugierde, die für Sie nichts Beleidigendes hat. Der Besitzer dieses Hauses kann heimlich in alle Wohnungen seiner Gäste eindringen; ich will diesen Vorteil bei Ihnen jedoch keineswegs mißbrauchen und habe mir das Vergnügen, Ihre Toilette vor dem Schlafengehen zu sehen, ein einziges Mal gestattet, um es, wenn Sie es mir verbieten, nie wieder zu tun. Ich wartete darauf, daß Sie einschlafen würden, aber Sie blieben wach, und ich glaubte, zu bemerken . . .«

»Oh, Sir Sydney«, sagte ich und vergrub mich unter meiner Bettdecke, »Sie sind ein gräßlicher Mensch, Sie haben mir einen Streich gespielt . . . den ich Ihnen mein Leben lang nicht vergeben werde.«

»Ich werde mir meine Vergebung verdienen, schöne Felicia«, sagte er, ließ sich neben dem Bett auf die Knie nieder, ergriff meine Hand und küßte sie hingebungsvoll. Indessen fühlte ich mich kaum dazu aufgelegt, ihm das Zusehen bei meinen Tollheiten zu verzeihen; dieser Gedanke machte mich ebenso zornig wie verwirrt.

»Ich wäre gar zu streng bestraft«, fügte er gequält hinzu, »wenn ich mir Ihren Groll zugezogen hätte, während doch all mein Bemühen nur zum Ziel hat, Ihre Zuneigung und Ihre Achtung zu erringen, seit ich das Glück hatte, Sie kennenzulernen.«

Ich ließ mich schließlich rühren. »Aber«, sagte ich, »diese Musik, die ich eben gehört habe...!«

»Ich bin es«, antwortete er, »der Ihnen diesen Augenblick des Entzückens verschafft hat. Es gibt unter allen Appartements eine Art geheimen Zwischenstocks, von dem meine wirkliche Wohnung ein Teil ist; der Rest ist in mehrere kleine Verstecke aufgeteilt, die zu Hohlräumen in den Mauern führen, von dort kann man vermittels gewisser Weißblechröhren – eine davon befindet sich bei Ihrem Kopfkissen – zuhören. Diese Röhre, die von einem Pavillon ausgeht, unter den ich den Musiker gesetzt hatte, geht in meinen Zwischenstock und endet an Ihrem Ohr, an der Klappe, die Sie sehen. Daher kommt es, daß Sie sich dem Instrument und der Stimme so nahe glaubten.«

Ich sah in der Tat die Klappe, die man nach Belieben öffnen und schließen konnte. Sir Sydney setzte mich auch über die Gefährlichkeit eines Wandspiegels ins Bild, der seinen Platz dem Bett gegenüber zwischen zwei Fenstern hatte. Hinter dem Spiegel war eine geräumige Nische in die Dicke der Mauer eingehauen, in die man von unten gelangen konnte. Von dieser Stelle aus konnte man durch kleine, kaum bemerkbare Löcher, die einen Teil der Ornamente des Rahmens darstellten, das ganze Zimmer übersehen. Im Innern des Raumes gab es für die Person, die dort wohnte, etwas, womit man die Löcher verschließen und die Nische unzugänglich machen konnte; auf der anderen Seite öffnete und schloß ein ungefähr ähnliches Mittel je nach Wunsch eine Schiebewand, die man nicht vermutete und durch die Sir Sydney hereingekommen war. Ich war entzückt, daß er mir das Geheimnis dieser Schlupfwinkel zum Opfer brachte, und gewährte ihm wegen seiner Aufrichtigkeit Verzeihung.

Man weiß wohl, daß es unser Verhängnis ist, nicht früher verziehen zu haben, wenn man uns noch schwerer zu beleidigen beliebt. So gehen zu unserem Vorteil die Männer mit uns um, die sich am meisten auf ihre Anständigkeit zugute tun. Als sehr verliebter Mann von Welt hütete Sydney sich wohl, gegen die Sitte zu verstoßen; hätte er es getan, würde ich es ihm zweifellos sehr übelgenommen haben. Es folgt indessen, wie wir uns, ehe wir soweit waren, gegenseitig ausforschten, ähnlich zwei Fechtern, die sich herausfordern, bevor sie sich Hiebe versetzen.

»Ich habe eine zu gute Meinung von Ihnen, schöne Felicia«, sagte Sydney und küßte mich verstohlen, »um zu fürchten, Sie wollten mich dafür strafen, daß ich so lange gezögert habe, Ihnen meine zärtlichsten Gefühle zu erklären. Eine Frau ist gern gekränkt, wenn sie sieht, daß man ihr die Huldigung verweigert, zu der ihre Reize inspiriert haben. Alles hat Ihnen verraten müssen, daß ich in Liebe zu Ihnen entbrannt war. Doch haben Sie geahnt, was mir zu schweigen gebot?«

»Sir Sydney«, erwiderte ich, »eine Frau kann nur geschmeichelt sein, wenn sie sich von einem Mann wie Sie geliebt sieht; doch wenn es wahr ist, daß Sie meinen geringen Reizen Ihre Aufmerksamkeit schenken, glaube ich Ihr Zartgefühl genug zu kennen, um mir vorzustellen, daß nur unsere endlosen Verpflichtungen Sie daran gehindert haben, sich zu erklären. Dazu geschaffen, um Ihrer selbst willen geliebt zu werden, haben Sie zweifellos gefürchtet, nie sicher sein zu können, ob die Gegenliebe, die ich für Sie empfinden konnte, nicht ebenso die Wirkung der Dankbarkeit wie gegenseitiger Neigung sein würde?«

»Wollt's Gott, Felicia, daß ich nur diesen Skrupel gehabt hätte: Er hat nur geringe

F. Hayman: Szene aus »Wie es euch gefällt«

Bedeutung. Nein, ich habe niemals gedacht, daß meine schwachen Dienste verdienen konnten, daß Sie sich zum Ausgleich Gewalt antäten. Es waren andere Gründe, die mich zum Schweigen zwangen... Denken Sie daran, junge und schöne Felicia, daß ich fast vierzig bin und daß Sie kaum Ihr drittes Jahrfünft hinter sich haben. Vielleicht imstande, bei gewissen Frauen noch Erfolg zu haben, würde ich mich lächerlich machen, wenn ich mich jemandem Ihres Alters anschließen wolle. Lange Reisen und merkwürdige Unglücksfälle haben mich um diese Heiterkeit gebracht, die alle Alter verbindet. Ich bin Engländer, ein Philosoph und unglücklich dazu; alles das ist der Hoffnung abträglich, eine junge Französin zu gewinnen, die lebhaft und für besser zu ihr passende Leidenschaften geboren ist. Ich kann nicht daran zweifeln, daß Ihr schöner Chevalier Sie liebt... Er ist es zweifellos, dem dieses Herz gehört...«

»Verstehen wir uns recht, Sir Sydney; ich fürchte, daß ›Lieben‹ für Sie und für mich ganz verschiedene Bedeutung hat. Ich werde in zwei Worten allen falschen Überlegungen vorbeugen, die uns von unserem Ziel entfernen würden.«

»Ich habe kein anderes, liebe Felicia, als zu versuchen, Ihnen zu gefallen und mich nach allem zu richten, was Sie von mir fordern könnten.«

»Nun, Sir, seid so gut und hört mich an. Sie lieben mich, sagen Sie; ich bin darüber entzückt. Fragen Sie mich, ob ich für Ihre Gefühle empfänglich bin? Ich sage aus ganzem Herzen: ja. Ob ich das Mißverhältnis unseres Alters als ein Hindernis für Gegenliebe betrachte, die Sie sich erhoffen? Nein. Es gibt kein Altersproblem, wenn man ist wie Sie und wenn man denkt wie ich. Ob ich d'Aiglemont liebe? Ob ich wiedergeliebt werde? Ja, Sir, wir lieben uns auf unsere Weise, wie Sie und ich uns bald ebenso lieben könnten; da ich es in gewisser Hinsicht nicht schlecht finde, daß d'Aiglemont andere Frauen liebt, wie es Ihnen auch erlaubt sein wird... mit einem Wort, Sir Sydney, verlangen Sie keine ausschließliche Neigung und bieten Sie mir auch keine an; dann sind wir uns einig. Ich verhehle Ihnen nicht, daß ich, wenn Ihre Art zu denken und zu lieben, sich mit meinem zugegebenermaßen seltsamen System verträgt, bereit bin, Ihnen zu beweisen, wie Ihre Eroberung mir schmeichelt, wie weit entfernt Sie davon sind, mir unpassend und ungeeignet zu erscheinen, um nach dem bescheidenen Glück zu streben, mich zu interessieren... Sie lächeln, Sir Sydney?«

»Verzeihen Sie mir, reizende Philosophin, Sie setzen mich in Erstaunen und bezaubern mich zugleich. Durch diese Überlegungen, von denen man kaum vermuten würde, daß sie von einer sechzehnjährigen Französin stammen ...«

»Aha, Sir, eine englische Bosheit. Glauben Sie denn, daß ›Französin‹ und ›jung‹ Bezeichnungen sind, welche die Fähigkeit zu denken und Schlußfolgerungen zu ziehen, ausschließen? Nehmen Sie zur Kenntnis, daß unser Geschlecht stets denken würde, und das sogar sehr richtig, wenn man es nicht durch schlechte Erziehung, der zu entgehen ich das Glück hatte, verhindern würde. Aber genug des Geredes, mein lieber Sydney, kommen Sie wieder zu sich und sehen Sie, wenn es möglich ist, ein, daß Sie keineswegs von einer zärtlichen Frau geliebt werden, die Ihnen das Leben verdankt und die Ihnen alle Achtung erweist, die sie für Sie empfindet, indem sie Ihnen eine Ihrer Meinung nach sehr seltsame Denkungsart offenbart, sondern die Sie allein den Herrn über den Erfolg Ihrer Liebe sein läßt.«

Während ich sprach, las ich in Sydneys Augen, wie ich ihn interessierte und wie glücklich er war, sich einem Ziel, das er in seiner Bescheidenheit für noch weit entfernt hielt, so nahe zu sehen.

»Sie sind klüger als ich«, erwiderte er nach einem Augenblick des Nachdenkens, »Sie haben alles erraten, was ich dachte; und schon denke ich nur mehr wie Sie. So stark ist Ihre Herrschaft über mich. Ja, schöne Felicia, Sie machen mich glücklicher, als ich selbst es verlangte. Ohne Sie würde ich vielleicht manche Ängste ausstehen.«

Da man nach einer solchen Unterhaltung nur noch stammelt oder schweigt, hat Amor leichtes Spiel. Der Schlingel drückte mich auf mein Bett und ließ dem verliebten Sydney einen schönen Platz frei. Die Philosophie, zufrieden, sich mit soviel Erfolg in eine Liebessache gemischt zu haben, zog die Vorhänge zu und verließ uns. Von nun an begann Sydney eine neue Rolle zu spielen, die ihm wunderbar zu Gesicht stand. Wenn er auf seiten der Moral Verluste zu beklagen hatte, so war das auf seiten des Körpers durchaus nicht der Fall; es ist unmöglich, sich ein Liebestalent vorzustellen, das dem, das er mich spüren ließ, überlegen wäre.

Dreimal hintereinander hauchte er in meinen Armen seine Seele aus, und wenn ich mich erneuten Versuchen nicht widersetzt hätte, wäre er noch weitergegangen, ohne Atem zu schöpfen.

II. Die Geschichte des unglücklichen Grafen

Mit Hilfe seiner Kunst erreichte der geschickte Mann, der das Leben unseres Unglücklichen retten sollte, ungefähr seinen Zweck. »Aber«, sagte der Arzt zu uns, »seine Wunden sind von einer Art, daß sie für sein Leben beschwerliche Unpäßlichkeiten hinterlassen werden. Der Patient ist im übrigen von den Leidenschaften verbraucht und bis zu einem Grad verwüstet, daß ich nicht dafür gutsagen kann, er werde noch lange leben. Es wird sogar besser für ihn sein, bald zu sterben, als vielleicht noch ein oder zwei Jahre zu leiden, nach denen er auf jeden Fall sterben muß.«

Der Kranke selbst machte sich nichts aus seinem Leben. Man durfte ihn nicht aus den Augen verlieren, und nur durch den Reiz meiner Ähnlichkeit mit dieser Frau, die er leidenschaftlich liebte, hatte ich sein Ehrenwort erhalten, daß er alles tun werde, was man ihm vorschrieb, und keinen Selbstmordversuch mehr machen würde.

»Es ist grausam, Ihnen zu gehorchen«, erwiderte er mir, »seien Sie sicher, daß Sie mich nicht zwingen würden, zu leben, wenn ich in Zukunft sterben könnte, ohne von Ihnen verachtet zu werden ... Von Ihnen, dem anbetungswürdigsten Wesen, dem Wesen, das mit allem, was die göttliche de Kerlandec Bezauberndes hat, das einzige verbindet, was ihr fehlt: ein großmütiges und empfindsames Herz!«

Antoine Watteau Die französische Komödie (Ausschnitt)

»Ich kann nicht mehr an mich halten«, sagte ich zu ihm, »wer ist denn diese berühmte Kerlandec?«

»Sie wollen meine traurige Geschichte hören? Glauben Sie mir, Madame, suchen Sie das Vergnügen und vergiften Sie durch eine gefährliche Gemeinsamkeit mit dem unglücklichsten Menschen nicht den Frieden, durch den Ihre zarte Seele zum Genuß geschaffen ist.«

Ich versicherte ihm, daß ich darauf brennte, ihn sein Unglück erzählen zu hören, und daß der Anteil, den ich daran nehmen würde, für mich keine Betrübnis sein könne, wenn ich so glücklich wäre, ihm einigen Trost zu verschaffen. Er sammelte sich einen Augenblick und erzählte dann, nachdem ihm ein paar Tränen und ein Schmerzensseufzer entschlüpft waren, das Folgende. Er selbst wird reden.

»Ich heiße Graf von ... Paris hat mich vor sechsundzwanzig Jahren zur Welt kommen sehen, und ich bin der Sohn des Marquis de ..., den der schlechte Zustand seines Vermögens gezwungen hatte, die Tochter eines reichen Bankiers zu heiraten. Mein Vater war ein Mann vom alten Schrot und Korn, ein tapferer Krieger, mit Würden bekleidet, die Emporkömmlinge mit ihrem Dünkel und ihrer Niedrigkeit verabscheuend. Und doch hatte er, seiner Armut müde, die Dummheit begangen, eine Mesalliance einzugehen. Viele große Herren machen es ebenso und befinden sich wohl dabei. Doch mein Vater, unglücklicher in seiner Wahl oder weniger als die anderen fähig, sich den Unannehmlichkeiten zu beugen, die seine Mesalliance nach sich zog, war in der Lage, seine Verpflichtungen zu verwünschen. Meine Mutter war verschwenderisch. Unterstützt von anmaßenden Eltern, die das Ansehen des Geldes seinen gemeinen, kaum vergessenen Ursprung aus den Augen verlieren ließ, wagte sie ihrem Mann das angebliche Glück vorzuhalten, daß er ihr Gemahl sei. Wenn er sich bei der unverschämten Familie beklagte, wurde er nicht besser empfangen, indessen wappnete er sich mit Geduld. Die Beleidigungen der Leute, die man verachtet, treffen bis zu einem gewissen Punkt nicht. Im übrigen war meine Mutter schön; die Fehler, die Launen, der Mangel an Empfindsamkeit fanden bei dieser hochmütigen Frau Gnade wegen ihres reizenden Aussehens. Zu dieser Zeit verzieh mein Vater alles.

Er war der letzte männliche Sproß einer sehr berühmten Familie. Da er aus einer armen, aber besser passenden Ehe kein Kind gehabt hatte, belebte meine Geburt wenigstens die Hoffnung auf die Fortpflanzung seines Geschlechts. Ich wurde ein kostbares Erbe. Alle Güter der Eltern meiner Mutter sollten mir eines Tages zufallen; doch so schöne Hoffnungen wurden bald zerstört. Mein Großvater erlitt einen riesigen Bankrott, der sein Ansehen verdarb, einige verspätete Zahlungen erschreckten seine Geschäftsfreunde; er wurde verdächtigt, kam ins Gerede und war ruiniert; all das geschah sehr schnell. Meine Mutter war auf dem Lande. Mein Vater wollte sie dort treffen, mit ihr den Verlust ihres Wohlstands beklagen und ihr versichern, daß er sie, wenn sie sich dem anpassen wollte, was die Umstände von nun an erforderten, in gleicher Weise zärtlich lieben und sie nicht weniger glücklich machen würde... Doch welche Verzweiflung für diesen ritterlichen Mann! Es war Mitternacht; er hatte seine Ankunft nicht angekündigt... Er eilt zum Zimmer seiner Frau... Sie schlief in den Armen ihres Negerdieners. Mein wütender Vater durchbohrte die Ungetreue mit mehreren Degenstößen, der Afrikaner stürzt davon, entrinnt dem Tode, schlägt Alarm. Mein Vater, der hier kaum als Herr angesehen wurde, sieht sich bald von seinen eigenen Leuten umgeben, die sich gegen ihn bewaffnet hatten. Ein einziger Kammerdiener, alter Kampfgefährte und durch seinen Mut würdig, dem tapfersten der Herren zu dienen, schlägt sich auf seine Seite. Sie schaffen sich leicht ihre feigen Angreifer vom Halse und fliehen sodann unter Mitnahme einigen Geldes und der Diamanten meiner schuldigen Mutter.

Die Geschichte wurde indessen bekannt und nahm die schlimmste Wendung. Der im Bett überraschte Neger wurde nicht erwähnt: Man klagte meinen Vater an, sich durch einen schändlichen Mord für das Mißlingen großer Finanzpläne gerächt zu haben. Verzeihen Sie, Madame, erlauben Sie, daß ich mich einen Augenblick unterbreche... Meine Vorstellungskraft kann bei soviel Ungerechtigkeit nicht ohne Schrekken haltmachen... Ist es nicht möglich, daß der Himmel die Rache für gewisse Verbrechen übernimmt, wenn die Unfähigkeit der Menschen...«

»Ach! mein lieber Graf«, sagte ich zu ihm, »der Himmel kümmert sich nur zu wenig um unsere elenden Angelegenheiten, aber...«

Er hörte nicht mehr. Sein Kopf war auf seine Brust gesunken. Er blieb einige Zeit in einen tiefen Traum getaucht... Endlich faßte er sich und setzte seine interessante Erzählung fort.

»Der Prozeß gegen meinen Vater wurde mit der letzten Strenge geführt. Da er ein Mann von großem Verdienst und kein Höfling war, hatte er mächtige Feinde; sie brachten ihn zur Strecke. Sein geringer Besitz wurde konfisziert. Ein ehrbarer Pfarrer hatte Mitleid mit mir, nahm mich in sein Haus und gab mir eine so gute Erziehung, wie seine dürftigen Einkünfte es ihm erlaubten; doch nach einigen Jahren verlor ich diesen barmherzigen Kirchenmann. Mein Vater war zuvor in Rußland gestorben. Ich blieb also allein, ohne Habe, ohne Schutz, und war gezwungen, die erste Gelegenheit zu ergreifen, die der Zufall mir bieten würde, um mir die Mittel zu meinem Unterhalt zu verschaffen. Ich war noch zu jung und zu klein, um Soldat zu werden. Der gute Pfarrer hatte mir einige Louis überlassen; ich begab mich nach Lorient, wo ich mich nach Indien einschiffte, ohne einen anderen Plan als den, ein grausames Vaterland zu fliehen.

Indessen machte ich mich, da ich einigermaßen schreiben konnte und intelligent war, an Bord nützlich und gewann, nachdem ich mich verschiedener Aufträge mit Erfolg entledigt hatte, die Achtung und das Vertrauen der Offiziere.

Ich übergehe überflüssige Details. Nach Verlauf von vier Jahren kehrte ich mit einer guten Summe Geldes zurück, herangewachsen, gebildet und imstande, mein Glück zu machen; aber das Schicksal sollte sich dem entgegenstellen; es bereitete mir unter einem Blumenteppich eine Falle vor, in die ich hineinstürzen sollte, um für immer unglücklich zu werden.

Ich war in Brest auf dem Sprung, mich nach Paris zu begeben, mein Geld anzulegen und, wenn es möglich war, das Andenken meines Vaters rehabilitieren zu lassen und ihn zu rächen und somit in der Befriedigung wiederhergestellter Ehre eine Art von Glück zu finden.

Eines Tages, als ich am Meer spazierenging, sah ich mehrere mit Banderolen und Girlanden geschmückte Boote mit einer fröhlichen Gesellschaft von Musikanten. Man kehrte von einer Vergnügungspartie in die Reede zurück und befuhr die Küste, bevor man in den Hafen einlief. Ich war neugierig, die Landung zu sehen.

Unter mehreren sehr hübschen Frauen machte sich vor allem eine bemerkbar: durch eine Schönheit, einen Wuchs, eine Haltung, eine Anmut, ein Gesicht, die ihr das Aussehen einer Gottheit gaben... Ich war betroffen... Ich unterrichtete mich über sie; man sagte mir, daß sie Madame de Kerlandec heiße, daß ihr Mann Seekapitän sei und am nächsten Tage für sehr lange Zeit abreisen müsse. Er hatte soeben dieses Fest gegeben, um von einem seiner Freunde Abschied zu nehmen und sich ein wenig den Kummer darüber zu vertreiben, eine so schöne Frau zu verlassen, die ihn anbete. Anbeten! Dieser letzte Umstand übermannte mich; bei dem grausamen Gefühl, das er mich empfinden ließ, konnte ich die Gewalt der Liebe und der Eifersucht nicht verkennen. Es kam mir sogleich in den Kopf, Brest zu verlassen; aber eine verhängnisvolle Vorherbestimmung hinderte mich, diesen vernünftigen Entschluß durchzuführen; ich begab mich mit trunkener Seele nach Hause. Ein untergeordneter Matrose, dem ich schon eng verbunden war, brachte mich endgültig vom Wege ab, indem er mir anbot, weiter der unsinnigen Leidenschaft zu dienen, zu deren Vertrauten ich ihn soeben gemacht hatte.

Ich hatte noch nicht geliebt. Alles, was eine glühende Vorstellungskraft einem naiven Herzen Romantisches vor Augen führen kann, überfiel mich auf einen Schlag; in meiner Verzückung gab ich meinen Gedanken vor meinem Freunde ganz laut Ausdruck. Es entschlüpfte mir, daß kein Preis für mich zu hoch wäre, wenn ich mit der anbetungswürdigen Kerlandec leben und sterben könne.

›Wie glücklich sind, die ihr dienen!‹ sagte ich; ›welch beneidenswertes Schicksal...‹

›Wie, Robert‹, unterbrach mein Freund – Robert war der Name, den ich während meiner Reise angenommen hatte –, ›wie, du würdest nicht davor zurückschrecken, die Livree derer de Kerlandec zu tragen?‹

›Ich, mein Lieber? Ah! Möge es Gott gefallen, daß ich mir eines so großen Glückes schmeicheln könnte...!‹

›Des großen Glückes, Lakai bei dieser schönen Dame zu werden? Verdammt, wenn du diese Narrheit begehen willst, mache ich mich dafür stark, dich in ihrem Hause unterzubringen. Lege schnell diesen Degen ab, ziehe deinen schlechtesten Rock an und rüste dich, mir zu folgen. Ich bin zweimal mit Monsieur de Kerlandec zur See gefahren, er will mir wohl; ich werde ihm sagen, daß du einer von meinen Verwandten und ohne Mittel bist und daß du gezwungen seist, dich aus finanziellen Gründen nicht aus dem Lande zu entfernen; ich werde ihn bitten, dich in seine Dienerschaft einzureihen, so daß du den Ausgang deiner Angelegenheiten abwarten könntest. Kurz, ich übernehme das alles. Was riskiere ich? Der Ehemann reist ab, ich in wenigen Tagen ebenfalls. Es liegt dann an dir, dich mit der Dame zu arrangieren und deinen Vorteil aus dem Unterschied zwischen Monsieur Robert und einem gewöhnlichen Lakaien zu ziehen.‹

Ich hätte den eifrigen Steuermann fast in meinen Armen erdrückt. Es kam mir vor, als ob ein Gott gesprochen hätte. Er hielt Wort. Der Zufall kam uns über unsere Hoffnungen hinaus zu Hilfe. Man hatte am gleichen Tage einen widerspenstigen Lakaien entlassen, von dem Monsieur de Kerlandec nicht glaubte, daß er seine Frau während seiner Abwesenheit gut bedient haben würde. Ich nahm seine Stelle ein. Ich hatte ein angenehmes Gesicht, eine bescheidene Haltung; Monsieur de Kerlandec selbst drängte seine Frau, mit mir einverstanden zu sein. Am nächsten Tage reiste er ab.

Antoine Watteau:
L'Indifférent

Madame der Kerlandec sollte in Paris bei ihrem Schwiegervater die noch weit entfernte Rückkehr ihres Gatten abwarten. Wir reisten sogleich ab. Ich war ein eifriger,
aufmerksamer Diener; glücklich auf meinem Posten, füllte ich ihn mit soviel Zuverlässigkeit aus, daß meine Herrin mir bald zeigte, wie zufrieden sie mit meinen
Dienstleistungen war. Sie geruhte manchmal, mit mir zu plaudern, und machte mir
ein Kompliment darüber, daß ich mich weniger schlecht ausdrückte als Lakaien gewöhnlich. Ich rührte mich nicht aus dem Vorzimmer. Man fand mich immer mit Lesen
beschäftigt oder damit, daß ich Zeichenentwürfe ausarbeitete. Gibt es Natürlicheres
für einen Liebenden, als sich in einer Kunst zu üben, die sich mit den Gefühlen seines
Herzens verbindet und die zum Ziel hat, unter tausend verschiedenen Formen den
Gegenstand wiederzugeben, mit dem er beschäftigt ist?

Ein Jahr verging in der Freude – schwach in Wirklichkeit, aber erträglich und für
meine Hoffnung ausreichend –, in der Freude, ohne Unterlaß diejenige zu sehen, die
ich liebte, zu fühlen, daß sie all das Interesse an mir nahm, auf das Anspruch zu haben meine Stelle erlaubte. Ich machte zuweilen leidenschaftliche Verse, in denen ich
meine anbetungswürdige Herrin unter dem Namen Aminte besang. Obgleich sieben
Jahre älter als ich, der damals einundzwanzig war, verdiente sie tausendmal mehr
Lobgesänge, als ich ihren Reizen und ihrer Frische widmen konnte. In glücklichen
Gefilden geboren, wo die Natur mit ihren Gaben an ihr Geschlecht so verschwenderisch ist, georgisch, mit einem Wort, war Aminte ein Meisterwerk, das unsere erstaunten Zonen zu respektieren schienen. Aminte – dieser Name wird ihren Ohren süßer
klingen als de Kerlandec –, die göttliche Aminte nahm meine Verse an; manchmal
hatte sie die Liebenswürdigkeit, sie, ohne den Urheber zu nennen, anderen zu zeigen
und mir Lobsprüche zu überbringen, die sie im Kreis der Freunde geerntet hatte.

Unser Haus war ein Ort des Friedens und der Unschuld: Die einzigen Freuden von
Aminte waren die Lektüre, das Theater, die Gesellschaft einer kleinen Zahl ausge-
wählter Freunde, Freunde, von denen keiner auf den Titel des Liebhabers Anspruch
zu erheben schien; wie war ich blind! Ich, dessen Herz im geheimen von den schrecklichsten Flammen verzehrt wurde, ich hielt mich fast für vernünftig. Ich setzte voraus, daß Aminte durch ihre Pflicht an ihren Mann gebunden, im übrigen jedoch kalt
und unempfänglich für die Liebe sei. So beschränkte ich meine Freuden darauf, sie
zu betrachten, zu bewundern, und glaubte darüber hinaus nichts weiter zu begehren.
Doch wie wenig kannte ich mich!

Sie fuhr eines Tages auf den Boulevards spazieren, und ich war hinter ihrem Wagen; andere Wagen kamen uns entgegen; eine Verkehrsstockung hält die beiden
Reihen an... Ein Ausruf des Erstaunens kommt aus einer Kutsche, die der unseren
gegenübersteht; zu gleicher Zeit entschlüpft meiner Herrin ein noch stärkerer Aufschrei, sie wird ohnmächtig. Ein Mann von ungewöhnlicher Schönheit stürzt im gleichen Augenblick herbei. Er ist der Urheber der Verwirrung Amintes; aber er be-
zwingt sich und gesellt seine Bemühungen zu den meinen und denen einer neugierigen Menge, von der wir sofort umringt sind. Amintes Augen öffnen sich für einen
Blick; aber da sie sich in den Armen dieses Mannes sieht, schreit sie ein zweites Mal
auf und will ihr Gesicht verbergen. Sie wissen, Madame, wie in Paris das kleinste
Ereignis auf der Stelle die Aufmerksamkeit einer Unzahl von Müßiggängern und
der Polizei auf sich zieht. Schon sind wir vom Volk und von Gesetzeshütern eingeschlossen. Ein Unteroffizier teilt das Gedränge und macht sich mit lächerlicher Wichtigkeit daran, Fragen zu stellen. Der Unbekannte wirft ihm, ohne ihn einer Antwort
zu würdigen, einen stolzen Blick zu. Der Mann in Blau lüftet, aus der Fassung gebracht, seinen Hut und murmelt Entschuldigungen. Aminte erklärt, daß sie diesen
Fremden kennt, und bittet ihn, sie nach Hause zu führen; damit ist allen Fragen ein
Ende bereitet. Der Polizist läßt für unseren Wagen Platz machen. Der des Unbekannten folgt leer; wir verlassen die Boulevards. Nun war ich es, der sich in Aufre-

gung befand. Aminte war früher nie so verwirrt erschienen, daß das Fieber der Eifersucht mein Blut in Wallung gebracht hätte. Wer war dieser Mann, welche so besondere Anziehung konnte er zu meiner Herrin haben? Er verbrachte mehr als eine Stunde im Hause.

Am Abend wurde ich krank. Eine fiebrige Entzündung brachte bald mein Leben in Gefahr. Darauf ließ der harte Schwiegervater mich aus dem Hause schicken, trotz der Anstrengung meiner Herrin, die erreichen wollte, daß man mich dabehielt. Ich wäre ins Krankenhaus überführt worden, wenn ich nicht etwas gehabt hätte, um mir ein angenehmes Asyl zu verschaffen. Mein Geld war auf der Bank, ich hob also ab... Lange schwebte ich zwischen Leben und Tod. Meine Natur gewann jedoch die Oberhand, und ich hatte das Unglück, mich zu erholen.«

Der Graf schien vom Sprechen ermüdet. Obwohl ich an dem, was er erzählte, das lebhafteste Interesse nahm, bat ich ihn, die Fortsetzung auf den nächsten Tag zu verschieben. Er ging mir während der Nacht nicht aus dem Kopf, und sobald es bei ihm hell wurde, eilte ich zu ihm: Er hatte sehr gut geschlafen, und ich fand ihn in der Lage, den Bericht von seinen Abenteuern weiterzuführen.

»Bin ich unglücklich genug, Madame, wenn das, was ich Ihnen bis jetzt erzählt habe, nur ein Kinderspiel ist im Vergleich zu dem, was Sie noch hören werden? ... Wappnen Sie sich mit Mut.

Sobald ich imstande war, auszugehen, begab ich mich zu Aminte. Aber ich hatte einen Nachfolger. Ich bat um Mitteilung der Gründe; man wollte mir lange keinen angeben; schließlich sagte man mir, daß ich wohl wissen mußte, warum... Ich konnte noch so sehr bitten, daß man mich mit Madame sprechen ließe, es war unmöglich. Ich nahm mir schließlich die Freiheit, zu schreiben. Der Schwiegervater, in dessen Hände der Brief fiel, ließ mir durch den Torwächter grob zu verstehen geben, daß er mich, wenn ich noch einmal vor der Tür des Hauses erscheinen würde, mit dem Stock totschlagen ließe. Ich hatte zuviel Stolz, um diesen Schimpf geduldig zu ertragen, der um so kränkender war, als der gallige Wächter durch die Wahl der Ausdrücke das Seine hinzutat. Ich traktierte ihn selbst mit einer ausgiebigen Tracht Prügel mit meinem Spazierstock, was ich durch einige wenige achtungsvolle Schimpfworte begleitete, von denen ich wollte, daß man sie ihm hinterbrachte. Ich stieß hervor, daß ich Manns genug wäre, um den hochmütigen Alten zu züchtigen, und daß er, wenn er wüßte, wer ich sei, nicht wagen würde, mit einer für mich so unpassenden Behandlung zu drohen. Das war ohne Zweifel eine große Unklugheit. Ich gab dadurch Anlaß, mich für ein verdächtiges Subjekt zu halten, für einen Abenteurer, einen Betrüger, oder ich gestand eine Liebe, die sich in meinen Fieberträumen schon gar zu sehr verraten hatte; ich machte öffentlich, daß Aminte ein Jahr lang einen verkleideten Geliebten als Lakaien gehabt hätte. Beinahe wäre ich auf der Stelle arretiert worden, aber glücklicherweise brachten einige junge Leute, die Zeugen meines Streites mit dem Torwächter gewesen waren und sich über meine Festigkeit befriedigt zeigten, die Wache durcheinander und machten mich frei. Ich verschwand.

Nach einer Woche, während der ich nicht gewagt hatte, auszugehen, hob ich mein Geld ab und reiste nach Indien; ich hoffte, meine verhängnisvolle Leidenschaft zu ersticken, indem ich mich von ihrem Gegenstand entfernte. Doch bald kam ich, von Kummer verzehrt, nach Paris zurück. Dort konnte ich sie wenigstens beobachten, sagte ich mir, sie jedesmal sehen, wenn sie ausging. Ich folgte überall ihren Schritten. Ich lebte; fern von ihr, starb ich täglich tausend Tode.

Ich richtete mich in einer Dachkammer ein, aus deren Fenster man aus geringer Entfernung in den Garten des Hauses und sogar in das Zimmer von Madame de Kerlandec sehen konnte. Dort verbrachte ich, ohne daß irgend jemand etwas davon wußte, ganze Tage damit, die kleinsten Bewegungen meiner teuersten Aminte mit

Antoine Watteau: Fest im venezianischen Stil

Hilfe eines Fernrohres zu beobachten. Ich sah oft den furchtbaren Unbekannten bei ihr, dessen Begegnung der Beginn meiner Unglückszeit gewesen war. Die Eifersucht verzehrte mich. Hundertmal hatte ich kurz davor gestanden, mir das Leben zu nehmen. Doch wie weit geht der Wahn einer verliebten Leidenschaft! Je unglücklicher man ist, desto glühender scheint man es noch mehr werden zu wollen. Es genügte mir nicht, ungefähr sicher zu sein, daß der Fremde sehr vertraut mit Aminte war; ich wollte wissen, wie weit dies ging, und was ein Schurke nur mit der Gewißheit des Gewinns wagt, unternahm ich mit dem einzigen Ziel, meiner Verzweiflung die Krone aufzusetzen. Ich stieg mit unglaublichen Mühen von meinem Schlupfloch auf andere Häuser, von wo ich, nicht ohne zwanzigmal riskiert zu haben, mir den Hals zu brechen, auf den Boden ihres Hauses gelangte und mich dort einen ganzen Tag verborgen hielt. Gegen Abend schlüpfte ich dann, mich neuen Gefahren aussetzend, in ihr Schlafzimmer, gerade unter das Bett meines Idols. Stellen Sie sich vor, Madame, was ich empfand, als ich wie ein Dieb in dies Zimmer eindrang, wo ich einst frei ein- und ausgegangen war, wo ich oft die Mußestunden der göttlichen Aminte mit unterhaltsamen Vorlesungen ausgefüllt hatte! Jetzt setzte ich mich darin der Schande aus, ja dem Tode.

Ich war kaum unter dem Bett, als Madame de Kerlandec eintrat und sich entkleiden ließ. Dann blätterte sie, nachdem sie ihre Kammerfrau fortgeschickt hatte, in Papieren, suchte Briefe heraus und schrieb schließlich. Bald wurde sie unterbrochen. Ein erschrockener Lakai benachrichtigte sie, daß der alte Schwiegervater in diesem Augenblick einen schweren Anfall irgendeiner Kolik hatte, an der er sehr litt. Sie eilte sogleich zu dem Greis. Ich verließ meinen Hinterhalt unter der Gefahr, überrascht zu werden, lief zum Schreibtisch, fand einen angefangenen Brief und bemächtigte mich seiner. Ein Kasten stand daneben. Gott! was sah ich? Das Porträt von Aminte! Welches Glück! Aber es war ein mit Diamanten besetztes Kleinod; machte nichts, ich hatte keine Zeit, das Bild herauszulösen. Ich nahm alles an mich. Ich machte mich auch über die Papiere her. Es war nicht mehr möglich, zu bleiben, ich öffnete ein Fenster und ließ mich in den Garten fallen. Ich überstieg eine Mauer und entkam durch das benachbarte Haus. Wie ich mich danach sehnte, bei mir zu Hause zu sein, um dort die Früchte meines kühnen Unternehmens in Ruhe zu genießen! Das Porträt war von vollendeter Ähnlichkeit. Es ist das, was ich heute noch besitze. Das Armband war in dem Kasten. Ich behielt diese kostbaren Schätze und die Briefe; was den Kasten und die Diamanten angeht, so ließ ich sie gleich am nächsten Tag auf eine so geschickte Weise zurückgeben, daß ich niemals entdeckt worden bin.

Was hatte ich indessen von soviel Gefahr und Unruhe? Nichts, außer neuem Unglück; die meisten Briefe waren englisch, die wenigen französischen, die darunter waren, belehrten mich darüber, daß Aminte und der Unbekannte sich anbeteten und daß ihre Bekanntschaft älter war als die Ehe mit Monsieur de Kerlandec. Der Brief, den Aminte begonnen hatte, drückte die stärkste Leidenschaft aus; die letzten Worte waren: ›...und morgen will Dir der Verfasser noch besser schreiben...‹ – Ich war rasend vor Wut.«

Ich unterbrach den Grafen, um ihn zu fragen, ob sich unter den Briefen welche befanden, die signiert waren, und ob er sich des Siegels erinnere. Er erwiderte, daß die meisten mit einem S unterzeichnet waren, daß das Siegel die Buchstaben SZ enthielt und daß sein Rivale Madame de Kerlandec überall den Namen Zéila gab.

»Ich fiel«, fuhr er fort, »in eine so tiefe Schwermut, daß ich nach zwei Monaten ganz und gar einem Greise glich. Ich sah den Tod mit großen Schritten kommen, und ich war entzückt darüber. Doch die Qual, daran zu denken, daß mich mein Rivale überleben und den Gegenstand meiner verhängnisvollen Liebe friedlich besitzen würde, ertrug ich nicht. Aber wie! dachte ich plötzlich. Warum störe ich seine Freuden nicht? Warum soll es sein, daß jemand die schöne de Kerlandec liebt und glücklich ist, während die gleiche Leidenschaft für mich eine Marter ist! Ja, allzu glücklicher Rivale, jetzt wirst du die Last des Unglücks spüren, du wirst unter meinen Schlägen zugrunde gehen; wenn du auch glücklich sein wirst, dich für deine Liebe zu schlagen und mich ein letztes Mal sterben zu lassen, wird wenigstens die Angst um deine Freiheit dich zwingen, zu fliehen, und du wirst deine Geliebte nicht mehr sehen... Ja, dieser Entschluß war meine einzige Zuflucht. Ich war erstaunt, nicht früher daran gedacht zu haben.

Antoine Watteau: Die italienische Komödie

Am gleichen Abend legte ich mich auf die Lauer und wartete bis zwei Uhr auf meinen Mann; er stieg in zwanzig Schritt Entfernung aus seinem Wagen und kam auf mich zu; ich vertrat ihm den Weg. ›Sie werden diese Nacht nicht mit Madame de Kerlandec verbringen‹, sagte ich zu ihm und zog den Degen. Er sprang zurück, verteidigte sich, traf mich hier und dort und entwich. Ich wurde auf der Stelle von jemandem aufgenommen, der aus dem Hause der Kerlandec kam und vielleicht darauf wartete, meinen glücklichen Feind einzulassen. Der Schwiegervater erblickte mich, Aminte selbst, die Verwirrung, die Verzweiflung griffen um sich in diesem Hause. Der alte Kerlandec benahm sich jedoch trotz seines Zornes sehr gut. ›Ich sehe genug‹, sagte er zu mir, ›um zu begreifen, daß meine Schwiegertochter mir Schimpf antut; die Augen eines Rivalen sind hellsichtiger als die eines Vaters. Doch wenn Sie ein Mann von Ehre sind, helfen Sie uns, unsere Schande zu verbergen; wahren Sie das Geheimnis, und zählen Sie trotz meines Mißvergnügens auf mich; erholen Sie sich wieder und fürchten Sie nicht, daß ich mich räche ... Sie waren nur ein Phantast, ein anderer war schuldiger.‹

Ich gab meine Wohnung an; man brachte mich hin. Im geheimen freute ich mich jedoch über meinen Kampf. Ich tröstete mich über meine Verwundung, wenn ich daran dachte, daß ich die unselige Liebschaft wenigstens zerstört hatte. Man ließ mich auf schnelle Heilung hoffen, ich bekam wieder Geschmack am Leben. In der Tat war ich in kurzer Zeit über die Sache hinweg.

Sobald ich wiederhergestellt war, zog ich Erkundigungen über Madame de Kerlandec ein; ich hörte, daß ihr Schwiegervater sie am Tage nach meinem Abenteuer auf seine Ländereien am äußersten Ende der Bretagne mitgenommen hatte. Ich eilte dorthin. Der Greis, der sofort davon erfuhr und der fürchtete, sich meiner auf diesem

Wege nicht schnell genug entledigen zu können, zog es vor, mich zu täuschen, indem er mich auf geschickte Weise wissen ließ, daß seine Schwiegertochter zu ihrem Mann gereist sei; dieser war gerade in San Domingo. Ich ging an Bord des ersten Schiffes, das seinen Kurs auf diese Insel nahm. Ich traf dort Monsieur de Kerlandec an, aber allein und auf dem Sprung, nach Europa zurückzukehren. Ich erkundete seine Abreise und richtete mich darauf ein, an Bord des Kriegsschiffes, das er bestieg, zurückzufahren. Er hatte mich nur einen Augenblick gesehen; ich war sehr verändert, er erkannte mich nicht wieder. Während der Überfahrt fand ich die Möglichkeit, eine Verbindung mit ihm anzuknüpfen und ihn dazu zu bringen, oft von seiner Frau zu sprechen. Er liebte sie wahnsinnig; aber er schien nicht ebenso überzeugt davon, daß sie für ihn die gleichen Gefühle hegte; und ohne sich mir völlig zu eröffnen, ließ er oft entschlüpfen, daß er nicht glücklich war. Ich hütete mich wohl, in seinen Augen jene, die mir so teuer war, bloßzustellen.

Schließlich kamen wir in Bordeaux an. Am Tage nach der Landung, als wir zusammen ein paar Sehenswürdigkeiten besuchen wollten, wurden wir in einer stillen Seitenstraße von zwei Männern angesprochen, von denen der eine, wie ich sogleich erkannte, mein glücklicher Rivale war. Er war es, der das Wort ergriff, wütend und gleichzeitig den Degen ziehend: ›Monsieur de Kerlandec‹, sagte er, ›erinnert sich zweifellos, wo und wie wir uns vor sechzehn Jahren gesehen haben?‹ Kerlandec erbleichte, sein Gegner griff ihn an, der Kampf war furchtbar. Zu gleicher Zeit mußte ich mich gegen den Gefährten meines Nebenbuhlers verteidigen; unsere Seite wurde überwältigt. Monsieur de Kerlandec wurde getötet. Ich erhielt eine tiefe Wunde, die Sieger hatten das Glück, sich davonzumachen, ohne gesehen zu werden.

Mittlerweile kam jemand vorbei: Die Justiz befaßte sich mit der Affäre. Ich dachte nicht daran, einen anderen Namen als Robert anzunehmen, den zu tragen ich gewohnt war. Ich wurde gepflegt und eingesperrt. Man machte Madame de Kerlandec, die, nach dem Tode ihres Schwiegervaters aus einem Kloster gekommen, in das dieser sie eingeschlossen hatte, nach Paris zurückgekehrt war, Mitteilung von dem Verfahren. Ihr Erstaunen war außerordentlich, als sie hörte, daß ich mit ihrem Gatten in Bordeaux gewesen wäre und daß man uns zu gleicher Zeit aufgefunden hätte, mich verwundet und ihn tot. Sie gab an, daß dieser Robert ihr verdächtig wäre und daß ich, wenn ich derjenige wäre, der aus einer lächerlichen Leidenschaft heraus sich schon mehrerer Gewalttaten schuldig gemacht habe, sehr wohl selbst das verhängnisvolle Abenteuer angestiftet oder mich sogar selbst mit ihm geschlagen haben könnte. Ich konnte die Wahrheit noch so sehr beschwören und den Mörder von Monsieur de Kerlandec beschreiben, man machte mir den Prozeß. Unterdessen wurde ich gesund, und man überführte mich schließlich nach Paris, um dort gegenübergestellt zu werden. Mich schauderte, als Verbrecher vor einer Frau zu erscheinen, welcher ich, weniger unglücklich, als Gatte nicht zur Unehre gereicht hätte. Auf dem Wege bestach ich meine Wächter und entfloh.

Seit dieser Zeit habe ich, herumirrend und von Kummer und Unruhe verzehrt, ganz Frankreich durchreist; ich ging endlich nach Paris, wo ich sterben wollte, nachdem ich Madame de Kerlandec ein letztes Mal gesehen hatte. Doch am Tage meines letzten Verzweiflungsaktes traf ich sie unterwegs. Sie war in einer Herberge abgestiegen. Ich erkannte ihr Wappen auf der Türfüllung ihres Wagens. Ich trat ein, ohne mich sehen zu lassen und konnte sie ausgiebig betrachten; sie war etwas derangiert, noch immer die schönste Frau unter der Sonne. Ich weiß nicht, wohin sie reiste, ich habe mich nicht erkundigt. Mein letzter Wunsch war erfüllt, ich wollte sterben.

Der Rest ist Ihnen bekannt, Madame; Sie geben einen Mann, den das Schicksal nur, um ihn zu verfolgen, zu erhalten scheint, noch einmal dem Leben zurück. Wenn Sie alles gewußt hätten, was ich Ihnen soeben enthüllt habe, hätten Sie dann die grausame Güte besessen, sich um diesen Überrest unglücklichen Lebens zu bemühen?«

DIE SITTEN DES ROKOKO

von Franz Blei

D ie Sitten des Rokoko: man zitiert sie als das offenkundigste Beispiel der Un-
sittlichkeit. Nun will es uns aber scheinen, als ob sich das Quantum dessen,
was, sagen wir, im Sittlichen des Liebeskomplexes geschieht, sich in den
Zeiten wenig ändert; es wird sich immer oder meistens an der Grenze des gerade
noch Möglichen halten. Man tat wohl immer nur, was man konnte, nicht mehr; ich
meine, man vernichtete sich nicht, erschöpfte sich kaum. Man hat in der Zeit des
ancien régime gewiß nicht unsittlicher gelebt als heute, wenn wir das allein Ver-
gleichbare nach Ort und Milieu vergleichen: Paris mit heutigen großen Städten, die
Reichen oder Reichgewordenen von damals mit denen von heute. Was sich geändert
hat, ist die Haltung zu dem Phänomen des Sittlichen, das für sich selber ganz gleich-
geblieben ist. Das 18. Jahrhundert moralisierte außerordentlich viel mehr, als es
unsere Zeit tut, und es moralisierte leichter, mit einem leichteren Gewissen, möchte
man sagen. Das heutige Urteil über jene Zeit äußert sich etwa so, daß man sich heute
entrüstet darüber und daß man sich damals nicht entrüstete; man ist verblüfft von
einer anders sich äußernden Konvenienz; man erstaunt, daß damals der Geist sich auf
eine andere Weise mit den Dingen abfand, als er es heute zu tun beliebt; man ver-
mißt bei den Sittenrichtern jener Zeit den Ernst eines Standpunktes; man weiß, daß
die kleinen Pamphletisten, die über Skandal schrien, allzuoft silberne Löffel stahlen;
aber es dürfte an dem ethischen Ideal gelegen haben, das sich jene Zeit aus ihrer
Vernünftigkeit konstruierte, daß es zu keinen anderen moralischen Reaktionen führte als solchen, die sich nur rhetorisch äußerten. Der *Homme selon la nature* [»Natur-
mensch«, von Rousseau zum Ideal erhoben] war ein Wechselbalg. Und brachte der
Zufall eines auf der Landstraße zerbrochenen Wagens die für die einfachen Sitten des
Landvolkes schwärmenden Pariser an das wirkliche Landvolk, dann konnte praktisch
von der Schwärmerei nur eine Arabeske übrigbleiben oder ein dichterisches Spiel, an
das man nicht glaubte. Man hatte bei den Geistigen, bei den Führern keine »laxe«
Anschauung über das »Sittliche«, aber wohl allzu vernunfthafte Idealitäten, denen
im Leben nichts irgend entsprach. Aber es wäre falsch, den Geist jener Zeit anzuklagen, daß er nicht strenger gewesen sei und so das Sittenlose gefördert habe. Der eine
Rousseau wiegt wohl die hundert Crébillons und Genossen auf, über die Laclos wie
ein Strafgericht kam, da die Zeit sich für die Herrschenden ihrem Ende zuneigte. Aber
Laclos richtete nicht die sinnliche Entfesselung, sondern die Vergewaltigung des
Sinnlichen durch den Verstand. Jene deutschen Jünglinge, die in Rousseau ihren Meister verehrten, waren des Sinnlichen wahrhaft voll und gaben unverstellte Kunde
davon wie Glühende vom Gotte, ohne daß sie ihn in Madrigalen variierten wie die

vorige Generation, die in ihrer verständigen Eiskühle eine Erwärmung darin fand, daß sie »galant« war. Man kann sagen: Kinderzeugend in den Betten lagen die Burschen, denen später, als sie beim Klange der Sturmtrommel auf die Straße gingen, die Hosen zu eng wurden für ihre Muskeln, daß sie sie auszogen, wenn sie nicht schon, von den durchwühlten Frauen weg, halb nackt auf die Gasse sprangen. Solche Burschen, kleine Offiziere, Handwerker, Nichtstuer, Gaffer, waren die Amants du cœur aller der ausgehaltenen Mädchen, von deren Namen die Berichte voll sind. Die sie aushielten, waren reichgewordene Steuerpächter, die der Ehrgeiz und meist nichts sonst plagte, eine bekannte Mätresse zu haben; alte Generale der Armee, die wenigstens in der Liebe noch Schlachten schlagen wollten; Kleriker, die ihre Messen in den Schlafzimmern lesen mußten, da sie nur Titularkleriker wegen der Einkünfte waren; Tuchhändler mit Geld und einer langweiligen Gattin; Krautjunker vom Lande, die in Paris den verfluchten Kerl spielen wollten – eine Gesellschaft wie die heutige, und ihr entsprach, was ihr heute entspricht: das kleine Heer der Zuhälter und ausgehaltenen hübschen Jungen.

Was das ancien régime dichtete, ist kein Dokument unbedingten Wertes für das, was es lebte. Die Dichtung ist mitnichten »der Spiegel der Zeit«. Sie ist auch Übertreibung. Besonders, wenn sie wie im Rokoko nichts als ein Gesellschaftsspiel des Witzes und der Laune ist. Es gab eine Art zerebraler Débauche [gehirnlicher Ausschweifung, Schwelgerei], die von bravsten Leuten mitgemacht wurde: der Dichter der unanständigsten Liedchen und Operetten, Collé, war der allertreueste Gatte, der Chevalier Bouffleurs der hingebendste treueste Geliebte, und solche Beispiele scheinbaren Widerspruchs ließen sich Hunderte anführen zur Bestätigung, daß die Zeit nicht unsittlicher gelebt hat als irgendeine andere. Daß sie unsittlicher gedacht hat, das lag daran, daß sie eben nichts sonst als gedacht hat in diesen Angelegenheiten des Sinnlichen, und daß sie mit einer Vernunft gedacht hat, die, schnell erschöpft, zu immer steigenderem Raffinement treibt, um sich zu behaupten. Was dem Liebeskomplexe durch die Vernunft an Blut entzogen wurde, das mußte, zur Wahrung des Bestandes überhaupt, ihm in irgendeiner anderen Materie von woanders her wieder zugeführt werden. Prompt eignet sich das Vokabular der Liebe alles Neue an und bildet es im Sinne seines galanten Gesamtcharakters um: das Wort Sentiment zum Beispiel.

Neben die sittengeschichtlichen Dokumente, die hier folgend das Gesagte illustrieren sollten, stelle man zum Vergleiche das, was heute geschieht, und die »Ausschweifung« jener Zeit wird uns sehr armselig vorkommen. Vergleicht man aber die Entrüstung dieser Pamphletäre mit der Entrüstung, die unsere durch die Macht der Öffentlichkeit hypokrit [scheinheilig] gewordene und polizeilich versittlichte Zeit aufbringt, dann ist unsere Zeit jener alten weit überlegen. Die öffentliche Moralität war damals gering, da man nicht zu repräsentieren brauchte, da man irgendwie war. Die öffentliche Moralität ist heute außerordentlich groß, weil man repräsentiert und nichts als das tut, da man nicht ist. Die Verstaatlichung der Moralität machte den Einzelunternehmer überflüssig oder verdächtig. Von Staats wegen unsittlich ist heute das meiste Sittliche. Je stärker es bei einem nötig ist, daß er seine Sitten heimlich betreibt, desto mehr wird er an dem Bestand der öffentlichen Moral interessiert sein. Je sittlicher es heute einer will und tut, desto gegnerischer wird er sich zur öffentlichen Moral stellen.

AUS DER CHRONIQUE
SCANDALEUSE

V estris, der Gott des Tanzes, hat in der Tat das getan, was unsere Weltleute
ein Ende machen nennen: das heißt – er hat sich verheiratet. Das Fräulein
Heinel[1] trug ihn seit langer Zeit im Herzen. Tat es das, weil er es, vor
mehreren Jahren, im Theater vor aller Welt geohrfeigt hatte? Geschah es, weil er sich
deshalb verschmäht gesehen hatte? Wie dem auch sei: Vestris konnte das Fräulein
nicht in den Armen eines Rivalen liegen sehen. Dieser Rivale war Fierville[2], der
zweite französische Tänzer. Er wurde seit geraumer Zeit in London zurückgehalten,
und dort haben sein Talent, besonders aber seine exaltierte Art, ihm Ansehen und
Reichtum eingebracht. Das Fräulein Heinel, das sich auch nach London begeben
hatte, erregte die Bewunderung der Engländer dermaßen, daß mehrere Lords ihr
begeistert zwei- bis dreitausend Guinees anboten, um mit ihr zu schlafen; das Fräulein wies das Anerbieten geringschätzig zurück. An Stelle der Guinees bot Fierville
dieser modernen Lais sein Herz an, und sein Anerbieten wurde angenommen. Aber
es war keine einfache Liebschaft: die Heirat wurde vor dem Altar geschlossen. Einige
Jahre verfließen, und die Übersättigung tritt ein. Vestris kommt nach London und
macht seine Beleidigung durch die Unterwürfigkeit seiner Liebe vergessen. Frau Fierville (Fräulein Heinel) trifft ihre Anordnungen in England und kommt nach Paris,
um hier mit ihrem neuen Liebhaber sich wieder zu vereinigen; und hier hat sie ihm,
im Angesicht unserer Altäre, ihre eheliche Treue geschworen, ohne Zweifel erwar-
tend, daß ein neuer Verführer sie Vestris' Armen entreißen werde. Daß eine Frau
treulos und verräterisch ist, habe nichts zu bedeuten, werden unsere Leute von Welt
sagen. Aber daß sie eine Rabenmutter ist, was werden sie darauf antworten? Und so
liegt der Fall des Fräulein Heinel durch ihre Scheidung von Fierville. Sie hat ein Kind
verlassen, die Frucht dieser Ehe, das durch das Mißgeschick dieser Umstände ohne
sichere Stellung in der Gesellschaft ist. Es ist gut für dieses Kind und für seinesgleichen, daß eine kluge und wohltuende Philosophie es in den Augen dieser freien und
aufgeklärten Nation für legitim hält. O Frankreich, wann wirst du geruhen, einem so
schönen Beispiel zu folgen?

Ein entsetzlicher Vorgang hat sich gegen Ende des Jahres 1783 in der rue Michel-le-
Comte abgespielt. Eine Art Mönch, aus dem Orden ausgetreten, sucht einen Pförtner
seiner Bekanntschaft auf, begleitet von einem jungen Savoyarden, der ihm ein kleines
Paket trägt. Er bittet um die Erlaubnis, in irgendeinem Zimmer des Hauses einen
Brief schreiben zu dürfen. Man gibt ihm einen Schlüssel, und sein Begleiter folgt ihm.
In das Zimmer eingetreten, ist seine erste Sorge, die Tür fest zu verschließen, damit

er den abscheulichen Plan ausführen kann, den er ersonnen hat, um seine Begierde an diesem jungen Manne zu befriedigen. Er findet Widerstand, und seine Erregung wird Wut, Wahnsinn, Raserei; er bringt diesem Unglücklichen mehrere Messerstiche bei und verübt dann noch die empörende Grausamkeit, dieses blutende Opfer zu vergewaltigen. Er tut mehr: um das Maß vollzumachen, begeht er die Ruchlosigkeit, diesem Armen 38 Sous zu stehlen, die er in seiner Tasche fand. Aber solche Missetaten gehen über die menschliche Kraft. Sein Kopf wird unklar, er steigt die Treppe hinab zu der Pförtnerin, um von seinen Händen das Blut abzuwaschen. Sein verstörtes Aussehen beunruhigt, erschreckt. Er will fliehen, aber er wird festgehalten. Man überführt ihn seiner Verbrechen, er wird bestraft. Aber, großer Gott!, welche Strafen könnten dem allgemeinen Rechtsempfinden gegen solche Ungeheuer genügen und ihnen genügend Schrecken einflößen?

Es ist schwer zu sagen, ob mehr Geist oder Narrheit in dem ist, was der Doktor Graham eben in London ausführt. Jedenfalls: seine geheimnisvolle Art hat die Neugierde angestachelt, und seine Sonderbarkeit hat Lobpreiser unter allen Zeitgenossen gefunden. Man darf daher vermuten, daß dieses Unternehmen ihm ein großes Vermögen sichern wird. Hier ist die Beschreibung seiner Anstalt:

Der Doktor Graham hat mit dem Namen »Tempel der Gesundheit« ein großes Gebäude dekoriert, das in der Pall Mall liegt, neben dem königlichen Palast. Das Gesims ist mit drei Figuren geschmückt: Venus, ihr zu Seiten Minerva und Juno. Darunter liest man die folgenden Inschriften: »Der Tempel der Gesundheit«, »Das Heil der Monarchen«, »Der Reichtum der Armen«. Etwas tiefer bemerkt man eine Statue, die der Äskulap geweiht hat, und endlich liest man über der Tür: Keine Wache wacht an dieser Tür, damit der Reiche wie der Arme eintrete. Trotz dieser Inschrift lassen zwei riesengroße Männer, die mit einer langen Robe bekleidet und mit einem Panzer versehen sind, auf dem geschrieben ist: »Tempel der Gesundheit«, niemand herein, der nicht sechs Pfund Sterling bezahlt hat.

Kaum hat man den rechten Fuß auf die erste Stufe der Treppe gesetzt, hört man, aus Blasinstrumenten, eine harmonische Musik; sie dringt aus Öffnungen, die in der Treppe verborgen angebracht sind. Die lieblichsten Düfte, die den Geruch aufs angenehmste berühren, steigen auf bis an den Eingang zu einem prächtigen Empfangszimmer. Es ist für Vorträge bestimmt, in denen der Doktor behauptet, jede Unfruchtbarkeit heilen zu können – obgleich er selbst niemals Kinder hat zeugen können. Er verschleiert in keiner Weise die Worte in diesem Zweig der Wissenschaft, und dennoch strömen die Damen wie die Herren in Menge zu ihm und hören ihm ohne Bedenken zu.

Das Innere der Feenpaläste hat niemals Ausgesuchteres und Majestätischeres gezeigt. Die Blumengewinde, die Spiegel, die Kristalle, die vergoldeten und versilberten Metalle sind hier im Überfluß angebracht und werfen von allen Seiten ein blendendes Licht zurück.

Musik geht jeder Sitzung voraus, von fünf Uhr bis sieben Uhr; dann stellt sich der Doktor Graham vor, in seiner Robe und in gelehrtem Ton. Sofort tritt Stille ein, die nur zu Ende der Sitzung durch einen elektrischen Schlag unterbrochen wird, der sich der ganzen Gesellschaft mitteilt (mit Hilfe der Leitungen, die unter den Tüchern, die alle Bänke bedecken, verborgen sind). Während noch die einen über das Erstaunen der anderen spotten, sieht man einen Geist, der durch den Fußboden in den Saal eintritt, erscheinen. Es ist ein magerer und leichenblasser Mann von riesenhafter Figur, der, ohne ein Wort zu sagen, dem Doktor eine Flasche Likör überreicht. Nachdem der Doktor der Gesellschaft davon angeboten hat, verschwindet er mit dem Geist.

Auf diese seltsame Erscheinung folgt, in Gestalt der Göttin der Musik, eine hübsche Frau, die, nachdem sie einige Stücke gesungen hat, mit einem Male unsichtbar wird. Der Doktor Graham hat damit seine Sitzung beendet, und die Bezahler ziehen sich zurück, ohne die sechs Guinees, die sie einem so außergewöhnlichen Schauspiel geopfert haben, zu bedauern.

Nach den Sitzungen bietet der Doktor dem Publikum an, die Schwermut und die übermäßige Heiterkeit verschwinden zu machen. Es ist die Elektrizität, die den Ruf des Doktors Graham seit mehreren Jahren begründet. Man kann nicht leugnen, daß er Erfolge gehabt hat.

Aber alle diese Einzelheiten sind nur Nebensachen in seiner Anstalt: eines der prächtigsten Betten, in dunklem Damast, auf vier gewundenen Säulen ruhend, überladen mit Blumengehängen aus vergoldetem Metall, bildet den Hauptbestandteil. Für fünfzig Louis versichert der Doktor Graham jungen Leuten wie alten Gatten, daß sie darin einen Nachkommen ihres Namens zuwege bringen werden.

Von welcher Seite man auch in das Bett steigt, das das göttliche Bett genannt wird, immer hört man eine Orgel, die in Verbindung mit drei anderen steht, angenehme Musik spielen, deren Melodien die Gatten in die Arme des Morpheus tragen. Während einer Stunde – so lange dauert dies Konzert – bemerkt man in dem Bett Ströme von Licht, die abwechselnd die Säulen erleuchten. Zur Stunde des Erwachens kommt unser Zauberer, um den Puls der Gläubiger zu fühlen, gibt ihnen zu frühstücken und entläßt sie erfüllt von Hoffnung, indem er ihnen empfiehlt, ihm Anhänger zu werben [3].

Der Marschall von Richelieu wohnte einem dieser kleinen Abendessen bei, die jetzt in Paris so häufig sind. Er fängt an laut zu lachen. Die vier Damen, die dabei waren, wollten die Ursache des Gelächters wissen: Der sollte sie erfahren, der sie erraten würde. Man hatte tausend Vermutungen, und alle waren falsch. Der Marschall lehnte es ab, sich zu erklären; er habe schon wiederholt erfahren, daß diese Damen ihm die Vertraulichkeit niemals verziehen hätten. Die weibliche Neugier wird um so größer. Der Herzog gibt endlich nach, indem er um Gnade für sich bittet, die die Damen ihm versprechen. – »Also«, sagt der Achtzigjährige, »man muß Ihnen gehorchen: die Galanterie geziemt jedem Alter. Eine entzückende Erinnerung reizte mein Lachen; ich erinnerte mich, daß ich einstmals die Ehre gehabt habe, von einer jeden von Ihnen im Bett empfangen zu werden. Heute kann ich zu Ihnen nur davon sprechen.«

Frau Dugazon, Schauspielerin an der Comédie Italienne, war höchstens bei ihrem fünfzehnten oder sechzehnten Liebhaber innerhalb der letzten sechs Monate (so lange lebte sie von ihrem Gatten getrennt), als dieser es sich einfallen ließ, ihr Verhalten unrecht zu finden. Der Graf von . . . war an der Reihe bei der Schönen, als Dugazon eintritt. Nach einer kleinen Pause sagt er zu seiner Frau: »Gnädige Frau, wünschen Sie dem Herrn Grafen einen guten Abend. Heute bleibe ich hier.« Die Schöne stammelt zitternd dem Grafen einige Worte des Abschieds und winkt ihm zu gehen, um Streitigkeiten auszuweichen. So bleibt der Gatte Sieger auf dem Schlachtfeld, aber der Graf war sehr schlechter Laune. Am nächsten Tag, am übernächsten Tag geht er überall herum und erzählt, daß Dugazon ein liederlicher Bursche, ein durchtriebener Kerl sei und daß er ihm die Ohren abschneiden werde. Da die Ohren von Dugazon noch nicht abgeschnitten waren, so wurden sie heiß von all diesen Dingen, die ihm hinterbracht wurden. Der Zufall wollte es, daß er einige Tage später mit dem Grafen zusammentraf, der dieselben Reden vor ihm wieder anfing. Dugazon, der einer der tapfersten Komödianten dieser Zeit ist, deutet ihm an, daß er solche Beschimpfungen nicht dulden könne. Diese Erklärung zieht eine andere nach sich: der Graf gibt ihm eine tüchtige Ohrfeige, und in der nächsten Sekunde gibt sie ihm der andere aus aller Kraft zurück. Die beiden Gegner brennen darauf, sich zu schlagen; man trennt sie, man bewacht sie. Dugazon wird von der Polizei gemaßregelt, und seiner Frau, mit allen ihren Talenten, wird mit dem Zuchthaus gedroht. Das ist das Ergebnis der Ohrfeigen der beiden Herren. Im Palais-Royal ist man sehr neugierig, die Wendung zu erfahren, die die große Angelegenheit nehmen wird. Man fragt sich im Caveau [Lokal in Paris, Literatentreffpunkt seit 1735, dann übertragen auf die dort verkehrende Gesellschaft selbst], wie das enden und was der Graf mit der Ohrfeige tun werde, die er bekommen habe. »Wer weiß«, antwortete ein Spaßvogel, »vielleicht wird er sie zu den übrigen legen.« Die Prophezeiung hat sich bewahrheitet[4].

Der Herr Graf von A., Generalleutnant der Armeen des Königs, ist ins Gefängnis gebracht worden, weil er das Feldgericht beleidigt hat. Des Gefängnisses und der Ordnung, die er beobachten muß, müde, läßt er dem alten Marschall von Richelieu eines Tages sagen, daß er nicht mehr von seiner Frau getrennt leben könne, daß er gefoltert werde von den ungestümen Wünschen, die die Natur in ihm mit einer zu gebieterischen Stimme sprechen lasse, als daß er sie zum Schweigen bringen könne. Mit der entzückenden Heiterkeit, die er sich bewahrt hat, rief der Marschall von Richelieu aus: »Ah, sagen Sie Herrn von A., daß er nur aus dem Gefängnis herausgelassen werden würde, nachdem er mir sein geheimes Mittel verraten hat.«

Der Chevalier von ... war zum Souper bei dem Fräulein Théophile. Sie sprachen von den süßen Freuden und waren voll der Hoffnung, sie bald zu genießen. Das Fräulein läßt, inmitten ihres verliebten Rausches, einige Seufzer entfliehen. »Was haben Sie, mein schöner Engel?« – »Mein Freund, ich muß dir etwas bekennen, ich brauche zwölf Louis äußerst brennend.« – »Göttliche, ich bin in Verzweiflung: ich habe keinen Pfennig, nicht das geringste. Welches Vergnügen würde es mir gewesen sein, dir diese Kleinigkeit zu schenken.« – »Schenken?! Ah, mein Freund, ich kenne deine Lage. Es war ein einfaches Darlehen, das ich wünschte, und nur für wenige Tage. Ich verkaufe meinem guten Freunde meine Gunst nicht.« Darauf folgte ein Erguß der zärtlichsten Gefühle. Man setzt sich zu Tisch, und bald wirft man sich in die Arme der Liebe, um für die Härten dieses verwünschten Schicksals sich zu entschädigen. Man hört an die Tür klopfen. Der Chevalier weiß nicht, was tun. »Ah, das ist er«, sagt das Fräulein erschrocken. »Er« war ein reicher Finanzmann, der die großen Ausgaben des Fräuleins bestritt, indes der Chevalier statt seiner geliebt wurde. Der Chevalier flüchtet in ein Nebenzimmer. Der Finanzmann läuft, mit seinen beiden krummen Beinen, auf seine Geliebte zu: »Endlich, meine Königin, habe ich mich frei gemacht von diesem unglücklichen grünen Tisch, an den ich genagelt war. Verdammt, die Geschäfte gehen ganz und gar nicht. Die Steuerpachten sind des Teufels; es gibt nur dreißig für hundert, und bald gibt es nur noch Wasser zu trinken.« – »Ah, mein Herr! Ich bitte Sie, lassen Sie mich mit Ihren Geschäften. Meine Migräne wird stärker. Oh, guter Gott, guter Gott! Das sind Schläge auf meinen Kopf! Oh, oh, oh!« – »Aber, meine Liebe, das ist ein dummes Kopfweh, ganz außer der Zeit, zum Teufel mit dieser Migräne! Ich komme ...« – »Oh, mein Herr, gehen Sie, gehen Sie!« – »Ich soll nicht mit dir zu Abend essen? Und hier ist schon ein Gedeck bereit!« – »Ja, ganz richtig – ich wollte gerade etwas essen, als dieses unglückliche Kopfweh mich überraschte. Um Gottes willen, lassen Sie mich, lassen Sie mich, das sind unerhörte Qualen. Ich hoffe, daß die Ruhe mich wieder herstellen wird.« – »Ruhe? Aber ich? Was habe ich für mein Geld?« – »Für mein Geld – hören Sie – haben Sie zwölf Louis, die Sie mir geben können? Ich bin in einer Hundelaune. Es ist für eine Putzmacherin, die mich nicht atmen läßt.« – »Was soll das heißen mit deiner ›Putzmacherin‹? Unter uns, meine liebe Freundin, weißt du, wieviel du mich kostest? Oh, ich kann rechnen!« – »Pfui, bezahlt man seine Freuden? Ich muß diese zwölf Louis augenblicklich haben. Bekomme ich sie nicht sofort, kratze ich Ihnen die Augen aus!« – »Zieh die Krallen

Sigmund Freudeberg: Der Winterabend

ein, meine Katze, kratze nicht – ich sage dir, daß ich kein Geld habe. Morgen.« – »In dieser Minute muß ich es haben. Man hat wirklich was an diesen Herren der Steuerpacht – sie sind von einer Knauserei!« – »Willst du mir nicht einen Kuß geben?« – »Ich Sie küssen? Ich würde lieber... Spaßhafter Herr!« – Während der Finanzmann das Fräulein umarmt, legt er geschickt zwölf Louis auf den Kamin und entschließt sich, seine Lukretia zu verlassen, mit ihrer Migräne, die sie quält. Sie begleitet ihren Krösus bis an die Tür, ohne seine Aufmerksamkeit bemerkt zu haben. Das Fräulein kommt zurück und beklagt sich über den unbeugsamen Geiz dieser Geldleute. »Meine Liebe«, sagt der Chevalier zu ihr, »ich gebe dem Verlangen nach, Ihnen zu Diensten zu sein; ich verhehle nicht, daß ich gezaudert habe, aber die Liebe reißt mich hin. Nehmen Sie diese zwölf Louis. Sie sind, meiner Treu, mein ganzes Vermögen.« Die Geliebte ist entzückt und verspricht, diese Summe gut anzuwenden. Sie essen in heiterer Laune zu Abend, und die Nacht vergeht noch angenehmer. Am nächsten Morgen eilt der Finanzmann zu seiner Teuren; er stirbt vor Verlangen, zu erfahren, welche Empfindung sein Angebinde hervorgebracht hat. Er erwartet Dankesbezeugungen, Zärtlichkeiten. Man empfängt ihn mit häßlichen Schimpfworten; man erklärt ihm sogar, daß er seinen Abschied nehmen könne.»Aber«, schreit der Finanzmann, »meine Kleine, Sie sind undankbar. Habe ich Ihnen gestern nicht diese zwölf Louis gegeben, um die Sie mich in so übler Laune gebeten haben?« – »Sie haben mir diese zwölf Louis gegeben? Sie?« – »Ja, ja, ich selbst. Ich habe sie auf Ihren Kamin gelegt.« Streitigkeiten, Vorhaltungen, Weigerungen, dem Herrn zu glauben. Er leistet alle Eide, er schwört bei Plutus [griech. Pluto, Gott des Reichtums]. Man läßt sich endlich überreden.»Ich muß annehmen,« sagt das Fräulein, »daß ich bestohlen worden bin.« Das Geschenk wird noch einmal gemacht. – Kaum hat das Fräulein den Chevalier wieder gesehen, als es lachend zu ihm sagt: »Ich glaube, mein Herr Spitzbube, daß ich Ihnen diese zwölf Louis nicht zurückzugeben brauche. Komm: man verzeiht der Liebe alles. Wir werden zusammen essen, auf die Freigebigkeit dieses Herrn.« Der Chevalier bekannte alles, lachte selbst darüber, und die beiden Verliebten waren noch eifriger darauf bedacht, den Finanzmann zu betrügen.

Herr de la Blinaye, ein bretonischer Edelmann, wohnte auf seinem Landgut und hatte ein gutes Einkommen; es war jedoch zu gering, um davon in der Hauptstadt oder den großen Städten der Provinz leben zu können. Derselbe Grund hatte ihn verhindert, sich zu verheiraten. Da er indessen ein hinreichend lebhaftes Temperament besaß, war er genötigt gewesen, sich an seine Bäuerinnen zu halten, die durch den Aufenthalt in seinem Bett sich geehrt fühlten; oder an die Frauen einiger Krautjunker, seiner Nachbarn, denen er Hörner aufgesetzt hatte. Er war mehr als sechzig Jahre alt, als er durch beträchtliche, ihm zufallende Erbschaften über eine Rente von hunderttausend Livres verfügen konnte. Der Augenblick, um zu genießen, war gekommen; und da er durch seine Jahre zur Eile sich getrieben fand, begab er sich ungesäumt nach Paris, dem Mittelpunkt der Freuden, und konnte da leicht, infolge ihrer Vielfältigkeit und ihrer ununterbrochenen Dauer, wiedergewinnen, was er notwendigerweise in den Zeiten der Dürre hatte verlieren müssen. Er nimmt ein prächtiges Haus; er stattet es in der vornehmsten Art aus und schwimmt in Wonnen. Er mietet eine Loge für das ganze Jahr in allen Theatern. Am besten gefällt ihm die Oper. Seine Sinne, in dieser Hinsicht unverbraucht, vermitteln ihm beinahe die lebhaften Eindrücke seiner Jugend; er zögert nicht, den Tribut zu zollen, das heißt, sich in eine Nymphe dieses bezaubernden Reiches zu verlieben. Seine Liebe traf das Fräulein Beaumesnil. Die Feinheit ihres Gesichtes, das Pikante ihres Spieles, die Leichtigkeit und die Lieblichkeit ihrer Stimme verführten ihn; er fand sich gefangen, ohne es zu bemerken, und konnte die Oper nicht einen Tag entbehren, an dem sie spielte. Wenn sie nicht erschien, war er in äußerster Ungeduld: sie kam ihm immer zu spät auf die Bühne und ging viel zu früh wieder weg. Er hatte genügend Erfahrung, um einzusehen, was das bedeute; glücklicherweise setzte sein Reichtum ihn in die Lage, keine Zurückweisung befürchten zu müssen. Außerdem war der Augenblick günstig: er hörte, daß die Sängerin weder einen, der sie aushalte, noch einen Liebhaber habe; daß sie also ungehemmt seine Mätresse werden könne. Er ergreift die Gelegenheit und sucht sie auf. Er erklärt ihr, daß er ein Provinzler und ein alter plumper Mensch und im Umgang mit Frauen des Theaters linkisch sei; daß er sie indessen, geführt von seinem guten Instinkt, aus hundert anderen herausgefunden und gewählt habe; daß sie ihm außerordentlich gefalle, daß er in sie vernarrt sei und daß er 50 000

Livres im Jahr mit ihr zu verzehren habe: sofern er so begünstigt sei, daß seine Huldigungen angenehm seien. Hinter diesem groben Ton, der ihr wenig vertraut war, entdeckt das Fräulein Beaumesnil eine Art sehr anziehender Beredsamkeit. Die Originalität dieses Mannes schreckt sie nicht ab, und sie scheint geneigt, seinen Plänen näherzutreten. Man zaudert nicht, über die Vertragsbestimmungen zu beschließen. Die wichtigste war schon angekündigt und mußte alle anderen erleichtern; er gibt ihr als erstes Ehegeschenk tausend Louis und weiterhin tausend Taler monatlich. Er fordert dafür keine Liebe, er weiß, daß diese sich nicht erzwingen läßt; sie ist nicht mehr genötigt, ihn zu lieben, als er, sie nicht zu lieben; aber er verlangt Rücksichten, Zärtlichkeiten, alles, was ihm Liebe vortäuschen oder ersetzen könnte. Er wünscht daneben, daß sie alle diese Laffen, diese Stutzer, diese vornehmen Herren, deren Schwarm um sie herumflattert, entferne. Endlich fordert er die größte Verschwiegenheit: er fürchtet die Lächerlichkeit, die auf ihn durch eine so späte Leidenschaft fallen könnte. Eine einzige vertraute Zofe muß ihn in der Nacht einlassen; während des Tages müssen seine Besuche denen einer Menge anderer ernsthafter Leute, vernünftiger Herren gleichen, die kommen, um sie zu sehen.

Die Schauspielerin hatte sich den Wünschen des Herrn de la Blinaye so genau gefügt, daß er sehr zufrieden war. Ihre Allianz währte schon mehrere Monate und die Dankbarkeit des Fräuleins Beaumesnil war so lebhaft, so eifrig, so glühend, daß sie vor aller Augen den Eindruck einer wahren Leidenschaft erweckt hätte ohne das Alter des Liebhabers und diese Art der Aushaltung, die beide unverträglich mit Liebe sind. Wie dem auch sei: die weitere Vorsichtsmaßregel, die Herr de la Blinaye ergriffen hatte, um sich des Besitzes dieser verborgenen Schatzkammer zu versichern, widersprach seinen Absichten und verursachte wahrscheinlich das, was ihm seine Ruhe und sein Glück störte.

Er hatte einen Neffen, den Chevalier de la Royerie, einen jungen Gardeoffizier, in sein Haus genommen, den er sehr liebte und den er zu seinem Erben zu machen dachte. Sein Ziel war, ihn eilig zu verheiraten. Bis dahin wachte er mit Aufmerksamkeit über ihn, und dieser junge Soldat wurde nicht im geringsten in die Gründe eingeweiht, die ihn seine Neigung oder vielmehr seine Schwäche für eine Kurtisane verborgen halten ließen. Er fühlte richtig, daß seine Reden dann keine Gewalt mehr über sein Mündel haben und daß sein Beispiel jede Wirkung seiner Lehren zerstört haben würde. Um ihn besser bewachen zu können, führte er ihn immer mit sich in die Schauspiele und in die Oper, in die er am meisten ging. Dort, wenn sie zusammen in der Loge waren, verfehlte er nicht, sich über seine Geliebte in Ausdrücken der Bewunderung zu verbreiten, und fesselte so, ohne es zu wollen, die Augen seines Neffen fortwährend an das Fräulein Beaumesnil, und durch seine dauernden Auszeichnungen, durch seine Lobeserhebungen brachte er es dazu, diesen jungen Mann für sie zu entflammen, der unter den gleichen Umständen für jede andere ebenso sich begeistert hätte. Man beurteile die Verheerungen, die in einem so unerfahrenen Herzen eine Leidenschaft verursachen muß, die durch die Gegenwart der Geliebten täglich emporwächst, die genährt wird von den immerzu wiederholten Lobreden, die sich verschließt, sich zurückhält infolge der Anwesenheit eines strengen Erziehers. Man kann sich leicht denken, bis zu welchem Grad der Unbesonnenheit sie gedeihen mußte. Zunächst mußte der Chevalier, getrieben von dem Bedürfnis, alles, was er fühlte, auszudrücken, sich begnügen, dem Fräulein Beaumesnil einen sehr brünstigen, sehr hitzigen Brief zu schreiben, in dem er ihr, da er sie nach den Frauen ihrer Art einschätzte, vorschlug, sie zu bezahlen, und ihr ungeheure Summen anbot.

Diese Erklärung blieb unbeantwortet. Die Leidenschaft des jungen Mannes wurde dadurch nur noch heftiger und erhielt bald den Charakter einer wahrhaften Liebe. Er bereute die Form seines Briefes; da er vor dem Gegenstand seiner Neigung Achtung zu empfinden begann, entschloß er sich zu Vorschlägen, die den ersten ganz entgegengesetzt waren. Eines Tages, nach der Oper, nachdem er seinen Onkel unter irgendeinem Vorwand verlassen hat, läßt er sich bei dem Fräulein Beaumesnil melden; er tritt ein; da er noch unbekannt ist, ist er genötigt, sich durch die Erwähnung seines Briefes einzuführen... Bei diesen Worten nimmt die Theaterheldin eine würdevolle Miene an und läßt ihn sich nicht weiter erklären; sie fragt ihn, wie er es wagen könne, sie unter einem derartigen Vorwand aufzusuchen; sagt ihm, daß dieser Grund für sie genüge, ihn nicht zu empfangen; sie bitte ihn, sich zurückzuziehen. Verwirrt, durchdrungen von Schmerz, bleibt er und will sich entschuldigen: das Wort erstirbt auf seinen Lippen. Die Schauspielerin, die seinen Widerstand falsch auslegt, ruft ihre Zofe und droht, Hilfe zu rufen, wenn er weiter darauf bestehe, sie zu belästigen. Da hält er sich nicht mehr: seine Tränen fließen unaufhaltsam, er schluchzt, er wirft sich der Geliebten in der Haltung der Reue und Verzweiflung zu Füßen und sagt, daß er lieber sterben wolle als ihre Ungnade sich zuziehen in dem Augenblick, in dem er zum ersten Male das Glück habe, sich ihr nähern zu dürfen. Er verwirft die Sprache der Leidenschaft, er schwört ihr die reinste und ehrfurchtsvollste Liebe; er wünscht keine andere Freiheit als die: ihr huldigen zu dürfen, ihre Gunst zu erwerben durch seine Ehrerbietung. Endlich will er (oder vielmehr: sein Herz will) die dauerhafteste und heiligste Verbindung, und er schlägt sie ihr vor; kraft seiner Bemühungen werde er zuversichtlich dahin gelangen, daß man ihn mit günstigeren Augen betrachte. Eine solche Änderung der Gesinnung, so ungewöhnliche und schlecht hervorgebrachte Anerbietungen hießen das Fräulein Beaumesnil leicht einsehen, daß sie einen vor Liebe verdrehten Menschen vor sich habe. Sie hatte Mitleid mit diesem Unglücklichen; da sie ihm in diesem Augenblick nicht die Erklärung geben kann, die diese unerwartete Szene fordert, wird sie milder; sie sagt ihm, daß er zu einer gelegeneren Zeit eine Unterhaltung, die so viele Einzelheiten habe, wieder aufnehmen könne; daß sie ihn am folgenden Dienstag erwarte, wenn sie nicht spiele; sonst könne sie ihn mit Leichtigkeit während der Vorstellung sprechen. Diese wenigen Worte gaben dem Chevalier das Leben zurück oder vielmehr: er verließ ihr Zimmer als der glücklichste aller Menschen. Sein Gesicht erschien einigen seiner Kameraden, als er zu ihnen zurückkehrte, so strahlend, daß sie ihm Komplimente machten und ihm Glück wünschten zu seinen guten Aussichten. Er war von einer zu großen Verehrung für sein Idol erfüllt, um darüber scherzen zu können; er beschäftigte sich unaufhörlich mit ihm bis zu dem Augenblick der Zusammenkunft; er überließ sich allen Trugbildern, die ihm Ereignisse, die in einer gleichen Situation sich abspielen könnten, vortäuschen sollten. Endlich sah er den erwünschten Tag erscheinen. Das Fräulein Beaumesnil hatte alle notwendigen Vorsichtsmaßregeln ergriffen, damit das Zusammensein nicht gestört werde und man die Angelegenheit gründlich besprechen könne.

Herr de la Royerie begann, nachdem er seine Versicherungen der Ehrerbietung, der Zuneigung, der gewaltigen Leidenschaft und alle anderen Gemeinplätze Verliebter wiederholt hatte, die Reinheit seiner Absichten, die Legitimität der Verbindung, nach der er trachte, umständlich zu beteuern; mit einem Wort: er machte dem Fräulein Beaumesnil einen richtigen Heiratsantrag. Er ging sodann auf die wesentlichen Einzelheiten ein: auf seinen Namen, sein Herkommen, seinen Rang, sein Vermögen, auf die beträchtlichen Hoffnungen, die er in seinen Onkel, Herrn de la Blinaye, setze. Bei diesem Namen wird das Fräulein Beaumesnil betroffen durch die Sonderbarkeit dieser Zusammenhänge; ohne daß er es merkt, fragt sie ihn aus, um sich zu unterrichten, ob dieser Onkel derselbe sei, der sie aushalte. Nachdem sie daran nicht mehr zweifeln kann, läßt sie sich durchaus nichts anmerken und wird nur fester in ihren Beschlüssen; sie läßt ihn den Faden seiner Rede wieder aufnehmen und, als er aufgehört hat zu sprechen, antwortet sie ihm:

»Das scheinbar verführende Anerbieten, das Sie mir gemacht haben, mein Herr, würde viele andere blenden. Es gibt zweifellos wenige unter meinen Kolleginnen, die widerstehen würden: Ich aber finde in allem, was Sie mir sagen, nur einen Grund mehr, Sie abzuweisen und Sie zu bekämpfen. Sie sind ein Mann von Stellung, im Dienst; Sie erwarten ein beträchtliches Vermögen eines Onkels, und Sie wollen, durch eine unpassende Heirat, sich in die Situation bringen, aus der Gesellschaft sich ausgeschlossen zu sehen, Ihren Beruf aufgeben zu müssen, enterbt zu werden. Ich weiß, daß Heiraten dieser Art so allgemein werden, daß man ihnen vielleicht bald nicht mehr Aufmerksamkeit schenken wird als anderen Mißheiraten. Ich sehe alle Tage Offiziere, die dergleichen getan haben und die nichtsdestoweniger bei ihren Regimentern oder in ihrem Rang bleiben. Endlich gibt es zweifellos Wendungen, Mittel, Ihr Vergehen geheim zu halten, es dem guten Onkel zu verbergen, um Ihnen die Hoffnung zu lassen, die Erbschaft ungekürzt antreten zu können. Ich habe diese Schwierigkeiten weniger zu fürchten als Sie selbst: Sie sind in der Blüte Ihres Alters, im Feuer der Leidenschaft, Sie brennen vor Liebe, und wenn Sie immer in demselben Rausche bleiben könnten, würde ich Ihr Glück sein, mein Besitz würde Ihnen genügen, Sie würden keinen anderen nötig haben. Aber wenn Ihre Augen sich öffnen, wenn der Schleier fällt, werde ich Ihnen ebenso verhaßt sein, wie ich Ihnen lieb gewesen bin, ebenso verächtlich, wie ich Ihnen bewundernswert erschien. Sie werden mir Ihre Schädigungen anrechnen; Ihre Torheit, die Wirkung einer unfreiwilligen Verführung meinerseits, werden Sie mir zuschreiben. Ich wäre es gewesen, die die verborgene Schlinge auswarf, um Sie einzufangen! Ich wäre eine treulose, schreckliche, verabscheuungswürdige Frau! Nein, mein Herr, Sie werden mir niemals derartige Vorwürfe machen können; ich kann mich Ihrer Anerbietungen nur würdig erweisen, wenn ich Sie zurückweise und stärker bin als Sie, indem ich mich weigere, auf diese sehr ehrenhafte Verbindung einzugehen. Jede weitere Erklärung würde überflüssig sein. Danken Sie mir, daß ich Sie von einem verzweifelten Entschluß abbringe. Dies ist der erste und letzte Besuch, den Sie mir machen. Und ich werde an meiner Tür die Anweisung geben, Sie niemals mehr vorzulassen.«

Dieser Befehl wurde weder widerrufen noch aufgehoben, was auch der Chevalier sagen mochte, um die Drohung rückgängig zu machen; er zog sich zurück. Das Fräulein Beaumesnil bezweifelte, daß er nicht versuchen werde, wiederzukommen; sie traf Vorkehrungen, damit er nicht irgendeine neue Unbesonnenheit begehen könne. Sie hoffte, daß er, abgeschreckt durch ihr Benehmen, seine Huldigungen anderswo anbringen werde, da er zu ihr nicht vorzudringen vermochte. Es kam nicht so; denn der Chevalier, nachdem er mehreren Abweisungen sich ausgesetzt hatte, nahm zu einem dieser außergewöhnlichen Mittel seine Zuflucht, die man nur noch in Romanen kennt. Man wird weniger davon überrascht sein, wenn man wissen wird, daß sie seine gewöhnliche Lektüre geworden waren. Diese Art von Büchern, die seiner Lage am ähnlichsten waren, war die einzige, die ihm gefiel. In einer schönen Nacht ließ er eine Leiter an das Fenster seiner Geliebten legen. Unter dem Beistand zweier Lastträger, die die Leiter hielten, nach dem Lichte sich richtend, das er sah (seine Geliebte war noch nicht eingeschlafen), steigt er hinauf zu ihr und klopft an die Fenster. Glücklicherweise war das Fräulein Beaumesnil allein; sie erwartete Herrn de la Blinaye, der zum Abendessen auf dem Lande war und erst sehr spät zurückkommen wollte. Als sie das Geräusch hört, ist sie zuerst starr vor Schreck; aber bald läßt sie eine klägliche Stimme erkennen, daß es de la Royerie ist. Sie ist in der größten Ratlosigkeit, was sie tun soll. Sie fürchtet, daß er, wenn sie ihn in dieser Stellung verharren läßt, mit Absicht oder durch Zufall, sich den Hals brechen werde. Andererseits: Welche Szene, wenn der Onkel ihn bei ihr überraschte! Sie sucht der dringendsten Gefahr vorzubeugen: sie öffnet ihm; aber kaum ist er vor ihr auf den Knien, als sie ihre ganze Macht über ihn aufbietet und ihm befiehlt, sich zurückzuziehen. Sie erklärt ihm, daß sie unabänderlich auf ihrem Entschluß bestehe; außerdem erwarte sie jemanden, der die Nacht mit ihr verbringen werde; wenn ihr Liebhaber ihn in ihrem Zimmer anträfe, würde das für sie die schrecklichste Katastrophe zur Folge haben. Diese Mitteilung macht mehr Eindruck auf ihn als alle die Vorstellungen, Bitten, Drohungen. Sie ist ein Dolchstich für den unglücklichen Liebhaber. Die Eifersucht gesellt sich zu seinen anderen Qualen, ihn ergreift das Entsetzen, einen glücklicheren Sterblichen, als er selbst ist, zu sehen; er verzweifelt vollkommen und schießt wie ein Blitzstrahl hinaus. Er hatte gerade den »Grafen de Cominge«, diese Tragödie von Herrn d'Arnaud, gelesen; dort spielt die Szene sich in der Abtei der Trappisten ab. Er sieht nur diesen Ort für geeignet an, um seine Scham und seine Verzweiflung zu begraben. Er geht, unter dem Vorwand, in Versailles Dienst zu haben, reist mit der Extrapost ab und begibt sich in dieses Kloster.

Herr de la Blinaye war inzwischen zurückgekommen und hatte, nach seiner Gewohnheit, seinen Wagen weggeschickt. Er kommt näher und sieht von weitem zwei Männer, die eine Leiter entfernen und sie auf ihn zutragen; er hält sie an, fragt sie aus und vermag nichts aus ihnen herauszulocken, als daß ein junger, liebenswert aussehender Herr ihnen an der Straßenecke begegnet sei, sie gefragt habe, ob sie ihm diese Leiter zu gegebener Stunde bringen wollten; er habe sie im voraus entlohnt und ihnen eine weitere Entschädigung versprochen; daß er durch das Fenster bei einem dort wohnenden Mädchen, das zur Oper gehört, eingestiegen sei; daß er sie gebührend entschädigt habe und daß sie die nun überflüssig gewordene Leiter zurücktrügen.

Der Alte, der aus dieser Erzählung unschwer errät, daß der heimliche Galan sich nur bei Mlle Beaumesnil eingeschlichen haben kann, wird von grausamsten Zweifeln erregt und eilt beflügelten Schrittes, Klarheit zu erlangen. Sie ist noch ganz bewegt von dem, was sich mit dem Neffen zugetragen hat, und die Überraschung, sich plötzlich ihrem Herrn gegenüber zu sehen, zu hören, das zu hören, daß er die Leiter und das ganze Einsteigmanöver mitangesehen hat, trägt nur dazu bei, ihre Verwirrung zu steigern. Der Eifersüchtige sieht darin eine Bestätigung und wünscht, über dies Abenteuer informiert zu werden. Mlle Beaumesnils Zartgefühl empört sich dagegen; die Wut des Liebhabers verdoppelt sich. Er reizt auf empfindlichste Weise ihr Ehrgefühl: durch beleidigende Vorwürfe, durch verächtliche Ausdrucksweise. Und nun antwortet sie ihm mit der Entschiedenheit der Unschuld und dem Bewußtsein einer guten Tat, die sie selbst verherrlicht, daß sie in diesem Moment gewichtige Gründe habe, um ihn nicht befriedigen zu können; daß er ihr eines Tages alles abbitten werde: daß sie von ihm verlange, daß er deshalb an ihre Ehrlichkeit glaube; daß sie ihm schwöre, daß nichts sich bei diesem Zusammensein ereignet habe, das seine Liebe beunruhigen oder ihm mißfallen könne; daß sie nach dieser Beteuerung jede weitere Frage beleidigen würde, und sie bäte wohlweislich darauf nicht zu bestehen. In den Augen eines beherrschten, menschlich denkenden Beobachters wären diese ihre Worte, die mit Ruhe nach der vorangegangenen Erregung, die sie bewegt hatte, ausgesprochen wurden, ein Beweis von der Wahrheit ihrer Entschuldigungen gewesen; aber der Alte war zu sehr außer sich, um richtige Schlüsse zu ziehen.

Seine Wut entzündet sich daran; und indem er das Fräulein mit Vorwürfen, Beleidigungen und all den Schmähungen, die ein so grausam getäuschter Mann ausspeit, überhäuft, kündigt er ihr den endgültigen Bruch an.

Wie ein Rasender geht er von ihr und versteckt sich zu Haus. Nach einer Nacht, in all den Zweifeln verbracht, wie sie jeder Liebhaber empfunden hat, der sich gezwungen sieht, eine noch geliebte Mätresse zu verlassen, verfällt er in tiefe Träumerei; am nächsten Morgen läßt er sein Haus schließen und findet kein anderes Mittel, seine Melancholie zu heilen, als die Zurückgezogenheit des Landlebens. Es liegt ihm nichts daran, in seinem jetzigen Zustand seinen Neffen zu sehen und, davon unterrichtet, daß dieser sich in Versailles befindet, befiehlt er nur, daß man ihn, wenn er von der Wache abgelöst werde, von der Abreise seines Onkels und dessen Wunsch, ihm zu folgen, verständige.

Die Besitzung, auf die sich M. de la Blinaye zurückgezogen hatte, lag fast in der Perche, unweit von La Trappe. Eines Tages bestimmt er diese Abtei zum Ziel seines Spazierganges. Die Mönche waren mit Gartenarbeit beschäftigt. Als er sie einen nach dem anderen betrachtet, fällt ihm einer auf, dessen Gestalt ihn frappiert, da er seinem Neffen seltsam ähnlich sieht. Er beschäftigt sich nicht eingehender damit und verläßt das Kloster.

Nach wenigen Tagen empfängt er Briefe aus Paris, die ihm mitteilen, daß Herrn de la Royeries Verbleib unbekannt ist, daß er keineswegs, wie er behauptet hatte, in Versailles sei, daß er verschwunden sei, ohne daß man mit den gewöhnlichen Auskunftsmitteln habe in Erfahrung bringen können, was aus ihm geworden ist.

Nun erinnert er sich des Zusammentreffens mit dem jungen Mönche, dessen Anblick ihn bewegt hat; mit Eilpost begibt er sich nach der Abtei. Er verlangt Auskunft und zweifelt aus Antworten über den Novizen nicht, daß dies sein Neffe sei. Man läßt ihn kommen; beim Anblick seines Onkels wird er bewußtlos; zu sich gekommen, fragt man ihn aus. Fasten und Kasteiungen haben die Wallungen seines Blutes beruhigt und die Heftigkeit seiner Leidenschaft gemäßigt. Seine Gedanken gehen wieder klare Wege, und da sein Gelübde mehr die Folge von Liebesgram als ein Wunsch nach göttlicher Gnade war, war ihm diese Gelegenheit, seiner Abgeschiedenheit zu entgehen, für die er nicht geschaffen war, nicht unlieb. Er erzählt seine Tollheiten. Bei seiner Erzählung kostet es Herrn de la Blinaye Mühe, an sich zu halten.

Doch ist er so entzückt, seine Mätresse unschuldig zu finden, ihre Vorsicht, ihre Reserve und den Edelmut ihres Vorgehens zu bewundern, daß er dem Chevalier vergibt.

Der Abt drängt als erster den Novizen, in die Welt zurückzukehren und seinem Onkel zu folgen, der ihn in Güte wieder aufnehmen würde. Bald finden sich beide wieder in der Stadt.

Nachdem sich Herr de la Blinaye über die Absichten seines Neffen vergewissert und überzeugt hat, daß dieser dank seiner kurzen, aber heilsamen Weltflucht von einem Delirium, das in seiner Heftigkeit allein seine schnelle Heilung trug, befreit ist, sagt er ihm, daß er ihn als einzige Strafe verwirrt zu den Füßen seiner Angebeteten zu sehen wünscht; und ohne sie zu benachrichtigen, führt er ihn zu ihr.

Diese Anekdote verwundert durch ihre Seltsamkeit.

Das Erstaunen der Schauspielerin beim Anblick der versöhnten Rivalen war ungeheuer: »Madame«, sagt Herr de la Blinaye, »hier sehen Sie zwei reuige Sünder, die desto würdiger Ihres Verzeihens sind, weil Liebe ihre Sünde war.«

Dann, zu seinem Neffen gewendet: »Ja, ich bin es, der Ihnen vorgezogen worden ist; ein siebzigjähriger Greis hat den Sieg über alle Reize der Jugend davongetragen, und ich bin es, der gewagt hat, eine Frau zu verdächtigen, der man Altäre errichten sollte.« Darauf ergeht man sich in Erklärungen aller Art über alles, was sich zugetragen hat. Die beiden Liebhaber verlassen sie endlich, nicht ohne ihre Heldin mit Lobesbeteuerungen überschüttet zu haben und ihren Ruhm zu singen und ganz Paris zu erzählen, daß Anstand und Tugend noch leben und sogar in den Foyers der Oper.

Das Haus, das Herr von Cahouet bewohnte, als es ihm noch gut ging, überblickte den Garten der Jakobiner. Dieser Finanzier hatte eine sehr hübsche Nichte, der zwei Kammerfrauen zugeteilt waren, die an Schönheit vor ihrer Herrin in nichts zurückstanden.

Den drei Wesen gefiel es nun, die jugendlichen Jakobiner zu lorgnettieren, die, nicht im Zweifel über die Art dieses Augenspiels, die Mauern überkletterten und durch das Fenster der jungen Damen einstiegen. Drei Tage dauerten die verliebten

Orgien. Der Herr des Hauses, der, wie alle Reichen, ängstlich und mißtrauisch ist, glaubt in der Nacht ein Geräusch zu hören, läßt den Pförtner kommen, wirft ihm seine Nachlässigkeit vor und vertraut ihm seine Befürchtungen an. Man forscht nach und entdeckt alles. Die Nichte wird in ein Kloster eingeschlossen, die Dienerinnen in ein Hospital geschleppt, und die Novizen sind nun vielleicht desto würdiger, Mönche zu werden. Ihr Schicksal ist unbekannt.

Mademoiselle Duthé[s], die Heldin unserer galanten Mädchen, mußte eines Tages eine Strafe über sich ergehen lassen, die sie nicht wenig demütigte. Eine prächtige Equipage hält vor ihrer Tür; ein junger Herr, von reich gekleideten Dienern umgeben, entsteigt ihr; der junge Herr läßt sich als Fremder von höchster Distinktion bei ihr melden; er wagt ein zärtliches Geständnis und unterstützt es mit einer verführerischen Versprechung. Die Schöne, durch das Ungewohnte des Abenteuers und mehr noch von der Höhe der angebotenen Summe bewegt, schenkt den liebevollen Bitten des Fremden Gehör, der, ehe er sich von ihr trennt, Sorge trägt, eine reich gefüllte Börse auf dem Toilettentisch zu deponieren. Kaum ist er gegangen, öffnet Mlle Duthé die Börse und findet nichts darin als Kupfermünzen.

Am nächsten Morgen erfährt man, daß der angebliche fremde Grandseigneur niemand anders als ein Kammerdiener war, der sich Karosse und Livreen seines Herrn verschafft und seine Kameraden veranlaßt hatte, ihm bei diesem galanten Betrug zu dienen. Mlle Duthé ist über das Abenteuer verzweifelt und schwört, sagt man, nie wieder einen Handel abzuschließen, ohne vorher die Börse zu öffnen und ohne die näher kennenzulernen, die nach ihren Gunstbezeigungen schmachten.

Ist ein junges Mädchen nicht stark genug, ihre Natur und eine Leidenschaft, die mitunter nichts Sträfliches birgt, zu bekämpfen, so geschieht es selten, daß sie kein Mittel fände, die Folgen ihrer Schwäche zu zerstören. Ist das Unglück einmal geschehen, sollten vorsichtige und weise Eltern für das Opfer von Liebe und Konvention Partei nehmen: man muß warten, bis der Rausch verflogen ist, ehe man dem Manne Vorhaltungen macht, der sich dem Wein zu sehr ergibt, und da nichts einer Herzensaffäre mehr schadet als Öffentlichkeit, sind zornige und aufbrausende Eltern, die ihr nicht helfen, ihre Schuld zu verheimlichen, viel mehr zu tadeln, als das empfindsame Mädchen, dem es an Erfahrung fehlt.

So denkt auch Mme B., eine ehrenhafte, von ihren Kindern vergötterte Frau; doch ist sie mit einem Manne vereint, dessen Prinzipien weit anders lauten.

Eines Tages kam sie einem Geheimnis auf die Spur, das ihre Tochter ihr vergeblich hatte verbergen wollen; sie empfing ihr Geständnis; ein einfaches, unschuldsvolles Herz vermag einer zärtlichen und geliebten Mutter nichts lange zu verheimlichen.

Mme B. trocknet die Tränen ihrer Tochter und verspricht ihren Beistand, um dem gefürchteten Vater dies Abenteuer zu verbergen. Die unvergleichliche Mutter gibt vor, selbst schwanger zu sein, und der Gewohnheit gemäß, die sie bei sich eingeführt hat, verwehrt sie ihrem Mann ihr Schlafgemach zu all den Stunden, die ihm das Geheimnis hätten enthüllen können; geschickt benutzte Kleidungsstücke, tausend kleine gesundheitliche Sorgen und Bemühungen aller Art lassen die Welt von Mme B.s Schwangerschaft wissen. Der fatale Moment nähert sich; diese bewundernswürdige Mutter findet es wünschenswert, daß ihre Tochter Zeugin der Entbindung sei, gleichsam, um ihr eine nützliche Lektion zu geben; der Chirurg ist Mitwisser. Als der Vater eintreten darf, sieht er ohne Erstaunen im Bett neben der vermeintlichen Wöchnerin seine Tochter, die angibt, durch das aufregende Schauspiel, dem sie beigewohnt hat, krank geworden zu sein; er erweist seinem Enkelkind, das er für sein eigenes hält, tausend Zärtlichkeiten; seine wirkliche Mutter erfreut sich wenigstens des Trostes, ihr Kind als ihren Bruder herzen zu dürfen.

Sigmund Freudeberg: In vertrautem Gespräch

Heute darf sie es betrachten, ohne erröten zu müssen, da sie mit dem vereint ist, der ihm das Leben gab. Sie ist tugendhaft geblieben, obschon sie ein Verbrechen gegen die Tugend begangen hat. Wie schrecklich hätten aber die Folgen einer in so mancher Hinsicht entschuldbaren Torheit werden können, wenn sie eine andere, weniger nachsichtige Mutter gehabt hätte!

Mademoiselle Quincy, eine recht hübsche Kurtisane, gibt eines Tages, sei es aus Bosheit, sei es aus Leichtsinn, drei verschiedenen Männern ein abendliches Rendezvous. Die drei Galane treffen sich; im Moment, in dem sie sich besprechen und über die Großmut der Schönen, die so viele auf einmal beglücken wollen, beklagen, erscheint ein vierter, der sie an der Hand führt, und sagt zu den anderen ganz lustig: »Meine Herren, ich bin der wahre Amphitryon; in zwei Stunden werde ich Ihnen Mademoiselle wieder zuführen können. Unterdessen empfehle ich Ihnen, über das Bizarre der Situation und über die Treue der Frauen zu meditieren.«

Es genügt zu bemerken, daß der Unglücklichen einer ein Abbé war, der andere ein Kammerherr, und der dritte ein Finanzier; der, der so kühn sprach, war ein breitschultriger Offizier von zweiundzwanzig Jahren, der nichts lieber tat, als die Verwirrung dieser Herren zu erhöhen.

Um die Ungläubigen zu überzeugen, die meinen, daß unsere galanten Damen nicht die Macht der Gefühle kennen, sei folgende kleine Anekdote berichtet.

Eine dieser Damen, die in Ansehen stand, hatte einen schönen Papagei, der ihr teurer war als ihr Leben. Für diesen geliebten Vogel hätte sie all ihre Anbeter hergegeben; da fliegt er ihr eines Tages davon. Ein Schöngeist, der aus der Situation Nutzen ziehen wollte, würde behaupten, daß dies von böser Vorbedeutung für die Dame sei und daß es ihr ankündige, wie die Liebe mit dem Papagei entfliegen könne. Wie dem auch sei: diese neue Lesbia weint und rauft sich das Haar, und in ihrem Schmerz ruft sie aus: »Ach, mein armer Papagei, was würde ich nicht alles geben, um dich wieder zu haben; meiner Treu, der ihn mir zurückbrächte, sollte mit mir schlafen.«

So verspricht Venus einen Kuß dem, der den Sohn zurückbringt.

Am Morgen nach diesem Gelübde erscheint ein großer, muskulöser Wasserträger, der den Papagei auf der Hand trägt.

»Mademoiselle, ich war gestern in Ihrer Küche, ich habe Ihr Versprechen gehört, das hat mir das Herz in den Bauch getrieben; kurz, hier ist Ihr Vogel, den ich wiedergefunden habe. Sie sind ein zu ehrliches Fräulein, um mich um meine Belohnung zu bringen.« Wer aber ein wenig verwirrt wurde, war die Herrin des Papageis. Wie, ein Wasserträger sollte das Lager besudeln, auf dem man den Herrn Herzog, den Herrn Bischof, den Herrn Präsidenten zu empfangen gewohnt war? Sie bot als Entschädigung eine ziemlich gewichtige Summe.

»Aber Mademoiselle, ich will gar kein Geld, sondern die Ehre haben, mit einer so hübschen Frau, wie Sie es sind, zu schlafen; ich bin kein vornehmer Herr, aber, glauben Sie mir, Jacques vermag als Liebhaber sich mit jedem zu messen.« Die Demoiselle, die ihren Stolz darein setzt, groß zu handeln, besiegt mit einem langen Seufzer den Widerstreit ihrer ehrgeizigen Gefühle und gewährt ohne Einschränkungen dem Wasserträger die versprochene Belohnung.

Scherzend sagt sie, als sie Entschädigung gewährt hat: »Es tut mir nicht leid, Jacques ist ein Mann wie jeder andere«, und läuft, bei ihrem Papagei zu vergessen, was er sie gekostet hat.

Ein Generalpächter liebte seine Frau und glaubte sich von ihr angebetet. Es war ihm grausame, beispiellose Lust, über andere Frauen Böses zu schwatzen. Er verhöhnte die Opfer ihrer Galanterien, und nach seinen vielen Schimpfreden gegen beide Geschlechter pflegte er sein eigenes Schicksal zu rühmen: »Ich, für meinen Teil«, sagte er, »daß mir das Glück aller anderen zufällt, ich liebe meine Frau sehr, und sie ist aus Liebe zu mir geradezu toll.« Unser Finanzier schlief ganz friedvoll bei diesem glücklichen Gedanken. Da empfängt er ein Billett, das diese Worte enthält:

»Sie sind ein Frechling mit ihrem ewigen Glück, das Sie uns unter die Nase reiben, mein Freund. Sie sind ein Hahnrei wie jeder andere auch, und wenn Sie sich morgen früh mit eigenen Augen davon überzeugen wollen, so steigen Sie gegen neun Uhr auf Ihren Boden, und Sie werden Madame in einer unzweideutigen Situation treffen.«

Der Finanzier reißt das Billett in Fetzen und bleibt fest davon überzeugt, daß diese Nachricht nichts weiter als eine ihm zugedachte Beleidigung sei. Dennoch entschließt er sich, das Abenteuer zu wagen. Am nächsten Morgen steigt er zur angegebenen Stunde zum Boden herauf, und noch ehe er sieht, hört er sehr deutlich diese Worte: »Oh, Guillaume, laß doch deine Pferde und kuriere lieber mich, denn ich habe es mehr als nötig. Dieser Tölpel, mein Mann . . .«

Der wütende Gatte läßt sie nicht vollenden und stürzt sich nach der Richtung, aus der diese galante Unterhaltung tönt. Seine Frau erblickt ihn und zieht sich majestätisch zurück; er will sie schlagen; sie darauf wie ein neuer Themistokles: »Schlage, aber höre mich an; ich habe tolle Lust danach gehabt, und dein Kutscher erschien mir ein unbedeutender Mensch; glaube mir, ich liebe dich deshalb nicht weniger; wir wollen uns über solche Bagatellen des Temperaments nicht streiten, mein Freund, das Herz allein ist alles.« Der Finanzier war vor Staunen erstarrt und verblüfft; diese Kühnheit seiner Frau hatte er nicht erwartet. Zwar nahm er dieses Geständnis nicht als einen Scherz, aber er war dumm genug, seine Geschichte zu verbreiten; man schließe daraus, wie sehr er blamiert war. Er handelte keineswegs wie jener vernünftige Gatte, dem seine Frau nach seiner Rückkehr aus Amerika sechs hübsche Kinder präsentierte; er fragte sie gelassen: »Wer sind diese Liebesgötter?« – »Nun, dies sind unsere Kinder«, antwortete ernsthaft die ehrbare Dame. – »Ich dachte nicht, eine so liebenswerte Familie vorzufinden.« Und einen Moment später: »O nein, meine Liebe, wir werden keine anderen mehr machen, wir haben genug von ihnen, nicht wahr?« – »Wie du willst, mein Freund.«

Dies war der wahre Held von einem französischen Gatten.

Ein Königsgardist, der hinter einer Dame von hohem Rang die Treppe zu Versailles heraufsteigt, wagt, seine Hand unter ihren Rock zu führen. Die Dame ist erzürnt, aber der Schuldige sagt, ohne sich beirren zu lassen: »Oh, Madame, wenn Ihr Herz ebenso hart ist wie Ihr Hinterteil, bin ich ein verlorener Mann.« Die Beleidigte konnte nicht umhin, über diesen Scherz zu lachen und verzieh die Indiskretion dem Kompliment zuliebe.

Herr von B., ehemaliger Königsgardist und Schwager des Marquis von P., befand sich mit seiner Frau bei einem Souper. Jemand erzählte Diebsgeschichten. Herr von B. ergreift das Wort und sagt, daß dies ein weiter verbreitetes Laster sei, als man meinen möge, und daß man Beispiel habe, daß selbst junge Leute von Stand sich dazu verführen ließen.

Bei diesen Worten versucht Frau von B. ihren Mann zum Schweigen zu bringen. Irgend jemand in der Gesellschaft ersucht, zweifellos um die Dame zu erzürnen, ihren Gatten, fortzufahren. Er ließ sich nicht lange bitten und sprach weiter: »Im Anfang meiner Ehe schlief ich keineswegs bei meiner Frau. Als sie eines Abends zu Bett ging, wollte ich ihr gute Nacht wünschen, als ich plötzlich ein Geräusch in ihrem Ankleidezimmer wahrnehme; ich ergreife ein Licht, trete ein und sehe jemanden, der sich unter einem Gewand zu verbergen sucht; ich ziehe es fort und erblicke den denkbar schönsten jungen Mann. Ich frage ihn, was er da sucht. Er antwortet mir mit bebender Stimme: ›Verzeihen Sie, ich schäme mich, Ihnen einzugestehen, daß meine Absicht war, Ihnen ein Kleinod zu rauben, das Sie zu sehr vernachlässigten.‹

›Aber‹, sagte ich ihm, ›schämen Sie sich nicht, ein so verächtliches Metier auszuüben? Sie verdienten, daß ich Sie festnehmen ließe.‹ Seine Schönheit entwaffnete mich, und ich ließ ihn laufen. Sie verstehen wohl, daß meine Frau vor Angst mehr tot als lebendig war. Wenige Tage darauf gehe ich zum König, öffne die Kammertür, und siehe da, mein Dieb inmitten des Appartements! Ich sage zum Türhüter: ›Was macht hier solch ein Spitzbube wie dieser da?‹ Der Türhüter antwortet mir: ›Sie sagen, gnädiger Herr? Dies ist der Chevalier von B.‹ – ›Nun wohl, mein Freund‹, habe ich erwidert, ›der Chevalier von B. ist ein Dieb, ich hätte ihn nur festzunehmen brauchen.‹«

Man versteht wohl, daß eine derartige Geschichte die Gesellschaft auf Kosten des Erzählers amüsieren mußte, und daß er sie selbst erzählen mußte, um die Lacher auf seiner Seite zu haben.

Der Bischof geht, zum Weltmann umgewandelt, zu einer liebenswürdigen Dame, die für die kleinen Vergnügungen des Publikums junge Damen beschäftigt. Er glaubt, gut verkleidet zu sein. Er ist noch nicht mit einer dieser jungen Huris einig geworden, als sich ein großer Lärm erhebt. Ein brutaler Kerl will absolut die Schönheit besitzen, die Monseigneur in seinen geweihten Armen hält.

Schließlich geht seine Unzufriedenheit so weit, daß er die Tür des Kabinetts erbricht. »Sie sind es, Abbé!« – »Sie, Monseigneur!« rufen unsere beiden Heiligen aus.

»Ich hätte nie geglaubt, Monseigneur, Ihre Herrlichkeit an diesem Ort zu treffen!«

»Und ich vermutete nicht, daß Sie Libertin genug sein könnten ...«

»Ich bitte, Monseigneur, keine Vorwürfe, lassen Sie uns einig werden: ich will Ihnen Mademoiselle überlassen, ich werde mich mit einer weniger angenehmen Sultanin begnügen – das wird für einen Großvikar genügen. Darauf wollen wir fröhlich soupieren; doch vermeiden wir jedes Streitgespräch, Monseigneur. Ich gebe zu, daß dies hier nicht der rechte Ort für uns ist, weder für Sie, noch für mich: solange wir hier sind, wollen wir ausgelassen sein, und morgen mag jeder seine Würde wieder aufnehmen.«

Der Prälat sah ein, daß es am besten sein würde zu lachen, und das heilige Paar vergnügte sich nach Herzenslust.

Die Diskretion dieser Damen war der Lust, diese Geschichte zu verbreiten, die tatsächlich sehr erbaulich ist, nicht recht gewachsen.

Ein Soldat des Regiments von... verläßt ohne Einwilligung seiner Vorgesetzten seine Garnison und kommt nach Paris zu seinem Obersten, ihn um die vakante Stelle eines Unteroffiziers zu bitten. Dieser leichtsinnige Schritt setzt ihn der Gefahr aus, wie ein Deserteur bestraft zu werden. Kaum hat er das Haus betreten, bemerkt ihn die Frau des Obersten und ist frappiert von seinem Aussehen, seinem Wuchs, seinen Zügen.

Unser Soldat ist wie ein Herkules gebaut, und die Marquise ist Liebhaberin.

Ein Diener teilt dem Hergereisten mit, daß Mlle Julie, die erste Kammerfrau der Marquise, ihn zu sprechen wünscht und ihn in dem Zimmer erwartet, in das man ihn geleitet.

Dort findet unser Soldat eine schwarzäugige Brünette, in einem mehr als galanten Deshabillé, die eine nicht wenig einladende Stellung angenommen hat.

»Was wünscht Ihr, mein Freund, was verlangt Ihr von Monsieur?«

Der Soldat erklärt den Zweck seiner Reise; man verspricht ihm vollen Erfolg. »Setzt Euch zu mir, Ihr seid ein schmucker, junger Bursche; es wäre schade gewesen, wenn eine so schöne Gestalt nicht mit der Uniform geschmückt worden wäre. Aber diese häßlichen Borten sollt Ihr nicht tragen; oh, bald sollen sie von silbernen ersetzt sein.«

Der Soldat fühlt sich nicht mehr ganz frei und bemerkt bald, daß ihm zwei gute Dinge auf einmal in den Schoß fallen sollen. Man zweifelt nicht daran, daß diese Festung, die sich so bereitwillig erbot, rasch genommen war. Hier handelte es sich nicht um eine Blockade, es gab keine Zeit zu verlieren, und die Truppen bemächtigten sich in zwei Minuten der Stadt und der Zitadelle.

Als der Soldat eine Stunde der Eroberung genossen hatte, dachte er wieder an sein

Vorhaben; es war wichtig für ihn, daß er am nächsten Morgen wieder bei seinem Korps exerziere. Man läßt ihn allein; eine halbe Stunde später ruft man ihn zum Obersten. »Mann«, sagte der Marquis, »meine Frau hat sich auf die Empfehlung eines Mädchens, dem ich vertraue, für Euch interessiert und mich verpflichtet, nicht nur das Unerlaubte Eures Schrittes zu entschuldigen, sondern Euch auch die Gunst, die Ihr fordert, zu gewähren. Verliert keinen Augenblick, Euch wieder zu stellen, ich werde dem Major schreiben, daß er einen Vorwand für Eure Abwesenheit finde, aber ich kann nicht zugeben, daß sie noch länger dauere.« Der Soldat ist im Begriff aufzubrechen, nachdem er sich in Dankesbeteuerungen erschöpft hat, als ihn der Marquis zurückruft. »Wartet einen Moment, mein Freund, Ihr selbst sollt meine Befehle überbringen, und während mein Schreiber sie verfaßt, will ich Euch Eurer Wohltäterin vorstellen; folgt mir zu Madame.«

Der Oberst und der neue Sergeant treten in das Appartement der Marquise, die sich noch im weißen Deshabillé befindet. Kaum bemerkt sie der Soldat, da ruft er aus: »Meine liebe Julie, wie sehr bin ich Ihnen dankbar.« Madames Verwirrung bei diesem seltsamen Ausbruch hätte wohl genügt, auch einem blinderen Mann als dem Obersten die Augen zu öffnen; die Zufälle mehren sich, ihn aufzuklären: die wirkliche Julie, die, welche ihre Kammer, ihren Namen und ihre Schürze hergeliehen hatte, tritt ein. Der arme Ehemann befragt sie, und sie ist schwach genug, zu beichten.

Im übrigen hat das Beispiel von Tausenden seiner Schicksalsgenossen den Obersten bestimmt, sich ins Unvermeidliche zu schicken.

Man versichert, daß die Empfehlung dieser keuschen Gattin noch immer seinen Geist beeinflußt.

Eine unserer wenig bekannten Fräuleins ließ es sich eines Tages einfallen, sich für unberührt ausgeben zu wollen. Madame, ihre Mutter – denn diese jungen Damen sind niemals verwaist –, wußte in der Gesellschaft gewisse kleine Mitteilungen zu verbreiten, in denen man der Öffentlichkeit ankündigte, daß eine gewisse Dame sich noch ganz und gar ihrer Jungfräulichkeit erfreue und daß sie nichts Besseres wünsche, als diese zu verlieren. Ein Dirnenbetrüger läßt sich melden. Erst hat er eine politische Unterhaltung mit der ehrenwerten Mutter und beschließt sie, indem er zehn glänzende, wohlgezählte Louisdors funkeln läßt. Man fragt den Galan nicht nach Rang noch Namen; ein glücklicher Eigentümer von zehn Louis braucht keine solchen Beigaben zu einer derartigen Verbindung. Endlich wird er angenommen; er verbringt die Nacht mit dem Mädchen, die sich selbst zu dem Geschick beglückwünscht, mit dem sie sich diesen Schein der Unschuld gibt; der Liebhaber aber lachte seinerseits; er genoß deshalb die ersehnten Freuden nicht geringer.

Der Galan läßt seine zehn Louis da und geht davon. Die beiden ehrsamen Geschöpfe sind miteinander entzückt; eine Modistin soll bezahlt werden, eine Schneiderin, ein Coiffeur; aber die Gläubiger, die schärfer sehen als unser Fräulein, bringen ihr das Geld zurück mit der Begründung, daß sie mit falscher Münze nicht zu bezahlen seien. Das Fräulein und ihre Mutter wüten; sie erkennen mit Schrecken, daß ein Betrüger sie hintergangen hat. Die erstere trifft ihn auf einem Ball: »Ah, da haben wir Sie, Herr Fälscher!« – »Ah, Fräulein Jungfrau! Jedem das Seine, Sie haben mich ja auch betrogen! Glauben Sie mir, statt daß wir uns die Augen auskratzen, täten wir besser, nun andere zu narren. Ihre falsche Jungfräulichkeit war kaum mehr wert als meine falschen Louis.«

Das Fräulein nimmt das Abenteuer von der leichten Seite und lacht. Nur die Mutter war es, die zwischen den Zähnen brummte: »Weiß Gott, das hat die Mühe gelohnt, die Betrügerin zu spielen; das nächste Mal werde ich erst die Goldstücke untersuchen, und dann mag die Jungfrauen haben, wer sie immer mag.«

Trotz sichtbarer Fortschritte der philosophischen Moral sind Menschen einer gewissen Klasse unter uns noch weit davon entfernt, zu den Ehemännern zu gehören, die Boileau so scherzhaft »gutchristliche Gatten« taufte.

Ein wohlbeleibter Bürger, der auf seine hübsche junge Frau sehr eifersüchtig war, hatte die seltsame Laune, über das, was er seinen Fall nannte, den berühmten Grafen Cagliostro zu konsultieren. Beim Arzte angekommen, erzählt er ihm, daß er von der Krankheit der Eifersucht befallen sei und daß er, da er von seiner alles umfassenden

Sigmund Freudeberg: Die Stickerei

JEAN-BAPTISTE SIMÉON CHARDIN (1699–1779)
STILLEBEN MIT GLASFLASCHE
(Originaltitel: Nature morte à la Carafe)
Staatliche Kunsthalle, Karlsruhe. (Nach dem farbigen Piperdruck
mit Genehmigung des Verlags »Die Piperdrucke«, München)

Weisheit gehört habe, zu ihm gekommen sei, ihn zu fragen, ob er betrogen würde oder nicht.

Graf Cagliostro, der sich über dies Original amüsieren will, antwortet ihm, daß nichts leichter zu erfahren sei; daß er ihm eine Phiole, eine gewisse Flüssigkeit enthaltend, mitgeben würde, die er nach seiner Rückkehr in dem Moment trinken müsse, da er sich anschickte, bei seiner Frau zu schlafen.

»Seid Ihr betrogen«, sagt er ihm, »werdet Ihr Euch beim Aufwachen in einen Kater verwandelt finden.«

Der Mann erzählt nach seiner Rückkehr seiner Frau von den hervorragenden Talenten des Grafen.

Sie wünscht den Zweck seiner Reise zu wissen, er läßt sich bitten; endlich gibt er den heftigen Beschwörungen nach und erklärt ihr das unfehlbare Mittel, das er hat, um ihre Treue festzustellen. Sie lacht von Herzen über seine Gutgläubigkeit, versichert ihm, daß er nichts zu befürchten hat; er schluckte das Gebräu, und da sind sie nun beide im Bett. Eine Stunde darauf befindet er sich in einem Zustand, der ihn und seine zartere Hälfte erfreulich überrascht, so wenig waren sie seit langem an so gutes Glück gewöhnt. Dies wurde eine wahre Hochzeitsnacht. Sie schliefen unter Lobsprüchen auf den Grafen und seinen Likör sehr spät ein, und am Morgen erhob sich Madame als gute Hausfrau zuerst und überließ ihren Gatten der Ruhe, deren er bedurfte.

Um zehn Uhr jedoch, da er sich nicht erhebt, geht sie ihn zu wecken; aber wie groß ist ihr Erstaunen! Sie erblickt einen großen schwarzen Kater! Er ist tot. Sie stößt verzweifelte Schreie aus. Niemand antwortet. Sie umarmt den Kater, und in der ersten Wallung des Schmerzes spricht sie zu ihm so: »Soll ich denn den besten aller Gatten verloren haben dafür, nur weil ich ihm zweimal untreu war! Oh, verfluchter Advokat! Ich wollte nicht! Ihr habt mich verführt... Oh, zu gefährlicher Offizier! Mit Eurer Heldenstirn, Euren Raufereien, Euren Schmeicheleien, Euren Schwüren und Tränen! Ihr wißt, wie sehr ich mich gewehrt habe... Ihr habt mir den Kopf verdreht, Ihr habt einen Augenblick der Schwäche ausgenutzt, um... Oh, mein armer Mann! Du bist tot! Wer hätte wissen können, daß dies die letzte Nacht war, die ich mit dir zubringen sollte! O Jammer, und welch ein Abschied! Die Erinnerung daran erhöht nur meine Schmerzen!...«

Schließlich, da diese ganz außer sich geratene Dame so ihre Verzweiflung austobt, kriecht der Gatte unter dem Bett hervor: »Ah, Madame, ich bin also Euer teurer, Euer armer Gatte! Und der Advokat! Und der Leutnant! Zwei haben Sie also nötig gehabt?...«

Die so genarrte Frau hat all ihr Unrecht eingestanden und gelobt, von nun an die Treue zu wahren. Man sagt jedoch, daß diese Ehe noch immer ein wenig gestört ist. Das Abenteuer hat viel von sich reden gemacht.

Unnötig zu sagen, daß der Ehemann einen Kater hatte töten lassen, um ihn an seinen eigenen Platz zu legen. Vielleicht hatte er auch die Reise nach Straßburg nur vorgetäuscht, um zu entdecken, was er nun ohne Zweifel lieber nicht wissen möchte, denn er scheint nicht zu denen zu gehören, die da sagen:

»Weiß man es nicht, so ist es nichts,
Wenn man es weiß, so ist es wenig.«

Herr Boncourt hat eine hübsche Frau, die das Vergnügen und damit das Verschwenden ungemein liebt. Da sie nicht weiß, wie sie zu Geld gelangen soll, das ihr der geizige Gatte verweigert, hat sie eine Intrigantin ins Vertrauen gezogen. Diese Frau hat sich bei dem Krösus als eine Dame von Stand eingeführt, die eine gewisse Summe brauche, um einen Prozeß fortzuführen, in den ihr Vermögen involviert [mitverwickelt] ist. Die Dame hat Titel angegeben, um diesen Borg möglich zu machen, und er ist ihr unter sehr hohen Bedingungen von dem Finanzier gewährt worden. Der Zahlungstermin rückt heran, der Vorhang erhebt sich über dem Abenteuer: Der reiche Mann findet in der Schuldnerin an Stelle der wohlbegüterten, prozeßführenden Dame seine liebe Frau, die ihn auslacht. Herr Boncourt hatte Diamanten als Sicherheit genommen. Seine geschickte Frau hatte sie sich bei einem Juwelier verschafft, dem sie die ihrigen unter dem Vorwand einer Reparatur gegeben hatte.

»Monsieur«, hat Madame Boncourt zu ihrem Mann gesagt, als er ihr seine Unzufriedenheit ausdrückte, »ist es nicht mehr wert, Ihnen diesen kleinen Streich gespielt als einen anderen Gläubiger zu haben? Welche Summe auch immer gefordert worden wäre, ich hätte nicht meine Diamanten zum Pfand gegeben – geben Sie mir zurück, was Sie empfangen haben.«

»Der Teufel, Madame, machen Sie mich zum Hahnrei, doch bestehlen Sie mich nicht!«

Man sagt, die kleine Dame habe von dem Rat ihres Mannes profitiert und sei nicht weniger gewandt gewesen, sich die Taler ihrer Herren anzueignen.

Beim Opernball hat sich eine Szene ereignet, die der Markthalle würdig gewesen wäre, doch endete sie fröhlicher.

Zwei Kurtisanen, Rosalie und Sainte-Marie, haben sich zerstritten. Schimpfworte oder harte Wahrheiten, was unter diesen beiden Damen dasselbe bedeutet, sind gewechselt worden.

Rosalie hat ihrer Gegnerin das Schlachtfeld räumen müssen; sie zog sich, ohnmächtig vor Wut, zurück und schwor Rache. Am nächsten Morgen findet sich ein junger Mann bei Sainte-Marie, die noch im Bett liegt, ein; die Kammerfrau verwehrt ihm einzutreten; er besteht darauf, und endlich dringt er in das Zimmer, in dem die Schöne in Morpheus' Armen ruht. Darauf verriegelt er die Tür, öffnet geräuschvoll die Fensterladen und gibt sich zu erkennen. Rosalie selbst war es, die sich ihr gutes Recht bei der Feindin holen will. Sie bringt zwei Pistolen zum Vorschein und reicht sie Sainte-Marie, die noch ganz verschlafen im Hemd aus dem Bett springt und Rosalie, um Gnade bittend, zu Füßen fällt.

Diese bietet Stoßwaffen, die ebenso zurückgewiesen werden, und Rosalie zieht, nachdem sie ihre Rivalin mit Schmähungen gedemütigt hat, aus ihrem Überrock eine Handvoll Ruten, zwingt Sainte-Marie, sich selbst das Hemd zu heben, verhaut sie bis aufs Blut und zieht sich, befriedigt, Rache geübt zu haben, zurück.

Unter der Zahl unserer Freudenmädchen finden sich unter anderen auch zwei sehr schöne und sehr unverschämte, die man auf sehr lustige Art zum Narren gehalten hat.

Man hat ihnen eingeredet, der Großherr [der türkische Herrscher] habe einen Bevollmächtigten geschickt, Damen für das Serail anzuwerben, und daß sie sich in die Listen einschreiben sollten. Ein bedeutendes Vermögen würde nach Ablauf der dreijährigen Dienstzeit ausgezahlt werden. Die beiden Schönen – Dumoulin und Viriville – waren pünktlichst beim Stelldichein, das man ihnen, um den Schein zu wahren, angegeben hatte. Husson und Dugazon, die beiden berühmtesten Witzbolde der Hauptstadt, trafen sie dort, der eine als Bostangi, der andere als ›Probierer‹ Seiner Hoheit. Man kann sich denken, daß eine ganze Menge zweiter ›Probierer‹ dabei nicht fehlte. Nachdem man alle nötigen Formalitäten erledigt hat, werden die beiden Damen verabschiedet, nicht ohne daß zuvor ihre Eigenliebe und Geldgier durch farbenprächtiges Ausmalen einer glänzenden Zukunft aufs höchste gereizt worden sind. Am Tag darauf erst, beim Morgenspaziergang im Palais-Royal, werden sie von Horden ihrer Freundinnen und all den jungen Leuten, die man eingeweiht hatte, über den Betrug aufgeklärt.

Vor einiger Zeit hat man die Verfügungen, Freudenmädchen betreffend, erneuert, und die eiserne Strenge, mit der sie im Anfang durchgeführt wurden, verursachte einige Erregung.

Selbst auf den Straßen, auf den Brücken und Serails dieser Stadt hielt man diese Unglücklichen an; man trieb sogar die Barbarei so weit, sie am Ausgang der Boulevardtheater nach der Vorstellung ohne Unterschied zu verhaften. Man führte sie zum Kommissar des Viertels, der ihnen in seiner Anwesenheit den Kopf scheren ließ, und von da aus brachte man sie ins Hospital La Salpêtrière. Man respektierte nur solche, die vermögend genug waren, um wenigstens den monatlichen Mietswagen zu besitzen.

Bezugnehmend darauf erzählt man eine ziemlich amüsante Anekdote, die der Marquise von S. zugestoßen ist, welche auf dem Boulevard du Temple wohnt und deren Haus eines der beliebtesten Treffpunkte der Amateure [Liebhaber, hier im galanten Sinne: Verehrer] ist.

Diese Dame, die ehemals Mademoiselle M. war, Tochter eines Limonadenverkäufers, dann Tänzerin, dann ausgehaltene Geliebte, dann Autorin und endlich Marquise, maßt sich an, die Ehre ihres Korps zu rächen. Zu diesem Zweck hat sie ihrem Lakaien verboten, ihr zu folgen, und ihm geraten, sich in ziemlicher Entfernung zu halten, damit sie zu einem Irrtum Anlaß geben könne, als sie eines Abends, angetan mit der ganzen Eleganz dieser Damen, auf dem Boulevard spazierengeht. Was sie wünscht, tritt ein, und die Marquise wird zum Kommissar geführt und ist bereit, geschoren zu werden. Man befragt sie: »Vorwärts«, sagt der schwarze Mann, der vom Tisch aufsteht; »deinen Namen, deine Wohnung, und schnell.« Die Marquise mit Geist: »Ah, Herr Kommissar, Sie sind recht hart mit mir Armen!« – »Du machst Witze, glaube ich.« – »Nein, Herr Kommissar, aber meinen Namen! Entbinden Sie mich davon!« – »Was, ich soll dich davon befreien? Ich glaube gar, sie macht sich lustig über mich! Schnell, schert das Frauenzimmer.«

Man schickt sich an, den Befehl auszuführen, doch die Marquise gibt sich zu erkennen und beendet diese Szene, indem sie dem Subalternbeamten empfiehlt, in der Ausübung seines Amtes künftig mehr Umsicht, Scharfsinn und Nachsicht walten zu lassen. Gott allein weiß, ob der Rat gewirkt hat.

Die Frau des Akademikers Marmontel hat ihr erstes Kind tot zur Welt gebracht. Die schlimmen Spötter bemerkten darauf, daß dieser Autor nichts machen könne, was lebensfähig sei [6].

Die Montensier, derzeit Leiterin der Comédie in Versailles, hat sich einer Anzahl Vergehen schuldig gemacht; ein Befehl des Königs hat sie ins Gefängnis gesperrt; das erste, was sie geäußert hat, als man sie eingeschlossen hatte, war: »Werde ich keinerlei Gesellschaft haben, und befiehlt der König tatsächlich, daß ich ganz allein schlafe?«

Der König hat als erster über diese dreisten Worte gelacht, ebenso lachten die Minister; man hat aber gemeint, die königliche Würde wahren zu müssen, indem man die lübrike [schlüpfrige, frivole] Komödiantin noch einige Tage zurückhielt; sie ist jedoch begnadigt worden und hat ihren Platz als Direktrice zurückerhalten.

Ein ausländischer Gesandter hielt hier ein entzückendes Mädchen aus, die mit den Reizen der Schönheit alle persönlichen Qualitäten vereinigte. Der Gesandte war sehr reich und sehr verliebt, und gegen jede Gewohnheit mißtraute diese Nymphe weder seiner Liebe noch seinem Reichtum. Er war auch nie glücklicher als in den Momenten, die er mit ihr verbrachte. In einer schönen Sommernacht glänzten am Himmel die Gestirne, und besonders Venus stellte all die anderen durch ihren Glanz in den Schatten.

»Oh, mein Gott«, sagt die Nymphe, »wie leuchtet dieser Stern! Kein Diamant kann sich mit seinem Glanze messen.« – »Oh, meine teure Freundin«, antwortet der Gesandte, »ich bitte Sie in Gnaden, rühmen Sie nicht zu sehr diesen Stern, ihn kann ich Ihnen nicht geben.«

Man fragte Mme von Murville nach dem Alter ihrer Mutter (Mlle Arnould). »Ich weiß es nicht mehr«, antwortete sie, »jedes Jahr glaubt sich meine Mutter um eines verjüngt; wenn sie so fortfährt, werde ich bald die ältere von uns sein.«

Ein junger Gardeoffizier, der in der Gesellschaft debütierte, toll verliebt in die Mlle Granville, eine berühmte und reiche Kurtisane, hatte ein seltsames Mittel entdeckt, um die Gunst dieser Schönen unentgeltlich zu genießen.

Da er die englische Sprache gut genug beherrschte, um sich nicht zu blamieren, mietete er eine der elegantesten Equipagen und folgte der Nymphe unter dem Namen eines Mylord Drakes nach der Oper. Nach Schluß der Vorstellung bemühte er sich in auffälliger Weise, ihr zu ihrem Wagen zu verhelfen, und bestieg vor ihr, nach erfolgter Erlaubnis, ihr seine Aufwartung zu machen, seine sehr elegante Equipage. Die Sirene oder die Harpyie, wenn man will, denn sie vereinigte in sich beides, vermutete keinen Augenblick den wahren Rang dieses Herrn, der seine Rolle ausgezeichnet spielte.

Am nächsten Morgen präsentiert sich Mylord: im englischen Frack, mit einer Jockeymütze, Reitstiefeln, in der Hand eine kleine Peitsche.

Da seine Erscheinung zu Hoffnungen berechtigt, wird er empfangen und beglückt. Man bespricht für denselben Abend ein Souper und eine sechsmonatige Verlängerung dieser süßen Trunkenheit in Paris, da die Dame diese Liaison für das größte Glück ihres Lebens hält. Er lädt sie also zu einem glänzenden Souper ein, das er seinen Landsleuten in seinem Hotel in der Rue Colombier gibt, wo er wohnt, und verläßt sie. Damen ihrer Art lieben solche Ausländersoupers (dies ist der Terminus technicus) bis zur Tollheit, weil sie wissen, daß sie Gelegenheit bieten, zwei Fliegen mit einer Klappe zu schlagen, das heißt, wenn man einen Mißerfolg hat, sich woanders festklammern und mit vollen Händen nehmen zu können.

Sie ist ganz geschwollen bei diesem Gedanken, spricht während des ganzen Tages von nichts als diesem Souper, und nichts fehlt, um sie elegant und geschmückt erscheinen zu lassen.

Die Stunde schlägt, sie verlangt nach ihrem Wagen, fährt fort und kommt an. Aber welche Überraschung! Da ist kein Mylord Drakes im Hotel (garni!). Niemand dieses Namens hat je dort gewohnt; kein vorbereitetes Souper; niemand, den man erwartet. Sie versteht, daß sie von Mylord betrogen worden ist.

Man erzählt, daß sie, selbst sehr erfahren und solchen Scherzen nicht abhold, diesen Streich sowie den Akteur so unterhaltend gefunden habe, sich dann selbst um ihn bemüht habe; und schließlich, als sich Lord Drakes als armer, aber schöner junger Gardeoffizier entpuppte, der den Witz eines Engels besaß, nahm sie ihn als zweiten Liebhaber, neben jenem anderen, der vor einigen Jahren die Veranlassung zum Bruch mit Herrn von J. und zu ihrem Rückzug nach Sainte Pélagie war, nachdem sie ihm Briefe erpreßt hatte, die zurückzugeben sie sich immer weigerte.

Eines Tages schrieb der Präsident von S. einem Polizeiinspektor folgenden Brief: »Ich bitte Sie, Monsieur, gegen eine gewisse X. vorzugehen, die meinem Jockey eine schändliche Krankheit übertragen hat. Er ist ein charmanter Bursch, dessen Dienste mir sehr lieb sind, und der Verlust seiner Gesundheit kostet ihn ein Jahr im Hospital. Ich rechne darauf, daß Sie Ihre Pflicht tun werden.

Der Polizeiinspektor, ein Mann von Geist, der weit über seinem Beruf steht, schreibt folgende Antwort:

Sigmund Freudeberg: Bei der Toilette

»Mein Herr, wenn Sie mir beweisen können, daß die gewisse X. mit Vorbedacht die Gesundheit Ihres charmanten Jockeys geschädigt hat, werde ich sie bestrafen lassen, wie es ihr gebührt; aber ich schulde ihr keinerlei Züchtigung, wenn der Jockey sie aus freien Stücken aufgesucht und eine Krankheit erworben hat, die, wie Sie sehr gut wissen, die Folge eines Handels und eines Tausches ist. Es gibt Meere, die man erst zu befahren wagt, nachdem man sich entschlossen hat, allen Gefahren zu trotzen. In Erwartung Ihrer Antwort werde ich mich um die Gesundheit dieser Unglücklichen kümmern; ich rate Ihnen, ein gleiches mit Ihrem Jockey zu tun, wenn Sie wünschen, daß seine Dienstleistungen Ihnen auch fernerhin angenehm sein sollen. Ich hoffe, daß dieser Brief Sie davon überzeugen wird, daß ich es verstehe, alle meine Pflichten zu erfüllen.« Der Präsident hat sich das hinter die Ohren geschrieben, aber die Nymphe hat die Geschichte weitererzählt, und man hat ein wenig auf Kosten des Präsidenten gelacht.

Ein junger Herr von Rang, der kaum den Händen eines Erziehers, der ihn in tugendhafter Unwissenheit bewahrte, entschlüpft ist, hat sich in eine unserer kühnsten Abenteurerinnen verliebt, und er belagert diese Festung sehr standhaft nach allen Regeln der Kunst.

Vielleicht hätte er ebensoviel Zeit gebraucht wie die Spanier vor Gibraltar, wenn nicht ein kleines Ereignis seinen Ernst ein wenig verwirrt und ihm gezeigt hätte, daß seine bezauberten Augen ganz ungeheure Breschen übersahen.

Er hatte ganz einfach geglaubt, eine Soubrette besiegen zu müssen, und da er die äußerste Vorsicht anwenden mußte, weil seine Eltern nicht die Leute waren, eine schöne Passion dieser Art zu verzeihen, hatte er sich mit großen Unkosten einen Vermittler für seine Briefe und Geschenke zu verschaffen gewußt. Vorläufig hat er nur das Glück genossen, zu lorgnettieren und lorgnettiert zu werden. Eine außerordentliche Schüchternheit hatte ihn eine Anrede, die ihn zittern machte, nicht wagen lassen; aber schließlich begannen die Antworten auf seine Briefe so zärtlich und so ermutigend zu werden, daß er nach Schluß der Vorstellung, kühner als sonst und stolz wegen seines Mutes, in dem Glauben, erst jetzt wirklich ein Mann von Welt und Unternehmungsgeist zu sein, sich einem seiner Diener eröffnete und ihn beauftragte, dieser Dame nach ihrer Wohnung zu folgen, sie von ihm zu grüßen und sie zu fragen, wann sie ihn empfangen wolle.

Der Lakai, ein schöner Junge, der eben erst nach Paris verpflanzt worden ist, folgt ihrer Spur, kommt an, tritt ein, ahnt nicht, daß er Schritt auf Schritt von seinem Herrn verfolgt ist, dem das Herz ebensosehr vor Furcht wie vor Hoffnung schlägt. Jener schleicht sich ins Haus, steigt die Treppe herauf und schmiegt sich eng an die Tür, die die Schöne nach Eintritt des hübschen Lakais hat schließen lassen. Wie oft beißt man sich nachher die Finger blutig, weil man an fremden Türen gelauscht hat!

»Madame, der Herr Marquis beauftragt mich, Sie zu grüßen und Sie zu fragen, wann er zu Ihnen kommen darf...« – »Wie? Kommen? Und wann? Wie heißt Er, mein Freund?« – »La Brie, Madame.« – »Aber..., Julie, weißt du wohl, daß La Brie einer der hübschesten Burschen ist, die ich jemals gesehen habe? Diese Haare! Diese Zähne! Dieser Wuchs! Und die Kraft eines Türken! Und diese Haut, wie Atlas! Julie, dreh den Türschlüssel um! Euer Herr hat also große Eile? Aber, mein Kind, die Diamanten, die er mir gestern sandte, sind gar so klein; ich habe ihn nicht zur Verzweiflung treiben wollen... Er ist jener schlanke junge Herr, nicht wahr?« – »Ja, Madame.« – »Oh, um zu sehen... schnür mich auf, mein Lieber; diese Julie verschwindet immer, ich weiß nicht, wohin. Und dein Auftrag ist also ein großes Geheimnis?« – »Man hat mir strengste Diskretion anempfohlen.« – »Du weißt also ein Geheimnis zu wahren. Nun wohl, ich will dir eins anvertrauen... Sehr gut, weiter so... La Brie ist geschickt... Wie heiß ist es!... Löse mir diese Nadel... Nein, diese hier... Stütze mich... Aber, ich werde mich lieber setzen... Nur auf meinem Ruhebett ist mir wohl... Wie schön du gewachsen bist... Komm, wir sind allein... Du bist erstaunlich... Der entzückende Junge... Oh, wie tüchtig du bist!«

Der Marquis, der nicht mehr an sich zu halten vermag (man kann schon rascher die Geduld verlieren), versucht einzudringen, aber die Tür widersteht. Bei diesem Lärm stürzt Julie von einer anderen Seite herbei, zieht ihn in ein gesondertes Gemach, befragt ihn, antwortet, und unterdessen entschlüpft La Brie. Es klingelt. »Was für ein Lärm ist denn dies?« fragt eine schleppende Stimme.

»Der Herr Marquis, der glaubt, daß sein Lakai hier sei, und der einzutreten wünscht.«

»Mein Gott, wünscht denn dieser Herr Graf mir gleich bei der ersten Visite das Hemd zu reichen, mich ganz nackt zu überrumpeln? Laß ihn einen Augenblick warten.«

Der junge Graf, der jemanden die Treppe hinuntereilen hört, stürzt hinaus, läuft und erreicht La Brie vier Häuser weiter. »Wie, Spitzbube! So also richtest du meine Bestellungen aus? Ich habe alles gehört; du sollst meine Schläge fühlen.«

»Oh, Herr Graf, versetzen Sie sich an meine Stelle ... Glauben Sie, auch trotz der zwei Louis, die man mir gegeben hat, hier sind sie, hätte ich Ihnen aus Respekt alles anvertraut ... Ach, ich wußte nicht, wie ich anders handeln sollte.«

»Ich bin wütend ... Ein Lakai ... Ich werfe dich hinaus ... Aber nein, ich habe unrecht. Hier sind noch zwei andere Louis ... Nimm ... Die Lektion ist mehr wert ... Wo, zum Teufel, hätte ich meine Liebe hingetragen! – Gib mir jeden Morgen Nachricht über deine Gesundheit. Dies sind zwei Erfahrungen, eine moralische und eine physische. Schließlich ziehe ich es vor, daß du diese Erfahrung gemacht hast statt meiner.« Der Galan, die lose Schöne und der hübsche Lakai erzählen alle drei dies Geschichtchen mit viel Vergnügen.

Der berühmte Generalpächter Bouret wird eines Morgens tot in seinem Bett gefunden. Da er wenige Tage zuvor seinen Freunden sein baldiges Ende angekündigt hatte, glaubt man, er habe sich vergiftet. Als ungeheuer reicher Mann hatte er es immer verstanden, in Schulden zu leben, und stand kurz davor, im Elend umzukommen; er hat fünf Millionen Schulden hinterlassen und ist fast zahlungsunfähig gestorben. Ein Luxus und eine Verschwendung, von denen man sich keine Vorstellung machen kann, haben ihn dazu gebracht; er trieb es so weit, eine Kuh mit jungen Schoten, zu 150 Livres die Metze, zu füttern, um einer Frau, die sich nur von Milch nährte, die beste Milch bieten zu können. Es gibt Tausende solcher Geschichten von ihm.

Der berühmte Abbé Prévost[7] soupierte einst mit einigen intimen Freunden, die wie er Schriftsteller waren. Nachdem man die Politik, die Literatur, den Tagesklatsch erschöpft hatte, kam man unmerklich auf die Moral zu sprechen.

Einer der Anwesenden bemerkte, wie der anständigste Mann nicht dafür einstehen könne, daß er nicht eines Tages Strafen unterliegen würde, wie sie Verbrechern reserviert sind.

»Fügen Sie hinzu«, sagt der Abbé Prévost, »daß sie es auch nicht verdienen würden.«

Alle erhoben bei dieser letzten Behauptung lauten Einspruch.

»Gewiß, meine Herren«, nahm der Abbé wieder das Wort, »ich behaupte, daß sehr wohl jemand mit einem guten Herzen das Unglück haben kann, ein Verbrechen zu begehen, das aufs Schafott führt.« Man sagte, dies sei unmöglich. »Meine Herren«, fuhr der Abbé fort, »Sie alle sind meine Freunde; ich kann auf Ihre Verschwiegenheit rechnen und Ihnen in aller Sicherheit ein Bekenntnis machen, das ich noch zu niemandem gewagt habe. Sie halten mich alle für einen anständigen Menschen?«

Jeder sagte, daß er keineswegs an seiner Rechtschaffenheit zweifle.

»Und dennoch«, fährt der Abbé fort, »habe ich mich eines der größten Frevel schuldig gemacht, und wenig hätte gefehlt, daß ich eines schmachvollen Todes umgekommen wäre.« Ein jeder meinte zuerst, er scherze. »Nichts«, sagte er, »meine ich ernster.« Man sah einander mit Erstaunen an.

»Also, ich habe meinen Vater getötet.« Man weiß nicht, was man glauben soll, und drängt, dies Rätsel zu erklären. Er fährt in seiner Geschichte fort: »Als ich das Collège verließ, verliebte ich mich in eine kleine Nachbarin meines Alters; ich machte sie in mich verliebt und bekam alles gewährt, was ein Liebhaber sich wünschen kann. Schließlich stellten sich auch die Folgen ihrer Schwäche ein. Ich war trunken vor Liebe. Ich wünschte, ohne Unterlaß ihr zur Seite zu sein. All meine Zeit verbrachte ich mit ihr. Meine Eltern drängten mich, einen Beruf zu wählen. Ich wünschte nichts als die Lust, im geheimen meine Mätresse anzubeten. Jede andere Beschäftigung schien mir unerträglich. Mein Vater, den einiger Argwohn über meine Gleichgültigkeit erfaßte, spähte mir nach, folgte mir, und es gelang ihm, meine Liebschaft zu entdecken. Eines Tages kam er zu meiner Mätresse, die seit drei oder vier Monaten schwanger war, im selben Moment, als ich dort weilte. In meiner Gegenwart machte er ihr bittere Vorwürfe über die verbrecherische Liaison, die sie mit mir unterhielt. Ich wahrte Schweigen. Er warf ihr auch vor, daß sie mir ein Hemmnis zum Erfolge sei. Sie wollte sich rechtfertigen. Er überhäufte sie mit Schmähungen; sie brach in Tränen aus. Ich verteidigte sie; mein Vater geriet in Wut und erhitzte sich schließlich derart, daß er sich so weit vergaß, die Unglückliche zu schlagen. Er versetzte ihr selbst einen Fußtritt in den Leib; sie stürzte ohnmächtig zusammen. Bei diesem Anblick verlor ich den Kopf und warf mich auf meinen Vater; ich warf ihn die Treppe hinunter. Der Fall verletzte ihn so schwer, daß er am selben Abend starb. Er war großmütig genug, mich nicht zu denunzieren. Man nahm an, er sei von selber gefallen. Man begrub ihn, und sein Schweigen rettete mich vor Schande und qualvollem Tod. Dennoch fühlte ich nicht weniger die Ungeheuerlichkeit meiner Schuld. Ich habe lange einen dumpfen und stillen Schmerz bewahrt, den nichts zerstreuen konnte. Ich beschloß, in der Einsamkeit eines Klosters meine Trauer und Betrübnis zu begraben, und ich wählte den Orden zu Clugny. Vielleicht schulde ich der tiefen Melancholie, die diese erste jugendliche Verirrung über den Rest meines Lebens gebreitet hat, den Hang zum tragischen Ereignis, zur schrecklichen Situation, zum düsteren und unheimlichen Kolorit, das meine Arbeiten, die ich veröffentlicht habe, erfüllt.«

Die Freunde des Abbé hörten dies Geständnis mit einem Interesse an, in das Schrecken und Erstaunen sich mischten. Sie wollten sich von seiner Wahrheit nicht überzeugen lassen. Sie bildeten sich ein, daß der Abbé Prévost ihnen diese Begebenheit, die er in einem Roman verwenden wollte, versuchsweise erzählt habe, um ihren Eindruck zu beurteilen. Sie haben wiederholt auf Bestätigung dieses Erlebnisses bestanden. Er hat ihnen immer von neuem dessen Wahrheit beteuert.

Monsieur Linguet sieht einige Tage nach seiner Einlieferung in die Bastille einen großen, mageren Mann in sein Zimmer treten, der ihm leichte Furcht einflößte. Er fragt ihn, wer er sei. – »Ich bin«, antwortet der Unbekannte, »der Barbier der Bastille.« – »Bei Gott«, antwortete kurz Linguet, »Sie hätten die Bastille rasieren sollen.«

Ein Soldat, Sohn des Herrn de Case, des Generalpächters, hat sich mit dem Sohn des Herrn de la Reynière, eines anderen Generalpächters, aus folgendem Grund geschlagen: Als Herr de la Reynière bei einer der letzten Vorstellungen der »Armida« im Parterre der Oper war, fühlte er sich von der Menge außerordentlich bedrängt. »Wer ist es nur«, ruft er aus, »der hier in dieser Weise stößt; zweifellos ein Friseurlehrling.« Herr de Case, der auch da ist, antwortet ihm: »Ich bin es, der stößt; gib mir deine Adresse, ich werde dir morgen einen Strich mit dem Kamm geben.« Sie treffen sich am nächsten Morgen, begeben sich nach den Champs Elysées und duellieren sich am hellen Tag in Gegenwart von dreitausend Personen mit der Pistole. Der Soldat wird das Opfer eines Zweikampfes; eine Kugel durchbohrt ihm das Auge und spaltet ihm den Kopf; doch stirbt er erst nach einigen Stunden.

Ein junges, sehr hübsches Mädchen stand im Begriff, sich zu verheiraten. Man konnte ihre jungfräuliche Miene gar nicht genug bewundern. Ihr Verlobter soupiert mit ihr bei ihren Großeltern. Sie schützt ein Unwohlsein vor und zieht sich in ihr Zimmer zurück. Man glaubt, ihrem Zukünftigen einen Vorgeschmack kommender Freuden zu verschaffen und führt ihn zu seiner Liebsten, damit er sich selbst über eine Gesundheit vergewissere, die einen Liebhaber, der im Begriff steht, den ehelichen Knoten zu schürzen, interessieren muß. Vater und Mutter treten zuerst hinein, gefolgt vom Verlobten.

Welch Schauspiel bietet sich ihren Augen! Die zarte Jungfrau liegt im Bett zwischen zwei Mönchen... Man ist nicht neugierig zu erfahren, was aus dem Hochzeitsbettkandidaten geworden sein mag.

Das keusche Jungfräulein wurde in Sainte-Pélagie eingesperrt, einem Kloster, in dem man Frauen, die gegen ihre eigene Sinnenlust ein wenig zu nachsichtig waren, einer strengen Klausur unterwirft.

Ein Finanzier, der eine sehr galante Frau besaß, war auf Reisen; sie profitierte von seiner Abwesenheit, um sich allen ihren Gelüsten hinzugeben.

Das Maßlose ihres Benehmens nahm so überhand, daß es zu Ohren ihrer Eltern kam, die ihr darüber Vorwürfe machten; sie versprach ihnen, ihre Lebensweise zu ändern; doch tat sie dies nur scheinbar. Sie mietete ein kleines Haus und veranstaltete hier oft kleine, leichtsinnige Soupers, bei denen die Zügellosigkeit regierte. Besonders liebte sie Champagner, und sie wußte wohl, daß ihr Mann besonders guten besaß. Wie aber sollte sie den aus seinem Hause herbeischaffen, ohne den Hausverwalter ins Vertrauen ziehen zu müssen? Einer ihrer Freunde gab ihr einen Rat. »Geben Sie vor«, sagte er, »an einer dieser Unpäßlichkeiten zu leiden, denen Ihr Geschlecht leider unterworfen ist. Schicken Sie nach mir als einem fremden Arzt. Ihre Leute kennen mich kaum; ich werde mich verkleiden und übernehme die Verantwortung für alles Weitere.« Wie gesagt, so getan. Man schickt nach dem Arzt; nachdem er viel Worte gemacht hat, schickt er nach dem ältesten und besten Champagner. Er läßt ihn mit einem Pulver, dem er große Heilkraft nachrühmt, aufkochen und verschreibt Madame jeden Tag ein solches Bad. Seine Vorschrift wird ausgeführt. Jeden Morgen bringt der Maître d'hôtel für Madames Gesundheit drei Flaschen von Monsieurs ausgezeichnetem Weine. Die Kammerzofe, die eingeweiht war, schickte sie in das bewußte kleine Haus; auf diese Weise war der Keller bald geleert. Als der Gatte nach seiner Rückkehr ein großes Souper gab, schickte er nach seinem guten Weine. »Es ist keiner mehr da«, ist die Antwort. »Wie«, erwidert er, »ich habe doch mehr als zweihundert Flaschen zurückgelassen!« – »Das ist wahr«, antwortet der Maître d'hôtel seinem Herrn, und indem er sich seinem Ohre nähert: »Aber Madame benutzte ihn jeden Morgen während ihrer Krankheit zu ihren Waschungen.« – »Bei Gott«, ruft der Finanzier aus, »nun bin ich nicht mehr erstaunt, daß er soviel Dummheiten gemacht hat, wo er sich jeden Morgen betrank!«

Frau von..., die seit kurzer Zeit verheiratet ist, gähnte viel in Gegenwart ihres Mannes. Als dieser sie fragte, ob sie sich mit ihm langweile, antwortete sie: »Nein, Monsieur, aber Sie und ich, wir bilden eine Person, und ich langweile mich, wenn ich allein bin.« Nur einer Frau kann eine so naive und gleichzeitig so geistreiche Antwort entschlüpfen.

Nachdem der Graf de Lauraguais während einiger Jahre mit Mlle Arnould[8] gelebt hatte, setzte er ihr eine Rente von 20 000 Livres aus. Es ärgerte ihn eines Tages, immer den Fürsten d'Hénin bei seiner Mätresse zu finden, die selbst zugab, von ihm belästigt zu werden. Um ihn loszuwerden, beschloß er, sich bei mehreren Ärzten zu informieren, ob es möglich sei, an Langeweile zu sterben. Mehrere gaben dies zu. Mit diesen Schriftstücken versehen, begab sich der Graf zu einigen berühmten Advokaten, um zu erfahren, ob eine Frau, die in Gefahr sei, an Langeweile zu sterben, nicht das Recht habe, einen Mann hinauszuwerfen, der sie in jeder Minute des Tages gähnen mache.

Zwei Advokaten bestätigten schriftlich, daß ein gewaltsamer Ausschluß in einem solchen Fall gerecht und natürlich wäre.

Darauf wurden die beiden Papiere dem Fürsten von seiten des Grafen zugesandt, der ihn in heller Wut auf der Stelle zum Duell forderte und darauf seine Visiten bei der Schauspielerin nach wie vor fortsetzte.

Sigmund Freudeberg: Der unverhoffte Besuch

Man hat nirgendwo, glaube ich, einen geistreichen Ausspruch des Malers Doyen auf-
gezeichnet, der wert ist, erhalten zu bleiben.

Er läßt sich eines Tages bei der Gräfin Dubarry melden, die sich gerade im Bad
befindet. Sie läßt ihn eintreten; man spricht vom Wetter, wie es so Sitte ist, wenn
einem nichts Besseres einfällt. »Vor ungefähr einem Jahr«, erzählt Mme Dubarry,
»war ich gerade im Bad, als ich einen entsetzlichen Donnerschlag vernehme. Dies
erschreckte mich derart, daß ich, ohne auf meine momentane Verfassung zu achten,
aufsprang und durch das Zimmer eilte, um mich im letzten Winkel zu verbergen.«
Doyen steht am Fenster und antwortet mit keiner Silbe.« »Was tun Sie da nur,
Doyen?« – »Frau Gräfin, ich schaue nach, ob kein Gewitter aufzieht; das würde eine
hübsche Szene für ein Malerauge werden.«

Eines Tages durchquert der, wie man weiß, starkknochige Abbé Fürst Salm das Vorzimmer des Königs, l'oeil de bœuf [Ochsenauge] genannt, als einige Herren, die sich
dort wärmten, laut genug, um es ihn hören zu lassen, bemerkten: »Das ist ja der
Äsop des Hofes.«

Der Fürst antwortet ohne jede Verwirrung: »Meine Herren, der Vergleich ist mir
sehr schmeichelhaft, denn Äsop machte die Tiere sprechen.«

Die Geschichte, die man über das Exil des eleganten Virgilübersetzers erzählt, ent-
behrt jeder Begründung. Hier ist das Motiv, das diesen Akademiker zu seiner Reise
nach der Türkei veranlaßte. Der Abbé Delille, der von zarter Gesundheit war,
pflegte immer mehr seinen Wünschen als seinen physischen Möglichkeiten nachzugehen. Er und der Abbé de J. verliebten sich in zwei Mädchen, die Schwestern des
jungen Dichters Gruet, eines Schülers des Abbé Delille. Den Marquis de Cham . . . und
einen seiner Freunde verlockte es, den beiden Abbés ihre Mädchen zu rauben; dies
sollte ohne Vorwissen der Liebhaber ausgeführt werden. Aber ein unvorhergesehenes
Ereignis zerstörte alles. Eine der beiden jungen Damen, und gerade die Mätresse des
Abbé Delille, wurde schwanger. Man versuchte, ihm die Vaterschaft zuzuschreiben,
wogegen er sich nach Kräften wehrte, aber die ungetreue Schöne spielte ihre Rolle
ausgezeichnet, weinte und drohte, den Abbé anzuzeigen; dieser zog es vor, die Geschichte mit Geld zu regeln. Der Marquis bekam dieselben Vorwürfe zu hören und
gab, da sein Gewissen nicht ganz rein war, 40 000 Livres her. Wenn er auf seine
Großmut in dieser Beziehung stolz war, so übte er nicht die andere, das Geheimnis zu
wahren. Und der geschmähte, verspottete und lächerlich gemachte Abbé Delille war
entzückt, über die Gelegenheit, die sich bot, mit Herrn de Choiseul-Gouffier verreisen
zu können, der sich nach der Konstantinopeler Gesandtschaft begab; so sollte die
Geschichte in Vergessenheit geraten.

Man hat soeben eine neue Obszönität entdeckt, die bisher unbekannt war und die
wert ist, unter die großen Erfindungen des Jahrhunderts gezählt zu werden.

Dies sind die »Westen der petits soupers«. Da es momentan Sitte ist, den Anzug
zuzuknöpfen, sieht man keineswegs den oberen Teil der Weste, jedoch, bei Orgien
gewisser Art, löst sich der Frack und exponiert den Augen der Messalinen Malereien
und Stickereien, die mit dem Zweck des Festes in Einklang stehen und ihrer ganzen
Geilheit würdig sind.

Herr von Maurepas hat sich bis zum Ende seiner Tage seine Fröhlichkeit und seine
galante Laune bewahrt. Ein Offizier von Rang hatte vergeblich vom Kriegsminister
einen Urlaub erbeten, um nach Paris zu eilen, wohin ihn, wie er sagte, dringende
Geschäfte riefen. Indessen handelte es sich nur darum, mit einer hübschen Frau zu
schlafen, aber schließlich ist ein solches Geschäft wohl einem anderen gleichwertig.

Auf wiederholte Weigerung will der Oberst sich an Herrn von Maurepas wenden, täuscht sich aber, da er gleichzeitig an seine Göttin schreibt, in der Adressierung, und der alte Minister erhält folgenden Brief:»Süßer Engel, Ségur ist grausam genug, mir zu verwehren, in Deine Arme zu eilen; ich wäre verzweifelt, erhoffte ich nicht eine günstige Antwort von Maurepas: er ist ein alter Wüstling, der sicher den Zweck meiner Bitte erraten und mehr als gern bereit sein wird, sie mir zu gewähren. Er wird mir nachfühlen, daß man es in meinem Alter vorzieht, in den Armen einer Mätresse zu sterben als in einer trostlosen Garnison zu leben. Könnte ich hier wenigstens Lorbeeren pflücken, da die Myrten fehlen! Aber ich vegetiere hier, während meine Kameraden draußen sich schlagen; es ist ein schmutziges Gewerbe, dieser Krieg im Frieden! Ich sage Frieden, denn nicht für mich ist es, daß die Kanonen donnern! Adieu, süßestes Hundsgesicht; hielte ich dich in den Armen, Du weißt wohl, was Dir geschehen würde! In der Erwartung, Dich baldigst zu überraschen wie ich gern möchte, küsse ich Dich mit dem Worte...«

Herr von Maurepas hat über dies Abenteuer herzlich gelacht, dem Obersten einen charmanten Brief geschrieben und ihm den erbetenen Urlaub bewilligt[9].

Einer unserer liebenswürdigsten Galane, der ebensogern auf dem Parnasse, auf Cythère wie in Versailles [bei Betätigungen in der Poesie, in der Liebe und bei Hofe] gesehen wird, rächt sich eines Tages mit einem blutdürstigen Epigramm an der Untreue einer schönen Marquise. Dieses wandert erst durch zwanzig Salons, ehe es seinen Bestimmungsort erreicht. Die Marquise schreibt augenblicklich an den Chevalier, um Verzeihung ihres Unrechts zu erbitten, ihn anzuflehen, daß er jede Spur seines Racheaktes vernichte, und ihn zu einer bestimmten Stunde zu sich zu bitten, um eine aufrichtige Versöhnung zu besiegeln.

Der Chevalier kennt die Frauen zu gut, um sich nicht ohne Mißtrauen auf dies Rendezvous zu begeben. Er versieht sich mit Pistolen. Kaum ist man über die ersten Erklärungen hinweg, als vier starke Strolche erscheinen, ihn ergreifen, auf das Bett werfen, ihn so weit entkleiden, als dies ihren Zwecken dienlich ist, und ihm unter dem Oberbefehl von Madame im schönsten Rhythmus je fünfzig Rutenstreiche verabfolgen.

Nach beendigter Zeremonie erhebt sich der Kavalier kaltblütig, richtet seine derangierte Toilette und wendet sich an die Raufbolde, die beim Anblick seiner Pistolen zu zittern beginnen:»Ihr habt euren Auftrag nicht erledigt; Madame muß zufriedengestellt werden. Jetzt bin ich an der Reihe; ich werde euch allen vieren das Gehirn ausblasen, wenn ihr nicht augenblicklich Madame wiedergebt, was ich soeben empfangen habe.« Dieser Befehl wurde mit solcher Sicherheit gegeben, und Herr von B. begleitete ihn mit zu bedeutungsvollen Gebärden, als daß man gezögert hätte, ihn zu befolgen. Die Tränen der schönen Dame vermochten nicht zu hindern, daß der Atlas ihrer Haut von unbarmherzigen Schlägen zerrissen wurde.

Aber das war noch nicht alles. Herr von B. verlangte, daß die Helden dieses Racheaktes sich nun gegenseitig derselben Strafe unterzögen, und dann im Fortgehen:»Adieu, Madame, möge nichts Sie daran hindern, dies angenehme Abenteuer zu veröffentlichen; ich werde der erste sein, die Nichtstuer damit zu beglücken.« Man sagt, die Marquise sei ihm nachgestürzt, habe sich auf die Knie vor ihm geworfen und ihn so dringlich angefleht, das Geheimnis zu wahren, daß er noch am selben Abend mit ihr speiste, um indiskrete Gerüchte zu widerlegen. Man fügt sogar hinzu, daß das Rezept so guten Erfolg hatte, daß der Abend fröhlicher endete, als er begonnen hatte.

Die schmutzige Geschichte der Präsidentin D. ist bekannt[10]. Man weiß, daß sie vor fünfzehn Jahren aus Douai entführt und nach Paris gebracht wurde.

Sigmund Freudeberg: Das Schlafengehen

Man brachte sie vorläufig bei der Gourdan unter, wo sie sich, heißt es, besser fühlte als je sonstwo. Seit einigen Wochen verwitwet, kehrt sie nach Douai zurück und ergreift ihre alten Rechte, nachdem sie lange Zeit der Nutznießung ihrer Besitztümer beraubt worden war, die aus 25 000 Livres Renten bestehen, da ihr Gatte bewiesen hatte, daß sie noch weniger Sparsamkeit als gute Sitten kannte. Sie ist von ihrer Verschwendungssucht ganz geheilt. Heut ist sie die geizigste sowie die sittenloseste Frau.

Sie bewohnte den Faubourg Saint-Marceau, hatte tausend Taler Renten, lebte ohne andere Gesellschaft als die eines Lakaien, den sie Tag und Nacht auf die Probe stellte, ehe sie ihn engagierte, und dessen geringster Fehler einen Grund zur Entlassung gab. Den letzten, den sie hier hatte, jagte sie fort, weil der Unvorsichtige eines Tages vergaß, die Wohnungstür zu schließen, und man sie so flagrant délit [in flagranti, beim Vollzug der »bösen Tat«] mit ihm ertappte. Ohne in Verlegenheit zu geraten, fing sie Streit mit ihm an und entließ ihn wegen mangelnder Sorgfalt.

Man schreibt ihr folgende Bemerkung zu: »Ich liebe das Geld; ich verstehe nicht, welches Vergnügen man daran finden kann, es wegzugeben oder es auszuleihen; ich mag die Armen nicht...« Sollte man glauben, daß es ein Wesen gibt, das so verabscheuungswürdig ist, so verächtlich und auch so unverschämt?

Auf der Place Dauphine hat sich kürzlich ein Abenteuer zugetragen, das dem des Frater Girard gleichen würde, wäre die neue Cadière liebenswürdiger[11].

Törichte Eltern hatten ihre dreizehnjährige Tochter einer Art Abbé anvertraut, damit er sie die Pflichten der Religion lehre; er erhielt die Erlaubnis, die gegen alle Vorhaltungen Rebellische nach Belieben zu strafen. Diese junge Person zeigte sich den Lehren des Abbé keineswegs fügiger, der sich deshalb damit unterhielt, sie zu seinem Vergnügen ziemlich oft zu peitschen. Das junge Mädchen, das sich den Züchtigungen dieses Tartüffs zu entziehen strebte, versuchte letzthin durch ein Fenster der fünften Etage zu fliehen. Sie glitt aus und hätte einen entsetzlichen Fall getan, wenn sich ihr Kleid nicht in einem aufragenden Gitter verwickelt hätte; sie blieb daran hängen, man eilte auf ihr Schreien herbei und befreite sie mit gebrochenem Arm. Sie wird glimpflich davonkommen, und diese unangenehme Lektion wird den Eltern nicht umsonst gegeben sein.

Der Abbé ist seither flüchtig, was sein Benehmen und seine Absichten sehr verdächtig erscheinen läßt.

Ein Engländer hat kürzlich in der Oper eine seltsame Wette verloren; er präsentierte sich immer auf dem Balkon mit kostbaren Kleidern, die er unaufhörlich wechselte. Ein flämischer Baron, den der Zufall sehr oft in seine Nähe placierte, verlor eines Tages die Geduld über die Elogen, die man dem Luxus des Engländers zollte.

»Morgen«, sagte er zu einem Freunde, »werdet ihr mich weit prunkvoller sehen als ihn.«

Rosbif, der dies anhörte, schwor, ihn trotz seiner Anstrengungen zu übertreffen.

Man stritt, zweifelte, wettete tausend Louis. Es wurde beschlossen, daß Diamanten und andere kostbare Juwelen nicht verwendet werden dürften. Am nächsten Tag erwartete man mit unbeschreiblicher Ungeduld die Stunde des Schauspiels.

Rosbif erscheint in einem Gewand von so unerhörter Pracht, daß man sich keinen Begriff davon machen konnte. Der Flame kommt darauf in einem Kleid aus brauner Leinwand, dessen Einfachheit zur Verzweiflung treiben konnte.

»Geh dich doch ankleiden«, rufen ihm seine Freunde zu. »Ich habe es, meine Herren.« – »Hast du den Kopf verloren? Zahle, Unglücklicher, und verbirg dich.« – »Nein, meine Herren, beruhigen Sie sich; ich habe noch nicht verloren. Da sehe ich die berühmten Bilderhändler Donjeux und Le Brun; laßt sie holen.« Sie kommen: mein Flame öffnet die Knöpfe und läßt sie das Futter seines Anzugs untersuchen. Es war ein Rubens von hoher Schönheit.

Was gibt es Prachtvolleres als einen Anzug, der ein ähnliches Kunstwerk als Futter trägt! Der Engländer zahlt, und der Flame hat das Geld und die Lacher auf seiner Seite. Das Geld ist nichts, wenn der Geist es nicht zur Geltung bringt.

Man kennt die Mode der Krinolinen, deren Volumen mehr oder weniger den Umfang aller Damen gleich macht, indem sie dem unteren Teil ihrer Kleidung ein glockenförmiges Aussehen verleiht. Das Auge hat sich an diese bizarre Mode gewöhnt, die Maler und Bildhauer mit Verzweiflung als grobe Geschmacksverwirrung zurückweisen müssen, da sie zu der Natur und den schönen Überlieferungen Griechenlands und Roms in krassem Widerspruch steht. Aber wie jeder Mißbrauch Gutes und Böses zur Folge hat, sei hier erzählt, was diese künstliche Rundung Frauen des Volkes, die der Macht der Mode folgten, eingegeben hat. Einige junge, sehr schlanke und habsüchtige Mädchen hatten beschlossen, vier Schweinsblasen rundherum unter ihrer Kleidung zu befestigen, damit sie die modische Körperfülle gäben. Diese Schweinsblasen waren mit Branntwein angefüllt, den sie so über die Barriere schmuggelten. Dies Verfahren trug einer jeden zwanzig bis fünfundzwanzig Sols täglich ein. Die Häufigkeit ihres Kommens ließ sie den Zollbeamten verdächtig erscheinen, und man nahm sie aufs Korn; als man aber ihre Kleider abfühlen wollte, verteidigten sie sich mit mutiger Keuschheit. Schließlich kam einer der Beamten eines Tages darauf, die verdächtige Fülle der Passantin zu sondieren, ohne daß sie es merkte. Er durchstach ihren Rock mit einem zugespitzten Instrument: sogleich verriet ein emporsprudelndes Brünnlein von Branntwein den Betrug, und die von dem Abenteuer ganz verwirrte Schmugglerin wurde festgenommen.

Seit dieser Entdeckung versichert man, daß Frauen an den Barrieren postiert sind, die beauftragt sind, Passanten des schönen Geschlechts anzuhalten und zu untersuchen, und daß sie sich mit ebensoviel Eifer wie Scharfblick ihres Auftrags entledigen.

Ein Schelmenstreich der Mlle Rosalie von der Comédie Italienne hat zu einem recht seltsamen Urteil geführt.

Diese Schauspielerin, die unter dem Namen Antonio im »Richard Löwenherz« dem Blondel als Führer dient, hatte auf dem Ärmel ihres Anzuges etliche Stecknadeln befestigt. Clerval sticht sich daran bis aufs Blut, als er sich auf sie stürzt.

Kaum ist er in den Kulissen, macht er der Schauspielerin Vorwürfe. Diese, die einstigen Beziehungen zu Clerval vergessend, verfehlt nicht, ihn in ihren beleidigenden Antworten daran zu erinnern, daß er einst Friseurlehrling gewesen sei. Er klagt bei Richelieu, dem ersten Gentilhomme der Kammer. Der Wocheninspektor meint, Rosalie müsse zu einer Ordnungsstrafe von hundert Talern verurteilt werden. »Nein, nein«, antwortet Richelieu, »sie würde jemand zu finden wissen, der für fünfundzwanzig Louis bei ihr schliefe, und wäre mit einem Überschuß von hundert Talern noch unverschämter als zuvor; ins Gefängnis mit ihr! Ich verstehe mich darauf, ins Gefängnis.« Und so geschah es.

Rosalie schlief allein und gratis im Hotel de la Force, aus dem sie am nächsten Morgen entlassen wurde [12].

Man erzählt über den verstorbenen Herrn Pompignan eine Anekdote, die die jähzornige Veranlagung vieler Frommen kennzeichnet.

Alle Welt weiß von der Feindseligkeit, die zwischen diesem heiligen Akademiker und seinem profanen Kollegen Voltaire herrschte. Als die Folgen eines schweren Schlaganfalls Herrn von Pompignan an den Rand des Grabes brachten, versuchen seine Freunde umsonst, ihn zum Bewußtsein zu bringen, damit man die Pflichten, die die Religion vorschreibt, ausüben könne. Vergeblich läßt man vor seinen Ohren die Worte Luzifer und Hölle erklingen. Der Sterbende ist von beunruhigender Unempfindlichkeit. Das, was die in schreckliche Drohungen entarteten Teufelsbeschwörungen nicht konnten, vermochte der Name Voltaires allein. Mme de Pompignan erscheint und sagt zu ihm, zitternd um sein ewiges Seelenheil: »Oh, mein Freund, bedenkt, daß wenn Ihr unseren Bitten nicht nachgebt, Ihr ewig an der Seite dieses Schurken Voltaire brennen werdet.«

Bei diesen Worten erhebt Pompignan den Kopf und sammelt seine letzten Kräfte, um im Jenseits einen Platz zu erlangen, recht weit von dem, den gewisse Leute Voltaire zudiktiert haben.

Nach unseren Kabrioletts hat man sehr erhöhte Wagen gebaut, die Wiskis genannt wurden. Die Damen sind einer Laune gefolgt, sie selbst zu lenken. In den letzten Tagen hat Mlle Rosalie, die in der Comédie Italienne die Rolle Antonios in »Richard Löwenherz« spielt und Blondel erfolgreich unterstützt, die Idee gehabt, schneller fahren zu wollen als irgendeine andere. Ein galanter Reiter ritt voran und warnte die Menge mit lauten Zurufen. Ein Grenzstein, der dieser Warnung nicht ausgewichen ist, wurde vom Wiski überfahren; dies hat sich völlig überschlagen und die entzückende Hippolyte zehn Schritte weiter auf die Straße geschleudert. Glücklicherweise hat ein kräftiger junger Mann, der zufällig vorbeiging, den kleinen Antonio aufgefangen und ihn so vor der drohenden Gefahr bewahrt, sein hübsches Köpfchen zu zerbrechen; sie ist mit einigen verborgenen Kontusionen [Quetschungen] davongekommen, die nur ihre Vertrauten erblicken werden.

In der vergangenen Woche gab es im Palais Royal im »Camp des Tartares« einen ziemlich heftigen Aufruhr [13].

Mit gewissem Recht sagt man, daß Paris einem Königreich gleiche, in dem das Palais Royal die Hauptstadt sei. Tatsächlich vereinigt sich dort alles; man findet sogar gewisse Erleichterungen, die man anderswo vergebens suchen würde. Da gibt es möblierte Appartements, wo alles, was der raffinierteste Luxus bedingt, sich vereint, und die für einen halben Louis pro Stunde vermietet werden: man zweifelt kaum, zu welchem Zweck. Man erzählt sogar, die Anhänger der »Opposition« fänden die gleichen Annehmlichkeiten in einer benachbarten Galerie, wo jedoch der Preis auf einen Louis pro Stunde festgesetzt ist. Wie dem auch sei, tausend ähnliche Beweggründe, die zur Entartung unserer guten Sitten dienen, sind jeden Abend Anlaß zu einem unaufhörlichen Andrang unter der Galerie des Tartares. Da vereinigen sich gegen Ende der Theatervorstellungen alle die Nymphen des Stadtviertels, die zu elegant sind, um sich im Schmutz der Straße zu besudeln.

Folgendes hat die fragliche Erregung hervorgerufen. Ein Abbé im Habit, dem man nachsagt, daß er der Neffe eines Erzbischofs sei, hatte eine sehr hübsche, leichtfertige Dame untergefaßt, als es sich ein junger Herr einfallen läßt, den Abbé auf den Fuß zu treten. Dieser erhebt heftige Klage und nennt den Angreifer einen Schurken; der junge Herr bedenkt ihn mit ähnlichen Schmähworten, der Abbé erhebt seinen Stock, ebenso der andere, und ein ernstliches Handgemenge bricht zwischen ihnen und ihren Freunden aus. Die erschreckten Frauen rufen um Hilfe. Einer der Schweizer, der die Ordnung aufrechterhalten soll, erscheint und weiß nichts Besseres, um die Streitenden zu trennen, als mit der flachen Klinge dazwischenzufahren. Dieser helvetische Einfall empört das Publikum, man umringt den Schweizer, um ihn zu entwaffnen, er stößt einen Pfiff aus, und drei seiner Kameraden eilen ihm zu Hilfe; sie stellen sich Rücken an Rücken mit entblößtem Säbel auf und schlagen wahllos auf die ein, die sich ihnen entgegenstellen.

Mehrere Personen sind verletzt worden, unter anderem ein Offizier gesetzten Alters, ein Ritter des Ludwigsordens, der sich ganz gegen sein besseres Wollen von der Menge vorwärtsgedrückt fand, und dessen Hut durchschnitten und Kopf gespalten wurde. Die Rufe nach der Wache verdoppelten sich, aber sei es, daß sie ohne besondere Erlaubnis des Gouverneurs nicht eintreten durfte, sei es, daß sie sich erst in größerer Stärke vereinigen wollte, kurz: sie blieb lange aus. Endlich sah man sieben oder acht Rotten erscheinen, die Bajonette am Gewehrlauf befestigt; da flohen die Schweizer. Man suchte sie zu verfolgen und fand sie in einem Haus, in dem sie sich in

Sicherheit gebracht hatten. Sie wurden entwaffnet, und, unter dem Beifall des Publikums, das schrie: »Fort! Ins Gefängnis, ins Loch!«, sollten sie abgeführt werden, als ein Schweizer Offizier erschien und seine Soldaten verlangte. Man führte sie zum Gouverneur, und man sagt, daß sie damit davonkamen, daß man sie im Kasernengefängnis einsperrte.

Das Publikum ist sehr zufrieden, keine bessere Genugtuung erlangt zu haben, und daß am nächsten Tage zwei junge Leute, die, wie es schien, an dem Aufruhr teilgenommen hatten und sich am selben Ort davon unterhielten, festgenommen und ins Hotel de la Force gebracht wurden.

Die Wache der Galerie ist stark vermehrt worden; tatsächlich sind die Schweizer viel anständiger, sie sprechen und verstehen Französisch und verhindern störende Ansammlungen.

Seit jenem Ereignis sieht man weniger Mädchen und keinen einzigen Abbé mehr dort.

Ein Abenteuer, das sich soeben im Palais Royal ereignet hat, wird viel dazu beitragen, um die gefährlichen Priesterinnen der Cythère zurückzurufen, die das Handgemenge des letzten Monats von der Tartarenallee ferngehalten hatte.

Zwei polizeiliche Beobachterinnen, denn es gibt solche beiderlei Geschlechts, kamen eines Abends, Quidor, den Polizeiinspektor, zu benachrichtigen, daß zwei junge Mädchen im Garten säßen, obgleich man ihnen verboten hatte, sich ohne männliche Begleitung dort aufzuhalten. Quidor nimmt neben den beiden Damen, die man ihm bezeichnet, einen Stuhl, leitet eine Unterhaltung mit ihnen ein und schlägt ihnen nach einigen galanten Redensarten vor, sie nach Haus zu begleiten, was sie annehmen.

Kaum sind sie in der Nähe der Gartentür angekommen, als der Inspektor ihnen im Namen des Gesetzes gebietet, ihm zu folgen. »Man muß gehorchen«, antworten sie. Aber als sie heraustreten, wird der Polizeiagent grausam enttäuscht, als er erblicken muß, wie ein Heiduck und drei große Lakaien sich nähern und die prächtige Equipage ihrer Herrinnen vorfahren lassen. Er versucht zu verschwinden.

Die Damen jedoch zwingen ihn, in ihren Wagen zu steigen und sie zu einem Kommissar zu begleiten, um Genugtuung für die erlittene Unbill zu fordern.

Herr de Crosne hat ihnen versprochen, im Ministerium davon zu sprechen, und der Inspektor wird wohl seine Stellung verlieren.

Hier ist eine lustige Anekdote, die gut in Griechenland wiederauferstanden sein könnte. Man erzählt, daß die Frau eines Bürgermeisters in Tours sich auf der Terrasse zu Versailles in einer prunkvollen, aber sehr alten Robe erging.

Eine Bande junger Leute geht vorüber; der leichtsinnigste von ihnen löst sich von der Gruppe und küßt den Saum ihres Kleides. »Ist es tatsächlich neueste Mode, mein Herr, das Kleid einer Frau zu küssen?« – »Nein, Madame«, antwortet der junge Mann; »aber ich verehre die Antike so sehr, daß ich gemeint habe, Ihnen Ehrerbietung zeigen zu müssen.«

»Oh, warum sagten Sie nicht eher etwas davon, mein Freund«, antwortete die boshafte Provençalin; »ich hätte Sie dann meinen Hintern küssen lassen; der ist zwanzig Jahre älter.«

Leute, die an Vorbedeutungen und Träume glauben, werden mit Vergnügen diese ganz neue Anekdote lesen, deren Wahrheit ein glaubwürdiger Mann garantiert:

Ein reicher Irländer hatte sich mit seiner Frau, die sehr schön gewesen war und immer noch als hübsche Frau gelten konnte, nach Montrouge bei Paris zurückgezogen. Sie wurde krank und starb nach kurzer Zeit. Man sagt, daß die Koketterie den

Frauen angeboren sei; man könnte hinzufügen, daß sie sie überlebt. Mit einer kapri-
ziösen Laune, die nicht vereinzelt dasteht, beschwor die Frau des Irländers ihren
Mann, sie angetan mit ihren schönsten Kleidern und ihrem Schmuck, den sie auch
während ihrer Krankheit nicht abgelegt hatte, zu begraben. Der untröstliche Gatte
versprach und hielt Wort. In der folgenden Nacht glaubt er im Traum seine Frau zu
sehen, die auf unanständigste Weise beleidigt worden ist und seine Hilfe anruft; in
heftigster Erregung erwacht er, sucht seine üblen Empfindungen zu zerstreuen und
schläft wieder ein; dasselbe Bild erscheint ihm mit größerer Heftigkeit wie beim ersten

Sigmund Freudeberg: Das Aufstehen

Male; er erwacht noch erregter, macht erneute Anstrengungen, seine unruhige Einbildungskraft zu beruhigen, und es gelingt ihm mit Anstrengung, den Schlaf wiederzufinden. Diesmal ist er noch zerquälter von dem erschreckenden Schauspiel, das er zu hören und zu sehen vermeint hat.

Er erhebt sich, kleidet sich an, und auf die Gefahr hin, für einen Nachtwandler zu gelten, geht er den Pfarrer um die Erlaubnis bitten, das Grab seiner Frau zu besuchen. Wie er an der Kirche vorbeikommt, erblickt er ein Licht; er zittert vor Furcht, seinen Traum verwirklicht zu sehen; er nähert sich; des Verstandes beraubt, außer sich, vernimmt er Geräusche und schlägt Lärm; das Geräusch verstummt, er eilt zum Pfarrer, heißt ihn aufstehen, schleppt ihn zur Kirche.

Sie erblicken noch das Licht, hören Geräusche; man sucht den Kirchendiener, der die Schlüssel hat; er ist abwesend; bald sind die Kirchentüren erbrochen.

Auf Stühlen ausgestreckt findet man die Tote, die ausgegraben worden ist, vergewaltigt, beraubt und auf jegliche Weise geschändet. Einer der Komplizen dieser Scheußlichkeit hat entfliehen können, den anderen hat man laufenlassen, um diese skandalöse Affäre zu vertuschen.

Ich habe von einer achtenswerten und glaubwürdigen Persönlichkeit den unglaublichen Bericht der Abenteuer des Pfarrers von Saint-Roch bekommen, der vor kurzem gestorben ist.

Der Abbé Marduel wurde zu Lyon im Jahre 1703 geboren; seine Eltern bestimmten ihn für die geistliche Laufbahn; er wandte sich dem Priesterstande zu und verließ ihn bald darauf, um Kaufmann zu werden, verheiratete sich, hatte Geldverluste, machte Bankerott und schiffte sich mit seiner Frau ein, um sein Glück in Amerika zu versuchen. Das Schiff scheiterte, ein Teil der Mannschaft rettete sich; man glaubte, daß die anderen umgekommen seien.

Durch einen recht seltsamen Zufall gelingt es dem Rest der Mannschaft, den man ertrunken wähnt, sich an eine entgegengesetzte Küste zu retten; dasselbe Spiel findet statt: Hier läßt der Gatte, dort die Frau Totenmessen zur ewigen Seelenruhe lesen. Marduel, der in Amerika nicht glücklicher war als in Europa, reist nach Frankreich zurück. Aber, da er nicht wagt, wieder nach Lyon zu gehen, begibt er sich nach Paris, wendet sich wiederum dem Priesterstande zu, empfängt die Weihe und richtet sich in der Gemeinde zu Saint-Louis-en-l'Ile ein, wo er lange das Amt eines Vikars ausfüllt; sein Eifer und seine Begabung verschaffen ihm schließlich die Pfarrei von Saint-Roch. Seine Frau kehrt bei Gelegenheit nach Europa und zu ihren Eltern nach Lyon zurück. Geschäfte führen sie nach mehreren Jahren des öfteren nach Paris, und sie begibt sich, wie alle Provinzler, zur Fronleichnamsprozession nach Saint-Roch; unendlich ist ihre Überraschung, in den Zügen des Geistlichen den langbeweinten Gatten zu erkennen. Sie erkundigt sich nach seinem Namen, und ihr Erstaunen wächst; man sagt ihr, er stamme aus Lyon; bei dieser Nachricht verliert sie das Bewußtsein. Wieder zu sich gekommen, eilt sie, dem Priester zu begegnen, und ihr Herz überzeugt sie noch besser als ihre Augen nach zwanzigjähriger Abwesenheit, daß sie ihren Gatten wiedergefunden hat.

Am nächsten Morgen läßt sie sich beim Pfarrer unter einem falschen Namen melden, gibt sich dann zu erkennen, ruft ihre einstmaligen Beziehungen zurück und fällt ohnmächtig in seine Arme. Der gefühllose Pfarrer kalkuliert mit Blitzeseile in seiner gewinnsüchtigen Seele die Vorteile, die ihm entgehen können, wenn er seine Frau wiedererkennt; er behandelt sie wie eine Geisterseherin; sie bleibt bei ihrer Behauptung, bringt Details, die genügen, jeden Zweifel zu zerstreuen, fügt hinzu, daß sie in ihrem Alter keineswegs die Absicht habe, ihn um seine Stelle zu bringen, verlangt als einzige Güte, bei ihm als seine Schwester leben zu dürfen, und verspricht ihm heiligste Geheimhaltung ihrer wirklichen Beziehungen.

Der alte Priester, der vielleicht die Indiskretion seiner Frau fürchtete, bleibt dabei, sie nicht zu verstehen; er nennt sie eine Närrin und droht, sie als Hochstaplerin einsperren zu lassen. Von Schmerz überwältigt, zieht sich die verzweifelte Gattin zurück. Sie war arm; der Überfluß, in dem ihr Gatte lebt, reizt ihre Verzweiflung stärker, und da bald der Rachedurst an Stelle der Zärtlichkeit tritt, läßt sie aus Lyon die notwendigen Papiere kommen, um ihren undankbaren Gatten zu überführen, und bringt sie zum ersten Parlamentsvorsitzenden, der den Pfarrer vorlädt; der gesteht sein Unrecht ein und ersucht um Gnade. Der Erzbischof interveniert, sucht den Skandal zu vermeiden, schiebt den Kuraten für zwei Wochen ins Seminar und verpflichtet ihn auf das Geständnis seiner Frau hin, ihr eine Rente von tausend Talern in irgendeinem Kloster, das sie selbst wählen soll, zu geben.

Man weiß nicht, ob der Abbé Marduel jemals Kinder gehabt hat; doch war er geschickt genug, seine Pfarre zu behalten und sich seiner Frau, die vielleicht heute noch lebt, zu entledigen.

Im ›Journal de Paris‹ hat Dr. Retz veröffentlicht, daß er einen Kutscher dafür zu belohnen wünscht, daß er ihn nicht überfahren habe. Man behauptet, dies sei ein boshafter Witz, und daß der Kutscher, falls er sich zu dem Arzte begeben hätte, anstatt mit einem Louis mit Peitschenhieben traktiert worden wäre. Ein Ludwigsritter machte in der letzten Woche nicht so viel Umstände; da er sich in der Rue des Petits-Champs im Gedränge und in Gefahr fand, von einer bürgerlichen Kalesche überfahren zu werden, nachdem er verschiedentlich deren Kutscher angerufen hatte, anzuhalten, fegte er ihn mit einem Stockhieb von seinem Sitz herunter; man hielt den Wagen an, und der Besitzer begann, den Kopf aus dem Wagenfenster gestreckt, den energischen Fußgänger zu beschimpfen; der ihm jedoch, ohne seine Ruhe zu verlieren, antwortete: ›Das Leben eines ehrlichen Bürgers, der seinem Vaterland nützlich sein kann, kann auf keine Weise dem eines unverschämten Dieners, der gedungen ist, Passanten zu überfahren, gleichgestellt werden. Ich habe geschworen, keinen zu verschonen; und wenn Ihnen das mißfällt, mein Herr, so steigen Sie aus, und ich werde Ihnen Genugtuung geben.‹ Als der Besitzer des Wagens sah, mit wem er es zu tun hatte, bot er dem Chevalier seine Entschuldigungen; der unverletzte Kutscher kletterte wieder auf seinen Sitz, wurde gemaßregelt, und alles verlief in schönster Höflichkeit.

Wenn ähnliches öfter vorkommen sollte, würde man es seltener erleben, daß unnütze Lümmel sich ein Spiel daraus machen, alles, was ihnen in den Weg kommt, umzuwerfen und zu überfahren.

Hier ein Scherz, der zu lustig war, um nicht vollkommen gelungen zu sein. Er bezieht sich auf einen Unglücksfall, der sich neulich auf dem Boulevard ereignet hat:

»Gesuch an den Herrn Baron von Breteuil. Monseigneur wird mit größter Untergebenheit von Denis Topineau, Bürger von Paris, wohnhaft in der Rue de Poitou im Marais, maison du Chapelier, ersucht wie folgt:

Wie er gestern, etwa um ein Uhr nachmittags, seinen Weg in einer Seitenallee des Boulevard Saint-Honoré zwischen der Wache des Corps de Garde und dem Speicher der Madeleine verfolgte, um nach Hause zum Essen zu seiner Frau zu gehen, die die Töpfe auf dem Feuer hatte; wie er nichtsahnend dahingeht, als eine Karosse, die bis dahin in einer Seitenallee vor einer Haustür gestanden hatte, plötzlich los und ihm mit der Deichsel in die Rippen gefahren sei, so daß er, alle vier in der Luft, hingestürzt wäre; er, der Bittsteller, habe schnell seine Seele Gott empfohlen, denn er habe sich schon tot oder wenigstens verstümmelt gesehen. Mit großer Mühe habe er sich mit Hilfe guter Leute aufgerichtet, die ihn dann unterstützt und nach Hause geführt hätten. Als seine Frau ihn in diesem Zustande habe heimkehren sehen, mit zerrissener und beschmutzter Hose, habe sie angefangen laut zu schreien, und ein Unwohlsein habe sie überfallen. Man habe den Apotheker von der Ecke nebenan gerufen, der ihn untersucht und eine dicke Schwellung gefunden habe, auf die einer seiner Jungen einen Umschlag schweizerischer Kräuter gelegt und ihm gesagt habe, daß er während acht Wochen viel leiden würde, daß es aber sonst nichts weiter auf sich habe.

Darauf habe sich Frau Topineau ein wenig beruhigt, die Nachbarn und sie wünschten, daß er zur Ader gelassen würde; aber er selbst habe es, ängstlich, wie er sei, nicht gewollt.

Der Bittsteller räumt ein, Monseigneur, daß es nicht Schuld des Wagens sei, daß er nicht gerädert oder nicht verstümmelt worden ist, und daß er Gott eine schöne Kerze schuldig ist.

Die guten Leute, die ihn heimgeführt hätten, haben ihm erzählt, wie der Kutscher und die Bürgersfrau, die drinnen, und der rotlivrierte Lakai, der hintenauf saß, aus voller Kehle über seinen Purzelbaum gelacht hätten. Daß eine andere Karosse und zwei sehr hochsitzige Kabrioletts an der Haustür in der besagten Seitenallee gestanden seien, deren Insassen vor Lachen erstickt wären; daß eine Dame mit einem Mietswagen in diesem Hause wohne; daß diese Dame ein Freudenmädchen namens Rosalie sei, und daß die fragliche Karosse entweder die ihrige oder die ihres Herrn gewesen sei; es sei wahr, daß an dieser Stelle der Chaussee Steine für die neue Madeleinekirche aufgehäuft gewesen seien, die den Verkehr etwas hinderten, aber doch den Karossen genügend Platz zum Anfahren ließen, um die Seitenallee freizuhalten; daß es dem Überlebenden zweckmäßiger scheine, wenn das bewußte Fräulein Rosalie sich die Mühe gäbe, zu Fuß die Seitenallee und die Steine zu überschreiten, um ihre Equipage am anderen Straßenende zu besteigen, als über den Bauch guter Bürger zu fahren, die ihre Zwanzigstel und ihre Kopfsteuer pünktlich zahlen und alle bereit wären, auch für die Bodensteuer aufzukommen; daß dies nicht der erste Unglücksfall ist, der vorgekommen wäre, zumal in anderen Seitenalleen, besonders an der Ecke der Rue Favart, bei der Comédie Italienne, oder in einer anderen hinter der Oper, Boulevard Saint-Martin, wo gleichfalls Freudenmädchen logierten; daß indessen die Seitenallee des Boulevards nur für Fußgänger bestimmt sei und Equipagen, Kabrioletts und Pferde niemals dort passieren dürften; daß man, bloß weil man ein Freudenmädchen sei, nicht das Recht habe, jedermann zu überfahren; daß diese Erlaubnis höchstwahrscheinlich von gewissen Kommissären und Polizeiinspektoren ausginge, da sie wortlos geduldet würde, daß sie aber den Privilegien des Pariser Bürgers widerspräche; daß jedoch die Fußgänger, wenn sie es darauf ankommen ließen, die Stärkeren sein würden, daß man sich aber kompromittieren würde, wenn man mit einem Stock gegen Pferde oder andere Tiere anginge; daß der König, wenn er dies wüßte, die Dinge bald in Ordnung bringen würde.

Der Bittsteller, der glücklicherweise mit einigen Kontusionen und einer verdorbenen und zerrissenen Hose davongekommen ist, deren er hofft, in sechs Wochen kuriert zu sein, ist zu zartfühlend, um Entschädigungen und Ersatz von der Demoiselle Rosalie zu beanspruchen; da er aber fürchtet, ein anderes Mal nicht so gut wegzukommen, schlägt er vor, Monseigneur, das, was er aus diesen Ausführungen beliebt, dem König vorzutragen, damit es den Karossen, Kabrioletts und Pferden, gleichgültig welcher Herkunft, verboten werde, die Bürger der guten Stadt Paris unter ihre Füße zu treten; daß den besagten Karossen, Kabrioletts und Pferden verboten würde, sich auf der Boulevardchaussee und nicht in der Seitenallee zu halten, so daß sie unter keinem Vorwand besagte Seitenallee besetzen könnten, um hier mit den Fußgängern, zu deren großem Nachteil, in buntem Durcheinander herumzufahren; daß es gleichfalls angeordnet würde, die Straßen sauberer zu halten, und daß Gerechtigkeit geschaffen werde.«

Der Karneval in Venedig dauert, wie man weiß, sechs Monate; die Mönche spazieren in Maske und Domino einher, und auf einem Platz sieht man auf der einen Seite Komödianten, die lustige, aber zügellos ausgelassene Farcen mimen, und auf der anderen spielen Geistliche Farcen anderer Art und rufen aus: »Meine Herren, kümmern Sie sich nicht um jene Stümper; der Polichinell, der sie zusammentrommelt, ist nur ein Dummkopf«; und (hier zeigt er ein Kruzifix): »Hier ist er, der wahre Polichinell, der große Polichinell, hier ist er . . .«

Eine Anekdote, die man von Herrn von Calonne erzählt, läßt hoffen, daß er sich leicht über ein Malheur trösten wird, das ihm die Genugtuung verschafft, sich ohne Ablenkung seiner Vergnügungslust hingeben zu können. Selbst zur Zeit, da er den Kopf voll wichtiger Projekte hatte, arrangierte er zu Haus sehr ausgelassene Soupers und fröhlichste Orgien. Als er eines Nachts nicht schlafen konnte, klingelte er seinem Kammerdiener: »Rosa soll herunterkommen!« (Dies war eine junge Person, die der Kammerdiener seinem Herrn verschafft hatte, wobei er sich nach üblicher Sitte das Recht des Beischlafes ausbedungen hatte.) – »Aber, Monseigneur haben mir befohlen, Sie um vier Uhr Ihres Vortrags an die Notabeln wegen zu wecken.« – »Hör auf mit deinen Überlegungen; Rosa soll gerufen werden!« Der Kammerdiener gehorcht; beim ersten Morgengrauen zieht sich Rosa zurück. »Aus welcher Laune«, fragt sie der Kammerdiener, »hat unser Herr dich heut nacht bei sich gewünscht? Er hatte einen wichtigen Vortrag durchzusehen.« – »Da bin ich nicht erstaunt«, antwortet die hübsche Rosa, »da er die ganze Nacht mit Ausbesserungen von Fehlern verbracht hat.«

Das Parlament beschäftigt sich mit einer Angelegenheit, die viel von sich reden machen wird.

Ein gewisser La Roche, der sich in seiner Bittschrift bescheidentlich ein Bürger von Paris tituliert, vertraute vor einiger Zeit, als er verreisen mußte, seine hübsche, trostlose, siebzehnjährige Tochter einer Frau an, die dies Vertrauen nicht verdiente. Kurz danach, man weiß nicht wie, fand sich das junge Mädchen in den Armen des Herrn de Meaupou und bewohnte mit ihm das Hôtel de la Chancellerie. Als der Vater nach seiner Rückkehr seine Tochter forderte, wurde sie ihm verleugnet und verweigert. Er blieb hartnäckig. Man gab sie ihm zurück, doch nackt und schwanger.

Dieser Vater meinte, Entschädigungen beanspruchen zu können, die ihm ebenso rücksichtslos verweigert wurden.

Darauf reichte er eine Bittschrift ein, in der er um die Bewilligung bat, auf gewaltsame Verführung seiner Tochter klagen zu können, und sein Gesuch wurde von der versammelten Kammer angenommen. Mehrere Personen von Einfluß haben interveniert, um Herrn de Meaupou zu veranlassen, eine so peinliche Affäre wenigstens zu arrangieren; er gibt aber vor, authentische Papiere mit dem Einverständnis des Vaters zu haben; er hat nichts hören wollen, so daß die Angelegenheit sich weiter hinausziehen wird. Man behauptet, daß Herr de Meaupou bei einer Zusammenkunft mit dem La Roche gesagt habe: »Wenn ich einen Mietswagen nehme, so zahle ich ihn nur so lange, als ich ihn benutze.« – »Das ist richtig«, entgegnete der Vater, »wenn Sie aber Fenster zerbrechen, so müssen Sie sie auch bezahlen.« Vielleicht ist diese Bemerkung erfunden, aber sie ist zumindest witzig.

Am Spieltisch einer Hofdame, die eine Art Spielhölle unterhält, trafen sich ebenso glückliche wie geschickte Spieler. In den letzten Tagen haben nun fünf Spieler einen Brelan [altfranz. Kartenspiel] gemacht. Vier von ihnen haben Brelan, sie setzen alles ein. Der, welcher die Karten gibt, hält ihn und zeigt einen Brelan in Karo, der alles gewinnt. Einer der vier Verlierenden, der gereizter ist als die anderen, erhebt sich mit einem Fluch und ruft: »Das ist aber ein zu unvorteilhafter Zug!«

Der andere, der gegeben hatte, läßt den Zwischenruf, ohne ihn zu achten, vorübergehen und steckt das Geld ein, aber der nun noch mehr gereizte Spieler wiederholt ihn mit noch lauterer Stimme, so daß sich ein lebhafter Disput zwischen ihnen erhebt, der von zwei Wachleuten des Tribunal des Maréchaux de France unterbrochen wurde, die sich der Streitenden annahmen. Man führt sie zu dem Marschall von Richelieu, und dort plädiert jeder, so gut er kann, für seine Sache.

Der Düpierte behauptet, daß er den anderen keines Wortes gewürdigt habe; der Geber versichert, daß der Zug durchaus im Bereiche der Möglichkeit sei. Der Marschall läßt sie sich den Versöhnungskuß geben; der erstere geht, sein Schicksal beklagend, hinaus, um seine Wache zu entlohnen; der andere bleibt und dankt dem Marschall für das weise Urteil. »Dieser Zug ist immerhin recht seltsam«, sagt Herr von Richelieu. – »Gewiß, Monseigneur, aber er ist möglich.« – »Gehen Sie«, erwidert der Doyen der Maréchaux; »ich bin zu nachsichtig, ich hätte Sie ins Gefängnis schicken sollen, in dem Sie so lange verblieben wären, bis der Coup ein zweites Mal herausgekommen wäre.« Ein ingeniöses Wort, das beweist, was der alte Krieger in seinem Innersten von dem Abenteuer hielt.

Beim Souper wurde erzählt, Mme D. habe die Pocken. »Das erstaunt mich nicht«, antwortete jemand, »ich habe sie immer als sehr anspruchslos gekannt.« [Vérole = Syphilis; Petite Vérole = Pocken. Anm. d. Ü.]

Vor kurzem hat man drei Säbelduelle ausgefochten; das eine vom Chevalier de Cubières gegen M. de Champcenets, der ihn im »Almanach großer Männer« verachtungsvoll behandelt hatte; das andere von einem Unbekannten gegen M. de Narbonne als Entgegnung auf einen Peitschenhieb. Dieser, der im Galopp Paris durchfuhr, hatte jenen Herrn umgeworfen. Da sein Wiski [zweirädriger Einspänner mit hohem Gestell] im Gedränge angehalten wurde, war der letztere auf den Wagen gesprungen, um Genugtuung zu fordern, und das erledigte sich in zehn Sekunden. Das dritte hatte lustigere Begleiterscheinungen. Der Bischof von Noyon hat die Forderung von einem jungen Herrn erhalten, der in den Liebesgründen weidete, die der Prälat gepachtet hatte. Zwischen beiden kam es zu einem Zusammenstoß; man stritt sich, und der Bischof gab dem Greluchon [heimlicher Liebhaber einer von andern Ausgehaltenen, s. S. 410] die Firmung.

Dieser, der für die Sakramente wenig übrig hatte, forderte Genugtuung, und der Bischof de Noyon war besonnen genug einzusehen, daß ihm die Rolle eines Kirchenfürsten in dieser Angelegenheit nicht gut zu Gesicht stehen würde.

Man ist immer darauf gefaßt gewesen, daß die Bosheit sich eines Tages in den berühmten Namen des verstorbenen Desbrugnières kleiden würde. Es zirkulieren Kopien eines angeblichen Testamentes. Hier ein Auszug:
»Am 6. Juli, heutigen Tages, habe ich, Fiacre-Pancrace-Honoré Desbrugnières, Rat des Königs, Polizeiinspektor der guten Stadt Paris, gesund an Geist und Körper, mein vorliegendes Testament wie folgt gemacht:
Zu meinem gesetzlichen und Universalerben bestimme ich meinen lieben und würdigen Kollegen D., ohne daß er genötigt sei, auf die Wohltaten des Gouvernements und auf die einträglichen Schändlichkeiten zu verzichten; und für den Fall des Ablebens seiner natürlichen männlichen Leiberben setze ich an seiner Stelle seinen Herrn Bruder ein, weil der gelegentlich der Festnahme des Kardinals von Rohan so große Hoffnungen erweckt hat: alles dies unter der Bedingung, daß sie beide für den Zeitraum von sechs Monaten Trauer anlegen.
Ich vermache Herrn Piépape de Piéplat, Staatsrat, meine Sammlung von Haftbefehlen, die sich in meinem Kleiderschrank befindet.

Ich vermache Herrn Moreau, Historiographen von Frankreich, eine Abhandlung von meiner Hand, dem Erzbischof von Sens gewidmet – ›Sur l'usage légitime des lettres de cachet‹ –, mit den geschichtlichen Angaben über alle, die ich exekutiert habe, in zwölf Bänden in Quartformat.

Ich gebe und vermache dem Herrn B., Generalleutnant des Gerichtssprengels zu L., den Cordon noir, den man im Begriff war, mir zu verleihen, um ihm die Achtung zu beweisen, die ich ihm wegen seiner geheimen Korrespondenz mit dem Siegelbewahrer und seiner glücklichen Überredungskünste zolle.

Herrn Linguet vermache ich 12 (zwölf) Flaschen Galle, die er in seine Tinte gießen mag, 12 Schmiedehämmer, auf daß er seinen Stil verbessere. Außerdem vermache ich ihm ein gepolstertes Kissen, das ihm auf mehr als eine Art nützlich sein dürfte.

Ich vermache dem Abbé Morellet 24 Sous als Lohn für seine letzte Schmähschrift gegen die Parlamente.

Ich vermache dem Redakteur des ›Courrier de l'Europe‹ all die Stockschläge, die mir am Tage meines Ablebens zugedacht werden.

Den Kompilateuren des ›Journal de Paris‹ vermache ich meinen Nekrolog, den ich selbst verfaßt habe, und der dessenungeachtet von meinen Erben oder der Regierung bezahlt werden wird.

Ich vermache dem Herrn B.-J. von P. ein Paar fester Reitstiefel, einen Sattel und eine Postillonspeitsche, damit er sich schneller an all die Orte begeben könne, wo eine Schändlichkeit ausgeübt oder etwas verdient werden kann.

Ich vermache Herrn von Mazirot, dem Berichterstatter der Gnadengesuche, eine Lederhose für die Reise, denn er hat die seine auf der Straße zu Rouen und der Straße von Moulins abgenützt.

Ich vermache Mme ... ein Exemplar von ›Parapilla‹ mit Kupferstichen [14].

Ich vermache der Frau Herzogin von G. eine Querpfeife aus Elfenbein, damit sie zu ihrer kleinen süßen Stimme flöten kann, wenn sie das Lob des ersten Ministers singt.

Zum Exekutor meines Testaments ernenne ich Herrn von ... in der Hoffnung, daß er mir dieselbe Güte wie seinem Freunde de B. erweisen wird, doch mit dem Bedauern, ihn nicht mit einigen 800 000 bis 900 000 Livres entschädigen zu können; aber ich hinterlasse ihm eine Dose mit meinem Bild, die mit Steinen, falsch wie er selber, geschmückt ist, und die ich ihn bitte aus Zuneigung zu mir anzunehmen.«

Ein siebzehnjähriges Mädchen, das von einem alten Weib, dem es ein wenig Geld schuldete, hart bedrängt war, entwendete kürzlich ihrer Dienstherrin einen Überrock und einen Unterrock, die es verkaufen ging und die ihr hundert Sous einbrachten. Am selben Tag noch bemerkte man den Diebstahl.

Die Bürgersfrau eilte, ungeachtet des Alters der Magd und der Umstände, die sie zu diesem Vergehen veranlaßt hatten, sie anzuzeigen. Wohlwollende Menschen, denen das junge Mädchen seine Schuld eingestand, kauften in Eile das gestohlene Gut zurück und händigten es der Herrin ein; jedoch es war schon zu spät, und die arme Unglückliche wurde festgenommen und ins Gefängnis gebracht. Le Chatelet verfügte, daß sie ausgepeitscht und in ein Zwangsarbeitshaus gesteckt werden solle. Beim Appel à minima [Einspruch der Staatsanwaltschaft, wegen zu geringer Strafe] verurteilte sie die Berufungskammer zum Tode durch den Strang. Daraufhin wurde das Urteil vor zwölf Tagen in ganz Paris veröffentlicht. Der Galgen war errichtet, der Henker hatte sich schon seiner Beute bemächtigt, das versammelte Volk erwartete schon ihr Erscheinen, als es plötzlich, wie sie die Stufen des Chatelet herabstieg, einer Amtsperson gelang, ihr zwei Worte ins Ohr zu flüstern. Augenblicklich stockte ihr Schritt; sie forderte, den Kriminalleutnant zu sprechen und erklärte, daß sie durch Schuld ihres Dienstherrn schwanger sei. Nach diesen Worten wird alles verschoben. Man führt sie ins Gefängnis zurück, um das Urteil der Ärzte und der Hebammen zu

Sigmund Freudeberg: Nach dem Bad

hören; da es aber vorläufig unmöglich ist, zu entscheiden, ob die Behauptung wahr oder falsch ist, hofft man, dieser Aufschub würde ihr günstig sein und zur Begnadigung verhelfen. Alles spricht zu ihren Gunsten, und ein Beweis, daß sie nicht verderbt ist, besteht darin, daß, als jemand ihr vorgeworfen hat, daß sie bei ihrem ersten Verhör alles eingestanden habe, und dieser nun versucht, ihr zu beweisen, wie leicht es ihr wäre, ihrer Strafe durch Leugnen zu entgehen, sie ihn unterbricht: »Oh, mein Herr, man darf vor den Gerichten nicht leugnen, ich würde lieber sterben, als der ewigen Verdammnis anheimfallen.«

Als das arme Kind den Strick um den Hals gefühlt hat, mag es nicht ebenso gedacht haben; aber wer könnte ihr einen Vorwurf daraus machen?

Der Abbé Prévost, der Almosenier [»Almosenverteiler«, geistlicher Würdenträger] bei einem sehr hohen Herrn zu werden wünschte, bat die vornehmsten Leute, daß sie sich für ihn verwandten. Als er dem Fürsten vorgestellt wurde, sagte ihm dieser: »Sie scheinen ausgezeichnete Verbindungen zu haben, ganz Paris spricht ja nur von Ihnen; aber, sagen Sie doch, welchen Rang erstreben Sie? Mein Almosenier ist der meiner Beamten, den ich am wenigsten benötige, da ich niemals zur Messe gehe.« – »Gerade deshalb bitte ich um die Stelle, die wie für mich gemacht ist: Sie gehen nie zur Messe, und ich lese nie die Messe.«

Der Herzog von A., der zur Friedenszeit, gelegentlich der Reform, befragt wurde, was er davon hielte, gab dem König zur Antwort:
»Sire, ich glaube, daß Sie die Taufe reformieren sollten, damit wir dann in Frankreich weniger Commères und Compères [Gevatter und Gevatterinnen] hätten.«
Derselbe Herzog sah eines Tages Mme de B., eine Frau von monströser Statur. Er fragte, wer diese Frau sei. »Monsieur, sie ist eine Dame aus der Provinz.« – »Wie, eine Dame aus der Provinz? Sagen Sie doch lieber, sie ist eine ganze Provinz auf einmal.«

Ein junger Provençale berichtet einem seiner Freunde über die seltsame Art, auf die er sich seit einiger Zeit verheiratet findet:
»Am 2. des Monats begab ich mich in das Schloß von M., um an dem Vergnügen teilzunehmen, das er anläßlich der Hochzeit seiner ältesten Tochter mit M. gab. Ich kam als einer der letzten an, obschon ich seit langem eingeladen war, und fand die Appartements alle besetzt. M. drückte mir sein lebhaftestes Bedauern darüber aus, indem er mir versicherte, er selbst würde das Zimmer wechseln, um mir sein Bett zu überlassen. Nach einem Moment des Nachdenkens sagt er mir: ›Ich überlege eine gewisse Sache; Sie, der Sie ein Sohn des Mars sind, haben sicher keine Furcht vor Gespenstern; ich gestehe, daß sie mir selbst schreckliche Angst einflößen. Ich hatte zuerst vor, Ihnen mein Zimmer abzutreten und in einem anderen, das leersteht, weil die Geister dort umgehen, zu schlafen. Wenn Sie das Risiko wagen wollen, werde ich für Ihren Teil beruhigter sein als etwa für meinen.‹ Ich lachte laut auf, und ohne an der Wahrheit meiner Antwort zu zweifeln, antwortete ich ihm, daß ich die Gespenster bis zum Wahnsinn liebe; die Folge davon war, daß nach dem Souper zwei an allen Gliedern zitternde Domestiken mich in diesem Zimmer einrichteten, das ich bald in Besitz nahm, indem ich mich zur Ruhe legte.
Ich war schon halb im Schlaf, als ein leichtes Geräusch meine Blicke nach der Tür lenkte; ich sah jemanden, dessen Geschlecht sich nicht erkennen ließ, aber den ich für ein Wesen von Fleisch und Blut hielt, hereintreten; denn tatsächlich glaubten meine Sinne nicht einmal an die Möglichkeit eines Gespenstes. Das Wesen näherte sich dem Feuer und schürte es auf; beim Flammenschein, der aufloderte, sah ich deutlich, daß es eine junge Frau war.
Nachdem sie die nötigen Vorsichtsmaßregeln getroffen hatte, um eine Feuersbrunst zu verhüten, näherte sie sich meinem Bett und kroch unter die Decke.
Ich zog mich an die entgegengesetzte Wand zurück, und da ich sicher war, sie nicht zu stören, begnügte ich mich damit, mich äußerst ruhig zu verhalten, um sie nicht zu wecken; sie streckte einen Arm nach mir aus, der mich glücklicherweise nicht erreichte; aber da ich beim Schein des Feuers einen Ring an ihrem Finger erblickt hatte, konnte ich der Versuchung nicht widerstehen, mich seiner zu bemächtigen. Er saß lose und glitt ohne die leiseste Anstrengung herab. Gegen vier Uhr morgens hielt es meine

Gefährtin für gut, sich ohne Abschied zu entfernen; sie ging zweimal um das Zimmer herum und schritt hinaus nach dem ihren.

Was mich betrifft, so verblieb ich in einem Zustand, der sich schlecht beschreiben läßt. Sie werden meiner Versicherung gern glauben, daß an Schlaf nicht zu denken war. Als am nächsten Morgen die ganze Gesellschaft beim Frühstück versammelt war, fragte man mich, ob ich irgendeine Erscheinung gesehen hätte. Ich antwortete bejahend, daß ich aber, ehe ich fortfahren würde, die anwesenden Damen bäte, mir zu sagen, ob keine unter ihnen einen Ring verloren habe. Fräulein., die jüngere Schwester der jungen Frau, rief aus: ›Oh, wahrhaftig, ja, ich habe meinen Ring verloren!‹ Da erhob ich mich, nahm sie bei der Hand und sagte: ›Hier ist das hübsche kleine Gespenst, das mich heute nacht besucht hat.‹

Darauf erzählte ich die Geschichte mit dem Bett. Alle lachten sehr, mit Ausnahme der charmanten kleinen Nachtwandlerin, die in einer bemitleidenswerten Verfassung war. Darauf trat M. zwischen uns, drückte unsere Hände in der seinigen und sagte folgendes: ›Mein Freund, da meine Tochter in der vergangenen Nacht indiskret genug gewesen ist, Ihren Schlaf zu stören, erlaube ich Ihnen, den ihren in der kommenden Nacht aufzuhalten.‹ Die Hochzeit wurde noch am selben Tag gefeiert, und ich bin der Glücklichste unter allen Sterblichen.«

Der Herr Marschall von Richelieu, den man einige Monate vor seinem Ableben totgesagt hat, zeigte sich am selben Tage in der Oper. Am nächsten Morgen lud er den Marschall von Biron und den alten Thuret zu Gaste. Dieses Triumvirat, auf dem Jahre, Myrten und Lorbeeren schwer lasteten, hat sich an wechselseitigen Erzählungen aller Freuden und Erinnerungen sehr vergnügt.

Galant bis zu den Pforten seines Grabes, hat der Maréchal de Richelieu der Herzogin de Fronsac eine charmante Antwort gegeben, als sie ihn zu der Besserung seiner Gesundheit beglückwünschte: »Papa, ich finde Sie frisch und mit ausgezeichneter Miene.«

»Augenscheinlich«, antwortete der Maréchal, »halten Sie mein Gesicht für einen Spiegel, der Ihre eigenen Züge wiedergibt.«

Allgemeine Konsternation. Unsere Gesellschaften hallen von Schmerzensrufen wider. Und was ist ihr Gegenstand? Mlle Contat. Aus Angst, dick zu werden, hatte sie seit einem Monat jeden Morgen einen Viertelschoppen Essig getrunken. Diese Unvorsichtigkeit hat sie in einen schrecklichen Zustand versetzt. Gestern hatte man sie aufgegeben; der Kurat von Saint-Auspice hat sie besucht und ihr gedroht, falls sie nicht dem Theater, Molé und dem Grafen L. entsagen würde, ihr nach ihrem Tode die Ehre zu verweigern, sie in seinem Kirchhof begraben zu lassen.

Ihre Krankheit hat auch noch andere Ursachen: einen Streit mit ihrem zärtlichen Liebhaber, der einige Kratzwunden mit drei oder vier Faustschlägen auf ihr hübsches Gesichtchen beantwortet hat. Man versichert, daß die Art und Weise, mit der Herr von M. seine Meinungsverschiedenheiten zum Ausdruck brachte, den Damen stark mißfällt. So sehr sie auch an Neuigkeiten gewöhnt sein mögen, so schwer dürfte es ihnen fallen, sich solchen anzupassen, die von den starken Burschen der Hallen der Öffentlichkeit gelehrt werden.

Der wegen seiner Eigenwilligkeiten bekannte Chevalier de Forges hat all den anderen, mit denen sein Lebensweg dicht besät war, noch eine letzte zugefügt, nämlich die, bei einem öffentlichen Mädchen zu sterben. Als sehr reicher Mann verfiel Herr de Forges der konträren Übertreibung unserer jungen Leute, die sich mit unseren weiblichen Vampyren ruinieren: er gab wenig. Dreimal in der Woche bot er seinen kleinen Taler einem Fräulein, das sich mit gewöhnlichen Wasserträgern zufriedengab und die ihn darin kannte, da er einer ihrer besten Kunden war. In diesen Tagen empfand er das dringende Bedürfnis, in den Armen der Wollust zu sterben, und er begab sich zu seiner Liebsten, wo er in einem Armsessel seine Seele aufgab.

Es ist derselbe Chevalier, der den Titel eines »Marquis des irdischen Paradieses, Vicomte der Hölle, Seigneur aller Teufel« angenommen hatte und der mit einem Vikar zu prozessieren wünschte, weil der sich weigerte, diese Titel bei der Taufe eines seiner Kinder ins Register einzuschreiben. Er war es auch, der sich weigerte, ein Haus zu verkaufen, das in dem Bezirk lag, der zur Errichtung einer neuen Markthalle bestimmt wurde, und aus diesem Anlaß einen Prozeß mit der Stadt anfing, ihn gewann und die Stadt zwang, neue Pläne zu entwerfen. Auf dieses Haus ließ er ein Bild malen, das noch heute zu sehen ist und einen lebensgroßen Hammel darstellt, der einem Wolf eine Grimasse schneidet. Er zwang die Mieter dieses Hauses zu einer kontraktlichen Verpflichtung, in der verfügt wurde, daß sie für die Erhaltung dieses Bildes Sorge tragen müßten. Eigenwillig, wie er in allem war, ging der Marquis des irdischen Paradieses in eigener Person auf den Markt, mit einem alten Mantel angetan, den er seinen Tausendtalerrock getauft hatte, weil, wie er sagte, dies Kleidungsstück ihm diese Summe Ersparnis eingebracht habe.

Als ein Freund ihn beauftragte, ein gewisses Fräulein um ihre Hand für ihn zu bitten, fand er diese nach seinem Geschmack, hielt selbst um sie an, errang sie mühelos und vermählte sich mit ihr. Darauf verliebte er sich in eine sehr hübsche Jüdin; er verführte sie, entführte sie und richtete ihr ein kleines Appartement ein. Als er erfuhr, daß ihre Eltern eifrige Nachforschungen nach ihr anstellten, hielt er es für gut, zu einem Erzbischof zu gehen, ihm zu erzählen, daß ein ihm bekannter Geistlicher eine junge Jüdin zum Katholizismus bekehrt habe, und bekam von dem Prälaten den Auftrag, daß sie in einem Kloster untergebracht werden solle, um so den Tyranneien der Eltern, die sich einer Bekehrung widersetzten, zu entgehen. Der Geistliche, der in diesem Fall dem Chevalier Kupplerdienste leisten sollte, empfing ein Benefiz für sein gutes Werk. Als die Mutter erfuhr, wo ihre Tochter untergebracht sei, schlug sie ungeheuren Lärm; die Gattin des Verführers verband sich mit ihr, und der »Seigneur de tous les diables« verließ seine Mätresse, die, um sich an ihren Eltern zu rächen, nichts Besseres zu tun wußte, als nun wirklich ihren Glauben abzuschwören und den Schleier in eben diesem Kloster zu nehmen. Sie war gescheit genug gewesen, aus ihrem Liebhaber eine beträchtliche Summe zu ziehen, und entfloh zwei Jahre später mit dem ehrsamen Geistlichen, dem der Chevalier sein Vertrauen geschenkt hatte.

Drei Dinge erregen neugierige Gemüter: 1. Das Haus des Fräuleins Dervieux. Es ist ein Tempel. Man hat nichts Ähnliches weder bei den königlichen Gebäuden noch sonstwo gesehen, das so prächtig und so bequem ist; um sich eine Vorstellung davon zu machen, lese man die Märchen aus Tausendundeiner Nacht. 2. Das unterirdische Interieur des inmitten der Gärten des Palais Royal gelegenen Circus. Scharenweise strömen die Menschen dorthin, aber alle verlassen es mit kritischen Gefühlen; man ist sich nämlich nicht klar darüber, zu welchen Zwecken es dienlich sein könne. 3. Die Gemälde des Herrn de Calonne von Mme Le Brun. Alles eilt dorthin, sie zu sehen, und alles ist verblüfft, daß dieser Generalkontrolleur es verstanden hat, in so wenig Zeit so viele Meisterwerke zu sammeln.

Während der zwei Osterwochen hat Mme Dugazon in Amiens gespielt. Eines Morgens fand sich ein junger Mann bei ihr ein und bot ihr alles, was er besaß: sein Herz und fünfundzwanzig Louis.

Die Schauspielerin maß ihn würdevoll von Kopf bis Fuß und sagte mit imponierendem Tonfall: »Junger Mann, behalten Sie Ihre Huldigung und Ihre fünfundzwanzig Louis; gefielen Sie mir, würde ich Ihnen hundert geben.«

Auszug aus einem von Mme Sophie an eine ihrer Freundinnen anläßlich der Feuersbrunst der »Menus plaisirs de sa Majesté« [»kleine Ausgaben Sr. Majestät«, Lustbarkeiten des Hofes und das Gebäude, in dem sie stattfanden] gerichteten Brief:

Paris, am 26. Juni 1788.

»Sicherlich haben Sie in den Zeitungen von der schrecklichen Feuersbrunst gelesen, die die Menus plaisirs du roi ergriffen hat; ich schulde Ihnen aber, liebe Freundin, einige Details über die wichtigsten Verluste, deren Folgen schwerer sind, als
man meinen will. Dieses schreckliche Feuer hat die Göttinnen der Oper fast völlig
entblößt. Das Feuer hat auf die Kostümmagazine übergegriffen, und nur einem Wunder ist es zu verdanken, daß man ihrer einige gerettet hat. Der verführerische Venus-
gürtel ist verbrannt; die modernen Grazien werden schleierlos schreiten, was ihnen
wohl nicht so gut stehen wird wie einst den antiken. Merkurs Helm, sein Schlangen-
stab, seine Flügel sind vom Feuer verzehrt worden; glücklicherweise hat man seine
Geldtasche retten können. Amor hatte schon lange nichts mehr zu verlieren, es sei
denn etliche Pfeile, die unbenutzt lagen und die man nur mit Mühe gefunden hat, so
unkenntlich hatte sie das Feuer gemacht; aber man versichert, daß Merkur, um ihn
über diesen Verlust zu entschädigen, sich entschlossen hat, in Zukunft seine Börse mit
ihm zu teilen, die ihm soviel angenehme Glückszufälle eingebracht hat. Was die kalte
und traurige Pallas anbetrifft, so sind auch ihre Rüstung, ihr Helm und der süperbe
Federbusch, der sie beschattete, zu Asche reduziert worden. Einige Tage lang war
sogar das Gerücht verbreitet, ihr Schild sei gänzlich zerschmolzen; leider hat man ihn
aber intakt wiedergefunden, und sie fährt fort, auf Financiers, unverschämte Parvenüs und Staatsbeamte zu wirken. So heftig, so gierig waren die Flammen, daß sie die
mannigfaltigen Objekte, die man ihnen entrissen hat, ganz geschmolzen haben.
Apollos Lyra hat man nicht wiedergefunden, und seine Lorbeeren sind so versengt,
daß man befürchtet, es wird lange dauern, bis sie wieder Blätter treiben.

Alcindors prächtige Gärten sind verschwunden und ebenso König Ormus' Palast.
Didon, Armida haben ihr Besitztum glücklich gerettet; alle Welt ist ob ihres
Liebreizes entzückt. Aber der Wagen, der der Sonne und der Natur diente und der in
dem so naturgetreuen Prolog zum ›Tartaren‹ so zierlich in der Luft schwebte, ist
nicht verschont geblieben, ebensowenig wie die Berge von Linon [feinstes Leinen,
Batist], der der guten, dicken, recht fühlbaren Schatten [gemeint: der Unterwelt, nach
griechischer Mythologie] (ich sage nicht dazu: viel gefühlten Schatten) drapierte
(wozu denn lästern?). Wollte ich Ihnen alle Verluste aufzählen, meine liebe Freundin,
würde mein Brief nie enden. Man sagt, daß sich mit Geld alles reparieren läßt ... Ich
glaube es!«

In den Osterwochen hat man auf die ambulanten Priesterinnen Cytheres [Dirnen],
die im Palais Royal herumwimmelten, Jagd gemacht; aber bald waren die Galerien
und das ›Camp de Tartares‹ verödet. Die Händler dieser einsamen Stätten haben
Gesuche eingereicht, um der Verödung ein Ende zu bereiten. Die Polizeiverfügun-
gen verschwanden, der Zulauf beginnt von neuem, und der mannigfache Handel
nimmt seinen alten Weg im Palais Royal wieder auf.

Der Tod des Herzogs von Richelieu hat Aufsehen erregt. Jeder zitiert einen galanten
Zug dieses alten Seigneurs, jeder spricht von seiner Liebenswürdigkeit und besonders
von seiner Gerissenheit. Er war erst fünfzehn Jahre alt, als man ihn seiner Streiche
wegen, begangen an der jungen Herzogin von Burgund, in die Bastille schickte. Man
überraschte ihn eines Tages in den Falten des Betthimmels seiner Fürstin, wo er sich
aber einzig und allein versteckt hatte, um sie bei ihrem Schlafengehen zu erschrecken.
Als diese Prinzessin ein anderes Mal über den Balkon zu Marly geneigt stand, griff
er leise unter ihre Röcke. Ohne Zweifel hätte man ihm verziehen, aber andere hatten

es gesehen, es wurde geklatscht, die Prinzessin war genötigt, Unwillen zu bezeigen, und der Leichtfuß wurde in die Bastille geschickt. Im Jahre 1715 wurde er dort noch einmal für sechs Monate auf den Wunsch seines Vaters untergebracht, Frau von Maintenons Bitten zum Trotz, die seinen Geist bewunderte und sich über seine Streiche amüsierte. Sein Vergehen bestand in diesem Fall darin, zwanzigtausend Franken im Spiel verloren zu haben. Frau von Maintenon fand, daß die anderen, die sie gewonnen, schuldiger wären als der Verlierer.

Vestris, der ehemalige »Gott des Tanzes«, erschien, eine Bittschrift tragend, vor einigen Tagen in Gesellschaft ausgedienter Kameraden zur Audienz beim Minister. Dieses Gesuch, das einen detaillierten Bericht ihrer langen Verdienste um das Ballett enthielt, hatte zum Zweck, den Baron de Breteuil um gütige Intervention zu bitten, auf daß man ihre Pension nicht einschränke. Der Minister antwortete ihnen, daß die Regierung, die sich in einer Notlage befand, ihnen keine Vergünstigung zugestehen könne, die den Militärpersonen gleichfalls versagt worden sei.

»Aber, Monseigneur, große Talente verdienen berücksichtigt zu werden.« – »Die Staatsräson ist über die großen Talente erhaben«, antwortete der Minister, indem er die Bittschrift zerriß.

Vestris, der sehr verletzt war, daß man die Staatsräson großen Talenten vorziehen könne, verließ diese Audienz, um zu verkünden, daß Frankreich verloren sei, weil der Minister sich nicht für den Tanz begeistere.

Madame de S., eine jener Frauen, die ihren Stolz nicht darein setzen, ihrem Liebhaber treuer zu sein als ihrem Gatten, hatte eines Nachts dem Chevalier de Boufflers, einem neuen Bewunderer ihrer Reize, ein Rendezvous gewährt, als ein lästiger Mensch plötzlich dazukam und die Freuden störte, die sie im Begriff waren zu genießen. Wer war nun dieser Zudringliche? Der Gatte? Keineswegs, denn zur Zeit befand der sich in Amerika; es war ein ehemaliger Günstling, der Baron von V., der aber fast in Vergessenheit geraten war, denn seine Liebe hatte er schon vor acht Tagen genossen. Die beiden Rivalen trafen sich lachend.

»Es wäre zu gewöhnlich«, sagte der neue Ankömmling, »sich unserer Mätresse halber die Kehle abzuschneiden.«

»Suchen wir ein weniger abgebrauchtes Mittel, um zu bestimmen, wer von uns beiden die Nacht bei ihr zubringen wird.«

Und nach manchem Scherzwort, das Mme de B. mit ruhiger Miene anhörte, kamen der Baron und der Chevalier überein, die Gunst dieser Frau in einer Partie Piquet auszuspielen.

Mme de B. begab sich, in dem sicheren Bewußtsein, nicht allein zu bleiben, zu Bett, während ein glücklicher Zufall zu ihrem Vorteil entscheiden sollte. Beim ersten Zug hatte der Baron 45 Points und rief jeden Moment, gleichwie als Paradox auf die Szene Aldobrandins im »Magnifique« aus: »Schon habe ich 45 Points auf das mir versprochene Glück voraus.«

Doch lange dauerte dies Entzücken nicht. Ein Repic versetzte den Chevalier an das Ziel seiner Wünsche und erkannte ihm Mme de B. zu, die aber am nächsten Morgen zu ihm sagte, daß er gute Stiche nur beim Piquet zu machen verstehe.

Folgende Anekdote zeigt, bis zu welchem Exzeß eine Frau den ehelichen Haß treiben kann. Eine Provinzlerin, die höchstwahrscheinlich in einer größeren Stadt wohnte, empfand sehr bald eine heftige Abneigung gegen den Mann, mit dem Hymen sie soeben für immer verbunden hatte; schließlich wuchs ihre Aversion gegen ihn derart, daß sie sich das scheußlichste Projekt ausdachte, um ihn zu verderben und sich auf immer von ihm zu befreien. Der Zufall hatte sie entdecken lassen, daß ein gleichnamiger Verbrecher die Aufmerksamkeit der Justiz erregt hatte, und daran knüpfte sie ihr schwarzes Gespinst.

Um ihr verabscheuungswürdiges Vorhaben auszuführen, verließ sie zunächst heimlich ihren Wohnort und begab sich nach Paris. Nach einigen dort verlebten Monaten schrieb sie dem Manne, den sie zu so ungelegener Zeit verlassen hatte, einen Entschuldigungsbrief und teilte ihm mit, daß sie in der Lotterie eine beträchtliche Summe gewonnen habe, die sie ihm gleichzeitig anvertrauen wolle, da sie nicht ordentlich sparen könne.

Der gute Gatte, der sich schmeichelt, daß die Entflohene ihre Irrwege eingesehen habe, begibt sich in Eile zu ihr. Wie groß aber ist sein Erstaunen, als er, in der Hauptstadt angekommen, erleben muß, wie er in Gewahrsam genommen und in ein dunkles Gefängnis geworfen wird, ganz wie ein gemeiner Verbrecher! Beim Verhör fiel es ihm nicht schwer, den Irrtum aufzuklären, doch mit außerordentlichem Schmerz erfuhr er, daß seine Frau, die er auf guten Wegen wähnte, einzig und allein die Veranlassung dazu gewesen war, weil sie der Polizei sein Signalement gegeben und sie benachrichtigt hatte, daß ein auf Lebenszeit Verbannter diesen Bann gebrochen habe und in der Hauptstadt weile. Der allzu vertrauensselige Gatte wurde bald in Freiheit gesetzt und kehrte voll Schmerz und Trauer über seinen arg getäuschten Glauben in seine Provinz zurück. Seine perfide Frau war empört, daß es ihr mißlungen war, ihn im Gefängnis umkommen zu sehen, und entsagte keineswegs ihren Hoffnungen auf Rache. Sie folgte ihm in die Stadt, in der sie gemeinsam gewohnt hatten, und erhob dort eine Scheidungsklage gegen ihren Mann unter dem hinterlistigen Vorwand, daß sie, unglücklicherweise zu eilig verheiratet, erst hinterher erfahren habe, daß er auf der Schulter ein Brandmal der Justiz trage, daß er gerichtlich verurteilt und darauf gebührend ausgepeitscht, gebrandmarkt und zur Galeere verdammt worden sei.

Die Scheußlichkeit dieser neuen Anklage wurde nur zu bald entdeckt, immerhin aber erst, nachdem die Justiz ihre mannigfachen Formalitäten erledigt hatte; der Gatte wurde gezwungen, sich von den Chirurgen visitieren zu lassen, die nach mehreren Abreibungen mit Essig erklärten, daß er niemals von der Justiz gebrandmarkt worden sei. Die verschiedentlichen Gerichtshöfe, die mit diesem scheußlichen Prozeß beschäftigt waren, vermochten nur die heftigste Entrüstung über diese Frau zu empfinden.

Ich nehme jedoch an, daß meine Leser mit Erstaunen vernehmen werden, daß sie nur zu einer ganz geringen Strafe und zu den niedrigsten Prozeßkosten, nämlich siebenhundert Livres, verurteilt worden ist. Hätte nicht die Auflösung der Ehe entschieden werden müssen?

Der Chevalier von N. stand in hoher Gunst bei der Präsidentin von ..., mit der er während der Abwesenheit des Präsidenten, der sich auf einem seiner Güter zu einem achttägigen Aufenthalt befand, eine lustvolle Nacht zu verbringen hoffte. Der Mann aber kam zu unrechter Zeit zurück, wie es alle Romane zu erzählen wissen. Das plötzliche Erscheinen des Gatten störte das zärtliche Tête-à-tête.

Der Chevalier selbst erzählte das Abenteuer; denn wie viele andere Leute besteht er nicht darauf, diskreter zu sein als treu:

»Fortgerissen von den Wonnen, die die Liebe uns bot, waren wir im Begriff, uns ihr zu überlassen. Die Kammerfrau servierte uns ein delikates Souper, das mit der Sorgfalt einer verliebten Frau gewählt war. Kaum hatten wir uns niedergelassen, als wir an der Haustür einen heftigen Lärm vernahmen. Welch Ärgernis! Es war der verfluchte Ehemann! Ich mußte mich in einer Garderobe verstecken. Meine Geliebte versicherte mir, daß sie ihren Gatten hindern würde, die Nacht bei ihr zu verbringen und untersagte mir, eher aus meiner Nische herauszukommen, als bis sie klingeln würde.

Die Schüsseln wurden versteckt, und sie warf sich geradewegs in ihr Bett. Der Mann erkundigte sich beim Eintreten ernsthaft nach ihrer Gesundheit. Sie schützt eine Migräne vor, große Müdigkeit in den Beinen, kurz, all die kleinen Unannehmlichkeiten, aus denen die Frauen bei gewissen Gelegenheiten so guten Nutzen zu ziehen wissen. Unser Mann wünscht zur Nacht zu speisen. Man bietet ihm ein schlechtes Essen. Wie er schließlich anfängt, in seinem Fauteuil einzunicken, rät ihm seine Frau, sich schlafen zu legen.

›Du hast recht‹, sagte er augenreibend; ›klingle doch bitte.‹ Aber ach, grausames Mißverständnis! Meine Geliebte klingelt mir, anstatt dem Mädchen.

Kühn trete ich in das Gemach. Sie erblickt mich und erzittert; aber ohne den Kopf zu verlieren, stürzt sie sich auf die Kerzen, die sie im Augenblick verlöscht, und ruft mit erschrockener Stimme aus: der Teufel ist da, sie habe den Teufel gesehen. Der Mann, der mir den Rücken wendete, hatte mich nicht gesehen; ich ahnte, was die Folgen dieses Quipropuos [Irrtums] sein könnten, und da ich mich eiligst zurückziehen wollte, fiel ich mit schrecklichem Geräusch in die Garderobe.

Die Kammerfrau, die diesen Lärm hörte, eilt zitternd herbei. ›Was gibt es denn, Madame?‹ – ›Ach, liebe Frosine‹, sagt die Präsidentin, ›bring Licht und durchsuche alles genau; ich habe an der Tür dieses Kabinetts mit Bestimmtheit eine Gestalt gesehen, die mich so erschreckt hat, daß ich ihren Anblick nicht ertragen konnte; ich habe mich in die Arme meines Mannes stürzen wollen und die Kerzen dabei umgeworfen.‹ Tatsächlich schmiegt sie sich bei diesen Worten eng an ihren Gatten. Die gewandte Frosine brachte vorsichtig Licht, und als sie sah, daß alles wieder in Ordnung war, half sie ihrer Herrin aus der Situation.

›Ist es wahr, Madame‹, sagt sie, ›daß man derartige Erscheinungen haben kann? Schauen Sie her, sehen Sie, was Ihnen so viel Furcht eingeflößt hat! Es ist der Holzstock, auf den ich Ihre Haube aufzuhängen pflege und auf dem der jüngste Lakai des Herrn Präsidenten Perücke befestigt hat.‹

›Ach, Frosine, welche Erleichterung‹, sagt die Schöne mit einem langen Seufzer; ›mein Entsetzen hat mich so erregt, daß ich noch ganz verwirrt bin. Man muß den Jungen für seine Streiche strafen.‹

›Indessen‹, kommt der Gatte, ›habe ich doch ein Geräusch hinter meinem Rücken gehört, das nicht natürlich war; vorsichtshalber wollen wir die Garderobe untersuchen.‹

›Das lohnt nicht der Mühe‹, sagt Frosine, ohne die Fassung zu verlieren; ›der Lärm, den Sie vernommen haben, kam von einer Truhe, die ich ganz allein fortziehen wollte, und ich glaubte mir ein Bein zu brechen, als ich Ihre Kleider einschloß.‹

Der Präsident, der seinerseits ängstlich war, fürchtete, seine Furcht könne sich verraten; er fing also an, seiner Frau Vorwürfe über ihre geringe Geistesgegenwart und ihren panischen Schrecken zu machen. ›Schlafen Sie, Madame, schlafen Sie; der Schlummer wird Sie heilen und Ihnen Ihre Vernunft wiedergeben.‹ Und endlich ging er und zog sich in sein eigenes Gemach zurück. Und so war mein Glück nur verzögert worden.«

Eine junge Dame aus Versailles, die es amüsanter gefunden hatte, die Zeit der Mitternachtsmesse bei ihrem Liebhaber zu verbringen, wo sie weniger unter den Unannehmlichkeiten der Kälte zu leiden hoffte, wurde plötzlich vom Tod überrascht.

Als der junge Mann, den die plötzliche Starrheit zuerst überraschte, sich überzeugt hatte, daß deren Ursache tragischer Natur war, verlor er den Kopf und lief in seiner Ratlosigkeit zu einem Polizeioffizier, um ihm sein trauriges Schicksal anzuvertrauen. Man begab sich an Ort und Stelle und nahm dem Herkommen gemäß alles zu Protokoll; darauf wurde die Leiche dem Gatten überwiesen, den dieser Verlust, obschon er in mehr als einer Hinsicht peinlich war, nicht in lange Trauer versetzte.

DIE CHRONIQUE ARÉTINE

An Madame D.-R.-D.

Zueignung

Mein Herz!

Die Zueignung eines Werkes wird zu oft dem Mammon, den Titeln, den hohen Stellungen prostituiert [preisgegeben, nur ihnen zuliebe ausgesprochen]; ich will meine Feder keineswegs profanieren, meine teure Freundin, indem ich eine so sklavische Selbsterniedrigung bettlerischer Schriftsteller wiederhole, die für ihre Werke einen Namen, der sie beschützen soll, zu erwirken suchen.

Der Deine, meine alte Freundin, soll das Titelblatt dieser Broschüre zieren; das ist ein Tribut, den ich der Freundschaft zolle; das ist eine öffentliche Huldigung meiner Dankbarkeit, die ich mich Dir zu zeigen bemühe.

Was schulde ich Dir nicht, meine liebe Freundin!

Ohne Dich, ohne diese vollkommene Erfahrenheit, die Dich von den anderen Demoisellen unterscheidet, ohne diese Intimität, die Dich seit Ewigkeiten ihrer Gesellschaft vereint, endlich ohne all die Erinnerungen, die Du mir mitgeteilt hast – wie hätte ich je die Aufgabe unternehmen können, die ich jetzt erfülle?

Ich gestehe es freimütig, die Kühnheit meines Unternehmens hat mich erschreckt. Um meine Zaghaftigkeit zu besiegen, hat es der ganzen Energie Deines Charakters bedurft, um mich zu bestimmen, hat es der ganzen Macht bedurft, die Dir eine zwanzigjährige Liaison über mich gab; es hat der Trunkenheit einer Erinnerung, die nichts mehr mit der Wirklichkeit gemein hat, bedurft, damit ich Dir nichts refüsieren [abschlagen, verweigern] konnte.

Süße Illusion eines Gedenkens, das ist es, was uns jetzt bleibt, o meine alte gute Freundin!

Doch, wenn auch der Blitz der Freuden für immer für uns verzuckt ist, wenn die Natur uns verurteilt, auf verdorrten Myrten auszuruhen, laß uns doch unsere leeren Stunden verzaubern, mein teures Herz, und einen Blick zurückwerfen – Du, indem Du an die wichtigen Dienste denkst, die Du unaufhörlich Deinen zahlreichen Freundinnen erwiesen hast, indem Du ihre Intrigen mit dem Mantel der Freundschaft bedecktest; ich, indem ich Dir die Beweise der Dankbarkeit biete, die ich Dir für die glanzvollen Eroberungen, die Freuden ohne Zahl, schuldig bin, die Du mir verschafft hast.

Aber, würden schließlich Deine erhabenen Zeitgenossinnen berechtigt sein, uns deswegen zu zürnen, und würden sie es wollen?

Nein, im innersten Herzen werden sie uns Dank dafür wissen, daß wir sie dem Gedächtnis eines Publikums zurückrufen, das sie seit Jahrhunderten begraben wähnt.

Welch ein Triumph für eine C-v-e, eine L-h-e, eine Cl-v-e, eine L-b-e und so viele andere, ihre antiken und vergessenen Namen neben den jungen und blühenden

Schönheiten figurieren zu sehen, deren Unternehmungen ich mir hier vornehme zu feiern!

Diese unerhörte Auferstehung wird verführerischste Hoffnungen neu erstehen lassen. Deine Lektionen magischer Liebeskünste werden ihren so lange unterbrochenen Lauf wiederaufnehmen. Die Leidenschaftsszenen, die dem Zinsfuß der Opfergaben angepaßt waren, werden den Überfluß wiederbringen, den man nicht mehr kannte – kurz, Dein Reich wird sich mit hellstem Glanz erneuern. Oberpriesterin des Kults, den Du wiederherstellen, der Altäre, die Du wieder aufbauen willst, werden Ruhm und Glück Dich in gegenseitigem Neide mit ihrer Gunst überhäufen.

Eine dunkle Dachkammer soll nicht mehr Dein Teil sein. Du sollst nicht mehr dazu erniedrigt werden, Dich zu untergeordneten und knechtischen Dienstleistungen herzugeben, die Dich in den Augen derer, die nicht den Mut hatten, Dir auf den Grund zu gehen, zu etwas gestempelt hatten, was Du nicht bist. Man wird Dir auch endlich nicht mehr jene Bereitwilligkeit vorwerfen, die von unhöflichen Verleumdern so boshaft ausgelegt worden ist, die gewagt haben, Dich anzuklagen, die dreifache Liebe eines L-h-e mitgenossen und mit dem Mantel Deines eigenen Rufes gedeckt zu haben, wie die ein wenig depravierten Neigungen der antiken Sybille des Petits-Pères, für die Du, sagt man, nicht errötet bist, Dich einige Male bloßzustellen, so daß es bei einer jeden anderen als Dir unanständig erschienen wäre.

Oh, meine geschätzte Freundin, was hat sich nicht alles geändert!

Entsinnst Du Dich jener glücklichen Tage, da wir zu Bordeaux in Wollust schwelgten? Du warst die Zier aller Bälle, die Seele der stürmischsten Orgien, und, als Herr Deines Herzens, teilte ich Deine Triumphe.

Ach! Von so viel Glanz bleibt uns nur die verzweiflungsvolle Erinnerung, daß alles dies *gewesen* ist.

Fünfunddreißig wohlgezählte Sommer, die auf unseren Häuptern lasten, Genüsse zu mannigfacher Art, vermitteln uns, obschon wir noch leben, das Grauen vor dem Nichts.

Indem ich Dir diese Broschüre zueigne, die, um bei der Wahrheit zu bleiben, mehr Dein Verdienst als das meine ist, habe ich versucht, Dir einen letzten Beweis meiner Freundschaft zu geben; Du magst meine Zärtlichkeit, liebe Freundin, nach der Beschreibung ermessen, die ich von Dir in dieser Arbeit geben will; Du selbst sollst Deinen Artikel redigieren, und ich wähle mir nur das Vergnügen, Deiner Bescheidenheit widersprechen zu dürfen, wenn sie Dich dazu führt, zu flüchtig über die ruhmreichen Ereignisse wegzugehen, die Deine lange und galante Karriere ausgezeichnet haben.

MADEMOISELLE BONARD

Das Debüt dieser Kurtisane in der Lebewelt wollen wir zunächst nur streifen; eingehendere Details zwängen uns, zu weit zurückzugreifen, und böten der Neugier des Lesers keinerlei besondere Nahrung. Mit einem jungen Schreiner verheiratet, empfand sie frühzeitig, daß sie zu einer glänzenderen Laufbahn bestimmt war als der, die der Zufall ihr gegeben zu haben schien; ihre ersten Intrigen verlieren sich in der Nacht der Zeiten.

Die Persönlichkeit, die ihr ein gewisses Ansehen unter den Mädchen ihrer Gattung verschaffte, war ein Herr Moreau, ein reicher Kreole, dem sie auch das Vermögen verdankt, dessen sie sich jetzt erfreut. Diesem Parvenü folgte der Vicomte de Pons, der, jung, liebenswürdig und reich an all den Eigenschaften war, welche die Frauen bezwingen. Aber der schlechte Stern dieses Seigneurs ließ Madame Bonard einem der Laufdiener des Herzogs von Orleans, der damals noch Herzog von Chartres war, begegnen; sie wurde von einer heftigen Leidenschaft für diesen Diener ergriffen, der dem Vicomte mehr als einmal bei Tisch servierte, nachdem er ihn vorher im Bett unserer Schönen vertreten hatte. Sie verheiratete diesen teuren Gegenstand ihrer Wünsche mit einer jungen, liebenswürdigen Person, der er zum Unglück gereichte, da sie ihren schwachen Liebhaber zwang, die Zärtlichkeiten seiner jungen Frau mit Gleichgültigkeit und schlechter Behandlung zu erwidern, dieser Frau, die sie ihm gegeben hatte, um ihre eigene Intrige zu decken; sie wurde so Anlaß, daß die junge Frau ihrerseits sich aus Verzweiflung der Libertinage [dem lockeren Leben] in die Arme warf und sich verlor.

Der Marquis de Saint-Blancard ersetzte kurz darauf Herrn von Pons, den eine so entwürdigende Gemeinschaft durchaus nicht störte. Rechtzeitig erschien M. Gabarus, um sie über die Untreue des Marquis, der ihr soeben von Mademoiselle Contat entführt worden war, zu trösten; dieser neue Liebhaber jedoch, auf dessen Vermögen man die glänzendsten Erwartungen aufgebaut hatte, genügte keineswegs den Vorstellungen, die man sich von der spanischen Großmut gemacht hatte, es nützte nichts, heftige Zärtlichkeit an den Tag zu legen oder ihm die Ehre der Vaterschaft für ein kleines Wesen zu schenken: nichts konnte diesen unerbittlichen Herrn bewegen, dem man mit Mühe und Not und nach heftigen Vorstellungen eine kümmerliche Pension von 1 500 Livres für das Kind und ein kleines Medaillon für die Mutter abzwang.

Gewisse Leute, die gut informiert zu sein scheinen, haben sogar behauptet, daß Madame Bonard in jener Epoche schon außerstande gewesen sein mußte, dem spanischen Bankier ein derartiges Geschenk zu machen; andere behaupten sogar, die wirkliche Mutter des kleinen Pasquito zu kennen. Einer von den Sabotto-Langeac fiel für kurze Zeit in ihre Netze und konnte dem Ekel, den die Launen dieser Dame ihm einflößten, nicht widerstehen, die in Augenblicken, in denen das Universum selbst über den Köpfen zweier Liebenden zusammenstürzte, sich nachlässig damit beschäftigte, die Haare ihres Helden um die Finger zu wickeln.

Diese Liaison hatte sogar für Madame Bonards Reputation unangenehme Folgen, die, eine wahre Philosophin, der alle Vorurteile fremd sind, sich keinen Skrupel daraus machte, vor Gericht zu erklären, daß ein dem Herrn von Langeac gehörendes Kabriolett ihr persönliches Eigentum sei und daß es sie nur eine Handbewegung gekostet habe. Die Erklärung, die sie einer ihrer intimen Freundinnen gab, der sie einzugestehen sich bewogen fühlte, daß das Kabriolett ihr nicht gehöre, lautete dahin, daß sie zu weit gegangen sei und nicht gewußt habe, wie sich mit Anstand aus der Affäre ziehen.

Die glänzendste Epoche dieser Dirne zuckte auf und verlöschte wie ein Blitz: die Eroberung des Grafen von Busançais und die des Herzogs von Choiseul waren ihr ein kurzer Ruhm, trugen ihr aber nicht so viel ein, wie sie sich hätte schmeicheln dürfen. Die Dienste, die sie dem Herzog als Intendantin seiner Debauchen [Gehilfin bei seinen Ausschweifungen] leistete, brachten ihr ein Vermögen ein, das recht beträchtlich gewesen sein muß, wenn man die Großmut dieses prunkvollen Seigneurs bedenkt. Wir würden unseren Lesern ein recht schwaches Bild dieser berühmten Dame geben, fügten wir zu den Einzelheiten nicht die Skizze ihres Charakters bei, der sie unter ihren Gefährtinnen auszeichnete.

Mit der Last eines halben Jahrhunderts und mit hundertachtzig Pfund Fleisch behaftet, war Mme Bonard feinfühlig genug, sich zu sagen, daß das Ende ihrer Triumphe gekommen sei; jedoch hatte sie versucht, sich ein Reich zu schaffen, das, wenn es auch weniger glänzend war, doch dadurch Sicherheiten bot, daß sie, ohne die Leistungen der Frauen, bei denen sie sich »impatronisiert« [eingenistet, zum Herrn aufgeworfen] hatte, zu teilen, sich teilweise ihrer Liebeseinkünfte bemächtigte. Man könnte behaupten, daß Frau Bonard unter allen Tieren der Schöpfung am liebsten dem Chamäleon geglichen hätte: ihre Redeweise, ihre Handlungen, alles an ihr scheint die gute Frau, die aufrichtige Freundin und besonders den »ehrlichen Menschen« anzukündigen. Da sie unaufhörlich von der Furcht, erraten zu werden, geplagt ist, vermag es die gewandteste Kunst nicht, sie auch nur zu einer viertelstündigen Konversation über dasselbe Thema zu bewegen; sie nennt sich die Freundin aller Frauen und zerreißt sie alle aufs ärgste, was schlimmer ist, da ihre Lippen von Honig fließen, während sie Gift im Herzen trägt; es kostet sie nichts, Personen, aus denen sie Vorteile zu ziehen hofft, mit gewähltesten Aufmerksamkeiten zu überschütten; dadurch ist es ihr gelungen, sich, wenn man so sagen darf, mit den Mesdames Elliot, Furcy, H..t..y usw. zu identifizieren, für die sie, wenn man den uns zuteil gewor-

Sigmund Freudeberg: Der Morgenspaziergang

denen Mitteilungen Glauben schenken darf, sogar Gefühle gehegt hat, deren Lebhaftigkeit nicht geteilt wurde und die sie besser an Mademoiselle Raucourt hätte richten sollen. Sie hält sogar in Molandon-en-Brie ein dickes Mädchen aus Artois aus, deren Ruf gemacht ist, und die, wie es scheint, ihr die Langeweile, die man manchmal in der Einsamkeit des Landlebens empfindet, versüßt und vertreibt.

So also sieht das Geschöpf, mit dem wir uns soeben befaßt haben, physisch und moralisch aus; bleibt uns, um dies rasch skizzierte Bild zu beenden, einige Bemerkungen anzufügen, die auf die soeben vernommenen Details hellstes Licht werfen werden.

Seit beinahe sechs Jahren teilt Mme Bonard treulich ihr Lager mit einem Unglücklichen, den sie ernährt und unterhält, während ihr Mann mit einer bescheidenen Pension von sechshundert Livres aus ihrer Nähe verbannt ist und am äußersten Ende der Rue Saint-Antoine wohnen muß.

Der Herr Le Fèvre, dieser so getreu besorgte Liebling, muß in seinem Charakter manch analogen Zug mit dem dieser Kurtisane haben.

Um eine so außergewöhnliche Ausdauer zu rechtfertigen, geben wir nur eine Geschichte, die von ihm bekannt ist.

Als der Herr Le Fèvre durch Mme Bonard bei einer ihrer intimen Freundinnen eingeführt wurde, erlaubte er sich, sei es, aus wirklicher Not, sei es, weil er der Versuchung, die ihn quälte, nicht widerstehen konnte, eine brillantengeschmückte Uhr an sich zu nehmen, und sie, sicher auch nur aus Zerstreutheit, aufs Pfandhaus zu bringen; all diese Zerstreutheiten entgingen jedoch nicht den hellsehenden Augen der Kommis der Rue des Blancs-Manteaux, die Verdacht schöpften und die Uhr behielten, ohne etwas dafür zu geben. Wozu aber lohnt es, Spitzbube zu sein, wenn man keine Vorteile daraus gewinnen kann? Der sehr verwirrte Le Fèvre hält sich nicht auf und eilt nach Prés-Saint-Gervais zurück, gesteht seine Zerstreutheit ein und erhält dafür Verachtung und Vergebung. Aber, sollte man es glauben? Diese Handlung gewann ihm inniger denn je das Herz unserer Heroine, seine Reue erschien ihr dem kleinen, kaum begangenen Fehler weit überlegen, der ja nur eine Bagatelle war.

Ein Mädchen, das sie aus dem Findelhaus genommen und bei sich erzogen hatte, hat der ihr bezeigten Sorgfalt vollkommen entsprochen: kaum sechzehnjährig, hat sie sich ihrer Lehrerin, die sie adoptiert hat, schon würdig erwiesen. Mme Bonard hatte sich vorgenommen, sie mit dem Herrn Le Fèvre zu verheiraten; aber ein gewisser sechzigjähriger Notar, dem sie noch dann und wann kleine Gefälligkeiten erweist, hat den Tauben gespielt, als man ihm vorschlug, dies so verdienstvolle Paar, das auch für die Zukunft noch so viel verspricht, mit 15 000 Pfund zu bedenken. Man ist fast davon überzeugt, daß dieser öffentliche Beamte über die Liaisons Mme Bonards mit Le Fèvre wenig informiert ist, sonst wäre es nicht möglich, daß eine genauere Kenntnis ihn nicht veranlaßt haben würde, seine althergebrachten Huldigungen an eine andere Stelle zu tragen.

Wir schulden dem Publikum einige Aufklärungen über die intime Vertraute der illustren Bonard, die Dame du Mouli, die in der Rue de Richelieu ein Modengeschäft hatte und allerhand Kram verkaufte. Lange Zeit hindurch war sie Kammerfrau bei unserer Heldin, der es nicht ohne Mühe endlich gelang, sie zu bilden, denn die Natur hat sie stiefmütterlich behandelt, sowohl, was die äußere Erscheinung wie den Geist anbetrifft, doch ist sie eine jener Frauen aus dem Teig, aus dem man formen kann, was man mag, und die sich größtenteils aus Habsucht und ein weniges aus Freundschaft zu allem hergeben; sie ist ihrer Herrin außerordentlich nützlich gewesen, die auch heute noch den größten Nutzen aus ihr zieht, nachdem sie sie mit einem ehrlichen Arbeiter, den sein Beruf immer fernhält, verheiratet hat. Sie ist es, der es mit nie versagender Bereitwilligkeit obliegt, ihr Bericht über alles zu erstatten, was sich in den Häusern, in die sie sie eingeführt hat, ereignet. Sie wäre eine ganz gute Frau, hätte sie nicht die lächerliche Manie, immer in der Öffentlichkeit und im Theater von hübschen Frauen umdrängt zu sein und sich mit ihnen zu zeigen, wobei sie dann in amüsantem Kontrast zu ihnen steht. Ein gewisses tantenhaftes Air, das sie im höchsten Grade besitzt, hat sie oft recht unangenehmen Komplimenten ausgesetzt. Übrigens ist ihr Haus äußerst bequem: da sie niemals anwesend ist, kann man dort, wenn einige hübsche Ladenmädchen da sind, recht angenehme Stunden verbringen.

CHOUCHOU-LEBLANC

Auch die genauesten Recherchen vermochten uns keinerlei Aufklärung über die Anfänge dieser Kurtisane zu verschaffen; so wie schlammige und stagnierende Gewässer, deren Quellen man nicht kennt, verdankt sie höchstwahrscheinlich ihre Existenz ausschweifender Verdorbenheit. Ihr bekannter Charakter, das Laster, mit dem sie sich unausgesetzt besudelt, bestätigen das Urteil, das wir uns notgedrungen über ihre Geburt bilden müssen. Wir wollen unseren Lesern ekelhafte Details ersparen, zu denen wir herabsteigen müßten, wollten wir wissen lassen, bis zu welchem Grad Verworfenheit getrieben werden kann.

Nachdem sie mit Auszeichnung in allen den Trefforten des Lasters gedient hatte, fiel Mlle Chouchou einem Manne zu, der ihrer würdig war und der unter dem Schutz einer Ehrenmedaille, die doch nur zur Belohnung hervorragender, dem Staate geleisteter Dienste verliehen werden sollte, sich dieser angesehenen Hülle bedient, um die Tugend zu überrumpeln, die das Laster in seine Netze zieht. Es ist ihm sogar gelungen, das Mädchen würdig [gesellschaftsfähig im ständischen Sinne] zu machen, die Stelle eines Substituts [Vertreter, Sachwalter] des Comus [Komos = Gott der Festgelage] zu vertreten, den sie an Geschicklichkeit sogar noch übertraf. Doch hat diese illustre Vereinigung dennoch ihre Rückfälle durchzumachen gehabt. Ein Haftbefehl des Parlaments, polizeiliche Verfügungen haben dies würdige Paar mit unauslöschlichen Zeichen versehen.

MADEMOISELLE MARTIN GENANNT GRAND-MAISON

Dieses Fräulein ist die Tochter eines ehrsamen Hundescherers, der nahe bei der Porte Saint-Denis hauste: ihre Schönheit wurde bald in den Händen ihres Vaters ein Handelsobjekt, der den ehrlichen Hervieux damit bedachte, bei dem diese charmante Novizin ihre ersten Waffengänge übte; ihr Glücksstern führte in das Serail, das sie bewohnte, einen gewissen Grandmaison, dem sie glücklicherweise gefiel. Dieser Exkammerdiener der königlichen Garderobe, der seiner schlechten Handlungen wegen fortgejagt worden war, spekulierte auf unsere Nymphe, die er sich aneignete. Er schickte sie auf einige Zeit in ein Kloster, damit sie gewisse, ein wenig freie Angewohnheiten verliere, die sie bei der liebenswürdigen Matrone erworben hatte. Darauf heiratete er sie und trat sie dem Doktor Joub... als dessen Mätresse ab, der die Entschädigung bezahlte und für das körperliche und materielle Wohlbefinden dieser bequemen Eheleute aufkam. Dem Doktor folgte der Sohn eines normannischen Gerichtsvollziehers, der Herr B-tv, Ber-n-s genannt, ein Parvenü seltsamer Art, der sich als ein Mann von Stand ausgibt und mit großer Frechheit seinen Degen mit der Oberstenquaste schmückt, obschon er nie einen militärischen Posten ausgefüllt hat noch erhofft haben dürfte, einen ausfüllen zu können.

In den Händen dieses Menschen wurde Madame Grandmaison von neuem ein verkäuflicher Gegenstand, was keine sehr hohe Meinung von den geistigen Qualitäten dieser Dame zuläßt, die, wollte sie selbst einen Moment darüber nachdenken, einsehen würde, daß es Zeit ist, auf eigene Rechnung zu arbeiten und nicht für andere.

Madame de Sainte-Amaranthe

Nicht nur adlige Geburt, sondern auch eine außerordentlich reizvolle Erscheinung zeichneten diese Dame aus: es ist beklagenswert, daß sie, zu jung und führerlos auf das schlüpfrige Theater der großen Welt hinausgestoßen, sich durch die unwürdigen Liaisons ihres Ehemannes zu Handlungen hinreißen ließ, die sie schließlich für immer aus den Kreisen rissen, denen sie die Vorsehung eigentlich bestimmt hatte. Der Urheber der ersten Seitensprünge dieser Dame, der unwürdige Mann, der sie ins Verderben stürzte, hat die ersten Fehltritte seiner Frau gebüßt. In Brüssel, wo er sich, um sein Leben zu fristen, dazu erniedrigt' fand, das Metier eines Fiakerkutschers zu ergreifen, hat man ihn in der Misere umkommen sehen.

Ein gänzlich unbekannter Mensch, ein Herr Marot, wurde der erste offizielle Liebhaber von Madame de Sainte-Amaranthe, aber die Geckenhaftigkeit seiner Art degoutierte sie in kurzer Zeit. Sie bewies dann einen Moment lang Neigungen ein wenig höherer Art und brauchte über die Beziehungen, in die sie zum Vicomte von P. trat, dem sie eine Tochter gebar, weniger zu erröten. Man hätte sich damit begnügt, Mme de Sainte-A. nur zu bedauern, hätte sie sich auf einen so liebenswerten Mann, wie den Vicomte, beschränkt. Doch hat man ihr den Nachfolger, den sie diesem Seigneur gab, nicht verzeihen wollen. Tatsächlich war das Mißverhältnis ein wenig stark.

Der Herr Auc..., ein reicher Marseiller Bürger, konnte keineswegs wagen, Parallelen ziehen zu wollen; als gewöhnlicher Rat im Châtelet [Gerichtshof erster Instanz in Paris] vermeinte er, daß die Stellung seiner Geliebten eine glänzendere Karriere als die seine verdiene; folglich tauschte er Robe und Beffchen gegen den Federbusch und die roten Absätze. Dennoch imponierte diese Metamorphose dem Publikum, dem die abscheuliche, aber wahrheitsgetreue Broschüre »Les Joueurs«, in der M. Dussault über die in mehr als einer Gattung zu berühmten Talente des Herrn Auc... hellste Aufklärungen gegeben hat, auf keine Weise ¹. Die letzte Auszeichnung, die er soeben erlistet hat, ist ein recht überzeugender Beweis seiner Geschicklichkeit; denn jedermann weiß, daß es kaum zehn Jahre her ist, wo dieser neugebackene Chevalier auf den hohen Bänken des Châtelets thronte.

Mit Bedauern sehen wir uns dazu gezwungen, über diese Dame zu berichten; doch haben wir es nur getan, um sie als abschreckendes Beispiel der Folgen und Gefahren für Personen ihres Geschlechts zu geben, die illustre Geburt scheinbar vor einem so erniedrigenden und eklatanten Fall hätte bewahren sollen.

P. S. In dem Augenblick, wo wir dies zum Druck schicken, empfangen wir von einem unserer Korrespondenten Details, die wir eiligst veröffentlichen wollen, um uns über die peinliche Ungenauigkeit unserer Recherchen zu verantworten.

In Dijon und nicht in Brüssel ist es gewesen, wo Herr von Sainte-Amaranthe zu dem beklagenswerten Metier eines Droschkenkutschers herabgesunken ist; er wurde in dieser Verkleidung vom Comte de Be-z-es erkannt, und zu Paris ist dieser unglückselige Gatte im Elend gestorben, nachdem er das bescheidene Gewerbe eines Knopfmachers ergriffen hatte und in eigener Person Lohnarbeiter des Herrn Mi-q-e, seines Schneiders, geworden ist, der, nachdem er selbst zu seinem Ruin beigetragen hatte, ihm dennoch in seinen letzten Stunden eine hilfreiche Hand bot.

Diese beiden Dirnchen, deren vereinigte Lebensjahre ein oder zwei Säkula bilden, haben die Provinz mit ihrem Ruf verseucht, ehe sie zum erstenmal auf dem großen Theater der Hauptstadt auftraten.

Töchter eines Flickschusters zu Lyon, sahen sie die Sphäre ihrer Belustigungen lange Zeit auf die Kreise der Seidenarbeiter und der Matrosen beschränkt. Da zwingende Gründe sie nötigten, diese Stadt zu verlassen, kamen sie in die Hauptstadt, um dort wieder neu zu werden. Ihr Debüt war ein recht glückliches; die ersten Anfänge schienen ihnen eine glänzende Zukunft zu verheißen. Aber die Ereignisse entsprachen nicht den Hoffnungen, in denen sie sich gewiegt hatten.

Ein damals mächtiger Minister, der später lange Zeit exiliert worden war und inzwischen an den Stufen des Thrones gestorben ist, hatte für die Jüngere ein gewisses Gefallen gezeigt. Dieser Blitzstrahl glücklichen Gedeihens wurde bald von elendigster Obskurität ersetzt. Zu den traurigsten Auswegen verurteilt, fanden sie einen Trost ihrer Misere in dem »Wöchentlichen Zehrpfennig«, indem sie sich den Kohorten einreihten, die unter Polizeiaufsicht standen; dieser Schutz sicherte ihnen eher Straflosigkeit als genügende Subsistenzmittel. Als sie »Bouillotteuses avec privilèges« [»bevorzugte Bouillotte-Spielerinnen«; B. = Kartenspiel] geworden waren, gerieten sie in günstigere Umstände.

Die Neigungen des Herzogs von Berwick[2], Neigungen, zu denen die jüngere du Fresne sich mit der liebenswürdigsten Bereitwilligkeit hergab, bildeten einen neuen Erwerbszweig, der während einiger Zeit gute Einkünfte brachte. Aber nicht alles ist rosig auf dieser elenden Welt; von einer schrecklichen Krankheit verseucht, beschenkte der Patient damit seine Flamme, bei der das Übel in kurzer Zeit entsetzliche Fortschritte machte.

Opfer revoltierendster Depravation [Verderbtheit], bieten diese beiden runzelbedeckten, abgelebten und unbußfertigen Schwestern das Schauspiel des Lasters in seiner ganzen Häßlichkeit.

DIE KOMTESSE CRAFFTON

Der Titel, mit dem sich die Abenteurerin schmückt, deren Existenz wir jetzt vorstellen wollen, gleicht jenen Irrlichtern, die, weit davon entfernt, dem verirrten Wanderer den verlorenen Weg wiederfinden zu helfen, im Gegenteil nur dazu dienen, den Augenblick seiner Vernichtung zu beschleunigen, indem sie ihn in den Abgrund stürzen, den er erst bemerkt, wenn er nur noch die Reue als letzte Zuflucht kennt.

Diese ephemere Gräfin ist die Tochter einer Wäscherin der Rue de la Mortellerie. Sie gewann sich, ganz jung als Kammerfrau in Diensten einer Irländerin aus gutem Hause, die Gunst ihrer Herrin, nach deren Tode sie den Rang wechselte, indem sie sich deren Titel und Namen aneignete. Eine derart majestätische Maskerade forderte Mittel, um mit gebührender Würde aufrechterhalten zu werden; unsere liebe Komtesse fand sie in der Person des Sieur Craffton, eines verabschiedeten Garde du Corps, der ihr seine Hand und Verschmelzung ihrer gegenseitigen Talente offerierte, um ihr gemeinsames Glück zu unterhalten.

Die Convenance [Konvenienz: verstandesmäßige Übereinkunft] allein hat diesen so gut ausgerüsteten Bund gebildet. Die Komtesse verteilte ihre Huld mit skrupulösester Gleichmäßigkeit an all die Getreuen, die ihre Gaben unter der dreifachen Fackel niederlegen, die den Altar ziert, an dem sie sich täglich mästet; die geschröpften Opfer dieser Grotte haben den süßen Trost, sich wenigstens nicht über die Strenge der

Jean Michel Moreau: Der Abschied.

großen Priesterin beklagen zu brauchen, deren Priester sich mit Blick und Geste ständig über ihr Verhalten zufriedenzugeben scheint.

Diese illustren Gatten haben trotz ihrer wichtigen Dienste, die mit edelstem Uneigennutz geleistet worden sind, dennoch des öfteren schwerwiegenden Grund gehabt, sich über die Polizei zu beklagen, die sich ihnen gegenüber in so wenig zartfühlender Weise benommen hat, daß sogar weniger wohlanständige Menschen wie sie decouragiert worden wären.

Madame la Comtesse hat eine Schwester, die sie nach ihrer eigenmächtigen Standeserhebung zu sich nahm, die aber aus Gründen, die bis jetzt dem Verfasser dieses Artikels noch nicht zu Ohren gekommen sind, nicht an der Rangerhöhung ihrer älteren Schwester teilnahm und sich weiterhin ganz einfach Mademoiselle Pa-v-ille genannt hat.

Ihr Sohn, der glücklicher war als sie selbst, und dem es freisteht, sich einen Vater und einen Namen zu wählen, wie sie ihm passend erscheinen, nennt sich Baron de M-m-ni; um von den Prinzipien seiner erhabenen Eltern nicht abzuweichen, hat er die Demoiselle de N-v-ille geheiratet, die ihren Artikel im Laufe dieses Werkes finden wird.

Mademoiselle Zacharie

Diese mit außerordentlichen körperlichen Reizen begabte Dame war teilweise von Mademoiselle Guimard[3], die sich damit befaßte, ihre Talente zu fördern, erzogen worden, und außerdem von einer Tante namens Le Vr-i, die sie bis zu dem Moment genauestens überwachte, wo diese ehrbare Verwandte die zarte Blüte, die soeben anfing, sich zu entfalten, dem Marquis de Si-n-y für die Summe von 60 000 Livres anbot.

Die ersten Jahre dieser charmanten Nymphe sind für sie selbst ein völliger Verlust gewesen. Der Zerberus, der diesen Schatz bewachte, bemächtigte sich der Gaben und Geschenke, die ihrer Nichte bestimmt waren, der es jedoch, wenn auch nicht ohne Mühe, gelungen ist, das Joch abzuschütteln.

Der Sieur S-th-n-t, der unter den Mädchen als Objekt so vieler Mystifikationen, deren ständiger Held er war, wohlbekannt ist und der zu seinem eigenen Schaden immer auch noch zahlen muß, trat in die Schranken und machte die glänzendsten Anerbietungen, aber nichts auf der Welt vermochte sie nachgiebig zu stimmen. Sogar das Gold, das so viele Hemmnisse aus dem Weg räumt, hatte diesmal keinen Erfolg und konnte den wohlverdienten Widerwillen, den dieser ekelhafte Parvenü Mademoiselle Zacharie einflößte, nicht besiegen.

Ein reicher Engländer trug den Sieg über mehrere Rivalen davon, die sich präsentierten, um den Marquis de Si-n-y zu ersetzen. Dieser freigebige Inselbewohner hat sich Mademoiselle Zacharie so ernstlich attachiert [angeschlossen, angehängt], daß er ihr eine Lebensrente von 6 000 Livres aussetzte, um sie zu bewegen, das Theater zu verlassen. Seit ihren Beziehungen zu M. F-z-w-s hat Mademoiselle Zacharie zwei charmanten Kindern das Leben geschenkt, mit deren Vaterschaft sie Mylord beehrt; doch versichern wohlinformierte Leute, daß man die Mühen dieser Vaterschaft unter ihn und die Herren Dest-ll-es und Ni-v-n teilen könne, die, heißt es, ein jeder für sich die Formung eines Ohres, eines Armes usw. usw. usw. beanspruchen.

Mademoiselle Maillard

»Vater und Mutter unbekannt.« Eine wohltätige Äbtissin aus der Rue d'Orléans behütete die Kindheit dieser Sängerin, gab ihr ihren Namen und ließ ihr, was mehr wert war, Unterricht von ersten Meistern erteilen, nachdem sie bei dieser Adoptivtochter eine gewisse Begabung zum Gesang entdeckt hatte. Diesem Gewerbe bestimmt, debütierte sie mit einigem Erfolg.

Ein alter Herr, M. D., übernahm es, ihren Bankier zu spielen, und machte ihr ein Kind. Dieser erste Unterricht praktischer Physik machte unsere Debütantin nicht glücklich, da das Kind seinen Einzug in diese Welt nur in Bruchstücken hatte halten können. Ein Generalpächter von der Place Vendôme ersetzte den alten Kinderfabri-

kanten und gründete auf solide Art ihr Wohlergehen, ohne unsere Heldin den peinlichen Folgen einer forcierten Niederkunft auszusetzen; als praktischen Amtsgehilfen
zog sie den Herrn Ch-l-t, einen großen, kräftigen Polen, hinzu; dann ging sie in die
Arme eines venezianischen Gesandten über. Diese neuen Liebesgeschichten schädigten
ein wenig ihren Ruf, doch schwand bald jeder Fleck dank der zärtlichen Anhänglichkeit, die man sie dem Herrn Nivelon beweisen sah. Bald befreite sich dieser liebenswürdige Tänzer, von dem Liebesfuror dieser modernen Dido erschöpft, von ihr zugunsten des Grafen Mo-r-ille.

Mademoiselle Maillard hat einen Moment lang den Sohn des ehemaligen Direktors
Lebreton zu sich gelassen, der sie ein zweites Mal zur Mutter machte. Seit einiger
Zeit ist sie dem Herrn Saint-Pri des Français liiert; man erwartet täglich zu hören,
daß die Kirche die Beständigkeit dieses verliebten Paares geheiligt habe.

Die Chronisten der Opernkulissen versichern auch, daß Mlle Maillard einem Herrn
Rousseau einige kleine Dienste geleistet habe.

Unsere Leser müssen bemerkt haben, daß wir uns bis jetzt keinerlei Details über
die Talente und Geistesgaben der von uns besprochenen Kurtisanen erlaubten; wir
haben uns darauf beschränkt, sachlich zu bleiben; doch verdient Mlle Maillard eine
Ausnahme, die unseren Lesern zur allgemeinen Schlußfolgerung über den Geist dieser Dame dienen mag. Folgender Zug ist ein Muster, nach dem man die Allgemeinheit beurteilen darf, ohne eine Täuschung befürchten zu müssen.

Als Mademoiselle Maillards Wagen sich eines Abends, als sie die Oper früher als
gewöhnlich verlassen wollte, nicht vorfand, bot ihr ein Herr den seinen an, und der
wurde nach einigen Redensarten akzeptiert. Als der halbe Weg zurückgelegt ist,
wird der Unbekannte unternehmend und wenige Minuten darauf glücklich. An Mademoiselle Maillards Tür angelangt, bittet der improvisierte Liebhaber sie beim
Abschiednehmen um die Erlaubnis, ihr am nächsten Morgen seine Aufwartung machen zu dürfen. Mademoiselle Maillard antwortete ihm mit der entzückendsten Un-
schuldsmiene, daß sie die angebotene Ehre zu schätzen wisse, daß sie es aber nicht
liebe, neue Bekanntschaften zu machen.

Mademoiselle Laborde

Dieses Fräulein, dem eine dreißigjährige Dienstzeit einen hervorragenden Platz unter
den Veteraninnen ihres erlauchten Korps sichert, wurde zu Dax im Jahre 1744 geboren. Zwanzigjährig verließ sie ihre Heimat und wurde von einem Herrn L-l-de nach
Bordeaux gebracht, der ihrer nach achtzehn Monaten überdrüssig wurde und sie, die
schwanger war, verließ.

Der Grand-Prévôt de Maréchaussée de la Guyenne [Höchster Richter des »Mar-
schalls-Prévôtal-Gerichtes« der Provinz Guyenne], dem sie durch dies Verlassen-
sein zufiel, vermochte sie nicht ungestraft anzusehen; er attachierte sich ihr, erwies ihr
viele Wohltaten und bot ihr einen Komfort, wie sie ihn bis zu dieser Zeit nicht gekannt hatte. Es ist nicht zu bezweifeln, daß dieser galante Herr sie aus all den Nöten,
denen sie jetzt oft ausgesetzt ist und die noch zunehmen werden, befreit hätte, wäre
sie seinen Bemühungen erkenntlicher gewesen. Aber ihre außerordentliche Empfind-
lichkeit stellte ihr ganzes Leben lang dem Glück, das sich ihr bot, große Hindernisse
in den Weg. Den Bemühungen dieses ersten Wohltäters gesellten sich noch der Comte
St.-Md., ein Offizier im Regiment des Königs, M. M. le-d'H-ze, vom Regiment d'Orléans, der Jude A-v-o, der Sieur d'E-ch-t und die bestgestellten Schauspieler des Theaters zu Bordeaux bei. Auch der Vicomte de N-e folgte ihrem Triumphwagen; vom
Glanze dieses neuen Anbeters geblendet, verließ sie Herrn B-r-t, folgte dem Vicomte

nach Paris, wo neue Liebhaber sie die anderen, in der Provinz gebliebenen, vergessen ließen.

Im Jahre 1774 richtete sich Mme Laborde für immer in Paris ein. Herr von N-e hatte ihr viel versprochen und wenig gehalten; ihr zügelloses Begehren nach Luxus vereinbarte sich keineswegs mit der reduzierten Lage, in der sie sich befand, nachdem sie sich in den glänzendsten Träumen gewiegt hatte. Ein bescheidenes Appartement in einem der bescheidensten Hôtels der Rue Traversière war der Tempel, wo unsere verstorbene kleine Komtesse diese neue Göttin ausgrub; sie säumte nicht lange, sich einer so berühmten Lehrerin würdig zu erweisen.

Zu jener Zeit trat Madame Laborde in ihr 30. Lebensjahr. Da sie schön und gut gewachsen war, erregte sie eine Zeitlang die Verzweiflung aller hübschen Frauen der Hauptstadt; da sie aber mit wenig Geist begabt war, gelang es ihr, ihr ganzes Leben lang die guten Wünsche, die sie erweckte, nutzlos zu machen. Ein spanischer Generalkonsul ersetzte bei ihr einen jungen Engländer, der gerade nur so viel Zeit hatte, ihr die ersten Diamanten zu verehren. Die über eine derartige Liaison entsetzte Familie des jungen Mannes rief ihn nach England zurück. Da sich Mlle L. geweigert hatte, dem Konsul nach Spanien zu folgen, blieb sie eine Zeitlang ohne bestimmten Pächter und teilte die Freuden der kleinen Soupers im Temple zu Monceaux und dem Sanktuarium ihrer ersten Beschützerin, die sie bis zum Tode dieser ausgezeichneten Frau ständig besuchte.

Sie warf sich einer Reform in die Arme, als dies allzu heftige Leben, das ihrem so empfindlichen Temperament nicht entsprach, sie degoutierte. Der Chevalier de R-q-e präsentierte sich unterdessen, wurde erhört und ihr Ritter. Nicht einmal die Liebhaber von Lignons bieten ein vollkommeneres Bild als dieses neue Liebespaar während der ersten sechs Pachtmonate; die Langeweile folgte kurz darauf bei der Schönen an Stelle der Leidenschaft, die sie entzündet hatte; das Vermögen ihres Liebhabers war unbedeutend; er war, um ihren Ausgaben zu genügen, gezwungen, zu den ruinösesten Mitteln zu greifen. Da sie zu feinfühlig war, um nicht zu versuchen, die Ausgaben des Chevaliers zu verringern, assoziierte sie ihm Herrn de P-l-elles, dann Herrn de la B-ll-ye und endlich Herrn G-b-d. Diese Gesellschaft ermöglichte ihr, ihre Phantasien und ihren Hang zum Luxus zu befriedigen, füllten aber trotzdem manche Lücken nicht aus, die sie ebenso schwer empfand. Der Herr A-v-o weilte zwar in Paris, doch teilte er sich zu sehr, man konnte nicht recht auf ihn rechnen. Ein Sekretär des Herrn von M-t-n, der so stark war, daß er jeglichen Vergleich bestand, war gekostet worden, doch zog es den Flatterhaften auch zu den Fräuleins L-h-e und C-v-e. Der Comte de Ch-b-e war nur flüchtig vorübergezogen, die Herren de D-l-n, de F-j-m, de M-r-y und tausend andere waren dem gleichen Beispiel gefolgt: alle hatten sich bald abgewendet. Einer dieser zweifellos indiskreten Herren hat sich über den Verfall der geheimen Reize dieser Dame Details mitzuteilen erlaubt, die, als sie in die Hände des Redakteurs der Geheimanekdoten der Literatur fielen, in einem der Bände des Jahres 1779 gedruckt wurden und unserer Heldin größten Schaden zufügten.

Aber sie ließ sich von so viel ärgerlichen Widerwärtigkeiten keineswegs besiegen. Entschlossen, zu welchem Preis es auch sei, von sich reden zu machen, hielt sie stand und erschien größer denn je.

Als treue Historiker sind wir es der Nachwelt schuldig, eine exakte Aufstellung ihrer Liebhaber des Jahres 1786 zu geben. Die Herren de R-q-e, de la B-l-e, G-b-t, B-r-e, P-r-e, N-v-n, C-l-d, G-D-l, le R. und Fleury, Florence, A-v-o genügten kaum, die uterinen Flammen, von denen sie sich verzehrt fühlte, zu löschen.

Wir würden unserem Leser gern die schlechten Handlungen verheimlichen, deren sie sich an Mme D-b-le, mit der sie in größter Intimität lebte, schuldig machte, indem sie ihr, einen nach dem anderen, die Herren P-r-c und B-v-e entführte, und Madame de F-r-y gegenüber, die ihr zärtlichste Freundschaft bewies, und deren Besitztum sie

Jean Michel Moreau: Vollkommener Einklang

auch angriff, indem sie Herrn N-v-n, dessen erprobte Kräfte und Undankbarkeit sie, nachdem sie ihn mit Gunstbezeigungen überschüttet hatte, zur Verzweiflung brachten und krank machten. Die Alleen von Vincennes, die des Bois de Boulogne, die Hälfte der Pariser Fiaker sind ebenso viele diskrete Zeugen, als wir anrufen könnten, wenn unsere Versicherungen noch andere Beweise benötigten als den bekannten Charakter unserer Heldin.

Von soviel Triumphen ermüdet, wünschte sie sich auszuruhen; der Chevalier de R-q-e, der von Schulden ruiniert war, hatte sich gezwungen gesehen, sich ins Innerste des Languedoc zurückzuziehen und seine zärtliche Penelope zu verlassen, der die Liebe neue Triumphe in Gestalt des Chevalier de M-g-n bereitete, der trotz des enormen Altersunterschiedes von der heftigsten Leidenschaft zu ihr ergriffen wurde. Gefühle, selbst Tugenden wurden ausgespielt, denn nichts konnte gelegener kommen als dieser neue Anbeter, dessen feuriger Charakter und dessen Lebhaftigkeit das Ihre taten, ihn über diese neue Dulcinea, der er ein wahrer Don Quichotte wurde, zu verblenden. Die Gläubiger der Dame wurden zum Nachteil seiner eigenen bezahlt; Geschenke aller Art folgten einander täglich; die schönsten Diamanten bedeckten die inzwischen antiken Reize der Schönen und bildeten die Verzweiflung ihrer Rivalinnen.

Aber dieser schöne Traum dauerte nur ein Jahr. Der Chevalier, der durch den Tod seines Vaters und durch Vermögensschwierigkeiten in die Provinz zurückgerufen wurde, kehrte nicht zurück; die Diamanten wanderten ins Leihhaus und wurden dann verkauft; von so viel Glanz blieb nichts als eine traurige Erinnerung. M. G-b-r, den man wieder zu sich zu nehmen sich gezwungen sah, wurde mangelnder Freigebigkeit bezichtigt; dieser Gabe vereinte er die der Eifersucht; es fiel ihm ein, unrecht zu finden, daß Mme Laborde ihr Lager mit einem breitschulterigen wallonischen Offizier teilte. Es nützte nichts, ihm zu sagen, daß dies der Chevalier de M-g-n sei, der Geschäfte halber nach Paris zurückgekehrt war und dem man ein Nachtlager nicht hatte verweigern können; er wollte nichts davon glauben und hatte die Brutalität, von diesem Moment an mit seiner Freundin zu brechen.

Dies ist die Lebensgeschichte der Mademoiselle Laborde, die ihr 44. Lebensjahr vollendet hat; sie zeigt noch immer schöne Reste, wenn die Kunst ihr Hilfe gewährt. Da sie im Heiligtum ihrer Vergnügungen selbst von einer schrecklichen Krankheit bedroht wird, führt sie seit einiger Zeit ein zurückgezogenes Dasein und erwartet vom Himmel und der heiligen Genoveva, die sie innig verehrt und für die sie unausgesetzt neuntägige Gebete liest, daß sie ihr einen barmherzigen Financier senden, der Ordnung in ihre Lage bringe.

Wir wiederholen, daß wohl wenigen Frauen ebensoviel Mittel gegeben waren, die Männer zu verführen, wie dieser charmanten Gascognerin, von der wir soeben berichtet haben; aber die Natur gab ihr so anspruchsvolle Bedürfnisse, daß es ihr unmöglich war, sie zu mäßigen oder zu unterdrücken.

Eine schwerere Beschuldigung zwingt uns, ihr einen außerordentlichen Mangel an Takt in Geldangelegenheiten vorzuwerfen, nicht nur ihren Liebhabern gegenüber, sondern auch Leuten, die nichts von ihr erwarteten. Ihr Verhalten gegen einen Grandseigneur, der nichts von ihr forderte und aus dem sie unter verschiedenen Vorwänden ziemlich beträchtliche Summen gezogen hat, beweist eine Gleichgültigkeit gegen jede gute Lebensart, die ihrem Charakter keine Ehre macht.

Mademoiselle ist Mutter einer fünfundzwanzigjährigen charmanten, talentierten Tochter, der sie eine zu vortreffliche Erziehung hat geben lassen, da sie schließlich nur ihre Tochter ist. Sie verbirgt sie sorglich in einem Kloster, aus dem sie sie höchstwahrscheinlich erst dann holen wird, wenn sie eine Stütze für ihr spätes Alter braucht. Nach dem, was wir über den Charakter jener jungen Dame wissen, zweifeln wir sehr, daß sie je mit den Anschauungen ihrer Mutter übereinstimmen wird.

MADEMOISELLE D'HERVIEUX

Die Geschichte dieser Kurtisane ist wie ein unerschöpfliches Bergwerk. Ihr Privatleben bietet eine Folge von Abenteuern, aus denen wir ein mehrbändiges Werk machen könnten, hätten wir es uns nicht bei Beginn dieser Arbeit zum Gesetz gemacht, uns kurzzufassen und über die Einzelheiten leicht hinwegzugehen, die sonst den Geist unserer Leser mit angeekelten Reflexionen füllen würden, die Schamlosigkeit und Laster, das nicht errötet, nicht verfehlen würden, ihnen einzuflößen.

Mademoiselle d'Hervieux verdankt ihre Existenz einer ehrlichen Wäscherin aus der Sapience, die, als sie von ihrem Seifenverkäufer zu hart bedrängt wurde, sich nach dem Tempel zurückzog, um den Verfolgungen dieses unerbittlichen Gläubigers zu entgehen. Der Bankrott hat dann die Lage dieser armen Familie schlimm verändert.

Aber die knospende Schönheit Mademoiselle d'Hervieux' eroberte einen Protektor, der damals als sehr interessante Persönlichkeit galt; dieser glückliche Sterbliche, dem Amor es aufgespart hatte, diese köstliche Blume pflücken zu dürfen, ist niemand anderes als der Herr François, der Läufer Seiner verstorbenen Hoheit, des Prinzen von Conti. Der ehrliche Läufer begnügte sich mit dem Versuchsrecht und trat die Jungfrau seinem Herrn ab.

Dies unerwartete Glück verschaffte der Demoiselle d'Hervieux einen Wohlstand, der ihr bis dahin fremd gewesen war. Der erlauchte Protektor ließ sie in den Bureaus des Opernballetts einschreiben.

Diese Einweihung in die großen Mysterien verschafften Mlle d'Hervieux die Eroberung eines reichen Kaufmannes aus Bordeaux, den sie durch einen polnischen Magnaten ersetzte, der selbst den Sieur S-v-t für Unteraufträge hatte.

In dieser Epoche glänzte Mlle d'Hervieux, die sich durch die Wohltaten ihrer soeben zitierten Liebhaber außerordentlich bereichert hatte, an erster Stelle unter ihren Rivalinnen. Dem edlen Polen folgte, was die Börse anbetrifft, Lord B-t-k, und was das Herz, der Herr L-t-r; darauf folgten der Chevalier de C-v-l, dann Herr Th-n-t und endlich Herr de S-t-ines.

Wir bedürften ein Ries [Papiermaß: 10 Buch à 10 Heft à 10 Bogen] Papier, um das einfache Namensverzeichnis all der Glücklichen zu geben, die diese Schöne gekrönt hat. Wir begnügen uns damit, zu konstatieren, daß der liebenswürdige, elegante Herr Th-n-t die erste Nützung des schönen Hauses der Chaussée d'Antin gehabt hat, in welchem, so versichert Mlle d'Hervieux, dieser glückliche Sterbliche der erste Opferspendende gewesen ist. Personen, die den letzteren ein wenig kennen, können sich denken, daß diese schmeichelhaften Erstlinge bezahlt worden sind.

Wir dürfen dem Leser die zärtlichen Liebesstürme nicht verschweigen, die plötzlich Mlle Raucourt für sie verzehrten, und wie süß sie entlohnt worden sind. Dem Geheimnis zum Trotz, mit dem man sucht, diese seltsame Liebe zu verhüllen, haben Neugierige die Dauer dieser Liaison nicht ignoriert; man hat gesehen, wie Mademoiselle Raucourt jede Nacht heimlich den Armen der charmanten d'Hervieux durch die kleine Bibliothekstür, die auf die große Treppe geht, entschlüpfte, um ihren Wagen, als Mann verkleidet, zu erreichen, nachdem sie sich in dessen Rolle bei ihrer zärtlichen Mätresse versucht hatte.

Aber der Hauptheld, dem Mademoiselle d'Hervieux ihren höchsten Glanz verdankt, ist ohne Widerspruch der Herr Polizeichef Lenoir.

Unter dem Zepter dieses Liebhabers war Mlle d'Hervieux Spenderin aller Gnaden; die Polizei war ihr völlig untergeben; mäßige Berechnungen lassen die Zinsen ohne Einlagekapital, die der Liebhaber dieser Kurtisane ihr in den vom Magistrat eingeführten Spielbanken gewährte, bis zu 800 000 Pfund aufsteigen.

Die unangebrachte Strenge des Parlaments vernichtete diesen ausgezeichneten Erwerbszweig, der, hätte er noch einige Jahre fortgedauert, Mlle d'Hervieux instand gesetzt hätte, ein Monument zu errichten, das mit dem der berühmten Kurtisane von Memphis in Konkurrenz getreten wäre, die, wie man sagt, eine Pyramide von zweihundert Klaftern Höhe errichtete, für die ein jeder Stein von einem anderen Liebhaber geliefert worden war.

Wenn dieser schamlose Luxus, dieser unerhörte Prunk, mit dem dies schändliche Monument errichtet worden ist, das die Dame momentan bewohnt, wenn dies Erzeugnis des Hazardspiels, des Trente-et-un, des Biribi und tausend anderer infernalischer Erfindungen ein Gegenstand des Skandals in den Augen anständiger Leute ist, bitten wir Sie, sich zu erinnern, daß das Wohlergehen eines so unmoralischen Geschöpfes nur vorübergehend sein kann, und daß der Moment vielleicht nicht fern ist, wo Zucht und Sitte glänzend an dem in den Staub gefallenen Laster gerächt werden.

Mlle d'Hervieux hat kein besseres Mittel gefunden, die vollendetsten Kunstwerke in ihr Hotel zu bringen, als sich mit dem Architekten Bellanger zu vereinigen, dessen Ruf und Talente gleichfalls bekannt sind und keines Kommentars bedürfen. Dieser geschickte Architekt hat wie für sich gearbeitet. Es genüge anzudeuten, daß er früher oder später Besitzer werden wird, wo er bis jetzt Befehlshaber war. Wohlunterrichtete Leute behaupten, eine ingeniöse Anspielung in der Art und Weise zu finden, mit der Herr Bellanger die Dächer von Mlle d'Hervieux' Haus gedeckt hat. Man versichert, daß dieser Künstler, als er bemerkt hatte, daß die Dame von einer gefährlichen Wassergosse beunruhigt wurde, den Dachrand mit Kupfer hat einfassen lassen, um sie vor etwaigen Unglücksfällen zu bewahren.

Der vorgebliche Vater Mlle d'Hervieux' hat etwas von dem allmächtigen Einfluß seiner würdigen Nachkommenschaft auf den Sieur Lenoir empfunden. Dieser ehrliche Bürger erhielt nämlich die Generalleitung jenes erschreckenden Halsabschneideorts, der unter dem Namen Hôtel d'Angleterre bekannt war. Der Tod dieses ausgezeichneten Vaters eröffnete Mlle d'Hervieux ein ziemlich beträchtliches Erbe, das jedoch von der berühmten Äbtissin H-v-a angefochten wurde, die es ihrerseits reklamierte, da sie behauptete, daß unsere Heldin, die übrigens schon selbst reich genug sei, dank ihrer illegitimen Geburt kein Recht darauf habe. Dieser Prozeß hätte einen Skandal veranlassen können, der dem Ruf beider Damen geschadet hätte. Gemeinsame Freunde bemühten sich um Kompromisse und stellten einen Ausgleich her, der diese Sache auf immer erledigte.

MADEMOISELLE JOLY
DANN: MADEMOISELLE DEVILLE
JETZT: COMTESSE DE FERRARI

Das Alter und die zahlreichen Wandlungen dieser Demoiselle haben die eingezogenen Erkundigungen nach ihrem Ursprung ergebnislos sein lassen. Doch dehnt sich dieses Dunkel, das unseren Lesern, die es leicht ausfüllen können, wenig bedeutet, nicht auf die Handlungen aus, die ein dreißigjähriger Dienst im Korps Cytheres illustriert hat, das diese Kurtisane soeben verließ, um sich mit Leib und Seele der Religion in die Arme zu werfen. Nachdem sie ihre Gunstbezeigungen zwanzig Jahre lang in der Hauptstadt ausgeteilt hatte, gedachte Madame Deville, da sie den Ort unmöglich fand, zu versuchen, ob fremde Länder ihr günstiger sein würden. Ein Unterhändler, der sie mit einigem Erfolg in Paris erstanden hatte, setzte es sich in den Kopf, sie dem Erbprinzen eines Staates vorzustellen, dessen Großartigkeit auf den Verdiensten seiner Souveräne aufgebaut ist; dieser respektable Agent ist der Herr de Croisil, der Gatte einer berühmten Virtuosin des ersten Theaters der Hauptstadt. Dieser Mann, der alle Metiers versucht hatte, spielte in Berlin die Kammerdienerrollen in dem minderwertigen Komödientheater dieser Stadt. Diese traurige Beschäftigung versorgte ihn kaum mit Brot; doch das Auftauchen der Dame Deville ließ Ideen in ihm erstehen, die er realisierte und die schließlich dem Glück ein gnädiges Lächeln ablockten. Der erlauchte Protektor schickte ihn, um sich eines solchen Zeugen seiner Schwächen zu entledigen, nach Frankreich zurück und empfahl ihn so günstig, daß dieser Ex-Pasquin mit einer Infanteriekompanie im Auslande bedacht wurde.

Was Madame Deville anbetrifft, so hat die Vorsehung ihr einen jener Zerknirschungsmomente geschenkt, den sie nur Auserwählten beschert. Von ihren Irrwegen

zurückgekehrt, hat diese Dame eine exemplarische Buße tun wollen: die Heirat schien ihren Ideen von Abstinenz und Demütigung zu entsprechen, deren Gnade ihre Phantasie erfüllte; sie ist glücklich genug gewesen, einem Mann zu begegnen, der, von den edlen Entschlüssen dieser Schönen durchdrungen, an diesem guten Werk hat teilhaben wollen, indem er die teure Büßerin mit seinem Namen auszeichnete.

Man versichert, daß dies tugendsame Paar momentan zur Erbauung der ganzen Stadt beiträgt.

MADEMOISELLE COULON

Diese Nymphe, eine natürliche und adoptierte Tochter Terpsichores, verdankt ihre Geburt einem kleinen Tanzmeister der Rue Mazarine. Ihre Mutter, eine ehrbare Frau, gab ihr eine ziemlich gute Erziehung, doch zwang sie das Elend, mit den knospenden Reizen ihrer Tochter zu spekulieren, um ihre Lage zu erleichtern. Mademoiselle Coulon debütierte einigermaßen erfolgreich im Ballett der Oper; dort hatte sie das Glück, von dem inzwischen verstorbenen Fürsten de S-b-e, einem geschmacksicheren Herrn, bemerkt zu werden, der nun für ihre materiellen Ausgaben Sorge trug; wenig später eroberte sich Mademoiselle diesen sechzigjährigen Liebhaber derart, daß er ihr eine große Pension aussetzte und sie zur Lieblingssultanin erwählte.

So viel Wohlfahrt vermochte sie nicht hochmütig zu machen und hinderte sie nicht daran, sich recht menschlich mit dem Herrn Dugazon zu zeigen, der von ihr für ein Lächeln erhielt, was sie bis dahin nur den Lieblingen Plutus' [Geldleuten] gewährt hatte.

Mademoiselle Coulon attachierte sich aufrichtig diesem Liebhaber im zweiten Grade, jedoch hatte der Herr Dugazon das Unglück, in einen Dornenstrauch zu fallen, als er eine Rose zu pflücken gedachte, und war zartfühlend genug, dies nicht Mlle Coulon übermitteln zu wollen und ihr tränenden Auges seine Schuld zu beichten. Die irritierte Geliebte beschloß augenblicklich, sich an dem Ungetreuen zu rächen, dessen Reue selber dazu benutzt werden konnte.

Bei einer Frau bedeutet Entschluß und Ausführung ein und dasselbe. Ein Diner im Bois de Boulogne, das von mehreren ihrer Kameradinnen vorgeschlagen und von Mlle Coulon akzeptiert wurde, diente den Plänen dieses Fräuleins, die es unterhaltend fand, sich auf dem Rasen des Bois de Boulogne an dem Herrn Dugazon zu rächen. Mlle Coulon wählte den Herrn Gardel zum Verbündeten, um ihre Rache auszuführen; die interessante Kraft dieses Tänzers gefiel ihr unendlich, und sie dachte sich Mittel und Wege aus, sich beide zu erhalten, den einen zum Amüsement, den anderen für eine solidere Beschäftigung.

Als sie gelegentlich gegen diese beiden Liebhaber verstimmt war, hatte sie, um ihre Laune zu vertreiben, Verlangen nach dem Herrn Niv-n, der sich gerade mit Mlle L-f-d die Zeit vertrieb. Diese letzte, von Natur wenig eifersüchtig, konnte die Wünsche ihrer Freundin nicht ablehnen, doch verlangte sie auch ihren Anteil an diesem Abenteuer. Um diese beiden Damen zu befriedigen, schlief der Sieur Ni-v-n zwischen den beiden bei Mlle d'H-v-x.

Nach diesem Abenteuer attachierte sich Mlle Coulon ernstlich dem Herrn Gardel, und die Liebe, die sie zu diesem Tänzer ergriff, ließ sie heroische Taten begehen. Sie verweigerte ihrem Wohltäter jegliche Gunstbezeigung, der sie, erzürnt, ein für allemal verließ. Als damit die Pension aufhörte, verkaufte Mlle Coulon, der es unmöglich war, irgend jemanden zu erhören, nach und nach alles, was von der freigebigen Hand des Fürsten herrührte.

Von Herrn Gardel vernachlässigt, der nie eine besonders heftige Vorliebe für sie empfunden hatte, und in größte Armut geraten, fand sie sich plötzlich mit der Last zweier Kinder, viel Liebe, gar keinem Geld und noch weniger Kredit. Von den Eifersuchtsausbrüchen dieser modernen Juno verfolgt, gelang es dem Herrn Gardel, sie zur Annahme eines Engagements in London zu bewegen. Mlle Coulon reiste, Verzweiflung im Herzen, nach England ab. Doch wirkte die Zeit, diese trostreiche Göttin, ihre gewohnten Wunder. Mlle Coulon wurde ein wenig ruhiger; dann fand sie sich ganz allmählich so weit getröstet, daß sie das Taschentuch aufhob, das der voraussichtliche Thronfolger des britischen Reiches ihr hingeworfen hatte.

Als sie aus England zurückgekehrt war, wünschte Mlle Coulon nicht, daß man ihr mangelnde Rücksichtnahme für irgendeinen ihrer Kameraden vorwerfe. Man ersieht aus den soeben gegebenen Einzelheiten, daß sie nacheinander die Herren Niv-n und Gardel gehabt hatte. Der Herr Vestris hatte durch eine Verkettung von Umständen noch nicht die Liste unserer Nymphe mit seinem Namen bereichert. Um das Equilibrium wiederherzustellen, das eine solche Unterlassungssünde zerstört hätte, hat sich Mlle Coulon für einige Zeit dem berühmten Sohn des Gottes der Tanzkunst gewährt, und zur Zeit, da wir unseren Artikel vollenden, hören wir, daß Mlle Coulon vom Exbankier Chevalier Lamb., dem wir alles erdenkliche Glück wünschen, hart bedrängt wird.

MADEMOISELLE CONTAT

Wir haben lange mit der Entscheidung gezögert, ob wir den Artikel dieser Demoiselle schreiben sollten, die uns durch ihre Eleganz, ihren Luxus, den Platz, den sie sich in der Gesellschaft ihrer Kameradinnen erworben hat, verdient zu haben scheint, einer besonderen Kaste eingereiht zu werden.

Wer vermöchte auch in dieser modernen Aspasia die Tochter einer armen Fischhändlerin aus den Hallen zu erkennen? Diese Wahrheit muß aber den anderen Ereignissen beigefügt werden, deren Wahrheit sonst eine Unmöglichkeit scheint.

Eine bessersituierte Tante übernahm die Erziehung einer Nichte, der die schmeichelhaftesten Gaben zu schenken der Natur gefallen hatte.

Sie debütierte im Théâtre Français in Konkurrenz mit Mlle Vadé; die überlegeneren Talente dieser letzten vermochten nicht, den überwiegenden Einfluß des Direktors Désentelles zu besiegen, der Mlle Contat engagieren ließ, die seitdem nicht aufgehört hat, ihrem Wohltäter alle Beweise ihrer Dankbarkeit zu liefern. Das Publikum, das bis dahin nicht aufgefordert worden war, sich gegen Herrn Désentelles zu äußern, rächte Mlle Vadé, deren Verdienste von den allmächtigen Reizen ihrer glücklichen Rivalin verdrängt wurden, durch Pfeifen.

M. de M-p-n attachierte sich darauf Mlle Contat, deren Joch er so lange trug, bis sein Vermögen erschöpft und sie gezwungen waren, sich zu trennen. Die ersten Ehren der Mutterschaft dankt sie diesem Geliebten, doch sollte sie diese Erfahrung teuer zu stehen kommen; bei allen späteren Entbindungen ist Mlle Contat Unglücksfällen ausgesetzt gewesen, obschon sie alle Vorsichtsmaßregeln traf, dem Unheil zu begegnen, kaum, daß es sich gezeigt hatte.

Unter der Regierung des Herrn de M-p-u gab eine Schauspielerintrige ihm einen Amtsgehilfen; der Herr Fleury hatte, von den Reizen Mlle Luzys entzückt, ihr von Ehe gesprochen. Die über einen derartigen Skandal entsetzten Schauspielerinnen trafen zusammen, hielten Rat, und es wurde beschlossen, daß sich eine Deputation des erhabenen Areopags [Versammlung ehrwürdiger Richter; höchster Gerichtshof im alten Athen] zu Mlle Contat begeben und sie anflehen sollte, sich einer ähnlichen Indezenz zu widersetzen. Von der von ihren Rivalinnen bezeigten Huldigung der Überlegenheit ihrer Reize geschmeichelt, begann Mlle Contat kleine Vorstöße. Doch

Jean Michel Moreau: Begegnung im Bois de Boulogne

ergab sich der Herr Fleury erst, nachdem ihm eine Entschädigung für sein Opfer zugesichert war.

Leider fing sich Mlle Contat selbst in der Falle, die sie einer anderen gestellt zu haben meinte: die ein wenig allzu energischen Abzeichen, die des Herrn Fleurys Leidenschaft hinterließ, ernüchterten sie bald über die Liebe »à la Russe«.

Doch verfehlte der Marquis S. B-c-d nicht, sie die soeben getrockneten Tränen vergessen zu machen; dieser unsicheren Ruhe folgte bald hellster Glanz; ein Göttersohn hatte geruht, einen gütigen Blick auf diese Schülerin Thaliens zu werfen. Der Marquis, der sich respektvoll zurückgezogen hatte, seufzte über das Unglück, einen Rivalen zu haben. Von glänzendsten Hoffnungen gewiegt, glaubte Mlle Contat alles wagen zu können, um ihr Glück zu sichern und sich vor den Folgen der Flatterhaftigkeit des erhabenen und leichtherzigen Liebhabers zu bewahren, den sie nicht hoffen durfte, lange zu fesseln, denn in ihrem Schoße trug sie unzweideutige Beweise von der Liebe des Marquis. Vom Wunsche hingerissen, diesem teuren Embryo eine glänzende Zukunft zu sichern, dessen Finanzverwaltung sie übernehmen würde, huldigte sie mit dieser Vaterschaft dem Halbgott, der, vom Zauber geheilt, der seine Augen verblendete, grausam genug war, diese Ehre zurückzuweisen.

Um ihren Kummer zu zerstreuen, machte Mlle Contat eine mehrtägige Reise nach Rouen.

Kurze Zeit vor dieser Reise hatte sie auf Bällen den Herrn Nivelon, für den sie ein sehr zärtliches Interesse empfunden hatte, ausgezeichnet; doch war es nicht möglich, diese Neigung in Paris zu befriedigen, wo zu viele Aufpasser offene Augen für sie hatten. Die Fahrt nach Rouen zog sie aus der Verlegenheit.

Der Herr Nivelon, der benachrichtigt wurde, fuhr am Abend vor Mlle Contats Abreise nach Rouen; tagelang blieb er im Hotel Vatel und verließ sein Zimmer nur, um sich in das seiner zärtlichen Liebsten zu begeben, in das er jeden Abend, nachdem alles sich zur Ruhe begeben hatte, von ihrer Mutter eingelassen wurde.

Ein amüsantes Rencontre [Zusammentreffen] hätte beinahe dem Marquis, der, von zärtlichster Ungeduld gequält, Mlle Contat sogar bis Saint-Denis gefolgt war, dies verliebte Geheimnis entdeckt. Er fuhr sie in seinem Wagen zurück, als Herr Nivelon, der in ganz geringer Entfernung folgte, sich mit dem Kabriolett des Marquis verhakte und es beinahe zertrümmerte. Die trefflichen Pferde und der außerordentlich leichte Wagen bewahrten Mlle Contat vor der Unannehmlichkeit, in flagranti vom Marquis ertappt zu werden, der gezwungen war, sich mit einfachen Drohungen gegen den unglücklichen Postillon zu ergehen, der gewagt hatte, fast sein Kabriolett zu zerstören.

Mlle Contat hatte Mme B-d den Marquis de Saint B-d geraubt, was diese ihr niemals verziehen hat; Mlle Carline rächte eben diese, indem sie sich Herrn Nivelon aneignete.

Seinerseits ernüchtert, zog sich der Marquis zurück und ließ sich durch den Obersten Saint L-g-r vertreten, dessen Nachfolger kurz darauf der Graf de Laudron wurde, dessen seltsames Abenteuer allen ehrbaren Leuten sehr viel Ärger bereitet hat, die den Scherz in dem blutigen Spaß nicht haben finden wollen, mit dem dieser Fremde die besonderen Liebenswürdigkeiten, mit denen Mlle Contat ihn überhäuft hatte, vergalt.

Doch dies kleine Vorkommnis ist jetzt in tiefstem Vergessen begraben, und Mlle Raucourts uneigennütziges und großmütiges Vorgehen hat die Leere, die der wenig ehrliche Graf verursachte, zum großen Teil ausgefüllt.

Jedermann weiß, daß Mlle Raucourt, deren zarte Neigungen bekannt sind, Mlle Contat 60 000 Livres als geringes Zeichen ihrer Freundschaft überwies. Sie forderte als Entschädigung nichts als einige gewisse kleine Liebesdienste, die ihr mit größter Nachgiebigkeit erwiesen worden sind; doch hat das Erscheinen des Grafen de N-t-ne diesem Handel ein Ende gesetzt.

Seitdem hat Mlle Contat mit diesem Herrn das erbaulichste Dasein geführt. Um die Langeweile zu beleben, die sie befallen würde, wenn ihr Liebhaber genötigt ist, sich zu seinem Regiment zurückzugeben, hat Mlle Contat ganz Frankreich und England bereist.

Sie hat zwei Kinder von Herrn von N-b-ne, die Ergebnisse unglückseliger Entbindungen, die sie mehr denn einmal an den Rand des Grabes gebracht haben.

Wir wollen von den Talenten dieser berühmten Schauspielerin nicht sprechen. Die Armut des Théâtre Français hat ihr zu den höchsten Stellungen verholfen, von wo auch die ausgesprochensten Verdienste anderer sie nicht zu vertreiben vermöchten. Eine jüngere Schwester, die sie erzogen hat, partizipiert von der Gunst ihrer Schwester, die ihr, den Kollegen zum Trotz, recht unverdiente Vorteile verschafft hat[4].

MADAME FURCY

Mit Bedauern sehen wir uns gezwungen, diesen Namen unserem Katalog einzuverleiben, in dem er sich, von verschiedenen Gesichtspunkten aus, fehl am Platze befindet; wenn aber auch Madame Furcys erste Lebensjahre unbedingt diesem Kataloge zugehören, so haben wir doch die Verirrungen, die wir ihr vorwerfen müssen, ihrer großen Jugend und hauptsächlich den Verführungen anzurechnen.

Diese im Faubourg Saint-Antoine geborene Dame debütierte sehr jung in der Welt, und ihr Glück war in den Jahren gemacht, in denen manch anderes Fräulein erst mit dem ihren beginnt. Diesen kostbaren Vorteil, der sooft andere Seitensprünge verhindert, verdankte sie dem Zartgefühl ihres Benehmens, das sie Personen gegenüber bewies, die sich ihr attachierten, die sie dann zu treuen Freunden machte und die ihr eine Anhänglichkeit und eine Rücksichtnahme bewahrten, wie sie keine andere vor ihr verdient hat noch verdienen wird. Unsere Feder, die zu lange von schlimmen Details des Lasters unserer modernen Hübschlerinnen beschmutzt worden ist, wird sich mit Vergnügen bei den köstlichen Eigenschaften dieser hübschen Frau ausruhen und verbreiten, der sich alle attachierten, die das Vergnügen gehabt haben, sie zu kennen. Dies ist eine geringe Genugtuung, die wir ihr als Entgelt für den Schmerz schulden, den sie empfinden könnte, wenn sie ihren Namen neben denen berühmter Kurtisanen, denen sie als Beispiel dienen könnte, vorfindet. Beglückt wären wir, wenn wir letzteren das Gefühl des Ekels mitteilen könnten, das der Exzeß ihrer Verderbtheit anständigen Menschen einflößt, und sie zu ehrbaren und keuschen Prinzipien zurückzuführen vermöchten, die sie, scheint es, völlig vergessen haben.

Jung, schön, liebenswürdig, eint Madame Furcy mit ausgezeichneten Gaben der Natur einen ausgeglichenen Charakter, einen Geist, der mit all den Eigenschaften geschmückt war, die wenige besitzen und die sie das Glück hatte, alle in sich zu vereinigen. Niemals näherte sich ihr ein Mann, ohne ihr sogleich zu huldigen.

Von ihren Geschlechtsgenossinnen wenig geliebt, deren Eifersucht das harmloseste ihrer Verdienste bildet, hat sie wenig Freundinnen; und trotz des schlechten Verhaltens, das ihr einige Fräuleins, die sie schwach genug war, bei sich zu empfangen, erzeigt haben, hat sie es nicht vermeiden können, sich von der gefährlichsten von ihnen allen unterjochen zu lassen, deren Charakter sie jedoch anfängt zu erkennen, seit ein grausamer Unfall sie beinahe ihren Freunden entrissen hat, kaum, daß sie sich der Gefahr, der sie entronnen ist, bewußt war.

Den Kreisen ehrbarer Frauen, denen sie immer hätte angehören sollen, zurückgeben, führt Mme Furcy seit fünf Jahren das geachtetste Dasein; sie beschäftigt sich lediglich damit, den liebenswerten Mann, dem ihr Herz gehört, glücklich zu machen. Zwei reizende kleine Mädchen haben diesen Bund auf immer unauflöslich gemacht; vergebens hat Intrige versucht, dieses glückliche Heim mit Wolken zu umziehen.

Ungeheure Anerbietungen, denen gewisse berühmte Schönheiten nicht zu widerstehen vermocht hätten, sind ihr umsonst gemacht worden; in ihrer Anhänglichkeit und ihren Entschlüssen unbeugsam, hat Mme Furcy bewiesen, wie zartfühlend ihr Herz ist. Es bleibt uns also nur, um diesen Artikel zu beenden, ihr all das Glück, das sie verdient, zu wünschen, und sie, vergebens, all denen als Muster zu bieten, die es ihr um so weniger jemals gleichtun werden, als sie ihr weder an Körper noch an Geist ähnlich sind.

Aus Schweizer Boden ist diese berühmte Vicomtesse entsprossen, deren an Glücks-
gütern wenig gesegnete Familie kaum das glänzende Schicksal geahnt hat, das ihr in
den Schoß fallen würde. Niemand ist Prophet in seinem eigenen Lande: so trivial dies
Sprichwort erscheint, so ist es doch von den Abenteuern der Madame de Linières
vollauf bestätigt worden, die, als Tochter eines Viehhändlers, sich momentan in
Frankreich eines Schicksals erfreut, das, wenn es auch besser scheint als das, zu dem
sie eigentlich unter den ländlichen, aber tugendhaften Mitbürgern berufen gewesen
wäre, dennoch weniger glücklich ist.

Auf irgendeine unsichere Art nach San Domingo verpflanzt, schienen Mlle Pingons
Anfänge keine glänzenden Versprechungen zu machen. Fortuna entschied aber anders; bei dieser Art Aufstieg sind die ersten Sprossen immer in diskretes Dunkel
gehüllt. Immerhin fängt man an, authentische Einzelheiten seit jener Epoche zu vereinigen, in der Mlle Pingon Eigentümerin des bedeutendsten Billardsalons von Port-
au-Prince wurde, eines Billardsalons, dem die Schönheit, das liebenswürdige Entgegenkommen der Besitzerin und hauptsächlich die »Crabs« [»Krabben«] viele Kunden verschafften. Um dies kaum gegründete Unternehmen zu festigen, vereinigte sie
sich mit der Negerin Ysabeau, deren Glück, Tollheiten und Ruf bekannt sind; eine
Zeitlang bildete Mme Pingon das Entzücken der Kolonien. Der Krieg, dessen riesiger
Schauplatz damals Amerika war, verschaffte ihr unzählige Liaisons und Bekanntschaften; zu ihrem Lobe sei erwähnt, daß sie immer zartfühlend genug war, keine
Unterschiede zwischen Land- und Seeoffizieren zu machen. Mit gleichem Wohlwollen empfing sie die ihr gebotenen Huldigungen, ohne sich einer Parteilichkeit hinzugeben, die ihrem Rufe, den sie immer vernünftig genug als ihr Hauptinteresse betrachtete, geschadet hätte.

Ein Offizier aus Enghien teilte mit ihr die an den vom Schicksal grausam verfolgten Spaniern zu Domingo gemachte Beute, denen ihre Hinterlist nicht zum Sieg über
ihre freimütigen und edlen Gegner verholfen hatte.

Nach dieser Liaison geschah es, daß die Sachlage sich änderte: den flüchtigen Leidenschaften, die sie so oft und so abwechslungsreich verfolgt hatten, folgte der Ehrgeiz im Herzen Mlle Pingons.

Der Chevalier de Linières, ein unverbesserlicher, derzeit mittelloser Spieler, schlug
Mlle Pingon eine Vereinigung vor, deren Ehren sie und deren Profit er genießen
sollte. Und nach ihrer Zusage hätte die neue Vicomtesse nicht mit ansehen dürfen,
wie dies mit soviel Mühe und Beschwerlichkeit angehäufte Vermögen in kürzester
Zeit vergeudet worden wäre, hätte nicht der Tod ein Hindernis gesetzt, indem er sich
ganz zur rechten Zeit eines Gatten bemächtigte, der tatsächlich nun zu nichts mehr
taugte; man hatte alles, was man wünschen konnte, von ihm gehabt. Daß er, wie die
Dinge lagen, so zur rechten Zeit starb, war eine Handlung, die man ihm hoch anrechnen konnte. Ein längerer Aufenthalt in San Domingo wurde unnütz, fast schädlich;
die Metamorphosen, die sich vollzogen hatten, waren keineswegs mit schmeichelhaf-
tem Interesse verfolgt worden. Paris schien also ein geeigneterer Ort, und Mme de
Linières hat diese Wahl nicht zu bedauern gehabt. Neue Freuden ersetzten die bürgerlichen Intrigen, die in einer anderen Hemisphäre die Blüte dieser Schönheit aufge-
zehrt hatten und deren Herbst nun für einige Zeit das Entzücken der Höchststehenden
in Paris bildete.

Mme de Linières hat das seltene und kostbare Glück genossen, sich Freunde zu bewahren. Ein Minister, dessen Departement sie besonders interessierte, hat dieser
Dame, seiner Schwester, seiner Freundin, die zärtlichste Anhänglichkeit bewiesen;
eine zweifellos ehrbare Industrie [Betriebsamkeit, Geschäftstüchtigkeit] hat es dieser
Dame ermöglicht, bei sich eine Gesellschaft Freunde zu versammeln, die gegen Ent-

richtung einer Abgabe, die kaum von den Beteiligten gefühlt wurde, ein ausgezeichnetes Souper bei ihr finden, dessen Ehren dem Herrn Roque, einem Wechselagenten, der schon lange im Amt ist, zukommen. Eine gewisse parlamentarische [vor 1790 »Parlament«: Gerichtshof letzter Instanz] Schikane hat dies ingeniöse Etablissement bedroht, doch hat man sich, dem Himmel sei Dank, zu helfen gewußt, und die Komtesse hat sich nichts vergeben.

Wir würden dem Publikum großes Unrecht tun, wollten wir vernachlässigen, den beiden charmanten Gefährtinnen der Vicomtesse die gebührende Ehre zu erweisen. Ihre Tochter und ihre Schwester verschönen den zahlreichen Hofstaat, den diese liebenswürdige Witwe um sich versammelt. Ihre Tochter, die einer im Aufbrechen begriffenen Rose gleicht und die von einem Schwarm von Schmetterlingen begehrt wird, ist hintereinander auf die verschiedenste Art und zu recht verschiedenen Zwecken angegriffen und entführt worden; es genügt, den Marquis de G-l-s und Madame de Fl-r-y zu nennen, um in wenig Worten von den Debüts und Neigungen dieser jungen Schönheit zu berichten.

Was die Schwester der Vicomtesse betrifft, so ist diese eines jener fremdartigen, chiffonierten Wesen, die niemandem gleichen und die die Männer närrisch machen. Ein Herzog, der durch seine süperbe Nachkommenschaft bekannt ist, hat sich ihr eine Zeitlang attachiert; Graf de B-c-r ist momentan ihr Generalpächter.

Man würde in hohem Maße einen Kaufmann, der nicht weit vom Palais Royal wohnt, verdächtigen, der Herzensfreund der liebenswürdigen Vicomtesse zu sein, vermutete man nicht ziemlich stark, daß dieser kühne Sterbliche nicht gleichzeitig der wichtigste Mann dieser reizenden Dreieinigkeit sei.

Mit einem Wort, die Note, die wir geben, ist vielmehr ein Lob als eine Zensur, und mit Vergnügen huldigen wir den moralischen Qualitäten, dem Charme und dem Geist Mme de Linières, deren Liebenswürdigkeit ihr ebensoviele Freunde geben wird, als sich gemachte Männer in ihrem Kreise finden. Was die jungen Leute und die neu Ausgeschifften anbetrifft, so ist das allerdings eine andere Sache.

Mesdemoiselles Victoire und Adelaide Simon

Diese beiden liebenswürdigen Schwestern, die heftig verdächtigt werden, ihre Geburt einem erlauchten Vater zu verdanken, haben den kostbaren Vorteil genossen, vom verstorbenen Prinzen von Soubise erzogen und gebildet worden zu sein, dessen bekannter wählerischer Geschmack zu ihrem Lobe gereicht.

Der Tod des prächtigen Beschützers nötigte die Demoisellen, Sorge zu tragen, daß dem Verblichenen Nachfolger gegeben würden, aber weder deren Freigebigkeit noch deren Mittel vermochten, sie über einen so folgenreichen Verlust zu trösten. Auch die Ehren, ebensowenig die subalternen Einkünfte der Oper oder die glücklichen Begegnungen im Foyer haben den beiden Schwestern etwas Nennenswertes verschafft, obschon ihre Jugend und Grazie ein besseres Schicksal verdienten.

Die älteste wurde, da die Situation es gebot, gezwungen, sich den zärtlichen Beteuerungen des Chevalier Lamb. zu ergeben; doch belohnte sie den schmutzigen Geiz dieses Exbankiers mit endgültigem Abschied, über den er sich, sagt man, schnellstens tröstete. Mademoiselle gestattete sich darauf eine Unzahl von Passaden [flüchtige Liebschaften]. Eine unter ihnen, die glänzendste, schien ihr das herrlichste Geschick zu versprechen. Der Halbgott, der für kurze Zeit den immensen Abgrund ebnete, den Mademoiselle Victoire niemals zu überschreiten gehofft hatte, machte ihr nur einige Visiten, und das Ehrenvolle errang den Sieg über den Gewinn. Diese fürstliche, wenn auch ephemere Eroberung brachte ihr tatsächlich die Eifersucht ihrer

Kameradinnen ein und erhöhte den Wert unsrer Schönen in den Augen der Vulgären. Vicomte de Langer und all die Elegants des Foyers wünschten sie zu kennen. Das brachte manche Annehmlichkeit mit sich, doch hatte man etwas Solideres im Auge, und man glaubte dieses so notwendige Objekt in der Person des Comte de Galitchoff gefunden zu haben, dessen Debüt und Versprechungen einen Moment die bestfundierten Hoffnungen zu rechtfertigen schienen; die Tatsachen haben aber dieser süßen Erwartung nicht entsprochen.

Der Russe ist unter seinen eisigen Himmel zurückgekehrt, und die Witwe rollte ein zweites Mal in die Arme des Grafen de Morainville, mit dem sie schon vorher eine Pachtzeit verbracht hatte, die aus Gründen, die uns nicht bekannt sind, aufgelöst

Jean Michel Moreau: Die Dame im Palast der Königin

wurde. Diese Wiederaufnahme selbst geschah nur infolge einer Spekulation von seiten des Grafen, der dringend dazu einer Dame bedurfte, die die Honneurs des Hauses und der Tafel machen mußte, was ihm aus Gründen, die ein jeder kennt, Notwendigkeit war.

Doch da Mlle Victoire sich zu sehr geeilt hat, ihre Möbel zu verkaufen, um zu ihrem spekulativen Liebhaber überzusiedeln, und das Gericht sich in einem übellaunigen Moment mit den Spekulanten veruneinigt hatte, hat Mlle Victoire den zweiten Band zur »Laitière« [»guten Milchkuh«] geliefert [zum zweitenmal ausgenutzt, mißbraucht werden] und nicht einmal den traurigen Trost genossen, die Reste ihres teuren Milchtopfes zu retten, da der Graf sich ihrer im voraus bedient hatte.

Was die jüngere der beiden Schwestern, Mlle Adélaide, anlangt, so scheint es, daß sie bis jetzt glücklicher gewesen ist als die ältere. Nichts könnte hübscher sein als dieses junge Geschöpf, das größte Unbesonnenheit noch pikanter macht. Wir ignorieren den Namen des begünstigten Sterblichen, der als erster das Glück gehabt hat, ihr die Augen zu öffnen.

Ein batavischer Gesandter hat weder Schritte noch Sorgfalt gescheut, um sich einen Vorzug zu sichern, der ihm immer entschlüpft ist; die ersten Diamanten, die diese Nymphe geschmückt haben, sind eklatante Beweise der großartigen Freigebigkeit des Gesandten.

M. Dessentt., der die Schwäche dieses jungen Mädchens bemerkt hatte und der ihr die Unannehmlichkeiten der Elementargrammatikstudien erleichtern wollte, ersann, um Mlle Adélaide zu gefallen, einen Entwurf zu einem Alphabet aus Diamanten, von dem er ihr vorläufig den ersten und kurz darauf den zweiten Buchstaben geschenkt hatte. Doch hielt er mitten im Kurse zu Mlle Adélaides großem Bedauern inne, die, von der Kälte ihres Lehrers beleidigt, nun den Unterricht einem anderen übertrug.

Im übrigen hatte M. Dessentt. sich gewisse Dinge vorzuwerfen; er wußte, daß der Eifer, mit dem er die Erziehung dieser jungen Schülerin betrieben hatte, den Dolch in das Herz einer unendlich wertvolleren Person gestoßen hatte; sein Zartgefühl zwang ihn, den Abschied, mit dem man seine Sorgfalt belohnte, mit Resignation entgegenzunehmen.

Die chronologische Folge von Mlle Adélaides Liebhabern hat uns zu einer recht seltsamen Entdeckung geführt: von ihrer bizarren Neigung zur Illegitimität wollen wir sprechen. Zeuge davon ist der letzte Liebhaber, den wir soeben vor unseren Lesern erwähnten, und der Nachfolger, den sie ihm eiligst gab, der Chevalier de Lang-c, über den sie zwar ihre Meinung sattsam geändert zu haben scheint, trotz des Geschenkes, mit dem sie ihn beehrt hat, als sie ihm die Vaterschaft eines Kindes zuschrieb, auf das auch M. Dessentt. und M. de Saint-Fargeau gut fundierte Ansprüche machen könnten. Aber so groß ist die Nachsicht der Familie Sabatto-Phellippeau-Lang-c, den Vaterschaftsartikel betreffend, daß der gute Chevalier sich von dieser kostbaren Akquisition [Erwerbung], auf die er schon ein Wiederaufblühen seines erlauchten Hauses gesetzt hat, bedrückt fühlt.

Aber, Scherz beiseite, die Vertreibung dieses argwöhnischen und unnützen Liebhabers scheint bevorzustehen; man bemerkt, daß Herr Toy-t Annäherungsversuche begonnen hat, und man erwartet jeden Moment zu hören, daß die Huldigungen, welche die Bijoutiers, Goldschmiede, Notare usw. bieten, mit Gunst aufgenommen worden seien.

P. S. Man würde den Redaktoren dieser kleinen Arbeit wenig Gerechtigkeit widerfahren lassen, wollte man annehmen, daß Bosheit allein über diesen Recherchen präsidiert habe, die dem wahrscheinlich im Prinzip nicht bestimmt waren. Viel ehrenwertere Gesichtspunkte haben diese Sammlung mobilisiert, der das Gift der Verleumdung immer sorgfältig ausgeschieden werden soll.

Weit davon, die Strenge zu einem lächerlichen Exzeß zu treiben, zeigen wir stets wohlwollendste Nachsicht für die Schwächen eines Geschlechts, das die Natur dazu bestimmt zu haben scheint, unablässig zu unterliegen.

Doch sei das schamlose Laster, das Laster, das sich seiner Exzesse brüstet, ohne Einschränkung enthüllt, und indem wir es in seiner widerlichen Nacktheit zeigen, nehmen wir ihm all sein Gift, und Verachtung und Entrüstung sollen sein Teil werden.

Wir gestehen mit Bedauern, daß in der zahllosen Menge, die wir Revue passieren lassen wollen, nur wenige Individuen sind, deren Schwächen und Erniedrigungen wir mit gesellschaftlichen Tugenden ausbalancieren könnten, so daß man über ihre Fehler, so wie es auch der gestrengste Zensor erstreben würde, leicht hinweggehen könnte.

Doch das Vergnügen, mit dem wir uns bemühten, dem Gedächtnis Mme Furcys unsere schmeichelhafteste Huldigung zu bieten, indem wir ihr Grab noch von der Trauer ihrer zurückgebliebenen Freunde widertönen ließen, dies Vergnügen (nicht zu oft können wir dies wiederholen) ist sichere Garantie für den Eifer, mit dem wir ihren würdigeren Gefährtinnen Gerechtigkeit widerfahren lassen wollen. Ohne Zweifel gibt es deren einige: die Damen Granville, Guimard, L-r-t dürfen ein Lob beanspruchen, das nicht geringere Berechtigung hat, und indem wir über ihre Schwäche berichten, zeigen wir andererseits ihre Tugenden, die guten Eigenschaften, die sie vor jener Verderbnis bewahrt haben, die so allgemein und so gerecht ihren Kameradinnen vorgeworfen wird.

Die letzte Lieferung wird Noten und Ergänzungen bringen, die den Redakteuren mitgeteilt worden sind, und ihnen Aufklärungen geben; im Anschluß an diese Anmerkungen wird man einen belehrenden Schlüssel finden, der bestimmt ist, dem trägen Gedächtnis die Mühe zu ersparen, sich anzustrengen, um einen Namen zu entziffern, der sich ganz ausgeschrieben in der angekündigten Tafel finden soll.

Liste der Demoisellen, deren Geschichte in der vorhergehenden Lieferung enthalten sind:

Mesdemoiselles

Bonard	Coulon	d'Hervieux
Chouchou-Leblanc	Contat	Furcy
Martin	Craffton	de Linières
Sainte-Amaranthe	Zacharie	Victoire und
du Fresne	Maillard	Adélaide Simon
Deville	Laborde	

Die folgenden Artikel sind in Druck und werden die zweite Lieferung bilden, die im nächsten April erscheinen soll.

Mesdemoiselles

Raucourt	Racine	Quincy
Adeline	De Pame	Dufayelle
Rosalie	Arnoux	Lahaye
Smith	Dugazon	d'Ambly
Elliot	Dubrieulle	
Beauvillars	Clairville	

Die folgenden Lieferungen werden Biographien dieser Damen bringen:

Mesdemoiselles

Guimard	Desgravelles	Grandval
Langlois, morte	Mignot	Desmarquès
Rose	Saint-Huberty	Saint-Albin
Les trois Gavaudan	Courville Mont-B.	Courville-la-Vieille
Lafond	Mézières	Vielge
Saulnier	Ligny	Bonoeil
Vestris	Miller	Lahaye
Joly	Prud'homme	Lahaye-Courville
La Chassaigue	Laurent	Riouville
Lange	Petit	Julie
Lescaut	Sainval	Christ
Julien	Carline	Joséphine
Renaud	Gonthier	Huet
Victorine	Deshosses	Savigny
Meyer	Lefèvre	Joséphine
Grandville	Huntley	Binot
Desmailli	Surville	Durand
St. Hilaire	Perceval	Duthé
Montelar	Pélou	Saint-Romain
Flore	Lebrun	Lady Wortley
Dalbert	Boulogne	Colmar
Théophile	Malinguant	Lady Massareene
Flire	Massieux	Nicolay
Villeneuve	Sarron	Jaucourt
Lemercier	Murtin	Fleury
Thevenin	Mélan	Violette
Michelot	Adel-Véron	Montigny
Labachante	Méricourt	Renard
Daigleperse	Leclerc	

Diejenigen Damen, die dem Gedächtnis des Redakteurs dieser Arbeit entschlüpft sein sollten, sind gebeten, ein Versehen zu entschuldigen, das nichts Beleidigendes für sie enthalten soll; man wird eilen, ein Schweigen, das sie verletzen könnte, in dem Moment gutzumachen, in dem sichere Auskünfte uns mitgeteilt worden sind.

DER GAZETIER CUIRASSÉ*

Ich muß dem Publikum mitteilen, daß einige der Neuigkeiten, die ich ihm als wahr berichte, zumindest sehr glaubwürdig sind, und daß sich in der Menge einige finden werden, deren Gefälschtheit in die Augen springt; ich werde mich nicht damit befassen, das jeweils zu betonen: den Leuten von Welt, die Wahrheit und Lüge (dank des vielen Gebrauches, den sie von ihr machen) kennen, steht es zu, zu urteilen und eine Auswahl zu treffen. Je gestrenger sie ausfallen wird, desto weiser wird sie sein. Ich glaube, den Lesern, die mich mit ihrer Aufmerksamkeit beehren werden, diesen Hinweis zu schulden.

Sollte dieser Versuch Anklang finden und das Publikum meiner Eitelkeit durch seine Aufnahme ein wenig schmeicheln, so werde ich ihm meine Dankbarkeit dadurch beweisen, daß ich ihm eine Abhandlung über die Verführung der Frauen verfassen will, die ebenso den jungen Leuten, die gerade in die Welt treten, wie den Alten, die bereit sind, sie zu verlassen, dienlich sein soll; sie soll die, die nichts mehr können, amüsieren, und sie soll den entschlossensten Frauen beweisen, daß es keineswegs ihre Schuld ist, wenn sie unterlegen sind, da ihre Niederlage auf unfehlbaren Prinzipien begründet ist. Ehe ich diese Abhandlung wage, werde ich meine besondere Korrespondenz mit dem Publikum mitteilen, wobei ich von ihm Geheimhaltung dessen, was ich es nicht wissen lasse, fordere. Nicht allen Nationen ist es gegeben, alles, was sie denken, auszusprechen. Die Bastille, Mohammeds Paradies und Sibirien sind zu starke Argumente, als daß man ihnen entgegnen könnte. Doch gibt es ein weises Land, wo der Geist von den Freiheiten des Körpers profitieren darf und keine seiner Erzeugnisse zu fürchten braucht; in diesem Lande, in dem die Großen nur die Gleichgestellten ihrer minderen Bürger sind**, in dem der Fürst als erster dem Gesetz unterworfen ist, in diesem Lande kann man es wagen, ohne Furcht vor allen Mächten der Erde zu sprechen, kann der Weise Narrheiten richten und über sie lachen. Man wird aus einigen in dieser Arbeit mitgeteilten Anekdoten ersehen, daß ich sehr oft Gelegenheit hatte, in Schußweite zu erblicken, was ich von sehr nah berichte.

Wenn ich manchmal der Wahrheit etwas angefügt habe, so geschah es, um denen, die sie verletzen würde, eine Handhabe zu bieten; manchmal ist es auch eine Dekoration, die ich benötigte, ein Ornament, das vielleicht ein wenig gewagt erscheinen könnte, doch hat es einen neuen Charakter und wird einer Nation, die weise genug ist, noch frei zu sein, nicht mißfallen.

* »Der gepanzerte Gazetier (= Journalist, Publizist).«
** Der Verfasser war nach England geflohen.

Mein Teurer!
Genießen Sie Ihren Ruhm, ohne sich um irgendeine Gefahr zu kümmern! Denn zweifellos laufen Sie Gefahr. Mit den Feinden Ihres Vaterlandes, deren Wut Sie verschärfen und deren Grausamkeit Sie verdoppeln werden; doch indem Sie Dinge enthüllen, die sich im schwarzen Geheimsten ihrer Herzen verzehren, bedenken Sie, mein Teurer, daß Sie Unschuldige rächen und daß Sie vielleicht Unglückliche, auf die der Blitz herabzufahren droht, beschützen.

Wenn Sie das Opfer Ihres Eifers sind, seien Sie stolz darauf, sich in diesen neuen Abgrund, der gefahrvoller und tausendmal schrecklicher ist als jener, den der mutige Decius zuschloß, zu stürzen. Möge sein Beispiel und die Verehrung, die er noch in unseren Tagen genießt, Sie in dem Vorhaben stärken, das des Dankes wert ist, auf den Sie ein Recht haben. Trotzen Sie den schuldvollen Mächten, die Sie nicht besiegen können! Machen Sie, daß diese grausamen Ungeheuer, deren Existenz so hassenswert ist und die der Menschheit so teuer zu stehen kommen, zittern! Und sollten die Himmel zur Erde stürzen, damit sie bereit sei, Sie zu verschlingen, erinnern Sie sich, daß Ihr bester Freund, der Mann, den Sie am meisten schätzen, Ihnen das geraten hat, was Sie tun müssen!

Erproben Sie mit Wollust seine Maxime und wagen Sie alles, ohne etwas zu fürchten.

Si fractus illabatur orbis,
Impavidum ferient ruinae
[Wenn das Himmelsgewölbe zerbrochen zusammenstürzt,
werden die Trümmer den Furchtlosen töten.]

Ich kenne Sie zu gut, um ein Erlahmen Ihrer Prinzipien fürchten zu müssen, da Ihre Entschlossenheit mir garantiert, daß Sie sie niemals verraten werden. Dieser Überzeugung bin ich, mein Teurer.

Ihr sehr ergebener und sehr gehorsamer Diener   Ich Selbst

POLITISCHE NEUIGKEITEN

Alle Sekretäre der französischen Gesandten, die Kreaturen des Herrn von Choiseul sind, sind auf Befehl des Kanzlers mit den Papieren ihrer Herren inkognito nach Versailles abgereist. Man versichert, daß es zur Ausführung kleiner Handstreiche am Hofe von Frankreich viel geeignetere Leute gibt als im Walde von Sénart.

Der große Rat hat sich des Palastes, nachdem er ihn mit Geheimbriefen belagert hatte, ohne Widerstand bemächtigt; die cour des aides [Partei bei Hofe], die den Stoß hatte aushalten wollen, ist kräftig zurückgestoßen worden und hat sich bis zu zehn Meilen von Paris zurückgezogen, wo sie Quartier genommen hat.

Der Kanzler hat nach dem Prinzip des Kardinals Mazarin, Divisez pour régner [Teile, um zu herrschen], die Mitglieder des alten Parlaments in den entlegensten Dörfern Frankreichs verteilt und alles getan, um ihre Verbannung noch empfindlicher zu machen; nach ihrer Entfernung hat er geäußert, er hoffe sie bei ihrer Rückkehr viel besser über die Not des Volkes informiert zu sehen als vorher, da sie ihre Beschwerden einbrachten.

Der Herzog de la Tremouille ist soeben heimlich zum Minister der Auswärtigen Angelegenheiten ernannt und in dieser Eigenschaft dem Könige durch Herrn Gabriel, Hofbaumeister Seiner Majestät, vorgestellt worden.

Bei Eröffnung des neuen Parlaments an Stelle des alten hat der Kanzler eine Rede gehalten, die besagt, daß alle Franzosen Dummköpfe sind, daß er es weiß, daß er daraus Nutzen zieht, und daß es sechs große Verbrecher in Frankreich gibt. Nach seiner Rede hat Herr Isabeau drei Verordnungen verlesen, deren erste einreden möchte, daß der König Lust habe, seine Schulden zu bezahlen; die zweite trifft die »cour des aides« tödlich, weil sie die Hand gegen das Allerheiligste erhoben hat; die dritte ersetzt die schwankenden und altersschwachen Mitglieder des großen Rates durch die flinken Beamten der alten Kammer. Diese drei Verordnungen haben den sogenannten großen Gerichtstag beendet.

Seit vier Monaten hat es einige Todesfälle in Paris gegeben, die nicht allzu natürlich erschienen; aber ein jeder schweigt sich in dieser Richtung aus, ebenso wie über die heimlichen Gefangennahmen, die für jedermann undurchdringlich bleiben, obwohl sie sich täglich wiederholen.

Es ist dem neuen Parlament untersagt worden, in wichtigen Fällen irgend etwas ohne Anweisung der Kammer zu beschließen.

Man versichert, daß die Bastille und Vincennes so voll von Menschen sind, daß man die Lagerstätten der Soldaten, die auf diesen beiden Schlössern Wache halten, auf den Terrassen und dem Turm unterbringen mußte.

Man hat eine Zählung der Lusthäuser Seiner Majestät veranstaltet. Wenn man Versailles, die Bastille, Vincennes, Marli, Bicètre und so weiter mitzählt, kommt man auf neunhundert, nicht gerechnet die Klöster, die als Speicher für die kleinen Lustbarkeiten des Königs dienen. Es gibt eine sehr große Anzahl, in denen man beträchtliche Niederlagen von verkauftem und geopfertem Menschenfleisch findet.

Die Prinzen von Geblüt haben vom König die Erlaubnis erhalten, sich in nichts hineinzumischen, und die Freiheit, von seinen Beratungen fernbleiben zu dürfen.

Der König, der des Rates des Herrn Maupeou nicht mehr bedurfte, hat sich seiner entledigt – zum Vorteil der Allgemeinheit, die in Zukunft gegen ihren Willen durch die Kreaturen des Hofes oder die ihrem Stande ungetreuen Beamten gerichtet werden wird.

Man schafft gerade eine neue Kammer unter dem Namen »Gewissenskammer«, an deren Spitze der Marschall de Richelieu sowie der Herzog d'Aiguillon stehen werden. Diese Kammer ist zur Kontrolle des Vermögens der Finanzleute bestimmt, die der Abbé Terray nicht geschröpft hat.

Die Kammern von Toulouse, Bordeaux und Rouen haben sich gelobt, sich niemals zu vereinigen, nicht einmal durch Geheimbriefe, die (nach ihrer Meinung) nur eine entehrende Gnade sein und dazu dienen sollen, diejenigen durch die Verbannung oder das Gefängnis den Gesetzen zu entziehen, die man hatte schonen wollen. Sie machen sich auf die höhere Gewalt gefaßt, aber sie werden ihre Meinung um keinen Preis ändern. Das bringt den Kanzler und seine Kreaturen sehr in Verlegenheit, da es viel eher in seinem Interesse liegt, nach und nach Minen auszulegen, als eine Revolution anzustiften, der sie mit Bestimmtheit zum Opfer fallen würden.

Es ist ein Brief in Umlauf, von dem man annimmt, daß ihn der Adel an die Prinzen von Geblüt gerichtet hat. In ihm wird von der Verwaltung und den Pflichten des Herrschers in sehr starken Ausdrücken gesprochen. Der Bürgerstand streitet indessen dem Adel die Ehre ab, ihn verfaßt zu haben; man glaubt, Herr d'Alembert habe ihn verfaßt, der ebenso gut schreibt, als wenn er Edelmann wäre.

Der König, der schon verschiedene Male nahe daran war, dem Abbé Terray das Portefeuille zu entziehen (dabei hat dieser doch nur die Kunst des Fischens im trüben vervollkommnet), ließ es soeben Herrn Foulon anbieten, der sehr geeignet sein soll, das Königreich zu schröpfen.

Der Kanzler unterdrückt die Käuflichkeit der Ämter und ersetzt sie durch die der Benefizien nach Übereinkunft mit dem Papst Ganganelli, der dem König in aller Ruhe von den Gütern der Kirche zu zehren erlaubt, wenn der Vatikan zur Hälfte beteiligt wird.

Jean Michel Moreau: Das Treffen

Alle Tage schieben sich Drohbriefe unter die Serviette des Königs, ohne daß man weiß wie. Man hat mehrere Personen verhaftet, die man bei dieser Gelegenheit in Eisen gelegt hat. Der König soll über diese Art von Widersetzlichkeit viel mehr bestürzt sein als über die seiner Parlamente. Vor einigen Tagen hat man auf diese Weise eine auf beiden Seiten mit dicker Schrift beschriebene Karte gefunden, die mit einer sehr außergewöhnlichen Drohung endigte: man kündigte dem König an, wenn er nicht aufpasse bei dem, was er täte, so würde man ihn nach Saint Lazare [das alte Pariser Gefängnis] stecken und seine Mätresse ins Hospital. Der Chef der Polizei hat sich die allergrößte Mühe gegeben, um den Urheber zu entdecken, aber ohne Erfolg.

Vor Ablauf des Monats wird man mit dem Bau eines neuen Gefängnisses in der Ebene der Sablons beginnen. Dieses ist zur Entlastung der Pariser Gefängnisse dringend nötig. Man wollte mit den Unternehmern des Vauxhall, der Champs Elysées verhandeln, aber ihre Räume haben sich als zu dunkel und zu schlecht verteilt herausgestellt.

Allnächtlich veranstalten die kurzröckigen Jesuitenfreunde Versammlungen, zu deren Zahl alles gehört, was gegen Choiseul in Frankreich ist. Man fürchtet sehr, daß die Rückkehr der Gesellschaft bevorsteht, da Mme Dubarry es mit den Dissidenten hält, deren Neigungen sie nach Behauptung böser Zungen haben soll.

Die Herren vom neuen Parlament, die den Auftrag erhalten haben, gegen alle, die schlecht von der Verwaltung sprächen, das Verfahren einzuleiten, haben sich nach Versailles begeben, wo sie Seiner Majestät vorgehalten haben, daß sie gezwungen sein würden, die gute Stadt Paris ganz und gar mit Mauern zu umgeben, wenn sie die Verbreitung von Klagen und Schmähschriften verhindern wolle usw. Diese Meinung hat den Beifall des Rates und besonders des Herzogs de la Vrillière gefunden, der den König um die Kastellanstelle in diesem neuen Gefängnis gebeten hat. Nächstens wird es eine allgemeine Beförderung zu Gefängniswärtern geben. Die Keller des Observatoriums und die Steinbrüche von Saint Marcel sind als Kerker vorgesehen.

Man versichert, daß Herr von Choiseul sich noch nicht eine Viertelstunde in Chanteloup gelangweilt hat, da seine Gegner so viele Dummheiten gemacht haben, daß er seit seiner Ankunft aus dem Lachen nicht herausgekommen ist. Der Abbé de la Ville und alle Bürovorsteher aus dem Departement des Herrn von Choiseul haben ihn seit seiner Verbannung schon mehrere Male aufsuchen müssen, um lesen zu lernen.

Man hat an mehreren Stellen das Urteil des Pariser Parlaments angeschlagen, das einen Preis auf den Kopf des Kardinals Mazarin bot, dessen Namen man jedoch durch den Maupeous ersetzte; man hat die von Boissi vorgeschlagene Einteilung der Summe hinzugefügt: soundso viel für das einzelne Glied, für das Ohr beispielsweise, und so weiter. Das gleiche ist nach demselben Tarif für die Herren d'Aiguillon und de la Vrillière geschehen.

Der Kanzler, der sich die Vergebung des Vatikans für alle noch zu begehenden Sünden warmhalten will, hat dem Papst Avignon zurückerstatten lassen. Dieser schickt ihm zum Dank Ablaß und geweihte Wachslämmchen für alle diejenigen Herren, die sich ihren Glauben an solche Art Heiligtümer bewahrt haben. Der Graf de Noailles hat eins für sich bestellt; die Herzöge de la Vauguyon, de Bouillon und de Richelieu ebenso wie viele Leute von Bedeutung sind durch diese päpstliche Würde ausgezeichnet worden. Sie ist bis in die unteren Schichten gedrungen durch ein Monopol [hier: spekulativer Aufkauf] der Kanzleilakaien, die eine Kiste davon an ihren Freund, den Marquis de Villette, abgetreten haben.

Der Herzog d'Harcourt hat den König, der ihm auftragen wollte, das Parlament von Rouen zur Vernunft zu bringen, gebeten, über sein Herz und seine Hand in allem, was zu seinem Dienst gehört, zu verfügen, aber ihn von der Aufgabe, seinem Volk Schlechtes zu tun, zu entbinden. Der Herzog de Fitzjames (der sich von seinem in Toulouse erlittenen Schreck wieder erholt hat) hat sich an seiner Stelle erbötig gemacht und wird mit den Blitzen des Hofes abreisen, sobald der Kanzler den Augenblick, sie zu schleudern, für gekommen hält.

Der Marschall von Richelieu hat den König davon überzeugt, daß eine französische Militärkontribution [-steuer] die mildeste und billigste Art sein wird, seine Revenüen [Einkünfte] zu heben. Der Generalkontrolleur soll mit den Richtern zusammen ermitteln, wie man dabei vorzugehen hat. Der Marschall, der im letzten Kriege die Gelderhebung im Kurfürstentum Hannover besorgt hat, erbietet sich, die

Unternehmungen des ersten Feldzuges zu leiten. Man wird dem Könige 60 000 Mann lassen, die bisher durch die Pachten beschäftigt waren (durch dieses Mittel wird er sie viel nützlicher verwenden können), und man wird ihm noch einmal soviel Geld, als er jetzt erhält, verschaffen, ohne Verwüstungen in der Verpachtung anzurichten.

Die Prinzen und Pairs haben sich gegenseitig feierlich gelobt, niemals einen Sitz im königlichen Justizamt anzunehmen, das der Kanzler soeben unter dem Namen »Parlament von Paris« eingerichtet hat.

Es sollen vier Mann pro Kompanie sämtlicher Truppen Frankreichs ausgewählt werden zur Bildung eines Janitscharenkorps, dessen erster Aga der Graf Dubarry sein wird. Das Korps ist bestimmt, die Befehle des Königs in alle Provinzen des Königreiches zu tragen; die »Stummen« zu begleiten, wenn sie mit geheimen Aufträgen betraut sind, und unter Umständen mit Bajonettstößen die zu bezeichnen, deren Träger sie sein werden. Man glaubt, daß dieses Verfahren, das unter Ludwig XIV. manchen bekehrt hat, unter der Regierung seines Enkels auch nicht ohne Erfolg bleiben wird. Man druckt wieder die Geschichte der »Dragonaden« zur Instruktion dieses neuen Korps, in das alle die befördert werden sollen, die sich durch aufsehenerregende Taten auszeichnen. Außer mit den gewöhnlichen Infanteriewaffen wird dieser Truppenteil mit Taschenpistolen und Dolchen ausgerüstet werden.

Ein alter unzufriedener Offizier ist in die Bastille gesteckt worden, weil er vertraulich in einem Café gesagt hatte, der König würde gezwungen werden, nachzugeben, der Kanzler, sich aufzuhängen, und der Herzog d'Aiguillon, Gift zu nehmen.

Es bestätigt sich, daß der Herzog de Praslin sich beim Nägelknabbern in den Finger gebissen und hierauf einen Anfall von Tollwut bekommen hat, der ihn innerhalb 24 Stunden von dieser Erde hinwegnahm.

Als Herr de Monteynard dem Könige die Abgeordneten der Insel Korsika vorstellte, verlangten diese von Seiner Majestät die Erlaubnis, alljährlich vier Genueser hängen zu dürfen. Dies ist ihnen durch Ratsbeschluß zugestanden worden.

Die Korsen haben dem Papst zwölf französische Offiziere geschenkt, die sie vorher für den Dienst in seiner Kapelle geeignet gemacht haben.

Am zehnten vergangenen Monats wurde das neue Parlament im Palast eröffnet unter den Zurufen des Grafen de la Marche, vierer von sechs Modistinnen ausgehaltener Herzöge und von vierzig ins Vertrauen gezogenen Lakaien, die auf Bezahlung schreien mußten: Es lebe der König!

Der Herr Kanzler hat Netze an seinem Wagen anbringen lassen, um den Folgen der Dankbarkeit des Volkes zu entgehen, das ihn mit Segenswünschen und Pflastersteinen überschüttet.

Der König brauchte zur Fußwaschung am Gründonnerstag zwölf junge Bettler; man hat mit Vorliebe die Kinder von zwölf Offizieren genommen, denen man, zum Dank für die Dienste, die ihre Väter dem Staate erwiesen haben, das Doppelte der gewöhnlich bei dieser Zeremonie verteilten Summe gegeben hat. Diese Freigebigkeit ist das Werk des Herrn de Maupeou, der nichts versäumt, um sich die Wertschätzung des Militärs zu verschaffen.

Man hat eine geheime Verbindung zwischen dem Kanzler, dem Herzog de la Vrillière und dem Herzog d'Aiguillon entdeckt, die sich gegen alle Untertanen des Königs richtet, die mehr Verstand und Redlichkeit besitzen als sie selbst; man versichert auf Ehre, daß diese Verbindung gegen das ganze Königreich gerichtet ist.

Man hat dem ersten Türsteher des alten Parlaments den Platz des ersten Präsidenten im neuen angeboten. Er hat ihn abgelehnt.

Der Kanzler und der Herzog d'Aiguillon haben den König derart umgarnt, daß sie ihm nichts gelassen haben als die Erlaubnis, mit seiner Mätresse zu schlafen, seine Hunde zu streicheln und Heiratskontrakte zu unterzeichnen.

Die Dirnen von Paris haben Mme Dubarry so mit Bittschriften gegen den Polizeichef überhäuft, daß es ihm jetzt tatsächlich verboten worden ist, den Fuß in ein Bordell zu setzen.

Herr de Sartines, dessen Aufgabe es ist, für die Beleuchtung, Sicherheit und Reinlichkeit von Paris zu sorgen, hat soeben nach der Aufstellung von Straßenlaternen und der Verstärkung der Nachtwachen eine dritte für die Einwohner sehr nützliche Einrichtung geschaffen: er hat Aborte an allen Straßenecken aufstellen lassen. Diese Neuerung wird die Geld- und Prügelstrafen verhüten, denen man in allen Sackgassen und bei den wohlhabenden Leuten ausgesetzt ist, die unmenschlich genug sind, der Bevölkerung einem königlichen Erlaß zufolge zu verbieten, ihre natürlichen Bedürfnisse zu verrichten. Die Schuhputzer, die häufig die Nützlichkeit dieser Aborte erfahren, erheben den hilfreichen Magistrat mit ihren Lobpreisungen bis in den Himmel.

Da der Kanzler sah, daß die früheren Advokaten und Anwälte am Pariser Gericht ihre Tätigkeit nicht wiederaufnehmen wollten, hat er neue eingesetzt und ihnen den Tod durch den Strang in Aussicht gestellt, wenn sie die Bevölkerung nicht bestehlen würden.

Die Trottel, die der Kanzler unter dem ehrenwerten Namen »Parlamentsmitglieder« herangezogen hat, hat er feierlich schwören lassen, niemals zu sehen noch zu hören, was der König will. Er hat ihnen in zwei mit Sophismen gespickten Reden zu verstehen gegeben, daß es, wenn der Fürst ihre Vorschläge nicht lesen würde, genügte, wenn sie sie einreichten, um ihre Pflicht zu erfüllen. Ferner müßten die Beamten die vorgesetzte Behörde beim Rechtsprechen befragen, und der Herrscher brauche sich an das Recht nur zu halten, wenn es in seinem Interesse liege und ihm Spaß mache. Er schloß damit, daß alle diese Absurditäten im Herzen der neuen Parlamentarier schon eingegraben sind und daß sie ihr Schweigen und ihre Blindheit zum Wohle des Volkes für immer bewahren müßten.

Der Punsch ist in den lauschigen Gemächern von Versailles so in Mode, daß ihn weder der Burgunder noch der Champagner noch die besten Weine der Welt verdrängen können. Man versichert, daß vier Personen, die sich der allergrößten Schätzung erfreuen, vier Gallonen täglich vertilgen. Manchmal läßt man bei diesem Getränk aus besonderer Gnade Champagner zu, aber sehr selten. Dieselbe Dame, die den Punsch in Mode gebracht hat, hat gleichzeitig die hölzernen Tischtücher und die Pfeifen eingeführt. Man erwartet augenblicklich ein wenig Politik, die dem Rat sehr notwendig erscheint. Man hat sich aus London von einem der Teilhaber der Robinhood-Taverne einen Redner und zwei Meister im Räsonieren verschrieben, die den Staatsbeamten Stunden geben können.

Nachdem die Marschälle von Frankreich erklärt hatten, daß zu ihrem Gerichtshof in Zukunft nur Ehrenmänner zugelassen würden, haben sich bei Prüfung des Hochadels nur drei Pairs mit Zulassungsberechtigung gefunden.

Es erscheint ein Edikt vom letzten 25. April, das die Schöpfung einer neuen Steuer auf alle Vestalinnen von Paris in sich trägt; mittels dieser Taxe, die zwei Sol pro Pfund betragen soll, werden sie von den Beamten des Viertels nicht mehr übersteuert werden und werden direkt mit dem Marschall von Richelieu zu verhandeln haben, der mit der Generalaufsicht betraut worden ist.

Mme la Comtesse Dubarry hat soeben einen neuen Orden geschaffen, der sich Saint Nicolas nennen wird; die Bedingungen für Frauen sind äußerst rigoros; man muß mit mindestens zehn verschiedenen Personen gelebt haben und beweisen, daß man dreimal in Quarantäne gewesen ist, um zugelassen zu werden. Die Männer werden damit wegkommen, der Komtesse selbst Beweise zu liefern, da sie sich die Oberhoheit reserviert. Die Abzeichen des Ordens sind eine auf die Brust gestickte Gurke mit zwei stark markierten Auswüchsen. Obschon Mme Dubarry versichert, daß sie nur die zu Rittern ernennen werde, die sie für gut befunden hat, so glaubt man dennoch, daß dieser Orden zahlreicher sein wird als der des heiligen Louis.

Jean Michel Moreau: Eingeständnis der Schwangerschaft

In Frankreich erstickt, erhängt und erschießt man sich mehr denn je. Dies sind Freundschaftsdienste, die man sich gegenseitig in den Straßen ebenso wie auf den Chausseen des Königreichs leistet, von denen behauptet wird, daß sie von Briganten recht belebt werden, seit ihre Chefs im Amte sind.

M. le Duc de Villeroi, der von der vernichtenden Waffe des Gatten seiner Mätresse bedroht worden war, hat, um in Zukunft ohne Unruhe ihrer genießen zu dürfen, diesen Unglücklichen nach den Inseln von Sainte-Marguérite bringen lassen, wo er ihm einen lebenslänglichen Wohnort gesichert hat.

Es ist all den Barrierebeamten von neuem ausdrücklich befohlen worden, ein Eindringen der Syphilis zu verhindern, und sei es in einer Karosse und in der Person einer Herzogin. Andererseits haben die Polizeioffiziere Order, überall mit Chirurgen einzutreten und alle, die im Verdacht stehen, sie bei sich zu verstecken, aus der Hauptstadt zu vertreiben. Wenn der Befehl des Königs mit Strenge durchgeführt wird, wird Paris, so glaubt man, gar bald einer Wüste gleichen.

Als der König über seine Finanznöte mit dem Marschall de Biron sprach, sicherte ihm der Marschall drei Millionen ohne irgendwelche Kosten in einem einzigen Tage und den Applaus des Volkes zu, das ihm in hellen Haufen sein Geld anbringen würde. Der König, der das Geheimnis sehr wichtig fand, wünschte es zu erfahren und vernahm mit großem Erstaunen, daß es sich nur darum handeln würde, einen Pfahl inmitten der Sabloner Ebene zu errichten, daran den Kanzler aufzuhängen und von einem jeden Zuschauer einen Taler zu verlangen. Der Marschall versicherte dem König, daß die Einnahme fast drei Millionen betragen würde.

Durch einen Haftbefehl des Gerichtes zu Rouen war der Duc d'Aiguillon dazu verurteilt worden, einen Kopf kürzer gemacht zu werden, und der Duc de la Vrillière, eine Hand abgehackt zu bekommen. Der Duc d'Aiguillon empfand in einem Traum, in dem er vermeinte, hingerichtet zu werden, so tödliche Angst, daß ihm davon eine unheilbare Gelbsucht zurückblieb; der Duc de la Vrillière ist, um seinem Schicksal zuvorzukommen, mutig genug gewesen, sich bei der Jagd die Hand abzuschießen.

Heutzutage ist es durch militärische Verfügungen untersagt, einen Obersten in Frankreich zu empfangen, wenn er nicht rote Absätze trägt, eine Mätresse in der Oper, ein englisches Gespann und 100 000 Dukaten Schulden hat. Findet man zwei Konkurrierende, von denen der eine die Allemande zu tanzen weiß, so ist er der Erkorene.

Der Scharfrichter von Paris ist zu Bicêtre dafür eingesperrt worden, einem vom neuen Parlament gemachten Gefangenen seine Dienste unter dem Vorwand verweigert zu haben, daß er seinen alten Kameraden nichts antun dürfte, ohne seine eigne Ehre zu verletzen. Sein Zartgefühl, sagt man, hat die Richter zum Lachen gebracht, anstatt sie erröten zu lassen.

Man versichert, der Kanzler behandele die Frauen nicht so, daß er sie lange an sich fesseln wird, da man ihn mit Jesuiten überrascht hat, zu denen er laut Anklage skandalöse Beziehungen unterhalten haben soll. Der Polizeivorsteher von Paris hat ihm ins Gesicht gesagt, daß er im Laufe von drei Tagen mit fünf Mitgliedern dieser Gesellschaft unlautere Dinge getrieben habe.

Wenn der Kanzler sich keine Kugel in den Kopf schießt oder unterwegs aufgehängt wird, wird er viel mehr erreichen als der Kardinal de Richelieu, dessen Prinzipien er sich alle zu eigen gemacht hat. Er ist falscher und gewandter als dieser Minister und gleicht ihm mindestens an Wagemut.

Es geht das Gerücht, der junge Graf Dubarry sei deshalb in Pierre-Encise [ehem. Festung von Lyon], weil er der Komtesse gleichen Namens gewisse kleine Zweifel über ihren Gesundheitszustand gemacht habe, wie sie sie gleichfalls dem König im Vertrauen mitgeteilt hat. Jeden Tag begibt sich eine Deputation der Fakultät nach Bicêtre, um an Unglücklichen, die in derselben Lage sind, Versuche zu machen. Ein Erlaß des neuen Gerichts gestattet den Deputierten, ihre Versuche selbst bis zum Sterbefalle auszudehnen.

Die königliche Familie, die gestern Mme Louise bei den Karmeliterinnen zu Saint-Denis, wo sie Nonne ist, besucht hat, empfing vom Nuntius die Erlaubnis, sich gemeinsam geißeln zu dürfen. Diese Gunst, die nur gekrönten Häuptern gewährt wird, ist gleichfalls sechs vom König bestimmten Grandseigneurs erteilt worden, die manche Sünden zu büßen haben. Der Graf de Noailles hat um die Erlaubnis ersucht, als Amateur zugelassen zu werden und sich von einem seiner vertrauten Diener die Züchtigung zuteilen zu lassen.

Da der Graf de Provence vor seiner Heirat die Erlaubnis erhalten hatte, seine Übungen zu beginnen, machte er seinen ersten Versuch im Hirschpark * in Gegenwart des königlichen Bevollmächtigten, Marschall de Richelieu, des Gesandten von Sardinien und des Sachverständigen Herrn Tronchin. Nachdem dieser letztere dem Rat seinen Bericht erstattet hat, wurde der Prinz für mannbar erklärt und erhielt in dieser Eigenschaft die Erlaubnis, seine Lektionen bis zur Ankunft der Prinzessin fortzusetzen, die ihn dann in allen Feinheiten des Ritus, in den man ihn eingeweiht hatte, wohlversiert fand. Diese Versuche haben die Preise für Jungfrauen ins Unerschwingliche getrieben, da der Marschall von Richelieu und der Kanzler ein den jungen Prinzen bestimmtes Warenlager eingerichtet hatten, worauf sich der Großvater nicht die Mühe hat nehmen lassen, sie für den Jungen vorzubereiten, dem er Erleichterung zu verschaffen und gleichzeitig der ersten Anstrengungen zu beheben wünschte.

Der Kanzler hat den Prinzen Conti um eine Audienz ersuchen lassen, und der Prinz hat ihm sagen lassen, daß er ihn nur beim Scharfrichter zu sehen wünsche.

Man hat verbreitet, daß die Marquise de Langeac, die Baronin de New-N . . ., Madame de St . . d, die Prinzessin von Anhalt und ihre Tochter die Ehre gehabt haben, ebenso wie die Marquise de Trembl . . . am Auferstehungstage durch Mme Gourdan der Mme Dubarry vorgestellt worden zu sein.

Longchamp ** war dies Jahr glanzvoller denn je. Mme la Comtesse Dubarry erschien in einer süperben, mit acht weißen Pferden bespannten Kalesche, mit Madame de St . . D . . und ihrer ehemaligen Rivalin Dorothée; der Herzog de Sèvres diente ihr als Kutscher, der Herzog de Luynes als Kurier, ihr Postillon war der Herzog von Chevreuse mit einer englischen Mütze und einer an allen Nähten galonierten [betreßten] kurzen Jacke; als Lakaien fungierten der Graf von Egmont, M. de l'Espinasse und Graf Deck, im Verein mit den zwei Haiducken des Prinzen Louis und dem Neger des Herzogs von Chartres; zwölf Stallknechte ritten der Kalesche voran und folgten ihr; sie waren aus Rücksicht auf den Herzog d'Aiguillon, der zu ihnen gehörte, maskiert.

Mlle Romans soll Herrn von Croismare, den Gouverneur der Militärschule, ehelichen, der aus seiner ersten Klasse sechs Adjutanten aussuchen will, die den ehelichen Dienst an seiner Stelle erfüllen sollen.

Man behauptet, der Pfarrer von Saint-Eustache sei in flagranti mit der Oberin des Wohltätigkeitsvereins seiner Gemeinde ertappt worden; was den beiden sehr zur Ehre gereichen sollte, wenn man bedenkt, daß sie beide achtzigjährig sind.

Als der Herzog von Vauguyon dem Erzbischof von Paris einen Brief geschrieben hatte, in dem er ihm mitteilte, daß er kommunizieren wolle und um seinen Segen bitte, äußerte Mme de Tessé, die in der Gesellschaft durch ihren scharfen Witz berühmt ist, daß Gott sich recht viel Ehre erweisen würde, wenn er sich enthalten könne, in den Leib dieses Heiligen einzugehen.

Als des Königs Beichtiger in Ungnade fiel, da man ihn mit den Pagen scherzend fand, hat man einen Bewerb um die Stelle eröffnet, die demjenigen Geistlichen zuerteilt werden soll, der am wenigsten auf Gewissen Wert legt. Der Erzbischof von Rouen wurde vorgeschlagen, da er aber lange Zeit in skandalösen Beziehungen zu einem seiner Großvikare gestanden hat, ist er verworfen worden; die Herren Kardinäle de Gèvres und de Luynes sind seitdem dazu bestimmt worden, den Dienst semesterweise auszufüllen. Da jedoch der eine nicht lesen kann und der andere noch nicht seine Ohrfeige abgewaschen hat, ist man der Entscheidung seiner Majestät ungewiß.

* Eine Art Privatbordell und Pflanzstätte für entsprechenden weiblichen Nachwuchs des Königs Ludwig XV.
** (Course de L.) Promenade in den Champs-Elysées, auf der sich, namentlich in der Karwoche, alles zeigte, was tonangebend war für die jeweiligen Frühjahrsmoden.

Als sich die gesamte Universität von Paris nach Versailles begeben hatte, um Vorhaltungen über die schlechten Zeiten zu machen, hat der Rektor, der ein von Wissen strotzender Mann ist, den König bei seinem Vortrag an all die Katastrophen erinnert, die den Revolutionen in der alten sowohl wie der neuen Geschichte gefolgt sind. Er hat die Gelehrsamkeit so weit getrieben, vierzig Könige zu nennen, die von ihren Günstlingen geblendet oder ins Unglück gestürzt worden sind, usw. usw. Dieser beredte Vortrag, der in drei Teile gegliedert war und hundert Unterabteilungen hatte, hat damit geendet, daß der Rektor Tränen vergossen und der König sich ein heftiges Kopfweh zugezogen hat; doch hat er, der Nation zum Glück, in seinen Privatgemächern soupiert, die er verlassen hat, um in Ruhe diese Abkanzlung zu verdauen. Der Kanzler hat die ganze Deputation auspeitschen lassen, damit sie recht oft wiederkehre.

Vor einiger Zeit hat man in einer Boulevardecke einen umgestürzten Wagen gefunden, der mit Fässern beladen war, die eins über dem anderen lagen; an der Deichsel hingen drei charakteristisch gekleidete Puppen: die eine als Abbé, die andere im Talar, die dritte im herzoglichen Mantel.

In derselben Nacht fand man das Reiterstandbild eines unserer Könige ganz mit Kot besudelt, der aus einem Faß gestürzt war, das man bis zu den Schultern über ihn gestülpt hatte.

Des Königs Anhänglichkeit an Madame Dubarry verdankt sie den außerordentlichen Anstrengungen, zu denen sie ihn mittels eines internen Ambrabades zwingt, mit dem sie sich täglich parfümiert. Man behauptet außerdem, daß sie auch ein anderes Geheimmittel anwende, das man in guter Gesellschaft noch nicht gebraucht.

Die französische Nation ist heutzutage so schlecht konstituiert, daß robuste Leute unerschwinglich sind. Man versichert, daß ein in Paris neuangekommener Lakai von den Frauen, die sich seiner bedienen, ebenso teuer bezahlt wird wie in England ein Rassepferd. Wenn dies System Verbreitung findet, werden ein oder zwei Generationen zur Auffrischung genügen.

Seit einiger Zeit erscheint ein Verbot des Priapismus vom Bischof de Saint-Brieux, der seit seinem Abenteuer noch nicht von dieser Krankheit geheilt ist. Das erstaunlichste daran ist, daß er dies einem Schrecken verdankt.

Die Fruchtbarkeit hat sich ins Kloster der Filles de la Conception eingeschlichen; dort hat der heilige Geist in einer Nacht zehn Wunder vollbracht.

Um den Inzesten, die der Klerus in Frankreich begeht, zuvorzukommen, wird es in Zukunft den Priestern erlaubt sein, Frauen zu nehmen, damit sie sich nicht ihrer Schwestern zu bedienen brauchen.

Da der Prince de Clermont vermeinte, sein Gewissen spräche in dem Handel mit, der zwischen ihm und Mlle Leduc (die Marquise geworden ist) abgeschlossen wurde, hat er plötzlich seine Besuche bei ihr eingestellt, um sich einem fünfzehnjährigen Mädchen zu attachieren, die sein Almosenier ihm verschafft hat, weil dieser gute Priester dachte, daß in Gottes Augen die größten Vergehen die Gewohnheitssünden seien.

Der Herr Keiser hat die falschen Zähne in Frankreich so in Mode gebracht, daß die Überzahl der Hofdamen sich durch ihn welche verschafft hat, um die natürlichen, die er ihnen zum Ausfallen bringt, zu ersetzen.

Bei der Komtesse Dubarry wird oft Komödie gespielt; man versichert, der Kanzler sei ein so guter Schauspieler, daß er alle erdenklichen Rollen übernimmt.

Prinz Louis de Rohan ist in einem Freudenhaus vom Kommissar Formey und zwei Polizisten überrascht worden, die ihn ohne Rücksicht auf seinen Stand das bei solchen Anlässen übliche Formular haben unterschreiben lassen: »Ich gebe zu, mit einer gewissen Rosalie, Freudenmädchen, bis zur vollkommenen Auflösung verkehrt zu haben und zeichne im Bewußtsein dessen . . .«

Jean Michel Moreau: Haben Sie keine Furcht, liebe Freundin!

Englische Moden werden heutzutage so allgemein in Paris akzeptiert, daß alle Agréables [»Angenehme«, Gesellschaftsläufer] ihre Morgenvisiten in englischer Kleidung, die sie »Fracs à la roast-beef« nennen, abstatten. Ohne ihre Spitzen, ihre roten Stöckel, ihre fleischfarbenen Handschuhe und den rostroten Puder wäre die Ähnlichkeit vollkommen.

Die Frau Marschallin de Mirepoix, die der Gräfin Dubarry drei Jahre gut gedient, ist unwiderruflich in Ungnade gefallen, weil sie ihre Zärtlichkeit zwischen ihr und einer anderen Schülerin teilen wollte, die sie heimlich im Hirschpark vorgestellt hat.

Die vier anständigsten Häuser von Paris sind nach denen der Damen Gourdan und

Brissault die der Damen Prinzessin von Anhalt, der Gräfin von Auxonne, der Madame de la Fournerie und der Madame de Rochechouart. Alle Fremden werden hier mit offenen Armen empfangen. Man sagt, die Gräfin de Nancrey, Madame de Buff... und die Damen Hardwi... fügen dieser liebenswürdigen Aufnahme noch »souperscouchers« [»Audienzen« zum Abendessen] hinzu, die den Unglücklichen recht tröstlich sind.

Die Tochter des Herzogs de Fleurus ist soeben bei den schwarzen Musketieren eingetreten, wo sie vom Marquis de la Rivière, dem Fahnenträger dieser Kompanie, empfangen worden ist, der angesichts der Kirche die Erlaubnis erhalten hat, ihr Kinder zu machen.

Da der König anfängt, den Kalender zu machen, hat Madame Dubarry zu seinen Stellvertretern den Grafen de Lugeac und den jungen Marquis de Chabrillant erwählt, dessen Talente sie vor ihrer Rangerhöhung gekannt hat; dies behauptet auch der Marquis selber.

Der Marquis de Maillebois hat sich, nachdem er sich erst beschneiden ließ, nach der Türkei begeben, um die dortige Armee zu befehligen; dem König und dem Tribunal hat er vernichtende Briefe geschrieben. Sein Serail wird aus zwölf Frauen bestehen, die ihrerseits eine jede zwölf Frauen zu ihrer Bedienung, zum nächtlichen Dessert dieses neuen Mohammedaners mitführen werden; der Marquis nimmt als Obereunuchen den Präsidenten von Périgny mit sich, der deshalb soeben von Keiser operiert worden ist.

Mme Dubarry hat Herrn von Bussy-Rabutin schon zwei- oder dreimal um seinen berühmten Diamanten, den sie sehr begehrt, bitten lassen; doch hat sie sich auf seine Weigerung hin, ihn zu verkaufen, und seine geringe Neigung, ihn ihr zu schenken, entschlossen, sich des neuen Gerichtshofes und des Dezembererlasses zu bedienen, um ihn zu ihrem eigenen Nutzen konfiszieren zu lassen.

Beim Bal paré [Großer Ball, in Galatoilette] zu Versailles war gelegentlich der Hochzeit des Grafen von Provence so gute Gesellschaft vereinigt, daß der Prinz von Soubise seiner Börse und andere Personen ihrer Uhren beraubt worden sind.

Herr Baumartin, Intendant zu Lille, hat soeben von Seiner Majestät die Erlaubnis erhalten, den großen Orden des heiligen Ludwig zu tragen, um in höherer Gnade zu stehen, wenn er sich zu den Freudenmädchen begibt, was oft bei ihm vorkommt, obgleich er sich eine ständige Mätresse hält.

Der Abbé Messier hat am 1. April dieses Jahres das Fegefeuer entdeckt; ganz Paris hat sich nach dem Observatorium begeben, um sich von dieser Entdeckung zu überzeugen, die der Sorbonne zur Basierung ihrer Argumente und dem Klerus zu seiner Erhebung sehr nützlich ist.

M. de Valdahon, Musketär, hat soeben vom Gericht zu Metz die Erlaubnis erhalten, mit Mademoiselle Lemon... zu schlafen, seinem Vater zum Trotz, der verurteilt worden ist, 60 000 Pfund Kerzen zu bezahlen, um die Zeremonie zu beleuchten.

In Paris ist eine Truppe in der Kunst zu fegen sehr gewandter Savoyarden angekommen; die Damen des Hofes haben sich vorgenommen, ihren Nutzen daraus zu ziehen, um alte Krusten, die die Schwäche französischer Schornsteinfeger in ihren Kaminen gelassen hat, entfernen zu lassen.

Man hat einen Kartäuser entdeckt, der jede Nacht aus seinem Kloster entwich, um die Oberin und die Oberlehrerin der Novizen zu Port-Royal zu bedienen. Eine Nonne, die es nicht gewohnt war, bedient zu werden, hat, als sie ihn erblickte, einen Schrei ausgestoßen, die ihre Gefährtinnen herbeigelockt hat, mit denen sie am nächsten Morgen am Gitter allen Leuten davon erzählte.

Der Marquis de Soyecourt, dem der König nicht das Recht gelassen hatte, die Kaninchen zu töten, die seinen Park in Maisons abgrasen, steht in Verkaufsverhandlungen wegen dieses süperben Schlosses mit Mme Dubarry, die auf der Jagd zufällig gestürzt ist, die die Hunde, die ein Stinktier verfolgten, von dessen Fährte durch den Marquis, der in seinen Avenuen spazierenging, abgeleitet wurden.

Als man das Grab des Geschlechts der Matignon öffnete, hat man einen Kiefer gefunden, der den Fürsten von Monaco und die bei diesem Anlaß konsultierte Fakultät arg verwirrt; er gleicht so außerordentlich einer Eselskinnbacke, daß man ihn dafür halten könnte, wüßte man nicht mit Sicherheit, daß nur Angehörige dieses Hauses in dem Grab beerdigt worden sind.

In Paris zählt man mehr als zweitausend ausgehaltene Frauen und Mädchen, die Einfluß genug haben, um ihre Väter, ihre Brüder und ihre Gatten einsperren lassen zu können. Der Herzog de la Vrillière paraphierte [unterschrieb] selbst ehemals die Hafturkunden dieser Unglücklichen, doch sind es heute seine Sekretäre, die sie gemeinsam mit einem Chevalier ausfertigen.

Man vernimmt, daß die Schultern des Herzogs de Villeroi sich mit dem Stock des Herzogs de Fronsac ohne die Einmischung der Marschälle von Frankreich versöhnt haben.

Der Hof von Frankreich hat, ermutigt durch das gute Gelingen des vorjährigen Feuerwerks, ein anderes zu Versailles veranstaltet, das glücklicherweise kein Menschenleben gekostet hat, obschon man 100 000mal entladen hat und 10 000 Menschen zu Versailles waren, die der Überfluß an Lebensmitteln veranlaßte, sich ohne Abendbrot schlafen zu legen.

Der Marschall von Richelieu hat den Preis des Elyséerennens gewonnen, indem er vor dem Prinzen von Conti floh, der ihn mit erhobenem Stock bis zu seiner Karosse verfolgt hat.

Man behauptet, »Conseil supérieur« [»höherer Rat(schluß)«] bedeute in gutem Französisch »Assemblée mercenaire de gens vendus« [»gekaufte Versammlung der Bestochenen«], die immer dem Fürsten zu Willen handeln, wenn man es von ihnen fordert.

Man hat bemerkt, daß die V... M... von vier Prostituierten abstammt, daß Katharina I. eine Soldatenfrau war und die Gräfin Dubarry die Tochter eines Dienstmädchens und eines Mönches ist.

Ein monarchischer Staat ist dem Kanzler de Maupeou zufolge ein Staat, in dem der Fürst das Recht über Tod und Leben aller seiner Untertanen hat, wo er Besitzer alles Vermögens in seinem Reiche ist, wo Ehre auf arbiträren [obrigkeitlich-willkürlichen] Prinzipien fundiert ist, ebenso wie Rechtlichkeit, die immer den Befehlen des Souveräns gehorchen muß.

Die Pairie war ehemals in Frankreich eine Würde, die nicht die leiseste Verunreinigung zuließ. Heute aber darf ein Pair vergiften, eine Provinz ruinieren, Zeugen verführen, vorausgesetzt, daß er geschickt genug ist, den Hof zu machen und gewandt zu lügen.

Der Name »Marquis« ist in Paris nicht immer wie anderswo das Zeichen einer betitelten Besitzung (die das Recht verleiht, den Namen zu tragen); in den meisten Fällen ist er die eingebildete Eigenschaft eines kleinen Edelmannes ohne Güter, der nur ein Paar Schuhe mit roten Stöckeln, zwei Hemden und einen Federbusch sein eigen nennt, worauf sein Marquisat gegründet ist.

Unter all den französischen Generaloffizieren, deren es mehr als achthundert gibt, sind nicht achtzig, die den Rang ihren Verdiensten verdanken; in allen Ländern der Erde haben die militärischen Ränge den Preis ihrer Begabung oder hervorragender Handlungen; doch gibt es in Frankreich Korps, wo diese Ränge kommen wie die weißen Haare. Man braucht nur zu warten.

Da die Mode sich in Frankreich eingebürgert hat, mit der Frau zu erröten, sind die Frauen, um sich zu rächen, übereingekommen, mit ihren Liebhabern nicht mehr zu erröten.

Wenn der Sultan einigen Opfern den Strick schickt, beginnen die Stummen zu plündern. Zwischen den türkischen Gebräuchen und den sehr christlichen Sitten besteht kein großer Unterschied.

Ein Premierminister ist ein Mann, auf den die guten und die schlechten Erfolge denselben Einfluß ausüben wie den, den er sich über die anderen Menschen anmaßt; das Schicksal zahlt ihm oft seine Ungerechtigkeit und seine Blindheit heim mit gleicher Münze.

Die Existenz eines Mannes, der sich nicht achtet, ist eine langsame Qual, die ihn zerreißt, wenn er kein Monstrum ist; man mutet dem Herzog d'Aiguillon diese Meinung zu, doch besteht man nicht darauf.

Es gibt Redlichkeitsfehler, die in der Welt keineswegs entehren; 100 000 Dukaten Schulden verhindern nicht, daß jemand empfangen werde, wenn man auch überzeugt davon ist, daß er sie niemals zurückzahlen wird; Mangel an Mut schließt ihn gewöhnlich unwiderruflich aus; nur der Marquis de Villroy bildet eine Ausnahme zu dieser Regel.

Paris ist ein tiefer Abgrund, in dem alle im Galopp ankommen und sich mit schrecklichem Getöse aufeinanderstürzen; die Schnelligkeit der Gesten ist sehr verwirrend für einen Philosophen, der genötigt ist, eine Brille zu benützen, wenn er nicht schon in dies Chaos gerollt ist; heftige Bewegungen, glänzendes Äußeres, unvernünftige Eile und extravagante Ausgelassenheit sind Sprungfedern, die er vermutet; nichts geht darüber. Hat man in diesem Wirbel gelebt, so weiß man, daß Vergnügen, Interessiertheit und Eitelkeit die großen Ressorts dieser ganzen Maschine sind; man weiß, daß Leute, die am meisten beschäftigt scheinen, gar nichts zu tun haben, daß die schnellsten Pferde gar oft von dem Händler, der sie verkauft hat, angehalten werden, daß die Stickereien, die die Liebenswürdigen tragen, Lohnarbeitern gehören, die im Gefängnis sitzen, um sie zu bezahlen. Man weiß, daß die Frauen, die am meisten ihre vornehme Gesinnung betonen, nur noch ein schwaches Erinnern ihrer vergangenen Tugend besitzen; man weiß, daß fast alle Grandseigneurs gänzlich unwissend, wenn nicht wirkliche Dummköpfe sind; daß die Abbés Schamlose und Verräter sind; endlich weiß man, daß es Leute gibt, die kurz vor ihrer Erhöhung im Schlamm gesteckt haben, und daß sie heute hoch oben auf dem Rade schweben, auf dem sie hätten angebunden sein sollen, wenn es eine Gerechtigkeit gäbe.

London ist eine Ansammlung von Kaufleuten und Philosophen, die sich sehr gut untereinander verstehen; der Philosoph bildet Systeme, wird schwindsüchtig und stirbt, ohne das häusliche Equilibrium [Gleichgewicht] seines Nachbarn zu stören, der seiner Frau Kinder macht, Roastbeef und Plumpudding verzehrt und mit einer schlechten Verdauung endet.

Dasselbe Ungeheuer, das Stricke in Konstantinopel dreht, taucht die Hemden in den Schwefel zu Lissabon, läßt die Huronen in Amerika rösten und destilliert die Cachets [Siegel, Petschaft; lettre de cachet = Verhaftsbrief, -befehl] zu Versailles.

Es gibt Frauen, deren Angriff so anständig ist, daß es nichts nutzt, sie zu insultieren [beleidigen, schimpflich behandeln]: ihre Seelengüte und die Sanftmut ihrer Sitten bewahren sie nicht vor der Achtung, die sie einflößen.

Ein unfehlbarer Erwerb in Paris für eine Frau, der ein wenig Figur geblieben ist und die nicht zu dumm ist, um taktvoll zu sein, ist es, der ganzen Welt die Tür zu öffnen; so hat sie immer neue Liebhaber, lebt auf diese Weise im Aufwand und langweilt sich nicht so wie eine Prüde. Dreißig Jahre lang haben Mme de Gramont und Mme de Rochechouart diese Moral in Praxis umgesetzt.

Ein Kardinal, der zu Rom Geistlicher ist, ist in Spanien und in allen abergläubischen Ländern vom Papst bezahlt, in Frankreich ist es ein muskelstarker oder intriganter Abbé, der sich seinen Hut durch Geschicklichkeit oder Kraftmittel verdient; in England wäre dies ein seltsames Wundertier.

Das Menschenrecht ist ein allgemeines Gesetz der ganzen Welt, das nur in London respektiert wird, wo es jedoch zeitweilig von Schurken, die nichts zu verlieren hatten und alles wagen wollen, auf scheußliche Weise vergewaltigt worden ist.

Der einzige Unterschied, der zwischen der Inquisition und der Bastille besteht, ist der, den man zwischen einem wütigen Hund und einem Wolfe findet.

Die Brahminen, Derwische und katholischen Mönche sind drei Arten Schelme, von denen die einen Almosen entwenden, während die anderen die Dummköpfe, die sie verehren, ausplündern und brandschatzen.

Die Académie Française hat eine außerordentliche Prämie für Beredsamkeit gestiftet, die aus einer goldenen Medaille zu 1 200 Livres bestehen soll und dem verliehen wird, der am klarsten beweisen kann, daß der Kanzler ein Ehrenmann, Madame Dubarry eine anständige Frau und daß der Herzog d'Aiguillon unschuldig ist, daß der Marschall de Richelieu nicht übel riecht und der Herzog de la Vrillière ein Mann von Geist ist. Wenn die Autoren nicht den Mut haben sollten, sich zu nennen, so wird der Preis an die von ihnen angegebene Adresse gesandt werden.

In Frankreich erscheint ein Buch, betitelt: »Journal d'un homme d'esprit à l'usage des sots« [Journal eines geistreichen Mannes zum Gebrauch für Dummköpfe]; alle Einwohner haben darauf abonniert.

Jeden Tag findet sich bei Mme Geoffrin eine Gesellschaft Schöngeister ein, die aus dem Herzog de la Trémouille, dem Herzog de Montmorency, dem Marquis de Beth . . . e, de Soyecourt und de Foquières usw. besteht. Als der Graf de Charolais durch den Marquis d'Asnières dort eingeführt wurde, hat er eine Denkschrift über die günstigste Methode, Disteln zu ziehen, vorgelesen und die ganze Gesellschaft höchlichst entzückt.

Als der Marquis de Maillebois sich von der Akademie der Wissenschaften vor seiner Abreise nach der Türkei verabschieden wollte, hat er eine Versammlung berufen, der er präsidiert hat. Der Sieur Cadet, ein Akademiker und Kollege, hat ihm nach einer Dissertation über das Wesen der Huris ein Glas jungfräulicher Milch angeboten, die dieser General auf das Wohl der Versammelten getrunken hat. Darauf ist er mit seiner Nachtmütze und seinen Schlafpantoffeln in der Tasche nach Konstantinopel abgereist.

Das System von J.-J. Rousseau steht zur Zeit bei Hof in größter Gunst; die Grandseigneurs gewöhnen ihre Kinder, um sich in ihnen wiederzuerkennen, daran, auf allen vieren zu kriechen.

Nachdem der Abbé de l'Attaignant so viele Trinklieder geschrieben hat, hat er sich ruhebedürftig zu den Patres der Doktrin [sog. Orden der christl. Lehre = Ignorantiner, seit 1592 bzw. 1681] zurückgezogen, wo er mit dem Bruder Küfer verabredet hat, daß er betrunken sterben werde.

Zur Zeit druckt man eine Aufzählung überflüssiger Leute, auch »Dictionnaire Musqué« [»Aristokratenlexikon«] genannt, das eine enzyklopädische Aufzählung hochadeliger Persönlichkeiten sein soll. Die Artikel: »Chenil, Toilette, Ecurie, Bonne Fortune [Kaserne f. Beamte d. Hofjägerei; Putz, Kleidung; der Marstall; Frauengunst]« werden mit besonders viel Sorgfalt als die Hauptbedingungen einer guten Erziehung behandelt werden.

Der Chevalier de Choiseul hat soeben die Kunst erfunden, zwanzig Pferde und zehn Dienstboten usw. mit einer Rente von hundert Louis zu verköstigen; diese Arbeit wird auf Kosten der Mademoiselle Fleurys gedruckt werden, die dem Verfasser fünfhundert Louis geliehen hat.

Der Herzog de Nivernais hat gerade seine Fables und die Geschichte seiner armen Nerven drucken lassen. Man versichert, daß dies Buch sehr geeignet sei, die, die am härtesten über eingebildete Krankheiten denken, zu erweichen.

Der Abbé Joanet hat soeben ein Buch unter dem Titel »Les bêtes mieux connues«

[»Die besser bekannten Tiere«] herausgebracht, in dem er all diejenigen definiert, die sich jetzt im Ministerium befinden.

Der Kanzler läßt mit größter Eile an einem Buche arbeiten, das unter dem Titel »Le Dictionnaire des crimes« [»Wörterbuch der Verbrechen«] erscheinen wird, das seine Unternehmungen rechtfertigen soll, indem er vergleichungsweise beweist, daß es in der Welt immer Schurken gegeben hat: jedes Jahrhundert liefert dem Kanzler ein oder zwei Entschuldigungen.

M. Thomas bringt einen Essay über den Charakter, den Geist und die Arbeit der Frauen heraus, der beweist, daß sie immer geeigneter gewesen sind, die Menschheit fortzusetzen, als sie vorwärtszubringen.

Die Literatur hat in diesem Jahr mehrere junge Mitarbeiter verloren, die auf eine große Zukunft hoffen ließen; unter anderen Prion, M. de Moncrif, den Präsidenten Henault, Mme de Gomez und die Abbés Alaric und des Maretz, die zusammen ungefähr fünfundeinhalbes Jahrhundert zählten; alle sind sie in der Blüte ihrer Kindheit gestorben.

Mme Riccoboni fährt fort, die Aufmerksamkeit ihrer Leser durch Gefühlsmätzchen zu unterhalten, die, sollte man zuviel davon genießen, eine recht heftige Anstrengung würden. Bald soll ein Roman von ihr erscheinen, der den Titel trägt: »Les efforts« [»Bemühungen«]. Man versichert, daß viel Effort dazu gehören wird, ihn von Anfang bis zu Ende zu lesen.

M. d'Alembert hat in der letzten Akademiesitzung eine Epistel M. Saurins über die Gebrechen des Alters gelesen, die, dank dem anteilerweckenden Vortrag d'Alemberts, der ganzen Versammlung Tränen entlockten, als er die »Klage der Impotenz« verlas.

»Die Kunst, einen Liebhaber zum Bankrott zu bringen«, von Mlle Deschamps veröffentlicht, ist soeben von Mme de Montalais durchgesehen und korrigiert worden; diese hat auf Kosten Herrn Fontanieux' in ihrem kleinen Haus zu Bercy eine neue Ausgabe herausgebracht. Man verspricht uns Studien über den Scharlatanismus des Hofes in Rom, den Unglauben der Priester, die Schurkenhaftigkeit der Mönche und die Schrecken der Inquisition; sie werden sehr dienlich sein, der ganzen christlichen Welt den Star zu stechen.

Der Chemiker Beaumé hat soeben eine Abhandlung über die Gifte herausgebracht und sie dem Herzog d'Aiguillon dediziert; dieser Herzog hat ihm aus Dankbarkeit versprochen, ihm in Zukunft seine tätige Unterstützung zu gewähren.

Die Oper »Circe« soll aufgeführt werden, und man will all die Ähnlichkeiten bewahren, die der Text erfordert: unter anderem wird es einen Tanz grunzender Tiere geben, die man ohne Not unter den Angestellten des Theaters finden kann; sollte eine Gesangspartie im Stück enthalten sein, so haben sich Durand und Muguet dazu erboten.

Man druckt die Tröstungen des Paters Drélincout über die Schrecken des Todes neu; sie sind dem Kardinal de Luynes dediziert, der in den Priesterstand getreten ist, um eines ganz natürlichen Todes zu sterben.

Man hat den Geschichtsschreiber des »Portier des Chartreux« [»Klosterpförtner«] damit beauftragt, im gleichen Stil eine Geschichte der Madame Dubarry unter dem Titel »Mémoires propres à scandaliser le public« [»Memoiren, geeignet, das Publikum zu ärgern«] zu verfassen.

Colardeau hat soeben die Werke Dorats in Verse gebracht; dieser fährt fort, sich durch den Handel mit seinen Kupferstichen zu bereichern.

Herr de Chamouset hat der Regierung eine Maschine eingereicht, mit der man hundert Mann auf einen Schlag zu töten vermag; dieser würdige Mitbürger, der sich auf allen Gebieten versucht, ist der Urheber des kleinen Postprojektes und der Unternehmer der fliegenden Brücken, die dieses Jahr eingeführt werden sollen; die Regierung hat vier der bekanntesten Scharfrichter kommen lassen, die ihre Meinung über die Hängemaschine abgeben sollen, die dem Ministerium sehr zustatten kommen wird.

In Bedlam lebt ein Ingenieur, der behauptet, eine leinene Brücke von Dover nach Calais spannen zu können, wo man dann Wagen ohne Pferde vorfinden wird, die viel schneller sind als sogar die Post.

In Paris wird ein Büro zur Versicherung gegen die Untreue aller Frauen eingerichtet, das dank verschiedener Tarife für jedermann zugänglich ist.

Der Erzieher der Familie eines sehr hochstehenden Mannes, Chevalier der königlichen Finanzen, Generalleutnant usw., hat soeben einen Zaum für Ehemänner und einen Sattel für Frauen erfunden, den alle Künstler bewunderungswürdig gefunden haben.

Mlle Huß' Ruhebett ist in Frankreich derart in Mode gekommen, daß die Frauen von anderen nichts wissen wollen; es ist eine Schaukel mit zwei Gewichten, die so wohlausgeglichen funktionieren, daß die stolzeste Herzogin ihre Arbeit darauf leisten kann, ohne sich zu demütigen.

Ein Pariser Tapezierer hat nach dem gleichen System eine Bergère [bequemer Polsterlehnsessel] erfunden, die er »aide de camp« getauft hat; die Sprungfedern sind derart arrangiert, daß man immer Herr des Schlachtfeldes bleibt und niemals das rechte Niveau verliert.

Fromme Damen haben das Geheimnis erfunden, das Bildnis ihres Geliebten in einem mit einer Sprungfeder versehenen Kruzifix einzuschließen, das »à la Hautefort« genannt wird; der Marquise gleichen Namens verdankt man diese Erfindung und der Oberin der Filles du Calvaire die Entdeckung.

Vor kurzem hat man einen Wagen konstruiert, den man nur von hinten besteigt und den die Agréables Wagen à la Villette * nennen.

Dem Befehl Louis' XIV. zum Trotz, der die Geographen beauftragte, die Höhe des Meridians auf der Insel Fer zu nehmen, hat ihn der Prinz von Nassau, der die ganze Erde bereist hat, unter die äquinoktiale Linie bestimmt, und hat sich, um diesen Punkt zu fixieren, Mlle Fleurys Halbrund bedient.

Ein in England durch seine Begabung berühmter Mann hat eine Laterne erfunden, um die Eingeweide zu beleuchten; sie fängt an, sich in Europa einzuführen; man versichert, daß es nie eine nützlichere noch eine appetitlichere Erfindung gegeben habe.

Eine militärische Arbeit, betitelt »Les Lyonnaises«, ist unter großem Beifall erschienen: der Autor beweist klar den allgemeinen Frieden, indem er zeigt, wie unmöglich es sei, Krieg zu führen, wenn man sich seiner Maschinen bedient.

DER ZYNISCHE PHILOSOPH
ALS FORTSETZUNG DES GAZETIER CUIRASSE

Einleitung

Die Ausländer, die Paris, die Franzosen, die Mädchen lieben, werden in dieser Sammlung unterhaltende Anekdoten finden, deren Akteure sie hätten sein können.

In diesem Lande gibt es zu viele Liebhaber, als daß Details, die ich geben werde, gewissen Leuten nicht ebenso vertraut sein sollten wie mir selbst. Die unter ihnen, die nichts gesehen haben, werden sich meiner Lektion bedienen, um sich über Kulissengeheimnisse zu instruieren, von denen ich den Vorhang lüften will. Das Studium

---

* Charles, Marquis de V., franz. Dichter († 1793).

der völlig nackten Natur wird über manch einen mehr Recht gewinnen als politische Neuigkeiten, die ihm wenig bedeuten.

Vielleicht glaubt man meinem Worte nicht, daß ich Philosoph bin; wenn ich aber ein Wunder wirke, indem ich berühmte Schuldige entlarve, wenn ich gewisse Villettes und Marignys tugendhaft mache; wenn ich gewisse schamlose Frauen, die vergessen haben, was ihnen gebührt, keusch sein lasse, wenn ich Ungerechte zwinge, gerecht zu sein (sei es auch nur ein einziges Mal) – hätte ich dann nicht das Ziel erreicht, das sich ein wahrer Mann setzen soll? Und wäre ich selber nicht weise, was kann das den Leuten machen, die von meiner Überzeugung profitieren werden?

Nur dadurch, daß man es erröten macht, vermag man das Laster zu zwingen, daß es sich verstecke.

Ein tugendhafterer Mann als ich fände vielleicht nicht meinen Mut.

ZUEIGNUNGSEPISTEL: DEN BALLETTCHÖREN

Meine Damen!

Hätte der Himmel Ihnen Tugenden gegeben, würde ich nicht die Ehre haben, Sie zu kennen, da mein entstellter Geschmack mich niemals anderen als verdorbenen Frauen zugeführt hat. Ihre Schwächen waren nötig, um mir »den Vorteil« zu verschaffen, Ihnen vorgestellt zu werden; empfangen Sie, meine Damen, den Tribut meiner Dankbarkeit und die Huldigung, die Ihnen mein Herz schuldet; dies ist nicht der fade Weihrauch eines Anbeters, den ich Ihnen biete; das hieße mich entehren, ohne Ihnen anders gefallen zu wollen, als Ihnen fälschlich andere Eigenschaften zu geben denn die, die die Natur Ihnen verliehen hat.

Mein Freimut würde dem widerstreben, wüßte ich nicht, daß Sie es vorziehen, für das zu gelten, was Sie sind, und »im Preise klingenden Goldes gewertet zu werden«, und nicht den frivolen Vorteil zu genießen, sich Dinge sagen zu lassen, deren Verdienst Ihnen unwillkommen wäre.

Ich will, meine Damen, bis in Ihr innerstes Gewissen vordringen und Einzelheiten Ihrer Galanterien geben, die das Publikum gefahrlos unterhalten und über jene unter Ihnen im voraus unterrichten werden, die man vielleicht fürchten dürfte.

Ich hoffe, ein Bild zu entwerfen, das ähnlich genug ist, damit Sie alle, die ich kenne, darüber einig sind, daß ich Ihnen Gerechtigkeit widerfahren lasse und der Wahrheit nichts beifüge.

Genehmigen Sie die Versicherung der Achtung, die ich Ihnen schulde, und halten Sie mich ohne Spott, meine Damen, für Ihren sehr ergebenen und sehr gehorsamen Diener

Diogenes

Man versichert dem Publikum, daß unter den Freudenmädchen des Balletts eine Krankheit herrsche, die beginnt, die Damen des Hofes zu ergreifen und sich auch ihren Lakaien mitteilt. Diese Krankheit verlängert das Gesicht, bleicht den Teint, verringert das Körpergewicht und veranlaßt schreckliche Verheerungen da, wo sie sich festsetzt. Zahnlose Frauen sieht man, andere ohne Augenbrauen, auch paralytische usw. usw. Den Liebhabern seien die Waschungen des Sieur Préval, Doktors der Medizin, empfohlen, der mit Demonstrationen bewiesen hat, daß man die ganze Oper Revue passieren lassen kann, ohne etwas befürchten zu müssen, vorausgesetzt, daß man sein Wasser tränke und von seiner Hand getauft würde.

Jean Michel Moreau: Ich freue mich dabei über das glückliche Vorzeichen!

Als Nicole Mademoiselle du Bois in Lebensgefahr sah, versicherte er, daß er in ihr statt einer hundert Patientinnen verlieren würde.

Nachdem Mademoiselle Beaumesnil einem Prinzen den Zutritt in ihr Bett gestattet hatte, war sie gezwungen, von den Direktoren einen sechswöchigen Urlaub zu erbitten, um sich nach Bayern zu begeben, wo sie vom Herrn Keiser, dem Großmarschall dieses Hofes, vorgestellt werden soll.

Mademoiselle Heinel hat einen spanischen Herzog und ein englisches Gespann sowie hundert Louis monatlich und ein Haus zurückgewiesen, da man ihr von einem Quiproquo von seiten des Herzogs Furcht gemacht hat, der ein wenig orientalische

Neigungen haben soll. Mademoiselle Heinel amüsiert sich unterdessen in Erwartung von etwas Besserem mit dem Tänzer Fierville.

Mademoiselle Guimard ist in ihrer Gemeinde als *dame de charité* [»mildtätige Frau«] aufgenommen worden und befindet sich sehr wohl bei der frommen Ernte, die in diesem Jahr sehr reich gewesen ist. Man meint, die Almosen brächten ihr doppelt soviel ein wie ihre Gunstbezeigungen.

Mademoiselle Darcy macht keine glücklichen Reisen; im letzten Winter hat sie eine nach Schweden unternommen, die sie sechs Zähne und einen Postpächter kosteten, der sie ebenso schnell verlassen hat, wie der gute Drogeski sie im letzten Herbst im Bois de Boulogne verließ.

Mademoiselle Heinel hat alle ihre Freunde dank ihrer sechswöchigen Abwesenheit, die sie auf dem Lande bei Keiser verbracht hat, außer Gefahr gesetzt. Die Reinheit der Luft und die Sorgfalt des Meisters haben sie von einer dauerhaften Krankheit geheilt, die sich auf alle ihre Bekannten ausbreitete.

Mademoiselle du Plan hat sich endlich mit dem saftreichen Colin veruneinigt, der ihr seit sechs Jahren ruhmreich die Küche ausstattete; ohne Abschied ist sie in die Dienste des venezianischen Gesandten übergegangen, der sie nur ad honores zurückhält.

Man versichert, der Chevalier de Choiseul, der nicht einen Sou besaß und Mademoiselle Heinel begehrte, habe sie zu einem Ausflug aufs Land bewogen, wo er sie° mittels Aushungerns zum Kapitulieren gezwungen habe. Als er sah, daß das Gefühl sie nicht zu besiegen vermochte, hat die Verzweiflung ihn fortgerissen, und er hat gedroht, sie Hungers sterben zu lassen, wenn sie ihn an Liebe sterben ließe. Dies schöne Mädchen ist so menschlich gewesen, weder das eine noch das andere zu wollen, und hat sich ihm auf Gnade und Ungnade ergeben.

Mademoiselle Pélin, die einen unnatürlichen Milcherguß gehabt hat, hat diesen dem Prinzen Conti mitgeteilt, der ihn ahnungslos auf die Herzogin de B... übertragen hat, von der man behauptet, daß sie fähig sei, ihn aller Welt weiterzugeben.

Mademoiselle Arnould hat den Grafen de L... im Hotel der grauen Musketiere, mit der Erlaubnis seiner Majestät, immer eine Ordonnanz bei sich zu haben, ersetzt.

Als Mademoiselle Testard dem Marquis de Romé gesagt hatte, daß sie ihn niemals lieben würde, weil er häßlich, dumm und feige sei, hat der Marquis, um ihr das Gegenteil zu beweisen, zwei seiner Güter verkauft und ihr am nächsten Morgen den Erlös geschickt.

Mademoiselle Beauvoisin, Mademoiselle d'Albigni und einige andere Prinzessinnen gleicher Ordnung, die bei sich zu spielen einluden, sind in die Salpétrière [Hospital für alte, kranke und schwachsinnige Frauen in Paris] geschickt worden, wo sie auf königlichen Befehl sechs Monate zu verbringen haben.

Mademoiselle Beaumesnil ist, wie man sagt, viel weniger großartig logiert, als sie zu logieren vorgibt, obschon sie ein eigenes Haus, einen großen Hof, eine Remise und zwei Stallungen besitzt. Ein Geometer, der an Ort und Stelle gewesen ist, findet ihr Haus viel zu eng für ihre Reize.

Mademoiselle Laurencin, die zehn Jahre lang unter den Pariser Laternen spazierengegangen ist, hat eine Karosse genommen, die der Graf von Bintem ziehen wird, dessen Bekanntschaft sie zufällig machte, als sie ihren Dienst in den Tuilerien absolvierte.

Mademoiselle des Orages hat sich soeben durch zwei geschickte Chirurgen für eine Frau erklären lassen, die auf Glauben und Treue versichert haben, daß sie, dem Anschein zum Trotz, nicht das sei, was man »hermaphroditisch« nennt.

Unsere Musiker und die italienischen Musiker haben sich durch einen Vermittler versöhnt, nachdem sie sich lange auf der lyrischen Bühne um den ersten Platz ge-

stritten haben. Die französische Musik bleibt dem Theater, und der italienische Geschmack beherrscht die gesamte königliche Akademie und die Pariser Musiker.

Die Soupers, die Mademoiselle Guimard zu Pantin [Ort im Nordosten von Paris] gibt, sind immer noch sehr glanzvoll; sie empfängt die beste und die schlechteste Gesellschaft Frankreichs. Die Prinzen begeben sich aus Faulheit dorthin und die Demiseigneurs [Halb-, Pseudoherren], um sich ein Air zu geben. Zu sagen, daß man nach Pantin gehe, heißt fast soviel, wie wenn man von Versailles spräche.

Vestris fängt an, sich von einem Hochmutsanfall zu erholen, der ihn beinahe erstickt hätte, als das Publikum ihn gezwungen hat, sich bei Mademoiselle Heinel zu entschuldigen.

Herr Despinchal hat soeben dem Bischof von Arras eine Lektion erteilt, deren unsere Prälaten bedürften, um zu lernen, daß Kirchenleute sich nicht ebenso frei vergnügen können wie Leute der großen Welt und daß es ihre Pflicht ist, sich vor dem flagrant délit zu hüten. Herr de Gouzier hätte 12 000 Francs gespart, wäre er weniger wollüstig gewesen und hätte sich mit *einer* Schäferin begnügt. Als M. Despinchal ihn mit seiner Mätresse im Bett angetroffen hat, zwang er ihn, ihm die fünfhundert Louis zurückzugeben, die sie ihn seit zwei Monaten kostete, worauf er ihm alle seine Eigentumsrechte überließ; mit Hilfe dieses Arrangements hat sich M. Despinchal zwei Monate lang auf Kosten der Kirche vergnügt, was bis heute noch niemals vorgekommen ist.

Unter allen Mädchen, die in der Oper tanzen, ist Mademoiselle Guimard die einzige, die nicht mit einem Lakaien, einem Soldaten oder einem Perückenmacher angefangen hat; dem Tänzer Leger (der indiskret genug war, es zu erzählen) schuldet sie ihre ersten Lektionen und ein Kind, das sie auf einem Dachboden im tiefsten Winter, ohne Feuer und ohne Spitzensteppdecke, zur Welt gebracht hat. Seit jener Zeit hat sie sich Spitzen, Diamanten und eine Karosse verdient; dieser traurigen Situation dankt sie, sagt man, ihre Tugenden und ihre Menschlichkeit.

In der königlichen Akademie für Musik gibt es eine Schule, in der die Königinwitwen der Oper die Schülerinnen lehren, nach Regeln zu erröten, ohne Schmerzen zu schreien und das Gefühl in Kadenzen auszudrücken. Mittels dieses und der adstringierenden Pomade du Lac hat die Mutter Mademoielle Grandis (die sich ihre Tante nennt) viele Male die Unschuld ihrer Tochter verkauft, nachdem sie sie jedesmal wiederhergestellt hatte.

Mademoiselle Bèze, die vor vier Jahren mit einem Empfehlungsschreiben des Herzogs de Villars angekommen ist, kennt heute alle Grandseigneurs des Hofes. Unter anderem genießt sie das intime Vertrauen des Herzogs de Bouillon, des Grafen de Noailles und einiger anderer Herren, die zu ihren Gunsten ihrer Aversion gegen das schönere Geschlecht entsagen.

Da Herr Brissard Mademoiselle Vestris eine Rente von 60 000 Livres ausgesetzt hatte, hat sich dies ehrenwerte Mädchen aus Dankbarkeit dazu entschlossen, ihm nach seinem Ruin eine Pension von 1 000 Dukaten zuzusichern.

Mademoiselle Grandi, die vor einiger Zeit beweisen wollte, daß sie ihrem Liebhaber treu sei (mit dem sie einen häuslichen Disput gehabt hatte), ließ ihren Portier heraufkommen, der unter Eid aussagte, daß während des ganzen Vormittags nur sechs verdächtige Personen bei seiner Herrin Einlaß gefunden hätten.

Mademoiselle Fleury Hoquart wird heute vom Prinzen von Nassau ausgehalten, der das erstemal, als er mit ihr schlief, vermeinte, die Reise um die Welt von neuem zu beginnen.

Crémille, die vorsichtshalber hintereinander drei Quarantänen durchgemacht hat, ist ins Karmeliterinnenkloster eingetreten, wo sie ein Kind geboren haben soll, da sie mit dem Leiter dieses Hauses zusammenarbeitete, um die Welt zu vergessen.

Der Graf de Sabran hat soeben seine Möbel den Fräuleins Testard und l'Huilier sowie einigen weniger bekannten Mädchen geschenkt, die die ihren verkauft hatten, um seine Schulden zu bezahlen, was mehrere Male vorgekommen ist.

Der Akademie der Chirurgie ist es sehr seltsam erschienen, daß Mademoiselle de la Vaulx, die seit acht Monaten schwanger war, beim Tanzen eine Fehlgeburt hatte, ohne es zu bemerken.

Mademoiselle Vernier sieht sich gezwungen, ihre Arbeit einzustellen, da sie schwanger ist, was sie mehr als zwanzig Personen zuschreibt.

Dorothée Dubarry, die bis heute für eine Luetikerin gehalten wurde, ist in vierzig Tagen radikal durch ein Mittel, das die ganze französische Familie kennt, deren Namen sie trägt, geheilt worden.

Mademoiselle Lany und Mademoiselle Lyonnais, die von den Direktoren für ihre allzu häufigen Indispositionen mit Vorwürfen überhäuft worden sind, haben sich mit Mademoiselle Caron zu Nicolet zurückgezogen, da die Schauspielerinnen dieses Theaters das Privileg genießen, das ganze Jahr krank sein zu dürfen.

Mademoiselle Contat, die vom Herrn Barois beschuldigt worden ist, unstillbare uterine Gluten zu haben, ist vom Bruder Almosenier der Karmeliter, der sich des Geheimnisses seiner Brüderschaft bei dieser mirakulösen Kur bediente, radikal geheilt worden.

Mademoiselle Bon, Mesdemoiselles Bouscarrelle, de Lorme und einige andere alte Grenadiere des Balletts haben Madame Gourdans Beruf erwählt, als sie einsahen, daß es unmöglich war, den ihren weiter auszufüllen.

Mesdemoiselles de Saint-Julien, Saint-Firmin, de Fresnay, Beaupré, Beauvoisin usw., die dies Jahr nicht haben erreichen können, angestellt zu werden, haben sich der Legion Madame Gourdans angeschlossen, und man sagt, daß sie, während sie andere Beschäftigung abwarten, dort Wunder leisten.

Mesdemoiselles Le Doux und Sarron, die vor vier Jahren aus der Oper herausgeworfen wurden, da sie sich in den Kulissen freundschaftliche Wahrheiten sagten, sind soeben aus Paris verbannt worden, da sie eine phantastische Laune in Mode gebracht haben, deren Geheimnis all ihre Freundinnen wissen.

Der zartfühlende Molet und die zärtliche Madame Préville sind von den Ärzten verurteilt, höchst gefühlvoll an den Folgen einer Liebe zu sterben, die sich ihnen auf die Brust geworfen hat.

Mademoiselle Saint-Fal, deren Gesicht man genauestens auf den Schreckensmasken wiederfindet, macht in diesem Genre so erstaunliche Fortschritte, daß sie alle Zuschauer zittern macht, sowie sie auf der Bühne erscheint.

Mme Favart, die den Marschall von Sachsen ebenso wie Fontenoy ausgezeichnet hat, ist heute zu der traurigen Hilfsquelle reduziert, sich mit ihrem Geist zu amüsieren. Man versichert, daß sie noch immer alle Ansprüche der Fee Urgèle [Fee der französischen Sage] habe, obschon ihr Geheimnis nur im Theater existiere.

Es heißt, Mlle du Fresne habe eine schöne Seele und einen geräumigen Körper; ihre Schwester gilt für eine Maschine, deren Proportionen ganz anders sind.

Mademoiselle de Saint-Martin hat M. de Bintem so ekelhaft gefunden, daß sie sich gezwungen sah, ihn mit Pinzetten anzufassen, die unglücklicherweise rotglühend waren.

Mademoiselle Allard, die mit Mademoiselle Pelin, ihrer Rivalin im Tanz, beleidigende Worte gewechselt hat, gedachte ihr in einem Buffoballett einige Fußtritte zu versetzen, die wohlgezielt genug sein sollten, um vom Publikum nicht bemerkt zu werden. Da die Pelin nicht geschickt genug war, sie wiederzugeben, hat sie sie mit geballter Faust auf die Nase geschlagen, was all die Zuschauer empört hat: Trial le Bréton und Joliveau, die geborene Opernrichter sind, haben die beiden Amazonen dazu verurteilt, dem ganzen Tribunal zu Diensten zu sein, die eine sechs Monate lang, die andere während eines Jahres.

Der Prinz von Soubise, der die Administration des Hospitals durch seine Fiaker-unternehmungen derangiert [durcheinandergebracht] hatte, beginnt seine Geschäfte zu regeln, seit er Intendant der Menus Mlle Guimards ist.

Der Graf von Potocki, der dank der Unsauberkeit Mlle Duthés von Paris degoutiert war, ist nach einem parfümierten Bade, das die Angst ihn nehmen ließ, von dieser Stadt abgereist, nachdem er sich in die Garderobe dieses schönen Mädchens, der Mätresse des Herzogs du Dufort, der sie zusammen im Bett überraschte, stürzte. Der Herzog versichert, seinen Rivalen zwischen den Trümmern eines Nachtstuhles schwimmend gefunden zu haben, der seit vierzehn Tagen nicht entleert worden war. Um das Unglück voll zu machen, hat der Polizeichef, der schlechte Gerüche nicht liebt, dem einen Haftbefehl beigefügt, in dem er ihm vorschlägt, sich außerhalb des König-reiches abtrocknen und lüften zu lassen.

Der Brauch erlaubt es heutzutage unseren Theatermädchen, drei offizielle Lieb-haber zu haben, ohne den zu zählen, der sie ruiniert. Haben sie mehr, betrachtet man sie mit Verachtung, wie Mesdemoiselles Godeau, Delfevre, Bèze und andere Pflicht-vergessene. Haben sie weniger, verdächtigt man sie entweder einer fehlerhaften Körperbildung, wie Mademoiselle Le Doux, oder großer Dummheit, wie Made-moiselle La Chanterie. Wenn man ihnen nicht die Unaufrichtigkeit Mademoiselle Durancys zuschreibt, die es vorzieht, sich lieber von ihrem Lakaien bedienen zu las-sen als eine Herzensaffäre zu haben.

In der Pariser Gesellschaft lebt ein Mann, der seine Hosen, sein möbliertes Haus, eine Karosse, einen Namen und 10 000 Louis an einem Abend gewonnen hat: dieser glückliche Sterbliche betitelt sich heute Marquis und genießt 50 000 Pfund Rente.

Die Regierung hat gerade den Sohn eines italienischen Kutschers aus Paris verjagt, der unter dem Namen eines Grafen die Rolle eines päpstlichen Obersten, die eines Polizeispions und die eines Zuhälters für die Bequemlichkeit seiner Freunde gespielt hat.

Der Gesandte eines großen Kaiserreiches, der sich mit den häuslichen Details eines republikanischen Ministers befaßt hatte, hat soeben diesen Artikel von seinen Aus-gaben gestrichen.

Am französischen Hofe lebt eine Marquise, die, da sie ihr Geld und ihre Ehre ver-loren hat, gezwungen war, um ihre Schulden zu zahlen, eine Stellung zu suchen, um ohne ihre Ehre weiter leben zu können, aus der sich ihre Gläubiger nichts machen.

Wir haben einen Herzog, der einen der größten Namen Frankreichs trägt, dessen Vater auf dem Feld der Ehre gestorben ist, der, obgleich er mit 400 000 Pfund Rente geboren und der Gatte einer Frau ist, die fünfzehn Jahre lang in allerhöchster Gunst gestanden hat, dennoch von aller Welt gemieden worden ist. Dieser Herzog trägt gewöhnlich zwanzig Löckchen an seiner Perücke. Gewisse Leute behaupten, er be-suche sehr viele Freudenmädchen, andere sagen das genaue Gegenteil.

Der Marquis de Né ... D ... l, ein Offizier der grauen Musketiere, hat einen drei-monatigen Urlaub erhalten, um eine benachbarte Äbtissin von ihrem Keuschheits-gelübde zu entbinden. In Paris lebt ein französischer Marschall gleichen Namens, und in der Champagne gibt es eine Stadt, die so wie ihre Abtei heißt.

Einer unserer hübschesten Herzöge, der sich soeben zu seiner Hochzeit »empau-mieren« [fit machen] läßt, hat sich unter den Händen des Erzbischofs von Paris einer allgemeinen Absolution unterzogen; der Prälat, der das Wasser auf ein Räucher-becken gegossen hat, hat das »Veni creator« gesungen, um das Blut dieses Hauses, das für seine Männer wie für seine Frauen gleich ansteckungsgefährlich ist, zu reini-gen.

In Paris lebt ein kleiner fünf Fuß minus einen Daumen großer Marquis, der sich allabendlich in den Tuilerien an verdächtigen Stellen ergeht, sich dafür aber öffent-lich mit Freudenmädchen zeigt, der von aller Welt Böses redet, sich aber nicht erregt, wenn solches von ihm (noch dazu ihm ins Gesicht) gesagt wird, der Leute getötet, die er nie gesehen hat, doch die leben läßt, die versuchten, ihn zu ermorden. Auf diesen Marquis deutet man, wo er auch geht, mit dem Finger, und trotzdem besucht er jeden; wenn man ihn fragt, warum, so ist es, weil er 50 000 Taler Rente, einen guten Tisch, viel Frechheit und wenig Geist besitzt.

Eine Frau aus ersten Kreisen, die ihrem Herrn lange widerstanden hat, hat sich just einem Abbé schlechter Gesundheit und schlechter Herkunft an den Hals geworfen, was sie schon zu bereuen hat.

Man hat einen Mahnbrief veröffentlicht, um zu erfahren, was aus dem Zepter und der Hand der Gerechtigkeit eines unserer größten europäischen Könige geworden ist. Nach langen Nachforschungen fand man sie auf dem Toilettentisch einer hübschen Frau, die den Titel einer Komtesse trug; dort dienen sie dazu, ihre Katze zu unterhalten.

Man hat eine Medaille geprägt, auf der man eine Justizperson erblickt, die eine Leiter erstiegen hat, um einen Nagel zu erreichen, an dem sie einen Strick befestigt; um dies Emblem steht die Inschrift geschrieben: »*Nobis haec ascensio grata*« [»Solcher Aufschwung ist uns lieb«]. Auf der anderen Seite sieht man Frankreich zu Füßen eines von Schlangen, Vipern und anderen giftigen Tieren umgebenen Fürsten knien, die sich auf es stürzen, um es zu zerreißen.

Als eine sehr wohlbeleibte Herzogin, die einen ungeheuren Verbrauch an Liebe aufweist, sich im Tête-à-tête mit einem hübschen, kleinen Herzog befand, dessen Keuschheit sie zu lebhaft attackierte, hat dieser tugendhafte junge Mann sich bei seinem Vater beklagt, der auf der Stelle den Generalprokurator instruiert und ihn gezwungen hat, im Namen des Königs anzuklagen. Die Frauen der Pairs müssen sich deshalb im Laufe des nächsten Monats versammeln, um über diese große Affäre Bericht zu erstatten, was die Schuldige wenig beunruhigt, da sie in ihre Richter, die ihr fast alle zum Beispiel gedient haben, großes Vertrauen setzt.

Als eine Frau, die ebenso schwarze Zähne hat, wie die Haare ihres Vaters weiß sind, und nur ihren Gatten von der Zahl der ihr angenehmen Menschen ausschließt, beim Spiel hundert Louis von einem jungen Mann auslieh, der seit langem Prätentionen hatte und, da er sie in Bedrängnis sah, den Respekt vergaß, fragte sie ihn nonchalant mit nachlässiger Stimme, was er wolle, was er zu tun gedenke? Da ein unverschämtes Schweigen die Absichten des Leihers bewies, deutete die Gräfin durch Gesten halblaut die Worte »Ehre« und »Tugend« an, worauf sie errötend, indem sie ihrem Verführer seine geringe Seelengröße vorwarf, zufügte: »Ich verstehe wohl, was Sie zu erreichen wünschen; Sie wollen mich demütigen und mit mir quitt werden.« – »Nein, beruhigen Sie sich«, entgegnete ihr der Wucherer; »ich achte Sie zu hoch, um dies zu tun, es wird sich nur um die Zinsen handeln.«

Eine junge und hübsche Frau, die einen Mann des Finanzwesens, dessen widerwärtiges Gesicht und gemeine Neigungen sie abstießen, geheiratet hatte, ist soeben, um nach dreijähriger Scheidung nicht unwürdigen Liebkosungen ausgesetzt zu sein, glücklich von einem Sohn entbunden worden, den sie niemals geboren haben würde, wäre sie ihrem Manne treu geblieben.

Die Frau eines Marschalls von Frankreich, der glaubt, schwindsüchtig zu sein, findet einen Mann solcher Art zu zart für sich und macht sich eine Gewissensfrage daraus, ihn zu menagieren [schonend zu behandeln]; sie hat sich großmütig dazu verurteilt, sich mit den gewöhnlichen Zärtlichkeiten ihres Maître-d'hôtel [Haushofmeisters] zufriedenzugeben, der noch immer Lakai wäre, wäre er nicht robust gewesen.

Zum zweitenmal hat man bei Hof eine Komtesse vorgestellt, die fünfzehn Jahre in Versailles gelebt hat, ohne zu hoffen, weiter als bis zur Marschallsküche zu kommen, wo sie zum erstenmal vorgestellt worden ist. Damals hatte sie als Frau des ersten königlichen Kammerdieners nur das Recht, mit den Mundköchen und den Küchen-

Jean Michel Moreau: Die Vorsichtsmaßregeln

chefs der ganzen königlichen Familie zusammen zu speisen, die sie nun verlassen hat,
um sich ihrem Herrn zu nähern.

Der Sieur Louis, der die schwierigsten Beweise unternimmt, hat soeben der chirur-
gischen Akademie bewiesen, daß ein achtzehnjähriges Mädchen, das alle Tage mit
einem gleichaltrigen jungen Manne schlafen würde, auf natürliche Weise schwanger
werden kann; diese Ausführung stützt er auf das Beispiel eines Geschwisterpaares,
das sich nach friedlichem zweijährigem Zusammenleben vergessen hat.

Man hatte behauptet, daß das Fortpflanzungsgeheimnis im Hause eines Prinzen
verlorengegangen sei, der sich stückweise aus der Welt entfernt hat; doch hat die

Tochter des Prinzen, die mit ihrem Onkel verheiratet ist, auf Grund von Recherchen und Versuchen soeben zum zweitenmal dies Geheimnis wiedergefunden, als sie mit dem Grafen Galard scherzte.

Ein Mann von Rang, der seine Frau mit der Pistole in der Hand hat legitimieren lassen, hat gerade auf gleiche Weise seinen Schwiegervater gezwungen, sein Testament zu machen.

Man zählt in Paris 150 Frauen, die als Komtessen und Marquisen bekannt sind, denen Madame Gourdan ihre Tür des öfteren verweigert haben will.

Eine gute alte Witwe, die sich aus Gesundheitsgründen mit einem Grafen aus der Bretagne verheiratete, ist, nachdem sie ihr Porzellan und ihre Diamanten verkauft hat, um seine Schulden zu zahlen, gezwungen gewesen, sich zwecks Befreiung von ihren Wünschen an ihren Lakai zu wenden.

Eine unserer sehr fruchtbaren und sehr tugendsamen Herzoginnen hat just ihre Ohrgehänge verkauft, um ihren Mann, der im Spiel sehr viel verloren hat, davor zu bewahren, daß ihm die Ohren abgeschnitten würden.

Halb Paris nennt eine alte Herzogin Messalina, während die andere Hälfte der Stadt sie als eine Heilige verehrt.

In der Gesellschaft leben drei junge, so züchtige und reservierte Herzoginnen, daß sie nicht ehrbarer sein könnten, wären sie ebenso häßlich wie die Herzogin d'Olonne.

Als die alte Frau, die am 1. Januar all ihren Schützlingen ein Paar Samthosen schenkt, die Rechnung des Schneiders forderte, der für sie liefert, fand sie, daß er in ihrem Dienste beinahe vierhundert Samthosen in zwei Jahren angefertigt hatte.

Eine maritime Komtesse, die beim Arsenal wohnt, hat, nachdem sie die Flagge vor allen Nationen der Welt gestrichen hat, endlich auf einer Sandbank Schiffbruch erlitten und verliert nach allen Seiten Wasser.

Eine dicke Holländerin, die in Frankreich Gräfin geworden ist, hat unsere Sitten derart angenommen, daß sie täglich drei Stunden bei ihrer Toilette verbringt, eine Stunde beim Essen, sechs Stunden im Wagen und den Rest ihrer Zeit im Bett oder auf ihrer Bergère, wo sie andere glücklich oder Handarbeiten macht.

In der zweiten Magistratur befinden sich zwei Männer, die dafür bekannt sind, daß sie nur solche zum Tode verurteilen, die nicht die Mittel haben, ihnen das Recht, zu leben, zu bezahlen.

Als der Lykurg Frankreichs eines vielgewandten Mannes bedurfte, um seine Projekte auszuführen und seinen Willen durchzusetzen, hat er sich die Listen der Kriminalkanzlei vorlegen lassen, um unter den Schlauen, die ihre Geschicklichkeit gerettet hatte, einen fähigen Sekretär zu seiner Hilfe auszusuchen.

Frankreich hat soeben einen Mann ersten Ranges verloren, der, nachdem er von Dieben ausgeraubt worden ist, ohne Gerechtigkeit zu erlangen, sich entschlossen hat, auf den Cordon bleu [das »blaue Band«; d. h. Ritter des Ordens vom heiligen Geist zu werden] zu verzichten, ebenso auf den Pairsstand und auf das Ballett von Paris, um sich frei beklagen zu können und die Franzosen zu lehren, daß er denkt, ohne Wortspiele zu machen.

Mademoiselle Durancy, die verdrossen war, daß ihr Laboratorium so wenig besucht wurde, hat sich der Herzogin de Villeroy vorstellen lassen, die mit dem Debüt dieser neuen Virtuosin sehr zufrieden war.

Der Erzbischof von Paris ist gerade zum drittenmal an einer Fistel operiert worden. Dieser tugendhafte Prälat hat die Operation ertragen, ohne eine Silbe gegen einen Apotheker zu äußern, der daran schuld sein soll.

Zwei Drittel der Oper werden momentan zu den Soupers der Herzogin de Villeroy, Madame de Savignans und Madame de Portails zugelassen. Dies häßliche Trio ist betrübt, daß die übrigen ihnen bis jetzt entgangen sind, doch hoffen sie mit Geduld und Geld auch dahin zu kommen.

374

Der Marquis de Villeroy, der es müde ist, sich den Bart auszuzupfen, um jung zu erscheinen, hat nunmehr die Rolle eines Greises angenommen, um sich in Zukunft diese Mühe zu ersparen.

Man behauptet, der Kardinal de Bernis, unser Gesandter in Rom, sei dort von den Kardinälen Pallavicino und Acciaiolo, die ihn in einer nächtlichen Sitzung des heiligen Kollegs als Chorknaben behandelt haben, als Römer naturalisiert worden.

Dem Marquis de Marignan, der aus Rom eine Statue des Ganymed hat kommen lassen, die ihn 100 000 gekostet hat, wird nachgesagt, daß er von der Marquise, seiner Frau, zu Füßen dieser Statue in Meditation überrascht worden wäre; sie sei geschäftig mit einem Becher herbeigeeilt, um seine Essenz, die sich auszubreiten begann, aufzufangen.

Mademoiselle Clairon lädt sehr oft die Marquise de Villeroy und die Herzogin de Beau ebenso wie die erste Präsidentin und Madame de Portail zum Souper, die ihrerseits die Güte haben, Mademoiselle d'Oligne und Mademoiselle Dervieux ebenso wie einige andere amphibische Prinzessinnen, deren Gesellschaft ihnen nützlich ist, zuzulassen. Der Herzog d'Aumont, der zwischen Mlle Clairon und dem Marquis de Villette wohnt, hat das Gericht ersucht, sie alle beide auszulogieren. Da dieser gute Seigneur immer das Feuer ein wenig fürchtet, meint er, daß er Gefahr liefe, verkohlt zu werden, wenn das eine oder das andere Bankett in Flammen aufginge.

Fréron, der von Voltaire bezichtigt worden ist, in seiner Gegenwart eine scheußliche Sünde eingestanden zu haben, hat sich dafür gerächt, indem er seinem Antagonisten vorgeworfen hat, er habe mit dem Marquis de Villette und dessen vorgeblichem Sekretär unter demselben Dach geschlafen.

Als sich der Graf de Noailles mit einem seiner Lakaien skandalöse Freiheiten herausgenommen hatte, hat dieser Bauernbengel Monseigneur mit einer Ohrfeige umgeworfen, die Seine Gnaden acht Tage lang ans Bett gefesselt hat. Trotz dieses Ereignisses, das viel von sich reden machte, fährt der heilige Mann fort, seine kleinen Gaben zu verteilen und auf so komische Art wohltätig zu sein. Man glaubt, Seiner Gnaden Verstand sei ein wenig von den Segnungen des Volkes und von den Folgen seines Eifers und seiner Versuchungen geschwächt. Der Lakai, mit dem er diese Ohrfeigenaffäre gehabt hat, ist ein Pikarde aus erster Hand, der noch nicht darauf vorbereitet war, den Dienst eines spanischen Granden, der Chevalier des königlichen Ordens, Generalleutnant, Gouverneur von Versailles, Prince de Poix, Seigneur d'Arpajon, Ritter des Großkreuzes von Malta, Chevalier de la Toison d'Or und Säkularmitglied der Gesellschaft Jesu usw. usw. ist, zu versehen.

Ein ehemaliger Offizier der französischen Garde, der immer die sittenlosen Frauen gehaßt hat, hat jetzt ein kleines Haus erworben, wo er sich mit einer sehr erfahrenen Mätresse einschließt, die er als einen Kammerdiener ausgibt.

Der Nuntius Seiner Heiligkeit hat soeben vom heiligen Kollegium ein Präsent von zwölf Pagen erhalten, die fähig sein sollen, den schwierigsten Kardinal zu bedienen; der päpstliche Souverän hat ihnen zwei schwarze Eunuchen beigefügt, die sie überwachen und die französischen Seigneurs daran hindern sollen, die Privilegien des römischen Hofes an sich zu reißen.

AUS DEN KLEINEN MEMOIREN

Auszug aus einem Brief aus Rennes vom 25. Januar 1767.

Der sehr lüsterne Bischof von S.-Brieux (Barreau de Girac), den es sogar noch am Altar packen und der der hl. Jungfrau davon erzählen würde, um sich die Langeweile des Kirchendienstes zu vertreiben, hat es unternommen, eine hübsche junge Dame, die noch dazu die Nichte eines seiner Brüder im Herrn ist, zu erobern. Als er sich eines Tages auf der liebestollen Jagd, die er vor keinem verheimlichte, tête-à-tête mit dieser Dame fand, bestürmt er sie, von seiner Leidenschaft fortgerissen, aufs heftigste, und vergißt, vorsichtshalber den Riegel vorzuschieben; der Gatte kommt dazu und betritt den Raum just im entscheidenden Moment; die Dame verliert keineswegs den Kopf und gibt vor, daß der Prälat versuchte, ihr Gewalt anzutun; sie stürzt sich auf ihres Mannes Degen und stößt ihn in den Schenkel des Unbesonnenen. Dies genügte wohl, um seine Gluten zu kühlen; verwirrt, gedemütigt, mit gesenktem Kopfe trat er seinen Rückzug an, und hütet nun notgedrungen das Zimmer.

Diese Geschichte ist heute überall bekannt; man spricht von nichts anderem als von Madame de la M...'s Geschicklichkeit, die dem Bischof de S. Brieux einen Degenstich in den Schenkel versetzt hat, ohne seine Hose zu gefährden.

Man sagt, der Prinz von Conti habe den König damit erfreut, doch hat es der Bischof von Orléans, der um den Ruf seines Sprengels sehr besorgt ist, für seine Pflicht gehalten, den gesamten Kirchenstaat davon zu benachrichtigen, der die Sachlage richtig erfaßte und zurückschrieb: dies sei eine Verleumdung, die wegen der Schadenfreude erfunden worden sei.

Es wird behauptet, daß Monseigneur bedauerlicherweise die Narbe sein ganzes Leben lang auf dem Schenkel behalten wird.

Von Mund zu Mund kursiert ein sublimes Wort des Sieur Le Kain, das alle Welt begeistert [1]. Gegen Ende der dramatischen Saison, in einem Foyer, wurde es geprägt. Man beglückwünschte diesen Schauspieler zur Ruhe, die er nun genießen würde, zum Ruhm und zu dem Geld, das er gewonnen hatte. »Was den Ruhm anbetrifft«, erwiderte Le Kain bescheiden, »so schmeichle ich mir nicht, viel erworben zu haben. Diese Art Entschädigung wird uns von zu vielen bestritten, und Sie selbst würden sie mir streitig machen, wollte ich sie usurpieren. Was das Geld betrifft, so habe ich nicht Grund, derart zufrieden zu sein, wie man annimmt; unser Anteil kommt dem der Schauspieler an der italienischen Oper nicht gleich, und wären wir gerecht gegen uns selbst, würden wir uns ein wenig höher einschätzen. Ein Anteil beim Théâtre des

Italiens bringt 20–25 000 Livres ein und der meine im Höchstfalle 10–12 000.« – »Wie denn«, rief da ein Chevalier des Sankt-Ludwigs-Ordens, der der Unterhaltung zuhörte, »wie denn! Ein elender Komödiant ist nicht mit 12 000 Livres Rente zufrieden, und ich, der ich im Dienste des Königs stehe, auf einer Kanone schlafe und mein Blut dem Vaterlande opfere, ich bin nur zu glücklich, 1 000 Livres Pension zu erhalten!«

»Ja, mein Herr«, erwiderte Le Kain, »und rechnen Sie es denn für nichts, daß Sie sich die Freiheit nehmen dürfen, in diesem Ton zu mir zu sprechen?«

Man erzählt sich ein Geschichtchen, das kürzlich Herrn von *Marmontel* zugestoßen sein soll und das er, wie billig, leugnet.

Dieser Autor hatte sich als erster in das Landhaus einer Dame begeben, deren Tochter soeben das Kloster verlassen hatte. Sie war eine alleinstehende Witwe, die kein großes Haus führte. Als der berühmte, unerwartete Mann ankommt und ihr noch dazu erzählt, daß Madame Gaulard mit ihrer Gesellschaft bald nachfolgen werde, läßt sie ihn allein, um ihre Verfügungen zu treffen, bittet ihn, sie einige Momente zu entschuldigen, und schärft ihrer Tochter ein, den Herrn unterdessen zu unterhalten und möglichst die Kosten des Gesprächs zu tragen. Das Fräulein ist hübsch und eine heilige Unschuld, und dies zweifellos mehr, als man es von Zöglingen der meisten Klöster erwartet.

Wie dem auch sei, der Herr Marmontel ermannt sich, vergißt sich, profitiert von der Unschuld des jungen Mädchens und wird außerordentlich unternehmend.

Darüber kommt die Mutter zurück, entschuldigt sich bei unserem Akademiker, versichert ihm, wie sehr sie bedauert habe, ihn allein lassen zu müssen, und hofft, daß er sich nicht sehr gelangweilt habe; er beschwört das Gegenteil und daß ihr Fräulein Tochter den Esprit eines Engels habe und daß er sich ausgezeichnet unterhalten hätte. Die Mutter wendet sich zu ihrer Tochter und sagt, sie hoffe, daß diese Liebenswürdigkeit nicht nur eine Höflichkeitsformel sei. Herr Marmontel entgegnet von neuem, daß nichts wahrer sei und daß er viel Vergnügen empfunden habe.

Die Kleine aber verliert die Geduld und entgegnet heftig: »Er lügt, Mama, er lügt! Welch zweifelhaftes Vergnügen, auf anderer Leute Popo mit eiskalten Händen zu manipulieren.« Es ist unmöglich, den Zustand der Mutter und den des Herrn Marmontel zu schildern. Er wartete das Kompliment, das ihm gebührte, erst gar nicht ab und rettete sich eiligst auf seinen Wagen.

Man erzählt sich viel von den wunderbaren Vorstellungen, die Mlle Guimard, die Primaballerina der Oper, in ihrer herrlichen Villa in Pantin gibt. Herr von Marmontel hat nicht befürchtet, seine akademischen Fähigkeiten noch seine Seelengröße zu degradieren, als er dieser Kurtisane vor einem Jahre den weit und breit bekannten Brief schrieb. Es scheint, als ob Herr Collé[2] sein »Théâtre de Société« dazu bestimmt habe, bei ihr gespielt zu werden. Herr von Marmontel hat einen Band »dramatischer Sprichwörter« geschrieben, gleichfalls dazu bestimmt. Sie sind von de la Borde in Musik gesetzt worden, diesem Amateur, der seine Begabung nicht besser verwenden zu können glaubt, als sie in den Dienst der modernen Terpsichore zu stellen. Die Schauspieler der verschiedenen Theater befreien sich, wenn es ihnen irgend möglich ist, von ihren Verpflichtungen und eilen in ihr Lusthaus, um dort zu spielen. Am Freitag, dem 7., am Tage der Heiligen Jungfrau, hat man dort »La Partie de Chasse de Henri IV« mit einem Proverbe [kleines, ein Sprichwort entwickelndes Theaterstück] von den ebengenannten Autoren als Beigabe aufgeführt. Das Publikum reißt sich um die Ehre, zu diesen Vorstellungen zugelassen zu werden. Der Marschall Prinz von Soubise beehrt sie oft mit seiner Gegenwart und steuert nicht wenig dazu bei, diese luxuriöse Ausgabe [finanziell] zu unterstützen. Manchmal spielt auch

Mlle Guimard mit, doch entspricht ihre Grabesstimme nicht ihren anderen Talenten. Diese Kurtisane wird auf diese Weise und durch das Raffinement der wollüstigen Orgien, die gar oft bei dieser Nymphe gefeiert werden und von denen man Wunderdinge berichtet, sicher Epoche machen.

Vor einigen Tagen traf der Graf de Lauraguais [3] in einer sehr engen Gasse mit der Karosse des Generaladvokaten Herrn von Barentin zusammen, der seine sehr häßliche Frau bei sich hatte. Der Kutscher Lauraguais' versuchte vorwärts zu kommen; der des anderen weigerte sich auszuweichen; darauf großer Disput zwischen den Dienern. Der Generaladvokat streckt den Kopf aus der Tür und äußert mit dem dünkelhaften Ton eines Beamten sein Erstaunen, daß man ihn nicht passieren läßt; er bringt seinen Rang zur Geltung und betont, wie der königliche Dienst nicht verzögert werden dürfe.

Graf Lauraguais kümmert sich nicht im geringsten um den Redeschwall des Generaladvokaten und befiehlt seinem Kutscher, vorbeizufahren. Darauf zeigt sich die Frau des Advokaten am Wagenschlag, fordert die Vorrechte ihres Geschlechtes und äußert ihr Erstaunen, daß ein so vornehmer Herr sie so wenig zu befolgen wisse.

»Ah!« antwortete Graf Lauraguais, »warum haben Sie sich denn nicht eher gezeigt, Madame! Ich versichere Ihnen, daß ich, mein Kutscher und meine Pferde schon weit wären, hätten wir Sie früher gesehen!«

Eine wunderbar schöne Zeremonie, die seit undenklicher Zeit in der Nacht vom Freitag zum heiligen Samstag in der Sainte-Chapelle gefeiert wird, hat eine ungeheure Menge Zuschauer angelockt. Um Mitternacht begeben sich alle Besessenen, die vom Teufel, der sie quält, geheilt werden wollen, dorthin, um von ihm befreit zu werden. Der Abbé de Sailly, der Großkantor dieser Brüderschaft, berührt sie mit einem Splitter des heiligen Kreuzes. Augenblicklich verstummt das Geheul, ihre Wut legt sich, ihre Zuckungen beruhigen sich, und sie sind ihrem natürlichen Zustand zurückgegeben. Ungläubige behaupten, diese vom Teufel Besessenen seien Bettler, die dafür, daß sie die Rolle spielen, bezahlt und lange vorher eingeübt werden. Doch sollte man nicht glauben, daß Geistliche sich zu einer so unwürdigen Komödie hergeben könnten. Vielleicht bedient man sich dieser frommen Methode höchstens deshalb, um mangels wahrer Besessener den Glauben der wahren Frommen an dieses Mirakel, das seit so vielen Jahren besteht, nicht zu zerstören, da es geeignet ist, ihre heute so oft erschütterte Gläubigkeit zu festigen. Glücklicherweise gibt es so viele Besessene, daß man nicht in die Lage kommt, falsche einzuüben.

Mlle Beauvoisin, eine hübsche Kurtisane, die gewisse Reize hatte, aber kurztaillig, klein und gedrungen war, hatte aus diesem Grunde die Oper, an der sie als Tänzerin wirkte, verlassen müssen. Seit einigen Jahren befaßte sie sich nun damit, ein Spielhaus zu leiten; ihr Charme, ihr Luxus und der Zulauf vieler Spieler, die sich da trafen, hatten ihr Haus berühmt gemacht; doch gab es, wie immer, eine Menge eingeschmuggelter Betrüger. Szenen hatten sich bei ihr abgespielt, die die Aufmerksamkeit der Polizei erregten: sie war zu Herrn von Sartines geschickt und von ihm mit strengen Vorhaltungen bedacht worden, auch hatte er ihr anbefohlen, die Spielhöhle zu schließen oder aber wenigstens jeden Eklat zu vermeiden, wenn sie einer strengeren Strafe entgehen wolle.

Sie hatte gemeint, sich der polizeilichen Wachsamkeit dadurch entziehen zu können, daß sie sich als überzählige Tänzerin bei den in Versailles in Vorbereitung stehenden Festlichkeiten einzeichnete. Auf neue Bezichtigungen hin, daß das Haus dieser Dirne ein erschreckendes Diebesnest sei, in dem sich junge Leute von Stand träfen, ist sie heute festgenommen und nach Sainte-Pélagie gebracht worden, einem

Zufluchtsort gewisser Nymphen, die man nicht ins Hospital stecken will. Diese Entführung hat Schrecken unter die diesem Hause verbrüderten Spieler gesät, die sich nun nach einer anderen Wirkungsstätte umsehen müssen.

Man weiß, daß der Chevalier de Coigny [4] ein bei den Hofdamen sehr beliebter und gern gesehener Gast ist; unter anderen nennt man auch eine der hübschesten unter ihnen als eine seiner Eroberungen, die Prinzessin d'Henin; auch steigt er zu den Bürgerlichen herab und beehrt sie damit, sein Lager teilen zu dürfen; so spricht man auch von einer Dame de Martinville, der Frau eines Generalpächters. Endlich sagt man, daß er der Herzogin von B . . ., die ihm Liebenswürdigkeiten erwies, die beiden anderen geopfert habe. So geschah es, daß am Rosenmontag die bis zur Unkenntlichkeit maskierte und von Eifersucht zerfressene Madame d'Henin ihn mit der ebenfalls maskierten Herzogin von B . . . traf; sie erkannte sie sofort, gab aber vor, sie für Mme de Martinville zu halten, und nach einem ironischen Kompliment über das Opfer, das dieser Seigneur ihr – Mme d'Henin – für eine Bürgerliche gebracht habe, fügt sie hinzu, daß sie das in Anbetracht ihrer Jugend und ihrer Schönheit nicht erstaune, daß sie aber über das Seltsame nicht wegkäme, daß er sie, die Martinville, um eine Grande Dame aufgäbe, die durch ihren Rang, ihre Geburt und ihre Eigenschaften, ihren Esprit und Herzenstugenden würdig erscheine, deren Körper aber schwere Mängel aufweise, und damit erging sie sich in einer demütigenden Aufzählung all ihrer körperlichen Schwächen, die sie naturgemäß übertrieb.

Die sehr verwirrte Prinzessin wollte sie einschüchtern, indem sie beteuerte, gar nicht Madame de Martinville zu sein, daß es sich um ein Mißverständnis handle, daß sie da Mitteilungen mache, die ihr sehr gefährlich werden könnten; die andere jedoch blieb hartnäckig, schwor, sich nicht zu täuschen, und entblödete sich sogar nicht, im Eifer ihres Zornes sich selbst zu erniedrigen: »Verstellen Sie sich doch nicht, schöne Maske«, rief sie; »wir Huren kennen einander doch!«

M. Fenouillot de Falbaire hat vor einem Jahr ein hübsches Mädchen geheiratet, in die sich der Herr Beaujon, ein Hofbankier, solcherart verliebte, daß er für das Paar alles tat, was in seinen Kräften stand. Zuerst hat er ihnen eine königliche Domäne verschafft, die den Titel einer Baronie de Quingey mit sich brachte, den der junge Ehemann angenommen hat. Er hat ihnen die Viertelstelle und Einnahme eines Generalpächters übermittelt. Er hat ihnen zweitausend Livres Rente ausgesetzt. Ganz kürzlich hat er der Frau, die soeben von einem Kinde genesen ist, Pferde und eine Karosse zum Geschenk gemacht. Kurz, jeden Tag erweist er ihnen neue Wohltaten. Sie sind um so weniger teuer für die Baronin, als der Liebhaber als impotent gilt und den Ehemann unmöglich nach allen Regeln der Kunst zum Hahnrei machen kann; außerdem ist er derart eifersüchtig, daß er darüber wacht, daß kein anderer es tue: so ist er eine Art sehr wachsamer Eunuch, den der Baron de Quingey um seine Frau besorgt weiß.

Da endlich die auf diese Weise nie versiegenden Wünsche des Finanziers sich sehr verdoppeln können und sein außerordentlicher Reichtum es ihm ermöglicht, sich alle Damen, die er begehrt, zu kaufen, hält er sich deren mehrere, die er seine »berceuses« nennt, da sie ihn zu Bett bringen und mit Zärtlichkeiten und Erzählungen einschläfern. Dabei ist der Bankier ein Bauer, ohne Liebenswürdigkeit, ohne Reiz, keineswegs säuberlich, wie die modernen Finanziers, und überhaupt sehr tölpelhaft.

Man möge sich auch erinnern, daß Herr Falbaire ein durch sein Drama »L'Honnête Criminel« bekannter Autor ist [5]. Sein Reichtum hindert ihn nicht zu arbeiten, und soeben hat er ein neues Drama geschaffen, das er in Fontainebleau aufführen lassen will.

Jean Michel Moreau: Es ist ein Sohn, Herr!

Der Hofbankier Beaujon, der sich im Hotel der außerordentlichen Gesandten, dem
ehemaligen Hôtel d'Évreux und dem nachmaligen Hôtel de Pompadour schlecht logiert fand, hat dort große Ausgaben gemacht, besonders für den Garten, den er arg
zurichtete. Bei dieser Gelegenheit spricht man viel von diesem verschwenderischen
Herrn, dessen Lebenslauf man sich folgendermaßen erzählt:
      Um sieben Uhr früh erhebt er sich und arbeitet bis um neun. Darauf kleidet er
sich an, trinkt seine Schokolade, empfängt Visiten, hält seine Audienzen ab, und so
fort; des Abends diniert er mit vielen Freunden zusammen und unterhält sich angeregt. Um neun Uhr geht er schlafen; wenn er im Bett ist, öffnen sich die Gardinen,

und seine Vertrauten, besonders seine »berceuses«, liebkosen ihn bis halb zehn, dann schließen sie die Gardinen. Darauf soupieren die anderen, tun nach ihrem eigenen Belieben und ziehen sich je nach Gefallen zurück.

Ein seltsames Schauspiel hat die Freunde Longchamps' [s. S. 357] erfreut und strenge Mitbürger indigniert. Schon früher hat man Mlle Du Thé mit einer glänzenden sechsspännigen Equipage brillieren sehen. Mlle Cléophile⁶, die von Eifersucht geplagt wurde, hat sich am Karfreitag auf dieselbe Art und Weise dahin begeben, um mit der Pracht ihrer Rivalin zu konkurrieren. Man hat sich nicht entscheiden können; nicht, was die körperliche Schönheit, sondern den Luxus und die Eleganz der Kleidung, der Diamanten und der Aufmachung betrifft; ebensowenig über die Schönheit der Pferde und die Ausstattung der Karossen. Mlle Cléophile hat, obschon sie viel jünger ist, nur ein phantastisches Frätzchen und kann mit der regelmäßigen, wenn auch langweiligen Schönheit ihrer Konkurrentin nicht rivalisieren. Die Cléophile gehört heute dem Grafen Aranda, der ihr, wie man sagt, neunhundert Louis monatliches Fixum gibt, was sie instand setzt, diese Würde konvenierend [passend, angemessen] zu repräsentieren. Sie ist ein kleines Mädchen, das ehemals bei Audinot war und heute überzählige Tänzerin der Oper ist.

Der *Pouff aux sentiments* ist eine Coïffure [Kopfputz »mit Gefühl«, Rokokohaartracht], die dem »*quesaco*«⁷ gefolgt und ihm durch die Unmenge verschiedenartiger Dinge, die zu ihrer Komposition gehören, und durch die Phantasie, die sie, um wechselvoll ausgeführt zu werden, erfordert, unendlich überlegen ist. Man nennt sie »pouff«, weil sie eine Mannigfaltigkeit an Gegenständen enthalten kann, und weiter »aux sentiments«, weil sie sich auf das, was man selbst am meisten liebt, beziehen müssen. Die Beschreibung des Pouff der Herzogin de Chartres soll diese schwierige Definition dem Verständnis näherbringen. In dem Pouff ihrer Hoheit erblickt man eine im Sessel sitzende Frau, die einen Säugling wiegt, was Bezug auf den Herzog von Valois und dessen Amme hat. Zur rechten befindet sich ein Papagei, der an einer Kirsche pickt, der Lieblingsvogel der Prinzessin. Zur Linken ein kleiner Neger, das Abbild dessen, den sie liebt; der rest ist mit Haartuffs des Herzogs de Chartres, ihres Gatten, des Herzogs de Penthièvre, ihres Vaters, des Herzogs von Orléans, ihres Schwiegervaters, und anderer garniert. Alle Frauen wünschen, einen Pouff zu besitzen, und schwärmen davon.

Gestern um drei Uhr morgens hat Seine Majestät dem Herzog von Duras befohlen, den Abbé Maudoux, seinen Beichtiger, rufen zu lassen. Seine Majestät ist fünfzehn oder zehn Minuten allein mit ihm geblieben, dann hat sie mit dem Großalmosenier eine Privatkonferenz gehalten; endlich hat sie das heilige Abendmahl empfangen. Vorher hat der Kardinal de La Roche-Aymon im Namen des Königs folgende Rede gehalten: »Obgleich der König niemand anders als Gott Rechenschaft über sein Gehaben schuldet, bedauert er, seine Untertanen skandalisiert zu haben und erklärt: von jetzt ab nur der Religion, dem Glauben und dem Wohlergehen seines Volkes leben zu wollen.«
Die Reliquie der heiligen Genoveva ist anläßlich der Krankheit seiner Majestät enthüllt worden. Im übrigen haben die Mönche ihr möglichstes getan, um die Neugier des Publikums anzustacheln; sie haben um die Reliquie eine Art schwarzer Kammer gezogen, um den Glanz der bunten Glasarbeiten, die sie schmücken, noch mehr hervorzuheben.
Sobald sich die Pockenkrankheit beim König eindeutig als solche zu erkennen gab, erbot sich ein zufällig in Paris weilender englischer Arzt namens Sutton, ein Mitglied jener berühmtem Familie, die eine besondere Inokulationsmethode [Impfung] und

ein spezielles Mittel gegen diese Krankheit erfand, Seine Majestät zu behandeln; doch haben unsere französischen Ärzte ihn zu verdrängen gewußt. Seitdem nun des Königs Zustand hoffnungslos geworden ist, hat man den Ausländer rufen lassen; der Herzog von Orléans und Madame Adélaide haben ihm 100 000 Taler für sein Geheimnis oder für die Erlaubnis zu dessen Analyse vor der Anwendung beim König geboten. Er hat darauf bestanden, daß dies ein Familiengeheimnis sei, dessen Schlüssel er keineswegs habe, und daß es sowieso schon zu spät sei.

Die Leiche des Königs war derartig verpestet, daß kein Arzt gewagt hat, die Autopsie zu machen. Man sagt, daß sie augenblicklich mit ungelöschtem Kalk bedeckt, dann in einen Sarg aus Zedernholz und darauf in einen bleiernen gelegt worden wäre. Das Palais ist zwiefach verseucht, erstens von der Leiche des verstorbenen Königs und dann von den mannigfaltigen wohlriechenden Wassern und Parfüms, die seit zwölf Tagen ein jeder Höfling gebrauchte; daraus ist ein Potpourri entstanden, schrecklicher als die faulige Ausdünstung der pestilenzartigen Krankheit Seiner Majestät.

Nach dem Tode des Königs haben alle die Großen des Reichs, die Seiner verstorbenen Majestät beistanden, sich der neuen Majestät, dank der pestilenzartigen Krankheit, mit der sie sich vollgesogen hatten, nicht nähern können; deshalb haben sie sich dem Brauche gemäß, bei der neuen Majestät nur einschreiben lassen.

Der Herzog de la Vrillière hat sich zu der ehemaligen Dauphine, der jetzigen Königin, begeben – der er sich nähern durfte, da diese Prinzessin die Pocken gehabt hat –, um die Befehle Seiner Majestät oder die, die der König durch sie zu geben geruhen würde, entgegenzunehmen. Die Königin hat geantwortet, daß sie ihm keine zu überliefern habe, weder von seinem Herrscher noch von ihrem erhabenen Gatten.

Der König hat sogleich eine Karosse bestiegen, und alles hat gerufen:»Es lebe der König!«

Obgleich keinerlei Befehl erteilt war, da der König es für nötig befunden hatte, daß die ganze Familie in diesen Tagen gemeinsamer Schmerzen miteinander versammelt sei, hat sich der ganze Hof nach Choisy begeben. Die Damen befinden sich im kleinen, der König und seine Brüder im großen Schlosse. Der Herzog von Orléans, der unausgesetzt beim verstorbenen König gewohnt hat, hat dem neuen König nicht huldigen können. Er hält sich für die Dauer von neun Tagen zu Saint-Cloud auf. Aus demselben Grunde haben sich alle Minister verstreut; man glaubt nicht, daß vor Ablauf dieser Zeit eine Ministersitzung stattfinden werde.

Madame Dubarry, von der man fälschlich berichtete, daß sie Ruel verlassen habe, befindet sich noch immer dort; doch nimmt man an, daß ihres Bleibens dort nicht mehr lange sein wird; man vermutet, daß sie dort des Königs Befehle abwartet. Im übrigen hat ihr Schmerz sie keineswegs dem Luxus und dem süßen Müßiggang entfremdet; da ihr das Bett der Herzogin d'Aiguillon nicht bequem genug war, hat sie nach Versailles geschickt, um ihr eigenes holen zu lassen.

Da dieser Name, seit der Hof sich zurückgezogen hat, derartig verrufen ist, hat die junge Marquise Dubarry (Mlle de Fumel [8]), auf die sogar die öffentliche Verachtung zurückfiel, sich entschlossen, ihre Dienerschaft nicht mehr in ihre Livree zu kleiden. Man weiß, welchen Widerwillen sie immer gegen diesen Hymen empfand, dessen Opfer sie war; was sie wirklich beklagenswert macht.

Das Leichenbegängnis des Königs hat tatsächlich am angegebenen Tage stattgefunden und ist mit unanständiger Eile und fast vollkommenem Außerachtlassen des Zeremoniells betrieben worden. Die Wirtshäuser am Wege waren mit johlenden Menschen angefüllt. Unter anderen erwähnt man einen besonders Schuldigen, der herausgeworfen werden sollte und dem man schließlich den Wein verweigerte. Um sich seiner zu entledigen, sagte man ihm, Louis' XV Leichenzug würde vorbeikommen: »Wie«, schrie er im Delirium, »dieser Hurenkerl hat uns bei seinen Lebzeiten Hungers sterben lassen und nach seinem Tode sorgt er noch dafür, daß wir vor Durst umkommen!«

Was die Gräfin Dubarry bei Hofe noch verhaßter macht, ist eine Anekdote, die als authentisch gilt und sie die Ursache von des Königs Tod werden läßt. Man behauptet, gelegentlich einer Lustbarkeit zu Trianon, die den König den plötzlichen Tod des Marquis de Chauvelin, den des Marschalls d'Armentières und die folternden Gewissensbisse, die die Gründonnerstagspredigt des Bischofs von Senez in ihm erweckt hatte, vergessen machen sollte, habe man beobachtet, daß der Monarch ein wohlgefälliges Auge auf die Tochter eines in der Nähe wohnenden Tischlers geworfen habe; daß man dieses noch unschuldige Kind habe kommen, waschen und parfümieren lassen und sie so in das Bett seiner Majestät geführt habe, dem dieser leckere Bissen schlecht bekommen wäre, hätte man ihn nicht mit sehr starken Kräftigungsmitteln unterstützt, was ihm tatsächlich half und mehr Vergnügen verschaffte, als man füglich in diesem Alter empfindet. Man behauptet ferner, daß dieses Kind, das sich schon krank fühlte und sich nur mit Mühe zu dem hergab, was man von ihm verlangte, von den Drohungen eingeschüchtert gewesen sei und gehofft habe, viel Geld zu erwerben. Man ahnte nicht, daß sie den Keim der Pockenkrankheit in sich hatte, die sie dem König übertrug und an der sie noch früher starb als er.

Man hat auf den verstorbenen König ein abscheuliches Epitaph gemacht, das in den Anekdoten als historisch bewahrt wird; es illustriert die Sittenverwahrlosung gegen Ende seiner Regierung sowie die Reinheit, die man von der gegenwärtigen erhofft.

> »Quittez la Cour; partez
> Partez, M . . . et P . . . ;
> Ci-gît Louis, quinzième du nom,
> Dit le bien-aimé par surnom,
> Et de ce titre le deuxième,
> Dieu nous préserve du troisième!«
> [»Verlaßt den Hof, reist fort,
> Macht euch davon, M . . . und P . . . ;
> Hier ruht Louis, der 15. mit Namen,
> Mit Beinamen genannt der Hochgeliebte,
> Er ist der zweite, der diesen Ehrentitel trägt,
> Gott bewahre uns vor einem dritten!«]

Um dies Epitaph zu verstehen, muß man sich erinnern, daß Charles ebenfalls vor seinem Wahnsinn »le bien-aimé« genannt wurde.

Man schreibt aus Toulouse, daß das Volk, sowie die Nachricht von Mme Dubarrys Entfernung vom Hofe eintraf, und selbst vor des Königs Tode, sich für die Unverschämtheiten ihres Gatten, des Grafen Guillaume, gerächt hat, ihn mit Schmährufen beschimpfte und in den Schmutz warf; und man zweifelt nicht, daß diese Mißhandlungen nach dem Tode des Königs fortgedauert hätten, wäre dieser Unglückliche nicht vorsichtig genug gewesen zu entfliehen.

Unlängst fielen im ersten Rang der Comédie eine Dame mit zwei Fräuleins durch ihr bäuerisches ordinäres Wesen und den außerordentlichen Schmuck, den sie trugen, auf. Man sah sie nachher in eine Karosse steigen, superb wie die eines Gesandten.

Sechs Lakaien lungerten um den Wagen herum. Einer fragte die Dame, wohin man fahren solle, worauf er zur Antwort bekam: »Chez nous« [»Zu uns«], worüber die ganze Valletaille lachte. Und einer der Diener, den man nach der Dame fragte, erklärte: »Madame ist eine Weißwäscherin, die, ohne sich zu verletzen, aus der vierten Etage in einen eigenen Wagen gefallen ist.«

Einer von den neuen Reichen bestellte beim besten Lieferanten eine Berline [viersitziger Reisewagen mit zurückschlagbarem Verdeck] allerfeinster Arbeit. »Und welches Wappen soll ich draufmalen?« fragte der Fabrikant. »Das schönste, das es gibt, mein Lieber«, bekam er zur Antwort, »das schönste, das Sie auf Lager haben.«

Die kleine Cartou vom Ballett sagte zum Grafen Arty: »Sag doch gelegentlich deiner Frau und deinen Schwestern, wenn sie uns, wie sie es tun, unsere Praktiken nachmachen und wegnehmen, so sollen sie auch unsere Rollen spielen, denn es ist nicht gerecht, daß wir die Mühe haben sollen und sie den Profit.«

Als der junge Grimod [9] Fräulein Jarente geheiratet hatte und diese in den ersten Tagen der Ehe keine besonders gute Laune zeigte, fragte Grimod seinen Schwager, den Herrn von Malesherbes: »Glauben Sie, daß meine Frau mich glücklich machen wird?« Worauf der sehr richtig antwortete: »Das hängt vom ersten Liebhaber ab, den sie haben wird.«

Der reich gewordene Bourvalais kam einmal in einer Finanzpächterversammlung mit dem reich gewordenen Thevenin in Streit, der schließlich zu ihm sagte: »Weißt du denn nicht mehr, daß du mein Lakai gewesen bist?« Worauf Bourvalais, der wirklich des andern Lakai gewesen war, antwortete: »Ich weiß es, aber wenn du der meine gewesen wärst, so wärst du es noch heute [10].«

Der reich gewordene Michel Bouret, der 1777 ganz verschuldet starb, bewarb sich sehr um die Gunst einer Dame vom Hof und bot ihr an, sein Vermögen mit ihr zu teilen. Sie lehnte sehr brüsk ab. Einige Zeit darauf war sie in Not und schrieb Bouret wegen 10 000 Francs und lud ihn zum Souper ein. Bouret antwortete: »Was ich von Ihnen verlangte, war ohne Preis; das, was Sie mir anbieten, ist zu teuer.«

Ein Gast im Hause des Generalpächters de Beaujon bemerkte nach einem Rundgang in dem Prachthause: »Ohne das Gesicht des Hausherrn wüßte man nicht, wohin spucken.«

Mme de Groslier beichtete auf dem Sterbelager mit einer Zeile: »Hochwürden, ich war jung, ich war hübsch, man hat es mir gesagt, ich habe es geglaubt: denken Sie sich das übrige.«

Le Kain gab einem Amateur der Gesellschaft Unterricht. Dieser packte in einer Liebesszene seine Partnerin beim Arm, wozu Le Kain sagte: »Wenn Sie leidenschaftlich erscheinen wollen, müssen Sie so aussehen, als wagten Sie nicht, das Kleid jener zu berühren, die Sie anbeten.«

Fontenelle sagte: »Das Vergnügen ist nicht solide genug, als daß man es vertiefen könnte; man darf es nur entblättern [11].«

Der alt gewordene Prinz Conti [12] sagte unlängst, man nehme seine Liebeserklärungen als Komplimente, früher habe man seine Komplimente für Liebeserklärungen genommen. Er schickte neulich der Mme de Blot eine Miniatur ihres Kanarienvogels in einem goldenen Büchschen, das mit einem großen Diamanten verziert war. Mme de Blot schickte den Diamanten zurück, denn, als sie den Wunsch nach der Miniatur geäußert habe, hätte sie sich eine ganz einfache ausbedungen. Der Prinz Conti ließ den Diamanten zu Pulver zerreiben und streute es auf ein Billett, das er an Frau von Blot schrieb. Dieses Stäubchen Pulver kostete fünftausend Livres.

Die Komtesse von Forcalquier hatte von ihrem Gatten ohne Zeugen eine Ohrfeige bekommen und wollte sich scheiden lassen. Aber man sagte ihr, daß sie gar keine

Jean Michel Moreau: Ausfahrt zur Oper

Aussicht habe, die Scheidung zu erreichen. Mit diesem Bescheid kam sie nach Hause, begab sich in das Zimmer ihres Gatten, gab ihm eine Ohrfeige und sagte: »Hier haben Sie Ihre Ohrfeige zurück, ich kann damit nichts anfangen.«

Der sterbende Herzog von Ormont sagte zum Chevalier d'Arragues, der an seinem Lager stand: »Lieber Freund, ich bitte Sie um Entschuldigung, daß ich in Ihrer Gegenwart sterbe.« Der andere wußte, ganz verwirrt von so viel Höflichkeit, nichts anderes zu sagen, als: »Um Gottes willen, genieren Sie sich nicht.«

Ich sagte zu Herrn B ..., einem Spötter und Misanthropen, der mir einen jungen Mann seiner Bekanntschaft vorgestellt hatte: »Ihr Freund weiß noch nichts von der Welt, er hat noch gar keinen Begriff von ihr.« – »Ja«, antwortete er, »aber er ist schon so traurig, als wüßte er alles.«

Voltaire kam eines Tages durch Soissons und wurde von einer Deputation der Akademie von Soissons begrüßt. Einer der Herren hielt eine Rede und nannte darin die Akademie von Soissons die älteste Tochter der Académie française. »Ja, meine Herren«, antwortete Voltaire, »die älteste Tochter, die vernünftige Tochter, die brave Tochter, die nie von sich reden gemacht hat.«

Ein Doktor der Sorbonne schimpfte auf das *Système de la Nature* [13]. Er sagte: ein entsetzliches, verabscheuungswürdiges Buch, der bewiesene Atheismus!

Ich fragte Herrn ..., warum er sich durch sein zurückgezogenes Leben für alles Gute unzugänglich mache, das man ihm erweisen könnte. »Was mir auch die Menschen Gutes erweisen könnten«, erwiderte er, »es wäre für mich nicht so wertvoll wie die Tatsache, daß ich von ihnen nichts höre und nichts sehe.«

Von dem Anti-Machiavell des Königs von Preußen sagte *Voltaire:* »Er spuckt in die Suppe, um den anderen den Appetit zu verderben.«

D'Alembert sprach mit einem berühmten Professor der Rechte aus Genf über Voltaire. Der Professor rühmte das universelle Wissen des Meisters und fügte hinzu: »Ich finde ihn nur im öffentlichen Recht etwas schwach.« – »Und ich in der Geometrie«, sagte d'Alembert.

Der König von Preußen fand bei der Einnahme von Dresden im Hause des Grafen Brühl eine Menge Reitstiefel und Perücken. »Genug Stiefel für einen, der nie reitet«, sagte er, »und genug Perücken für einen kopflosen Menschen.«

Diderot hatte während seines Aufenthalts in Rußland leibeigene Bauern, Muschiks, bemerkt, entsetzlich arm, von Ungeziefer zerfressen. Er entwarf der Kaiserin ein schreckliches Bild ihres Elendes. »Denken Sie denn, sie sollten sich um Häuser kümmern, in denen sie doch nur zur Miete wohnen?« antwortete Katharina.

Ein Advokat namens Marchand, ein geistvoller Mensch, tat den Ausspruch: »Bei der Verwaltung, bei der Justiz und bei der Küche soll man nicht hinter die Kulissen sehen, sonst kriegt man den Ekel!«

Diderot hatte unter seinen Bekannten ein leichtsinniges Bürschchen, das schließlich durch einen letzten Streich die Gunst seines Onkels verscherzte. Der Onkel, ein reicher Prälat, wollte ihn enterben. Diderot besucht diesen, gibt sich sehr ernsthaft und philosophisch und predigt zugunsten des Neffen in einem ergreifenden und pathetischen Ton. Der Onkel erzählt darauf ein paar Schandtaten des jungen Menschen. »Er hat noch viel Schlimmeres verübt!« ruft Diderot. – »Und?« – »Eines Tages wollte er Sie nach der Messe in der Sakristei ermorden! Nur die Dazwischenkunft einiger Leute ...« – »Verleumdung!« schrie der Onkel, »das ist nicht wahr!« – »Gut«, fuhr Diderot fort, »aber selbst, wenn es wahr wäre, müßten Sie ihm in Anbetracht seiner aufrichtigen Reue verzeihen und bei der unglücklichen Lage, die seiner harrt, wenn Sie die Hand von ihm ziehen.«

»Ein Schriftsteller«, sagte *Diderot*, »kann eine Geliebte haben, die Bücher schreibt, aber seine Frau muß Hemden nähen können.«

Ein Kanzelredner erzählte: »Der würdige Vater Bourdaloue predigte in Rouen und richtete großen Unfug an: Die Handwerker liefen aus ihren Werkstätten, die Ärzte von ihren Kranken usw. Das Jahr darauf kam ich hin und predigte und brachte alles wieder in Ordnung.«

In einer Gesellschaft, zu der auch einige Bischöfe und mehrere Abbés gehörten, sprach Herr von C ... einmal über die englischen Regierungsformen und ihre Vorzüge. Einer von den Abbés, ein Herr von Seguerand, erwiderte ihm: »Schon nach dem wenigen, das ich von England gehört habe, möchte ich durchaus nicht dort leben. Ich würde mich in einem solchen Land ganz elend fühlen.« – »Aber sehen Sie, Abbé, gerade weil Sie sich dort unbehaglich fühlen würden, ist das Land so ausgezeichnet«, antwortete Herr C ... in aller Unschuld.

Als Montazet, Erzbischof von Lyon, in sein Bistum einzog, gratulierte ihm eine alte Stiftsdame, eine Schwester des Kardinals Tencin zu seinem Glück bei den Damen und auch zu dem Kind, das er von Madame Mazarin habe. Der Kirchenfürst stellte alles in Abrede. »Aber meine Gnädige«, sagte er, »auch Sie selbst hat ja die Verleumdung nicht verschont! Meine Geschichte mit Frau von Mazarin ist ebensowenig wahr wie das, was man sich von Ihnen und dem Kardinal erzählt.« – »So«, erwiderte die Stiftsdame ruhig, »dann haben Sie das Kind doch.«

Als der Herzog von Richelieu in die Académie française aufgenommen war, lobte man seine Rede außerordentlich. Man sagte ihm eines Tages in einer großen Versammlung, daß besonders der Ton seiner Rede vollendet gewesen sei. Schriftsteller von Fach schrieben vielleicht korrekter, aber sie hätten nicht die Grazie und Leichtigkeit des Stils. »Ich danke Ihnen, meine Herren«, antwortete der junge Herzog. »Ich bin entzückt über das, was Sie mir gesagt haben. Ich brauche Ihnen nur noch zu sagen, daß meine Rede von Herrn Roy war, und ich werde ihm mein Kompliment dafür machen, daß er den Hofton so gut traf.«

D'Alembert und der Portier.
Der Portier: Wohin, mein Herr? *D'Alembert:* Zu Herrn von ... *Der Portier:* Warum fragen Sie mich da nicht? *D'Alembert:* Mein Lieber, man fragt Sie, wenn man wissen will, ob Ihr Herr zu Hause ist. *Der Portier:* Also? *D'Alembert:* Ich weiß aber, daß er zu Hause ist, denn er bat mich, um diese Zeit zu kommen. *Der Portier:* Das ist ganz einerlei, man hat mich zu fragen. Wenn man mich nicht fragt, bin ich ja nichts!

Fontenelle wurde dreimal von der Akademie zurückgewiesen und erzählte das gern. Er fügte immer hinzu: »Ich erzähle diese Geschichte allen Leuten, die eine Abweisung ihres Gesuchs ärgert, aber ich habe noch niemanden damit getröstet.«

Als der Abbé Raynal [14] noch jung und arm war, las er täglich eine Messe für zwanzig Sous. Später kam er zu Geld und überließ sie dem Abbé de la Porte, behielt aber von den zwanzig Sous acht für sich. Als sich auch die Verhältnisse des Abbé de la Porte etwas besserten, überließ dieser die Messe dem Abbé Dinouart – und zog außer dem, was Raynal bekam, noch weitere vier Sous ab ... So brachte diese armselige Messe, die mit doppelten Abgaben beladen war, dem Abbé Dinouart nicht mehr als acht Sous ein.

An Frau von Créqui schrieb ein Geistlicher beim Tode des Herrn de Créqui-Canaples, der ein ungläubiger Sonderling gewesen war: »Ich bin um das Heil seiner Seele sehr besorgt, allein, da Gottes Wege unerforschlich sind und der Verstorbene die Ehre hatte, Ihrem Hause anzugehören, so ...«

Ein Landpfarrer sagte zu seiner Gemeinde nach der Predigt: »Bitten wir Gott für den Besitzer dieses Schlosses, der in Paris seinen Wunden erlegen ist.« Er war gerädert worden.

Als der Marschall Duras mit einem seiner Söhne unzufrieden war, sagte er zu ihm: »Du elender Mensch! Wenn das so weiter geht, lasse ich dich beim König zur Tafel laden.« Der junge Mann war zweimal in Marly beim Souper gewesen und hatte sich zum Sterben gelangweilt.

Man kennt das Sprichwort: Niemand geht über den Pont Neuf, ohne einen Mönch, einen Schimmel und eine Dirne zu sehen. Zwei Hofdamen passierten die Brücke und sahen in den ersten zwei Minuten einen Mönch und einen Schimmel. Da stieß die erste die zweite mit dem Ellbogen und flüsterte: »Was die Dirne angeht, so brauchen wir zwei nicht lange zu suchen.«

Ein paar junge Herren vom Hofe waren bei Herrn von Cofflans zum Souper geladen. Man sang ein etwas schlüpfriges Lied, das aber noch nicht eigentlich unanständig war. Gleich darauf begann Herr von Fronsac so haarsträubende Couplets zu brüllen, daß selbst seine Gesellschaft Augen machte. In das verlegene Schweigen rief Herr von Cofflans: »Zum Teufel, lieber Fronsac, zwischen dem ersten Lied und diesem liegen zehn Flaschen Champagner.«

Einem jungen Mann aus Hofkreisen sagte man nach, er sei wie toll hinter den Dirnen her. Da ein paar ehrbare und angesehene Frauen dabei waren, die ihm dies übelnehmen konnten, so nahm ihn ein gleichfalls anwesender Freund in Schutz. »Boshafte Übertreibung!« rief er; »er hat auch anständige Damen!«

Ein Mann verbrachte seit dreißig Jahren jeden Abend bei Frau ... Seine Frau starb, und man glaubte allgemein, er würde nun die andere heiraten. Man riet ihm auch dazu, aber er weigerte sich. »Wo würde ich dann nachher meine Abende verbringen?« meinte er.

Die Gabrielli, eine berühmte Sängerin, verlangte von der Kaiserin Katharina fünftausend Dukaten für zwei Monate, die sie in Petersburg singen sollte. »Ich bezahle keinen meiner Feldmarschälle so«, antwortete die Kaiserin. »Dann brauchen Ihre Majestät ja nur die Feldmarschälle singen zu lassen«, antwortete die Sängerin. Die Kaiserin zahlte die verlangte Summe.

Herr ... wurde oft in Gesellschaft gebeten, seine Verse vorzutragen. Die Sache begann ihn zu langweilen, und er sagte, als er wieder einmal zu lesen begann, daß er oft an einen Gaukler von Pont Neuf denken müsse, der einen Affen vorführe. »Lieber Bertrand«, pflegte dieser zu sagen, »uns soll die Sache ja gar keinen Spaß machen, sondern dieser verehrungswürdigen Versammlung.«

Duclos [15] sprach einmal vom Paradies, das jeder sich auf seine Art ausmalt. »Für Sie«, sagte Frau von Rochefort [16], »wär's ein Käsebrot, ein Glas Wein und die erste beste.«

Diderot machte die Entdeckung, daß ein Mensch, für den er einiges Interesse gefaßt hatte, ihn und andere bestahl. Er riet ihm daher zu einer Reise ins Ausland. Der Mensch befolgte den Rat. Diderot hörte zehn Jahre lang nichts mehr von ihm. Da wird eines Tages heftig bei ihm angeläutet. Diderot macht selbst auf, erkennt seinen Mann wieder und ruft mit erstaunter Miene: »Wie, was? – Sie sind's?!« – »Ja«, sagt der andere, »viel hat nicht gefehlt.« – Er begriff, daß Diderot sich wunderte, daß er noch nicht gehängt war.

Rulhière [17] sagte eines Tages zu C...: »Ich habe meiner Lebtage nur eine Schlechtigkeit begangen.« – »Wann wird die aufhören?« fragte C...

Der König von Preußen plauderte eines Tages mit *d'Alembert*, als ein Lakai eintrat, ein Mann von der schönsten Figur, die man sehen konnte. D'Alembert drückte sein Erstaunen aus. »Es ist wirklich der schönste Mann im Staat«, antwortete der König; »er war eine Zeitlang mein Kutscher, und ich bin stark in Versuchung, ihn als Gesandten nach Petersburg zu schicken.«

Ein sehr armer Mann hatte ein Buch gegen die Regierung geschrieben. Einige Zeit verging, ohne daß etwas geschah. »Zum Teufel«, rief er; »ich soll meine Wohnung bezahlen, und kein Mensch setzt mich in die Bastille.«

Zur Zeit der Notabeln-Einberufung (1787) handelte es sich um die Frage, welche Machtvollkommenheit den Intendanten bei den Provinzialversammlungen eingeräumt werden solle. Eine gewisse gewichtige Persönlichkeit neigte sehr auf die Seite der Intendanten. Man wandte sich darum an einen geistvollen Herrn, der mit dieser gewichtigen Person in Verbindung stand und der versprach, den anderen umzustimmen. Es gelang ihm, und als man ihn fragte, wie ihm das geglückt sei, erwiderte er: »Es fiel mir gar nicht ein, zu betonen, daß der Einfluß der Intendanten zu tyrannischem Mißbrauch verlocken könnte – aber er ist bekanntlich sehr adelsstolz, und da habe ich ihm gesagt, daß Leute von sehr altem Adel gezwungen wären, die Intendanten mit Monseigneur anzureden. Er empfand das als eine Ungeheuerlichkeit und trat deshalb auf unsere Seite.«

Der Kanzler d'Aguesseau erteilte nie das Privileg zum Druck eines neuen Romans und gab auch stillschweigend nur unter ganz besonderen Bedingungen die Erlaubnis dazu. So durfte der *Abbé Prévost* [18] die ersten Bände von Cléveland nur unter der Bedingung drucken lassen, daß Cléveland im letzten Bande katholisch würde.

In einer Gesellschaft, der auch Schuwaloff, der frühere Liebhaber der Kaiserin Elisabeth, angehörte, wollte man über große russische Angelegenheiten Aufschluß haben. »Herr von Schuwaloff«, rief da der Amtmann de Chabrillant; »das müssen Sie ja wissen, Sie waren ja die Pompadour dieses Landes; erzählen Sie!«

Der Regent wollte inkognito einen Maskenball besuchen. »Ich weiß ein gutes Mittel«, sagte der Abbé Dubois, und als sie den Saal betraten, gab er Seiner Hoheit einige tüchtige Fußtritte in den Hintern. »Abbé«, brummte der Regent, dem sie etwas zu stark waren, »du maskierst mich zu gut.«

Man wunderte sich oft, daß der Herzog von Choiseul sich so lange gegen Madame Dubarry zu halten vermochte. Sein Geheimnis war sehr einfach. Sooft seine Stellung schwankend wurde, ließ er sich Audienz beim König geben. War er einmal vorgelassen, so erkundigte er sich regelmäßig, was er mit den fünf oder sechs Millionen machen solle, die er im Kriegsdepartement erspart hatte, wobei er jedesmal darauf aufmerksam machte, daß es wohl nicht schicklich sei, sie direkt dem königlichen Schatz zu überweisen. Der König begriff die Anspielung und sagte: »Sprechen Sie mit Bertin, geben Sie ihm drei Millionen in den und den Papieren, den Rest schenke ich Ihnen.« Der König teilte so das Geld mit seinem Minister, und da er nicht sicher war, daß ein anderer ihm dies ebenso leicht machen würde wie der Herzog von Choiseul, behielt er ihn trotz aller Intrigen der Dubarry.

In Breslau stahl ein Katholik in einer Kirche kleine Herzen aus Gold und andere Votivgegenstände. Vor Gericht erklärte er, er habe sie von der Heiligen Jungfrau. Er wurde verurteilt. Die Erkenntnis wurde wie üblich dem König von Preußen zur Bestätigung übergeben. Der König ließ Theologen kommen und legte ihnen die Frage vor, ob die heilige Maria einem frommen Katholiken wirklich nicht kleine Geschenke machen könne. Sehr verlegen erklärten die Theologen schließlich, daß die Sache nicht ganz von der Hand zu weisen sei. Darauf schrieb der König an den Rand des Urteils: Ich begnadige K.; aber ich verbiete ihm bei Todesstrafe, von nun ab von der heiligen Jungfrau oder anderen Heiligen irgendwelche Geschenke anzunehmen.

Duclos, der fortwährend auf den Abbé d'Olivet schimpfte, sagte von ihm: »Dieser Kerl! – Ich kann ihm nachsagen, was ich will, und er haßt mich nicht mehr als ein anderer!«

Madame de la Popelinière [19] legte eines Tages vor ihren Freunden und Verehrern die Schuhe ab und wärmte sich die Füße. Ein kleiner Hund leckte sie ihr. Unterdes unterhielt sich die Gesellschaft von Freundschaft und Freunden. »Ein Freund?« sagte Madame de la Popelinière, »da ist einer.«

Die Herzogin von Chaulnes, die von ihrem Manne getrennt gelebt hatte, lag im Sterben. »Das heilige Sakrament ist da«, meldet man ihr. »Einen Augenblick noch.« – »Durchlaucht, der Herzog von Chaulnes möchte Sie noch einmal sehen.« – »Ist er hier?« – »Ja.« – »Er soll warten – er soll mit dem Sakrament kommen.«

Man fragte eine Herzogin von Rohan, wann sie ihre Entbindung erwarte. »Ich hoffte, diese Ehre in zwei Monaten zu haben«, sagte sie. Die Ehre bestand darin, einen Rohan zur Welt zu bringen.

Als der Vicomte von Noailles die junge Frau von M. verlassen hatte, rief sie verzweifelt: »Ich werde wahrscheinlich noch viele Liebhaber bekommen, aber ich werde keinen so lieben wie den Vicomte.«

Ein Bischof von Saint-Brieux hielt nach dem Tode Maria Theresias eine Trauerrede. Als er die Teilung Polens berühren mußte, sagte er: »Frankreich hat nichts zu dieser Teilung gesagt, ich mache es wie Frankreich und sage auch nichts.«

In einer Gesellschaft sprach man von Herrn von Richelieu [20]. Einer der Anwesenden machte darauf aufmerksam, daß er sehr viel Liebesabenteuer gehabt habe, ohne eine Frau wirklich zu lieben. »Ohne zu lieben,« rief die Marquise de Saint-Pierre; »das ist sehr leicht gesagt! Aber ich kenne einen Fall, wo er einen Weg von dreihundert Meilen zurücklegte, um eine Frau zu sehen.« Bis hierher hatte sie die Geschichte in der dritten Person erzählt, aber von ihrer Erzählung mitgerissen, fuhr sie fort: »Er kommt an. Er trägt sie mit ungeheurer Leidenschaftlichkeit aufs Bett, und wir blieben drei Tage liegen.«

Der König von Preußen fragte *d'Alembert*, ob er den König von Frankreich gesehen habe. »Ja, Sire, als ich ihm meine Antrittsrede in der Akademie überreichte.« – »Nun«, fuhr der König fort, »was sagte er zu Ihnen?« – »Er sprach gar nicht mit mir, Sire.« – »Wenn nicht mit Ihnen, mit wem spricht er dann?« fragte der König.

Als *Diderot* zweiundsechzig Jahre alt war, verliebte er sich noch immer in alle Frauen. Er beklagte sich einmal einem Freunde gegenüber: »Ich sage mir oft: Alter Narr, alter Lump, wirst du denn nie aufhören, dich einer kränkenden Abweisung oder der Lächerlichkeit auszusetzen?«

Eines Tages sagte *Duclos* zu Frau von Rochefort und Frau von Mirepoix, die Dirnen würden zimperlich und wollten keine gewagten Geschichten mehr anhören. Sie seien jetzt ängstlicher, meinte er, als die anständigen Frauen. Darauf begann er eine recht lustige Geschichte zu erzählen, und dann eine noch stärkere. Bei einer dritten, die noch kräftiger einsetzte, fiel ihm Frau von Rochefort ins Wort. »Haben Sie doch Nachsicht, Duclos, Sie halten uns für zu anständig.«

Fox [21] hatte ungeheure Summen bei den Juden geborgt und wartete auf die Erbschaft eines Onkels, um sie damit zu bezahlen. Doch der Onkel heiratete und bekam einen Sohn. »Dieses Kind ist der Messias«, sagte Fox; »es kam auf die Welt, um die Juden zu verderben.«

Der Marschall de Broglie setzte sich einmal ganz unnützerweise einer Gefahr aus und wollte sich nicht zurückziehen; alle seine Freunde bemühten sich vergeblich, ihn dazu zu bewegen. Endlich flüsterte ihm Herr de Joncourt ins Ohr: »Bedenken Sie, Herr Marschall, wenn Sie fallen, übernimmt Herr de Routhe das Kommando.« De Routhe war der dümmste Generalleutnant. Herr de Broglie begriff betroffen, welcher Gefahr er die Armee aussetzte, und zog sich zurück.

Der Marschall von Villars liebte selbst im hohen Alter noch den Wein über alle Maßen. Als er im Kriege von 1734 nach Italien kam, um sich an die Spitze des Heeres zu stellen, machte er dem König von Sardinien seine Aufwartung, war aber so betrunken, daß er sich nicht auf den Beinen halten konnte und zu Boden fiel. In seinem Zustand hatte er doch nicht den Kopf verloren und meinte: »So befinde ich mich auf die allernatürlichste Weise zu den Füßen Ihrer Majestät.«

Der Marschall von Richelieu schlug eine hohe Dame – ich habe vergessen, welche – als Mätresse für Ludwig XV. vor. Doch der König sagte, sie würde zu viel kosten, wenn sie einmal den Abschied bekäme, und wollte darum nichts davon wissen.

Madame de Tencin [22] behauptete, die geistvollen Menschen machten mehr Fehler in ihrem Benehmen als andere, weil sie die Welt nie für so dumm hielten, als sie ist.

Frau von ... hatte ein Verhältnis mit Herrn von Senevoi. Eines Tages war ihr Mann bei ihrer Toilette zugegen, als ein Soldat kam und sie um ihre Protektion bei Herrn Senevoi bat. Herr Senevoi war sein Oberst und verweigerte ihm einen Urlaub, um den der Soldat gebeten. Frau von ... geriet in Zorn, erklärte, daß sie Herrn von Senevoi nicht besser kenne als andere Leute, und hieß den frechen Menschen gehen. Herr von ... hielt ihn jedoch zurück und sagte: »Richte deinem Oberst aus, daß ich ihm für seinen Abschied sorgen werde, wenn er dir deinen Urlaub nicht gibt.«

Eine hübsche Frau hatte einen Liebhaber, der sich so mürrisch und gleichgültig benahm, als sei er mit ihr verheiratet. Sie sagte zu ihm: »Mein Herr, wenn Sie in Gesellschaft mit meinem Mann zusammentreffen, müssen Sie liebenswürdiger sein als er.«

Madame de Montpensier [23] soll sich in Abwesenheit ihrer Frauen manchmal von einem ihrer Pagen die Schuhe haben binden lassen, den sie dann zu fragen pflegte, ob er dabei heiße Anwandlungen gehabt habe. Bejahte der Page dies, so war sie viel zu ehrbar, ein solches Geständnis auszubeuten. Sie gab ihm vielmehr Geld, damit er bei irgendeinem Mädel die Erregung loswerden könne, deren Ursache sie war.

Die Herzogin von B. bemühte sich eifrig bei dem Minister von Breteuil für einen Abbé von C., der dann auch schließlich eine Stelle bekam, welche Begabung erforderte. Alsbald hörte sie von der allgemeinen Unzufriedenheit, die darüber herrsche, daß jene Stelle nicht dem weit verdienteren Herr L. B. übertragen worden. »Nun«, sagte sie, »es ist mir ganz recht, daß mein Schützling seiner Stellung nicht genügt. Um so besser sieht man, wie weit mein Einfluß reicht.«

Spricht Madame F. einen guten Gedanken in netter Form aus, so meint sie, daß das völlig genügt. Wenn dann eine Freundin für sie auch wirklich alles das ausführen würde, wovon sie meint, es müsse ausgeführt werden, so ergäben beide zusammen einen Menschen von philosophischer Lebensführung. Herr X. sagte von Madame F.: »Wenn sie etwas recht Nettes über das Brechmittel gesagt hat, so wundert sie sich sehr, daß es nicht wirkt.«

Als Madame Brisard, welcher der Ruf ihrer galanten Abenteuer vorausging, nach Plombières kam, wollten sie etliche Damen am Hof nicht empfangen. Unter ihnen die Herzogin von Gisors. Die Partei der Madame Brisard erkannte, daß die übrigen keine Schwierigkeit mehr machen würden, wenn nur diese fromme Dame sie empfangen möchte. Man leitete Verhandlungen ein. Diese hatten Erfolg, und da Madame Brisard sehr liebenswürdig war, so fand die fromme Dame bald Gefallen an ihr, und sie kamen dann in ein recht freundschaftliches Verhältnis. Eines Tages gab nun Frau von Gisors zu verstehen, so sehr sie ja schließlich eine kleine Schwachheit begreiflich finde, es wolle ihr nicht in den Kopf, wie eine Frau die Anzahl ihrer Liebhaber über ein gewisses Maß hinaus steigern möge: »O Gott«, sagte Madame Brisard, »ich glaubte jedesmal, es sei der letzte.«

Madame de Tencin hatte eine zarte Art, sich zu geben, war aber gänzlich charakterlos und zu allem fähig. Eines Tages rühmte man ihre Sanftmut. »Ja«, sagte der Abbé Trublet, »hätte sie Interesse daran, Sie zu vergiften, so würde sie sicherlich das wohlschmeckendste Gift wählen.«

Herr von B. besuchte alle Tage Frau von L. Als das Gerücht entstand, er würde sie heiraten, sagte er zu einem seiner Freunde: »Es gibt wenig Männer, die sie nicht

Jean Michel Moreau: Die Freuden, Mutter zu sein

lieber heiraten möchte als mich, und umgekehrt. Es wäre doch auch sonderbar, wenn wir in einer fünfzehnjährigen Freundschaft nicht gemerkt hätten, wie antipatisch wir uns sind.«

Madame de Fourq. sagte zu ihrer Gesellschafterin: »Sie wissen nie, was Sie zu mir bei bestimmten Gelegenheiten sagen müssen, was zu meinem Charakter paßt usw. Zum Beispiel, es ist wahrscheinlich, daß ich meinen Gatten bald verlieren werde. Ich werde untröstlich sein. Dann müssen Sie zu mir folgendes sagen...«

Die Herzogin von Fronsac hatte noch keine Liebhaber gefunden, so jung und hübsch sie war. Eine Dame, die damit darauf anspielen wollte, daß sie rotes Haar hatte und daß sie diesem Umstand wohl ihre Ruhe verdankte, meinte: »Ihre Kraft ist in ihrem Haar – wie bei Simson.«

Der Marschall von Noailles hatte vor dem Parlament mit einem seiner Pächter Prozeß. Acht oder neun Räte traten zurück als »Verwandte des Herrn von Noailles«. Sie waren wirklich im achtzehnten Grad mit ihm verwandt. Ein Parlamentsrat, Herr Hurson, fand diese Eitelkeit lächerlich und stand gleichfalls auf. »Ich trete auch zurück«, sagte er. – »In welcher Eigenschaft?« fragte der Präsident. – »Als Verwandter des Pächters«, antwortete er.

Abbé de Fleury[24] war in die Frau Marschall de Noailles verliebt, wurde aber sehr geringschätzig von ihr behandelt. Als er Premierminister geworden war, bat sie ihn einmal um etwas, und er erinnerte sich an ihre Härte. »Oh, Monseigneur«, antwortete sie naiv, »wer hätte das damals wissen können!«

Der Marschall de Biron[25] lag schwer krank und wollte beichten. Er begann in Gegenwart einiger Freunde: »Was ich Gott schuldig bin, was ich dem Staat . . .« – »Schweig«, unterbrach ihn einer, »du stirbst zahlungsunfähig.«

Madame de Talmont bemerkte, daß der Marschall de Richelieu sich eifrig um Madame de Brionne bemühte, statt sich mit ihr zu unterhalten. Madame de Brionne war zwar sehr schön, galt aber keineswegs für besonders geistvoll. »Herr Marschall«, sagte Madame de Talmont, »Sie sind sicherlich nicht blind, aber ich halte Sie für etwas taub.«

Madame du Deffand hielt als kleines Mädchen vor ihren Altersgenossinnen in der Klosterschule gottlose Reden. Der Abbé ließ den berühmten Massillon[26] kommen, dem die Kleine nun ihre Überzeugung auseinandersetzte. Massillon fand sie ganz entzückend. Als dann die Äbtissin, welche alles sehr ernst nahm, den Bischof verzweifelt fragte, was man denn diesem Kinde zu lesen geben solle, dachte Massillon einen Augenblick nach und antwortete: »Einen Katechismus für fünf Sous.« Es war nichts anderes aus ihm herauszubringen.

Der adelsnärrische Herr von Brisac sagt oft: »Der Adelige da droben.« Er meint damit den lieben Gott.

Es ist eine bekannte Tatsache, die auch von keinem Freunde des Herrn d'Aiguillon geleugnet wird: Der König hatte ihn nie zum Minister des Äußeren ernannt. Madame Dubarry sagte zu ihm eines Tages: »Das muß einmal aufhören; Sie gehen morgen zum König und bedanken sich bei ihm für Ihre Ernennung.« Zum König sagte sie dann: »Herr d'Aiguillon wird morgen kommen und Ihnen für seine Ernennung als Minister des Äußeren danken.« Der König erwiderte kein Wort. Als d'Aiguillon am nächsten Morgen nicht zur Audienz gehen wollte, da er Angst hatte, befahl sie es ihm, und er ging. Der König sagte wieder nichts, und d'Aiguillon trat sofort seine neue Stelle an.

Der Ballettmeister Laval befand sich während einer Probe auf der Bühne, als der Autor oder einer von dessen Freunden ihm zweimal laut zurief: »Herr von Laval, Herr von Laval!« Laval kam herbei und sagte: »Sie nennen mich nun schon zum zweitenmal Herr von Laval; das erstemal sagte ich nichts; aber das geht doch zu weit! Halten Sie mich denn für einen von jenen zwei oder drei Herren von Laval, die nicht einmal einen ordentlichen Menuettschritt machen können?«

Der Vicomte von S. trat eines Tages auf Herrn de Vaines zu und fragte ihn: »Ist es wahr, mein Herr, daß Sie einmal in einem Hause, wo man die Güte hatte, mich geistreich zu finden, das Gegenteil behauptet haben?« Herr de Vaines antwortete: »Mein Herr, an der ganzen Geschichte ist kein wahres Wort. Ich war nie in einem Hause, wo man Sie geistreich fand, und ich habe es nie bestritten.«

Herr ... sagte, er liebe über alles Frieden, Stille und Zurückgezogenheit. Man antwortete ihm: »Das ist ja ein Krankenzimmer!«

D'Alembert stand schon auf der Höhe seines Ruhmes, als er eines Tages zusammen mit dem Präsidenten Hénault und Herrn de Pont de Veyle bei Frau du Deffand war. Ins Zimmer trat ein Arzt namens Fournier. Er begrüßte Frau du Deffand mit den Worten: »Gnädige Frau, ich habe die Ehre, Ihnen meine größte Ergebenheit zu Füßen zu legen.« Dann wandte er sich an den Präsidenten Hénault: »Mein Herr, ich habe die Ehre, Sie zu begrüßen.« Vor Herrn de Pont de Veyle verneigte er sich mit den Worten: »Mein Herr, Ihr ergebenster Diener«; und schließlich sagte er zu d'Alembert: »Guten Tag, mein Herr.«

Als *Fontenelle* im Sterben lag, fragte man ihn: »Wie geht's?« – »*Es* geht überhaupt nicht mehr«, antwortete er, »*ich* gehe.«

Ein Kranker war von den Ärzten bereits aufgegeben worden, und man fragte Herrn Tronchin, ob man dem Patienten die letzte Wegzehrung bringen solle. »Ach, das Zeug ist so klebrig«, sagte der.

Der Abbé de la Ville wollte einen anständigen, bescheidenen Mann auf die politische Laufbahn bringen. Sein Schützling zweifelte an seinen Fähigkeiten und sträubte sich. »Aber, mein Lieber«, sagte der Abbé, »schlagen Sie doch mal den Almanach Royal auf!«

Der Baron de la Houze hatte dem Papste Gangenelli einige Dienste erwiesen, und dieser fragte ihn, wie er sich erkenntlich zeigen könnte. Der Baron, ein schlauer Gascogner, bat, ihm eine Reliquie zu überlassen. Der Papst war über diese Bitte eines Franzosen nicht wenig erstaunt, gewährte sie jedoch. Der Baron besaß ein kleines Landgut in den Pyrenäen, das für seine Produkte kein Absatzgebiet hatte und sehr geringe Einkünfte trug. Dorthin ließ er seinen beglaubigten Heiligen bringen. Da kam Kundschaft! Es geschahen Wunder, ein großes Dorf entstand in der Nähe, und die Erzeugnisse des Guten fanden reißenden Absatz. Die Einkünfte des Barons verdreifachten sich.

Der Chevalier de Montbarey hatte in irgendeiner Provinzstadt gelebt. Bei seiner Rückkehr wurde er von seinen Freunden deswegen bedauert, daß er in so schlechter Gesellschaft habe leben müssen. »Ihr irrt euch«, sagte er; »die gute Gesellschaft ist dort wie überall und die schlechte ausgezeichnet.«

»Vater vergib ihnen, denn sie wissen nicht, was sie tun«, wählte der Prediger zum Text bei einer Trauung des siebzigjährigen Herrn d'Antiqué mit einem jungen Mädchen von siebzehn.

Man fragte Frau von Rochefort, ob sie Lust habe, die Zukunft voraus zu wissen: »Bitte, nein«, sagte sie; »die Zukunft sieht immer wie die Vergangenheit aus.«

Herr von L. sagte zu der seit einiger Zeit verwitweten Frau von B., um sie von ihren neuerlichen Heiratsgedanken abzubringen: »Sehen Sie, es ist doch so schön, den Namen eines Mannes zu tragen, der keine Dummheiten mehr machen kann.«

Frau von Maurepos war mit dem Grafen von Löwendahl (dem Sohn des Marschalls) sehr befreundet. Als dieser von St. Domingo zurückkehrte, stieg er bei ihr ab. Er trat müde und in Reisekleidern in ihren Salon. »Sind Sie da, lieber Graf«, rief sie; »Sie kommen gerade zurecht, uns fehlt ein Tänzer. Sie sind ganz unentbehrlich.« Er hatte kaum Zeit, ein wenig Toilette zu machen, und tanzte.

Herr von Saint-Julien verlangte von seinem Sohn ein Verzeichnis seiner Schulden. Als ersten Posten setzte dieser sechzigtausend Livres an für einen Sitz im Parlament von Bordeaux. Der Vater ärgerte sich und machte ihm bittere Vorwürfe, denn er hielt das für einen schlechten Witz. Der Sohn aber bestand darauf, er habe diesen Sitz tatsächlich bezahlt. »Das war damals, als ich Frau Tilaurier kennenlernte«, erklärte er. »Sie wollte für ihren Mann durchaus einen Sitz im Parlament. Anderenfalls hätte sie sich niemals mit mir befreundet. Ich habe die Sache bezahlt. Also sehen Sie, Vater, Sie haben gar keinen Grund, sich gegen mich zu erzürnen und zu glauben, ich mache schlechte Witze!«

Frau von Nesles hatte ein Verhältnis mit Herrn von Soubise. Herrn von Nesles war seine Frau zuwider, und eines Tages, gelegentlich eines Gezänks, bei dem auch der Hausfreund zugegen war, sagte er zu ihr: »Bekanntermaßen lasse ich dir alles durchgehen, aber ich muß dir denn doch sagen, daß du Launen hast, die zu entwürdigend sind, als daß ich sie dir hingehen lassen könnte. So hast du z. B. Geschmack am Friseur meiner Bedienten gefunden. Ich habe gesehen, wie du mit ihm gegangen und gekommen bist.« Er stieß noch ein paar Drohungen aus und ließ sie dann mit ihrem Geliebten allein. Was sie nun auch sagen mochte, half ihr nichts. Herr von Soubise gab ihr ein paar Ohrfeigen. Ihr Mann erzählte dann überall seinen Streich und bemerkte, die Geschichte mit dem Friseur sei gar nicht wahr! Er machte sich über Herrn von Soubise lustig, der sie geglaubt, und über seine Frau, die deswegen Ohrfeigen bekommen hatte.

Ein Mann machte sich an eine Frau, ohne ganz bereit zu sein. Er sagte: »Madame, es ist Ihnen doch gleich, wenn Sie Ihre Tugend noch eine Viertelstunde behalten?«

Der König Stanislaus von Polen hatte eine Vorliebe für den Abbé Porguet und hatte noch nie etwas für ihn getan. Einmal erlaubte sich der Abbé einige Vorstellungen. »Aber, mein lieber Abbé«, sagte der König, »es ist Ihre eigene Schuld! Sie reden zu freimütig. Man behauptet sogar, daß Sie nicht an Gott glauben. Mäßigen Sie sich, versuchen Sie, an ihn zu glauben, ich lasse Ihnen dazu ein Jahr Zeit.«

Eine Frau hatte einen Prozeß vor dem Parlamente von Dijon. Sie fuhr nach Paris und beschwor den Großsiegelbewahrer, doch ein Wort zu ihren Gunsten einzulegen, damit sie ihre gerechte Sache gewänne. Der Großsiegelbewahrer wies sie ab. Die Gräfin von Talleyrand wurde auf die Frau aufmerksam und nahm ihretwegen mit dem Großsiegelbewahrer Rücksprache. Abermaliger Mißerfolg! Frau von Talleyrand ließ die Sache der Königin zu Ohren bringen. Es half nichts! Da fällt ihr ein, daß ihr Sohn, der Abbé de Périgord, ein Liebling des Großsiegelbewahrers ist. Der Sohn muß an ihn schreiben. Es erfolgt eine sehr höfliche Abweisung. Die Frau will in ihrer Verzweiflung einen letzten Versuch wagen und selbst nach Versailles gehen. Tags drauf macht sie sich auf den Weg, und da es ihr in der Postkutsche zu unbequem wird, so steigt sie in Sèvres aus, um den Rest des Weges zu Fuß zurückzulegen. Da erbietet sich ein Herr, sie auf einem bequemeren und kürzeren Weg nach Versailles zu führen. Sie nimmt das Anerbieten an, erzählt ihm unterwegs ihre Geschichte, und der unbekannte Herr sagt: »Gut, morgen haben Sie, was Sie brauchen!« Ihr Besuch beim Großsiegelbewahrer endigte mit einer abermaligen Abweisung. Sie will nach Hause reisen, aber jener Herr veranlaßt sie, in Versailles über Nacht zu bleiben, und bringt

Jean Michel Moreau: Das Lever des jungen Gecken

ihr am anderen Morgen das gewünschte Schriftstück. Er war der Gehilfe eines Unterbeamten, ein Herr Etienne.

Madame de Prie, die Geliebte des Regenten, hatte auf den Rat ihres Vaters, eines Händlers namens Pléneuf, glaube ich, eine solche Menge Getreide aufgekauft, daß das Volk dadurch in die äußerste Not und schließlich zum Aufstand getrieben wurde. Eine Kompanie Musketiere sollte den Aufruhr dämpfen. Ihr Hauptmann, Herr d'Avejan, hatte Befehl, auf die Canaille zu feuern. D'Avejan machte sich aber als anständiger Mensch ein Gewissen daraus, auf seine Mitbürger schießen zu lassen, und führte seinen Befehl folgendermaßen aus: Er ließ zur Salve fertigmachen, kommandierte aber nicht »Feuer!«, sondern trat vor die Menge hin, in der einen Hand seinen Hut, in der anderen den schriftlichen Befehl des Hofes. »Meine Herrschaften«, rief er, »laut Befehl soll ich auf die Canaille feuern. Ich bitte daher alle anständigen Leute, sich zu entfernen, bevor ich Feuer geben lasse.« Alle verschwanden so rasch als möglich.

Herr von Mangiron hat folgende schauderhafte Tat begangen, die man mir erzählt hat und die ich zuerst für ein Märchen hielt.
Während er bei der Armee war, wurde sein Koch als Marodeur aufgegriffen, und man meldete es ihm. »Mit meinem Koch bin ich sehr zufrieden«, sagte er ruhig; »aber ich habe einen schlechten Küchenjungen.« Darauf ließ er den Burschen kommen und schickte ihn mit einem Brief an den Profos. Der Unglückliche ging hin, wurde ergriffen, obwohl er seine Unschuld beteuerte, und ist gehängt worden.

Der Kardinal de la Roche-Aymon beichtete während seiner letzten Krankheit einem Geistlichen, den man zu ihm gebracht hatte. Als man ihn fragte, ob er mit ihm zufrieden gewesen sei, erwiderte er: »Oh, sehr! Er sprach von der Hölle wie ein Engel!«

Man sagte jemandem, daß Herr ..., sein früherer Wohltäter, ihn jetzt hasse. »Ich bitte«, erwiderte er, »in dieser Beziehung ein wenig ungläubig sein zu dürfen, denn ich hoffe, er wird mich nicht zwingen, das einzige Gefühl, das ich mir für ihn erhalten muß, in Achtung vor meiner eigenen Person umzuwandeln.«

Die Herzogin du Maine verlangte einmal nach dem Abbé de Vaubrun und befahl einem ihrer Kammerdiener, ihn herbeizuschaffen, wo immer er ihn fände. Der Diener macht sich auf und hört zu seinem großen Erstaunen, der Abbé de Vaubrun läse in der und der Kirche eine Messe. Er kommt dort hin, findet ihn, wie er gerade den Altar verläßt, und richtet ihm seinen Auftrag aus, nicht ohne sein Erstaunen darüber zu bezeigen, den Abbé bei der Messe gefunden zu haben. Allein der – er war ein arger Lebemann – sagte zu ihm: »Ich bitte Sie, sagen Sie der Frau Herzogin ja nicht, in welcher Verfassung Sie mich gefunden haben.«

Ludwig XV. fragte den Herzog von Ayen, späteren Marschall von Noailles, ob er sein Silberzeug in die Münze geschickt habe. Der Herzog antwortete, er habe es nicht getan. »Ich«, sagte der König, »schickte das meine.« – »Sire«, antwortete der Herzog, »als Jesus Christus am Freitag starb, wußte er auch, daß er am Sonntag auferstehen würde.«

Der Marschall von Noailles schimpfte über eine neue Tragödie. Man sagte zu ihm: »Aber Herr d'Aumont erzählt doch, Sie seien in seiner Loge gewesen, und das Stück habe Sie zu Tränen gerührt?« – »Nicht im geringsten«, antwortete der Marschall; »aber da Herr d'Aumont selbst schon von der ersten Szene an weinte, hielt ich es für anständig, seinen Schmerz zu teilen.«

Herr ... hatte ein Werk veröffentlicht, das sehr viel Anklang fand, und wurde gebeten, ein zweites drucken zu lassen, von dem seine Freunde sich ebensoviel versprachen. »Nein«, sagte er, »man muß dem Neid Zeit lassen, sich den Geifer vom Munde zu wischen.«

»Ich würde gern allen Böswilligen und allen Verleumdern einen Vertrag vorschlagen«, sagte Herr D. »Zu diesen würde ich sagen: Ihr könnt mich verleumden, soviel ihr wollt, vorausgesetzt, daß ich selbst durch eine gleichgültige oder meinetwegen auch lobenswerte Handlung den Grund zu der Verleumdung gelegt habe. Ich möchte aber nicht, daß man den rohen Tatbestand mit allen Umständen dazu erfände – mit einem Wort: Die Verleumdung soll nicht für alles aufkommen, sondern mir auch etwas zu tun übrig lassen. Zu den Böswilligen würde ich sagen: Ich finde es sehr natürlich, daß man mir zu schaden sucht, aber wer es tut, soll einen persönlichen Vorteil davon haben. Man soll mir nicht bös mitspielen wegen nichts und wieder nichts, wie das vorkommt.«

Der Herzog von Lauzun erzählte einmal: »Ich habe oft lebhafte Meinungsverschiedenheiten mit Herrn von Calonne, aber da wir beide keinen Charakter haben, überbieten wir uns im Zurücknehmen. Wer zuerst eine hübsche Art des Rückzuges findet, gibt nach.«

Ein englischer Gesandter in Neapel hatte ein herrliches Fest gegeben, das aber nicht viel gekostet hatte. Das erfuhr man, und so bekrittelte man hinterher das Ganze, so gut allen die Veranstaltungen zuerst auch gefallen hatten. Die Genugtuung, die sich der Gesandte leistete, war echt englisch und eines Mannes würdig, dem es auf ein paar Guineen nicht anzukommen brauchte. Er kündigte eine neue Festlichkeit an, und man glaubte nicht anders, als er sei nun beschämt, und das Fest werde ganz besonders glanzvoll. So kam man in Scharen. Aber man fand keinerlei festliche Zurüstung. Schließlich wurde eine Spirituslampe in den Saal getragen. Man erwartete irgendein Wunder. »Meine Herrschaften«, sagte da der Gesandte, »Sie wollen ein kostspieliges, kein gemütliches Fest. Nun geben Sie bitte recht schön acht!« – Er knöpft seinen Rock auf und zeigt das Futter: »Das war ein Gemälde von Domenichino im Wert von fünftausend Guineen. – Weiter! Hier sind zehn Anweisungen auf je tausend Guineen, zahlbar nach Sicht bei der Amsterdamer Bank.« – Er rollt sie zusammen und verbrennt sie über der Spiritusflamme. »Ich bin überzeugt, meine Herrschaften, daß Ihnen die heutige Veranstaltung gefallen hat und daß Sie alle zufrieden sind. Leben Sie wohl – mein Fest ist zu Ende!«

Der Graf von Charolais überraschte Herrn von Brissac bei seiner Geliebten und sagte: »Gehen Sie.« – »Monseigneur«, antwortete Brissac, »Ihre Ahnen hätten gesagt: Gehen wir.«

Eine Frau hatte gerade ihren Mann verloren. Als ihr Beichtvater sie tags darauf besuchte, fand er sie mit einem sehr hübschen jungen Mann Schach spielen. Sie sah seine empörte Miene und entschuldigte sich: »Mein Herr, vor einer halben Stunde noch hätten Sie mich in Tränen gefunden, aber ich habe meinen Schmerz gegen diesen Herrn aufs Spiel gesetzt, und ich verlor.«

Ich sprach eines Tages mit Herrn von V., der offenbar keine Illusionen mehr hat, obschon er noch in dem Alter steht, wo man ihnen leicht verfällt. Ich drückte ihm mein Erstaunen über seine Gleichgültigkeit aus. Er antwortete sehr ernst: »Man kann nicht zugleich sein und gewesen sein. Zu meiner Zeit war auch ich, wie jeder andere

Mann, der Liebhaber einer galanten Dame, das Spielzeug einer Koketten, der Zeitvertreib einer Frivolen und das Werkzeug einer Intrigantin. Was kann man noch mehr sein!« – »Der Freund einer gefühlvollen Frau.« – »Oh«, sagte er, »jetzt werden wir romantisch!«

Von der Prinzessin... sagte Herr...: »Diese Frau muß man unbedingt betrügen, sie gehört nicht zu denen, die man verläßt.«

Ein paar Lebemänner machten sich über einen jungen Mann lustig, der in Liebessachen sehr ehrlich und etwas sentimental war. »Meine Herren«, antwortete er naiv, »ist es denn meine Schuld, daß ich mehr die Frauen liebe, die ich liebe, als die, die ich nicht liebe?«

Man drang in den Abbé Vatri, sich um eine offene Stelle am Collège royal zu bemühen. »Wir werden sehen«, antwortete er und tat nichts weiter, um die Stelle zu bekommen. Sie wurde einem andern gegeben. Ein Freund des Abbé lief sofort zu ihm: »Da haben wir Sie wieder einmal! Sie wollten sich nicht bemühen, und nun ist der Platz vergeben.« – »Vergeben?« antwortete der Abbé, »ich werde sofort alles Nötige veranlassen.« – »Sind Sie verrückt, ich sagte Ihnen ja eben, daß die Stelle vergeben ist.« – »Eben; früher hatte ich hundert Konkurrenten, jetzt bleibt nur einer.« Er bemühte sich um die Stelle und bekam sie.

Als Frau von B. trotz ihrer großen Verbindungen für ihren Liebhaber, Herrn von C., der eben ein gar zu mittelmäßiger Kopf war, nichts tun konnte, heiratete sie ihn: »Er gehörte nicht zu den Leuten, mit denen man als Liebhaber Staat machen kann, aber als Gatte geht alles.«

Herr... sagte einmal: »Ich weiß nicht, warum Frau von L. an meinen Besuchen gar so viel liegt. Wenn ich seltener zu ihr komme, verachte ich sie weniger.« Man könnte das gleiche von der Welt im allgemeinen sagen.

»Frau von G.«, sagte Herr..., »ist viel zu geistvoll und gewandt, um je so verachtet werden zu können wie weniger verächtliche Frauen.«

Herr von M. sagte zu mir: »Ein ganz gewöhnlicher Mensch ist der sicher nicht, der zum Reichtum sagt: Ich will nichts mit dir zu tun haben, es sei denn, du trägst die Fesseln, die ich dir anlegen will. Und zum Ruhm: Du bist eine Dirne, der ich schon einige Freundlichkeit erweisen will. Erlaubst du dir aber zuviel, was mir nicht paßt, so jage ich dich davon.« Er schilderte damit seinen eigenen Charakter, wie er in der Tat ist.

Am Tage, da Madame de Chateauroux [27] starb, schien Louis XV. sehr niedergeschlagen. Der Ausspruch, wodurch er seine Stimmung bezeugte, ist sehr merkwürdig: »Vierzig Jahre lang unglücklich sein«, rief er; »denn ich bin sicher, daß ich noch so lange leben werde!« Madame de Luxembourg hatte das selbst mit angehört, und ich hörte sie die Sache erzählen, wobei sie hinzusetzte: »Ich habe diesen Zug erst nach dem Tode des Königs erzählt.« Der Ausspruch ist in seiner einzigartigen Mischung von Liebe und Egoismus immerhin bemerkenswert.

D'Alembert hatte Frau Denis einen Tag nach ihrer Hochzeit mit Herrn du Vivier besucht. Er wurde gefragt, ob sie glücklich aussehe. »Glücklich?« antwortete er; »ich versichere Sie: So glücklich, daß anderen dabei schlecht werden kann.«

JEAN-BAPTISTE PERRONNEAU (1715–1783)
FRAU VON SOURQUAINVILLE
(Originaltitel: Madame de Sourquainville)
Musée du Louvre, Paris. (Mit Genehmigung von Photographie Giraudon, Paris)

Der Marschall von Belle-Isle [28] fand, daß Choiseul ihm zu rasch in die Höhe kam, und ließ daher durch den Jesuiten Neuville eine Eingabe gegen ihn aufsetzen. Er starb, bevor diese Eingabe an den König gelangt war, und nun kamen seine Papiere in die Hände des Herzogs von Choiseul, der die Eingabe fand. Er tat alles, um den Verfasser aus der Handschrift zu erkennen, allein umsonst. Er dachte schon nicht mehr an die Sache, als ihn ein hoher Jesuit um die Erlaubnis bat, ihm die Lobsprüche auf Choiseul vorlesen zu dürfen, die in die Leichenrede auf den Marschall von Belle-Isle eingeflochten seien. Der Pater Neuville habe diese Rede verfaßt. Die Vorlesung geschah aus dem Manuskripte des Verfassers, und nun erkannte Choiseul die Schrift. Seine einzige Rache bestand darin, daß er dem Pater Neuville sagen ließ, Leichenreden gelängen ihm besser als Eingaben.

Ludwig XV. weigerte sich, dem Kammerdiener Lebel aus seiner Privatschatulle fünfundzwanzigtausend Francs zu vergüten, die für seinen Hirschpark ausgegeben worden waren [29]. Er verwies Lebel mit seiner Forderung an die königliche Rechnungskammer. Doch der Diener erwiderte: »Warum soll ich mich dort Plackereien und schließlich einer Abweisung aussetzen, wo Ew. Majestät doch mehrere Millionen zur Hand haben.« – »Ich möchte mich nicht gern verwirtschaften«, antwortete der König; »man muß immer etwas zum Leben haben.«

Luxembourg, der Ausrufer, welcher beim Verlassen des Schauspielhauses die Herrschaften und die Wagen ausrief, sagte, als das Theater nach dem Carrouselplatz verlegt wurde: »Die Komödie wird hier nichts taugen, hier gibt's kein Echo.«

Fontenelle hatte eine Oper geschrieben, in der ein Priesterchor vorkam, der bei den Frommen Ärgernis erregte. Der Erzbischof von Paris wollte diesen Chor verbieten lassen. »Er soll sich nicht um meinen Klerus kümmern«, sagte Fontenelle; »ich kümmere mich ja auch nicht um seinen.«

Der Prinz von Conti sieht in einem kleinen Absteigequartier des Herzogs von Lauzun Licht. Er tritt ein und findet den Herzog zwischen zwei Riesendamen vom Jahrmarkt. Er bleibt zum Nachtessen und schreibt an die Herzogin von Orléans, bei der man ihn erwartete: »Ich opfere Sie zwei viel größeren Damen.«

Christine von Schweden hatte den bekannten Naudé, der ein sehr gelehrtes Buch über die Tanzkunst der Griechen verfaßt hatte, und Meibomius, einen deutschen Gelehrten, der die sieben griechischen Musikschriftsteller gesammelt und übersetzt hatte, an ihren Hof gerufen. Ihr Leibarzt Bourdelot, eine Art Günstling und Spaßmacher von Beruf, brachte die Königin auf den Einfall, sie solle dem einen der Gelehrten befehlen, eine antike Melodie zu singen, dem anderen, danach zu tanzen. Es geschah, und die Posse gab die beiden Gelehrten, die dabei mitgewirkt hatten, der Lächerlichkeit preis. Naudé beruhigte sich dabei, aber der Gelehrte ereiferte sich und ging in seinem Zorn so weit, daß er das Gesicht des Bourdelot mit Faustschlägen bearbeitete. Darauf ging er nicht nur vom Hof, sondern verließ auch Schweden.

Ein Herr sagte zu *Voltaire*, er arbeite zuviel und trinke auch zuviel Kaffee, er werde sich damit umbringen. »Ach wo!« erwiderte Voltaire. »Wir kommen ja schon umgebracht auf die Welt.«

Der Graf von Charolais hatte vier Jahre lang seinen Haushalt nicht bezahlt, nicht einmal seine ersten Vasallen. Zwei von ihnen, ein Herr von Laval und ein Herr von Choiseul, kamen eines Tages mit ihrem Personal zu ihm und sagten: »Wenn Hoheit uns nicht zahlen, wie sollen wir die Dienstboten zufriedenstellen?« Der Graf ließ seinen Schatzmeister rufen, zeigte auf Laval, Choiseul und die Bedienten und sagte: »Zahlen Sie die Leute aus.«

»Heute, am 15. März 1782«, sagte Herr von ..., »habe ich ein gutes Werk äußerst seltener Art getan. Ich habe einen ehrenhaften, tüchtigen Mann getröstet. Er ist gesund, geistvoll, hat tausend Pfund Rente und einen vornehmen Namen. Ich selbst bin arm, unbekannt und kränklich.«

Man fragte den Diener des Grafen von *Cagliostro* [30], ob sein Herr wirklich dreihundert Jahre alt sei. Er antwortete, er könne leider keine Auskunft geben, er sei selbst erst hundert Jahre in seinen Diensten.

Als *Voltaire* in Potsdam war, entwarf er eines Abends nach Tisch das Bild eines guten Königs, im Gegensatz zum Tyrannen. Er kam immer mehr in Hitze und gab eine schreckliche Schilderung des Elends, das auf den Völkern unter der Regierung despotischer und eroberungssüchtiger Herrscher laste. Der König von Preußen wurde davon gerührt und vergoß einige Tränen. »Seht, seht«, rief Voltaire; »er weint, der Tiger!«

Lord Hamilton, ein recht sonderbarer Herr, betrank sich einmal in einem Wirtshaus, schlug den Kellner tot und erschien nach einer Weile wieder, ohne daß ihm der Vorfall zum Bewußtsein gekommen war. Der Wirt stürzte voll Entsetzen auf ihn zu: »Aber, Mylord, Sie haben ja den Kellner getötet!« Der Lord antwortete lallend: »Schreiben Sie ihn mir auf die Rechnung.«

Die Salzsteuer ist in der unteren Bretagne nur dem Namen nach bekannt, aber bei den Bauern sehr gefürchtet. Ein Edelmann schenkte einmal einem Dorfpfarrer dieser Gegend eine Stutzuhr. Die Bauern wußten nicht, was das für ein Ding war, und einer von ihnen kam auf die Idee, es sei die Salzsteuer. Da lasen sie Steine auf und wollten die Uhr zertrümmern, aber der Pfarrer trat dazwischen und sagte, es sei keineswegs die Salzsteuer, sondern das Ablaßjahr, das ihm der Papst geschickt habe. Da beruhigten sie sich denn gleich.

Herr von ... bat den Bischof von ... um ein Landhaus, das dieser ohnehin nie benutzte, aber der Bischof antwortete: »Sie wissen doch, daß man immer einen Ort haben muß, an den man nie hinkommt, von dem man aber glaubt, man würde dort glücklicher sein?« – Nach kurzem Schweigen antwortete Herr ...: »Ja, so ist's; darum gilt ja auch das Paradies so viel.«

Fontenelle war achtzig Jahre alt, als er einmal einer schönen, jungen Dame den Fächer aufhob. Sie war ungezogen genug, seine Höflichkeit verächtlich aufzunehmen, und Fontenelle sagte zu ihr: »Aber Gnädige, wirklich! – Sie verschwenden Ihre Kälte!«

Als Herr von Silhouette seinen Abschied erhalten hatte, war er von der Ungnade, in die er gefallen war, tief gebeugt und besonders in Angst wegen der Folgen, die sie haben konnte. Am meisten fürchtete er die Gassenhauer, die man auf ihn machen würde. Eines Tages trat er nach dem Essen, bei dem er kein Wort gesprochen hatte, auf eine Dame zu, der er sein Vertrauen schenkte, und sagte zu ihr: »Sagen Sie mir aufrichtig, singt man wirklich noch nichts?«

Der Abbé de Tencin stand unter der Anklage des Wuchers. Aubri, der gegnerische Anwalt, hatte offenbar keine ausreichenden Belege, und der Rechtsvertreter des Angeklagten begann deswegen ein lautes Geschrei. Aubri spielte den Verwirrten. Der Abbé wohnte selbst der Verhandlung bei und glaubte nun den Augenblick gekommen, die schlimme Angelegenheit ein für allemal aus dem Wege zu schaffen. Er erbot sich daher, seine Unschuld eidlich zu erhärten. Da fiel ihm Aubri ins Wort. Ein Eid sei nicht nötig, meinte er und legte dem Gericht jetzt erst überführende Belege vor. Hohngeschrei und Lärm! Dem Abbé aber gelingt es, sich aus dem Staube zu machen. Er geht als Gesandter nach Rom.

Herr R. hatte in einer Gesellschaft drei oder vier Epigramme auf ebenso viele Leute vorgelesen, die alle nicht mehr am Leben waren. Man wandte sich darauf an Herrn ... und fragte ihn, ob er nicht auch mit dergleichen zur Unterhaltung beisteuern wolle. »Nein«, sagte er in aller Unschuld – »ich kann Ihnen nichts bieten, meine ganze Bande lebt noch.«

Als man das Geschick des Herzogs von Choiseul als ganz beispiellos pries, erwiderte er: »Ja, es ist beispiellos im Guten wie im Schlimmen! Ich habe zum Exempel die Dirnen immer gut behandelt, aber eine habe ich vernachlässigt, und gerade die wird Königin von Frankreich oder doch beinahe Königin. Den Inspektoren bin ich entgegengekommen so weit als möglich. Geld und Ehren habe ich mit vollen Händen über sie ausgeschüttet. Nur einen, der gar nichts unter ihnen galt, habe ich von oben herab behandelt, und gerade der wird Kriegsminister: Herr Montaynard. Bekannt ist, wieviel ich für die Gesandten, ausnahmslos für alle getan habe – außer für einen. Es ist einer darunter, der langsam und schwerfällig arbeitet, den alle anderen über die Schulter ansehen, mit dem sie, da er eine lächerliche Ehe eingegangen ist, nicht verkehren. Es ist Herr de Vergennes, und gerade er wird Minister des Äußeren. Geben Sie mir nun recht, wenn ich behaupte, mein Geschick sei im Guten wie im Schlimmen gleich außerordentlich?«

Herr ***, der sich der Gesellschaft als Mittel zu seinen Zwecken bedienen konnte, wie er wollte, sagte zu mir, er verdanke dies hauptsächlich dem Umstande, daß er es verstanden habe, bei Gelegenheit mit Frauen von vierzig Jahren zu schlafen und Greisen von achtzig geduldig zuzuhören.

Wie bekannt ist, stand der verstorbene König in geheimem Briefwechsel mit dem Grafen von Broglie. Es handelte sich darum, einen Gesandten für Schweden zu ernennen. Broglie brachte Herrn de Vergennes in Vorschlag, der von Konstantinopel zurückkam und sich dann auf seine Güter zurückzog. Der König wollte nicht, aber der Graf gab nicht nach. Es war üblich, an den König auf einem in der Mitte gebrochenen Bogen zu schreiben, und er schrieb an den Rand des letzten Briefes, der ihm in dieser Sache zuging: »Ich billige die Wahl des Herrn de Vergennes nicht. Sie zwingen mich dazu. Meinetwegen mag er hingehen, aber ich verbiete, daß er seine häßliche Frau mitnimmt.«

Zur Zeit des Streites um *Diderot* und *Rousseau* sagte Herr de Castries mit gereizter Miene zu Herrn von R., der mir den Ausspruch wiederholt hat: »Unglaublich! Von nichts spricht man als von diesen Leuten, diesen Menschen ohne Stand, die nicht einmal ein Haus haben und auf dem Heuboden wohnen! Daran kann ich mich wirklich nicht gewöhnen.«

In einer Gesellschaft, wo auch Frau von Egmont speiste, meldete man einen Herrn namens du Gusclin. Dieser Name wirkte stark auf sie. Sie läßt bei Tisch den Herrn an ihre Seite setzen, erweist ihm große Aufmerksamkeit und bietet ihm schließlich von einer Schüssel an, die vor ihr stand. Es waren Trüffeln. »Gnädige Frau«, sagte der Dummkopf, »an Ihrer Seite braucht man keine.«

»Bei dieser Tonart«, sagte die Gräfin, als sie diese Geschichte erzählte, »tat mir meine Liebenswürdigkeit leid. Ich machte es wie jener Dauphin, der bei einem Schiffbruch meinte, er habe einen Menschen gerettet. Er warf ihn wieder ins Meer, als er sah, daß es ein Affe war.«

Fräulein Duthé hatte einen ihrer Liebhaber verloren, ein Ereignis, das Aufsehen erregte. Ein Herr, der sie daraufhin besuchte, fand sie beim Harfenspielen und äußerte in überraschtem Ton: »Wie? Ich war darauf gefaßt, Sie in Verzweiflung zu finden.« – »Oh«, sagte sie pathetisch, »Sie hätten mich gestern sehen sollen!«

Ehe die Clairon [31] beim Théâtre Français historisch-getreue Kostüme einführte, hatte man für die Tragödie immer nur ein und dasselbe Kostüm, welches man das »römische« nannte. Man spielte alle Stücke darin: griechische, amerikanische, spanische usw. Le Kain unterwarf sich zuerst der Neuerung und ließ sich für den Orest in der »Andromache« ein griechisches Kostüm anfertigen. Dauberval kam in die Garderobe Le Kains, als der Theaterschneider gerade das neue Orestkostüm brachte. Die Neuerung fiel Dauberval auf, und er fragte, was das sei. »Das ist ein griechisches Kostüm«, sagte Le Kain. »Das ist ja sehr schön«, erwiderte Dauberval; »wenn ich wieder ein römisches Kostüm brauche, lasse ich es mir griechisch machen.«

Vierzehn Tage vor dem Attentat Damiens' kam ein südfranzösischer Geschäftsmann in eine kleine Stadt, sechs Meilen von Lyon. Im Wirtshaus hörte er, wie man in einem Zimmer, das von dem seinigen nur durch eine dünne Wand getrennt war, sagte, ein gewisser Damiens werde den König ermorden. Der Geschäftsmann kommt nach Paris und will sich Herrn Berryer vorstellen, trifft ihn aber nicht und teilt ihm daher seine Wahrnehmung schriftlich mit. Später kommt er noch einmal und stellt sich persönlich vor. Wie er wieder nach seiner Heimat unterwegs ist, erfolgt das Attentat. Berryer sagt sich, der Geschäftsmann werde sein Erlebnis erzählen, und so werde seine – Berryers – Nachlässigkeit an den Tag kommen. Er schickt daher ein Polizeipikett nach der Lyoner Straße. Der Geschäftsmann wird verhaftet, gefesselt und nach Paris gebracht. Man wirft ihn in die Bastille, wo er achtzehn Jahre lang gefangen bleibt. Herr von Malherbes, der im Jahre 1775 einige Bastillegefangene befreite, erzählte diese Geschichte in der ersten Aufwallung seiner Empörung.

Man veranstaltete bei der Académie Francaise eine Sammlung. Schließlich fehlten noch sechs Francs oder ein Louisdor. Man hatte ein Mitglied, das wegen seines Geizes bekannt war, im Verdacht, nichts beigesteuert zu haben, aber der Geizhals behauptete steif und fest, er habe seinen Beitrag eingeschickt. »Ich habe es zwar nicht gesehen«, sagte der Veranstalter der Kollekte; »aber ich glaube es!« Fontenelle setzte schließlich den Debatten über den Fall ein Ende, indem er bemerkte: »Nun, ich habe es gesehen, aber ich glaub's nicht.«

In einer Gesellschaft sprach man darüber, was angenehmer sei: geben oder nehmen? Die einen behaupteten: geben, andere wieder meinten, daß bei vollkommener Freundschaft das Vergnügen, zu empfangen, ebenso zart sei und vielleicht lebhafter. Ein geistreicher Mensch, den man um seine Meinung fragte, antwortete: »Ich frage nicht, welches Vergnügen lebhafter sei, aber ich würde lieber geben. Es scheint mir nämlich zum mindesten dauerhafter, und ich habe beobachtet, daß man sich daran am längsten erinnert.«

Als Herr von Turenne einmal bei Herrn von Lamoignon speiste, fragte ihn dieser, ob seine Unerschrockenheit nicht bei Beginn einer Schlacht doch ein wenig wanke. »Ja«, sagte Turenne, »ich empfinde dann eine starke Erregung; aber es gibt in der Armee manchen Subalternoffizier und viele Soldaten, bei denen dies nicht der Fall ist.«

Bei den Lustbarkeiten am St.-Lorenz-Jahrmarkt erschien auf dem Theater ein Polichinelle mit einem Buckel vorn und einem Buckel hinten. Man rief ihm zu, was er denn in seinem Buckel vorne habe. »Befehle!« Und in dem Buckel hinten? »Gegenbefehle!« Damals war unsere Regierung auf dem Höhepunkt der Tollheit und Dummheit, und der an sich treffliche Witz brachte seinen Urheber nach Bicêtre [Irrenhaus und Spital bei Paris].

In einer Gesellschaft sann man auf Mittel, einen schlechten Minister loszuwerden, einen Mann, dessen Ehrenschild von zahllosen Schandmalen übersät war. – Ein erklärter Feind von ihm sagte plötzlich: »Könnte man ihn denn nicht dazu bringen, irgend etwas Vernünftiges oder Anständiges zu tun, damit er davongejagt wird?«

Herr von Choiseul-Gouffier wollte wegen der häufigen Feuersbrünste auf eigene Kosten die Häuser seiner Bauern mit Ziegeln eindecken lassen. Die Bauern dankten für seine Freundlichkeit und baten ihn, es doch beim alten zu lassen. Würden ihre Häuser mit Ziegeln gedeckt anstatt mit Stroh, meinten sie, so würden sie auch gleich höher besteuert werden.

Am Tage des Erdbebens von Lissabon befanden sich der König und die Königin von Portugal in Belem, um einem Stierkampf beizuwohnen. Das war ihre Rettung. Dabei ist es eine Tatsache, die mir von mehreren Franzosen, welche damals in Portugal lebten, bestätigt wurde, daß der König niemals die Größe des Unglücks erfuhr. Zuerst berichtete man ihm nur von einigen eingestürzten Häusern, dann von einigen Kirchen. Da er niemals wieder nach Lissabon kam, so kann man wohl behaupten, daß er der einzige Mensch in Europa war, der keine richtige Vorstellung von dem Unglück hatte. Und er war keine Meile von seinem Schauplatz entfernt.

Madame de Bassompierre lebte am Hofe des Königs Stanislaus und war die Geliebte des Kanzlers, des Herrn de La Galaisèfre. Eines Tages kam der König zu ihr und nahm sich Freiheiten heraus, die jedoch zu nichts führten: »Ich schweige«, sagte Stanislaus, »das übrige wird Ihnen mein Kanzler sagen.«

Herr d'Espréménil lebte lange Zeit mit Madame Tilaurier, die gern von ihm geheiratet sein wollte. Sie steckte sich hinter Cagliostro, der Herrn d'Espréménil Hoffnung machte, er könne den Stein der Weisen finden. Bekanntlich verquickte Cagliostro mit seinen alchimistischen Narrheiten auch allerlei Fanatismus und Aberglauben, und als nun d'Espréménil sich beklagte, eine gewisse Formel habe nicht geholfen, der Stein der Weisen sei nicht erschienen, da gab ihm Cagliostro zu verstehen, das komme daher, weil er mit Madame Tilaurier in einem unsittlichen Verhältnis lebe. »Wollen Sie Erfolg haben, so müssen Sie mit den unsichtbaren Mächten und ihrem Herrn, dem höchsten Wesen, im Einklang sein. Heiraten Sie Madame Tilaurier, oder lassen Sie von ihr ab!« Sie wurde noch einmal so kokett wie vorher, und d'Espréménil heiratete sie. Er hatte den Stein der Weisen nicht gefunden, wohl aber eine Frau.

Jean Michel Moreau: In kleiner Toilette

Herr von Légier hatte einen Erlaß veröffentlicht, auf Grund dessen nur Edelleute ins Offizierskorps der Artillerie aufgenommen werden sollten. Da nun andererseits für diesen Dienst nur gebildete Leute zu gebrauchen sind, so geschah etwas recht Seltsames: Abbé Bossut, welcher die Zöglinge examinierte, ließ nur Bürgerliche bestehen und Chérin nur Adlige. Auf hundert Zöglinge, die bestanden, kamen nur vier oder fünf, die beiden Anforderungen zugleich genügten.

Ein Amerikaner sah sechs Engländer, die von ihrem Truppenteil abgekommen waren. Er war kühn genug, auf sie loszustürzen. Zwei davon verwundete er, die anderen streckten die Waffen, und der Amerikaner führte sie vor den General Washington. Dieser fragte ihn, wie er es denn fertiggebracht habe, über die sechs Mann Herr zu werden. »Kaum hatte ich sie gesehen«, erwiderte der Tapfere, »so stürzte ich auf sie los und habe sie umzingelt.«

Zwei junge Leute reisen mit der Post nach Paris. Der eine erzählt dabei, er fahre zur Verehelichung mit der Tochter des Herrn von ... Er spricht von seinen Beziehungen, vom Stand seiner Eltern usw. Beide übernachten im nämlichen Gasthaus. Tags darauf stirbt der Heiratskandidat frühmorgens um sieben Uhr, bevor er noch seinen Besuch gemacht. Statt seiner geht der andere, ein Spaßmacher von Beruf, zu dem künftigen Schwiegervater und spielt die Rolle des Schwiegersohns. Er zeigt sich auch als Mann von Geist, und die ganze Familie ist von ihm entzückt, bis er sich plötzlich empfiehlt mit dem Bemerken, er habe eine Verabredung. Um sechs Uhr werde er nämlich beerdigt. Um diese Zeit wurde in der Tat der junge Mann, der am Morgen verstorben war, begraben. Der Diener, den man nach dem Gasthause des vermeintlichen Schwiegersohnes geschickt hatte, versetzte den Schwiegervater und die ganze Familie in großes Erstaunen. Sie glaubten, sie hätten einen Geist gesehen.

Der Marquis von C. wollte mit seinen Freunden in ein königliches Gebäude, vor dem eine Schweizerwache stand. Er drängt die Menge beiseite und sagt zu dem Schweizer: »Machen Sie Platz! Die Herren hier gehören zu mir, die anderen da nicht!« Die Wache macht Platz, und C. mit seinen Freunden passiert. Jemand sieht, daß die drei jungen Leute lachen, und macht sich über den Schweizer lustig. Der läuft nun den Gästen nach und ruft: »Herr Marquis, Ihre Eintrittskarte!« – »Hast du einen Bleistift?« – »Nein.« – »Da ist einer«, sagt einer der jungen Leute. Der Marquis schreibt und sagt dabei: »Das sehe ich gern, daß du deine Schuldigkeit tust und nach deiner Wachinstruktion handelst!« Damit gibt er ihm einen Zettel, auf den er geschrieben: »Eintritt für den Marquis von C. und seine Gesellschaft.« Der Schweizer nimmt den Zettel und ruft denen, die ihn aufgehetzt hatten, triumphierend zu: »Da ist ja die Einlaßkarte!«

Als Herr ... dem Prinzen Heinrich in Neuchâtel seine Aufwartung machte, sagte er zu ihm, die Bewohner von Neuchâtel seien für den König von Preußen begeistert. »Das ist doch klar«, meint der Prinz, »daß die Untertanen einen Herrn lieben, der dreihundert Meilen von ihnen entfernt ist!«

In seiner Jugend kam *Marmontel* oft zu dem alten Boindin, einem sehr geistreichen Freidenker. »Kommen Sie doch ins Café Procope«, sagte der Alte. »Ja so, dort können wir über nichts Philosophisches reden, außer, wir verabreden eine Geheimsprache!« Das geschah. Die Seele hieß Margot, die Religion Javotte, die Freiheit Jeanetton und Gott-Vater Monsieur de l'Etre. So disputierten sie miteinander und unterhielten sich trefflich. Eines Tages mischte sich ein schwarzgekleideter Herr, der nach nichts Gutem aussah, in die Unterhaltung und sagte zu Boindin: »Darf ich mich höflichst erkunden, wer denn dieser Herr de l'Etre ist, der sich so übel aufführt und mit dem Sie so unzufrieden sind?« – »Zu dienen«, erwiderte Boindin; »er ist ein Polizeispitzel!«

Der Arzt Lorry erzählte, Madame de Sully habe ihn bei einem Unwohlsein rufen lassen und ihm von einer Ungezogenheit de Bordeus berichtet. Er hatte zu ihr gesagt: »Ihre Krankheit kommt daher, daß Sie nicht befriedigt werden, Sie brauchen einen Mann! – Hier –!« Und er sei in einer sehr unschicklichen Weise vor ihr gestanden. Lorry entschuldigte seinen Kollegen und sagte Madame de Sully eine Menge achtungsvoller Artigkeiten. Als er die Geschichte erzählte, setzte er hinzu: »Ich weiß nicht, was inzwischen passiert ist; aber sie ließ mich nur noch einmal rufen und nahm dann wieder de Bordeu.«

Der Marschall de Broglie hatte die Tochter eines reichen Geschäftsmannes geheiratet und hatte von ihr zwei Töchter. In Anwesenheit der Madame de Broglie schlug man ihm einmal vor, die eine Tochter in ein Stift zu tun. »Durch meine Heirat«, sagte er, »habe ich mir die Stifte verschlossen.« – »Aber auch das Armenhaus!« setzte seine Frau hinzu.

Man bezichtigte Herrn ... der Menschenfeindschaft. »Ich bin kein Menschenfeind«, sagte er, »aber ich fürchte, es zu werden, und habe ganz gute Vorkehrungen dagegen getroffen.« – »Welche denn?« – »Ich wurde ein Einsiedler.«

Der Graf d'Orsay, der Sohn eines Generalpächters, ein Mann, der auf seine gesellschaftliche Stellung sehr eitel war, traf mit Herrn von Choiseul-Gouffier beim Vorstand der Kaufmannschaft zusammen. Choiseul wollte bei dieser Behörde die Herabsetzung seiner Kopfsteuer durchsetzen, die beträchtlich erhöht worden war. D'Orsay aber beklagte sich darüber, daß man die seine verringert habe. Er fühlte sich dadurch an seinem sozialen Wert gekränkt.

Herr ... trug oft, wenn man von der Liebe sprach, sehr lebemännische Ansichten zur Schau. Dabei war er im Grund ein feinfühliger, wenig leidenschaftlicher Mensch, darum sagte jemand von ihm: »Er tut unanständig, um bei den Frau Glück zu haben.«

Der Regent ließ dem Präsidenten Darou nahelegen, er möge seine Stelle als erster Vorsitzender des Parlaments von Bordeaux aufgeben. Darou antwortete, er werde nicht gehen, außer, man mache ihm den Prozeß. Der Regent las seinen Brief und schrieb darunter: »Kommt mir gar nicht darauf an!« – und schickte ihn als Antwort zurück. Darou wußte, mit wem er es zu tun hatte, und demissionierte.

L'Ecluse, derselbe, der die Variétés Amusantes [»Vergnügliches Allerlei«] geleitet hat, erzählte, als er jung und mittellos nach Luneville gekommen sei, sei er genau an dem Tag zum Zahnarzt des Königs Stanislaus ernannt worden, da dieser seinen letzten Zahn verlor.

Ein englischer Bankier namens Ser oder Stair war angeklagt, er habe eine Verschwörung angezettelt, den König Georg III. zu entführen und nach Philadelphia zu schaffen. Vor Gericht sagte er: »Ich weiß durchaus, wozu ein König einen Bankier braucht; aber was ein Bankier mit einem König tun soll, begreife ich nicht!«

Bei der Vorstellung des »Devin de village« in Fontainebleau trat ein Hofmann auf *Rousseau* zu und sagte höflichen Tones zu ihm: »Gestatten Sie, daß ich Ihnen mein Kompliment mache.« – »Gewiß«, sagte Rousseau, »wenn es gut ist!« Der Höfling verschwand, und man sagte zu Rousseau: »Aber was denken Sie denn, was haben Sie da gesagt!« – »Etwas sehr Gutes«, meinte Rousseau; »gibt es denn etwas Schlimmeres als ein ungeschicktes Kompliment?«

Herrn ...s Freunde wollten seinen Charakter gern nach ihren phantastischen Anforderungen ummodeln. Es gelang ihnen jedoch nicht, und so sagten sie, er sei unverbesserlich. »Wäre ich nicht unverbesserlich«, erwiderte ihnen Herr ..., »so wäre ich schon längst verdorben.«

DIE POLIZEIBERICHTE FÜR DEN KÖNIG

D ie Pamphletisten und Libellisten [Verfasser von Flug- und Schmähschriften] genossen bei manchen Historikern keinen besonderen Kredit in Hinsicht auf ihre Zuverlässigkeit; bei anderen, wie bei Ch. Vatel, dem gelehrten Verfasser des dreibändigen Hauptwerkes über die Dubarry (Versailles, Bernard, 1883), sind sie »die authentischste aller Quellen«, und die Polizeiberichte für den König, die man in vier Bänden vor einiger Zeit in extenso herausgab (*Paris sous Louis XV. Rapports des Inspecteurs de Police au Roi. Publiés et annotés par Camille Piton*, Paris, Mercure de France), bestätigen das Urteil Vatels: ganze Seiten aus diesen Berichten hat z. B. Imbert in seine *Chronique Scandaleuse* aufgenommen, ohne ein Wort zu ändern oder den Text zu arrangieren. Was den Pamphletisten passieren kann und oft genug passiert, ist, daß sie die nicht erfundenen Fakten nicht mit den richtigen Personen zusammenbringen, etwas, das mit dem A geschehen ist, mit dem B geschehen lassen. Oder absichtlich Geschehnisse mit einer unbekannten Person auf eine bekannte übertragen, was für uns heute, denen die Personen entweder gar nichts mehr oder sehr wenig bedeuten, von geringer Wichtigkeit ist, jedenfalls von geringerer als den betroffenen Zeitgenossen jener Pamphletisten.

Diese Berichte wurden von Polizeiinspektoren für einen einzigen Leser geschrieben, der sich sehr langweilte und über das, was ihn allein interessierte, die Libertinage der Pariser, beim alltäglichen Frühstück unterrichtet sein wollte, gar nicht, um danach sittenpolizeiliche Erlasse anzuregen, sondern um nichts sonst, als sich zu amüsieren. Dieser Leser war Ludwig der Fünfzehnte und Vielgeliebte. Seine Gelangweiltheit und seinem besonderen Interesse danken wir die authentischen Dokumente über die Pariser Sitten in der zweiten Hälfte des 18. Jahrhunderts; sie bestätigen mit einer sauberen, präzisen Faktizität Bekanntes, stellen anderes richtig und bringen sehr häufig ganz Neues, wie zur Geschichte der Dubarry, das von historischem Wert ist. Die Berichte geben den Steckbrief der Personen bis in ihre Gewohnheiten und Vermögensverhältnisse hinein. Sie sind für das 18. Jahrhundert das, was Brantôme für das 16. und Tallemant des Reaux für das 17. Jahrhundert ist, und sind mehr als beide, denn sie sind ganz frei von allen schriftstellerischen Absichten und von einer völlig modernen Objektivität. Deren sich Meusnier, der sehr intelligente erste Berichterstatter (von 1748 bis 1757), anfangs vielleicht zu sehr befleißigte, denn die Knappheit und kurzgefaßte Sachlichkeit scheint nicht den Beifall seines königlichen Lesers gefunden zu haben, da Meusniers Berichte nach einiger Zeit ausführlicher werden, ohne ins Schwatzen zu verfallen. Meusniers Nachfolger Marais, der von 1757 bis 1777 berichtet, erreicht nicht seinen Vorgänger, besitzt nicht wie dieser die Gabe einer scharfen Beobachtung und eines Witzes, der sich ganz unpersönlich im Stil äußert. Die Berichte von Marais fallen oft ins Monotone. Aber es ist nicht darauf zu insistieren [tut nichts zur Sache], wie die beiden Polizeileute ihren *Stoff* bringen, soviel sie auch hier darin leisten, indem sie keine zurechtgemachte Sprache schreiben, sondern jene, die man wirklich sprach. In den Berichten findet sich keines der Modeworte, die aus der Literatur kommen, aber alle die Worte und Wendungen sind da, die sich die sprechende Gesellschaft für die Dinge erfand, die sie auf dem Gebiete der Libertinage beschäftigten. Nicht selten unterbricht der Polizist seine Aufzählung der Fakten mit einem Porträt, für deren Schärfe dieses, das den Herzog von Chartres, den künftigen Philippe-Egalité zeichnet, zum Beispiel dienen möge: »Ce prince extrêmement grossier dans ses caresses, n'ayant aucune délicatesse et jurant comme un charretier, avec son fond de libertinage crapuleux et se servant de termes qui feraient rougir la plus vile créature*.« Oder es schließt ein Bericht mit folgenden Sätzen: »Le mari est un bonhomme qui trouve tout bon. La paix subsiste dans le ménage; ainsi tout va bien**.«

Die private Polizei des Königs stand nicht unter der Kontrolle des Polizeiministers Sartines: anders besäßen wir nur eine sehr abgeblaßte offizielle Verarbeitung dieser sur le vif [unmittelbar nach dem Leben] abgegebenen Rapporte, deren häufige Einförmigkeit uns heute lebendiger anspricht als etwa eine ausgewählte Sammlung pointierter Anekdoten von Chamfort, die den Kopf zeigen, aber nicht den Leib. Der Polizeiminister hätte auch sicher die Namen der Personen gestrichen, mit denen er oft befreundet sein mochte, was die beiden subalternen Herren Meusnier und Marais sicher nicht waren, die ihre Opfer daher mit allen Titeln, Namen und Würden nennen, wie es wohl auch der König wünschte, der nicht nur wissen wollte, was ein Herr von F. oder C. oder S. tat, sondern daß es die Herren Fronsac, Conti und Soubise taten, nicht nur lesen wollte, was man von einer Schauspielerin erzählt, sondern daß man es von der Duthé erzählt.

In dem Folgenden sollen Auszüge aus den Rapporten ihren dokumentarischen Wert ebenso wie ihren Geist belegen. Zuvor seien noch einige technische Worte angemerkt und erklärt, deren sich die Rapporte wie alle Welt bedienen. Wenn ein öffentliches Mädchen von einem Fürsten oder sonst einer hervorragenden Persönlichkeit ausgezeichnet wurde, so hatte sie »*den Sprung über den Stock*« gemacht *(sauter le baton)* und wurde eine »*Demoiselle du bon ton*«. Sie ist dann »*sur le grand trottoir*«, d. h. lanciert. Der für alles aufkam, der erklärte Aushälter, hieß »*der Herr*«. Genügte dieser der Demoiselle du bon ton nicht, so hatte sie noch einen, den man den »*Greluchon*« nannte: er gab weniger als der Herr (er war meist auch jünger), hatte Ermäßigungen im Tarif, mußte aber jedenfalls zahlen. Nach dem Greluchon kam als dritter der »*Farfadet*«: er bekam alles umsonst, wurde aber für nichts bezahlt, denn der bezahlte Zuhälter, der vierte an der Leiter und an der untersten Sprosse, war der »*Qu'importe*«. Um es an einem Beispiel deutlich zu machen, hatte die Tänzerin Deschamps am 25. April des Jahres 1754 folgenden Liebhabercortège [-gefolge, -anhang]: in die Ausgaben des »Herrn« teilten sich die Herren Coulandre und d'Epinay; der Greluchon war unbesetzt; Farfadet war der Herr Marquis de Saulgeon, Oberst bei den Grenadieren, und den Qu'importe machte Deschamps, der Gatte.

F. B.

---

* »Dieser Prinz, äußerst plump in seinen Schmeicheleien, ohne irgendwelches Zartgefühl und fluchend wie ein Fuhrmann, mit dem ihn fast ausschließlich beherrschenden Interesse an wüster Libertinage, und Ausdrücke gebrauchend, die das niederträchtigste Geschöpf tief erröten ließe ...«
** Der Gatte ist ein Biedermann, der alles gut und recht findet. Der Friede beruht auf der häuslichen Einsicht; so geht alles gut.«

Herr Tessier, Generalpächter, mit seiner Frau verzankt, hält Frl. Sidonie aus, die Herrn von Chabanon zum Greluchon hat. Herr von Senac hat auch mit ihr gelebt und ist ihr Freund geblieben. Der hat nichts Eiligeres zu tun gehabt, als er erfuhr, daß sie den Herrn Tessier habe, als es im Foyer der Oper zu erzählen, und fügte noch hinzu, daß man ihm erzählt habe, Tessier wolle die Dummheit begehen, sich mit seiner Frau auszusöhnen. Wobei einer, der dabeistand, zu Senac sagte: »Aber man sagt, daß Sie sich auch mit Ihrer Frau aussöhnen wollen«, worauf Senac wütend antwortet, er sei nicht so blöde. Herr von Chabanon wußte, daß Senac gesagt hatte, er sei der Greluchon, und erklärte ihm, er finde es sehr komisch, daß sich ein Hahnrei wie er über ihn unterhalte. Worauf Senac bemerkte: »Man hat es mir erzählt.« Einige Tage darauf sagte Herr von Senac im Opernfoyer: »Ich will Ihnen was Neues erzählen, meine Herren, meine Frau ist eine Hure. Und wissen Sie, wo sie auf den Strich geht? Vor der *petite maison* des Herzogs von Chartres.« Sie hatte in der Tat die Nacht vorher in Monceaux mit dem Herzog und seiner Gesellschaft soupiert. Der Mann wußte es, weil er ihr nachgegangen war. Alle lachten ihn aus.

Herr von Matowski hat Mme Montgantier genommen, die Herr von Senac hatte. Sie wollte es sich mit allen beiden einrichten, aber Herr von Senac erklärte, daß er nicht dazu da sei, von allen Seiten zum Hahnrei gemacht zu werden. Mme Montgantier hat ein Absteigequartier in dem Haus gemietet, in dem sie wohnt. Wenn ihr Mann schläft, besucht sie den Fremden, und tagsüber besucht sie den Tänzer Vestris.

Man sagt, der Chevalier de Baise habe die Frau von Gottville. Man behauptet, er habe bei ihr, im Temple, die Nacht zugebracht, und sie habe ihn um vier Uhr morgens zu Fuß und im Regen weggeschickt und ihm dabei gesagt, sie könne ihn nicht länger bei sich behalten, weil eine anständige Frau Menagements [Rücksichten] zu bewahren habe.

Der Gardeoffizier Tombeuf lebt seit langem mit der Mlle Cremille. Er ist sehr aus auf die Mmme Mars, besuchte sie und schenkte ihr ein Kleid und eine goldene Dose. Mlle Cremille wußte das, wartete in einem Wagen an der Haustür auf den Offizier und gab ihm, als er herunterkam, ein paar Ohrfeigen. Er war schockiert. Da es um vier Uhr nachmittags geschah, gab es viele Zuschauer. Sie stieß ihn in ihren Wagen und fuhr zu sich nach Hause. Er versprach, nie mehr zur Mars zu gehen, was sie schriftlich von ihm verlangte. Die Erklärung schickte sie der Mars, die darüber lachte. Der Offizier stellt alles mögliche an, um die Mars wiederzusehen.

Der Engländer Turner, der mit Mme Beaulieu lebt, soupierte mit ihr bei den ebenfalls von Engländern ausgehaltenen Damen de Vasses und sagte, sie müßten froh sein, daß die Engländer nach Paris kämen, denn mit den Franzosen stürben die Pariser Huren Hungers. Mme Beaulieu antwortete, daß die Franzosen, wenn sie auch schlecht bezahlten, zumindest höflicher zu ihren Mätressen seien. Da stand Turner auf und gab ihr eine Ohrfeige. Sie tat nichts dergleichen und wartete, bis sie mit ihm zu Hause war. Dort nahm sie den Feuerhaken, behandelte ihn wie ein Schwein und schmiß ihn hinaus. Er schrieb ihr anderen Tages versöhnlich; aber sie erlaubte ihm das Wiederkommen nur, wenn er ihr fünfzig Louis gebe. Die brachte er ihr. ,

Der Marquis von Fitz-James hatte vorgestern eine kleine Loge in der Comédie mit Mme Senac. Man sagte, er affichiere sich [stelle sich bloß, an den Pranger] solcherart mit ihr offiziell.

Herr von Genlis war mit Mlle Duthé im Vauxhall. Seine Frau war auch dabei; aber ihn genierte das nicht. Er stellte sie ihr vor, und Mme von Genlis fand die Duthé sehr hübsch. Sie tat nicht so, als ob sie wüßte, daß die D. die Mätresse ihres Mannes sei.

Alle unsere jungen Herren fangen an, sehr eifersüchtig über das Entgegenkommen zu werden, das unsere schönsten Frauen dem Mylord Beauchamp bereiten, dem Sohn des englischen Gesandten. Der junge Mann ist allerdings groß und gut gewachsen, hat ein angenehmes Gesicht und zudem das artige Benehmen eines Franzosen, der die beste Erziehung genossen hat. Da er außerdem nur kurze Zeit in Frankreich verweilt, so ist das ein Grund mehr für seinen Erfolg bei den Damen, die immer geneigt sind, in einer Art Vergessens die Schwächen ihres Herzens zu begraben, und hier leicht andere Liebschaften anfangen können, ohne die Vorwürfe und Indiskretionen eines aufgegebenen Liebhabers zu fürchten. So kann sich dieser Engländer auch der Klugheit unserer Damen rühmen. Einige streiten sich um seine Eroberung, so auch Frau von Gueaclin und Frau von Montregard; die letzte, welche ein Finanzgeist immer etwas über ihre Möglichkeit hinaustreibt, scheint es mit dem Triumph über ihre Rivalin sehr eilig zu haben. Sie versteckt das nicht einmal vor den Augen ihres Gatten, der, immer voll blödesten Vertrauens, nicht verstehen konnte, warum man über seine Frau so viel klatscht, da er sie für vollkommen treu hält, was ihr sehr angenehm ist.

Der Baron von Talleyrand ist heute der erklärte, bevorzugte Liebhaber der Prinzessin von Chimay. Diese Dame mußte immer etwas für ihr Herz haben, denn vor ihrer Verheiratung war es der Graf von Egreville, und vor vier Jahren war es der Graf de la Marche. Der Baron besucht sie um Mitternacht über eine Hintertreppe und verläßt sie gegen vier Uhr morgens.

Der Marschall d'Estères beschäftigt sich trotz seiner Krüppelhaftigkeit aus dem letzten Feldzug noch heute mit Liebessachen, und die Marschallin (wer hätte das geglaubt?) kommt in Eifersucht und Unruhe; sie hat mir diese Woche einen Mann geschickt, der mich auffordert, den Marschall zu beobachten. Er macht seine verliebten Aufwartungen bei der Marquise von Saint-Chamand, der Frau des Generalleutnants, die bei Frau Préville ein Absteigequartier hat, das ihr ein Ritter des Ludwigordens bezahlt.

Die Frau Marquise von Saint-Simon kostet heute die Frische der Jugend, und es ist der kleine Herr von Mailly, der sie ihr verschafft. Er ist sehr stolz darauf und rühmt sich dessen vor aller Welt. Er schlägt alle Einladungen seiner Freunde aus mit der Entschuldigung, seiner Dame verpflichtet zu sein.

Seit acht Tagen ist die Tänzerin Pages, die jüngere, genannt Deschamps, der galanten Welt wiedergegeben. Vor fünf Jahren lebte sie mit dem Marquis von Banderolle, bei dem sie es recht hart hatte, da der Marquis wie von einem Kammerdiener auch von ihr Dinge verlangte, die gegen die Natur sind und wovor sie einen großen Ekel empfand. Sie teilte das einer alten Gouvernante mit, die bei ihr war und ein gottdienliches Werk zu tun meinte, wenn sie davon zu ihrem Beichtvater sprach. Der eifrige Priester erzählte davon der Herzogin von Nivernais, die für dieses gute Werk alle Hilfe zusagte. Die kleine Deschamps wurde heimlich von all dem unterrichtet und lief von Banderolle davon in das Kloster der Karmeliterinnen im Faubourg Saint-Jacques. Herr von Banderolle setzte Himmel und Hölle in Bewegung, um sie wiederzufinden, und wandte sich an den Polizeichef Bertin. Ich wurde mit der Nachforschung beauftragt und erfuhr so, wo sich das Mädchen aufhielt. Ich verständigte Herrn Bertin,

Jean Michel Moreau: In großer Toilette

der den Standpunkt der Herzogin teilte und Herrn von Banderolle wissen ließ, daß die Deschamp den Schleier nehme. Aber da die Herzogin des Herrn von Banderolle nicht sicher war, schickte sie das Mädchen in ein anderes Kloster, zwölf Meilen weg von Paris, und zwölf Monate später nach Ligny bei Bar-le-Duc. Da blieb sie vier Jahre. Ein gewisser Le Page, früher Offizier im Regiment Conflans, hatte da Zutritt in das Kloster. Die Demoiselle Deschamps gefiel ihm, er verlangte sie zur Frau, und man schrieb an die Herzogin. Die war einverstanden mit der Hochzeit und gab 8 000 Francs Mitgift und eine Ausstattung. Aber die Heirat kam doch nicht zustande. Die Deschamps, die sich im Kloster langweilte, schrieb an die Herzogin, daß sie inständig bitte, nach Paris zurückgebracht und da beschäftigt zu werden. Die Herzogin gab nach, ließ sie nach Paris kommen und schlug ihr drei Dinge vor: entweder immer in einem Kloster zu bleiben oder sich anständig mit einer Arbeit den Lebensunterhalt zu verdienen oder sie ihrem unglücklichen Schicksal zu überlassen. Sie entschied sich für eine Arbeit, aber das war nur ein Vorwand, wie man bald sah. Die Herzogin brachte sie in ein Spitzengeschäft und zahlte für sie eine gute Pension. Aber die Deschamps hatte nach einem Monat genug davon und lief im Nachthemd fort ohne ein Wort. Sie logierte sich als Mlle Renaud in der Rue Saint-Sauveur ein und blieb da, ohne was zu essen zu haben, ein paar Tage. Am fünften Tag sah sie vom Fenster aus den Fechtmeister Donadieu vorbeigehn, der sie erkannte. Er stieg zu ihr hinauf. Sie erzählte ihm ihre Abenteuer und ihre gegenwärtige Situation. Er sagte ihr, daß er sofort den Generalpächter Brissard verständigen wolle, der mit seiner Schwester ungeheure Gelder verbraucht habe und der sicher helfen würde. Das geschah auch. Herr Brissard schickte zwölf Louis und eine Schneiderin mit allem Nötigen an Kleidern, Strümpfen, Schuhen und Wäsche. Er tat das ohne besondere Absichten. Die Deschamps hatte ihrerseits an Herrn von Normand, den sie vor Banderolle gekannt hatte, geschrieben, der aber hatte nicht darauf geantwortet und sich zu seinen Freunden über den Brief lustig gemacht. Inzwischen hat sich die Deschamps mit Herrn Brissards Geld in der Rue Traversière eingemietet und zeigt sich täglich in der italienischen Komödie. Sie hofft, nach Pfingsten wieder ins Opernballett einzutreten, wo sie früher Figurantin [Chortänzerin] war, und sie zählt bestimmt auf ihre Reize, um in der galanten Welt ebensoviel Aufsehen zu erregen wie ihre verstorbene ältere Schwester.

Der Graf Liechtenstein, ein Deutscher, hat sich endlich entschlossen, für die Zeit seines Pariser Aufenthaltes die Demoiselle Letoile auszuhalten, die ihm Brissault einmal als Passade verschafft hat. Er gibt ihr dreißig Louis im Monat, außer der Wäsche und dem Tafelsilber. Trotzdem behält die Letoile den Herrn Gastine als Greluchon.

Herr von Crafford, ein Engländer, hat gänzlich mit der Demoiselle Desforges, Tänzerin bei der italienischen Oper, gebrochen. Er hat für sie in zwei Monaten mehr als fünfhundert Louis ausgegeben. Der Bruch kam, als der Engländer entdeckte, daß sie immer noch mit dem kleinen Grenier, Tänzer am selben Theater und früher ihr Farfadet, verkehrte, obwohl sie ihm versprochen hatte, das während der acht Monate seines Aufenthaltes in Paris nicht zu tun. Für dieses Opfer versprach ihr der Engländer ferner 12 000 Livres bei seiner Abreise, damit sie, Zuneigung dann noch vorausgesetzt, den Grenier heiraten könne. Die Demoiselle war von dieser Zukunft sehr entzückt und schwor Treue. Aber heimlich traf sie doch den Grenier. Der Engländer dachte sich aber so etwas und ließ sie beobachten. Er überraschte sie mit dem Tänzer bei einer Schneiderin, und es ließ ihm die Situation keinen Zweifel. Ohne Aufregung sagte ihr Herr von Crafford: »Ich schätze Sie nicht genug, um über Ihr Betragen empört zu sein. Ich bedaure auch mein Geschenke an Sie nicht; ein Mann wie ich ist dazu da, ein Geschöpf wie Sie zu bezahlen; hier sind noch fünfundzwanzig Louis, damit Sie Zeit finden, einen andern aufzutreiben, den Sie vielleicht besser mit dem Schwein da betrügen können. Leben Sie wohl.« Und damit ging er. Wenige Franzosen wird man finden mit einem solchen Phlegma; und ich habe mir sagen lassen, daß die Desforges von der Mäßigkeit dieses Engländers viel verblüffter war, als sie gewesen wäre, wenn er ihr zwanzig Ohrfeigen gegeben hätte. Sie tat, was sie konnte, um ihn zurückzuhalten; aber er ging.

Die Summen, die der Graf Liechtenstein für die Demoiselle Letoile aufwendet, geben ihr ein erstaunliches Relief. Alle Welt will es betasten. Die Herren von Rochechouart, von Rochefort, der Stelzfuß Marquis von Bonnac, der Präsident von Salibery, Herr

von Morfontaine, der Graf von Usson – alle haben ihr seit acht Tagen die kostbarsten Geschenke gemacht, die sie mit einer herablassenden Air annimmt und an ihren
Gastine weitergibt.

Die Demoiselle Favier, früher Figurantin bei der Oper, hat zur Zeit drei Liebhaber,
die sie ganz gut bezahlen. Der Herr Durand war Geschäftsführer beim verstorbenen
Erzbischof von Cambrai, der Herr Toquiny ist sogenannter Bankier; der erste gibt ihr
fünfzehn, der andere zwanzig Louis im Monat. Der dritte ist ein Herr von Sully von
den Musketieren, der ihr gut zehn Louis gibt, die Geschenke der drei nicht gerechnet.
Aber was das Merkwürdige ist: die drei sind im vollen Einverständnis; jeden Tag
treffen sie sich im Theater und machen aus, wer von ihnen die Nacht bei der Favier
verbringt. Die Demoiselle weiß nichts davon, und die drei belustigt immer wieder die
Mühe, die sie sich gibt, um sie zu täuschen.

ORIGINALBRIEFE
DER FRAU GRÄFIN DÜ BARRY

(Übersetzung von 1779) *

An Herrn Billard dü Monceau

Aus dem Kloster St. Aure, den 10. Brachmon. 1758.

Mein Herr und vielgeliebter Pathe!

Ich schreibe Ihnen diese Zeilen, um die Ehre zu haben, mich nach Ihrer Gesundheit zu erkundigen, und Ihnen zu gleicher Zeit zu sagen, daß alles, was man Ihnen von mir hinterbrachte, mit Ihrer gütigen Erlaubniß, Ohnwahrheit ist. Die Frau Superiorin sagte Ihnen, daß ich garstige Bücher lese, und sie noch denen übrigen Kostgängerinnen zu lesen gebe. Es ist gerade das Gegentheil. Mademoisell Reville hatte dergleichen Bücher von ihrem Vetter, die sie uns zeigete; ich wollte sie nicht lesen, und sagte, daß es nicht hübsch liesse. Indessen las ich sie doch, weil alle meine Gespielinnen sie gelesen hatten und in mich setzten, ein gleiches zu thun. Das ist das einzige Böse, das ich gethan habe, mein lieber Pathe. In Ansehung der Figur aus der Therese Philosophe, die zerrissen worden ist, so kann ich Sie versichern, daß ich es nicht gethan habe: weiß aber auch nicht, welche von meinen Gespielinnen es seyn möchte. Ich wünsche, daß Ihnen der Höchste langes Leben in aller Wohlfahrt schenke, und daß Sie mich besuchen. Ich sehe Sie für meinen lieben Vater an, und liebe Sie auch eben so sehr.

Ich bin mit aller möglichen Hochachtung

Mein Herr und vielgeliebter Pathe
Ihre etc.
Marianchen Vaubernier

---

* Madam Dü Barry ist eine Tochter des Herrn Gomart von Vaubernier, Steueramts-Bedienter zu Vaucouleurs, wo sie im J. 1744 gebohren wurde. Herr Billard dü Monceau, der zu selbiger Zeit durchreißte, und Proviantmeister war, logirte bey dem Direktor des Steueramts. Er ward nebst der Frau seines Gastwirths ersucht, das Kind des Herrn Gomart von Vaubernier über der Taufe zu halten, und er nahm es an. Madame Dü Barry empfieng die Namen Maria Johanna. Nach dem Tod des Herrn Gomart gieng seine Frau, die ohne Unterhalt war, mit ihrer Tochter nach Paris, in der Absicht, in irgend einem Haus als Köchin oder Haushalterin unterzukommen. Ihr erster Schritt, den sie that, war, daß sie zu Herrn Dü Monceau gieng, bey dem sie seine Pathin aufführte. Der Pathe gab nun der Mutter Geld, und versorgte sein Pathenkind in dem Kloster St. Aure, das unter der Direktion des Abe Grisel, Beichtvater des Herrn Billard, Postkaßier, Neffe des Herrn Dü Monceau, war. Es schien, daß sich das Mädchen daselbst nicht beym besten aufführte, weil ihrem Pathen zum öftern Klagen über ihr Betragen einkamen.

Von Abe von Bonnac*

Vitri, den 5. April 1759.

So bist du jetzt in Paris, meine kleine Göttin, und man sagt mir, daß du diesen Abend von da wieder zurückkommen werdest; aber da es mir lieb wäre, dich diesen Abend allein zu sehen, ohne daß Herr Marcieu unsere Zusammenkunft, wie bisdahin, stören könnte, so schike ich dir meinen Kammerdiener, um dich zu bereden, deine Abreise auf morgen zu verschieben. Diesen Abend werde ich in Paris seyn, und sobald ich angekommen bin, wird dich Dümont abholen. Ich freue mich, dich ohngestört zu sehen. Aussert dem Vergnügen, um dich zu seyn, habe ich dir tausend Dinge zu erzehlen, die dir, wie ich denke, nicht mißfallen werden. Es hängt nur von dir ab, eine glükliche Bestimmung zu haben.. Ich möchte nichts von dir haben, als weniger Leichtsinn, und die für meinen Stand erforderliche Vorsichtigkeit; ich würde dich dafür schadlos zu halten wissen. Auf Wiedersehn mein kleines Marianchen: ich folge meinem Briefgen von ferne nach, dann ich liebe dich zum Tollwerden

Abe von Bonnac

An Abe von Bonnac

Paris, den 14. April 1759.

Mein Herr Abe!
Sie machten mir wohl viele Versprechungen, als Sie mich zu lieben anfiengen. Ich war Ihr kleiner Engel, Ihr kleiner Schatz, und Sie sagten mir, daß ich nur verlangen könnte. Ich forderte Ihnen eine Robe von Taffet; Sie sagten mir immer, wenn Sie hieher kämen, würden Sie mir selbige geben, und nun haben Sie schon drey Reisen hieher gethan, ohne an mich zu gedenken. Das ist nicht brav, mein Herr! Sie haben mich angeführt. Wenn ich den Werth von demjenigen gekannt hätte, so ich Ihnen hingab, ich hätte mich nicht so leicht verleiten lassen. Sie wissen, daß ich Ihnen den Vorzug vor Herrn Marcieu** gab, und dieser, glaube ich, wäre ehrlicher als Sie gewesen. Wenn Sie mir auf den Sonntag meine Robe nicht geben, so werde ich Madam sagen, was Sie mir gethan haben, und so lange weinen, bis sie mir verzeiht und Sie auszankt. Leben Sie wohl, Herr Abe, ich bin

Ihre gehorsame Dienerin
Marianchen Vaubernier

An ihre Mutter

Liebe Mutter!
Ich bin sehr gut in dem Haus, wo Sie mich hingethan haben. Herr und Frau Labille erweisen mir viele Freundschaft. Es kommen den ganzen Tag so viele vornehme Leute, daß ich der schönen Sachen, die ich sehe, nicht satt werden kann. Alles was mir zusetzt ist, daß ich nicht so geputzt, wie meine Gespielinnen seyn kann. Sie sagten mir, daß dieses ein sehr guter Gewerb wäre, auch will ich mich waker angreifen, um Geld wie sie zu verdienen.

Gestern kam eine große Dame*** in die Bude, um etwas zu kaufen; ich glaube, daß ich ihr gefiel, denn sie intereßirte sich für mich. Sie gab mir ihre Addresse, und sagte

---

* Mademoisell Dü Barry wohnte nicht mehr in dem Kloster St. Aure. Ihre Mutter war seitdem Köchin auf einem Landguth zu Vitri geworden, und hatte ihre Tochter bey sich. Herr Dü Monceau that ihnen noch immer Gutes. Er gab monatlich einen Neuen Luisd'or.
** Herr von Marcieu war ein Obrist, der nebst dem Abe von Bonak in das Haus, in welchem Mademoiselle Vaubernier war, gieng, und ihr auch den Hof zu machen schien.
*** Madam Gourdan, eine berüchtigte Kupplerin zu Paris.

zu mir, zu ihr zu kommen wenn ich könnte. Sie ist mir sicher gut, und gleich morgen
werde ich trachten, zu ihr hin zu gehen. Es hat Sie etwas gekostet, mich hier unterzubringen; aber es soll nichts verlohren seyn. Ich bin versichert, wir werden nicht
immer arm seyn; und wenn ich reich werden kann, so sollen Sie's auch seyn. Leben
Sie wohl, liebe Mutter. Ich bin

Ihre Tochter

M. Lancon *

An Herrn Abe von Gonzier **

Herr Abe!

Gestern sagte ich Ihnen meinen Namen und Zuschrift, obschon mir's von Madam
Gourdan verbotten war. Sie wollte mir auch nicht sagen, wer Sie seyen; allein ich
habe es durch einen Zufall erfahren, denn Sie ließen einen Brief fallen, den ich auf
hob und in die Tasche stekte. Ich schike ihn durch diese Gelegenheit wider zurük,
um Sie meiner Hochachtung zu versichern, und Sie zu bitten, Ihre Gewohnheiten
gegen mich fortzusetzen. Du hast mir versprochen, mich zu unterhalten und mir Gutes zu thun. Ich gehe auf dein Wort. Ich soll dir sagen, daß du mir gestern recht wehe
thatst; ich konnte heute nicht gehen; ich glaube jedoch nicht, daß mich dieses abhalten
werde, dich auf den Donnerstag by M. Gourdan zu sehen. Ich werde meiner Frau
sagen, daß ich zu meiner Mutter gehe. Du hast mir eine Uhr versprochen, du wirst sie
mir mitbringen. Ist's nicht so? Adieu mein schöner Abe, ich liebe Sie so sehr, als Sie
liebenswürdig sind, und das ist viel.

Lancon, bey H. Labille

Modenhändler, Strasse St. Honore

An Herrn Billard dü Monceau, ihren Path

Paris, den 30. Christm. 1760.

Mein Herr u. vielgeliebter Pathe!

Seitdem wir einander bey Madam Gourdan *** antrafen, und Sie so böse auf mich
waren, mich daselbst zu sehen, war ich immer im Kummer, weil ich sahe, daß ich
Ihre Freundschaft verlohren hatte; allein ich kann Sie versichern, daß ich seitdem
nimmer hingegangen bin. Ich bin immer bey Herrn Labille, wo man sehr wohl mit
mir zufrieden ist. Erlauben Sie, daß ich Ihnen zum Neuen Jahr alles das, was zu Ihrer
Glükseligkeit beytragen kann, anwünsche. Auch bitte ich Sie, mir Ihre Freundschaft,
die mir so lieb ist, wieder zu schenken. Ich darf nicht selbst zu Ihnen hinkommen, aus
Forcht, Sie möchten es übel nehmen, dahero Ihnen meine Mutter diesen Brief überbringen wird. Ich wünsche Ihnen, mein Herr und werthester Pathe, ein gutes und

---

* Bei dem Eintritt in das Haus des Herrn Labille, Modehändler, nahm Madam Dü Barry den Namen
Mademoiselle Lancon an.
** Jetziger Bischof von Arras.
*** Es war bey Madam Gourdan ein wunderbarer Auftritt zwischen dem Pathe und der Tauftochter. Er
machte öfters bey der Frau Kupplerin mit, und diese versprach ihm eines Tages ein frisches und
hübsches Mädchen. Er versäumte die verabredete Stunde nicht, fand aber seine Tauftochter. Voller
Scham, sich an einem solchen Ort vor diesem Mädchen zu sehen, schalt er sie aus, und gab ihr derbe
Verweise. »Aber mein Pathe, (sagt ihm gescheidter Weise die Kleine,) ist es etwas schlimmes, sich
an einem Ort zu befinden, wo Sie auch sind?« Der über diese Antwort in die Wuth geratene Pathe
kann sich nicht enthalten, und giebt ihr Stockschläge. Madam Gourdan kömmt darzu, und setzt sie
aus einander. Man muß Madam Dü Barry Gerechtigkeit wiederfahren lassen, daß sie seit diesem Zufall nimmer zu der Kupplerin hingieng.

glükliches Jahr, nebst vielen folgenden, und bitte den Höchsten, daß er Sie gesund
erhalten wolle. Ich bin mit der tiefsten Ehrfurcht

Ihre etc.

M. Vaubernier

VON HR. DÜVAL, BEDIENTER AM SEEWESEN

den 6. Hornung 1761 *.

Warum wolltest du dann nicht, meine liebe Lancon, daß ich mit dir zur höchsten
Stuffe der Glükseligkeit gelangen sollte? Du sagtest mir, daß du mich liebtest, ich
sagte dir das gleiche; wir sind beyde frey. Die Stunde, der Ort alles war uns günstig,
und wir genoßen nur den Schatten des Vergnügens statt des Wesentlichen. Du warest
nicht so ekel mit dem niderträchtigen Bonnac, von dem du mir sagtest, und doch waren die Umstände weit delikater. Du hast mir versprochen, die Ursache deiner Weigerung zu sagen. Ich erwarte es, und gestehe dir, daß ich sie nicht begreiffen kan. Diese
Nacht habe ich nichts geschlafen; du warst mir immer vor Augen. Ich wälzte mich
an den Rand meines Beths, ich wähnte dich in der Mitte, glaubte mit dir zu reden,
dich zu fühlen, dich zu umarmen; aber alle das, meine liebste Freundin gewährte mir
nichts. Uebergieb meinem Bedienten deine Antwort, und erkläre dich. Ich erwarte es
mit der grösten Ungedult, glaub' es dem zärtlichsten Liebhaber

Düval

AN HERRN DÜVAL

Ja mein lieber Freund, ich habe es dir gesagt, und wiederhole es: ich liebe dich von
Herzen. Du sagtest mir zwar das gleiche; aber deiner Seits ist's nur Muthwillen:
gleich nach dem Genuß würdest du nicht mehr an mich denken. Ich fange an die
Menschen zu kennen. Ich will dir sagen wie ich denke, horche:

Ich will kein Ladenmädchen mehr, sondern meiner selbst ein wenig Meister seyn,

* Der Zufall, der Herr Düval mit Mad. Dü Barry bekannt gemacht hat, ist sehr sonderbar. Dieser
junge Mensch, von hübscher Gestalt, und hinlänglichem Vermögen sich kostbar sehen zu lassen,
wohnte in dem Haus des Hrn. Labille. Er gefiel der kleinen Lancon; und sie gieng ihm entgegen.
Sehen sie wie sie sich dazu anschikte. Die Modenhändlerin konnte malen, und gab zum Zeitvertreib ihren Ladenmädchen Unterricht im Zeichnen. Mademoiselle Lancon, als sie etwelchen Begrif
davon hatte, amüsirte sich das Bildnis des Hrn. Düval mit Bleystift auf einen Bogen Papier zu
zeichnen, und heftete es hernach an seine Thür. Dem jungen Menschen fiel beym Hereingehen gleich
auf, er müßte einer von den Demoiselles, des Hrn. Labille in die Augen gestochen haben. Das küzelt
seine Eigenliebe. Er glaubt, daß man in ihn verliebt seye, weiß aber nicht wer; – was liegt daran. Er
thut das Portrait wieder wo er's genommen hat und schreibt darunter: Ich möchte gern den Verfasser des Portraits kennen. Abends fand er sein Portrait, mit demjenigen eines Mädchens bedekt,
worunter die Worte stunden: Ich bins. Nun ist er von seinem guten Geschike ganz bezaubert. Gleich
den folgenden Morgen geht er in die Bude der Modenhändlerin, und besieht die Mädchen alle. Die
kleine Lancon lächelt. Er fängt auf der Stelle an für sie zu schmachten; denkt nur an sie und schreibt
Abends an seine Thüre: Wenn wäre es meinem Maler gelegen mich bey Nahem auszumachen? Mademoiselle Lancon liest es beym Schlaffengehen und antwortet: Sonntag Morgens um 9 Uhr wird
Ihr Maler bey Ihnen frühstücken, lassen Sie Ihre Thür halb offen. Düval läßt auf die bestimmte
Stunde ein gutes Frühstück zurüsten; schikt seinen Bedienten weg; läßt die Thüre halb offen; die
kleine Lancon geht hinein. Er schließt die Thüre zu. Der junge Mensch nimt sich Freyheiten mit seiner Geliebten aus, denen sie sich nicht entzieht. Er will weiter vorschreiten, allein sie widersetzt
sich. Er fragt nach der Ursache; sie giebt ihm schlechterdings zur Antwort, daß er sie nachwärts
erfahren würde. Indessen verschaft ihm die junge Lancon alle Freuden, die der junge Mensch nur
hoffen kont, bis auf jenen schlüpfrichten Punkt, den die kleine Grausame nicht zulassen will, bey
so bewannten Umständen schreibt er an sie um ihre Gesinnung zu vernehmen.

und möchte dahero jemand finden, der mich unterhielte. Wenn ich dich nicht liebte, so würde ich dir Geld heraus zu locken trachten; ich würde dir sagen, du solltest den Anfang machen mir ein Zimmer zu miethen und es zu meubliren; allein da du mir sagtest, daß du nicht reich wärest, so kannst du mich zu dir nehmen. Es wird dich nicht mehr Hauszins, nicht mehr für deinen Tisch und das übrige deiner Wirthschaft kosten. Mein Unterhalt und mein Kopfputz sind der einzige Aufwand, und für dieses gieb mir monatlich hundert Livres, und mit dem soll alles gethan seyn. Durch dieses Mittel können wir beyde zusammen glücklich leben, und du wirst dich nicht mehr über Weigerung beklagen. Wenn du mich liebst, so nimm diesen Vorschlag an; wenn du mich aber nicht liebst, so laß uns jedes sein Glück anderswo suchen. Guten Tag; ich umarme dich herzlich.

Den 6. Hornung 1761. *Lancon*

Jean Michel Moreau: In der kleinen Loge

Von Herrn Düval

Den 15. April 1761.

Du hast dich, meine Kleine, über die Abänderung meiner Behausung nicht wenig wundern müssen, als du sie vernahmst. Die Hartnäkigkeit, mit der du dich weigertest, mein Glück vollkommen zu machen, hat mich dahin verleitet, dir ein Frauenzimmer vorzuziehen, das ich dir, wenn du ein bisgen gefälliger gewesen wärest, aufgeopfert hätte. Wisse nun, daß ich den Sieg über eine Person erhalten habe, deren Herkunft meinen Stolz nicht wenig küzelt, und daß ich nach unserer getroffenen Einrichtung, ein Zimmer in ihrem Haus nehmen werde. Sey versichert, mein Schäzgen, daß wenn jene Augenblike, die ich bey dir zubrachte, nicht hinreichend genug gewesen sind, dir meine Liebe zu schenken, so sind sie doch wenigstens angenehm genug gewesen, um auf die Freundschaft zu zählen, die dir Zeit Lebens widmet

Düval

An Herrn Düval

Den 16. April 1761.

Du berichtest mich, daß du mich um einer vornehmen Person, um einer grossen Dame willen, mit der du leben willst, verlassest. Es dünkt mich, deine Eitelkeit thue sich was zu gut, mir diese Neuigkeit wissen zu lassen. Ich weiß nicht, ob es der Hang deines Herzens ist; aber ich zweifle daran. Ich weiß, daß die Liebe keinen solchen Unterschied kennt; daß sie alle Frauenzimmer in zwo Klassen eintheilt, die schönen und die garstigen. Ich weiß auch, daß ein junges Mädchen von sechzehn Jahren immer mehr werth war, und immer mehr werth seyn wird, als eine dike Vettel von vierzig Jahren, wenn sie auch aus Bourbonischem Geblüt abstammte. Ueberlege es, ich gebe dir vier und zwanzig Stund Bedenkzeit, und sey versichert, daß du nicht zweymal das gleiche Ding finden wirst. Glaube ja nicht, daß ich etwann verlegen seye. Ich habe einen andern Liebhaber, der dich an Ansehn übertrift, und jünger und frischer ist, als du; er ist so schön als Adonis. Pfui! wirst du sagen, wenn ich dir anzeige, daß es mein Perükenmacher ist. Aber grosse Seelen, die sich rühmen, daß sie zu leben wissen, geben öfters ihren Lakayen vor ihren Ehegatten den Vorzug. Frage deine Geliebte; würdest du wohl, hätte sie auf Rang gesehen, in ihrem Bette seyn? Dieser will mich heurathen; allein ich mag nicht, denn ich könnte in Versuchung gerathen, ihn den folgenden Morgen zum Hanrey zu machen. Nun ist er's auch zufrieden mir alles anzuschaffen, alles, was er aufbringt, mit mir durchzubringen, und wir werden noch etwas weiter hinaus sehen. So lange wir uns lieben, wird die Sache gut gehen. Leb wohl, und überlege es; ich habe jetzt etwelche Schwachheit gegen dich; sie dürfte bald vorüber seyn, und vergebens würdest du sie alsdann, wenn du deines vornehmen Frauenzimmers müde sein wirst, wieder haben wollen. Der Perükenmacher wird dich ausgestochen haben, du wirst rasen, und ich werde dich auslachen. Ich bin deine Dienerin

Lancon

AN LAMET, DER SICH IN LONDON AUFHÄLT *

Paris, den 30. Augstm. 1761.

Nun sind wir weit von einander entfernt, mein armer Freund, und beyde in einer drekigten Lage! Du hast dich mit mir zu Grunde gerichtet, ich weiß es. Du weist aber auch, daß, als wir noch vollauf hatten, ich es ausschlug, mich von Herrn Monoye **, der willens war, seine dike Madam Laurens um meinetwillen aufzugeben, unterhalten zu lassen. Ich liebte dich recht sehr und glaubte, daß unserer Glükseligkeit kein Ende wäre; aber wenn wir uns noch so härmten, so wäre es doch wie es ist; laßt uns also Mut fassen. Trachte in London brav Geld zu verdienen und ich will sehen, wie ich hier einen alten Narren, der mich unterhalten möchte, um das Seinige bringen kann; welches von uns beiden sich alsdann am ersten bereichert, soll dem andern helfen. Was hältst du davon? Als eine Neuigkeit muß ich dir sagen, daß ich wieder bey meiner Mutter bin, die eben nicht viel zum Besten hat, und um uns durchzubringen, gehen wir alle Abend in den Königlichen Pallast, und in die Thülleries. Bisweilen gewinnen wir unsere 17 bis 18 Livres, bisweilen auch weniger, indessen leben wir. Uebrigens hoffe ich, daß dieser Gewerb nicht immer dauer werde, und wir dereinsten etwelche gute Bekanntschaft machen werden, die uns für alle Mühseligkeiten die wir ausstehen, schadlos halten wird. Lebe wohl mein lieber Lamet, sey gedultig; liebe mich immer, und gieb mir Nachricht von dir. Ich umarme dich, und bin zeitlebens deine gute Freundin

Lancon

AN HR. LA GARDE, MAITRE DES REQUETES ***

de la Cour neuve, den 11. Heum. 1764.

Sie wollen durchaus mein Herr, daß ich Ihnen mein Herz entdeke, und Ihnen frey heraus gestehe, ob Sie mir gefallen. Man sagt, das dieses Geständnis schwer von einem Frauenzimmer zu erhalten seye; aber in meinem Alter kennt man die Verstellungskunst nicht. Ich will Ihnen also freymüthig sagen, daß ich Sie schätze; und viel Vergnügen in Ihrem Umgang habe; allein ich sehe einen so großen Abstand von Ihnen auf mich wegen Geburt und Vermögen, daß mir dieses Geständnis schädlich seyn, und in der Folge Thränen kosten könte. Was ist der Endzwek Ihrer Leidenschaft? Eine junge ehrbare und tugendhafte Person, zu hintergehen, zu verführen, und sie hernach zu verlassen, und was ist sie alsdann? Der Fingerzeig und die Verachtung, aller die sie kennen. Ach! mein Herr, glauben Sie mir, erstiken Sie eine aufkeimende Leidenschaft bey der Geburt. Haben Sie Achtung für mich und ich werde

---

* Dieser Lamet ist der Perükenmacher, von welchem im vorhergehenden Brief die Rede ist, der, wie es scheint, ohngefehr vier Monat mit Madam Dü Barry gelebt hat.
** Herr Monoye, Prokurator im Parlament, unterhält seit zwanzig Jahren Madam Laurens, Silberhändlerin in der St. Honore Strasse. Er hat eine artige Tochter von ihr, die jetzt mannbar ist.
*** Pater Angelus Picpus ward für den Schwager der Mutter von Mad. Dü Barry gehalten. Im Jahr 1762 las er alle Sonn- und Feyertäge, à la Cour neuve bey der alten Madam la Garde, Wittwe eines sehr reichen Generalpächters, Meße. Er fand Mittel und Wege seine angebliche Nichte, dieser Dame vorzustellen, die sie als Gesellschaftsmädchen zu ihr nahm. Sie hatte zween Söhne, einer war Maitre des Requetes, und der andere Generalpachter. Mad. Dü Barry, welche beyde ihr den Hof machten, verschmähte weder den einen noch den andern. Sie liebte den Maitre des Requetes; allein der andere war reicher; jedoch konnte sie niemals dazu gelangen, sich den eint- oder andern eigen zu machen. Diese kleine Intrigue, die der Mutter zu Ohren kam, nöthigte sie, Mad. Dü Barry wegzuschiken. Der Maitre des Requetes, der das Glück hatte von ihr geliebt zu seyn, hat ihr zwar niemals nichts zu Gute gethan.

allzu glücklich seyn, Ihren Beyfall und Ihre Gewogenheit zu verdienen. Ich werde für alle Gütigkeit die Sie und Ihre Frau Mutter bis auf diese Stunde für mich gehabt haben, den lebhaftesten Dank hegen. Ich bitte mir selbige fortzusetzen, und zu glauben, daß ich mit der grösten Hochachtung seye

Ihre etc.

von Vaubernier

An Herrn de la Garde, General-Pachter

de la Cour neuve, den 30. Heum. 1764.

Tausendfachen Dank, mein Herr, für die zierliche Repetier-Uhr, die man mir übergeben hat, ohne zu sagen, von wem sie herkomme; allein da ich Sie für den freygebigsten Mann von der Welt kenne, so habe ich sie gleich Ihnen zugeschrieben, und ich habe mich sicher nicht betrogen. Niemand als Sie kan so trefliche Geschenke machen; was mich aber kränkt, ist, daß ich nicht darmit prangen kann. Jedermann würde mich drum begrüssen, und Ihre Frau Mutter würde die erste seyn, mich zu fragen, von wem ich sie habe? Ich werde mich dahero begnügen, sie des Nachts oben an mein Bette zu hängen: dort kan ich sie, so lange ich will, schlagen machen, und an Sie denken, ohne von jemanden gestört zu werden. Es ist ein wahres Vergnügen, seine Gutthäter immer in Gedanken bey sich zu haben. Samstags werden wir uns hier sehen; Sie haben es Ihrer Frau Mutter versprochen, und ich für mich erwarte diesen Augenblik mit Freuden. Ich bin mit Erkenntlichkeit

Ihre etc.

von Vaubernier

An Herrn la Garde, Maitre des Requetes

de la Cour neuve, den 11. Augustm. 1764.

Sie haben sich vergangenen Monat verstohlner Weise in meine Kammer zu schleichen gewußt, und die Forcht, in der ich sowohl wegen Ihnen als mir war, nahm mir beynahe alles Vermögen, Sie wegzuschiken, oder Lerm zu machen. Ich mußte Sie also in mein Beth aufnehmen. Welche Versprechungen machten Sie mir nicht in jenen Augenbliken!... Aber das Blendwerk ist verschwunden; mit Schmerzen sahe ich, daß Sie mich den andern Tag nicht mehr ansahen. Sie machten der Frau Generalpachterin, einer Mutter von vier Kindern, die noch auf eine lächerliche Weise die Verliebte macht, eine sorgfältige Aufwartung. Sie sagten mir, daß es nur deßwegen war, um ihr Spiel nicht zu verrathen. Ach! mein Herr, ich kenne das Ding; Sie zeigten zu viel Lebhaftigkeit, zu heftige Begierde und allzu viel Leidenschaft, als daß Ihr Betragen natürlich gewesen wäre. Sie haben meine Schwachheit mißbraucht, um mich zu verführen und hernach zu verlassen; wenigstens förchte ich es. Wenn es nicht so ist, so ziehen Sie mich aus dem Irrthum, und Sie schenken mir das Leben wieder. Morgen erwarte ich durch Ludwig eine Antwort von Ihnen; wenn ich keine kriege, so werde ich nach Paris gehen, blos um Sie zu sehen und Ihnen die derbsten Vorwürfe zu machen. Indessen bin ich

Ihre etc.

von Vaubernier

An Lamet in London

de la Cour neuve, den 12. Augstm. 1764.

So hast du nun, mein lieber Lamet, einen Platz bey einem Lord, mit fünfzig Pfund Sterlings Gehalt. Ich wünsche dir Glük darzu. Siehe zu, daß du daselbst bleibest, bis ich ein besseres Glük habe. Ich bin jetzt bey Madam la Garde Generalpächterin, um ihr Gesellschaft zu leisten. Ich fange an, wie du siehst, in die grosse Welt zu tretten. Sie hat zween Söhne, einer bey Hof, der andere an den Finanzen: beyde machen mir die Aufwartung. Ich weiß nicht, welcher der freygebigste ist; allein ich weise weder den einten noch den andern ab, sondern will, daß mich einer von ihnen unterhalte. Ich mache ein bisgen die Tugendhafte, um ihnen mehr Vergnügen zu verschaffen. Leb wohl, mein lieber Freund, wenn was Wichtiges vorgeht, so werde ich dir's berichten. Schreib mir öfters, und glaube, daß ich auf immer deine beste Freundin bin.

Lancon de Vaubernier

Vom Grafen dü Barry *

Paris, den 30. Brachm. 1767.

Ich habe schon einige mal, mein schönes Frauenzimmer, mit Ihnen allein gesprochen, um Sie zu bereden, daß Sie zu mir kommen und bey mir bleiben möchten; allein ich habe Ihnen nicht alle die Gründe, die Sie zur Einwilligung bringen sollten, noch alle die Vortheile, die Sie davon ziehen könnten, fühlen lassen können. Ich will mich also näher heraus lassen. – Sie sollen alsobald die Gebieterin meines Herzens, und als eine solche die Beherrscherin meines Pallasts seyn, in welchem Sie meinen Leuten, die von nun an die Ihrigen seyn werden, zu befehlen haben. Da ich an den vornehmsten Stellen, sowohl bey Hof, als von der Stadt Theil habe, so müssen Sie sich nicht wundern, wenn Sie bey mir, oder vielmehr bey Ihnen, Marquis, Dücs und sogar Prinzen sehen werden, die sich eine Ehre daraus machen werden, Ihnen ihre Aufwartung zu machen. Sie müssen alsdann einen gebieterischen Ton annehmen, vermittelst welchem es Ihnen weder an Roben, noch an Diamanten, noch an allem dem, was Sie mit den Damen vom ersten Rang in Gleichheit sezen kan, fehlen wird. Ich halte wöchentlich zweymal eine glänzende Gesellschaft bey mir. Sie sollen darinnen den Vorzug haben, die Staatsdame machen, und die Ehrenbezeugungen und Anbetungen aller derer, die sich an Sie wenden, erhalten. Wenn Sie einmal bey mir sind, so will ich Ihnen die Art zeigen, die Sie annehmen müssen, um die Segel nach dem Wind zu richten, dieses ist aber die Sache eines Augenbliks für Sie. Mit Ihren Talenten, und Ihrem Reiz, der Sie umgiebt, müssen Sie allen, die Sie sehen, gefallen. Ueberlegen Sie es und willigen Sie ein. Morgen gehe ich zur Marquisin Düquesnoy, um eine Antwort von Ihnen zu erhalten. Indessen bin ich mit ohnwandelbarer Ergebenheit

Mein schönes Frauenzimmer   Ihr etc.

Graf Dü Barry

---

* Hier ist in dem Leben der Madam Dü Barry ein ziemlich langer Zwischenraum. Folgendes ist kürzlich, was man zuverläßiges davon weiß:

Sie kam 1765 zu Ende des Jenners, von Madam la Garde weg. Sie blieb bey ihrer Mutter, die damals mit einem gewissen Rancon, dem Madam la Garde einen Plaz als Bedienter an der Maut von Paris verschafte, wieder verheurathet war. Eilf Monat lang lebte sie so ziemlich eingezogen, ausgenommen einer kleinen Intrigue, die sie mit einem Perükenmacher in der Bourbon Strasse, dem Nachbar ihrer Mutter, hatte. Eine gewisse Marquisin Düquesnoy, die an den gleichen Strasse wohnte, gab wöchentlich zweymal Spiel; um mehr Interessenten zu kriegen, nahm sie die junge Lancon zu sich, wodurch die Gesellschaft zahlreicher und lebhafter ward. Sie blieb 18 Monat daselbst, nemlich das ganze Jahr 1766 und die ersten Monat 1767; eine Epoche, in welcher sie zum Grafen Dü Barry gieng.

Jean Michel Moreau: Das erlesene Abendessen

An Madam Rancon

den 2. Augstm. 1767.

Mein Schweizer, meine liebe Mamma, sagte Ihnen gestern, daß ich nicht bey Hause wäre. Dieses wäre nicht begegnet, wenn ich gewußt hätte, daß Sie kämen; allein die ehegestrige Gesellschaft dauerte so lange in die Nacht hinein, daß ich gestern später als gewöhnlich aufgestanden bin. Bis jetzt kan ich mich meiner neuen Unterkunft nicht genug rühmen: der Graf scheint sehr anhänglich an mich zu seyn. Er schlägt mir nichts ab, sondern bemüht sich, mir mein Verlangen zu erfüllen. Unsere Gesellschaften sind sehr glänzend. Die Art, wormit in denselben aufgenommen werde, die Menge und der hohe Stand der Personen, die ich darinnen sehe, alles läßt mich schliessen, daß, wenn den Grafen die Laune ankommen sollte, sich wiederum mit derjenigen, an deren Stelle ich kam, auszusöhnen, oder wenn auch ein anderer Zufall unsere Eintracht störte, ich mit leichter Mühe, ohne etwas beym Tausch zu verlieren, einen andern Plaz finden könnte. Im übrigen mag ich nichts mit der Zukunft zu thun haben; ich bin des Nachdenkens gleich überdrüßig, da ich von nichts als vom Genuß des Gegenwärtigen weiß. Leben Sie wohl, meine liebe Mamma, Ueberbringer dieses wird Ihnen sechs Louisd'ors zustellen. Kommen Sie morgen um 11 Uhr zu mir; sagen Sie nicht, daß Sie meine Mutter seyen; fragen Sie mir unter den Namen der Fräulein Lange, den ich jetzt angenommen habe, nach.

Vaubernier Lange

An Herrn Radix von St. Foix,
Ober-Schatzmeister des Seewesens

den 6. Christm. 1767.

Mein lieber St. Foix! ich bin in der grösten Verzweiflung. Sie können sich nicht vorstellen, wie weit Dü Barry sein schlechtes Betragen gegen mich treibt. Ich bin's müde länger der Gegenstand seiner Hize, oder wohl gar Brutalität zu seyn. Wenn ich etwelche Ergözlichkeiten bey ihm genossen habe, so waren sie so sehr durch seine Wunderlichkeiten, worvon ich das Opfer bin, verfinstert, daß ich jetzt gänzlich entschlossen bin, mich davon loszureissen, und mit ihm zu brechen. Sie sind unter denen vielen Personen, die ich in seinem Haus sahe, einer von denen, den ich am meisten vorgezogen habe; Sie schienen mir so sanft und von einem gefälligen Umgang zu seyn. Wenn alle die schönen Sachen, die Sie mir sagten, und die Vorschläge, die Sie mir thaten, im Ernst gemeynt waren, so hätten Sie jetzt eine hübsche Gelegenheit mir's zu zeigen. Aber merken Sie's, ich will die Sache solid eingerichtet haben; ohne dieses soll keine Vertraulichkeit mehr unter uns gelten. Sie wissen, daß mir blos die Wahl wehe thut! aber ich liebe Sie, machen Sie sich's zu Nuze. Wir gewinnen beyde darbey, weil Sie das Vergnügen haben werden, eine Maitresse, die für artig paßiren kan, einzig zu besizen, und ich meines Orts werde die Zufriedenheit geniessen, keine Sclavin meines Tyrannen mehr zu seyn. Leben Sie wohl, und seyn Sie mit Ihrer Antwort so geschwind als mit Ihrer Ueberlegung. Ich bin, wenn Sie wollen, ganz die Ihrige.

Lange

An Madam Rancon

den 3. Brachmon. 1768.

Sie wissen, meine liebe Mamma, daß ich viele Gegenstände von Kummer und Verdruß habe dulden müssen. Ich hätte niemals geglaubt, daß ein Mann, den man nicht liebt, so viel Gewalt über uns haben könnte, als sich der Graf über mich ausgenommen hat. Indessen sind die Sachen, seitdem ich Sie sahe, so weit gekommen, daß ich entschlossen bin, mich von ihm zu trennen. Ich habe zu dem End jemand geschrieben, der mich zu lieben schien. Dieser, obwohlen geneigt alles dem gegenwärtigen Vergnügen aufzuopfern, stund wegen den Folgen einer förmlichen Einlassung in Besorgnis, und war unschlüßig mich aufzunehmen. Ich war wegen ꞓiner andern Wahl in Verlegenheit, als ein so glüklicher als ohnerwarteter Zufall meinen Entschluß ver-

426

rükte, und das Band, welches mich mit Dü Barry vereint, enger dann jemals zusammen gezogen hat. Ich habe nicht Zeit, Ihnen eine umständliche Erzehlung darüber zu machen. Ich soll Ihnen nur sagen, daß Herr Le Bel, Kammerdiener des Königs und sein Vertrauter, heute da zu Mittag speisen soll. Der Graf hat ihm von mir gesprochen, und Sie können leicht erachten, was eigentlich der Gegenstand dieser Zusammenkunft seyn mag, und was unsere Entwürfe sind. Laßt uns frölich seyn, meine liebe Mamma! Obwohlen noch nichts ausgemacht ist, so kan ich mich doch den schmeichelsten Hofnungen nicht entziehen. Der Graf giebt mich für seine Schwägerin aus, ich habe mich darauf versehen, meine Rolle gut zu spielen. – Aber ich höre den Wagen des Herrn Le Bel; ich verlasse Sie, um ihn zu empfangen. Leben Sie wohl, liebe Mamma.

Vaubernier Lange

An Lamet in London

Compiegne, den 3. Herbstm. 1768.

Nun erhalte ich deinen Brief, mein lieber Lamet! Es ist ein Wunder, daß er mir nach so vielen Veränderungen meiner Lage, noch zugekommen ist. Zum Glük hat man ihn von Madam la Garde, meiner Mutter zugeschikt, und diese hat mir ihn sicher eingehändigt. Du thust mir den Vorschlag, nach London zu gehen, allwo du mir Hofnung zu einer glänzenden Bestimmung machst. Allein das Schiksal, das ich von denen Lords hätte erwarten können, wäre gewiß dasjenige nicht werth gewesen, das ich jetzt geniesse, und das ich niemals hätte hoffen können. Du hast dir, als wir noch mit einander lebten, nicht wohl einbilden können, daß du eine Frau besizest, die auf dem Sprung ist, eine vornehme Dame und Maitresse Seiner Allerchristlichsten Majestät zu werden. Es dünkt mich, ich sehe dich, in dem du dieses liesest, deine grossen Augen aufsperren und sie reiben, um sicher zu seyn, daß du recht wach bist; indessen, mein guter Freund, ist nichts gewissers. Ich habe zum Schein einen diken Grafen Dü Barry geheurathet, und bin jezt zu Compiegne, wo ich das Amt einer Lieblingssultanin in seinem ganzen Umfang ausübe. Ich habe nicht nöthig, dir das Stillschweigen aufzuerlegen; du sollst selbst fühlen, wie wichtig es für dich und mich ist, nicht zu plaudern. Und dich dahin anzuhalten, und für die tausend Thaler, die ich dich kostete, zu entschädigen, wirst du beyliegend einen Wechselbrief von tausend Pfund Sterling finden. Er ist auf den Ueberbringer gestellt, und du hast nicht nöthig dich zu erkennen zu geben, wenn du den Werth desselben beziehst. Du siehst, daß ich ohnerachtet meiner Grösse gleichwohl eine gute Frau bin. Schreib mir nimmer, bis ich dir die Mittel dazu an die Hand gegeben habe. Ich zähle eben so auf deine Bescheidenheit, als du auf meine Freundschaft zählen kanst, und die Begierde, die ich habe, dir Proben davon zu geben.

Gräfin Dü Barry

Von dem Grafen dü Barry

Paris, den 9. Herbstm. 1768.

So sind Sie nun, meine werthe Schwägerin*, auf der höchsten Stuffe, nach welcher Sie verlangen konnten; aber um selbige zu behaupten, müssen Sie die gröste Vorsichtigkeit gebrauchen. Mit dem König, wenn Sie einzig um ihn sind, müssen Sie immer

---

* Madam Dü Barry ward den 1. Herbstmonat 1768 in der Gemeinde St. Laurenz an Wilhelm Dü Barry, Bruder des Grafen der sie unterhielt, verheurathet. Le Bel, der sie dem König vorstellte, sagte ihm, daß sie an einen Mann von Rang verheurathet wäre; allein er hätte nicht geglaubt, daß er im

munter, fröhlich und scherzend seyn; aber öffentlich nehmen Sie den Ton der Sitt-samkeit, der Zurükhaltung, mit einem Wort den Hofton an. Deßwegen müssen Sie nicht stolz seyn, im Gegentheil müssen Sie höflich und leutselig gegen jedermann, besonders aber gegen das Frauenzimmer seyn. Bedenken Sie, daß sie alle Ihr Schiksal beneiden, und daß es keine einzige unter ihnen giebt, die nicht, obschon Sie Ihnen viele Freundschaft bezeugt, Ihren Fall wünsche. Sehen Sie, daß Sie auf alle mögliche Weise den Düc de Choiseul in Ihr Spiel ziehen. Das ist ein großmächtiger Minister, der mit seinem Herrn macht, was er will. Schreiben Sie mir alle Tage. Um nicht die bestallten Personen zu verdunklen, will ich in Paris bleiben, und nur selten nach Hof gehen. Sie wissen, daß Sie keinen andern Freund als mich haben; mithin geben Sie mir von den kleinsten Umständen, die Sie angehen, Nachricht. Ich bin Ihr Schwager und Freund

Graf Dü Barry

AN GRAF DÜ BARRY

Den 15. Weinm. 1768.

Mein lieber Schwager! Se. Majestät haben noch immer die gleiche Anhänglichkeit an mich. Er hat es gern, wenn man mir den Hof macht; aber über den Düc de Choiseul bin ich recht ungehalten. Er scheint mir einen ausgezeichneten Haß zu haben; die Düchesse seine Schwester * ist ausser ihr mich zu sehen: wenn sie mich ansieht, so hat sie die Augen voller Haß und Neid. O! ich glaube nimmer, daß ich diese Frau jemals werde lieben können. Man sagt, daß der Bruder und die Schwester ein Liedgen auf mich machen werden. Muß ich mich darüber beym König beklagen? Sie wissen besser, was vorgeht. Was soll ich machen? Ich erwarte Ihre Antwort, um nichts ohne Ihren Rath zu unternehmen. Ich bin, mein lieber Schwager, Ihre dankbare Schwägerin und Freundin

Gräfin Dü Barry

Ernst so anhänglich seyn würde, als er's war. Weil er nun fürchtete, Seine Majestät möchten die Wahrheit von andern erfahren, und seine Ungnade dardurch erfolgen, warf er sich zu seinen Füssen, sagte dem König, daß er zuerst hintergangen worden, und daß Madam Dü Barry weder verheu-rathet noch von Rang sey.»Desto schlimmer, rief der König aus, man verheurathe sie also schleunig, damit ich nicht im Fall seye, eine Thorheit zu begehen.« Nun ward die Heurath in Zeit acht Tagen richtig.
* Die Frau Gräfin von Grammont war die intriguanteste Hofdame. Sie war stolz, herrschsüchtig, suchte als Gebieterin zu herrschen, und brachte es so weit, daß sie die Hand über ihren Bruder hatte, mit dem sie machte, was sie wollte. »Diese Düchesse, sagt ein Author selbiger Zeit, war eine ächte Hofdame nach der ganzen Stärke des Ausdrucks; nemlich entschlossen, frech, schamlos, da sie die Sitten, nur für das gemeine Volk eingeführt, ansahe. Obschon sie allbereit vierzig Jahre alt war, glaubte sie noch dem König zu gefallen. Sie machte sich ihren Stand und die Gunst ihres Bruders zu Nutze, und drang sich in die kleinen Zimmergen und dem geheimen Vergnügen des Monarchen auf. Um seinen guten und leichten Karakter, seine Schwachheit für das schöne Geschlecht und seinen Hang zur Wollust zu mißbrauchen, gelang es ihr, sich einige mal in das Bett des Königs wider seinen Willen zu legen. Allein da diese Gemeinschaft nur die Wirkung des Überdrangs war, und sie den Monarchen so zu sagen, jedesmal darzu nöthigte, ward sie, als Madam Dü Barry auftrat, ganz verflossen.« Inde irae.

Paris, den 16. Weinm. 1768.

Laßt uns, meine liebe Schwägerin, uns mit vieler Klugheit betragen. Da wir die Choiseuls nicht gewinnen können, so laßt uns auch nichts thun, wodurch wir sie uns auf den Hals richten könnten. Wenn, nachdem wir alles angewandt haben ihre Gunst zu erlangen, es uns nicht gelingt, alsdann wollen wir, um sie heimlicher Weise zu Grunde zu richten, gegen ihnen thun, was sie gegen uns thaten; allein wir müssen sehr behutsam seyn, um nichts das Aufsehen macht zu unternehmen, ehe wir eine Parthey zusammen gebracht haben, die der ihrigen das Gleichgewicht hält.

Ich schike Ihnen zwo Listen; die Sie alle Augenblik zu Rathe ziehen sollen. Aus der einten werden Sie alle Anhänger der Choiseuls kennen; ihre Anzahl ist fürchterlich. Seyn Sie sehr vorsichtig, und indessen immer höflich gegen ihnen. Geben Sie keinen Einblasungen, die ihnen von dieser Seite herkommen, und Sie zu Schritten verleiten, die Sie zu Fall bringen könnten, Gehör. Trachten Sie einige von ihren Creaturen mit unter die Deke zu bringen; allein trauen Sie ihnen im Grund nicht ehender, als bis wir recht versichert sind, daß man auf sie zählen kan. Die zwote Verzeichniß enthält die unsichern Personen oder heimlichen Feinde der Choiseuls. Ihre ganze Aussenseite zeige Ihre Geneigtheit gegen ihnen, und Ihr ganzes Vermögen gehe nur dahin, sich Freunde zu erwerben. Ich kan Ihnen nicht genug wiederholen, daß Sie mir von allem dem, das Sie in Verlegenheit sezen könnte, und worzu Sie Zeit haben meines Raths zu pflegen, Nachricht ertheilen sollen. In sehr dringenden Vorfallenheiten wird Ihnen meine Schwester Anleitung geben.

Ihre Erhöhung kommt so zu sagen von einem blossen Ohngefehr her; aber bedenken Sie, daß Sie selbig nicht behaupten können, ohne daß Sie sich blinder Weise dem Plan, den ich Ihnen zu Ihrem Betragen vorzeichne, überlassen, und daß Sie sich der grösten Gefahr aussezen würden, wenn Sie sich nur einen einzigen Augenblik davon entfernten. Sie sollen also wissen, daß ohnerachtet Ihrem Widerwillen gegen die Politik und Intriguen, selbige dennoch Ihre einzigen Stützen sind. Das was Sie mir von der Aufführung der Frau von Grammont gegen Ihnen sagen, befremdet mich gar nicht; niemals hat ein Frauenzimmer derjenigen verziehen, die sie ausgestochen hat. Versichert, daß Sie dem König gefallen, möchte ich wünschen, daß sie ihre Unverschämtheit noch weiter treibe, und ihr herrschsüchtiger Karakter würde sie zweifelsohn zu Ausschweifungen verleiten, die eben so unglüklich für sie als günstig für uns seyn könnten, besonders wenn ihr Bruder schwach genug ist, sich von ihr regieren zu lassen. Wenn Sie Samstags nach Paris kommen, wie Sie es willens waren, so will ich Ihnen mehr sagen, als ich Ihnen geschrieben habe, obwohlen mein Brief schon lang genug ist. Ich bin, meine werthe Schwägerin, Ihr Schwager und Freund

Graf Dü Barry

R. S. Ich habe vergessen Ihnen zu sagen, daß ich es wußte, ehe man ein Liedgen auf Sie gemacht hat. Es ist ganz klar, daß dies ein Streich der Choiseul ist. Diesem ohnerachtet sagen Sie dem König nichts davon, denn Sie könnten, wenn er nichts drum weiß, indem Sie ihm Genugthuung forderten, seine Aufmerksamkeit rege machen, die gefährlich zu befriedigen seyn wird.

AN DEN DÜC VON COIGNY

Paris, den 11. Jenner 1769.

Ich habe Ihr Entschuldigungsschreiben *, mein Herr Düc, erhalten, und verzeihe Ihnen gerne. Ich bin gut, und behalte niemals keinen Groll bey; jedoch lernen Sie gegen artigem Frauenzimmer vorsichtiger seyn; Sie verdienen etwelche Achtung. Ich wünsche Ihnen einen guten Tag, und bin durchaus

Ihre etc.

Gräfin Dü Barry

VON DEM GRAFEN DÜ BARRY

Den 17. April 1769.

Die Parthey der Choiseul, liebe Schwägerin, wird bis und so lange Sie nicht dem Hof vorgestellt werden, die Oberhand haben. Sie müssen diese Gnade durchaus zu erlangen suchen. Die Frau Gräfin von Bearn ** hat uns versprochen, Sie aufzuführen; ihre kritische Lage macht, daß sie über alle Hindernisse, die sich äussern könnten, weg ist. Wir sehen den Haß und die Eifersucht der Choiseul nur allzu sehr. Sie haben nicht nur den Spöttereyen, durch ohngebührliche Liedgens, die in der Stadt und bey Hof herumgebotten werden, und worvon sie verstohlner Weise die Urheber sind, aufgeholfen; sondern sind vertrauter dann jemals mit der Königl. Familie, die sie aus allen Kräften wider Sie aufbringen, da sie Sie mit den schwärzesten Farben der Lästerung und Verläumdung schildern. Da sie jezt mehr dann jemals die Huld des Königs geniessen, so können Sie keine andere Parthey ergreifen, als daß Sie sich weinend zu seinen Füssen werfen, Ihn um aller Gewogenheit willen, die Er wohl für Sie haben möchte, zu bitten, Sie nimmer länger denen Schmachreden Ihrer Feinde aus-

---

* Das, was zu diesem Schreiben Anlaß gab, ist sehr drolligt. Der Düc von Coigny hatte Madam Dü Barry unter dem Namen der Mademoiselle Lange gekannt, als sie noch bey dem Grafen Dü Barry war. Er gieng hernach nach Corsika, und kam einige Zeit nach der Heurath der Madam Dü Barry, wieder zurück. Da er nun nicht wußte, daß sie die Maitresse des Königs war, suchte er sie bey dem Grafen Dü Barry. Man sagt ihm, daß sie jetzt in der Strasse des petits Champs wohne. Er macht sich eilends dahin. Von ohngefehr war sie gerade in jenem Augenblik dorten. Gleich fängt er sie an zu duzen, will sie küssen, und sie mit einem Wort als ein Frauenzimmer, das in der Welt mitgemacht hatte, behandlen. Diese, um sich gegen seinen Ueberdrang zu stellen, nahm ein ernsthaftes Gesicht an, und sagte ihm zuletzt, daß sie geheurathet sey. »Desto besser, versezt ihr der Düc, wir haben ein Vergnügen mehr, wenn wir einen zum Hanrey machen können.« Madam Dü Barry, da sie sahe, daß sie mit ihm nicht fertig werden konnte, war genöthigt zu läuten, Leuten zu rufen, und ihnen zu sagen, daß sie den Domestiquen des Dücs den Wink geben sollen, daß ihr Herr gehen wolle. Dieser über eine solche Aufnahm ganz betretten, gieng zum Grafen Dü Barry, dem ers erzehlte. Dieser sagte ihm, daß sie die Maitresse des Königs seye. Dieses nöthigte den Düc, der Madam Dü Barry zu schreiben, und ihr seine Entschuldigung zu machen. Wir haben diesen Brief nicht finden können. Er befand sich nicht unter den Schriften, derer man sich bemächtigte, als Madam Dü Barry ins Kloster dü pont-aux-Dames verwiesen wurde. Er muß recht sonderbar seyn.
** Madam de Bearn war eine Tochter vornehmen Standes, die nicht viel zum Besten hatte, und Wittwe eines von der Leibwache Kammerjunker des Perigords war. Sie kam nach Paris, um einen Rechtshandel, den sie wider das Haus Salüces hatte, und der für sie im Gegenstand von 300 000 Livres war, fortzusezen. Da sie bis Austrag der Sache eine beträchtliche Summe erhalten hatte, wandte sie das Geld dazu an, um sich ihrem Stande gemäß sehen zu lassen, und Credit zu erlangen. Sie war eine Befreundtin der Richelieu und derer von Aiguillon, die ihr zu Gewinnung ihres Rechtshandels verhalfen, und sie hernach vermochten, Madam Dü Barry bey Hof aufzuführen. Das Glük, das ihr dieser Schritt öfnete, machte, daß sie sich über alle Vorurteile und alle das Lächerliche, das sie sich zuzoge, wegsezte.

430

gesezt zu lassen, und die Vorstellung zu erlauben, ja sogar zu befehlen. Lassen Sie alles, was Ihre eigenen Vortheile, und Ihre Liebe zum König Ihnen alsdann eingeben kan, mit einfliessen. Dieses letzte Hilfsmittel wird das wirksamste seyn. Trachten Sie diesen Schritt noch vor Ende der Woche zu bewerkstelligen. Thun Sie es mit aller der Wärme, deren Sie fähig sind, um das Herz des Königs zu rühren. Ich wünsche, daß die erste Nachricht, die ich von Hof erhalte, diejenige seye. Ich bin ohnausgesezt Ihr Schwager, und der treuste Freund, den Sie auf der Welt haben.

Graf Dü Barry

Jean Michel Moreau: Ja oder Nein!

Von dem Grafen Dü Barry

Paris, den 19. April 1769.

Reden, die Sie mit meiner Schwester führten, und die sie mir hinterbrachte, erschreken mich. »Alle dieser Lerm da, sagten Sie, macht mich überdrüßig: was ist wohl das »Schlimmste, das mir begegnen kan? Wenn mich der König aufgiebt, so verlasse ich »den Hof, und mit dem, das er mir geschenkt hat, und der Pension, die nothwendiger »Weise darauf erfolgen muß, habe ich genug, um mich in der Welt sehen zu lassen, »und ein so glüklich als fröhliches Leben zu führen. Ach! meine liebe Schwägerin, wie wenig kennen Sie den Hof! Wissen Sie, daß das, was Ihnen begegnen kan, ist, daß Sie auf Zeitlebens ins Kloster gesperrt, mit dem Verbott, daß keine Seele zu Ihnen gelassen werde. Noch eins, würden Sie wohl glüklich seyn, wenn man Sie mit Gift vom Hals schafte? Ich sage Ihnen weiter nichts mehr; dieses soll Ihnen Forcht einjagen. Verbrennen Sie diesen Brief; ich verweise Sie auf meinen ehgestrigen. Befolgen Sie meinen lezten Rath so schleunig als Sie können.   *Graf Dü Barry*

Vom Grafen Dü Barry

Paris, den 23. April 1769.

Sie sehen nun, meine werthe Schwägerin, wie gut mein Rath war, den ich Ihnen gab, durch die Wirkung, die er that. Nun sind Sie ohnerachtet aller Ränke und Kabalen der Gegnern dem Hof * vorgestellt worden. Dieser Auftritt muß, da er die Macht, die Sie auf das Herz des Königs haben, anzeigt, natürlicher Weise unsere Feinde schreken, sie vorsichtiger machen, ihre Zahl vermindern, und dieienige unserer Anhänger merklich vermehren. Allein Sie müssen deßwegen nicht weniger auf Ihrer Hut seyn. Behalten Sie immer die genaueste Aufmerksamkeit bey, hüten Sie sich besonders wohl, daß Ihnen mit Ihrer gewöhnlichen Offenherzigkeit keine anstößige Rede oder Spaß entwische, dessen man sich bedienen könne, um Ihnen an der Gesinnung des Königs zu schaden. Wenn Sie etwas Unbesonnens von der Art gemacht haben, so wählen Sie sich selbsten einen günstigen Augenblik, um es Sr. Majestät mit dem Reiz und dem muntern Wesen, das Ihnen so ganz eigen ist, und wodurch Sie Ihn feßlen, zu hinterbringen. Wenn Sie sich so anschiken, so wird Er über einer Sache lachen, die, wenn sie Ihm von Uebelgesinnten zu Ohren käme, Ihn vielleicht gegen Sie aufbringn könnte. Wenn Sie ihnen also zuvorkommen, so werden jene sich selbst mehr als Ihnen schaden, und nichts als ihre Abgeneigtheit zu erkennen geben. Sie werden meine Anleitung sicher sehr geringfügig finden; allein öfters können dem Anschein nach gleichgültige Dinge die wichtigsten Folgen haben. Da Sie genöthigt sind, sich nicht nur nach den gegenwärtigen Auftritten, sondern auch nach den zukünftigen zu richten, so ist es möglich, daß Sie unter der Menge von Räthen, die ich Ihnen gab, einen finden, von dem Sie keinen Gebrauch machen können; diesem ohnerachtet wandle ich doch meinen Weg fort, weil es kein Schade ist, Ihnen zu viel zu sagen, grosser hingegen entstehen könnte, wenn ich Ihnen zu wenig, sagte. Ihre Lage, das Geräusch das Sie umgiebt, Ihre anerbohrne Flüchtigkeit, können Sie zu Unvorsichtigkeiten verleiten, vor welchen es nöthig ist Sie zu warnen. Hinter dem Umhang verstekt, kan ich besser von den Sachen als Sie selbst urtheilen, und Ihre Erfahrung soll Sie überzeugen, daß ich gute Augen habe. Ich bin, meine liebe Schwägerin, immer   **Ihr etc.**

Graf Dü Barry

* Madam Dü Barry ward den 22. April 1769 durch die Gräfin von Bearn vorgestellt.

PIERRE-DENIS MARTIN (1673–1742)
SCHLOSS VERSAILLES IM JAHRE 1722
(Originaltitel: Le Château de Versailles en 1722)
Versailles, Château. (Mit Genehmigung von Photographie Giraudon, Paris)

BERNARDO BELOTTO (1720–1780)
ANSICHT DES SCHLOSSES SCHÖNBRUNN. 1759
Kunsthistorisches Museum, Wien. (Mit Genehmigung von Photographie Giraudon, Paris)

An Madame la Garde *

Versailles, den 30. May 1769.

Es ist mir leid, daß ich nicht bey Haus war, Madam, als Sie die Mühe nahmen zu mir zu kommen. Sie haben nicht nöthig, mich um meine Protektion anzusprechen, Sie haben sie schon und können drauf zählen, so wie auf meine Hochachtung. Ich bin ganz die Ihrige.

Gräfin Dü Barry

An den Grafen von Stainville

Den 31. May 1769.

Ich habe, mein Herr, Ihr Schreiben erhalten, und antworte mit so viel grösserm Vergnügen darauf, da ich Ihnen zu gleicher Zeit anzeigen kan, daß Seine Majestät Ihnen die Anwartschaft auf das Gouvernement von Straßburg bewilliget, und daß ich es selbst ausgewirkt habe. Sie sehen dardurch, daß ich weit entfernt bin Ihnen übel zu wollen. Die Gesinnungen, die Sie gegen mir äussern, sind sehr schmeichelhaft. Wenn der Herr Düc und Ihre Frau Schwester so dächten wie Sie, so wären wir die besten Freunde von der Welt; aber ich kan weiter nichts als das Meinige beytragen. Ich bin ganz die Ihrige.

Gräfin Dü Barry

Vom König **

Statt bis morgen zu warten, so kommen Sie diesen Abend, ich habe Ihnen etwas zu sagen, das Sie freuen wird. Guten Tag, glauben Sie mir, daß ich Sie liebe.

Ludwig

An die Gräfin von Bearn

Den 2. Heumonat 1769.

Ich kan Ihnen, Madam, für Ihre Gütigkeit, Ihre Gefälligkeit und Ihren Eifer nicht genug danken. Ich dächte, daß ich das alles mißbrauchen würde, wenn ich Ihnen nicht ohngesäumt die Freyheit schenkte, die Sie so sehr lieben, und deren ich Sie um meinetwillen so lange beraubt habe, und es hiesse zulezt doch Ihrer Freundschaft mißbrauchen. Sie sagten mir einige mal von dem Mißvergnügen, das Sie in einem Land empfänden, für welches Sie eher dann ich geschaffen wären, und in welchem wir doch auf eine gewisse Art mit einander den Anfang im Spiel gemacht haben.– Sie haben Geschäfte, die Sie nach Paris rufen: nach der Reise von Marly bitte ich Sie um

* Abends vorher erhielt Madam la Garde, bey der Madam Dü Barry im Jahr 1764 war, einen Besuch von ihro mit dem glänzendsten Gepränge, sonder Zweifel um den Stolz und die Eigenliebe dieser Närrin zu demüthigen, und dann auch ein wenig aus Selbsteitelkeit. Madam la Garde gab der Gräfin Dü Barry den Gegenbesuch, und da sie sie nicht antraf, schrieb sie bey ihrem Schweizer, daß sie gekommen seye, um sie um ihre Protektion zu bitten.
** Dieser Brief war ohne Datum; allein er muß vom May 1769 seyn: denn das, was der König Madam Dü Barry sagen wollte, war, daß Er ihr das Schloß von Lucienne zum Geschenk gab, welches diese Dame im Brachmonat gleichen Jahrs inne hatte, weil sie schon daran arbeiten ließ.

433

alles, thun Sie sich keine Gewalt an; gehen Sie geradezu ins Luxemburg, seyn Sie darin frey, und überlassen mich dem Geräusche von Versailles; allein seyn Sie versichert, daß ich Sie niemalen daselbst vergessen, sondern Zeitlebens seyn werde, Madame

Ihre etc.
Gräfin Dü Barry

AN HERRN KANZLER VON MAUPEOU *

Den 6. Heumon. 1769.
Mein Herr Kanzler!

Ich verstehe nichts von Ihren Gesezen. Sie sind ungerecht und grausam. Sie sind wider die Politik, wider die gesunde Vernunft, wider die Menschlichkeit, wenn sie ein Mädchen, das ein todtes Kind gebohren hat ohne es anzuzeigen, an den Galgen bringen. Laut inliegendem Memorial befindet sich die Supplikantin in diesem Fall. Es scheint, man habe sie nur deßwegen verurtheilt, weil sie die Gebräuche nicht wußte, oder weil sie aus ganz natürlicher Schamhaftigkeit ihnen nicht nachkam. Ich verweise die Prüfung der Sache an Ihre Gerechtigkeitsliebe; aber diese Unglückliche verdient Nachsicht. Ich ersuche Sie wenigstens um Linderung der Strafe. Ihre Weichherzigkeit wird Ihnen das Uebrige eingeben. Ich habe die Ehre zu seyn etc.

Gräfin Dü Barry

VON HERRN VON MAUPEOU

Den 6. Heumon. 1769.
Madam und werthe Baase **!

Ich kan Ihnen nicht genug sagen, wie vielen Dank ich Ihnen weiß, daß Sie mir eine Gelegenheit verschaft haben, wo ich Ihnen meine vollkommene Ergebenheit bezeugen kan. Ich werde alle Anlässe, die sich ereignen, mit einem solchen Eifer ergreifen, daß Sie über alle Gesinnungen, worvon ich mir die höchste Ehre mache, sie Ihnen gewidmet zu haben, nicht den mindesten Zweifel hegen sollen. Ich habe über das Geschäft, dessen Sie sich annehmen, einen Aufschub ordoniert, und sobald man mir die Schriften zugestellt hat, werde ich machen, daß die Beklagte die Gnade erhält.

* Man sehe, aus welcher Ursache Madam Dü Barry diesen Brief an Herrn Kanzler schrieb. Ein junges Mädchen von Liancoure in der Picardie, ward durch Hinzuthun ihres Seelsorgers, schwanger, und hatte das Unglück, mit einem todten Kind niederzukommen, ohne daß sie vorher die nach denen Verordnungen vorgeschriebene Anzeige gethan. Sie ward angeklagt, und von dem ersten Richter, nach dem klaren Buchstaben der Geseze, als eine die die Leibesfrucht abgetrieben habe, zum Strang verurtheilt. Dieses Urtheil, welches hernach vom Parlement bestätigt wurde, sollte nun vollzogen werden, als Herr von Mandeville, von den schwarzen Musketiers, der diese Sache erzehlen hörte, sich des Mädchens so lebhaft annahm, daß er gleich mit einem Memorial über dieses Geschäft nach Marly, wo der Hof war, eilte, sich zu Madam Dü Barry, die ihm unbekannt war, begab, sie mit solchem Nachdruk bat, Gnade für dieses Mädchen auszuwirken, daß sie ihm zusagte. In der Tat schrieb sie auf der Stelle diesen Brief an den Herrn Kanzler, und Herr von Mandeville war der Überbringer desselben.

** Herr von Maupeou, um sich je länger je mehr in die Gunst des Monarchen zu sezen, hatte, als er wahrnahm, daß die Familie der Dü Barry, sich denen Barimore in Engelland, die von sehr hoher Geburt sind, und mit denen sich Herr von Maupeou für verwandt ausgab, anfliken wollte, diese Ansprache unterstützt, und betittelte Madam Dü Barry als seine Baase; welches dem König ein wahres Vergnügen war. Herr von Maupeou trieb diese Schmeicheley bis zur Ausschweifung. Eines Tages, als er zu Madam Dü Barry kam, um ihr seine Aufwartung zu machen, stunden alle Anwesenden, aus Achtung für seinen Staatsrok, auf. »Bleiben Sie sizen, meine Herren, sagte er ihnen, es ist hier nur ein Besuch unter Verwandten.«

Es würde sich an die erste Magistratsperson nicht allerdings schiken, Ihren Deklamationen gegen die Geseze, dessen Stelle ihn in die Nothwendigkeit versezt, auf die Ausübung zu dringen, durchaus Beyfall zu geben. Indessen, meine theure Baase, muß ich gestehen, daß sie unendlich mehr Werth haben würden, wenn sie von einem so aufgeklärten und so wohlthätigen Genie, als das Ihrige, diktirt gewesen wären Sie geben einen sehr glänzenden Beweis, durch die Menschenliebe, die Sie heute zu Tage legen, davon, und ich hätte dieses neuen Zugs Ihrer gefühlvollen Seele nicht bedörfen, um überzeugt zu seyn, daß unser Herr keine rühmlichere Wahl hätte treffen können. Leben Sie wohl, meine verehrungswürdige Baase, erinnern Sie sich immer, daß Ihre kleinsten Wünsche für mich Befehle sind.

Ich bin mit Ehrfurcht etc. *von Maupeou*

Von Herrn von Maupeou

Marly, den 8. Heumon. 1769.

Madam und werthe Baase!
Die Beklagte hat Ihre Gnade erhalten. Wie viel bin ich Ihnen nicht schuldig, da ich mir schmeicheln kan, daß ich bey diesem Anlaß von einer wohlthätigen Gottheit begeistert war. Ich bin etc.

von Maupeou

An den Grafen Dü Barry

Den 20. Heumon. 1769.

Ich bin, mein Schwager, mehr denn jemals in Gunsten bey dem König, und so sehr man es seyn kan, bey Hofe. Der Düc von Richelieu ist auf Leib und Leben mein Freund. Der Kanzler, der, wie Sie wissen, mein Vetter geworden ist, macht mir sehr geflissentlich seine Aufwart. Herr von Choiseul hat nimmer so viel sichtbaren Haß. Er begleitete mich gestern auf Triel, welches man mir zu kaufen geben möchte; allein Düc von Richelieu sagte mir, ich sollte nicht trauen; er mache wider seinen Willen den Gutherzigen. Die Düchesse von Grammont, fahrt, damit sie mich nicht sehen müsse, in der Welt herum; man will, sie seye wirklich in Holland. Glük zu! ich mag nichts mehr von ihr reden hören. Sind Ihnen die am Montag auf Herrn Beaujon angewiesenen 200,000 Livres eingehändigt worden? Sie melden mir nichts davon. Morgen werde ich in Paris seyn; Sie werden mich in der Oper antreffen.

Ich bin etc. *Gräfin Dü Barry*

An die Gräfin von Moyan

Den 4. Augstmon. 1769.

Ich schike Ihnen einen Expressen, Madam, um Ihnen zu sagen, daß wir für Herrn und Mademoiselle von Louerme* Gnade erlangt haben. Seine Majestät haben mir

---

* Der Graf und die Gräfin von Louerme, beyde von sehr grosser Herkunft, wurden wegen Aufruhr wider die Justiz zum Tode verurtheilt. Die Gräfin von Moyan war ihre Tochter. Der Kanzler schlug ihnen die Gnade ab; allein aus Politik gestattete er einen Aufschub des Urtheils, um seiner Baase die Gelegenheit aufzubehalten, sich auszeichnen zu können.

Jean Michel Moreau: Nach Schluß der Oper

selbige auf die verbindlichste Weise bewilliget. »Es freuet mich, sagte mir der König, daß die erste Gnadenbezeugung, die Sie mir abnöthigen, eine menschenliebende Handlung ist.« Kommen Sie morgen, Ihren Dank dafür abzustatten, so werden Sie zu gleicher Zeit Zeugen von dem Vergnügen seyn, das ich empfinde, Ihnen gedient zu haben. Ich bin etc.

Gräfin Dü Barry

Von der Marquisin von Montmorency

Den 4. Augustmon. 1769.

Ich habe, meine liebenswürdige Gräfin, einen ganz besonderen Gedanken im Kopf. Sie kennen einen gewissen Düc von Bouteville*, er ist nimmer gar jung, und hat zu allen Zeiten ziemlich viel Streiche gemacht; aber jezt ist er nach seiner Meynung entschlossen, gescheidt zu werden. Der erste Beweis, den er mir davon giebt, ist, daß er sich wieder heurathen will. Er hat mich um eine Frau gefragt. Ich mußte über seinen Entschluß lachen; als ich aber sahe, daß es im Ernst gemeynt war, sagte ich Ihm: »Sie müssen eine vernünftige und wizige Frau haben, die Ihnen als Mentor dient. Ich kenne eine, die ganz für Sie taugt; allein ich weiß nicht, ob sie Sie mag.« Er hat mich hierauf sehr ausgefragt, und ich habe die Fräulein Dü Barry, Ihre Schwester und Freundin, genannt. Wenn dieses, meine liebenswürdige Gräfin, eine Ohnbedachtsamkeit ist, so soll das Verlangen, das ich habe, Ihre Befreundtin zu werden, meine Entschuldigung seyn. Reden Sie immer mit Ihrer Fräulein Schwester darüber. Wenn die Sache zu Stand kömmt, so ist es gut, wo nicht, so werde ich nichtsdestoweniger auf Zeitlebens Ihre Freundin seyn.

Marquisin von Montmorency

An die Gräfin von Montmorency

Den 10. Augstmon. 1769.

Die Verbindung**, Madam, die Sie mir vorschlagen, ist für meine Schwester und mich schmeichelhaft. Ich habe mit dem König daraus geredet, der es genehmiget. Sehen Sie, daß Sie die Sachen auf das beste berichtigen, wir lassen alles gänzlich an Sie. Seyn Sie versichert, daß ich eine so schmeichelhafte Verbindung so sehr wünsche, als Sie. Ich umarme Sie, und bin Ihre Freundin.

Gräfin Dü Barry.

An den Düc von Aiguillon***

Sie sind, mein Herr Düc, zu sehr mein Freund, als daß ich nicht alle Gelegenheit, Ihnen zu dienen, mit Eifer ergreife. Ich habe nun bey dem König um die Genehmigung des Commando der leichten Reuter, die Sie kaufen möchten, angehalten. »Ja, »der Düc von Choiseul, sagte Er mir, hat es für den Vicomte von Choiseul begehrt. – »In diesem Fall, antwortete ich Ihme, kömmt noch eine Ursache darzu, mir selbiges »zu bewilligen, denn man muß ihn ein bisgen wegen seiner Feindseligkeit und Bos-

---

* Der Düc von Bouteville war aus einem der angesehensten Häusern des Königreichs; allein ein schlechter Kerl, verschämt, voller Schulden, und durchaus in üblem Rufe. Ein solcher Vorschlag abseiten der Madam von Montmorency war sehr politisch, und machte hierdurch der Favoritin auf eine ausnehmende Weise ihre Aufwartung.

** Sie fand jedoch nicht statt, denn der Düc von Bouteville begehrte zum voraus die Freyheit des Düc von Olonne seines Sohns, der auf Zeitlebens wegen seiner Geburt eingesperrt war, sonst aber den Tod verwirkt hatte; allein man wollte sie ihm niemals gestatten.

*** In dieser Sammlung sind zerschiedene Briefe, an Madam Dü Barry oder von ihr selbst geschrieben, ohne Datum. Man hat sie so unter ihren Papieren gefunden, ohne daß man gewiß weiß, ob diese Weglassung mit Vorsaz oder aus blosser Nachläßigkeit begangen worden ist. Dem seye wie ihm wolle, wir haben für gut befunden, nichts beyzusezen, sondern sie dem Publikum so wie wir sie gesammelt haben, unter Augen zu legen.

»heit, die er gegen mich hat, züchtigen.« Seine Majestät lächelten, und sagten, daß
Sie mir nichts abschlagen könnten. Nun sind Sie zufrieden, und ich auch. Meine Empfehlung an meine gute Freundin, Madam von Aiguillon. Ich wünsche Ihnen einen guten Tag, mein Herr Commandant der leichten Reuter von der Königl. Garde.

Gräfin Dü Barry

AN MADAM VON MIREPOIX

Versailles, den 1. Jenner 1770.

Meine liebe Marschallin! Ich bin diesen Morgen beym König gewesen, um Ihm, wie
ich es Ihnen versprochen hatte, die Loges von Nantes für Sie zu begehren *. Sie kriegen sie nicht; und wissen Sie warum? Weil sie Seine Majestät einem recht schlimmen
Weib zum Neujahrgeschenk bestimmt haben. Sie werden leicht errathen, daß ich es
bin. Seine Majestät wollen durchaus, daß ich sie behalte. Nichts kan schmeichlender
für mich seyn, als die freundschaftliche Art, mit der mir der König dieses Geschenk
machte **: allein noch schmeichlender würde es mir gewesen seyn, wenn Er mir sie für
Sie bewilligt hätte, denn ich habe ein grösseres Vergnügen, Gefälligkeit zu erweisen
als zu empfangen. Geben Sie mir Gelegenheit, Ihnen einen wichtigern Dienst erweisen zu können, Sie werden sehen, mit welchem Vergnügen ich es thun werde. Ich
umarme Sie, meine liebe Marschallin, von ganzem Herzen.

Gräfin Dü Barry

AN DEN DÜC VON VILLEROI

Den 1. Hornung 1770.

Ihr Schreiben, mein Herr Düc, weit entfernt Sie zu entschuldigen, bringt mich wegen
Ihrem schlechten Betragen und der Niederträchtigkeit Ihrer Gesinnungen *** nur
desto mehr gegen Sie auf. Ich will Sie weder sehen, noch etwas von Ihnen hören.
Thun Sie keinen Schritt mehr zu mir.

Gräfin Dü Barry

---

* Die Loges von Nantes ein Gegenstand von ohngefehr 40 000 Livres jährlicher Einkünften, gehörten vorher der verstorbenen Düchesse von Lauraguais, zwar nur lebenslänglich.
** Man könnte leicht glauben, Madam Dü Barry hätte dieses Geschenk, statt für Madam Mirepoix zu
begehren, für sich selbst begehrt; allein sie gieng gerade zu Werk, und die Art, womit sie ganz
kurz in ihrem Brief Nachricht ertheilt, ist nicht so sehr zu ihrem Vortheil, als was sonsten statt hat.
Der König war damals von seinen Höflingen umgeben. Madam Dü Barry kam ganz freudig ins
Zimmer getretten, und nach den ersten gewöhnlichen Complimenten sagte sie: »Sire! ich komme
»Ihnen mein Neujahrgeschenk zu begehren, nemlich die Loges von Nantes, für meine gute Freundin
»die Madam von Mirepoix. Das kan nicht seyn, sagt ihr der König, ich habe darüber verfügt.
»Wohlan, erwiederte Madam Dü Barry mürrisch, das ist nun die vierte Gunst, um die ich Sie bitte,
»und die Sie mir abschlagen. Der T– – soll mich holen, wenn ich Sie hinfüro mehr beunruhige! Der
»König verwies ihr, daß dieses das Jahr übel angefangen seye, wenn man murre. Und Sie noch übler
»Sire, sagte Madam Dü Barry. Machen Sie was Sie wollen, versezte der König, Sie werden mich
»nicht von meinem Entschluß abbringen. Ich bin froh, daß Sie sich mit so vieler Wärme für Ihre
»Freundin verwenden; allein wissen Sie, für wen ich dieses Geschenk bestimmt habe! Für Sie, Ma-
»dam.« Und Er umarmte sie.
*** Der Düc von Villeroi war ein erz Libertin. Er war in eine Kammerjungfer der Mädam Dü
Barry, die Sophie hieß, ausserordentlich verliebt, und nachdem er sie überredt und geschwängert
hatte, nahm er sie aus dem Dienst weg, und gab ihr eigene Wirthschaft. Herr von Choiseul, der da
wußte, daß er öfters zu Madam Dü Barry gieng, verwies ihm die niederträchtige und sclavische
Aufwartung, die er ihro mache. »Sie irren sich, antwortete ihm der Düc von Villeroi, ich habe nie-

Von dem Abe Terray, General-Controleur der Finanzen *

Die Freundschaft, mit der Sie mich zu beehren, und alle das Gefällige, das Sie Ihrem Erlauchten Liebhaber von mir zu sagen belieben, machen es mir zur Pflicht, Ihnen meine Erkenntlichkeit auf die überzeugendste Weise dafür zu bezeugen. Ich habe ein Projekt auszuführen, das Sie, wie ich hoffe, nicht übel finden werden. Der König giebt Ihnen eine Pension von 30 000 Livres monatlich, welches ohne Widerspruch für den ausserordentlichen Aufwand, den Sie nach Ihrem Stand machen müssen, zu schmal ist. Sie wissen es am besten, weil Sie auf den Hofbanquier abgeben müssen, welches ich in seiner Rechnung für baares Geld annehme. Ich werde Sr. Majestät anrathen, Ihre Pension zu verdoppeln, zu dem Ende werde ich Ihm begreiflich machen, daß dadurch erspart werde, indem alsdann Ihre kleinen Zedelgens und Abgaben, die ich als sehr beträchtlich angeben will, aufgehoben werden könnten. Unter uns beyden sollen sie doch gelten, und ich werde sie dem Hofbanquier gleichwohl in der Rechnung annehmen **. Sehen Sie, das ist alles, was ich jetzt für Sie thun kann, um Ihnen meinen Eifer und meine Ergebenheit, die ich Ihnen Zeitlebens gewidmet habe, zu bezeugen. Ich bin mit Ehrfurcht, Frau Gräfin etc.

Terray

An den Abe Terray

Sie sind ein verehrungswürdiger, ein fürtrefflicher, ein herrlicher Mann, mein lieber Abe. Alles was Sie thun, ist wohl gethan, und kan nicht anderst, als Seiner Majestät und mir angenehm seyn. Ich mache Ihnen schon zum voraus meine Danksagung. Glauben Sie nur, daß ich immer bereit seye, Ihnen alle Dienste zu erweisen, deren ich fähig bin. Ich wünsche Ihnen einen guten Tag.

Gräfin Dü Barry

Von dem Düc von Richelieu

Hüten Sie sich wohl, meine anbetungswürdige Gräfin, den Gedanken auszuführen, den Ihnen der Düc von Noailles in den Kopf gesetzt hat, nach dem Gesundbrunnen von Bareges abzugehen, damit sie bey der Ankunft der Madam Dauphine nicht zugegen seyen, unter dem Vorwand, daß Sie bey denen Lustbarkeiten, die nur für sie sind, eine schlechte Figur machen würden, und Ihnen die Prinzeßin Verdruß machen könnte. Der Düc von Noailles, der Ihnen so gerathen hat, kan nicht Ihr Freund seyn. Er ist ein Miethling des Düc von Choiseul, der sich Ihre Abwesenheit zu Nuze machen möchte, um Sie aller Macht, die Sie auf den König haben, verlustig zu machen. Sie sind seine Gottheit; verlassen Sie ihn keinen Augenblik. Da Sie jung und schön sind, so kennen Sie die Gefahren der Abwesenheit nicht. Was würde man alsdann nicht anwenden, um Ihn von einer Liebe abzubringen, die seine ganze Glükseligkeit ausmacht, und die man Ihm in einem ganz andern Gesichtspunkt vorstellen würde?

»mals keinen Schritt zu dieser Creatur um ihrentwillen, sondern um Sophie ihrer Kammerjungfer »willen gethan. Die Probe darüber ist, daß ich ihr eigene Wirthschaft gegeben habe, und sie förmlich »zu meiner Maitresse mache.« Madam Dü Barry, der man diese Antwort hinterbrachte, schikte den Düc das erste mal, als er zu ihr kam, wieder weg, und verbot ihm, ihr jemals wieder unter die Augen zu kommen. Er hatte noch die Ohnverschämtheit, ihr zuzuschreiben, um sich zu entschuldigen, erhielt aber obige Antwort.
* Starb den 22. Hornung 1778 auf seinem Schloß de la Motte.
** Diese Einrichtung hatte in der That statt, und Madam Dü Barry gab nicht nur immer Anweisungen auf den Hofbanquier ab, sondern auch ihr Schwager that das gleiche wenn er wollte.

Das Alter schwächt die Begierde, wenn sie nicht immer gereizt wird. Ich sage Ihnen weiter nichts, meine himmlische Gräfin, aber wissen Sie, daß Sie alles zu verlieren haben, wenn Sie weggehen.
Ich bin mit Ehrfurcht etc.

Düc von Richelieu

AN DEN DÜC VON AIGUILLON

Den 30. Augstmon. 1770.

Ich danke Ihnen, mein lieber Düc, für Ihren Rath. Düc von Richelieu ist auch Ihrer Meynung, und ich habe mich bey der huldreichen Aufnahm, die mir Madam la Dauphine machte, sehr wohl befunden. Was Sie betrift, so bin ich gestern, obwohlen ich das Geschäft nicht verstehe, bei Herrn von Maupeou gewesen, um Ihren Rechtshandel im Parlament aufzuheben. Ich habe dem König nach unserer Verabredung gesagt, daß Choiseul Ihre Richter wider Sie aufgewiegelt habe, weil Sie meine Parthey ergreifen. Se. Majestät ist entschlossen, alle Schriften Ihres Rechtshandels zu seinen Handen zu nehmen, da Er Sie gegen alle Beylagen, die Ihnen gemacht worden sind, durchaus als gerechtfertigt ansieht. Nun sollten Sie zufrieden seyn. Ich umarme meine liebe Düchesse, und wünsche Ihnen einen guten Morgen.

Gräfin Dü Barry

AN DEN DÜC VON AIGUILLON

Ich glaube nicht, mein lieber Düc, daß alle vereinten Künste jemals ein vollkommeneres und prächtigeres Meisterstük hervorgebracht haben, als den zweysizigen Wagen, den ich von Ihnen erhalte *. Wenn ich nicht aufhören kan, alle Talente, die alle Künstler darin gezeigt haben, zu bewundern, wie viele Lobeserhebungen bin ich

---

* Nach dem Anhalten der Madam Dü Barry zog der König selbst alle Schriften des Rechtshandels des Düc von Aiguillon in sein Lit de Justice vom 30. Herbstmon. 1770 zurük. Dieser ließ aus Erkenntlichkeit einen Wagen machen, in welchem zwo Personen gegen einander über sizen können, (un vis-à-vis) worvon in obigem Brief Erwehnung geschieht, und sandte ihn seiner Wohlthäterin. Nichts war zu selbiger Zeit eleganteres und prächtigeres. Ganz Paris gieng hin, ihn aus Neugier zu sehen. Auf denen vier Hauptpanneaux war das Wappen der Dü Barry im Goldgrund mit dem famösen Kriegsgeschrey: Boutez an avant, d. i. Dringt hinein. Auf denen Nebenpanneaux sahe man Körbgen mit Rosen gezieret, auf welchen sich zwey Täubgen vollüstig schnäbelten, nebst einem von Pfeilen durchbohrten Herzgen und Amors Waffen. Dieser Wagen hat den Düc von Aiguillon 52 000 Livres gekostet. Das Publikum hat sich an dieser so ungereimten Pracht geärgert, und ist hierüber folgendes Epigramm gemacht worden:

> Pourquoi ce brillant vis-à-vis?
> Est-ce le char d'une Déesse,
> Ou de quelque jeune princesse?
> S'écrioit un badaud surpris.
> Non ... de la foule curieuse
> Lui répond un caustique, non;
> C'est le char de la blanchisseuse
> De cet infâme d'Aiguillon.

d. i. »Warum dieses glänzende Vis-a-Vis? Ist es der Wagen einer Göttin, oder irgend einer jungen Prinzeßin? rief ein erstaunter Gaffer aus. Nein – rief unter der neugierigen Menge eine beissende Stimme, nein, es ist der Wagen der Wäscherin, von diesem schändlichen d'Aiguillon (muß aber hier nicht wörtlich, sondern durch die Periphrase: die den ehrlosen Düc von Aiguillon bei dem König wiederum weiß gewaschen oder ehrlich gemacht hat, verstanden werden).

Madam Dü Barry hat sich auch wirklich dieses Wagens nicht bedient, denn der König, der selbigen allzu prächtig fand, hatte es ihro verbotten.

nicht dem Geschmak desjenigen schuldig, der es so angeordnet hat! Ich werde ein wahres Vergnügen haben, meine Bewunderung mit dem König zu theilen. Indessen da man noch nichts so herrliches von dieser Art gesehen, so besorge ich, Se. Majestät möchten sich meinem Verlangen das ich habe, mich dieses Wagens zu bedienen, widersetzen. Allein es begegne was da wolle, so bitte ich Sie, von meiner Erkenntlichkeit eben so wie von meiner Begierde, Ihnen bey allen Gelegenheiten Proben meiner aufrichtigen Ergebenheit, die ich Ihnen lebenslang gewidmet habe, immer versichert zu seyn. Ich bin etc.

Gräfin Dü Barry

Jean Michel Moreau: Der Besuch beim Pächter

Von dem Düc von Noailles

Frau Gräfin!

Ich habe von Madam la Düchesse von Grammont einen Auftrag an Sie, den ich mit so viel grösserm Vergnügen befolge, da er mir den Vorzug verschaft, mich für einen Augenblick mit der Gottheit zu unterhalten, die die Zierde des Hofes ausmacht. Diese Dame kränkt sich, daß sie nicht bey Ihnen in Gunsten stehen. Sie weiß nicht, wem sie das kaltsinnige Wesen, welches sie zwischen Ihnen und ihro zu herrschen vermeynt, zuschreiben soll. Sie hat vorzüglich viele Hochachtung für Sie, und da sie jez von ihren Reisen zurük ist, so wünscht sie mit grosser Begierde, daß der Friede zwischen Ihnen beyden wieder hergestellt werden möchte. Sie hat mich dahero zu ihrem Mittelsmann erwählt. Kann ich mich guten Erfolgs schmeichlen? Ich soll Ihnen nur für mich sagen, daß es ihro leid ist, daß sie Ihnen bey etwelchen Anlässen aus handen gegangen ist; allein ihr Geständniß, und der Schritt, den Sie thut, sollen ihr zur Vergebung dienen, besonders gegen Ihnen Madam, deren Güte sich schon bey so manchem Anlaß ausgezeichnet hat. Ich bitte Sie also, auf ihre Bitte zu merken, und mich einer kleinen Antwort zu würdigen. Ich bin mit Hochachtung etc.

Düc von Noailles

An den Düc von Noailles

Wie, mein Herr Düc, Madam von Grammont weiß nicht, wie sie sagt, wem sie die Feindschaft, die zwischen ihr und mir herrscht, zuschreiben soll? Ist ihr, ihr beleidigender Stolz, ihre Verachtung und ihre ohnverschämten Reden unbekannt? Weiß sie nichts mehr von den Liedgens, die sie sowohl wider den König, der sie mit Wohlthaten überhäufte, als wider mich gemacht hat? Hat sie alle ihre heimlichen Ränke, alle ihre Intriguen und alle ihre Kabalen, um mich in dem Herzen Sr. Majestät und der Königl. Familie anzuschwärzen, vergessen? Wenn alle diese gehäßigen Umtriebe aus ihrem Andenken verschwunden sind, so sind sie noch dem meinigen eingeprägt; aber in Wahrheit nur um sie zu verachten. Indessen behalte ich doch keinen Groll bey: sagen Sie ihr, daß ich Ihrer gern nicht mehr gedenken will, mit dem Beding, daß ich sie niemals wieder sehe. Diesem zufolg erscheine sie nimmer bey Hof, lebe ruhig in Paris, ich verspreche es Ihnen und ihro, daß ich sie keineswegs beunruhigen werde. Ich bin überzeugt, daß wenn sie mich noch zu Grunde richten könnte, sie es thun würde. Großmüthiger als sie, begnüge ich mich, sie zu bitten, mich mit ihrer Gleichgültigkeit zu beehren, gleichwie ich ihr die meinige widme. Ich bin etc.

Gräfin Dü Barry

Von Herrn von Maupeou

Den 5. Christmon. 1770.

Madam und werthe Baase!

Sie haben nicht weniger Einfluß in die Geschäfte des Staats, als wenn Sie das Steuer führten, mithin da unser Interesse gemeinschaftlich ist, so müssen wir sehr einig seyn, und nichts als für das allgemeine Wohl sorgen, in welchem wir als gute Köpfe auch das unserige finden. Gestern gaben wir, wie Sie sehr hübsch sagten, dem Parlement einen Filz, indem wir ihm den Zuspruch machten, künftig vorsichtiger zu seyn; allein dieses stolze, herrschsüchtige Korp, dessen Ehrgeiz so weit geht, daß es sich die höchste Gewalt anmassen möchte, ist durch den Düc von Choiseul seinen Beschüzer aufgebracht, sich wider das neue Gesez Seiner Majestät aufzulehnen. Ein Gesez, das jedoch nichts anders, als die Erneuerung eines alten, welches schon vor

442

Jean Michel Moreau: Beim Whistspielen

mehr als hundert Jahren eingetragen und ausgeübt worden ist. Da der Düc von Choiseul unser gemeinschaftlicher Feind, und noch mehr der Ihrige als der meinige ist, so werden Sie, so lange er den Posten beybehält, nicht sicher seyn, und da nun der Zeitpunkt da ist, wo wir ihn auf immer vom Hals schaffen müssen, so laßt uns, uns mit einander vereinigen.

Sie Ihrer Seits müssen dem König beständig zu Ohren liegen, daß Choiseul das Parlement heimlicher Weise aufwiegle, seine Obliegenheiten zu unterlassen, und sich gegen Seine Majestät aufzulehnen. Wenn Sie nun dieses, ohne daß es den Anschein hat, daß Ihnen weiters etwas daran gelegen seye, werden vorgebracht haben, so will ich dem König die stärksten Beweise davon geben; ich werde Ihm gleicher Weise, mit Schriften in der Hand zeigen, daß die Düchesse von Grammont, unter dem Vorwand einer Lustreise, gesucht habe, die übrigen Parlementer aufzuwiegeln, um sie gegen Seine Befehle widerspänstig zu machen. Zulezt wird der Düc von Aiguillon, und Abe Terray, dem König auf eine geschikte Weise beybringen, daß Düc von Choiseul, um all seyn Ansehen beyzubehalten, durch geheime Umtriebe den Krieg zu reizen suche, obschon er sich vorwärts Mühe giebt, den friedlichen Gesinnungen Sr. Majestät beyzustimmen.

Dieses ist mehr als genug, um einen in den Augen unsers Monarchen ehrgeizigen Minister zu stürzen, der ihn nimmer liebt, sondern so zu sagen nur noch aus Gewohnheit an ihm hängt, weil er ihn fürchtet, und als einen nothwendigen Mann ansieht. Dieses ist nun der Weg, den wir einschlagen müssen. Über Ihren Scherz in Ansehung des Düc von Choiseuls * bin ich ganz bezaubert: dergleichen lustige Einfälle versezen Hiebe, man muß aber so viel Wiz haben als Sie, um sie so gelegen zu erfinden. Es ist nicht nöthig, Ihnen Verschwiegenheit in unserm Unternehmen zu empfehlen, es ist Ihnen so viel als mir daran gelegen, es geheim zu halten.

Ich bin mit Hochachtung etc.

von Maupeou

An den Düc von Vrilliere

Den 24. Christm. 1770 um 10 Uhr morgens.

Mein lieber Düc! Hier sind zween Befehlsbriefe**, die der König unterzeichnet hat, mit dem Auftrag an Sie, selbige auf der Stelle denen Herren von Choiseul und Praslin kund und wissen zu lassen. Verlieren Sie keinen Augenblick. Ich bin etc.

Gräfin Dü Barry

---

* Der Scherze waren von Madam Dü Barry auf den Düc von Choiseul zween, nur weiß man nicht recht, von welchem Herr von Maupeou hier redt: dem seye zwar wie ihm wolle, hier sind beyde. Eines Tags da Madam Dü Barry bey dem König war, hielt sie zwo Oranges, die sie in die Höhe warf, und darbey sagte: Springe Choiseul! Springe Praslin!

Ein andermal begegnete ihr einer ihrer Köche, der viele Ähnlichkeit mit dem Düc von Choiseul zu haben schien, auf der Treppe. »Seyd ihr in meinem Dienst? sagte sie zu ihm. Ja Madam, antwortete er. »Wohlan, versezte Madam Dü Barry, ihr habt ein allzu widriges Ansehen, sagt meinem Hausverwalter, daß ich euch nimmer sehen wolle, und daß er euch auf der Stelle wegschike.« Dieses geschahe. Den gleichen Abend erzelte Madam Dü Barry dem König, was sich zugetragen, mit dem Beyfügen: »Ich habe meinen Choiseul weggeschikt, wann werden Sie den Ihrigen wegschiken?«

** Der erste ist an den Düc von Choiseul.

Mein Vetter!

»Daß Mißvergnügen, welches mir Ihre Dienste verursachen, nöthiget mich, sie nach Chanteloup zu »verweisen, wohin sie sich in 24 Stunden begeben werden. Ich hätte sie viel weiter geschikt, wenn »es nicht wegen der Achtung, die ich für die Frau Düchesse von Choiseul trage, wäre, deren Ge- »sundheit mir interessant ist. Nehmen sie sich in Acht, daß ihre Aufführung mich nicht auf einen »anderen Entschluß bringe. Indessen bitte ich Gott, daß er sie in seinen heiligen Schutz nehme.«

Ludwig.

Der zweyte an den Düc von Praslin:

»Ich brauche ihrer Dienste nimmer, und verweise sie daher nach Praslin, wohin sie sich in vier und »zwanzig Stunden begeben werden.«

Ludwig.

Von dem Düc von Aiguillon

Den 27. Christm. 1770.

Ich habe, Frau Gräfin, allzu viele Beweise Ihrer Güte erhalten, als daß mich die neue Gewogenheit, mit der Sie mich beehren, befremden sollte. Erlauben Sie mir, Ihnen unter Versicherung meiner Erkenntlichkeit, einige Anmerkungen über die gegenwärtigen Umstände zu machen.

Die ausserordentliche Probe, die ich von der Protektion des Königs, in meinem Geschäft erhalten habe, hat mir sehr viele Feinde erwekt, und der Auftritt ist noch allzu neu, als daß es klug gethan wäre, sogleich die Stelle anzunehmen, zu der Sie Se. Majestät mich zu ernennen beredet haben *. Überdas, Madam, hat das allgemeine Bedauern, worvon das ganze Publikum unsern Feinden in der Stunde ihres Exiliums, Beweise zu geben bemüht war, ihnen eine Art von Triumph gewährt, der nicht anderst als einen unangenehmen Einfluß auf diejenigen haben kan, die an ihre Stelle kommen. Ich glaube also, ohne weitläufiger zu seyn, daß ich klüger handle, wenn ich noch etwas Zeit hinter dem Umhang bleibe, und einen günstigeren Zeitpunkt abwarte, um auf der Bühne aufzutreten. Alle Vorsichtigkeit, die wir nehmen müssen, ist, daß in der Zwischenzeit solche Leute hinkommen, die weder genugsame Selbstbeständigkeit noch hinlängliche Talente haben, welche uns beförchten lassen, daß sie ohne uns fortkommen können. Wenn sich alle Galle der Nation über sie wird ergossen haben, und ihre Ohnerfahrenheit, eine Abänderung erheischt, dann ist es Zeit, daß ich auftrette. Wenn ich so zu sagen zum nothwendigen Manne werde, so wird es mir leichter, Ihnen ächte Beweise von meiner Ergebenheit zu geben. Sie haben, Madam, Wiz genug, um einen Plan auszudenken, und Geschiklichkeit genug, ihn mit mir auszuführen zu helfen. Es giebt, Sie wissen es, Anlässe, wo man, wie es im Sprüchwort heißt, zurücktretten muß, um einen stärkeren Sprung zu thun.

Ich bin etc.

Düc von Aiguillon

An den Abe Terray

Den 3. Jenner 1771.

Mein lieber Abe! der König ist über die Wahl eines Ministers des Seewesens immer ohnentschlossen. Ich habe Ihm von Ihnen gesagt, und ich meynte, Herr Kanzler, der just zugegen war, würde mich zu Gunsten Ihrer unterstützen; allein er redte kein Wort darzu. Se. Majestät sagten mir, daß man Ihm verschiedene Personen darzu vorgeschlagen hätte, und daß Sie nicht wüßten, wem Sie den Vorzug geben wollten. Indessen, damit die Geschäfte des Seewesens durch die Ohnentschlossenheit des Königs keinen Anstand leiden, so habe ich Ihm angerathen, Ihnen beyläufig das Patent zuzustellen, welches Sie nemlich nach der Ernennung eines andern Ministers wieder zurückgeben. Seine Majestät haben es genehmiget: und nun sind Sie Minister vom Seewesen, ad interim. Es liegt Ihnen ob, mein lieber Abe, sich an diesem neuen Plaz alle Mühe zu geben, daß man Sie beybehalt. Da das Kriegsministerium nicht für Sie taugte, so ließ ich mirs nicht einmal beygehen, Sie vorzuschlagen. Prinz von Conde hat sich sehr für einen Marquis von Monteynard, den ich eben nicht kenne, verwandt, und der König gab seine Einwilligung. Wir wollen sehen, wie er sich beträgt,

---

* Hier ist die Rede von einem Minister des Seewesens, welche Stelle Madam Dü Barry für den Düc von Aiguillon vom König erhalten hatte, die er aber aus weitaussehender Staatsklugheit nicht gleich den Augenblick annehmen wollte.

und ob wir mit ihm zufrieden seyn können*. Leben Sie wohl, und glauben Sie, daß ich immer Ihre Freundin bin.

Gräfin Dü Barry

VON HERRN VON MAUPEOU

Madam und werthe Baase!

Ich berge Ihnen nicht, daß weit entfernt den König zu bereden, daß er das Patent des Seewesens dem Abe Terray bewillige, ich selbiges für Herrn Bourgeois von Boynes begehrt habe, und bitte Sie, daß wenn Sie Seine Majestät nicht zu Gunsten dieses leztern intereßiren wollen, doch wenigstens nimmer zu Gunsten des Abe Terray anzuhalten. Sie wissen, daß ich ihn zum Generalkontroleur gemacht habe: ich hofte, er würde auf meiner Seite seyn und meine Absichten unterstüzen. Er hat mich wohl dessen versichert, allein bey sich selbst beschlossen, nichts zu thun: Weit entfernt mir die nöthigen Sachen anzuschaffen, um die Zerstörung des Parlements und der Choiseul unserer Feinden verriegeln zu können, wollte er nicht einmal die Hindernisse heben, die mir im Weg lagen. Niemand war vertrauter mit denen Geheimnissen der Magistratur, bekannter im Parlement, wußte mehr von dem Karakter, den Gemüthern und den Schlichen seiner alten Mitkollegen, als er. Mit dem allen leistete er mir nicht die geringste Hilfe, stund mir mit keinem einzigen Rat bey, sondern ließ mir die ganze Last meines Unternehmens auf dem Naken. Er hat sich, glauben Sie mir's, gewiß nicht aus irgend einer Absicht zum allgemeinen Besten so betragen. Nicht aus Freundschaft oder Großmuth gegen seine alten Mitkollegen ist es geschehen, sondern weil er die gänzliche Ausführung meiner Projekte für ohnmöglich hielt. Er hofte, daß ich unter der Last erliegen würde, wo er alsdann vorsahe, daß er als Chef der Magistratur an meine Stelle kommen, und einen neuen, dem meinigen ganz entgegen gesezten Plan vorlegen könnte. Zum Glük kam mir Herr Boynes zu Hülfe, theilte mir seine Einsichten mit, unterstüzte mich in der Ausführung meiner Absichten, und leistet mir noch immer die gleichen Dienste. Der König kennt seine Verdienste und seine Talente, und ich denke, daß Er ihn durch die Stelle eines Ministers des Seewesens belohnen werde, um so viel mehr, da er an ihm einen ohnermüdeten Mann von gesunder Beurtheilung finden wird**. Ich bitte Sie dahero, Madam und werthe Baase, meine Arbeit, woraus nichts als Gutes entstehen kan, nicht zu zerrütten. In Ansehung des Abe Terray, muß man nicht gleich auf der Stelle mit ihm abbinden, man muß ihm durch hübsche Versprechungen liebkosen, und ihn so in einer beständigen Abhängigkeit zu unterhalten suchen. Ich erwarte Sie, nach Ihrem Versprechen, morgen aufs Mittagessen, und hoffe, daß Sie sich ohnerachtet unserer Geschäften, wohl unterhalten werden. Ich habe die Ehre zu seyn   *von Maupeou*

---

* Da alles nur aus Interesse geschieht, so hatte Prinz von Conde auch das seinige in der Ernennung des Marquis von Monteynard. Er hatte schon lange gewünscht, daß man ihm zu lieb die Stelle eines Generalfeldzeugmeisters von Frankreich, welche ihm jährlich 400 000 Livres abgeworfen hätte, wiederum einführte, und dachte, daß weil der Kriegsminister seine Kreatur war, er der erste seyn, der die Wiedererrichtung dieser Stelle für ihn vorschlagen würde; allein Marquis von Monteynard stellte dem König, es seye um seine Einkünfte und sein Ansehen nicht zu schmälern, oder aus wahrer Absicht zum Besten des Staats vor, daß ihm der Zeitpunkt, in welchem der Zustand seiner Finanzen eine Einschränkung der ausserordentlichen Kriegsunkosten erforderten, nicht derjenige zu seyn scheine, einen so beträchtlichen Aufwand zu machen, als die Gnadenbezeugung, um welche Prinz von Conde anhalte. Diesem zufolg ward nichts aus der Sache.
** Dieser Herr von Boynes war nicht ehrlicher, als der Kanzler und der Abe Terray, sondern nur ein neuer Ränkeverständiger, welcher, da er noch nicht so weit gekommen war als die andern zween, um zu steigen, sich dem Kanzler nothwendig machte, und ihm auch redlich diente, wenigstens im ersten Anfall, damit er ins Conseil komme, sich darin festsezen, hernach für sich selbst arbeiten, sich einen Anhang erwerben, und auf Untergang derjenigen, deren Glük er beneidete, empor schwingen möchte.

Jean Michel Moreau: Das wahre Glück

AN DEN ABE TERRAY

Sie hätten Unrecht, mein lieber Abe, wenn Sie ungehalten auf mich seyn wollten, weil Herr von Boynes das Seewesen erhalten hat. Sie können versichert seyn, daß ich mich nicht in diese Ernennung gemischt habe, sondern böse bin, daß man Ihnen nicht den Vorzug gegeben hat. Sie müssen sich deswegen nicht so entrüsten, wie Sie es thun, noch Ihre Entlassung antragen, denn Sie wären zuerst gestraft, wenn Sie der König annähme. Seine Majestät, als ich Ihn fragte, warum er bey dieser Stelle nicht an Sie gedacht habe, gab mir zur Antwort, daß Er nur Sie hätte, der den jezigen Zustand Seiner Finanzen kenne, und daß Sie Ihm an diesem Plaz nüzlicher als an einem andern wären. Mithin lassen Sie den Muth nicht sinken, verrichten Sie Ihre Obliegen-

447

heit zur allgemeinen Zufriedenheit, lassen Sie dem, der an Ihre Stelle treten wird, einen gebahnten Weg, so sollen Sie ein wichtigeres Amt bekleiden. Sie wissen, daß die Stelle eines Ministers der auswärtigen Angelegenheiten ledig ist. Der König will sie noch nicht besezen; es ist nicht ohnmöglich, daß man Sie dahin zu bringen denkt. Ich bin etc.

Gräfin Dü Barry

An den Baron von Breteuil

Prinz Ludwig, mein Herr, läßt durch den Prinzen von Soubise um die Gesandtschaft am Wiener Hof anhalten. Der König konnte es nicht abschlagen. Allein da Sie für diese Gesandtschaft * bestimmt waren, so habe ich den König beredt, Sie zu derjenigen von Neapel, die in der That nicht so beträchtlich, aber doch eben so ansehnlich ist, zu ernennen. Er hat sie Ihnen, da Er Ihre Verdienste kennt, mit Vergnügen bewilliget. Ich bin, mein Herr etc.

Gräfin Dü Barry

Von Herrn von Maupeou

Madam und werthe Baase!

Ich sehe, Sie kennen den Karakter Ihres erlauchten Liebhabers eben so gut, als ich. Er ist zu gut, zu blöde, und der Ernst, den Er gegen seine ungehorsamen Parlementsglieder zeigte, fängt Ihm an allzu hart vorzukommen. Sein eigenes Interesse fordert, daß Er nicht abändere, und das unserige hängt durch eine ganze klare Folge ebenfalls davon ab, denn wir haben uns allzu frey wider dieses Tribunal erklärt, als daß wir nicht alles von der Wiedereinsezung desselben zu beförchten hätten. Man muß also Seiner Majestät, im Fall Ihn seine Blödigkeit zur Milde verleiten wollte, Forcht einjagen, und Ihn wider seinen Willen dreist machen. Wir können zu dem End nicht Mittels genug brauchen. Es zeigt sich eines, das man nicht aus der Acht lassen muß. Unter den Gemälden, die aus dem Kabinett des verstorbenen Freyherrn von Thiers zu verkaufen sind, befindet sich das Bildniß Karls I. Königs von England, dem sein Parlement den Kopf abschlagen lassen; ziehen Sie es, um welchen Preis es wolle, unter dem Vorwand, daß es ein Familienstük seye, weil die Dü Barry von dem Hause Stuart sind, an sich. Hängen Sie es in Ihr Zimmer neben das Porträit des Königs. Das traurige Ende des Englischen Monarchen wird Seine Majestät schreken, und Sie können Ihm beybringen, daß vielleicht das Parlement zur gleichen Gewaltthätigkeit geschritten wäre, wenn ich ihrem strafbaren Komplot, noch ehe es zu seiner völligen Schwärze und Bosheit gekommen, nicht Einhalt gethan hätte. Eine Forcht von dieser Art, durch Sie, meine werthe Baase, dem König vorgestellt, wird Ihn gegen alle Schritte und Versuchungen unserer Feinde ohnerbittlich machen **. Verbrennen Sie diesen Brief; allein vergessen Sie den Inhalt desselben nicht. Ich bin mit Hochachtung

von Maupeou

* Herr Baron von Breteuil war ein Anhänger des Düc von Choiseul, und in Ansehung der Negotiationen ein Mann von grossen Verdiensten. Allein man beförchtete, daß er sich bey der Kaiserin-Königin einschleichen, und Sie dahin bringen, daß Sie zu Gunsten des Düc von Choiseul nachdrücklich schreiben möchte. Es war der Parthey der Dü Barry daran gelegen, am Wiener Hof eine Person zu haben, die ihnen zugethan war. Dieses war die Ursache, warum Prinz Ludwig den Vorzug erhielt, in Beyseyn dessen in dem Kabinett zu Wien die Theilung von Pohlen geschah, ohne daß er etwas darum wußte. Dahero auch der König, als er diese Zeitung hörte, ganz verdrießlich sagte: »Wenn Choiseul geblieben wäre, würde dieses nicht begegnet seyn.« Allein er verfiel wieder in seine vorige Nachsicht, und vergaß diesen Verlust gar bald.
** Madam Dü Barry befolgte in der That den Rath des Herrn von Maupeou. So ungereimt und verabscheuungswürdig auch diese Zulage war, so erhizte sie doch im ersten Anfall den König. Die Wetterstrahlen trafen und vernichteten die Magistratur bis ins Innerste des Königreichs.

448

Vom Grafen Dü Barry

Den 23. May 1771.

Nun bin ich, meine liebe Schwägerin, von meiner Reise zurük, und mit gröster Zufriedenheit sehe ich Sie auf dem höchsten Gipfel. Meine Schwester hat Ihnen die Briefe zugestellt, die ich ihr zu Ihrem Verhalt geschrieben hatte, und Sie sehen, daß Sie sich wohl darbey befunden haben, nicht darvon abgewichen zu seyn. Nun sind Sie von Ihren gefährlichsten Feinden befreyt. Alle Minister sind uns zugethan, der Kanzler, Herr von Boynes, Abe Terray, Düc von Vrilliere und der Prinz von Soubise. Aber dieses ist nicht alles, es bleibt noch eine Ministerstelle ledig, und man muß einen hinsezen, der an unserer Kette ist. Unser Freund Düc von Aiguillon, liegt uns beständig an, den König zu bewegen, daß Er ihn ernenne; er verdient es in aller Absicht: sein Rechtshandel ist im Publikum vergessen, sechs Monat sind schon seitdem verflossen, so daß er keine Hindernisse mehr gegen sich hat. Er geht nebst dem Düc von Vrilliere von mir weg, und ich habe ihnen versprochen, daß dieses geschehen würde. Betrachten Sie, meine Schwägerin, daß man diesen Gegenstand nicht aus der Acht lassen muß.

Sie haben sich jüngst bei meiner Schwester beklagt, vermuthlich daß sie mirs wieder sage, daß ich zu viel auf den Hofbanquier abgebe; allein man muß es grösser gemacht haben, als es ist, denn ich habe erst zwo Millionen dreymal hundert tausend Livres empfangen, und wenn ich auch mehreres bezogen hätte, wer könnte sich darüber beklagen? Gewiß nicht der König, denn niemand ist so dreist, Ihm etwas davon zu sagen. Sie sind es auch nicht, denn Sie haben mir Ihr Glük zu verdanken, und müssen dahero die Erste seyn, die es zum Theil auch wieder auf mich zurückbringt. Der Hofbanquier ist es auch nicht, weil man mein Papier in seinen Rechnungen für baares Geld annimmt. Abe Terray, der uns förchtet, und der, wenn Sie und ich das geringste sagten, verstossen würde, ist es auch nicht, und der Kanzler unser Vetter, den wir an seinen Plaz haben, ist es eben so wenig. Niemand kan uns also den mindesten Verweis geben; mithin laßt uns, uns das Glük zu Nuze machen, so lange es uns günstig ist. Ich umarme Sie, und bin

Graf Dü Barry

Von der Prinzessin von Conti

Den 28. May 1771.

Sie sollten, Madam, gar nicht zweifeln, daß es allen Persohnen der Königl. Familie höchst empfindlich fallen muß, die Prinzen von Hof entfehrnt, und in der Ungnade des Königs zu sehen. Diejenigen die um Sie sind, haben Sie verleitet, allen Ihren Kredit zu verwenden, um zu diesem traurigen Auftritt behülflich zu seyn. Ich will denken, Sie haben sich darum darzu gebrauchen lassen, weil man Sie durch den Anschein eines gegenwärtigen Nuzens verblendet hat, und daß Sie die schlimmen Folgen, die daraus entstehen müssen, nicht vorgesehen haben. Die Sachen sind in einer solchen kritischen Laage, daß sie nicht lange so bleiben können. Welchen Ruhm würden Sie sich nicht erwerben, wenn Sie nehmlich Seine Majestät beredten, jene erlauchten Exilirten wieder zu sich zu rufen, zu deren Bestrafung man ihn zwang, da man sie ihm als Ungehorsame gegen seinen Willen schilderte, mittlerweile sie sich dem Umsturz aller Gesetze, widersetzend, den stärksten Beweiß, ihrer ohnzerbrüchlichen Anhänglichkeit, an das wahre Interesse des Königs gaben. Wenn die Billigkeit einer solchen Sache nicht hinlänglich ist, Sie zu vermögen, selbige zu vertheidigen, so werden es Ihnen Ihre eigene Vortheile auferlegen. Fürwahr Madam, was würde Ihr Schiksahl seyn, wenn wir den König verlöhren! Wenn Sie auch nicht ein mal die fürchterlichste Katastrophe zu beförchten hätten, könten Sie wohl ohne Schauer, an die Zahl und Größe Ihrer Feinde, die Sie sich machen, denken? Jezt können Sie sich eben so viele Beschützer machen. Es ist Ihnen ein Leichtes sich ein Recht auf Ihre Erkenntlichkeit zu erwerben, und sich ihre Achtung, so wie die meinige, durch ein Betragen, daß Ihnen mit der Zeit zur grösten Ehre gereicht, zuzueignen.

Ich bin etc.

Prinzessin von Conti

VON HERRN VON MAUPEOU

den 1. Brachm. 1771.

Noch diesen Morgen, habe ich, meine werthe Baase, mit dem Düc von Aiguillon, über das Projekt ihrer Vermählung mit dem König geredt: wir haben die Sache nicht durchaus ohnmöglich gefunden. Sie wissen, daß wir ein Beyspiel einer ähnlichen Heurath zwischen Ludwig XIV. und der Madam von Maintenon haben. Die Umstände sind richtig vortheilhafter für uns, als sie es für diese Dame waren, die keine so grosse Macht auf ihren Liebhaber hatte, als Sie über den König haben. Ueberdas hatte Ludwig XIV. einen sehr stolzen, ja sogar rohen Karakter. Derjenige seines Nachfolgers ist im Gegentheil biegsam bis zur Blödigkeit, und sehr leicht zum Nachgeben. Aber nun zum Zwek zu gelangen, ist es sehr nöthig, daß die Zernichtung des Parlements, und die Entfehrnung der Prinzen, beybehalten werde. Wenn sie wieder begnadigt würden, so können Sie wohl denken, daß die Hofnung, die Sie von den Umständen schöpfen können, alsdann nichts als eine blose Chimäre seyn würde. Es ist also meine schöne Baase nothwendig, daß Sie mich aus allen Kräften unterstützen. Seyn Sie versichert, daß ich meiner Seits nicht müsig bleiben, und daß alle Bemühungen unserer Feinde vergebens seyn werden, so lange wir die unsrigen wider sie vereinen. Sie müssen sich jetzt alles Ernstes bemühen, den Düc von Aiguillon, zum Minister der auswärtigen Angelegenheiten zu machen; denn er kan in dieser Qualität ihnen nicht nur die andern Mächte gewinnen, sondern auch noch bey dem Hof zu Rom nachdrüklich, um die Dispensation, die Ihnen so nöthig ist, anhalten.

Ich bin etc.

von Maupeou

VON DEM DÜC VON AIGUILLON

den 30. Brachm. 1771.

Frau Gräfin!

Sie haben allzu vielen Antheil an meiner Ernennung zum Minister der auswärtigen Angelegenheiten gehabt, als daß Sie an meinem Dank, und dem Verlangen, Ihnen Beweise davon zu geben, zweifeln könten. Ich habe mit dem Päbstl. Nuntius, in Ansehung der Dispensation, die Sie gerne haben möchten schon eine Unterredung gepflogen, und er hat mir versprochen, Ihnen in dieser Sache zu dienen. Um hierüber in eine förmliche Negoziazion einzutretten, müssen Sie beykommendes Memorial*

---

* Hier ist ein Auszug dieses Memorials, welches im ganzen Zusammenhang, allzu weitläufig wäre:
»Madam Dü Barry stellt Sr. Heiligkeit vor, daß sie ohnerfahren in den kanonischen Vorschriften,
»erst seit ihrer Trauung mit dem Grafen Wilhelm Dü Barry, gewußt habe, daß es verbothen seye
»den Bruder eines Mannes zu heurathen, mit dem man gelebt hat. Sie gesteht mit allem dem Schmerz
»einer reuenden Sünderin, daß sie etwelche Schwachheit für den Grafen Johannes Dü Barry Bruder
»ihres Mannes gehabt habe; daß sie zum Glük noch in Zeiten, von der Blutschande, die sie begehen
»wollen, gewarnet worden seye, und daß ihr alsdann ihr Gewissensaufschluß, nicht zugelassen
»habe, mit ihrem neuen Gemahl beyzuwohnen; mithin das Verbrechen noch nicht begangen worden
»seye. Nun erflehe sie Se. Heiligkeit, sie von einer solch ärgerlichen Verbindung zu befreyen.«

unterschreiben. Ich werde es dem Nuntius zustellen, der es auf sich nimmt, selbiges dem h. Vater selbst zu übergeben. Ich meiner Seits will es bey dem Kardinal Bernis dahin bringen, daß er den Erfolg betreibt. Ich bin etc.

Düc von Aiguillon

VON ABE TERRAY

den 5. Augstm. 1771.

Ich bin von allen den Freundschaftsbezeugungen, mit denen Sie mich, Frau Gräfin, zu beehren belieben, so sehr durchdrungen, um Ihnen nicht bey der ersten Gelegenheit meine Erkenntlichkeit dafür zu bezeugen. Hier ist eine, die Ihnen nicht anderst als angenehm seyn kan.

Der König hatte dem Grafen von Clermont, der jetzt gestorben ist, 300 000 Livres Leibrenten festgesezt; folglichen gewinnt der König auf ein mal 300 000 Livres; allein da Sie noch nicht auf Ihren Nutzen bedacht gewesen sind, so ist es billich, daß Ihre Freunde, für Sie daran denken. Ich habe mich deswegen mit Sr. Majestät unterhalten, und ihme vorgestellt, daß Ihre ohneigennüzige Anhänglichkeit an seine Persohn, Sie mit nichts anders als mit den Mitteln beschäftige, ihm zu gefallen, und ihm Ihren Dank, für seine Huld, wormit er Sie beehrt, zu bezeugen, mithin es billich seye, daß er Ihnen etwas zugutthue, und Ihnen einen Theil der Renten des Grafen von Clermont zukommen lasse. Dieses könne um so viel ehnder geschehen, da seinen Finanzen nichts benommen würde, auch sein Volk nichts dadurch litte. Der König hat mir für meinen Einfall gedankt, und Ihnen mit dem Drittheil dieser Summe ein Geschenk gemacht. Ich habe das lebhafte Vergnügen, Sie auf der Stelle davon zu benachrichtigen, und Ihnen die Versicherungen der Ehrfurcht mit deren ich bin zu wiederholen etc.

Terray

AN DEN ABE TERRAY

Den 5. Augstm. 1771.

Der König hat mir dasjenige, worvon Sie mir Nachricht gegeben haben, diesen Morgen bestätiget. Nehmen Sie meinen Dank und zugleich die Anzeige dafür an, daß ich von den übrigen 200 000 Livres Leibrente des verstorbenen Grafen von Clermont, 50 000 Livres für Sie, als eine Erkenntlichkeit Ihrer Dienste, begehrt habe, die Ihnen der König mit der grösten Huld von der Welt bewilliget hat. Sehen Sie, wie ich Ihnen Ihre Handlungen zu vergelten suche. Glauben Sie nur, daß ich Zeitlebens die gleichen Gesinnungen für Sie haben werde.

Gräfin Dü Barry

Fortsetzung Fußnote von Seite 450

Uebrigens war dieses Heurathsprojekt mit dem König, nichts als eine Lokspeise, die der Kanzler, Düc von Aiguillon und Abe Terray Madam Dü Barry gaben, damit sie sich immer bey dem Monarchen für sie verwenden, und ihnen alles was sie wollten, von ihm auswirken möchte. Sie kannten die ganze Chimäre dieses Projekts gar wohl, und da eine Sache von solcher Wichtigkeit nicht schnell von statten gehen konte, so war die Aufzögerung alles was sie verlangten.

An Herrn von Maupeou

Den 5. Augstmon. 1771.

Gestern, Herr Kanzler, war ich bey dem König. Abe Terray kam auch, und dankte Sr. Majestät für die 50 000 Livres Renten, die Er ihm in Betrachtung meiner, von denen 300 tausend Livres Leibrenten, die Er durch den Tod des Grafen von Clermont gewinnt, bewilliget, und worvon Er auch mich, auf die Vorstellung des Generalkontroleurs, mit einem Drittheil beschenkt hat. Se. Majestät fragten nun, was Sie mit den übrigen 150 000 Livres machen sollten? »Sire, antwortete ich Ihm, mein Vet- »ter, der Kanzler verdient wohl eben so viel als der Abe, Sie kennen die wichtigen »Dienste, die er Ihnen leistet. Nun ist die Gelegenheit da, ihn darfür zu belohnen. »Ja, Sire, versezte sogleich Abe Terray, dieses wäre eine Entschädigung für den »beträchtlichen Verlust, den er sowohl durch Aufhebung zerschiedener Stellen, die »der seinigen grosse Benefizien abwarfen, als auch durch den Nachlaß, den er Ihren »neuen Magistratspersonen, die Stellen zu erkaufen, erlitten hat.« Der Abe, der arme Teufel, ist darum nicht so schlimm! Was halten Sie darvon, mein Vetter? Er hält es mit Ihrem Nuzen wie mit dem seinigen. Ich für mich bin ihm gut*.

Ich bin etc.   *Gräfin Dü Barry*

An Herrn von Maupeou

Mein Herr Kanzler! es ist mir endlich gelungen, ohnerachtet aller dummen Vorstellungen des Marquis von Monteynard, die Einwilligung des Königs für das Regiment zu erhalten, welches Sie für Ihren Sohn verlangten. Ich beeile mich, Ihnen diese Nachricht zu hinterbringen, und wünsche, daß Sie sie mit eben so vielem Vergnügen vernehmen mögen, als ich sie Ihnen melde.

Ich bin etc.   *Gräfin Dü Barry*

An Herrn von Sartine, Obersten Polizeyrichter

Ich kan mich nicht enthalten, Ihnen meine Unzufriedenheit über ein Buch zu äussern, welches seit wenig Tagen zum Vorschein gekommen ist, und worvon die Exemplarien nicht so rar sind, als sie es seyn sollten. Es ist Ihnen bekannt, wie weit die Unverschämtheit, auf Unkosten des Königs, seiner Minister, des ganzen Hofs und besonders auf die meinige, in dieser Broschüre, die den Titul, le Gazettier Cuirassé**, d. i. der bepanzerte Zeitungsschreiber, führt, getrieben wird. Ich zweifle keineswegs,

---

* Nach diesen Briefen sollte man glauben, der König hätte die noch übriggebliebenen 100 000 Livres für sich behalten. Keineswegs. Graf de la Marche kam zwischen ein, und wollte auch seinen Theil am Braten haben. Er stellte vor, daß er der einzige Prinz vom Geblüt seye, der es mit dem König halte, und die Handlungen des Kanzlers gutgeheissen hatte. Um seinen Eifer zu belohnen, gab man ihm die hundert tausend Livres.

** Dieses ist eine, von allen Arten Deklamationen, Verleumdungen, Lügen und Anspielungen auf den König und so zu sagen auf ganz Frankreich, zusammengestoppelte Rapsodie. Das was Mad. Dü Barry am meisten geärgert, sind gewisse Stellen, die auf ihre Rechnung durchaus falsch sind, und sie auf alle Weis beschimpfen. Unter andern Ungereimtheiten, giebt man ihr den P. Angelus Picpus zum Vater; man sagt, daß sie dem Marquis von Chabrillant jenes bekannte Uebel angehängt; daß sie 15 Jahre die öffentliche H– zu Paris gemacht habe; daß sie die Jesuiten wieder einsezen, weil ihr diese Nonkonformisten gut seyen; daß sie einen neuen Orden, als den St. Niklaus-Orden (eine Anspielung auf einen Marktschreyer Namens Niklaus, der wegen Kurierung der Franzosen in Paris sehr bekannt war) errichten wolle, und daß, obschon sie niemand als diejenigen, die es wohl mit ihr konnten, darein ernennen würde, so würde dieser Orden dennoch weit zahlreicher als der St. Ludwigs-Orden werden (s. S. 348 ff.).

A. J. Dudos: Le Bal paré

daß es Ihnen gelingen werde, wo nicht den Verfasser zu entdeken und nach aller Härte zu bestrafen, doch wenigstens alle Exemplarien seiner schandbaren Arbeit zu unterdrüken. Ich bin etc.

Gräfin Dü Barry

VON DEM DÜC VON AIGUILLON

Es geht mir sehr nahe, daß ich nicht zu Ihnen hinein konnte, wo Sie ohnerachtet der Versicherungen Ihres Schweizers verschlossen waren. Ich war gekommen, um zu versuchen, ob ich Sie über den Verdruß, den Ihnen des Herrn Dauphin Königl. Hoheit verursachten, trösten könnte*. Wenn Ihnen etwas Gutes wiederfahren wäre, so hätte ich sicher nicht so geschwind darum gewußt. Dieser mißbeliebige Zufall rechtfertiget dasjenige nur allzu sehr, was ich die Ehre hatte Ihnen zu sagen, als ich wußte, daß Sie sich etwelchen Scherz über diesen Prinzen, dessen Karakter nicht vertragsam ist, erlaubt hätten. Neue Erinnerungen wären jezt aussert der Zeit, weil Sie selbst fühlen werden, wie zurükhaltend Sie in Ihren Reden seyn müssen. Ich glaube, daß ein förmlicher Schritt zu Gutmachung der Sache vergeblich seyn würde. Sie würden übel aufgenommen werden, und dieses könnte Ihnen leicht eine neue Erniedrigung zuwegen bringen. Halten Sie sich mehr denn jemals daran, die Oberhand über den König zu kriegen. Die Huld, womit Er Sie beehrt, wird wenigstens Ihre Feinde in den Schranken der Achtung halten. Ich bin etc. *Düc von Aiguillon*

* Madam Dü Barry hatte die Unvorsichtigkeit, sich über die vermeynte Ohnvermögenheit des Dauphins lustig zu machen. Es kam ihm wieder zu Ohren. Ganz aufgebracht, gieng er auf der Stelle zu ihr hin, und gab ihr auf eine derbe Weise zu verstehen, daß es ihr nicht zukäme, sich auf Unkosten seiner so zu belustigen, und weil damals die Rede von dem Vicomte Dü Barry war, für welchen seine Tante, Mad. Dü Barry, um die Obrist-Stallmeisterstelle anhielt, sagte ihr der Dauphin: »Wenn ihr Neffe diese Stelle bekömmt, so komme er mir nicht zu Leibe, oder ich schlage ihm den »Stiefel ins Gesicht.« Mad. Dü Barry war über diesen Auftritt so betreten, daß sie sich den ganzen Tag ins Zimmer verschloß, und niemand vor sich kommen lassen wollte. Düc von Aiguillon, der sie nun nicht sehen konnte, schrieb ihr hierauf diesen Brief.

AN DEN DÜC VON AIGUILLON

Ich fange an zu glauben, daß Sie recht hatten, mein Herr Düc, mir Mißtrauen gegen den Kanzler beyzubringen. Ich habe nun entdekt, daß er ohnerachtet aller seiner Protestationen, die Obrist-Stallmeisterstelle für seinen Sohn zu erhalten suchte, obwohlen er wußte, daß ich mich für den Vicomte Dü Barry darum bewarb. Ich glaube nicht, daß mir der König meine Bitte gewähren werde. Ich versichere Sie zwar, daß ich sie, nach dem, was zwischen dem Dauphin und mir vorgefallen ist, auch nimmer verlange; aber ich bin recht froh, daß ich Gelegenheit gehabt habe, die Treue des Herrn Kanzlers zu prüfen. Ich werde mir sicher Recht zu verschaffen wissen. Noch ein Wort: ich weiß nicht, wer diesen Marigny, der gerade recht kömmt, um unsere Anstalten, ihm seinen Plaz wegzukapern, zu vereiteln, aufgefordert hat *.

[Gräfin Dubarry]

VON DEM ABE TERRAY

Den 2. Christm. 1771.

Frau Gräfin!

Sie haben recht, wenn Sie begehren, daß die Stelle eines Oberaufsehers über die Königl. Gebäude Ihrem Herrn Bruder gegeben werden. Allein um darzu zu gelangen, müssen Sie Klägden wider den Marquis von Marigny ausfündig machen, und hier ist nun, was ich entworfen habe.

Es ist schon lange, daß diesem Theil an Geld gebricht, die Umstände berechtigen mich, ohne daß es den Anschein hat, als wäre ich übel gesinnet, es abzuschlagen, folglichen ist selbiger sehr schlecht bestellt, welches dem König sehr mißfällt. Machen Sie sich den Augenblick, wo Seine Majestat eine Arbeit verlangt, die er noch nicht hat, zu Nuze; ich will zurükhaltender dann jemals seyn, und dem Marquis von Marigny kein Geld hergeben. Bringen Sie hernach dem König bey, daß er wohl thun würde, mir diese Stelle aufzutragen, weil, da die Gelder in meiner Disposition wären, so dürfte ich nicht gleich Auskunft wie mein Vorfahr darüber geben, und könnte alles, was Seine Majestät verlangten, bauen lassen. Wenn der Marquis auf diese Art entsezt ist, werde ich dem König etwas Zeit hernach sagen, daß es mir meine Geschäfte nicht zuliessen, neuen Verrichtungen vorzustehen, und ich will der Erste seyn, Ihme den Vorschlag zu thun, daß er sie dem Grafen Dü Barry auftrage **. Dieses ist ein Mittel, welches mir gut zu seyn scheint, und ich rathe Ihnen Gebrauch darvon zu machen. Ich trage es blos deswegen an, um Sie dardurch zu verbinden. Ich bin, Frau Gräfin etc.

Abe Terray

---

* Marquis von Marigny war Oberaufseher der Königl. Gebäuden. Die Dü Barry, welche diese Stelle, als die natürliche Appanage der Familie, der erklärten Maitresse Sr. Majestät ansahen, hielten schon lange darum an, und diesem zufolg suchten sie den Marquis bey dem König anzuschwärzen, und in Ungnade zu bringen. Allein dieser erhielt von den geheimen Ränken, die wider ihn gespielt wurden, Nachricht, und begab sich nach Hof, um sich gegen das, was ihm zur Last gelegt wurde, zu rechtfertigen. Der König konnte sich nur nicht entschliessen, ihm den Abschied zu geben. Dem seye wie ihm wolle, Abe Terray fand, indem er denen Dü Barry den Hof machte, ein Mittel, diesen Plaz an sich zu ziehen. Man sieht sein Projekt im folgenden Brief.
** Dieses Projekt gelange sehr geschwind. Die Gelegenheit darzu ereignete sich an dem Schloß von Bellevüe, welches der König gebaut haben wollte. Marquis von Marigny ward das Opfer und Abe Terray erhielt den Posten.

An den Herrn von Sartine

den 18. Christm. 1771.

Die erste Pflicht an ihrem Platz, mein Herr, ist, dem Umlauf, der des Königs Ehre verlezenden Pasquillen, Einhalt zu thun. Indessen ist ihre Wachsamkeit in einem so wichtigen Punkt, immer mangelhaft. Hier ist wiederum eine ehrvergessene Ode*, die, wie man sagt, in ganz Paris herumgetragen wird, und worvon man mir eine Abschrift zugestellt hat. Suchen Sie den Verfasser davon auf, hindern Sie, daß diese Ode nicht weiter herumgebotten werde; wo nicht, so werde ich genöthiget seyn, sie Sr. Majestät, vorzulegen, und ihn dahin zu bringen, eine ihm zugethanere, und wachsamere Persohn an ihren Plaz zu sezen.

Gräfin Dü Barry

An den Düc von Aiguillon

den 8. Jenner 1772.

Mein lieber Düc, suchen Sie meinen Mann zu Gesichte zu kriegen; er ist jetzt zu Paris, um dem boßhafter Weise ausgestreuten Gerücht, daß er Tod seye, ein Ende zu machen. Rathen Sie ihm, ich bitte Sie, daß er sich während seinem kurzen Aufenthalt in der Hauptstadt, anständig betrage**. Sagen Sie ihm darbey, daß, wenn die mindesten Klagen wider ihn einkämen, man ihn sogleich auf sein Lebetag ins Exilium schiken würde. Ich umarme Sie von Herzen, mein werther Düc, und bin Ihre Freundin

Gräfin Dü Barry

---

* Diese Ode hat die zur Zeit vorgegangenen Revoluzionen zum Augenmerk; allein in zwo Strophen redte man sehr schimpflich von der Leidenschaft des Königs für Mad. Dü Barry. Man redete den Monarchen darinnen also an:

> Diane, Bacchus, & Cythère
> De ta vie abrègent le cours:
> Renvoye, il en est temps encore,
> L'impure qui te déshonore:
> Chasse tes indignes amours.
> . . . .
> . . . .
> Tu n'est plus qu'un tyran débile,
> Qu'un vil automate imbécile,
> Esclave de la Du Barry:
> Du Gange jusqu'à la Tamise,
> On te honnit, on te méprise.

d. i. Jagd, Wein und Liebe, verkürzen dir deine Tage: Schike die Unzüchtige die dich entehrt, weil es noch Zeit ist weg: Verbanne deine nichtswürdige Liebe – – – Du bist weiter nichts als ein entnervter Tyran, eine elende schwache Maschine, ein Sclave der Dü Barry, der vom Gangus bis zur Themse, verachtet und beschimpfet wird.
** Dieser Wilhelm Dü Barry, war ein Vollzapf, ein Schwein, welches sich Tag und Nacht, in der garstigsten Schwelgerey herumwälzte.

An den Vorigen

Ich zweifle nicht, mein lieber Düc, daß der Kanzler nicht ein arglistiger Mann seye. Er machte mir immer Hofnung, zur Gnade, die ich für Billard* begehrte, nicht aus Freundschaft für diesen Unglüklichen, sondern zu Gunsten seines Oheims, den die Strafe seines Nefen beschimpft. Er hat alles angewandt, um den König, gegen mein Anhalten ohnerbittlich zu machen. O! Dieses ist ein Mann von dem wir uns losmachen müssen. Ich ergreife Ihr Projekt in Absicht auf dieses.

Ich grüsse Sie mein lieber Düc und bin etc.

Gräfin Dü Barry

Von dem Grafen Wilhelm Dü Barry

Hochzuverehrende Frau Gemahlin!

Ich habe vorgestern die Dummheit begangen, Tausend Stük neue Louisd'or gegen den Marquis von Chabrillant, im Spiel zu verlieren. Ich war bey meinem Bruder um ihm Geld zu fodern; allein er ist so impertinent gewesen, mich zum Henker zu schiken, und mir zu sagen, daß ich mich mit meiner Pension begnügen sollte, mit dem Beyfügen, daß er Schulden genug, ohne die meinigen zu bezahlen, hätte. Ich gestehe, daß dieses recht garstig von ihm ist. Sie wissen, daß Spielschulden, Schulden sind, wobey die Ehre verknüft ist; mithin bitte ich Sie mir diese Summe anzuschaffen, oder ich darf mich nimmer sehen lassen. Ich werde mich in meinem Anliegen, niemals mehr an meinen Bruder wenden, er hat keine Freundschaft für mich, und wirft doch so viel Geld als er will, zum Fenster hinaus. Die Probe davon ist, daß er mit seiner Dame von Mürat, ein Kind der Mademoiselle Beauvoisin** über die Taufe hielt. Dieser einzige Bettel, welcher mich nicht zehn Louisd'ors gekostet hätte, hat ihn über tausend, die er ehender mir hätte geben können, gekostet. Ich verspreche es Ihnen, daß ich nimmer Großspiel spielen, sondern im Gegentheil zu gewinnen trachten werde, um Ihnen nicht mehr beschwerlich zu fallen. Ich habe die Ehre zu seyn

Hochzuverehrende Frau Gemahlin

Ihr etc.

Graf Wilhelm Dü Barry

An den Grafen Wilhelm Dü Barry

Ich überschike Ihnen hier die tausend Louisd'or und eben so viel, wieder abzureisen, damit Sie mir keine Schande machen. Ich weiß, daß Ihre Aufführung in Paris die allergarstigste ist, um daß sich jedermann über Sie lustig macht. Wenn Sie länger als 8 Tage bleiben, so sehen Sie zu.
Gräfin Dü Barry

* Herr Billard dü Monceau, Ihr Taufpathe (s. S. 416 ff.).
** Der Uebermuth des Schwagers der Mad. Dü Barry war auf den höchsten Grad gestiegen. Er unterhielt ein Mädgen, welches den erdichteten Namen, von Mürat angenommen hatte. Er verheurathete selbiges an einen Kavalier vom St. Ludwigs-Orden, der zufälliger Weise auch diesen Namen hatte, und gab ihm ein Gehalt von zwey tausend Thaler, um seine Maitresse beyzubehalten, der er noch über das den Tittul einer Marquisin beylegte. Dieser Dü Barry gab dadurch eine abscheuliche Aergernis, und trieb hernach die Ohnverschämtheit so weit, daß er mit seiner Maitresse, das Kind einer berüchtigten H–, Namens Beauvoisin, öffentlich über der Taufe hielt. Der Taufaktus geschah mit gröster Pracht zu Montmartre, nächst Paris. Es war eine Suite von zwölf Kutschen, und da die Hauptkirche am höchsten Ort steht, so hatte der Pfarrer die Gefälligkeit, in eine kleine Kapelle herunter zu kommen, wo die Feyerlichkeit vollzogen wurde. Der Pathenpfennig und andere Geschenke kosteten den Grafen Dü Barry bey 25 000 Livres, welcher noch über das dem jungen Bastard ein Gehalt von 1 200 Livres festsezte.

VON DEM ABE TERRAY

Der Gedanke, Sie als zwote Madam von Maintenon zu sehen, ist in der That sehr hübsch; niemand als ich wünschte mehr ihn erfüllt zu sehen. Allein man muß mehr auf das Solide als aufs Glänzende sehen. Wenn sich Ihre Lage veränderte, es seye, daß Sie bey dem König in Ungnade fielen, oder daß wir ihn verlierten, wo geriehten Sie alsdann hin? Durch Ihren Heurathsvertrag ist das Vermögen zwischen Ihnen und dem Herrn Grafen gemeinschaftlich. Dieser würde als Mann Hand darüber schlagen, und Sie müßten von ihm abhangen, welches Sie in eine ziemlich harte Sclaverey versezen würde. Ich rathe Ihnen also, vor allen Dingen sich gerichtlich mit Leib und Guth von ihm scheiden zu lassen. Durch dieses ist Ihr Vermögen gesichert, und Sie können frey darmit schalten und walten. Ich habe mit dem Düc von Aiguillon in Betreff des Ihnen gegebenen Raths geredt, und er heißt ihn sehr gut. Unterschreiben Sie also die Vollmacht, und verlassen sich wegen der Sorge, dieses Geschäft zu beendigen, auf mich, es kan Ihnen in der Folge an der Verbindung mit dem König nicht hinderlich seyn.

VON DEM ABE TERRAY

Frau Gräfin!

Nichts war mir schmeichlender, als die Ehre, die Sie mir erwiesen, gestern bey mir zu Mittag zu speisen. Aber Madam Damerval* war über Ihre huldreiche Aufnahm, wormit Sie sie beehrten, ganz bezaubert. Sie wünscht sehnlich, daß Sie ihr einen freundschaftlichen Plaz anweisen, und ihr erlauben möchten, Ihnen öfters ihre Aufwartung zu machen. Sie hat keinen andern Endzwek, als etwas zu Ihrem Vergnügen beyzutragen. Aber dörfte ich Ihnen unter uns sagen, daß sie Ihnen nützlich seyn könnte. Das Alter des Königs und seine ohnmäßige Wollust, an die Er schon seit langem gewöhnt ist, machen Ihm die Abänderung nothwendig. Ihre Reize, Ihre Anmuth können einen ohnbeständigen und abgenuzten Liebhaber nicht binden. Wenn Er durch einen andern Kanal, als den Ihrigen, eine junge und liebenswürdige Person findet, so dörfte sich sein ausschweifendes Gemüth auf etwas Zeit an sie hängen, und man würde sich diesen Augenblick zu Nuze machen, um seine Blödigkeit zu mißbrauchen, und Ihn von Ihnen abwendig zu machen suchen. Sie wissen, daß Ihm jüngst die Prinzeßin von Lamballe** sehr in die Augen gestochen hat. Ich rathe Ihnen also als Freund, eine junge Gesellschafterin zu sich zu nehmen, welche die Begierde des Monarchen reizen und sie befriedigen könne. Er würde Ihnen deswegen nicht weniger zugethan seyn, denn Er müßte Ihnen für das Vergnügen, das Ihm verschaffen, Dank wissen. Wenn Sie sich zu diesem verstehen, so werden Sie

---

* Madam Damerval ist ein Bastard des Abe Terray und Madam von Clerci seiner ersten Maitresse. Er verheurathete sie im zwölften Jahr an Herrn Damerval, Bruder der Mad. la Garde seiner zwoten Maitresse. Dieser war ein betagter Mann, ohne Vermögen, ohnfähig sich das Ansehen seines Schwiegervaters zu Nuze zu machen, ein Thor, unsäuberlich, bäurisch grob, mit einem Wort, ein abscheulicher Kerl. Er mißfiel seiner Gattin so sehr, daß man glaubt, die Pflichten der Ehe seyen niemals, oder doch nicht so vollzogen worden, um dem Abe Terray einen Weg zu bahnen, den er aus Gewohnheit des Mühsamen vorzog. Mad. Damerval verließ gar bald ihren Mann, und hieng sich an ihre Schwägerin, die sie nebst ihr bey dem Generalkontroleur versorgte, und welche, da sie überzeugt war, daß es nothwendig seye, dem physischen Ekel ihres Liebhabers vorzubeugen, lieber die Oberaufseherin seines Vergnügens machen wollte.
** Der König redte einige mal mit Freundschaft von der Prinzeßin von Lamballe, und erhob eines Tages in Beyseyn der Mad. Dü Barry ihre Reize, die Ihm deswegen Vorwürfe machte, und sich beklagte, daß Er ausgestreut hätte, Er sey willens sich mit dieser Prinzeßin zu vermählen. Der König, der sich durch diese Rede betroffen fand, sagte ihr ganz ungehalten: »Madam! ich könnte etwas »schlimmers thun.« Madam Dü Barry fühlte den Hieb, und brach in Weinen aus. Der König, dem der Auftritt lange Weile machte, gieng weg.

sich immer in seinen Gunsten erhalten. Madam von Pompadour begegnete dem ohnstäten Geschmak Seiner Majestät auf gleiche Art. Die junge Damerval taugt fürtreflich zu dieser Rolle. Dieses ist ein Kind, welches weder Geist noch Talente hat, dem König lange zu gefallen, und nach diesem können Sie, wenn's nöthig ist, eine andere anführen *. Indessen ist dieses nur in den Wind geredet. Wenn Sie es annehmen, so kan es zu Ihrem Vortheil gereichen, einzig in dieser Absicht melde ich es Ihnen. Sie können eben so wenig daran zweiflen, als an der Hochachtungsvollen Ergebenheit, mit welcher ich bin etc.   *Terray*

An Herrn Montvallier, ihren Sachwalter

Gehen Sie, mein.Herr, zum Notarius Pot. Dieser ohnverschämte Kerl hat den Tag, als er zu mir kam, um ein Kontrakt von mir unterschreiben zu lassen, den Nuntius und den guten Kardinal de la Roche-Aymond gesehen, wie mir jeder beym Aufstehen aus dem Bett, einen Pantoffel darreichte. Man sagt mir, daß er in ganz Paris darüber spotte. Verdeuten Sie ihm, daß wenn ich noch etwas von ihm höre, ich ihm das Maul stopfen und nach Verdienen zu züchtigen wissen werde. Geht's mit meiner Absonderung [Scheidung] ** brav von statten? Gehen Sie darüber mit dem Abe Terray und mit dem Prokurator, den er mir gegeben hat, zu Rath. Beendigen Sie diese Sache so viel immer möglich. Ich bin ganz die Ihrige.   *Gräfin Dü Barry*

Von Herrn Montvallier

Frau Gräfin!

Ihre Separation ist geschehen. Sie können jez in Ihrem Namen kaufen was Sie wollen, ohne die geringste Gefahr zu laufen. Das Marquisat von Genlis in der Picardie ist zu verkaufen. Dieses ist ein herrliches Stük Land, ich rathe Ihnen, darauf zu denken; wenn Sie wollen, so will ich einen Augenschein davon einnehmen, und Ihnen einen aufrichtigen Bericht darüber abstatten. Jezt haben Sie kein Geld, allein es giebt ein Mittel, daß Sie sich verschaffen können. Bitten Sie den König, daß er Ihnen das Kapital der hundert tausend Livres Leibrenten, die Sie auf die Stadt haben, wieder eingehen mache, so haben Sie gleich eine Million gefunden. Wenn Ihnen hernach die Besizung nicht taugt, so werden sich andere eben so prächtige zeigen. Morgen werde ich Ihre Befehle holen. Ich bin mit tiefer Hochachtung, Frau Gräfin etc.

                                                                Montvallier

---

* Die Absicht des Abe Terray war, Mad. Damerval zur Maitresse des Königs zu machen, und Mad. Dü Barry zu hintergehen. Da er aus feiner Politik sein Bastard dem König nicht selbsten vorstellen konnte, so wollte er, daß die Gräfin die Kupplerin seyn möchte. Allein sein Projekt scheiterte, und wenn der König je von diesem Lekerbissen gekostet hat, so war's nur im Vorbeygehen; denn Er behielt immer die gleiche Anhänglichkeit an seine Favoritin.
** Der Beweggrund, worauf man diese Absönderung stüzte, war sehr lächerlich. Man weiß, daß man in einem solchen Fall Beweisthümer haben muß, daß der Mann sein Weib mißhandelt habe: da dieser Umstand hier nicht statt finden konnte, so mußte man eine Beschwerde ausfindig machen. Man sagte dem Grafen Wilhelm Dü Barry, die Gräfin in Beyseyn einiger Personen als eine Ehrvergessene zu behandeln. Diese sagten nun die Sache als Zeugen aus, und dieses war genug zur Separation.

Von dem Abe Terray

Nachdem mir der König seine Gesinnungen zu wissen gethan hat, so habe ich, Madam, dem Herrn Certain Ihrem Rentmeister in der Stadt, für die Rükgabe Ihrer 100 000 Livres Leibrenten, Befehl erteilt. Es war sogar ein Gerichtszwang wider ihn, und eine Anzeige auf den Einschreibbüchern nöthig, vermittelst welcher die Abschreibung derselben geschehen könnte. Nun kan heute Ihr Sachwalter Ihre Million beziehen; allein da Sie meine Begierde, Ihnen bey allen Gelegenheiten nüzlich zu seyn, kennen, so will ich die Sachen so einrichten, daß Sie ohnerachtet der Rükgabe, die hundert tausend Livres Leibrenten dennoch beybehalten sollen. Zweifeln Sie am Erfolg eben so wenig, als an der vollkommenen Ergebenheit, mit der ich bin etc.

Terray

An Herrn von Montvallier

Wir wollen sehen, daß wir mit der Zeit einige Landsize kaufen können. Das was mir jezt am angelegensten ist, ist, daß ich jez mein Gebäude von Lucienne geendigt sehen möchte. Sehen Sie nach Malern, Bildhauern, und allen Arbeitern, die es meublieren und auszieren sollen, um, und treiben Sie sie, daß sie es fertig machen, und berichtigen Sie die Rechnungen durch den Herrn Doux, dem Sie hundert tausend Livres, als den unter uns bedungenen Preis für seine Arbeit, zustellen. Ich wünsche Ihnen einen guten Tag.

Gräfin Dü Barry

An den Grafen Wilhelm Dü Barry

Sie sind mit Ihren beständigen Forderungen ganz ohnerträglich. Nichtsdestoweniger will Ihnen der König, um mich von Ihrem Überdrang zu befreyen, 60 000 Livres Renten im Herzogthum Rolaqueure anweisen, mit dem Beding, daß Sie keinen Fuß

Auguste de St. Aubin: Das Konzert

mehr nach Paris sezen, und man nichts mehr von Ihnen reden höre. Abe Terray wird Ihnen diesem zufolg den Aufsaz dieser Gratification zustellen.

Gräfin Dü Barry

VON DEM ABE TERRAY

Bei Erneuerung der Pulver-Verpachtung habe ich ein Trinkgeld von 300 000 Livres begehrt. Es war für Sie bestimmt. Wenn ich Ihnen nicht sogleich Nachricht gegeben habe, so ist es nur um deswillen geschehen, weil ich mir das Vergnügen vorbehalten habe, Ihnen diese Summe an Gold selbst zu überbringen. Man versichert mich, daß die Pulver-Pächter dieses Trinkgeld als eine Erpressung ansehen, und daß der Kanzler, an den sie sich gewandt haben, ihre Klagen an den König bringen soll, wenn es nicht schon geschehen ist. Wenn Se. Majestät mit Ihnen darüber redt, so darf ich hoffen, daß Sie mich bey dem König wohl rechtfertigen werden. Er wird bey diesem Anlaß sehen, daß ich kein Mittel verabsäume, wo ich seine Huld über Sie bringen kan, ohne daß es den Staat das mindeste koste. Ich bin mit denen Hochachtungsvollen Gesinnungen, mit denen Sie mich kennen, Madam etc.

Terray

AN DEN ABE TERRAY

Sie hatten recht mein Herr Abe, wenn Sie dachten, daß Sie der Kanzler in dem Herzen des Königs anzuschwärzen trachten würde; hat er nicht die Ohnverschämtheit gehabt, zu sagen, Sie hätten das Trinkgeld von der Pulver-Verpachtung für sich behalten wollen? Unter uns, es könnte wohl seyn, denn das was er angibt, kömmt vollkommen mit demjenigen überein, was ich von Persohnen, die um die Sache wissen, erfahren habe. Dem seye wie ihm wolle, Ihr Betragen ist allzu höflich, als daß ich die Sachen genau untersuche. Ich habe Ihnen nun als Freundin gedient, denn als mir Se. Majestät Ihre Unzufriedenheit bezeugten, habe ich angefangen zu lachen, und Ihm gesagt, daß alle wider Sie geführten Reden nichts als Verleumdungen und Boßheiten seyen. Zum Beweiß dessen habe ich Ihm Ihren Brief gewiesen, und Ihn dadurch überzeugt, daß Sie ein Mann voller Hilfsmitteln wären.

[Gräfin Dubarry]

AN DEN GRAFEN DÜ BARRY

Ich sage Ihnen Herr Graf, daß wenn Sie im Fall gewesen sind mir Lehren zu geben, so ist es jezt an Ihnen auf mich zu hören. Sie nehmen eine Art an, die Ihnen gar nicht zusteht. Alles in Paris murrt über Sie, und ich bin genöthiget, zu gestehen, daß man nicht unrecht hat. Erstlich machen Sie sich groß, daß Sie seitdem ich am Hof seye, schon auf Ihre fünfte Million gekommen wären. Zweytens haben Sie die Torheit begangen, Ihre Maitresse an einen Kavalier von St. Ludwigs Orden zu verheurathen, um Ihr einen Tittul zu geben, und sie bleibt doch im Publicum, vor welchem Sie Parade mit Ihr machen, hinten und vornen die gleiche. Drittens haben Sie im Hotel der Pächter ein abscheulichen Lerm angefangen, um einen Ihrer Anhänger eine Direktor-Stelle zu verschaffen. Die General-Pächter haben sich bey mir, nicht nur über diesen Lerm, sondern auch über dasjenige, dessen Sie sich in ganz Paris * laut

* Graf Dü Barry war bey der Pachtkammer um für seinen Freund Herrn Desanit die Direkzion von Paris, die durch die Beförderung des Herrn de la Periere, zum General-Pachter ledig war, zu begeh-

brüsten, beklagt. Ich rathe Ihnen also, um alle diese nachtheiligen Gerüchte zu erstiken, auf ein paar Monat nach dem Marquisat de l'Isle, welches ich für Sie von dem
König erhalten habe, abzugehen. Lernen Sie Ihre Zunge sieben Mal im Mund um-
wenden, ehe Sie reden. Geben Sie zum Vorwand Ihrer Reise an, daß Sie diese Herrschaft wollen kennen lernen; sie verdient auch in der That, daß Sie sie sehen, indem
sie wie man mich versichert über hunderttausend Livres werth ist. Nach etwas Zeit
kommen Sie wieder zurück. Ich hoffe man werde alsdenn Ihre Ohnbesonnenheit
vergessen haben. Denken Sie, daß ich Ihnen diesen Rath als Freundin gebe, und um
zu verhüten, daß der König wenn Er Ihre Aufführung erfährt, sich nicht seines Ge-
walts bediene um Sie zu entfehrnen.

Ich bin immer mit der gleichen Anhänglichkeit etc.

Gräfin Dü Barry

AN DEN ABE TERRAY

Nun ist es beynahe ein Jahr, Herr Abe, daß Sie an dem Plaz eines Oberaufsehers
der Gebäude sizen, und es dünkt mich, Sie denken nicht daran die Bedingnisse zu
erfüllen, die wir, ehe ich den König bewog Ihnen diese Stelle zu bewilligen, mit einander machten. Die Art, mit der ich bis jetzt gegen Sie gehandelt habe, scheint mir
nicht, daß sie verdient habe, mich ins Nez zu loken. Ich habe einen Abscheu, Sie dessen fähig zu glauben, und Sie verpflichten mich, wenn Sie mich je ehender je lieber
in meinem Begriff, den ich von Ihrer Redlichkeit haben soll, befestigen. Im übrigen
gesteh ich Ihnen, mein Herr, daß, je mehr ich in meinen Sachen gerade zu Werke
gehe, desto weniger bin ich geneigt zuzugeben, daß man mich hintergehe.

Gräfin Dü Barry

VON ABE TERRAY

Frau Gräfin!

Ich werde Ihnen niemals Anlaß geben, daß Sie mit Recht an meiner Redlichkeit
zweiflen können. Sie wissen, daß ich immer alle Gelegenheiten mit Nachdruk ergriffen habe, Ihnen Beweise von meiner Ergebenheit ohne Ausnahm zu Tage zu legen.
Ich werde mich zu keinen Zeiten Lügen strafen. Es ist Ihnen nicht unbekannt, in
welchem Abgang alle Gebäude des Königs waren, als Er mir die Oberaufsicht über
selbige anvertraute. Nun dachte ich demjenigen, den Sie an diesen Plaz bestimmen,
ein angenehmers und vollständigeres Geschenk zu machen, wenn ich sie ihm erst
nachdem alles wieder in den Stand gestellt ist, abtrette. Seyn Sie versichert, daß diese
einzige Betrachtung die Ursache meiner Verzögerung ist, die nicht lange dauren soll.
Erlauben Sie, Madam, indessen auch, daß ich Sie, ich will nicht sagen an Ihr Versprechen, aber doch an die Hofnung, die Sie mir zur Stelle des Herrn von Maupeou
machten, erinnere. Sie haben sich schon seit langem über ihn zu beklagen, und sein

ren. Die Kammer stellte ihm vor, daß er zu späth käme, indem diese Stelle bereits an Herrn Chomel
vergeben worden seye, und daß es ohnmöglich wäre, einen installirten Mann abzusezen, oder ihm
einen niedrigen Platz anzuweisen. Der Graf drang darauf an, und sagte: daß wenn es nur eine geringe Sache zu thun gewesen wäre, so hätte er die Mühe nicht genommen zu diesen Herren zu kommen. Man machte ihm neue Schwierigkeiten, und er fieng an in noch höherm Ton zu sprechen, und
fragte ganz trozig, ob man nicht wüßte, daß er die Ehre gehabt habe, dem König eine Maitresse zu
geben; daß er es seye, der den Düc von Aiguillon zum Minister der auswärtigen Angelegenheiten,
und den Herrn von Boynes zum Minister des Seewesens gemacht habe, und den Herrn Kanzler an
seinem Platz erhalte etc. etc.? Er fügte noch hinzu, man möchte sich also wohl vorsehen, und ihn
nicht ungehalten machen. Diese ganz ohnerhörten Reden brachten die General-Pachter ganz aus der
Fassung, und sie thaten was er wollte.

Sturz ist ebenso interessant für Sie, als für mich. Wenn es Ihnen leichter ist, ihn zu beschleunigen, so ist es Ihnen eben so leicht, Seine Majestät dahin zu bringen, daß Er auf mich falle, um mich auf seinen Plaz zu sezen. Seyn Sie überzeugt, daß Sie keine Person dahin sezen können, die es aufrichtiger mit Ihrem Nuzen hält.

Ich bin etc. *Terray*

AN DEN DÜC VON DÜRAS

Als ein eigennütziger Höfling machen Sie mir öfters, mein Herr Düc, schlechterweise Ihre Aufwartung; als ein schlauer Mann suchen Sie mir das Herz des Königs zu stehlen, indem Sie Ihm die Reize einer gewissen Madam Pater *, welche, wie man sagt, vor zwölf oder fünfzehn Jahren erträglich gewesen seyen, anpreisen; ja die böse Nachrede fügt noch hinzu, daß Sie als Kammerherr, sie nicht nur dem König präsentirt, sondern noch sogar mit dem Licht voran gegangen seyen. Ich gratuliere Ihnen darzu, allein Sie haben noch nicht alle Eigenschaften eines ächten Freundes des Monarchen; Sie sind nicht fein genug, Ihr Spiel zu verbergen; die Probe darüber ist, daß ich, die zulezt von der Sache hätte wissen sollen, von allen diesen hübschen Schlichen noch vor ihrer Entwiklung Nachricht habe. Ich weiß auch, daß mein werther Düc von Choiseul, von Chanteloup aus, Ihr ganzes Betragen anordnet, und den Nuzen davon zu haben vermeynt, gleich wie Ihnen die Schande ohnvermeidlich folgen wird. Fahren Sie fort, Herr Düc, lassen Sie Ihre Talente schimmern, nur gehen Sie ein bisgen geheimer darmit um. Ich hoffe, daß ich Sie von diesem Tage an nimmer bey mir sehen werde. Übrigens bin ich mit aller Hochachtung, die Sie verdienen, mein Herr, Ihre etc.

Gräfin Dü Barry

VON FRAU CONSTANT

Frau Gräfin!

Ich bin Madam Constant, eine Kupferschmiedin zu Paris. Ich sollte Ihnen wohl eingehen, dann zur Zeit, wo Sie mit meinem guten Gevatter Lamet lebten, sah ich alle Morgen nur Sie bey mir, und wir haben den Salat öfters zusammen gegessen. Jezt da Sie so schön wie ein Raritätenkasten sind, haben Sie vielleicht Ihre alte Freundin vergessen; aber das macht mir gerade so viel als nichts. Wenn ich Ihnen schreibe, so ist es nicht, um eine Gnade von Ihnen zu begehren, denn ich brauche keine, sondern um Ihnen Ihre armen Verwandten zu empfehlen. Ihre Muhme, Madam Cantini, die ein wakeres Weib ist, Sie können sich dessen rühmen, ist unglüklicher als die Steine auf der Gasse. Ehe Sie eine grosse Dame waren, lebte sie aus ihrem Gewerb als Trödelweib beym Nachttische, und gewann dardurch sich und ihren Kindern Brodt; aber seitdem Sie Wittwe geworden sind, oder was Sie sonst so seyn mögen, Sie verstehen mich schon, haben Sie ihr verbotten, sich Ihre Muhme zu nennen, und ihren Handel fortzutreiben, unter Versprechung 1 200 Livres Jahrgehalt, worvon sie doch nur die Hälfte kriegt, man sagt, daß das durch die Hände Ihrer Gnaden des Herrn Abbe Terray gehe. Wie wollen Sie nun, daß sie mit diesem lebe, und ihre Kinder ernähre, die nicht mehr Erziehung haben als ein Hund, und die nakend herum laufen? Sie sollten sich so wahr Gott lebt schämen! Und wissen Sie worzu das verleitet, diese Armuth da? Schauen Sie einmal, dieser arme August, der jezt siebenzehn Jahre hat, gut; dieser hat nebst einem anderen kleinen Pürschgen, das eben so flink ist wie er, eine junge Henne ab dem Laden eines Kochs mitlaufen lassen. Er ist zum Kommis-

---

* Diese Madam Pater ist eine Holländerin, die zehn Jahre vorher viel Aufsehens zu Paris gemacht hatte. Sie nahm 1772, man weiß nicht warum, den Titel einer Baroneßin von Neukerque an. Die Anekdote der Madam Dü Barry ist mehr als wahr, allein die Intrigue war von keiner Folge.

sarius geführt worden, und wenn er nicht gesagt, daß er Geschwister-Kind mit Ihnen wäre, so hätte man ihn eingestekt, und dieser gute arme Mensch * wäre gepeitscht und gebrandmarkt worden. Das ist mir ein hübscher Vorsprung, mittlerweile Sie reich sind wie eine Jüdin, würdigen Sie nicht einmal Ihre nächsten Anverwandten mit einem mitleidigen Auge anzusehen. Pfui! das ist schlecht! Nehmen Sie sich in Acht, der Zorn Gottes wird über Sie kommen, und Sie werden ganz ohnvermutet herunter kommen. Im übrigen, sehen Sie, ich meyne es gut mit Ihnen; wenn Sie das, was ich Ihnen sage, thun, so ist es gut für Sie, wenn Sie es nicht thun, desto schlimmer für Sie. Ich für mich habe ein wehmüthiges Herz, und sage Ihnen das mit nassen Augen, und bin mit Hochachtung, Frau Gräfin, Ihre gehorsame Dienerin

Constant

Von dem Düc von Aiguillon

Nun sehen Sie, meine liebe Gräfin, den Monarchen, die Prinzen von Geblüt, die Ministers, mit einem Wort den ganzen Hof zu Ihren Füssen. Damit Sie sich in einer so glänzenden Lage erhalten, so müssen Sie im Ernst auf die Entsezung des Kanzlers denken. Stolz auf die Macht, die er über den Grafen de la Marche hat, und die er ebenfalls auch auf den Prinzen Conde ** hatte, hoft er erster Minister zu werden, und glaubt, daß sich ihm alles unterziehen würde. Es ist höchst nothwendig, seinen

---

* Madam Dü Barry, aus Forcht, daß dieser Vetter nicht neue Unfugen anstelle, gab Befehl, ihn einige Tage hernach von der Gasse wegzunehmen, und nach St. Lazare zu sezen, von dannen er nun, weil er das Kostgeld nicht bezahlte, und weil sich sein Taufpathe, der etwelches Ansehen hat, seiner annahm, wieder heraus kam. Dieser hat die Dü Barry so sehr durch diesen Auftritt beschämt, daß man dem jungen Menschen eine Bedienstung in Indien verschafte, wohin man ihn schikte.
** Prinz Conde kam wieder nach Hof, und machte dem König durch die Vermittlung des Grafen de la Marche seine Entschuldigung. Dieser Vorgang ist in einem Neujahrsgedicht, welches damals herumgebotten wurde, also enthalten:

> La Marche a le cœur loyal,
> Conde fut le reconnaître,
> Et servi par son égal
> Il va droit à son maître.
> Ce moyen est en général
> Le plus digne peut-être.

d. i. La Marche hat ein rechtschaffenes Herz, Conde kannte es, bediente sich dessen, und gieng durch ihn, als einen seines gleichen gerade zum König. Dieses ist auch durchgehends wohl das beste Mittel.

Da Graf de la Marche die Anhänger des Herrn von Maupeou immer begünstigte, so glaubte er, Prinz von Conde würde auch beytretten. Düc von Orleans kam durch die Vermittlung des Düc von Aiguillon wieder in die Gnade des Königs. Auch heißt es in dem gleichen Neujahrsgedicht, wo man sich an den Prinzen wendet:

> Vous avez fort noblement
> Combiné la démarche,
> En refusant constamment
> Le Comte de la Marche:
> D'Aiguillon vous a bien infiniment
> Fourni cette autre marche.
> Mais au fond l'honneur n'est rien,
> Il n'en faut tenir compte;
> Hé! que vous fait le moyen,
> Si vous n'en avez la honte
> Allez, d'Aiguillon vous dira bien,
> Comment on la surmonte.

d. i. Sie haben den Schritt sehr artig ausgedacht, indem sie dem Grafen de la Marche beständig ausschlugen. Düc von Aiguillon hat ihnen jenen andern Weg schon gebahnt. Denn im Grund ist die Ehre nichts, man muß nicht drauf achten. Ey! was hilft ein Mittel, wenn man Schande davon hat. – Wohlan, Düc von Aiguillon wird ihnen schon sagen, wie man drüber hinaus seyn kan.

Projekten zuvorzukommen, und ihn gleich dem Düc von Choiseul zu stürzen. Wenn dieses durch Ihren Beystand könnte erzielt werden, so würden Sie, meine werthe Gräfin, von allen Prinzen vom Geblüt und von ganz Frankreich geliebt werden. Das Parlement, welches hernach wiederum zurükberufen werden würde, würde Sie ver-ehren, und Sie würden mit Ruhm und Ehre überhäuft werden *. Dieses war der Gegenstand einer Konferenz, die ich diesen Morgen mit dem Düc d'Orleans, Düc de Chartres und Prinz Conti gehabt habe. Wenn Sie nun so bey Gelegenheit die Unterschrift des Königs zum Exilium des Kanzlers erhalten könnten, so würden Sie den folgenden Morgen die Prinzen vom Geblüt kommen sehen, um Ihnen ihren Dank darfür abzustatten. Ich bin mit denen Gesinnungen, die Sie an mir kennen und die ich Ihnen Taglebens gewidmet habe, meine werthe Gräfin,

Ihr etc.
Düc von Aiguillon

AN DEN DÜC VON AIGUILLON

Ich liebe den Kanzler, mein lieber Düc, nicht mehr als Sie ihn lieben. Aber alle diese Staatsabsichten und alle diese Verwendungen, gefallen mir nicht. Ich möchte, daß Herr von Maupeou wegkäme, ohne daß ich mich darin mischte. Die Ursache davon ist ganz einfach. Der König hat nicht gern, wenn ich Ihm darvon rede. Wenn ich je von ihm rede, so wird Er gleich düstern und ernsthaft; nun fodert mein Interesse, Ihm nicht lästig zu werden, sondern Ihn im Gegentheil in seiner Verlegenheit auf-zumuntern. Indessen sage ich nicht, daß ich müßig bleiben werde: ich möchte, daß sich die Gelegenheit ereignete ohne sie zu suchen, ich würde sie alsdann benuzen. Sie können meine Gesinnungen dem Düc von Orleans wissen lassen. Ich bin, mein lieber Düc, ganz die Ihrige.

Gräfin Dü Barry

AN MADEMOISELLE RAUCOUX,
SCHAUSPIELERIN VON DER FRANZ. KOMÖDIE

Sie wissen, meine schöne Raucoux, was gestern zwischen dem König, Ihnen und mir vorgieng. Beobachten Sie die gröste Verschwiegenheit, und mißbrauchen die Gunst nicht, die ich Ihnen verschaft habe **. Wir haben uns beyde bezahlt gemacht, und es wird, wie ich denke, nicht das letzte mal seyn. Ich werde noch eine Zusammenkunft, die Ihnen nicht mißfallen soll, für Sie anstellen. Leben Sie wohl, meine schöne Rau-coux, seyn Sie ferners bescheiden. Dieses ist das einzige Mittel, daß man Sie schäzt und daß es Ihnen gelingt.

Zählen Sie auf meine Freundschaft. *Gräfin Dü Barry*

---

* Es scheint wunderbar, wenn man den Düc von Aiguillon ein Verlangen nach der Wiedereinset-zung des Parlements tragen, und ihn darum anhalten sieht; er der doch wohl wußte, wie geneigt es war, mit selbigem, bevor die Schriften seines Rechtshandels zu Königl. Handen gezogen waren, nach der äußersten Strenge zu verfahren. Allein die Verwunderung wird ganz wegfallen, wenn man weiß, daß Herr von Ormesson, Oberrichter im Parlement, diesem Düc im Namen seiner Gesellschaft, durch den Düc von Orleans das Versprechen thun lassen, daß wenn das Parlement auf sein Vorwort würde eingesetzt werden, man zur Entscheidung seines Rechtshandels schreiten, und ihn durch Frey-sprechung der beschuldigten Untreue schneeweiß machen würde. Nach diesem Versprechen hatte er bey Wiedereinsezung des Parlements am meisten zu gewinnen.
** Mademoiselle Raucoux gieng, nachdem sie vor Sr. Majestät die Rolle der Dido gespielt hatte, in das Puzzimmer, welches an die Loge des Königs stoßt, und in welchem er mit seiner Maitresse ein-zig war. Seine Majestät überließen sich mit diesem neuen Gegenstand, dem fleischlichen Vergnügen, und Mademoiselle Raucoux gieng, mit Wohlthaten von dem Herrn und seiner Favoritin ganz über-häuft, aus der königlichen Loge weg.

An die Marquisin von Rozen

Verzeihen Sie meine schöne kleine Marquisin den Scherz* der sich die vorige Woche bey mir zugetragen hat. Ich soll Ihnen sagen, daß der König der Erfinder, und ich nur die Vollzieherin desselben war. Ich wünsche daß Sie darüber nicht ungehalten gegen mich seyen, und daß wir in der gleichen Vertraulichkeit mit einander leben mögen. Glauben Sie nur, daß ich Sie immer ganz aufrichtig liebe, und daß ich mit diesen Gesinnungen bin

Gräfin Dü Barry

An Madame la Dauphine

Madam!

Ich habe mit Verdruß vernommen, daß man mich bey Ihnen zu verkleinern suchte, indem man mir in Betreff des diamantnen Haarsträußgens, das ich machen lassen, und das Ihnen zu gefallen schien, weil Sie es für Sich behielten, mürrische Reden zur Laste legte**. Weit entfernt, das geringste Mißvergnügen über die Entziehung dieses Kleinods zu äussern, war es mir leid, daß ich nicht vorsehen konnte, daß selbiges nach Ihrem Geschmack seyn könnte. Ich würde eben so viel Vergnügen gehabt haben, Ihrem Verlangen bey diesem Anlas zuvorzukommen, als ich zu allen Zeiten haben werde, um Ihnen zu zeigen, wie sehr ich wünsche, die Ehre Ihrer Gewogenheit zu verdienen.

Ich bin mit tiefster Ehrfurcht etc.

Gräfin Dü Barry

* Madam von Rozen, jung und sehr hübsch, war genau mit der Madam Dü Barry bekannt, die sie in ihre Freundschaft aufnahm. Allein nachdem ihr die Frau Gräfin von Artois, deren Hofdame sie war, Vorwürfe machte, daß sie so öfters um die Favoritin seye, brach sie plözlich mit ihr ab, oder schien wenigstens kälter gegen ihr zu seyn. Die andere war über diese Veränderung betretten, und bezeugte ihren Verdruß dem König, welcher im Scherz sagte, daß Madam von Rozen ein Kind wäre, der man die Ruthe geben sollte; allein Madam Dü Barry nahm es für baar an, lud sie den folgenden Morgen aufs Frühstück ein, machte Mad. von Rozen in ihr Puzzimmer tretten, allwo vier Kammerjungfern sich ihrer bemächtigten, und sie nicht übel die Ruthe empfinden liessen. Der König, bey dem sich Madam von Rozen beklagte, konnte Madam Dü Barry nichts darüber sagen, weil sie Ihn erinnerte, daß es auf seinen Befehl geschehen seye.

** Madam La Dauphine sollte gegen Madam Dü Barry, wegen den ehrvergeßnen Reden, die sie die Ohnverschämtheit hatte, gegen diese Prinzeßin auszustoßen, ganz aufgebracht seyn; allein sie suchte sich durch einen ihrem Alter und ihrer Lebhaftigkeit angemessenen Streich zu rächen.

Sie wußte, daß Mad. Dü Barry bei einem Juwelierer ein sehr prächtiges diamantnes Haarsträußgen bestellt hatte. Von dem Tag, den ihn der Künstler bringen sollte, benachrichtiget, befiehlt sie, daß man auf ihn passen und ihn, bevor er zur Favoritin gehe, zu ihr führen soll. Ihr Befehl ward genau befolgt. Er kam, und sie bestellte ihm ein sehr kostbares und elegantes Haarsträußgen. Der Juwelierer fragte, ob sie es haben wollte wie das, so er bey sich hätte? Dieses war nun, was Madam la Dauphine erwartete. Sie besieht dieses Kleinod, läßt es sich ihr, durch ihre Damen aufsezen, findt, daß es ihr sehr gut läßt, und giebt ihm zu verstehen, daß sie es behalten wolle. Dem Juwelierer wird nicht wohl bey der Sache, die Prinzeßin nimmt es wahr, und will die Ursache davon wissen. Er gesteht sie. Madam la Dauphine muntert ihn auf, und sagt ihm, daß sie es auf sich nehmen wolle. Sie geht hernach mit ihrem diamantnen Kleinod zum König, und fragt Ihn, wie er's finde? Er rühmt den Geschmack und die Kostbarkeit desselben, worauf sie Ihm den Possen, den sie Mad. Dü Barry spielte, erzehlt. Der Monarch giebt ihr Beyfall, lacht, und geht selbst zu seiner Maitresse, um sie darüber zu neken.

VON DEM DÜC VON AIGUILLON

Man hat, meine werthe Gräfin! neue Verse* über den König gemacht, in welchen man zu verstehen giebt, daß ich das Glük habe, Ihre Gunst zu geniessen, Ich weiß nicht, wie man sich unsere Vertraulichkeit hat mögen einfallen lassen. Seyn Sie etwann nicht vorsichtig genug gewesen, oder ist es mit unsern Vertrauten nicht ganz richtig? Sie wissen, daß der geringste Blik vor den Hofschranzen, eine Art von Beweis ist. Es ist Ihnen überdas bekannt, daß unser Interesse das gröste Geheimniß erfordert; ich will daher lieber glauben, daß es ein von der Bosheit erdichteter Argwohn seye: allein es ist äusserst notwendig, daß wir verhüten, daß diese Verse nicht vor den König kommen. Herr de la Vrilliere hat zwo Personen, bey denen man Abschriften darvon gefunden hat, gefänglich einziehen lassen, und dem Herrn von Sartine die strengsten Befehle gegeben, damit keine mehr in Paris herumgebotten werden. Leben Sie wohl, meine theure Gräfin. Ich bin Zeitlebens Ihr etc.

Düc von Aiguillon

AN DEN DÜC VON AIGUILLON

Gestern, mein lieber Düc, gieng ich sehr vergnügt zu Bette, in der Hoffnung, daß ich Ihnen diesen Morgen die Ungnade des Marquis von Monteynard würde melden können. Der König hatte endlich meinem Anhalten nachgegeben, und den Befehlsbrief, den ich Ihm vorlegte, unterschrieben, nachdem ich Ihn auf den Punkt führte, wo ich Ihn gern haben wollte. Seine Ueberlegungen, die Er die Nacht durch machte, haben meine Absicht vereitelt, und sein Erstes beym Aufstehen war, daß Er seine Unterschrift zurük nahm. Dieser Fall soll mir zur Warnung dienen; wenn ich so glüklich bin, wieder einen solchen Anlaß zu erleben, so wird es mir obliegen, die Befehlsbriefe auf der Stelle abgeben zu lassen, um es dem König unmöglich zu machen, selbige zurük zu nehmen. Ich bin aussert mir, daß mir mein Streich gegen diesen Mann, den sich seit seinen gegen Abe Terray** ausgestossenen Reden und abschlägigen Antwort, die er mir gab***, und wegen einer Vertraulichkeit**** mit dem Kanzler, nicht ausstehen kan, mißlungen ist. Ich bin etc.

Gräfin Dü Barry

---

* Der Uebersetzer läßt diese, im Original befindlichen Verse mit Vorsaz weg, weil gesittete Leser nichts darbey verlieren, und der schlüpfrigen Stellen ohnehin schon hier und da vorkommen.
** Marquis von Monteynard gieng eines Tages zu Abe Terray, um ihm Geld in sein Departement zu fordern; dieser sagte ihm ganz troken, daß er keines hätte. Der Marquis antwortete ihm in harten Ausdrüken, daß er sich wundere, daß kein Geld zum Dienst des Königs da wäre, mittlerweile man so viel für H– und Kuppler verschwende.
*** Sie hatte das Dragoner-Regiment Baufremont für den Herrn Dangets von Orcay, ein Neffe des Generalpachters gleichen Namens von ihm begehrt. Der Minister schlug es ab, und gab es dem Prinzen von Lambesc.
**** Man wird sich vielleicht verwundern, daß Herr von Monteynard, der wakerste Mann im Ministerium, sich so genau mit dem Kanzler eingelassen habe; allein als man ihn nach der Ursache fragte, sagte er, daß er sich in Sachen, die er nicht verstünde, immer nach dem Minister richte, an dessen Departement selbige im weitern giengen. Er befolgte in diesem das System des Kardinal Fleuri.

Georg David Matthieu: Die Geschwister

AN DEN DÜC VON AIGUILLON

Wenn ich, mein werther Düc, schon nicht das Vergnügen gehabt habe, den Marquis von Monteynard ganz zu vertreiben, so hat mir doch der König, damit ich Ihm seine Schwachheit bey diesem Anlaß nicht übel nehmen möchte, jene Gnade bewilliget, die

Sie mir von Ihm zu begehren anriethen. Ich habe mit Ihm über die abscheulichen Kontributionen geredt, die Madam von Langeac* von denjenigen Personen, die durch sie Gnadenbezeugungen erhalten haben, fodert. Seine Majestät waren sehr ungehalten darüber, und haben mir den Vorschlag der Personen, die zu Errichtung des Hauses von Artois erfodert werden, aufgetragen. Es soll diejenigen, die dahin kommen, nichts kosten; allein wir werden den Vorteil haben, lauter uns zugethane Leute dorten zu sehen. Ritter Dü Barry soll Kapitain der Hundert Schweizer werden. In Ansehung der übrigen Stellen, sehen Sie, mein werther Düc, wen Sie darzu haben möchten. Ich werde dem König nur diejenigen vorschlagen, über die wir uns verstanden haben. Heute werde ich Sie nicht sehen, der König geht auf die Jagd, und ich werde ein Theil des Tages in dem Kloster St. Elisabeth** zubringen. Leben Sie wohl mein Lieber, Sie wissen, wie sehr ich Sie liebe.

Gräfin Dü Barry

VON DEM ABE TERRAY

Paris, den 10. April 1773.

Frau Gräfin!

Ihr Sachwalter hat mir sechsmal hundert tausend Livres für Sie begehrt, ohne mir zu sagen, wohin Sie dieses Geld verwenden wollen. Ich habe ihm gesagt, daß ich es ihm nicht auf der Stelle geben könnte, sondern die Ehre haben würde, mit Ihnen darüber zu reden. Ich bin weit entfernt, Madam, Ihnen etwas abzuschlagen, denn Sie wissen, wie sehr ich der Ihrige bin. Erlauben Sie mir jedoch, daß ich Ihnen einige Vorstellungen mache, ich werde hernach thun, was Sie wollen: der königliche Schaz ist nicht so ohnerschöpflich, wie Sie etwann glauben möchten. Ohnerachtet aller Mittlen, deren ich mich bediene, um Zufluß zu finden, so gestehe ich Ihnen, daß ich öfters und besonders jezt, sehr verlegen bin. Seitdem ich Ihre Gewogenheit geniesse, haben Sie achtzehn Millionen reinaus bezogen, ohne einer Menge geringfügiger Sachen zu erwehnen. Auf der andern Seite macht der Kanzler zu Ergänzung des Parlements und Besoldung seiner Spionen, einen abscheulichen Aufwand. Endlich richtet mich Düc von Aiguillon zu Grunde, der sich an auswärtigen Höfen, wo er, wie Sie wissen, übel angeschrieben steht, Freunde und Anhänger machen will. Urteilen Sie selbst, Frau Gräfin, ob meine Vorstellungen übel gegründet seyen, wenigstens muß ich in einer großen Verlegenheit seyn, weil ich mir selbige erlaubt habe, da mir nichts so sehr am Herzen liegt, als alle Ihre Wünsche zu erfüllen, und ihnen sogar zuvorzukommen. Indessen wenn Sie sich jezt mit dreymal hunderttausend Livres begnügen können, so will ich sie Ihrem Sachwalter zustellen, sobald er sich sehen läßt.

Ich bin mit Ehrfurcht etc.

Terray

* Jedermann hat von Madam von Langeac reden gehört, welche Anfangs in Marseille einen Schuhfliker, Namens Sabathin, geheurathet hatte, und als sie nachher nach Paris kam, um zu jedermanns Bedienung zu leben, ward sie die förmliche Maitresse des Dücs von Vrilliere. Dieser Minister, der einige Kinder von ihr hatte, und sie adeln wollte, sezte Sabathin, ihren Mann, ins Zuchthaus, unter dem Vorwand, daß er einen falschen Todtenschein gemacht habe, und verheurathete seine vermeynte Wittwe an den Marquis von Langeac, welcher sich als Vater von denen Kindern angab.
** Madam Dü Barry besuchte ihre Mutter, welche unter dem Namen Madam von Montrable, deren man anfieng den Titul Marquisin vorzusezen, in diesem Kloster war. Die Aufführung der Madam Dü Barry gegen ihre Mutter, macht ihrem Herzen Ehre, weil sie ohnerachtet dem Taumel der königlichen Huld, und der grossen Zerstreuung, in der sie lebte, selten vierzehn Tage vorbeygehen ließ, daß sie nicht ihre Mutter besuchte, mit ihr zu Mittag speißte, und den grösten Theil des Tages bey ihr zubrachte. Es ist anzumerken, daß die Superiorin dieses Klosters, die Niederträchtigkeit so weit triebe, daß sie ihre Nichte, die treflich sang, kommen ließ, um Madam Dü Barry während dem Mittagessen zu amüsieren.

Paris, den 25. April 1773.

Madam!**

Aus Gehorsam gegen Ihre Befehle, hatte ich mich entschlossen, wiederum die Bühne zu besteigen, und meine schwachen Talente zu Ihrer Belustigung zu vervollkommnen; aber ich habe fataler Weise zu spät darzu gethan. Meine Rolle ist vergeben, und meine Gespielinnen haben mir die Unordnung, die ich unter ihnen anstellen würde, begreiflich gemacht. Sie haben mich versichert, daß Ihnen die Kammerjunker ein Memorial vorlegen, in welchem Sie Ihnen die Ohnmöglichkeit meiner gegenwärtigen Eintrettung, ganz klar zeigen würden. Möchten Sie, Madam, hierdurch von dem Eifer meines Andringens, und von der Begierde, die ich würde gehabt haben, überzeugt seyn, in jenen kostbaren Augenbliken, wo Ihr Geist von den wichtigen Beschäftigungen, die ihn anstrengen, ausruht, etwas zu Ihrem Vergnügen beyzutragen.

Aber Madam, Ihre Gewogenheit macht mich so kühn, Sie um eine andere zu bitten. Erlauben Sie, daß ich mein Herz vor Ihnen ausschütte, das Ihrige ist allzu empfindsam, als daß es für die Schwachheiten der Liebe nicht Nachsicht hätte. Ich liebe schon seit mehr als zwölf Jahren, Dauberval: Glüklich, wenn seine Zärtlichkeit gegen mich eben so ohnunterbrochen wie die meinige gewesen ist! Gegen wie viele hat der Treulose seitdem die gleichen Schwüre wie gegen mich gethan! Indessen habe ich ein theures Pfand unserer Vereinigung, ein Kind, der Gegenstand meiner mütterlichen Liebe. Ich kan ohne Schauer nicht an seine uneheliche Geburt denken; ich möchte es durch die Heurath gutmachen. Jezt bin ich reich, ich kan die Schulden des Treulosen bezahlen, und will nichts, als daß er herumkomme, und mir seine Hand gebe. Diese edle Handlung, Madam, ist Ihrer würdig; denn obschon ich etwas ausschweifend gewesen bin, so hat mein Herz doch immer ehrbare Gesinnungen gehabt. Sie wissen, was die Jugendjahre eines Mädgens sind, welches Reize hat, und welches seine Lage den Verführungen der Liebenswürdigsten am Hof aussezt. Je mehr sie sich widersezt, je mehr hat sie Verführer. Indessen bin ich im Getümmel des Theaters niemals glüklich gewesen; ein Begriff der Religion ist mir geblieben; ich habe ein zartes Gewissen, welches sich leicht empört. Die Furcht der Zukunft hat mich ohnaufhörlich im Schoosse der Wollust geängstiget. Der Verlust meines lezten Liebhabers hat mich in eine tiefe Traurigkeit versezt, und sein unglükliches Ende, in der Blüthe seines Alters, für ihn zittern gemacht. Sehen Sie, Madam, die Hauptursache, die mich bewogen hat, die Bühne zu verlassen. Sie trugen ein Verlangen, daß ich wieder auftretten möchte, und ich überwand mein Gewissensscrupel, und meinen Widerwillen; aber die Umstände widersezten sich Ihrem Willen. Geruhen Sie nun Madam, mein Glük zu vervollkommnen, das ich habe, Sie einen Augenblick mit mir beschäftiget zu sehen, indem Sie mir eine Protektion, oder besser zu sagen, eine Autorität bewilligen, die niemals besser verwandt werden kan. Ich bin mehr als versichert, Dauberval wird sich einer von Ihnen auferlegten Pflicht nicht entziehen können, und ich werde eine

---

* Die Originale von diesem und folgenden Brief, (sagt der Verfasser) haben wir nicht gesehen. Wir rüken sie hier ein, weil Abschriften davon in Paris und bey Hof herum giengen, können aber für deren Aechtheit nicht Bürge seyn.

** Um einen rechten Begriff von diesem Brief zu kriegen, ist zu bemerken, daß Madam Dü Barry viel auf Mademoiselle Dübois hielt, sie mit Gutthaten überhäufte, und alles anwandte, um sie wieder auf die Bühne zu bringen. Diese ließ sich bereden, allein da Umstände darzwischen kamen, die ihr nicht gestatteten, machte sie sich den Zutritt, den ihr diese Verwendung bey der Gräfin Dü Barry verschafte, zu Nuze, um sie zu bitten, es dahin zu bringen, daß sie Dauberval, Operntänzer, ihr erster Liebhaber, heurathe.

Zufriedenheit mehr bey dieser Trauung empfinden, nemlich diejenige, daß weil ich Sie im Theater Ihre ganze edle Mussezeit durch, nicht ergözen kan, noch durch meine zwote Hälfte, durch einen Mann, der sich der Bühne so lange widmen wird, als er das Glük hat Ihnen zu gefallen, zu Ihrem Vergnügen werde beytragen können.

Ich bin mit der tiefsten Ehrfurcht etc.

Dübois

VON DAUBERVAL, OPERNTÄNZER *

Madam!

Ich kenne die Liebe nicht so gut als Mademoiselle Dübois; allein wenn sie darin besteht, einen Mann im Beth aufzunehmen, so ist es richtig, daß Sie viel für mich hatte. Indessen da ich nicht täglich mitmachen konte, und sie sonder Zweifel durchaus Liebe nöthig hatte, vergab sie den Platz gar öfters an andre, und wir wechselten so der Reihe nach, vier, fünf und mehrere mal ab. Aus dieser Mischung entstund ein kleiner Bube. Sie hatte die Gewogenheit mich zum Vater darzu zu ernennen; ich nahm es mit so viel grösserer Erkenntlichkeit an, da sie ihm einen vornehmern es seye unter einigen Herren am Hof, oder unter Magistratspersonen, der Geistlichkeit, oder unter den Matadors der Finanzen hätte wählen können. Dem seye nun wie ihm wolle, ich habe diese Ehre angenommen, und zugleich versprochen, für das Kind zu sorgen; allein seine Mutter die es, als ein von der Vorsehung mit Fleis zu ihrem Zeitvertreib erschaffenes Spielwerk ansahe, wollte es bey sich haben. Ich habe ihr damals gesagt, daß ich es nicht so verstünde, und der Vaterstelle entsagen wollte. Jezt da die Puppe nimmer so lustig, noch so folgsam ist, da sie ihr Mühe macht, und ihr den Arm herunterzieht, möchte sie sich davon losmachen, und mir den Buben zurükschiken. Allein sie hat den Nuzen gehabt, nun habe sie auch den Unmus; um so mehr, da sie mit dem bürgerlichen Leben daß sie führen will, mit den mütterlichen Gesinnungen, worvon ihr Eingeweide hüpft, und mit denjenigen der Religion die sie zu Markt trägt, vollkommen übereinkömmt. Auch weiß ich, daß sie einen sehr schwachen Kopf hat, und ich förchte das Übel möchte mich auch ansteken und mir den meinigen verderben. Sie förchtet den Teufel und ich auch. Das was mich zurükhält sie zu heurathen, ist ein eingefleischter Teufel, welcher Vater, Mutter, Bruder, Schwester, Liebhaber und alles zum Zorn reizt; denken Sie also was aus dem guten Mann werden würde!

Sie haben mir erlaubt Madam, mich über diesen Gegenstand ganz frey heraus lassen zu dörfen, und ich befolge Ihre Absicht. Möchte Sie meine Offenherzigkeit auf einen Augenblik belustigen. Ich vermuthe, daß dieses alles ist, was Sie bey dieser Unterhandlung im Aug hatten, die wegen denjenigen, die sie angeht, so weit unter Ihnen, allein wegen der Güte des Herzens, die alle Ihre Handlungen bezeichnet, bewundrungswürdig ist. Das gröste Uebel der Mademoisell Dübois, ist ohne Zweifel dieses, daß sie nichts mehr zu Ihrem Vergnügen beytragen kan. Was mich betrift, so habe ich nicht nöthig sie zu heurathen, um Ihnen zugethan zu seyn. Ich will alle das Verdienst einer ganz ohngezwungenen Ehrfurcht einzig für mich haben.

In Ansehung der Mademoiselle von Raucoux, deren Heurath Sie mir, mangel Mademoiselle Dübois vorzuschlagen beliebten so ist es noch eine frisch ausgepakte

---

* Nach Empfang des Briefs von Madem. Dübois, lies Madam Dü Barry Dauberval ruffen, und eröffnete ihm den Antrag der Schauspielerin, welcher darinnen bestund, ihm vierzigtausend Livres baares Geld zu Bezahlung seiner Schulden zu geben, ihre fahrende Haabe die zweymal hunderttausend Livres werth seyn mochte, zu Geld zu machen, und ihm für seinen Antheil 15 000 Livres Leibrenten, die sie hatte, anzuweisen. Auf dieses ganze Anerbieten machte Dauberval, nachdem ers einige Tage ins Bedenken genommen, obige Antwort.

Jean-Baptiste Greuze: Die Aufwäscherin

Waare die erst feilgebotten werden mus, es liegt mir aber wenig daran, ob ich der
erste seye der sie kauft, oder darvon hat. Wenn sie ein wenig herumgekommen ist,
so wollen wir sehen, wie es mit ihr aussieht.

Ich bin mit der grösten Hochachtung etc. *Dauberval*

Von dem Düc von Aiguillon

Sie wissen meine schöne Gräfin, daß wir vieles über Ihren Schwager zu klagen haben.
Er hat schon wieder einen Streich gemacht, worüber ich ganz aufgebracht bin. Sie
können selbst darüber urtheilen; ich hoffe, daß Sie mir helfen werden, ihm Schranken
zu sezen. Seit seiner Rükkunft von de l'Isle, hat er sich auf einige Tage ins Schloß von
Triel verschlossen, um sich daselbst desto freyer, der vollen Raserey des Spiels zu
überlassen. Ueber das Geld, daß er bey sich hatte, hat er sieben tausend Louisd'or
verlohren, und darfür nach seiner Gewohnheit ein Billet auf den Abe Terray abgegeben. Der Abe hat es nach unserer Verständnis nicht einlösen wollen. Ihr Schwager
hat hierauf mit Feuer und Schwerdt um sich geschlagen; er hat Lästerungen wider
uns alle ausgestossen, und hat sich groß gemacht, daß er die Minister gesezt habe,
und sie wieder wegthun könne. Zulezt glaubte er eine grosse Ide von seiner Mäsig-
keit und Wirthschaft zu geben, wenn er sagte, daß er erst fünf Millionen aus dem
Königl. Schatz* bezogen habe. Was mich am meisten ärgert, ist, daß diejenige Persohn, die mir diese Reden hinterbrachte, versicherte, daß sie bey einem Nachtessen
geflossen seyen, welches aus Leuten bestanden habe, die sich eine Freude daraus
machten, selbige zu verbreiten. Sie begreifen meine theure Gräfin! wie schädlich sie
uns seyn können, besonders in betref der Leichtigkeit, aus dem Königl. Schatz Gelder
zu heben, welche man, um uns mehrere Feinde zu erweken, noch vergrössern wird.
Ich rede über alle diese Gegenstände, wie mir's ums Herz ist, weil ich weiß, daß Sie
schon lange der Ueberlästigkeit dieses Mannes, der sehr gefährlich ist, müde sind,
und ich hoffe, Sie werden mit mir trachten, daß er's unterlasse. Sein Karakter den
er hat, wird ihn sicher zu einer Thorheit verleiten, die uns einen Vorwand giebt,
ihn zu entfernen, und ihn wenn er sich weigern wollte, zu nöthigen, diese Parthey
zu ergreifen. Leben Sie wohl meine schöne Gräfin, Sie wissen wie schäzbar Sie mir
sind.

Düc von Aiguillon

An den Düc von Aiguillon

Fontainebleau, den 21. Weinm. 1773.

Ich bin mein lieber Düc in Todesangst; Sie wissen, daß der König vorgestern unpäßlich war. La Martiniere muß bey ihm im Zimmer schlafen. Ich weiß nicht was
zwischen Ihnen vorgegangen ist, aber von diesem Augenblick an, ist Se. Majestät
merklich kaltsinniger worden. Ich förchte die Vorstellungen dieses Esculaps** ent-
sezlich, und die Folgen, die sein Rath haben kan, machen mir die Haut schauern.

---

* Er führte noch eine weit ohnverschämtere Rede. Wenn er viel im Spiel verlohr, und man ihn zu bedauren anfieng. »Ey, meine Freunde, sagte er, seyd nur ruhig, das Brüdergen wird mir schon geben.« So nannte er Ludwig den Fünfzehnden.
** Der König, als er la Martiniere, seinem ersten Wundarzt, seine Verlegenheit über seine zerrüttete
Gesundheit äußerte, sagte ihm: »Ich sehe wohl, daß ich nimmer jung bin, ich werde mit dem Wagen zurückhalten müssen. – »Sire, versezte la Martiniere, Sie thäten noch besser, wenn Sie ausspann-

Kommen Sie, sobald Sie Zeit haben, zu mir; ich werde den ganzen Abend allein seyn. Es ist von der äussersten Konsequenz, daß wir uns mit einander berathen, wie ich mich zu verhalten habe. Ich bin ganz die Ihrige.

Gräfin Dü Barry

Von dem Düc von Orleans

Paris, den 24. Weinm. 1773.

Ich erwarte mit Ungedult den Erfolg Ihrer Bitte, die Sie, meine reizende Gräfin, bey dem König für mich einzulegen mir versprochen haben, um Ihn dahin zu bringen, daß Er seine Einwilligung zu meiner Vermählung mit Madam von Montesson gebe. Der lebhafte Antheil, den Sie an dieser Sache zu nehmen schienen, und die Macht, die Sie auf das Herz des Königs haben, liessen mich hoffen, daß ich auf eine baldige Genehmigung zählen könnte. Sie wissen, daß Sie mich blos unter diesen Vorstellungen dahin gebracht hatten, nach Hof zurük zu kehren. Seitdem ich diesen Schritt gethan habe, sind die Sachen immer in der gleichen Lage, und es ist zuverläßig, daß Sie, meine schöne Dame, nicht gethan haben, was Sie hätten thun können. Indessen kan ich nicht glauben, daß ein so holder Mund, wie der Ihrige, mir Versprechungen gethan habe, mit dem Entschluß, sie nicht zu erfüllen. Dieses Betragen würde der liebenswürdigen Offenherzigkeit, die Sie mir bey allen Gelegenheiten zeigten, widersprechen, und ich sehe nicht ein, warum ich der Einzige seyn sollte, mit dem Sie es nicht redlich meynten. Ich bin etc.

Ludwig P. Düc von Orleans

An den Düc von Orleans

Den 25. Weinm. 1773.

Monseigneur!

Ohnerachtet aller der Macht, die Sie glauben, daß ich auf das Herz des Königs habe, ist es doch nicht so leicht als Sie denken, Ihn zu einer Sache zu bewegen, die Ihm ganz zuwider ist, und ich sage Ihnen frey heraus, daß jene Vermählung eben eine solche Sache ist. Ich bedaure Sie. Bis diese Stunde ist mein Anhalten fruchtlos gewesen; allein es braucht nur einen guten Augenblik, um Sie zu befriedigen. Wenn ist er da? Das kan ich Ihnen nicht sagen. Hier, diker Papa *, wollen Sie, daß ich Ihnen einen guten Raht mittheile? Heurathen Sie erst, wir wollen hernach sehen, daß es für Sie besser geht; ich bin selbst sehr darfür eingenommen. Wenn der König nicht seine Einwilligung zu Ihrer Trauung gibt, so kan Er sie in der Folge für gültig erklären; es kömmt auf das gleiche heraus. Seyn Sie versichert, daß ich Ihr Anliegen nicht aus der Acht lassen, auch keine Gelegenheit versäumen werde, Ihnen Gefälligkeiten zu erweisen. Ich bin etc.

Gräfin Dü Barry

---

ten.« Der König war eine Zeitlang sehr frostig mit seiner Maitresse, so daß er beym Anfall einer üblen Laune, eine prächtige Kutsche, die sie auf die Revüe bestellt hatte, deren sie nicht beywohnte, absagen ließ. Allein nach und nach giengs mit seiner Gesundheit wieder besser, und sein Kaltsinn gegen seine Favoritin verschwand gänzlich.

* Dieses ist eine freye Art zu reden, besonders mit dem ersten Prinzen vom Geblüt. Allein man wird sich nicht wundern, wenn man hört, daß Madam Dü Barry mit dem König selbst noch viel freyer redte. Eines Tags, als Se. Majestät, zum Zeitvertreib, in dem Zimmer seiner Maitresse den Kaffe machte, sahe sie den Kaffe überlaufen, worauf sie sagt: »Ey, Frankreich. nimm dich in Acht, dein Kaffe will zum H–k–r.«

An den Düc von Aiguillon

Ich schreibe Ihnen, mein lieber Düc, ganz mit Klagen von dem Düc de la Vrilliere und der Madam von Langeac überstimmt. Aber nun ist es geschehen. Der Ritter d'Arcq wird nie keine Stellen mehr verkaufen. Der Befehlsbrief, der ihn nach Tülle verweißt, ist unterschrieben; dorten wird er nicht so leicht Gelegenheit finden, seine Talente zu verwenden, wie hier. Ich verlasse mich immer auf das Versprechen, das Sie mir gethan haben, morgen mit mir nach Paris zu kommen. Leben Sie wohl, ich bin Ihre Freundin

Gräfin Dü Barry

An den Düc von Aiguillon

Sie hatten es wohl voraus gesehen, mein werther Düc. Die Heurath des Vicomte Dü Barry hat fehlgeschlagen. Mein Anhalten und meine Thränen sind fruchtlos gewesen. Der König war standhafter als ich dachte. Marquis de la Tour-Dü-Pin-la-Chorce, nimmt uns Mademoiselle von St. Andre* weg. Man muß im Ernst auf Mademoiselle von Tournon** bedacht seyn. Man sagt, sie seye sehr schön, und will mich sogar schreken, daß sie meine Mitbuhlerin werde, allein es hat nichts zu sagen; wenn dieses geschieht, so werde ich wenigstens das Vergnügen haben, daß der Plaz nicht aus der Familie kömmt. Ich bin immer ganz die Ihrige.

Gräfin Dü Barry

Von dem Prinz von Soubise

Gestern, meine liebenswürdige Gräfin, war die Zusammenkunft bey mir. Vicomte Dü Barry ist von meiner schönen Baase, die ihrer Seits in alles, was ich zu ihrem Besten vornehmen werde, ihre Einwilligung giebt, ganz bezaubert. Prinz Conde wirft diese Verbindung nicht weit weg; allein ehe er seine förmliche Genehmigung darzu giebt, möchte er, daß ihm der König den Zutritt in sein Conseil gestattete, sein Hotel kaufte, und ihm fünfzehnmal hundert tausend Livres zu Bezahlung seiner Schulden hergäbe. Er meynt, es seye Ihnen ein Leichtes, die Gnade von Sr. Majestät zu erhalten. Ich für mich wünsche es sehr, in Rüksicht auf die Begierde die ich habe, eine Verbindung berichtiget zu sehen, die unendlich schmeichlend für mich ist. Ich weiß, daß wir gewisser massen die Einwilligung dieses Prinzen entbehren könnten; allein es dörfte doch ein gewaltiger Unterscheid in der allgemeinen Zufriedenheit machen, wo Sie im Gegentheil, wenn Prinz Conde das was er verlangt, durch Sie

---

* Mademoiselle von St. Andre war eine natürliche Tochter Ludwigs des Fünfzehenden. Sie war in dem Kloster der Präsentation zu Paris. Der König war gesonnen, sie an den Vicomte Dü Barry zu verheurathen. Er ließ Herr Yon, einen vertrauten Mann, welcher bestellt war für die Erziehung und das Vermögen dieser jungen Person zu wachen, vor sich kommen. Dieser hatte Muths genug, dem König die bündigsten Vorstellungen zu machen, um ihn von seinem Vorhaben abzubringen. Der Monarch gab seinen Gründen Gehör, und verheurathete seine Tochter an den Marquis de la Tour-Dü-Pin-la-Chorce.

** Mademoiselle von Tournon war eine Tochter von vornehmer Herkunft in der Normandie, siebenzehn Jahr alt, sehr schön, und mit den Grösten am Hof befreundt, allein nicht reich. Sie war eine Verwandtin des Prinzen von Soubise, der die Niederträchtigkeit hatte, diese Verbindung vorzuschlagen. Prinz Conde, Tochtermann des Prinzen von Soubise, war auch mit in dieses Geschäft gezogen. Er machte bey diesem Anlaß gewaltige Forderungen, die man ihm zum Theil bewilligte, und die Trauung ward vollzogen.

erhielte, Sie einen grossen Anspruch auf seine Erkenntlichkeit erwerben könnten, die Ihnen nicht undienlich seyn würde. Ich bin, meine liebenswürdige Gräfin,

Prinz von Soubise

VON DEM DÜC VON AIGUILLON

Ich habe Ihnen, meine werthe Gräfin, über das, was Sie mir gestern sagten, viele Anmerkungen zu machen. Obschon Sie die kluge Besorgnis, die man Ihnen über die Folgen der bewußten Heurath einflössen wollte, im Scherz aufnahmen, so glaube ich dennoch, daß sie Ihre Ueberlegung verdiene. Ich förchte, daß wenn ich Ihnen Luft mache, selbige zu Stande zu bringen, Sie zu gleicher Zeit an Ihrem eigenen Untergang arbeiten möchten. Könnte man nicht so etwas im Sinn haben, weil man Sie bittet, sich dieser Sache so äusserst anzunehmen? Ihr Schwager* wäre dessen wohl fähig, und vielleicht ist er nicht einzig. Überlegen Sie es wohl, meine theure Gräfin. Mademoiselle v. Tournon kan mit ihrer Schönheit dem König gefallen. Prinz Conde könnte durch seine Geburt und seine Verwandtschaft, die gröste Macht auf ihr Herz haben, und Sie kennen den Grafen Dü Barry allzu gut, um nicht zu beförchten, daß er sich die Herrschaft über seine Sohnsfrau anmassen, und sie ohnfehlbar zu Ihrem Untergang mißbrauchen werde, oder Sie wenigstens mehr denn jemals unterm Daumen zu halten. Wenn Sie ohnerachtet aller dieser Vorstellungen, dennoch die Gefahr laufen, und es drauf ankommen lassen wollen, so ist es wenigstens höchst nöthig, dem Prinz Conde den Eintritt ins Conseil zu verwehren. Ueberdas, daß er dardurch die Vortheile, die er von dieser Heurath zieht, vermehrt, sind wir nicht mehr über die Deliberationen Meister; er würde allzu mächtig werden, und an die Spize der Verwaltung des Königreichs gelangen. Um ihn nicht abzuweisen, so bereden Sie Seine Majestät, daß Er ihm Hofnung mache, ihm diese Gnade nach der Vermählung zu bewilligen, ohne jedoch die Zeit zu bestimmen, oder sich durch ein ausdrükliches Versprechen zu binden. Was die Bezahlung seiner Schulden und den Kauf seines Hotels betrift, so können Sie ihm diese Gnade leicht bewirken. Sie kan ihn befriedigen, ohne irgend eine Folge für Sie nach sich zu ziehen. Leben Sie wohl, meine schöne Gräfin, überlegen Sie, daß ich Ihnen hier nichts anders als die Folgen von den beyden Partheyen, die Sie ergreifen sollen, vorstelle, ohne Ihnen zu rathen; mithin gehe es wie es wolle, so haben Sie mir keine Vorwürfe zu machen. Ich bin immer mit der gleichen Freundschaft,

Ihr etc.
Düc von Aiguillon

AN PRINZ VON SOUBISE

Herr Prinz!

Ich bin so glüklich gewesen, den König dahin zu bringen, daß er das Hotel des Prinzen von Conde gekauft, und ihm die 1 500 000 Livres zu Bezahlung seiner Schulden bewilliget hat. Ich hätte gewünscht, daß es mir eben so gelungen wäre, ihm den Zutritt in den Conseil zu verschaffen; allein Se. Majestät haben mir gesagt, daß Sie sehen würden, was Sie nach der Trauung zu thun hätten, daß Sie ihm diese Gunst weder ab- noch zusagten. Sehen Sie mein Herr alles was ich mit meiner dringenden Bitte ausgerichtet habe. Wenn Prinz von Conde darauf beharrt, die Heurath der Mademoiselle von Tournon mit dem Vicomte Dü Barry nicht ehnder zu genehmigen,

---

* Der Vicomte Dü Barry, von dem hier die Rede ist, ihn zu verheurathen, ist der Sohn des Grafen Johannes, der mit Mad. Dü Barry gelebt hatte.

als bis er seinen Zutritt ins Conseil hat, so soll es auch nimmer die Rede, weder von Verbindung noch von irgend einer Gunst mehr seyn. Wir wollen sehen, daß wir dem Vicomte eine Parthey finden, die uns keine solche Unmus macht. Alles was ich bedaure, ist: daß ich Ihre Absicht nicht habe erreichen können. Im übrigen habe ich gethan, was ich vermochte, und Sie können mir keine Vorwürfe machen. Ich bin etc.

Gräfin Dü Barry

VON PRINZ VON CONDE

Es ist mir niemals eingefallen, Frau Gräfin, der Heurath des Herrn Vicomte Dü Barry, Bedingnisse vorzuschreiben; allein ich dachte, daß weil er eine Befreundte von mir heurathen sollte, ich mir bey diesem Anlas, durch Ihr Vorwort Gunstbezeugen ausbitten könnte, die mir so viel schmeichelhafter gewesen wären, weil ich sie Ihnen einzig zu verdanken gehabt hätte. Nehmen Sie Madam meinen lebhaften Dank für die zwo Gnadenbezeugungen, die mir der König auf ihre Bitte bewilliget hat, an *. In Ansehung der dritten, hoffe ich, daß Sie solche nicht aus der Acht lassen, sondern ferner Ihr Bestes beyzutragen, belieben werden. Ich wünschte Sie über diesen Gegenstand zu sprechen; lassen Sie mich, ich bitte Sie, den Tag und die Stunde wissen, wo ich die Ehre haben kan, Sie zu sehen **.
Ich bin etc.

L. de B. Prinz von Conde

AN DEN DÜC VON AIGUILLON

Mit Bedauren, muß ich Ihnen, mein lieber Düc melden, daß eine Aussöhnung mit der Königl. Familie nicht so, wie ich mir schmeichelte statt haben wird ***. Ich kan mich auf Madam von Narbonne beruffen, welche die Unterhandlung die sie übernommen, sehr gut geführt hat. Sie hatte Madam Adelheid beredt. Da diese ein mal auf der Seite war, zog sie auch ihre Schwester an sich, und war so glüklich nicht nur die Gräfin von Provence, sondern auch sogar, noch Madam la Dauphine zu gewinnen. Aber Herr Dauphine stoßte dieses schöne Projekt über den Hauffen, und zeigte sich so hartnäkig, daß man alle Hofnung verlohren hat, ihn zu gewinnen. Sie wissen, daß ich die junge Vicomtesse aufführen soll, ich muß sie zu Ihm bringen; ich förchte diesen Augenblik, und möchte mich dieser Aufführung auf eine anständige Weise entheben. Noch eins, wie geht's mit der Gräfin? Hat man ihr diesen Morgen zu Ader gelassen? Sie können mir dies alles Morgen sagen. Ich erwarte Sie zum Mittagessen wie Sie mir's versprochen haben. Ich umarme Sie von Herzen.

Gräfin Dü Barry

* Prinz Conde, der sehr ehrgeizig ist, hatte in der That diejenigen Absichten, die Düc von Aiguillon vermuthet hatte, und die er der Gräfin Dü Barry offenbahrte; allein ersterer war nachgebend, aus Forcht, daß alles fehlschlagen möchte.
** Man wird sich nimmer wundern, daß Prinz Conde, von der Gräfin eine gelegene Stunde verlangt hat, wenn man hört, daß er diese Ceremonie beym ersten Besuch beobachtet hat, und daß, als er es beym zweyten unterlies, ihn die Gräfin, damit er künftig wieder seine Schuldigkeit beobachten möchte, sehr lange warten machte, ehe sie ihn vor sich kommen lies. Indessen hatte sie einen Groll gegen ihm, weil er seine Aussöhnung durch den Grafen de la Marche, den der Kanzler regierte, berichtigte, und seine beständige Herablassung, schien Madam Dü Barry zu Verdopplung ihrer Ohnverschämtheit gegen ihn aufzufodern.
*** Madam Dü Barry, war wie man weiß, von dem Herrn Dauphin, seiner Gemahlin und den Prinzessinnen sehr ungern gesehen. Um nun Madam von Narbonne dahin zu bringen, daß sie eine Aussöhnung veranstalte, machte man ihr Hofnung, ihr Mann zum Düc zu ernennen, und ihm sehr grosse Geldbelohnungen zu bewilligen.

Wohlan! mein werther Düc, habe ich es Ihnen nicht gesagt, daß ich Ursach hätte diese Aufführung zu förchten. Sie können sich nicht vorstellen, wie weit dieser grosse ohngezogene Bub* seine Ohnhöflichkeit getrieben hat. Als wir bey ihm waren, stund er am Fenster, und that dergleichen, als wenn er mit hinaussehen beschäftiget wäre, und obschon man uns angemeldt hatte, blieb er dennoch in dieser Positur stehen. Meine Nichte ist über dieses Betragen sehr betretten gewesen; allein sie ist durch die besondere Achtung, die der König für sie hat, hinlänglich schadlos gehalten. Sie gefällt Ihm so sehr, daß es mir Unruhe macht. Indessen lasse ich mich's nicht merken, aus Forcht Sr. Majestät zu mißfallen. Ueberdas weiß ich, daß wenn ich üble Laune zeigte, ich bey ihm einen Hang vermehren würde, der allem Anschein nach vorübergehend seyn wird. Ich bin noch nicht gewiß, ob nichts Ernsthaftes unter ihnen vorgegangen ist. Ich werde thun, als wenn ich über alles durch die Finger sähe; ich hoffe aber, mein lieber Düc, Sie werden mir helfen die Sachen geheim zu halten. Sie wissen, wie nothwendig dieses zu Beybehaltung meines Ansehens ist. Ich bin froh, daß die Düchesse wieder hergestellt ist; sagen Sie ihr, daß ich sie so sehr als Sie liebe.

Gräfin Dü Barry

* Der Herr Dauphin.

Antoine Watteau:
Das Rendezvous

AN DEN DÜC VON AIGUILLON

So eben vernehme ich, mein werther Düc, daß sich mein Mann mit dem Parlement von Toulouse, bey Anlaß eines Aufstands, in welchem er eine Rolle spielen wollen*, abgeworfen habe. Ich bin noch nicht recht von dem Hergang berichtet. Erkundigen Sie sich, was daran ist, und machen Sie bey diesem Anlaß die nöthigen Vorkehrungen. Wir haben ihn von hier entfernt, nur damit seine garstige Aufführung nicht so auffalle. Er kann nicht anderst, als uns allenthalben wo er ist, in Verlegenheit sezen. Ich wünsche Ihnen einen guten Abend.

Gräfin Dü Barry

VON HERRN VON BOYNES,
MINISTER DES SEEWESENS

Frau Gräfin!

Die Unzufriedenheit, die mir der König gestern zeigte, macht mich über alle Massen ohnruhig. Es war so zu sagen bloß auf Befehl des Herrn Dücs von Orleans, daß ich mich zu dem Schritt gebrauchen liesse, welcher zu dem Auftritt**, worvon Sie Zeuge waren, Anlaß gab. Kan ich hoffen, Madam daß Sie Se. Majestät dahin zu bringen geruhen, daß Er mir seine Huld, wormit Er mich beehrte, wieder schenkt? Ich hoffe selbige wegen dem Eifer, den ich immer für seinen Dienst hatte, zu verdienen. Mein Dank soll eben so groß als meine Ehrfurcht seyn, mit welcher ich bin etc.

Bourgeois von Boynes

---

* Graf Wilhelm, der damals in Toulouse war, ließ sich's einfallen, bey dem Aufstand, der daselbst über die Theure des Brods entstund, eine Rolle zu spielen. Eines Tags, als die Gährung unter dem Volk sehr groß war, hielt er eine Rede an selbiges, unterstund sich ohngeheissen, im Namen des Königs Versprechungen auszutheilen, und mit den Meutmachern zu kapitulieren. Das Parlement nahm dieses übel auf. Es giengen Stimmen, ihn in Verhaft zu nehmen; allein die Gunst hatte die Oberhand. Man begnügte sich, ein Memorial über das was sich zugetragen hatte, nach Hof zu schiken. Die Sachen waren von keinen Folgen.
** Düc von Orleans hatte Herrn von Boynes den Auftrag gegeben, ein Memorial über die Wiedereinsezung des Parlements aufzusezen, welches nothwendiger Weise die Entfernung des Herrn von Maupeou, an dessen Stelle Herr von Boynes trachtete, nach sich ziehen sollte. Er war geschikter als alle andere, zu diesem Geschäft, weil er mit Herrn Kanzler an dem Sturz dieser Magistratur arbeitete. Als das Memorial fertig war, begaben sich beyde verstohlner Weise zu Madam Dü Barry, und trugen ihr an, den König um die Vollziehung eines Projekts zu bitten, welches, wie sie sagten, jedermann angenehm seyn würde. Die Favoritin sagte, indem sie Sr. Hoheit an den Bauch klopfte, in dem gewöhnlichen vertrauten Ausdruk: »Diker Papa. Sie wissen, daß ich mich nicht in Staatssachen mische.« Düc von Orleans sezte sie und fiel der Gräfin fast zu Fusse, welche endlich die Vorlesung des Memorials gestattete. Nun kam der König darzu, und Düc von Orleans riß dem Minister das Memorial sogleich aus den Händen, um es in die Tasche zu schieben. Seine Majestät, da Er eine Veränderung auf dem Gesicht seiner Maitresse wahrnahm, wollte die Ursache davon wissen, und sie gestund Ihm alles, was vorgegangen war. Auf dieses hin sagte der Monarch zum Düc von Orleans: »Mein Vetter! wenn sie wollen, daß wir gute Freunde bleiben, so mischen sie sich nicht »in diese Händel.« Hernach wandte er sich an den Minister: »Und sie, Herr von Boynes, mich »wundert es, Sie hier anzutreffen, das ist nicht ihr Ort, gehen Sie hinaus. Was sie betrift, meine »liebe Freundin, sagte er zu Madam Dü Barry, so bin ich ihnen für ihren Widerstand verbunden: »ich sehe wohl, daß sie das Komplot mit keinem Finger berühren.« Nach diesem Auftritt schrieb nun Herr von Boynes an Mad. Dü Barry, um die Ungnade, die ihm drohte, abzuwenden.

Von dem Düc von Orleans

Ich bin ganz sicher, Madam, wenn unsere lezte Zusammenkunft nicht gestört worden wäre, weit entfernt, zu sagen, daß Sie sich nicht in das Parlementsgeschäft mischen wollen, wären Sie vielmehr die Erste, selbiges zu schüzen, und seine Rechtfertigung, nebst den Wünschen von ganz Frankreich, für seine Rükkehr vor den Thron zu bringen. Der Plan, den ich Ihnen vorzulegen gedenke, soll alle Menschen befriedigen, ohne einen einzigen ungehalten zu machen. Ein einziger Mann hätte bey dieser Vermittlung zu verlieren, und dieser ist ein eben so grosser Feind von Ihnen, als er ein Feind des Staats ist *. Da es zu viel Zeit wegnähme, Ihnen in diesem Brief Auskunft zu geben, so würden Sie mich verpflichten, wenn Sie mir einen Tag bestimmten, wo ich mit Herrn von Boynes zu Ihnen kommen, und einige Augenblike über diesen Gegenstand raisonniren könnte. Ich bin überzeugt, daß Sie nach dieser Zusammenkunft, nicht nur meine Ideen annehmen, sondern mir noch sogar helffen werden, dem König seinen Wahn zu benehmen. Es kann eine Zeit kommen, Madam, wo Sie mir Dank wissen werden, daß ich Ihnen Gelegenheit verschafte, etwas zu einer Revolution beyzutragen, wornach sich alle rechtschaffenen Einwohner sehnen, und deren Erkenntlichkeit Ihnen schmeicheln, und Ihnen eben so wie die Stüze der Tribunalien die Ihnen Ihre Wiedereinsezung zu verdanken haben, nüzlich seyn wird. Ich bin etc.

Ludwig P. Düc von Orleans

An den Düc von Orleans

Sie wissen, welche Abgeneigtheit ich habe, mich in solche Sachen zu mischen, wie diejenigen sind, die Sie mir antragen. Ich zweifle, ob Sie mich für die Sache so einnehmen werden, wie Sie zu vermuthen scheinen. Allein da ich Sie nicht wider den Kopf stossen will, so will ich Sie morgen um sechs Uhr erwarten. Sie sehen, daß ich Euer Hoheit nichts abschlagen kann. Ich hoffe, daß Sie meiner Gefälligkeit eingedenk seyn werden, und bin etc.

Gräfin Dü Barry

An den Düc von Orleans

Monseigneur!

Das was sich zugetragen hat, hat Ihnen sicher einen üblen Begriff von meiner Aufrichtigkeit gemacht, und Sie denken vielleicht, daß mein Betragen bey diesem Anlaß, mit dem König verabredet gewesen seye. Wenn meine Begierde, Sie mit Sr. Majestät auszusöhnen, nicht hinlänglich war, Ihren Zweifel zu heben, so wird Ihnen die blosse Vorstellung von dem, was vorgegangen ist, keinen zurüklassen. Aus Flatterhaftigkeit einer meiner Kammerfrauen, hat man die Ohngeschiklichkeit begangen, mir Ihren Brief vor dem König zu übergeben. Da ich sahe, daß er von Ihnen war, wollte ich ihn zu lesen verschieben; allein Se. Majestät begehrte, Ihm selbigen zu zeigen. Er war sehr ungehalten, als Er ihn gelesen hatte. Er befal mir gleich, Ihnen die begehrte Zusammenkunft abzuschlagen; allein nach einem langen Stillschweigen sagte Er mir: »Nach genauer Überlegung – gestatten Sie dem Düc von »Orleans auf morgen den Besuch; ich werde darbey seyn ohne gesehen zu werden, »und mich so placiren, daß ich das was er Ihnen zu sagen hat, verstehen kan. Ant- »worten Sie ihm auf der Stelle, und melden ihm beyleibe nichts darvon.« Ich konnte

---

* Herr Kanzler.

nicht anderst als gehorchen. Der König hat mir selbst den Brief diktirt*, und folglichen hat er Ihnen einzig die Falle gelegt. Vergebens habe ich alles Mögliche angewandt, um Sie heraus zu ziehen. Ich hoffe dahero, daß wir nicht weniger gute Freunde seyn, und mir der dike Papa deßwegen nicht übel an seyn werde. Ich bin etc.

Gräfin Dü Barry

VOM GRAFEN DÜ BARRY

Ich hofte, meine liebe Schwägerin, daß Sie mir nach der Trauung meines Sohns mit Mademoiselle von Tournon, die zehntausend Louisd'ors, die ich von Ihnen begehrte, würden sehen lassen; denn Sie wissen, daß die zwanzigtausend, die mir bewilliget wurden, nur zu Bezahlung der Spielschulden waren, und daß mir nichts darvon übrig geblieben ist. Allein jezt muß man mir eben so viel zum Hochzeitsgeschenk wegen der Heurath des Kavaliers** mit Mademoiselle von Fümel geben, wenn sie wirklich statt hat, denn ich förchte, es dörfte nichts daraus werden. Es scheint, dieses Frauenzimmer wolle sich ohnerachtet aller Huld, wormit sie der König überhäuft, sehr ungern darzu verstehen. Die Verwandtschaft widersezt sich, daß der Kavalier den Namen und das Wapen der Fümel führe, und dieses war doch schon unter ihnen ausgemacht; mit einem Wort, es dünkt mich, diese Leute kommen nur deßwegen mit Schwierigkeiten hervor, um Zeit zu gewinnen und um die Sache scheitern zu machen. Da uns nun daran gelegen ist, daß sie zu Stand komme, so machen Sie, daß der König, der sich schon in selbige gemischt hat, die Beendigung derselben betreibe. Ein Wort von dem Monarchen wird alle Hindernisse heben***. Ich bin, meine liebe Schwägerin, ganz der Ihrige.

Graf Dü Barry

AN DEN GRAFEN WILHELM DÜ BARRY

Die ganze schöne Erzehlung, die Sie uns machen, gleicht fürwahr einer Fabel, die Sie selbst erfunden haben, um Ihre Rükkehr nach Paris ohnerachtet Ihrer Versprechungen und den erhaltenen Befehlen, zu entschuldigen****. Wenn ich nun über diesen Schritt durch die Finger sehe, so sollen Sie wissen, daß es nur unter der Bedingniß ist, daß man nichts von Ihnen reden höre, sonst würden Sie mich nöthigen, keine Rüksicht mehr zu haben.

Gräfin Dü Barry

---

* Der König kam, nachdem er den Diskurs des Dücs von Orleans mit angehört hatte, zum Vorschein, bezeugte ihm seinen Unwillen, und bedrohte ihn sogar mit der Ungnade, wenn er drauf bleiben würde, dergleichen Zeug in Bewegung zu bringen. Der Düc antwortete dem Monarchen, daß diese Ungnade gewiß ein grosses Unglük wäre, allein daß er sie mit Standhaftigkeit ertragen würde, zu Verfechtung des Publikums, das er nicht verlassen könnte. Es war ein Glük, daß Mad. Dü Barry so viel vermochte, daß sie zwischen Sr. Majestät und dem Prinzen gleich wieder Frieden machen konnte.
** Dieser Kavalier war der Bruder des Grafen Dü Barry.
*** Der König hatte sich wirklich darein gemischt. Er hat dem Kavalier Dü Barry fünfmal hunderttausend Livres Aussteuer gegeben, um damit die liegenden Güter von sechszigtausend Livres Einkünfte, die der Vater der Madem. von Fümel seiner Tochter zum Brautschaz gab, von Schulden zu befreyen. Man gab noch dem Bräutigam die Anwartschaft auf le Chateau-Trompette, welches Herr von Fümel immer hatte. Der Kavalier ließ sich hernach Marquis Dü Barry nennen.
**** Er hatte eine Geschichte, die er in der That selbst geschmiedet hatte, zum Grund seiner Rükkehr angegeben. Er sagte, daß er einen Brandzettel erhalten hätte, in welchem man ihm verdeutet hätte, 500 000 Livres an einen gewissen bestimmten Ort zu legen; daß da er auf diese Drohung gar nicht geachtet habe, wäre man ihm noch nachdrücklicher und umständlicher darauf andringend gekommen, worauf er nimmer länger zu Toulouse hätte bleiben können.

MAURICE-QUENTIN DE LA TOUR (1704–1788)
SELBSTBILDNIS
(Originaltitel: Autoportrait)
Musée du Louvre, Paris. (Mit Genehmigung von Photographie Giraudon, Paris)

Von Herrn von Voltaire

Ferney, den 3. Jenner 1774.

Madam!
Herr de la Borde sagte mir, Sie hätten ihm befohlen, mich in Ihrem Namen auf beyde
Wangen zu küssen.

> Quoi! deux baisers sur la fin de ma vie!
> Quel passeport vous daignez m'envoyer.
> Deux, c'en est trop! Adorable Egérie;
> Je serais mort de plaisir au premier.

(d. i. Wie! zween Küsse auf das Ende meines Lebens! Was für einen Geleitsbrief geruhen Sie mir zu überschiken! Zween das ist zu viel, liebenswürdige Egeria*, ich wäre
am ersten aus Wollust gestorben.)

Er hat mir Ihr Portrait gewiesen. Zörnen Sie nicht, daß ich die Freyheit genommen,
und ihm die zween Küsse zurükgegeben habe.

> Vous ne pouvez empêcher cet hommage,
> Faible tribut de quiconque a des yeux.
> C'est aux mortels d'adorer votre image,
> L'original était fait pour les Dieux.·

(d. i. Sie können diese Huldigung, die ein schwacher Tribut eines jeglichen, der sehen
kan, ist, nicht hindern. Denen Sterblichen kömmt es zu, Ihr Bildniß zu verehren, das
Original war für die Götter geschaffen.)

Ich habe von Herrn de la Borde einige Stellen aus der Pandore gehört. Sie scheinen
mir Ihrer Protektion würdig zu seyn**. Die Talente huldreich aufzunehmen, ist
das einzige, welches Ihren Glanz, in dem Sie schimmern, erhöhen kan.

Geruhen Sie, Madam, die tiefe Ehrfurcht eines einsamen Greises anzunehmen,
dessen Herz fast kein anderes Gefühl mehr als dasjenige der Erkenntlichkeit hat etc.

von Voltaire

An Herrn von Voltaire

Nichts ist hübscher und angenehmer, mein Herr, als der Brief den ich von Ihnen
erhalte. Ich dachte wohl, daß mir die Komission, die ich Herrn de la Borde auftrug,
diese schmeichelnde Erhebung von Ihnen verschaffen würde. Ich will sie der Vergöt-
terung du Roi Petaud*** (wird von dem gesagt, unter dem alles unordentlich zugeht, und man nicht weiß, wer Koch oder Keller ist) beysezen. Diese beyden Stüke,
miteinander vereint, werden Ihnen in den Augen des Publikums und der Nachkommenschaft, zur Rechtfertigung der Vorwürfe dienen, die man Ihnen durchgehends
macht: daß Sie partheyisch seyen, und sich widersprechen.

Ich bin etc.

Gräfin Dü Barry

---

* Die Nymphe Egeria inspirirte Numa, den weisen Gesezgeber der Römer, und Herr von Voltaire
giebt aus Fuchsschwänzerey, die man nicht zu benennen weiß, zu verstehen, daß Mad. Dü Barry
auch den König in allem, was er über die Gesetzgebung verfügte, inspirirt habe.
** Herr de la Borde, Kammerdiener des Königs, von welchem in diesem Brief die Rede ist, hatte zum
Text der Pandore, die Herrn von Voltaire zum Verfasser hat, die Musik gemacht. Herr von Voltaire,
der immer im Spiel seyn will, wollte sie unter dem Schuz der Mad. Dü Barry aufführen lassen.
*** Es ist zu wissen, daß Herr von Voltaire im Anfang der Erhöhung der Mad. Dü Barry eine Piece
Vers machte, in welchem er in sehr höhnischen und unzüchtigen Ausdrüken von dem König und seiner Favoritin redte. Er mußte hernach über den Brief an Mad. Dü Barry, den ihm die allerniederträch-
tigste Schmeicheley eingab, und über ihre Antwort nicht wenig gedemüthiget werden. – Dergleichen
war der Alte von Jugend auf schon gewohnt, und hätte dahero ehender den Namen der Ohnverschämte, statt der Philosoph von Ferney verdient.

An Herrn von Maupeou

Ich befremde mich sehr, daß das Patent für Zamore* welches schon seit gestern in Ihrem Büreau liegt, noch nicht gesiegelt ist. Ist diese Nachlässigkeit eine Wirkung des Eifers, womit Sie für den Dienst des Königs prahlen? Ich dachte Sie wären weit eilfertiger, Ihren Herrn zu bedienen. Mein Herr, ich zähle darauf, daß die Sachen heute beendiget werden, sonst würden Sie mich nöthigen, Sie bey dem König zu verklagen.

Ich bin etc.   *Gräfin Dü Barry*

An den Düc von Aiguillon

Jezt, mein lieber Düc, ist der Marquis von Monteynard einmal im Ernst weggeschikt worden**. Der Befehlsbrief ist unterzeichnet, und er wird ihn in diesem Augenblik empfangen; mithin haben wir keine Rükkehr zu beförchten. Sie werden sehr vergnügt seyn, und ich bin es auch selbst, daß es mir in einer Sache gelungen ist, die Ihnen so angelegen war. Nur der Kanzler bleibt uns noch zu vertreiben übrig; aber dieses wird weit schwerer halten. Der König ist so vergnügt, daß Er nicht mehr von denen Schwarzröken angegangen ist, daß Er sich mehr als ich es gern sahe, an denjenigen attaschierte, der Ihn von ihren vorstellungen befreyt hat. Zeichnen Sie mir, mein lieber Düc, den Plan vor, den ich befolgen muß, um den König von seinem Wahn herum zu holen, und ich werde Ihren Rath blindlings befolgen. Aber allererst müssen wir uns mit etwas dringenderm und wichtigerm abgeben, nemlich mit der Kriegsministerstelle. Ich will durchaus, daß Sie selbige haben sollen, und werde dahero auch alle Mittel anwenden. Indessen umarme ich Sie, und bin etc.

Gräfin Dü Barry

Von dem Düc von Aiguillon ***

Ich sehe, meine werthe Gräfin, daß es ohnnöthig ist uns in den Kopf zu sezen, den König von dem Mangelhaften in der Amtsverrichtung des Kanzlers zu bereden; wir werden nicht auslangen. Es braucht eine andere Wendung, durch welche wir ebenfalls zu unserm Zwek gelangen. Thun Sie dergleichen, als wenn Sie sich für die Mey-

---

* Dieser Zamore war ein kleiner Neger, den Madam Dü Barry sehr liebte. Die Vertraulichkeit, die er sich durch die übertriebenen Liebkosungen seiner Gebieterin, bey ihr herausnahm, machte, daß einige Bösgesinnten sagten, sie hätte ihn mehr als zu einem Gebrauch. Dem seye wie ihm wolle, dieser Neger belustigte öfters den König, welcher seiner Maitresse zu gefallen herablassend genug war, um sich mit ihm abzugeben. Die Favoritin machte sich einsten die gute Laune des Monarchen zu Nuze, um Ihm zu verdeuten, daß er diesem Bürschgen, in Rüksicht auf das Vergnügen, das er Ihm mache, eine Gnade wiederfahren lassen sollte. »Es bleibt dabey, versezte er, ich mache ihn zum Hofmeister vom Schloß und Pallast zu Lucienne, nebst 600 Livres Gehalt.« Se. Majestät ließen das Patent sogleich ausfertigen, und das was Mad. Dü Barry am meisten darbey belustigte, war die Nothwendigkeit, in der sich der Kanzler befand, das Siegel darauf zu drucken. Sie nahm überdas durch seine Verzögerung Anlaß, ihm ihren ganzen Groll, den sie gegen ihn hatte, empfinden zu lassen.
** Man verwunderte sich, daß dieser Minister so lange aushielt. »Er muß wohl unterliegen«, sagte einst der König, »ich bin der einzige, der ihn hält.« Düc von Aiguillon war gleich hernach zum Kriegsminister ernannt.
*** Abe Terray arbeitete gemeinschaftlich, den Kanzler springen zu machen. In Erwartung der Gelegenheit, ihn zu Boden zu drüken, entzog er ihm ohnvermerkt seine Kreaturen, und drükte auf alles, was ihn umgab. Er hatte bereits eine Bestallung als Kammergüter-Inspektor, die der Kanzler für den le Brun, seinen Sekretair und Vertrauten, erhalten hatte, durch einen Spruch des Conseils unterdrükt. Der Haß des Herrn von Maupeou, gegen diese beyden Minister brach so heftig aus, daß niemand an der Mißhelligkeit, die sie uneins machte, zweifeln konnte. Er suchte ihnen alles Verdrießliche, der durch ihn bewirkten Revolution über den Hals zu richten. Wenn man ihn um die Entlas-

nung Sr. Majestät begriffen hätten; allein trachten Sie Ihm nach und nach beyzubringen, daß Er, so lange Herr von Maupeou am Posten bleiben würde, niemals aller Vortheile geniessen würde, die Er sonsten von seinen Verrichtungen ziehen könnte. Sie können einen Grund anführen, dessen Beweis evident ist, nemlich der offenbare Haß, den alle Prinzen, die Pairs und das Publikum gegen diesen Mann haben. Ich meines Orts werde alle Gelegenheiten ergreifen, Sie zu unterstüzen, sein Betragen auszuspähn, und ihm so viele Fallstrike zu legen, daß ich nicht zweifle, er werde uns bald neue Waffen wider ihn in die Hände liefern.

Ich bin etc. *Düc von Aiguillon*

AN HERRN VON BOYNES

Sie werden mich verpflichten, wenn Sie das Begehren des Herrn von Abbadie*, Überbringer dieses Billets, geneigt anhören. Sie haben zween seiner Mitbrüder das St. Ludwigs-Kreuz gegeben; nun möchte er die gleiche Gunst geniessen, und ich werde Ihnen Dank wissen, wenn Sie es ihm auf meine Empfehlung hin bewilligen.

Ich bin etc. *Gräfin Dü Barry*

VON DEM DÜC VON AIGUILLON

Ich weiß nicht, meine theure Gräfin, was Sie für einen Grund haben, sich jetzt mit solcher Wärme des Prinzen von Conde anzunehmen. Ich werde jedoch, weil Sie es verlangen, mich nicht widersezen, daß der König ihm zu Gunsten die General-Feldzeugmeisterstelle der Artillerie wieder einführe, ja ich werde Sie sogar by Sr. Majestät, wenn Sie es nöthig finden, unterstüzen. Nichtsdestoweniger zweifle ich sehr, ob Sie mit diesem Geschäft aufkommen werden, denn ich weiß, daß der Herr Graf von Provence um diese gleiche Gnade angehalten hat**.

Ich bin etc. *Düc von Aiguillon*

sung oder Zurückberufung eines Exilirten bat, schien er allen Antheil an ihrem Schicksal zu nehmen, und versicherte, daß sein Rath gewesen seye, die Befehlsbriefe aufzuheben; zulezt sagte er, daß man diesen Unstern, worüber man sich beklage, dem Abe Terray zuschreiben soll. »Diesen Mandrin, der gerne die Pistole auf die Brust sezte, um die Finanzen zu »vermehren«. Und dem Düc von Aiguillon, diesem Despoten, der alles umbringen »und alles fressen möchte«. Da er sahe, daß es ohnmöglich war, diese beyden nebst der Favoritin an sich zu ziehen, suchte er sich die Königl. Familie gewogen zu machen. Zu diesem mußte er sich äußerlich als ein ehrlicher Mann stellen, und bisweilen darnach handeln. Er spielte diese Rolle, obschon sie ihm fremd war, sehr gut, und trieb die Verstellung so weit, daß er vom freien Zutritt bey Madam Louise zu haben, den Frommen machte. Endlich zog er wider die Verdorbenheit aller derer los, welche niederträchtiger Weise unter einem Weibsbild ohne Scham und Sitten, die Kriechenden machten, durch diese beständigen Nekereyen gelang es ihm, die Königl. Kinder mehr dann jemals wider die Favoritin und ihre Anhänger zu erbittern. Die Sachen wurden so weit getrieben, daß der König, dem ihre Verachtung zu Herzen gieng, vor Gram ausrief: »Ich sehe es wohl, meine Kinder lieben mich nicht mehr!«

* Herr von Abbadie, Kommissarius des Seewesens, der niemals zur See gedient hatte, ließ sich's einfallen, sich gleich vielen andern der Macht der Favoritin zu bedienen, um Gunstbezeugungen zu erlangen. Er kam mit einem Papageyen, den er Mad. Dü Barry überreichte, nach Paris. Sie fand den Vogel schön, und daß er wohl ein St. Ludwig-Ordenskreuz verdiene. Die Leichtigkeit des Ministers, diese Gunst zu bewilligen, ist ein Beweis, wie sehr er von der Favoritin abhieng.

** Düc von Aiguillon hatte eben so wenig Lust, als der Marquis von Monteynard, die Artillerie aus seinem Departement entwischen zu lassen. Allein da er weit feiner als sein Vorfahr war, so vermochte er, um weder den König noch die Favoritin wider ihn aufzubringen, den Grafen von Provence, diese Stelle für sich anzubitten. Er kannte den ohnschlüßigen Karakter des Königs so gut, daß er sicher war, daß Se. Majestät in der Verlegenheit, in welche Ihn diese beyden Mitwerber sezten, Er diese Stelle niemand geben würde. Die Sache gieng auch wie sie der Düc vorsah, ohne daß ihm weder der König noch die Maitresse deßwegen übel zu seyn konnten.

VON DEM CHEVALIER VON MORANDE

Madam!

Da ich nun in einem Land lebe, wo die Menschen keine Verzicht auf das Denken gethan haben, und wo sie sich ohne die geringste Gefahr nach ihrem Gutdünken darinnen üben können, so darf ich Ihnen frey heraus sagen, daß ich der Verfasser einer kleinen Broschüre bin, die den Titul führt: *Le Gazettier Cuirassé**. Wenn dieses Heft, welches Ihnen sicher zugekommen ist, Sie auf einen Augenblick hat belustigen können, so kan ich mir etwas darauf zu gut thun, selbiges herausgegeben zu haben. Ihr Beyfall ist einer von denjenigen, die mich am meisten schmeicheln sollen. Ich bin auf dem Sprung, eine andere Arbeit druken zu lassen, welche zum Titul hat: Memoires secrets d'une Femme publique, ou Essais sur les Avantures de Madame la Comtesse Du Barry, depuis son berceau jusqu'au lit d'honneur, d. i. Geheime Nachrichten eines öffentlichen Weibsbilds, oder Versuche über die Begebenheiten der Frau Gräfin Dü Barry, von der Wiege an, bis ins Bett der Ehren. Ich denke, Madam, daß wenn ich schon nicht den zweyten Abschnitt dieses Tituls beyseze, es Ihnen ein Leichtes seyn werde, sich gleich am ersten zu erkennen. Diesem seye wie ihm wolle, so dachte ich Ihnen Nachricht von meinem Vorhaben zu geben, ehe ich es ausführte; denn Sie haben bey einigen Gelegenheiten einen entscheidenden Geschmak für die Künste und Wissenschaften gezeigt, und da könnte es wohl seyn, daß Sie einzig ein Manuscript besizen möchten, welches ich interessant zu machen getrachtet habe, und welches Ihnen von grossem Werth scheinen könnte. Dieser Einfall würde Sie nicht mehr als fünfzig tausend Livres kosten. Es dürfte Ihnen etwas theuer vorkommen, indessen ist dieses kein übertriebener Preis; denn Sie können nicht glauben, Madam, was für Unkosten ich mit Anschaffung aller nöthigen Subsidien gehabt habe. Die lezten Anekdoten Ihres Lebens haben mich hauptsächlich viel gekostet. Ich war genöthigt, die Auskunft über Ihren geheimsten Zeitvertreib mit Sr. Allerchristl. Majestät; über die List, mit der Sie Ihre Aufseher zu hintergehen wissen, um sich der Entnervung des Königs mittelst Ihres guten Freunds Düc's von Aiguillon zu entschädigen, oder Mangel seiner, durch den kleinen Zamore, der Ihnen diente, die Abhandlungen Aretins ins Werk zu sezen, und den erfinderischen Geist dieses Italiäners zu übertreffen – Ich war genöthiget, sage ich, die Auskunft oder das Detail über alles dieses mit schwerem Geld zu bezahlen. Mit einem Wort, Madam, sind Sie versichert, daß dieses Werk sehr vollständig ist, und daß es alle erforderlichen Eigenschaften hat, um des Abgangs sicher zu seyn. Wenn Sie es an sich bringen wollen, so werde ich das Manuscript demjenigen zustellen, der mir obige Summ von Ihnen einhändigen wird; wenn Sie aber nicht gesonnen sind, diesen Einkauf zu machen, so erlauben Sie mir wenigstens, Madam, daß ich es unter Ihrem Schuz erscheinen lasse; ich würde alsdann von der günstigen Aufnahm des Publikums, dem Sie angehörten, vergewissert seyn. Ich achte diese lezte Gnade in Rüksicht auf die Begierde, die ich habe, Sie zu verewigen, und wegen der Sorgfalt, mit der ich mich an die allergenaueste Wahrheit gewandt habe, zu verdienen.

Ich bin mit tiefer Ehrforcht etc.

Der Chevalier von Morande

AN DEN DÜC VON AIGUILLON

Ich habe aus London, mein Herr Düc, einen Höllenbrief erhalten. Sie können darvon urtheilen, ich füge ihn bey. Verlieren Sie keinen Augenblik, allem aufzubieten, um den Druk dieser verdammten Libell, der uns droht, abzuwenden. Sie sind eben so wohl darinnen mitgenommen, als ich. Über das, was mir der Verfasser in seinem

---

* Siehe Seite 506.

Brief verdeutet, bin ich überzeugt, daß wenn er nur den mindesten Verdacht von Ihrer Gemeinschaft mit der Vicomtesse Dü Barry hat, er dessen sicher, als eines Umstands, der nicht der ohninteressanteste Ihres Lebens ist, erwehnen wird.

Ich bin, mein Herr Düc, Ihre etc.

Gräfin Dü Barry

Von dem Düc von Aiguillon

Ich habe, meine werthe Gräfin, den Englischen Gesandten bereden wollen, in Ansehung des Morande an seinen Hof zu schreiben; allein er hat mir verdeutet, daß es ohnnüz wäre, weil der König gewiß nichts wider die Freyheiten der Englischen Nation verfügen würde; überdas hat er mir sehr gut vorgestellt, daß dieser Mann einem hungrigen Hund gleiche, dem man ein Bein hinwerffen müsse, um ihn zu besänftigen. Indessen habe ich mich zu etwas anderm entschlossen, und nebst einigen Gerichtsbedienten einen Mann * abgeschikt, den ich zur Erreichung meiner Absichten, tauglich erachte. Ich wünsche, daß es ihm gelinge. Ich glaube daß Sie mir, meine schäzbare Gräfin, seit unserer letsten Auskunft, keine Vorwürffe machen können. Seyn Sie versichert, daß das was Sie mein emsiges Bemühn, um die junge Vicomtesse heissen, sich immer auf die Wohlanständigkeit, und Hochachtung beziehn wird, die ich ihrem Rang den sie hier bekleidet, der Verbindung die sie geschlossen hat, und der Huld, womit sie der König beehrt, schuldig bin.

Ich bin stets etc.

Düc von Aiguillon

Von Herrn von Beaumont,
Erzbischof von Paris

Den 15. Jenner 1774.

Madam!

Es ist meine Amtspflicht, die meiner Sorge anvertrauten Personen zu erleuchten, und alle Mittel zu versuchen, welche eine von der Klugheit geführte Liebe einflössen kan, um die von dem Weg der Wahrheit Abgewichenen, wiederum in selbigen zu leiten. Sie können nicht denken, Madam, daß ich der Einzige seye, dem das Aergerniß, welches leider nur allzu offenbar ist, ohnbekannt seye. Wenn mich die Abweichungen eines privat Menschen kränken, urtheilen Sie, wie groß mein Schmerz seyn müsse, wenn ich an diejenigen denke, zu welchen Sie einen Fürsten verleiten, der wegen

---

* Düc von Aiguillon, hatte den Herrn Bellanger, nach London abgesandt, einer dieser Avantüriers, die, weil sie nichts zu verlieren haben, alles wagen, und der in allen Spielgelaagen sehr wohl bekannt war. Seine Spiesgesellen waren Gerichtsschergen, als Receveur, Cambert und Finet etc. Diese Hinderlistigen, suchten mit Morande Vertraulichkeit, um sich seiner zu bemächtigen, und ihn mit List nach Frankreich zu liefern. Dieser aber der feiner als sie war, und sie kante, stellte sich an, als ob er nichts von ihrer Absicht merkte. Er erwies ihnen Freundschaft und entlehnte von einem jeden 30 Neue Louisd'ores. Hernach zog er die Sturmgloke wider sie an, und diese Spionen, die unter dem Englischen Pöbel grossen Verdacht erwekten, waren genöthiget sich sorgfältig zu verbergen, und die erste beste Gelegenheit zu ergreifen, um wieder das Meer zu passiren.

Düc von Aiguillon, sandte nachher Herr Predau von Chemilli Schazmeister der Marechaussees, unter dem Vorwand Pferde aufzukaufen, nach England ab. Er hatte den Auftrag 40 000 Livres für das Manuscript, anzubieten; allein es ward nichts aus dem Handel. Endlich nahm es Caron von Beaumarchais auf sich, und berichtigte es vermittelst grossen Aufwands. Er gab Morande 50 000 Livres baar, und sezte ihm im Namen der Franz. Regierung unter Gewährleistung, des Chevalier von Vandek Banquier in London ein Jahrgehalt von 200 Pfund Sterlings vest; wovon die Hälfte nach seinem Tod, auf sein Weib kommen sollte.

Durch dieses Mittel kam das Werk nicht zum Vorschein, und man versichert sogar, daß es niemals ganz gedrukt worden seye.

seinen in allen Absichten grossen Eigenschaften preißwürdig ist. Ihr Triumph ist in den Augen der Welt ohnstreitig sehr schmeichelnd, ja ich gestehe sogar, daß es wenige Personen giebt, deren Tugend standhaft genug ist, nicht dardurch geblendet zu werden, und die heldenmütig genug sind, ihm freywillig zu entsagen. Aber soll ich glauben, daß dieser erhabene Muth über Ihr Vermögen gehe? Wenn Ihre Liebe zum König aufrichtig wäre, würden Sie Ihm nicht einen auffallenden Beweis darvon, dardurch geben, wenn Sie Ihre auf Ihn habende Macht dahin verwenden würden, Ihn auf den Weg des Heils zu leiten, und Ihn darinnen durch Ihr Beyspiel aufzumuntern? Könnten Sie eine ohngezwungene Absönderung von der Welt, welche da Sie sie mit dem Himmel aussöhnte, Sie die reinsten Freuden, die man hienieden schmeken kan, des Friedens mit sich selbst, und der Achtung aller Rechtschaffenen, geniessen liesse, könnten Sie wohl diese als eine schimpfliche Entfernung ansehen? Sie hätten diese mit allem Recht verdient, weil Sie dem Staat seinen König, der Religion einen Christ und einen Beschüzer wieder geschenkt haben würden. Das Verderben des Getümmels, das Sie umgiebt, Madam, mag seyn wie es will, so kan ich mir nicht vorstellen, daß es alles Gefühl der Religion in Ihrem Herzen gänzlich habe erstiken können. Gehen Sie einen Augenblik in selbiges zurück, und wenn Sie bey der Stimme, die sich in selbigem muß hören lassen, nicht taub sind, so zweifle ich nicht, das meine Wünsche bald erfüllt seyn werden, und daß ich zum Muster einen König seinem Volk vorstellen könne, der an meiner Ehrfurcht und an meiner Ergebenheit an seiner Person nicht zweiflen kann. Ich bin etc.

† Ch. von Beaumont

An Herrn Erzbischof von Paris

Den 16. Jenner 1774.

Monseigneur!

Mit Vergnügen sehe ich Ihre Liebe zum König; allein ich halte die meinige ohnerachtet dessen, das Sie mir sagen, für eben so ächt. Es ist wahr, daß ich sie ihm auf eine ganz andere Art zeige, die vielleicht tauglicher ist, Ihn zu bereden. Ich hätte niemals denken können, daß Sie sich an mich wenden würden, um die Revolution, die Sie gern sähen, zu erzielen. Ihr Eifer würde ohnstreitig das gröste Lob verdienen, wenn er frey von Menschentand wäre. Allein ich kan um so viel begründeter ihn für nicht ganz ohneigennüzig halten, als ich die Absicht weiß, die Sie haben, den König mit einer Erzherzogin zu verheurathen; und wenn diese Verbindung durch Ihre Vermittlung zu Stand käme, so ist mir bekannt, daß Sie Ihnen sicher grosse Vortheile verschaffen würde. Wenn ich schon noch nicht den nöthigen Muth besize, um Ihre frommen Absichten zu unterstüzen, so will ich Ihnen, Monseigneur, wenigstens gestehen, daß Ihr Brief einen tiefen Eindruck auf mich gemacht hat, diejenigen, denen ich ihn zeigte, mochten mir sagen, was sie wollten. Um mein geängstigtes Gewissen zu beruhigen, und um mich zu versichern, daß ich nicht so lasterhaft seye, als ich's vermeyne, will man mich glauben machen, daß meine grösten Uebertrettungen nur geringe Fehlergen gewesen wären, wenn ich das Glük gehabt hätte, wie Sie Monseigneur, durch Einen jener erleuchteten Gottesgelahrten* geleitet zu werden, welcher vermittelst einer gewissen Direktion des Vorsazes Sie auf die artigste Weise von der Welt mit Madam von Moiran sündigen zu machen gewußt, ohne daß deßwegen Ihre Apostolische Seele, an der Beflekung des Körpers den mindesten Antheil nahm. Mit einem Wort, Monseigneur, obschon ich bey weitem nicht alles verstanden habe, was man mir in Ansehung dieses gesagt hat, so dünkt es mich jedoch, dardurch

---

* Die Jesuiten.

486

François Boucher: Landschaft

wahrgenommen zu haben, daß es ein leichteres und meiner Schwachheit angemesse-
neres Mittel giebt, um den Weg des Heils anzutretten, als das so Sie mir vorgeschlagen haben. Wenn dem so ist, so werden Sie mich verbinden, wenn Sie mir's anzuzeigen belieben, und Sie sollen sehen, daß ich mich alsdann im Ernst mit meiner Bekehrung beschäftigen werde.
Ich bin mit Ehrfurcht, Monseigneur etc. *

Gräfin Dü Barry

Von Herrn von Maupeou

Paris den 1. Hornung 1774.

Frau Gräfin!
Obschon ich zu allen Zeiten alle mögliche Ehrforcht, die gröste Achtung, und die
aufrichtigste Ergebenheit, für Sie gehabt habe; weit entfernt, jemals etwas wider
Ihren Nuzen unternommen zu haben, hatte ich mir's im Gegentheil zur Pflicht gemacht, bey allen Gelegenheiten Ihrem Verlangen zuvorzukommen; nichts destowe-

* Diejenigen Personen, welchen Madam Dü Barry, wie sie hier sagt, den Brief des Herrn Erzbischof
von Paris gewiesen hat, sind vermuthlich eben die, die ihr den Stoff zu ihrer Antwort geliefert haben. Wir sind ganz überzeugt, daß sich bey dem vertrauten Umgang, welcher in der That zwischen
Herrn von Beaumont und Mad. von Moiran, Vorsteherin des Spithals der Salpetersiederey, statt
hatte, nichts ohnehrbares zugetragen hat. Es ist wahr, daß die Welt sehr arg ist, und anderst darüber geurtheilt hat. Allein wenn's auch Grund hätte, so ist es schon so lange, daß man es hätte vergessen sollen. Das Schreiben Sr. Hochwürden verdiente sicher keine so beissende Antwort, und wir
haben erfahren, daß sie diesen frommen Mann ungemein gekränkt hat.

niger ist man so weit geschritten, mich solchergestalten in Ihrem Herzen anzuschwärzen, um Sie zu versuchen, den König dahin zu bringen, daß Er mir das Zutrauen, wormit Er mich beehrt, entziehe. Ich weiß es, Madam, und habe deßwegen keinen Haß auf Sie, denn Sie sind hintergangen worden; allein das was mich über alle massen kränkt, ist, daß ich sehen muß, wie Sie blinder Weise Ihr Vertrauen und Ihre Achtung, Personen geschenkt haben, die dessen unwürdig sind. Düc von Aiguillon, der Ihnen alles zu danken hat, verräth Sie; er will Sie stürzen, und die Freyherrin von Neukerque * an Ihre Stelle bringen. Um dieser Dame den Plaz, den er ihr bestimmt, zu versichern, hat er das Projekt gefaßt, sie durch eine geheime Trauung mit dem König zu verbinden. Da ich von dieser Arglistigkeit Nachricht hatte, und mir wohl vorstellen konnte, daß Sie einer so schwarzen Verrätherey keinen Glauben zustellen würden, wenn ich meiner Anzeige nicht einen ohnverwerflichen Beweis beyfügte, so habe ich allem aufgeboten, um einen solchen zur Hand zu bringen, und ich war so glücklich, daß es mir gelang. Der Brief von dem Düc von Aiguillon, den Sie angeschlossen finden, wird Ihnen mehr sagen, als Sie werden wissen wollen. Ich wünsche, Madam, daß Sie treuere Freunde finden möchten. Ich bin etc.

von Maupeou

Beylag zu obigem Brief

VON DEM DÜC VON AIGUILLON
AN DIE FREYHERRIN VON NEUKERQUE

Sie erlauben mir, ja Sie fordern mich sogar auf, Madam, Ihnen Rath mitzutheilen. Durch das Zutrauen, daß Sie mir bescheinen, gekizelt, werde ich Ihnen mit aller möglichen Aufrichtigkeit antworten.

Das Schiksal einer Maitresse des Königs ist ohnstreitig sehr glänzend; allein glauben Sie mir, Madam, daß so groß auch die Annehmlichkeiten seyn mögen, so sind sie doch nicht harmlos, und immer mehr oder weniger dem traurigsten Ungemach ausgesezt. Ich bin überzeugt, daß mit der Huld, womit Sie der König beehrt, die Hindernisse, die Sie zu überwinden haben werden, um es dahin zu bringen, daß er sich durch eine geheime Trauung mit Ihnen verbinde, vielleicht nicht so stark seyn werden, als diejenigen, die sich in den Weg legen werden, um die jezige Favoritin schlechterdings zu verdrängen. Gesetzt aber, Sie fänden sehr häufige Schwierigkeiten, der Unterschied dieser beyden Situationen soll Sie nicht zaudern lassen. Errichten Sie sich also einen Verhaltungsplan, der auf dieses abziele, und gehen Sie nimmer davon ab. Ich sehe es nicht gerne, daß Sie gestern bey der geheimen Zusammenkunft, allzu gefällig gegen den König gewesen sind. Ein allzu leicht erhaltener Genuß, kan bey diesem durch die Wollust erschöpften Fürsten, selbst den feurigsten Hang schwächen. Um seine anerbohrne Wankelmuth zu fesseln, so ist es nothwendig, seine Begierden durch eine Widersezie rege zu machen, welche mit genugsamer Kunst begleitet ist, um Ihm nicht die Lust zu benehmen. Ich glaube sogar, daß Er im Fall jener alten Schwelger ist, die in ihren alten Tag noch fromm werden, sich leicht entrüsten, und bisweilen Unruhe und Gewissensscrupel empfinden, über welche man sie alsdann trösten muß. Sie können, Madam, von dieser lezten Blösse mit nicht geringem Erfolg Gebrauch machen, damit Ihre Seele an die seinige gleichsam wie geleimt seye, so stellen Sie sich, als hätten Sie die gleiche Forcht, und die Gewissensbisse, die Er sicher hat; dieses ist ein fast ohntriegliches Mittel, Ihre Absicht zu erreichen. Morgen um

---

* Diese Freyherrin von Neukerque, ist die gleiche Madam Pater, von welcher schon oben die Rede war. Damit sie der König heurathen könnte, hatte Düc von Düras nebst dem Düc von Aiguillon ihre Ehescheidung nach protestantischem Gebrauch, mit vereinten Kräften bewirkt.

5 Uhr werde ich Sie sehen. Ich gehe zuvor zum König, vielleicht sind Sie der Gegenstand des Gesprächs. Wenn es sich zuträgt, so werde ich Ihnen gewiß nichts verderben. Ich bin etc.

Düc von Aiguillon

An den Düc von Aiguillon

Den 2. Hornung 1774.

Wie! Herr Düc, Ihnen muß ich die bittersten Vorwürfe machen! Ihnen, die ich Sie
vom Galgen errettet habe. Ihnen, die ich die Schwachheit gehabt habe, Ihrer Leidenschaft Gehör zu geben! Ihnen, die ich Sie mit Wohlthaten, mit Ehre und Ansehen
überhäuft habe! Sie die meine Fußtritte küssen sollten, Sie haben die Abscheulich-
keit gehabt, mich zu hintergehen, Sie führen dem König ein Weibsbild zu, um Ihre
Gutthäterin zu verdrängen! Ich weiß es, ich habe den von Ihrer Hand geschriebenen
Beweiß, und kan es doch kaum glauben, so unerhört kömt mir dieser Streich vor!
Das Ungeheuer, welches mir aus dem innersten seiner Höle in Londen die Ehre ab-
schneidt, mich verleumdet, ist in Vergleich mit Ihnen ein Gott. Die Verzweiflung, die
Wuth bemächtigen sich meiner Seele! – – ich brenne vor Rache – – ich bin in diesem
Augenblick so verwirrt, daß ich noch nicht weiß, welche Wafen ergreifen. – – Ich will
in meinem vollen Zorn zum König lauffen, Ihm Ihr Verbrechen und das meinige gestehen, Ihme Ihren Brief an die Freyherrin von Neukerque zeigen, Ihn bitten uns
beyde zu straffen. Bis in die Hölle will ich Sie verfolgen, und wenn es Furien für Ungeheuer gibt, Sie ihnen überliefern. Mit einem Wort stellen Sie sich vor, daß ich allem
aufbieten werde, dessen ein beschimpftes Frauenzimmer fähig ist *.

Gräfin Dü Barry

An Herrn Abe von Beauvais,
damals Chorherr von Noyon,
Prediger des Königs,
wirklicher Bischof von Senez **

Am Hohen Donnerstag Abends 1774.

Sie haben, Herr Abe, heute mit einer ausserordentlichen Ohnverschämtheit gepre-
digt. Statt sich in Ihrer Rede, der Sanftmuth, der Liebe und der Mäßigung zu bedienen, haben Sie die Frechheit gehabt, das Leben unsers Monarchen in den Augen seines Volks anzuschwärzen. Nur Ihn haben Sie angegriffen, obschon Er der einzige
war, dessen Sie hätten schonen, und einiger massen seine Fehler vor seinen Unter-

---

* Düc von Aiguillon, welcher die fürchterlichen Folgen vorsahe, die die Wuth der Madame Dü Barry
haben könte, lief zu ihr hin, warf sich zu ihren Füssen, gestund seinen Fehler, den er nicht in Abred
seyn konte, entschuldigte sich so gut er konte, und war noch so glücklich diejenige zu besänftigen,
die er so greulich beleidigt hatte. Genug er erlangte Vergebung, unter dem Versprechen, Mad. von
Neukerque zu verlassen, und sich nimmer in diese Sachen zu mischen. Er hielt auch wirklich Wort.
** Abe von Beauvais, der von einer dunklen Herkunft war, hatte beschlossen, auf seiner Station
Fortun zu machen, ein Bischofthum zu erlangen, oder in die Bastille zu gerathen. Er nahm zu dem
End einen ganz außerordentlichen Weg; er unterstund sich, wider das ärgerliche Leben Ludwig des
Fünfzehnden zu predigen. Er schilderte hauptsächlich seine Leidenschaft für Mad. Dü Barry, in
einem Kraftvollen Gemälde von den Sitten Salomons, worvon das Gleichniß sehr empfindlich war.
»Dieser Monarch, sagte er, der Wollust satt, und müde alle Arten des Vergnügens, die den Thron

tahnen entschuldigen sollen. Sie waren, glauben Sie mir's, nicht von der christlichen Liebe beseelt. Der Ehrgeiz, und die Begierde empor zu kommen, waren die einzigen Triebfedern Ihres Betragens. An der Stelle Sr. Majestät, würde ich Sie auf ein entferntes Dorf verweisen, damit Sie daselbst lernen möchten, vorsichtiger zu handeln, und das Volk nimmer gegen seine Fürsten, die von Gott es zu regieren gesezt sind, aufzuwiegeln suchen möchten. Ich weiß nicht, was der König thun wird, aber Sie haben seiner Güte zu viel zugegeben. Sie hätten nicht erwartet, Vorschriften, wie Sie sich betragen sollen, die aus dem Christenthum und der Moral genommen sind, von mir zu erhalten: nun trachten Sie sie zu Ihrem Heil zu benuzen. Hier haben Sie meine Predigt, ich wünsche, daß sie Ihnen wohl bekomme, und bin etc.

Gräfin Dü Barry

Von Dauberval, Operntänzer

Paris den 10. April 1774.

Madam!*

Wie viel bin ich Ihnen nicht schuldig, und wie es vergelten! Von Ihren Gutthaten über und überhäuft, erhalte ich noch von Ihnen eine Gunst, die einzig ist, und worvon Frankreich gegen einen gemeinen von seiner Kunst lebenden Mann kein Beyspiel aufzuweisen hat. Ich stekte in Schulden bis über die Ohren: die Ohnenthalsamkeit, die unserm Stand so gewöhnlich ist, die Zerstreuung, in der wir leben, der Luxus, zu dem uns die glänzende Gesellschaft, die uns sucht, verleitet, das zur Nothwendigkeit gewordene grosse Spiel, waren die natürlichen Folgen meines Verfalls. Dieses gab mir wenig Anspruch auf die öffentliche Nachsicht. Von meinen Gläubigern geplagt, und nicht wissend, wie sie befriedigen, hatte ich den Entschluß gefaßt, mich aussert Lands zu begeben, und nach Rußland zu gehen, wohin ich gerufen war, und wo der Himmelsstrich, so rauh er auch ist, weniger ohnbarmherzig gegen mich würde gewesen seyn. Sie haben nicht wollen, Madam, daß sich ein fremdes Land durch einen Verlust bereichere, der freylich sehr gering ist, den Sie aber zu vergrössern geruht haben. Sie haben behauptet, daß es schimpflich seyn würde, einen so treflichen Tänzer um fünfzigtausend Livres willen, wegzulassen. (Dieses sind Ihre Ausdrüke, und ich würde erröthen selbige zu wiederholen, wenn man bey der Ehre eines Beyfalls, wie der Ihrige, bescheiden seyn könnte.) Aber das, was einem stärkern Kopf den Schwindel machen könnte, ist Ihr Eifer, den ganzen Hof zur Wiederherstellung mei-

»umgeben, erschöpft zu haben, um seine welke Sinnlichkeit wieder zu erfrischen, endigte damit, daß »er sich eine neue Art unter dem garstigen Überbleibsel der öffentlichen Verdorbenheit aussuchte.« – Madam Dü Barry kannte sich allzu wohl in dieser Schilderung, als daß sie nicht drüber betretten war. Sie schrieb noch selbigen Abend diesen Brief an den Prediger. Sie wollte hernach den König wider ihn aufbringen. Allein Ludwig der Fünfzehende war gut, Er erzörnte sich nicht, Er entschuldigte ihn sogar, sagend, er hätte sein Amt verrichtet.

Man erzehlt, daß eines Tages, wo der Abe mit Heftigkeit wider die alten Sünder, die mitten in ihren eißkalten Tagen noch unreine Flammen der fleischlichen Lüste beybehielten, geredt habe, Se. Majestät nach der Predig an den Marschall von Richelieu gewandt, und ihm gesagt hätte: »Wohl-»an! Richelieu, mich dünkt, der Prediger habe brav Steine in Euern Garten geworfen.« – – »Ja Sire«, erwiederte der Marschall, »es sind davon widerprellt, und bis in den Parc zu Versailles geflogen.«

Dieser Abe erhielt was er verlangte, das Bischofthum von Senez war ledig, und er ward dahin ernannt.

* Dauberval, der zu Grunde gerichtet war, drohete seinen Gläubigern und dem Publikum, nach Rußland zu gehen. Madam Dü Barry ließ sich's einfallen, ein so nüzliches Süjet nicht wegzulassen. Sie fragte ihn, wie viel erfodert würde, um seine Sachen zu berichtigen? Er sagte, daß er 50 000 Livres darzu vonnöthen hätte. Diesem zufolg errichtete sie eine Art Kollekte bey Hof, und sie selbsten sammelte die Steuer nach eines jeden Vermögen ein. Man durfte nicht weniger als fünf Louisd'ors einlegen, allein sie forderte bisweilen 10, 15, 20 bis 25. Vermittelst dieser Wendung war die Summe gar bald vollzählig, und das Bedauern der Liebhaber legte sich.

ner Glüksumständen in Kontribution zu sezen. Sie hätten mich sicher einzig vom Schiffbruch retten können. Es wäre ein Tropfen Wasser aus einem grossen Fluß, hingegen aber meinem Herzen weit sanfter gewesen, nur eine einzige Beschützerin zu haben. Wie? was sage ich! Ich habe auch in der That nur Eine, und Ihnen muß ich die Gutthaten so vieler erlauchten Personen verdanken. Sie haben wollen, daß weil alle meine Bewunderer seyn, auch alle zu meiner Beybehaltung beytragen sollen. Sie haben eine Kollekte errichtet, und Sie schienen Ihre Thüre nur nach Verhältniß des Beytrags zu öfnen. Das war eine wirkliche Auflage, mit der Sie alle, die Ihnen ihre Aufwartung machten, beschwerten. Ehedem ließ Madam la Marquise von Pompadour, dieses reizende Frauenzimmer, die Ihnen auf der glänzenden Laufbahn, die Sie betretten, vorgieng, welche die Künste verewigt haben, weil sie sie begünstigte und unterstüzte, eine Lotterie für Gelliotte errichten *. Man gab Bälle für Granval **, eine Repräsentation für Mole ***. Alles grosse Männer, unendlich weit über mir, sowohl wegen ihren Talenten, als wegen der Vollkommenheit zu der sie selbige gebracht haben. Sie waren bestimmt Madam, mein Verlust als ein allgemeiner Jammer anzusehen, und um mich zurükzuhalten, Ihre Zuflucht zu jener ausserordentlichen Schazung zu nehmen, die der erhizte Patriotismus sich ereifert um die Wette zu bezahlen. Mich mehr denn jemals ohne alle Ausnahm, Ihren Ergözlichkeiten widmen, ist die einzige Art, wormit ich Ihnen meinen Dank bezeugen kan. Ich überlasse es denen Gelehrten und Künstlern Sie würdiger zu erheben. Was hat das Genie nicht von einer solchen Schuzgöttin zu erwarten, wenn Sie so vieles für einen Mann nur von bloßen Naturgaben thun, der sich einzig deswegen empfihlt, weil er das Glük hat, etwas zu Ihrem Vergnügen beyzutragen. Die Maler, Bildhauer- und Kupferstecherkunst haben sich bereits um den Ruhm gezankt, dem erstaunten Europa, die verführerischen Reize Ihres Urbilds zu überreichen. Schon haben die Musen Ihre Schläfe mit ihren Kränzen umwunden. Schon ist der Patriarch der Litteratur, der König unserer Dichter und Philosophen, der Alte von Ferney **** zu Ihren Füssen gekrochen; und hat Ihnen für seine Persohn, sowohl die Verehrungen des Parnaß als des Porticus gebracht. Möchte sein Beyspiel diejenigen ermuntern, die aus lauter Hochachtung stum waren! Es müsse sich ein allgemeines Concert zu Ihrem Ruhm anheben, und der den Händen der liebenswürdigen Marquisin entfallene Zepter der Künsten und der Philosophie, die sie noch beweinen, in die Ihrigen übergehen, und selbige in Ihnen eine zwote Minerva schenken. Ich bin mit der allertiefsten Ehrforcht,

Dauberval

Von dem Düc von Nivernois †

Paris, den 12. April 1774.

Ich habe Frau Gräfin auf Ihr Anhalten die Fünf und zwanzig Neue Louisd'ors, die Sie mir für meinen Antheil an der Steuer begehrten, die Sie für Dauberval sammeln, nicht abschlagen können. Indessen kan ich Ihnen nicht bergen, daß diese kleine Summe einem armen Edelmann, der ein abgedankter mit Kindern gesegneter Officier ist, und seit vielen Jahren um ein geringes Gehalt gebätten hat, gewiedmet war.

* Ehemaliger Opernsänger.
** Ehemaliger Schauspieler in der franz. Komödie.
*** Wirklicher Schauspieler in der franz. Komödie.
**** Voltaire.
† Madam Dü Barry, die das Gewicht eines Begehrens von dieser Art bey einem solchen Anlas fühlte, nahm das Memorial mit bestem Willen auf sich. Dieser Edelmann, der ohne die feine Wendung seines Wohltäters vergebens geflehet hätte, kehrt nun wieder in den Schoos seiner Familie zurük, der er Freude und mehrere Gemächlichkeit mitbrachte.

Da Sie ihm die kleine Beyhülfe, die ich für ihn beyseite legte, entziehn, so liegt es Ihnen ob, ihn zu entschädigen. Ich lege sein Memorial meinem Brief bey, und zweifle keineswegs Sie werden darvon gerührt werden, und Ihre bey so vielen Anlässen gezeigte Menschenliebe, werde Sie dahin bringen, ihn zu unterstüzen, und ihm einen erwünschten Erfolg zu verschaffen.

Ich bin etc.

Düc von Nivernois

An die Marquisin von Montrable

Morgen kann ich, meine liebe Mamma, nicht zu Ihnen kommen, wie ich es Ihnen versprochen hatte. Die Situation des Königs erlaubt es mir nicht ihn zu verlassen. Seit dem Tod des Marquis von Chauvelin, und des Marschall von Armentieres, ist Er so schwermüthig, daß es mir viel zu schaffen macht, und durch die verwünschte Predig des Abe von Beauvais ist sie noch vermehrt worden. Wenn es von mir abgehangen hätte, so hätten Se. Majestät diese Ohnverschämtheit bestraft. Ich habe eine Reise nach Trianon* vorgeschlagen. Wir werden uns alle Mühe geben, das Gemüth des Königs zu beruhigen, und ihn wieder fröhlicher zu machen. Ich werde Sie meine liebe Mamma, besuchen, so bald ich kan. Sie kennen alle das Vergnügen, daß ich habe, Ihnen die Versicherungen meiner wahren Ergebenheit zu erneuern.

Gräfin Dü Barry

An die Marquisin von Montrable

Der König, meine liebe Mamma, hat nun ganz zuverläßig die Pokken. Ich hatte alles angewandt, um Ihn zu vermögen, daß Er in Trianon bleibe; allein la Martiniere, der sich die Macht, die Ihm die Schwachheit des Monarchen gab, zu Nuze machen wollte, hat Ihn dahin gebracht, daß Er nach Versailles zurückkehrt. Ich weiche Ihm nicht vom Bett weg. Sein Zustand dünkt mich noch nicht gefährlich, weil Er selbst nicht angegriffen ist. Allein in seinem Alter können sich die Sachen alle Augenblik ändern, besonders in einer Krankheit von solcher Beschaffenheit. Ich bin so glüklich gewesen, Ihm Zutrauen für meinen Arzt Bordeu beyzubringen. Dieser besorgt Ihn hauptsächlich nebst le Monnier. Man wollte Ihm gleich die heil. Sakramente reichen; es war mir aber alles daran gelegen, daß es nicht geschehe. Bordeu hat sich sehr widersezt, und es ist ihm gelungen, es abzuwenden, indem er sagte, daß dieser Apparatus für die Kranken öfters von traurigen Folgen wäre. Leben Sie wohl meine liebe Mamma; ich verlasse Sie, um wieder zum König zu gehen. Ich bin etc.

Gräfin Dü Barry

---

* Eben diese unglückliche Reise nach Trianon brachte dem König den Tod. Mit Bewunderung und heißer Begierde hatte Er die Tochter eines Tischlers gesehen. Mad. Dü Barry glaubte, daß wenn sie Ihm Gelegenheit machte, seine Begierde zu befriedigen, man Ihm vielleicht sein finsteres Wesen benehmen könte. Diesem zufolg lies man dieses junge Mädgen kommen, das man aber nicht anderst als durch Drohungen und Versprechungen eines grossen Vermögens zum Beyschlaf mit dem König bringen konte. Se. Majestät hätten des zubereiteten Vergnügens nicht vollkommen geniessen können, wenn man Ihm nicht mit ausserordentlich stärkenden Mitteln aufgeholfen hätte. Dieser Genuß, war für beyde traurig. Das Mädgen war schon von den Pokken angesteckt, ohne daß sie es wußte, und die Symptomata dieser Krankheit, zeigten sich am folgenden Morgen mit vieler Heftigkeit bey ihr, so daß sie am dritten Tag daran starb. Da das Gift auch den König ansteckte, so ward Er krank, ohne daß man noch wissen konnte, was für eine Art Krankheit Er hatte.

Der Streich ist versezt meine liebe, Mamma, der König, der sich sehr übel befindet, hat der Düchesse von Aiguillon sagen lassen, daß es Ihm lieb seyn würde, wenn sie mich zu Ihm hinführte. Diesem zufolg sind wir nach Ruelle abgegangen, von wo aus ich Ihnen schreibe. Se. Majestät hat, bevor Er das Viaticum empfieng, sich durch den Mund seines Geistlichen erklärt, daß es Ihm leid seye, seinen Unterthanen Aergerniß gegeben zu haben; daß Er hinfüro nur zur Stüze des Glaubens, der Religion und zum Glük seines Volks leben wolle. Um die Versprechungen eines Sterbenden soll man sich nicht bekümmern. Sie sind alle gleich, bis sie wieder gesund sind. Wenn der König so glüklich ist, so bin ich versichert, daß sich meine Lage nicht verändert. Leben Sie wohl, liebe Mamma. Ich bin etc. *Gräfin Dü Barry*
N. S. Als ich diesen Brief an Sie abschiken will, vernehme ich, daß es um den Kranken nicht mehr so gefährlich steht.

AN DIE VORIGE

Ich fange an, meine liebe Mamma, von der Situation des Königs übel zu urtheilen. Gestern waren die Besuche den ganzen Tag ohne Unterlaß, heute habe ich blos zween empfangen. Überdas hat Abe Terray, von dem ich dreymal hundert tausend Livres begehrte, mir selbige trozig abgeschlagen. Wenn der König wieder aufkömmt, so werde ich für diese Ohnverschämtheit Genugthuung verlangen. – Ich höre eine Kutsche, ich will sehen, was es ist.

Es ist geschehen, meine theure Mamma. Der König ist nicht mehr. Dieser garstige Düc de la Vrilliere ist gekommen, mir's anzusagen, und mir einen Befehlsbrief einzuhändigen, der mich in das Kloster von Pontaux-Dames bey Meaux * verweißt. Ich bin ihm mit den grösten Stolz begegnet. Dieser Ohnverschämte, der gestern noch kriechend vor mich kam, scheint heute über meine Ungnade zu triumphieren. Ich bin über den Aufenthalt, zu dem ich verurtheilt bin, ausser mir, noch mehr aber über die Art, wie ich darinnen leben soll. Man erlaubt mir nicht mehr als eine einzige Kammerfrau; ich darf niemand sehen, und von niemand keine Briefe annehmen oder abschiken, die Superiorin habe sie dann gesehen. Ich habe nach meinem Sachwalter geschikt, um ihm Befehle zu geben, über die er Ihnen Bericht geben muß. Wachen Sie, ich bitte Sie, über das was er thut, und daß man mich so wenig als möglich plündere. Ich werde Ihnen schreiben, wenn ich kan, sobald ich in jenem Kerker bin. Gott erhalte Sie, meine liebe Mamma; ich habe so viele Vorkehrungen zu treffen, und bin so voller Zorn, daß ich förchte, ich werde abreisen, ohne an etwas denken zu können.
Gräfin Dü Barry.
Bis hierher geht im französischen Original die Sammlung der Briefen der Madame Dü Barry. Es heißt in selbigem, daß dem Verfasser noch eint oder andere Briefe seit ihrer Verweisung zu Handen gekommen seyen; allein da sie nur häusliche Angelegenheiten enthielten, wären sie des Druks ohnwürdig erachtet worden.

* Madam Dü Barry war über den Verweisungsbefehl wie vom Bliz getroffen. Sie rief mit ihrer anerbohrnen Energie aus: »Die hübsche Scheiß-Regierung, die mit einem Verweisungsbrief anfängt.« Sie machte dem Düc de la Vrilliere die derbsten Verweise, daß er diese Kommißion übernommen habe, und behandelte ihn mit der äussersten Verachtung. Der Verweisungsbrief war indessen nicht hart. Madam Dü Barry wußte das Staatsgeheimniß, und es war klug gehandelt, zu verhüten, daß ein so leichtsinniges Frauenzimmer selbiges nicht ausbreite. Der König sagte in diesem Brief, daß Ihn Staatsgründe nöthigten, ihr zu befehlen, sich ins Kloster zu verfügen; daß Ihm die Gewogenheit, wormit sie von seinem Großvater beehrt worden seye, wohl bekannt wäre, und daß man bey nächstem darauf bedacht seyn werde, ihre Entfernung zu lindern, und ihr ein anständiges Gehalt zu geben, wenn ihre Situation es erfodere.

Bruder Angiolo nach einem längeren Engagement bei Karl Eugen von Württemberg in der Comédie Italienne als Tänzer berühmt; dessen Frau spielte Tragödie in der Comédie Française. Ein Sohn, den Gaetano mit Mlle Allard hatte, debütierte 12jährig im Jahre 1772 in der Académie Royale de musique als Tänzer, wo ihn sein Vater mit großartigen Worten dem Publikum vorstellte und zu seinem Sohne sagte: »Allons, mon fils, montrez votre talent au public, votre père vous regarde.« (Grimm, Tome XII, S. 234 Anm.) Der »Dieu de la danse« wußte sich beim Ballettkorps und besonders bei den Damen durch seine große Grobheit in Respekt zu halten. – Mlle Heinel war aus Bayreuth (geb. 1753) und debütierte 1768 mit großem Erfolg, der ihr auch in der Libertinage treu blieb. Trotz ihrer Dummheit. Als sie ein Verhältnis mit dem Prinzen Conti hatte, fragte sie einmal die wegen ihres Witzes berühmte Arnould, weshalb sie so traurig und ob sie mit dem Prinzen nicht zufrieden sei. »Non, mon amie«, sagte die Heinel, »je ne veux plus de commerce avec lui, il m'a joué un tour perfide. Imaginez-vous qu'il a voulu en user avec moi d'une manière forte extraordinaire; enfin comme on se sert à Rome des petits ... vous jugez bien que j'ai dû souffrir des douleurs affreuses. – Ah! ma pauvre enfant, reprit Mlle Arnould, j'entre dans ta peine, il ne doute pas que cela n'ait été très difficile, car on est jamais si petit qu'auprès des grands.« (Metra, Corr. Secr., Tome I, S. 35.) Aber sie muß sich daran gewöhnt haben, denn das Verhältnis mit Conti dauerte bis 1771. Man nannte die Heinel die ›reine de la danse‹, und der ›dieu‹ wurde eifersüchtig. Er beschimpfte sie vor allen Leuten, wenn sie Erfolg hatte. Nannte sie eine Hure. Als sich die Heinel bei ihrer Freundin Arnould darüber beschwerte, tröstete die sie: »Was willst du, meine Liebe, die Leute sind heute so grob, daß sie die Dinge bei ihrem Namen nennen.« Vestris wollte nicht mehr zusammen mit der Heinel auftreten, es gab Parteien im Publikum, die Oper war in Aufruhr: da reiste Mlle Heinel nach London tanzen, um im nächsten Jahr zurückzukommen. Vestris hat sie übrigens nicht jetzt geheiratet; die beiden lebten zusammen und heirateten erst 1792, um einen Sohn zu legitimieren, der ein Jahr vorher auf die Welt gekommen war. Gaetano starb 79jährig 1808, einige Monate vorher war Mlle Heinel gestorben. Über die Familie: Gaston Capon, Les Vestris, 1730–1808. Paris, Mercure de France 1908.

2 Bachaumont spricht in den Mémoires Secrets von Fierville als einem Schauspieler, der mit einer Truppe und als deren Direktor 1768 aus Berlin gekommen sei. Er rühmt sein großes Talent und stellt es über das des Le Kain.

3 In einem seiner Romane läßt Andréa de Nerciat eine Mme de Conbanal auf einem elektrischen Bett sterben und sagt von dem Bett: es sei eine Nachahmung jenes berühmten Bettes des Doktor Graham. Les Aphrodites, 1793, T. III, p. 115, Anm.

4 Der Schauspieler Dugazon von der Comédie war ein Bruder der Mme Vestris, der Gattin Angiolos, die sich 1775 trennten. Dieser seiner Schwester dankt er sein Engagement. Von ihm ist auch in der Chronique Arétine die Rede. Seine Frau kreierte die Soubretten im Théâtre italien. Die Mémoires secrets berichten unterm 2. April 1784 von einem unangenehmen Abenteuer, das Mme Dugazon mit dem älteren Herrn Asteley bestand und das in zwei Nächten erfolgte, die sich Herr Asteley bei Madame kaufte. »Il lui a fait courir vingt-deux postes: 'aurait été surcroît de plaisir, si le cavalier, monstrueusement conformé, ne lui eut fait prendre un écart terrible et rénouvelé une descente de matrice qu'elle avait autrefois eue: en sorte qu'elle dans le cas ou elle guérirait, ne pouvait faire le moindre effort, sans craindre un pareil accident. Le sieur Dugazon, son mari, est le premier à conter l'aventure dans les foyers et dans les cercles; il en plaisante, il dit que sa femme est une gourmande qui avale les morceaux trop gros.«

5 Cathérine-Rosalie Gérard, genannt Duthé, war Surnumméraire im Ballettchor der Oper, die eine Art Asyl war, ein »brevet d'émancipation accordé à toute fille innocente, voulant vivre dans l'indépendance et sans être chargée à ses parents«. Die Duthé hatte gewissermaßen offizielle Missionen. Als der junge König Christian VIII. nach. Paris kam, war Rosalie ein Programmpunkt. In ihren Memoiren sagt sie darüber: »Je fus discrète touchant l'honneur qui m'étai fait.« Der Herzog von Orléans suchte für seinen sechzehnjährigen Sohn, den Herzog von Chartres, in erster väterlicher Sorge, eine Mätresse (Mme de Genlis, Souven.) und gab ihm die Duthé. Viel später ließ sich die Duthé diese ihre Talente, junge Herren von Rang in die Liebe einzuführen, vom Herzog von Orléans bestätigen. Sie konnte ihre Zertifikate zeigen. Als der Prinz Condé seinen fünfzehnjährigen Sohn, den Herzog Bourbon, verheiraten wollte und ihm wichtig war, »qu'il ne fut étranger à rien«, wandte er sich an die Duthé, die bemerkte: »Monseigneur, Sie lassen ihn sehr jung debütieren«, worauf der künftige General der Emigranten sagte: »Oui, sans doute, si on abandonnait à lui-même; mais sous ma surveillance et avec de bons procédés ...«, worauf die Duthé in ihren Memoiren fortfährt: »Je souris, et ma réponse prouva au prince mon profond devouement et ma soumission extrême à tout ce qui viendrait de sa part. J'ai toujours été royaliste, j'ai toujours aimé les Bourbons d'abord à cause de leurs qualités, puis par reconnaissance, enfin parce que je ne leur suis pas étrangère.« In den Polizeiberichten ist von Mlle Duthé sehr häufig die Rede.

6 Marmontel (1723–1800) war ein vielfach und mit Erfolg tätiger Literat, dessen Memoiren allein heute noch lesbar sind, da sie angenehm erzählen und von vielem aus der Zeit berichten.

7 Antoine François Prévost d'Exiles, gen. Abbé Prévost (1697–1763), Verfasser des bekannten und vielgelesenen Romans »Les aventures du chevalier des Grieux et de Manon Lescaut.«

8 Mlle Arnould, die berühmte Sophie Arnould, war Primadonna der Oper, la plus pathétique qui ait peut-être jamais parue (Mém. Secr. 1762). Sie ist 1740 in Paris geboren und starb 1802. Aus ihrem Verhältnis mit dem in den Polizeiberichten oft erwähnten, wegen seiner Liebesgeschichten und seines extravaganten Witzes berühmten Grafen Lauraguais, späterem Herzog von Brancas, hatte sie drei Kinder. Ed. et J. de Goncourt, Sophie Arnould, Paris 1877.

9 Von Maurepas verdient seine Definition des Autors auf die Heutigen zu kommen: »Der Autor ist ein Mensch, der aus den Büchern alles nimmt, was ihm durch den Kopf geht.« Maurepas war der typische Politiker des ancien régime: geschickt, geistreich, frivol, mokant, ohne jeden Glauben an Dinge oder Personen.

10 Bei der schmutzigen Geschichte der Präsidentin D... handelt es sich wahrscheinlich um jene Madame d'Oppy, die Frau eines hohen Magistrates von Douai, welche in den Bordellen der Gourdan und anderer Befriedigung ihrer starken Gelüste suchte. Der Gatte überraschte sie einmal hier und ließ sie wegen Ehebruchs einsperren. Auch die Kupplerinnen wurden verklagt und bis auf die Gourdan, die sich hoher Protektion erfreute, verurteilt zur Eselpromenade: die Verurteilte mußte verkehrt auf einem Esel sitzend und mit dem Plakat »Maquarelle« auf der Brust durch die Stadt reiten. Die Kupplerin Montigny kaufte sich von dieser Strafe mit 300 000 Livres los, was ihren Ruin bedeutete.

11 Im Jahre 1730 verführte der Jesuitenpater Girard ein Fräulein von Cadière unter Mißbrauch ihrer religiösen Schwärmerei. Aus diesem Anlaß schrieb der Marquis d'Argens, der Freund Friedrich des Großen, die »Thérèse Philosophe ou Mémoires pour servir à l'histoire de Docteur Dirrag et de Mlle Éradice« (2 parts, avec 14 estampes obscènes. A la Haye 1748), ein oft gedrucktes pornographisches Machwerk, um das es eine ganze Literatur gibt.

12 Nach den Mém. Secr. (5. März 1785) sagte die Rosalie: »Ja, so angenehm wie ein Kamm ist es nicht.« Über diese Rosalie: Journal des Inspecteurs, p. 155. Eine andere Mlle Rosalie war Sängerin an der Oper; von ihr berichtet 1772 die Polizei, daß der Graf Georg Adam von Starhemberg, Gesandter des Kaisers, ihr monatlich 1 000 Taler gebe, sich ein baignoire in der Oper habe machen lassen, um sie immer bequem sehen zu können, daß sie aber immer noch den Herrn Baroy zum Greluchon habe. Diese Rosalie heiratete später den Grafen Mercy-Argenteau. – Clairval war ein von Frauen viel begehrter und dadurch berühmter Schauspieler (1735–1795). Siehe Rapports de Police, November 1772.

13 Seit der Zeit des Regenten war das Palais Royal die beliebteste Promenade der Prostituierten. »Comme ces entours sont occupés par des filles d'opéra, par d'autres entretenues, par les courtisanes les plus célèbres et par des femmes galantes qui profitent volontiers de la faveur de l'incognito pour se livrer impunément aux aimables folies qu'il permet, il en résulte beaucoup d'aventures, dont les unes restent ensevelies dans l'ombre du mystère, dont les autres percent et font l'entretien de lendemain.« (L'Espion anglais, T. I, p. 140.)

14 Parapilla, poème érotique en cinq chants, traduit ou plutôt imité par Bordes. 1776.

CHRONIQUE ARETINE

1 Les Joueurs et M. d'Ussaulx, Paris 1781. Siehe Corr. Secr. 18. may 1781 und Manuel, La Police de Paris devoilée, T. II, p. 78.

2 »La Dem. Dufresne, Lyonnaise, vient de perdre M. le duc de Berwick qui lui faisait beaucoup de bien. Il s'est aperçu que malgré ses défenses elle continuait toujours de voir le sieur Augé. Elle paraît inconsolable de cette perte que difficilement elle reparéra. Elle est assez bien de figure, mais elle est courte et grasse, ce qui lui donne un air fort commun. – La Dem. Dufresne a fait lundi dernier une passade avec M. le comte Affiglio moyennant 20 Louis. Cet étranger perd à jeu, depuis son arrivée à Paris, 85 000 livres, c'est-à-dire depuis environ trois mois, et cela sans avoir gagné une seule fois. Le Marquis de Prie, son ami, offre à la susdite Dufresne, pour vivre avec elle, 25 Louis par mois, mais à condition qu'elle viendra tous les jous coucher chez lui. Elle l'a refusé parce qu'elle espère que M. le comte Affiglio l'entretiendra, mais elle se trompe, son intention n'étant pas de se charger d'une femme.« Rapports de Police, 1. und 8. Februar 1765. »La Dem. Dufresne s'amuse de ruiner le sieur de Linière, officier de marine, et gréluchonne avec le sieur d'Estat, qui est, en tout, malgré sa croix de Saint-Louis et son embonpoint, un fort mince sujet et mauvais bavard, n'ayant autre mérite que d'être très complaisant pour sa femme, mais aussi il faut convenir que dans un repas quatre bons estomacs auraient de la peine à digérer ce qu'il mange, et que personne ne découpe les viandes plus vite, ni plus proprement.« Rapport, 15. Februar 1765. »La petite Dufresne a remis dans ses chaînes le duc de Berwick. Il lui donne 50 louis par mois« etc. Rapport, 14. Juni 1765.

3 Mém. Secr. 24. Januar 1784: »Mlle Zacharie, danseuse d'Opéra, cousine et élève de Mlle Guimard.«

4 Zwei Schwestern Contat waren an der Comédie Française. Die Mém. Secr. vom 31. Dezember 1779 geben in Form einer angeblichen Auktion von Bildern, Möbeln und Gegenständen von der

berühmteren Louise Françoise Contat dieses Bild:»Mme Venus, aux belles fesses en marbre blanc, représentant Mlle Contat, d'un beau genre, et pouvant servir de modèle si les pieds et les mains étaient du même auteur.« Mlle Contat hatte nämlich häßliche Hände und Füße. Außer diesen beiden Contats, der Louise Françoise (1760–1803) und der weniger berühmten Emilie (1769–1846) gab es noch die Tochter Amalrie der letzteren. Vielleicht ist die im Text genannte Contat die Mutter der beiden Schwestern. Die Rapports de Police erwähnen unterm 22. Oktober 1759 eine Mlle Contat, bei der hoch gespielt wird.

<small>AUS DEN KLEINEN MEMOIREN</small>

1 Henri-Louis Le Kain (1728–1778) debütierte am 14. September 1750. Sein Talent war sehr diskutiert und wurde bestritten von Collé (Journal, éd. de 1868, T. I, p. 232–233). Er hat Memoiren hinterlassen, die 1801 veröffentlicht wurden. An die Comédie wurde Le Kain von Voltaire gebracht, dessen Helden zu spielen seine Spezialität war.

2 Charles Collé (1709–1783). Seine Possen und Paraden u. d. T. Théâtre de société 1777. Seine Chansons in zwei Bänden 1807. Sein Journal Historique 1805–1807 in drei Bänden. Lettres inédites, 1864. Es verdient hervorgehoben zu werden, daß er seiner Frau durchaus treu war. – Louis Carrogis, genannt de Marmontel (1707–1806) war Vorleser beim Herzog von Chartres. Seine witzigen ›Proverbes Dramatiques‹ erschienen in acht Bänden 1768–1781. Seine Bleistiftzeichnungen, 561 Porträts von Zeitgenossen, bewahrt das Musée Condé in Chantilly. Anatole Gruyer hat sie herausgegeben. – Zu der Épître de M. Marmontel à Mlle Guimard: Die Guimard hatte in einem Vorort ein Rendezvous und wurde hier so sehr vom Elend des Volkes ergriffen, daß sie das Erträgnis des Rendezvous, 2 000 Taler, dem Pfarrer von Saint-Roch zur Verteilung an die Armen gab. Grimm erzählt eine andere Version dieser Generosität der Tänzerin. Die Geschichte wurde so bekannt, daß bald ein anonymer Stich erschien: Terpsychore charitable ou Mlle Guimard visitant les Pauvres. Die pedantisch-galante gereimte Epistel Marmontels, die in Goncourts Guimard-Buch abgedruckt ist, beginnt mit den Versen:

> Est-il bien vrai, jeune et belle damnée,
> Que du théâtre embelli par tes pas,
> Tu vas chercher dans de froids galetas
> L'humanité plaintive abandonnée ...

3 Louis-Léon Félicité, Comte de Lauraguais, nachher Herzog von Brancas (1733–1824), war ein vielseitig tätiges Mitglied der Académie des sciences. Außer Abhandlungen über das Impfen, über das französische Recht gab er 1802 sehr wertvolle und ungenierte Memoiren heraus unter dem Titel: Lettres de L.-L. de Lauraguais à Mme ...

4 Jean-Philippe Franquetot, Chevalier de Coigny (1743–1806), der jüngste Sohn des Grafen Coigny. Er wurde »Mimi« genannt und hat niemals, wie er sagt, gewußt, warum. (Siehe Mme de Genlis, Mémoires, T. I, S. 403.) – Die Herzogin von Berry war eine Tochter des Regenten und hatte mit ihm ein Verhältnis.

5 L'Honnête criminel ist ein äußerst langweiliges Stück von Fenouillot de Falbaire, das auf Gesellschaftstheatern gespielt wurde. Über die sentimentale Anekdote, die dem Stück zugrunde liegt, viel bei Grimm, Corr. Lit., Januar 1768.

6 Mlle Cléophile war eine Kurtisane. In den Polizeiberichten:»Herr Dutrey hat die Mlle Cléophile genommen, die bei Audinot war und wieder in die Oper eintritt. Er hat ihr in bar und in Geschenken ungefähr 200 Louis gegeben.«

7 Ques-à-co? heißt im Provençalischen »Was ist das?« Die Dauphine las das Wort in einem Memoire von Beaumarchais März 1774, und es gefiel ihr so gut, daß sie es immer gebrauchte. Davon profitierte eine Modistin, indem sie eine Coiffure Quesaco nannte. Es war ein Federnpanaché, der hinten am Kopf getragen wurde. Die Dubarry und die Prinzessinnen goutierten diesen Quesaco sehr. (Siehe Vatel, Histoire de Madame Du Barry, T. II, S. 303 ff.)

8 Jean du Barry, ›der Roué‹, wie man ihn nannte, schrieb im Auftrag des Königs an seinen Bruder Guillaume, einen armen Marineoffizier, der mit seiner Mutter in Toulouse lebte, nach Paris zu kommen, um hier Jeanne Bequs des Jean D. Mätresse und nunmehrige Favoritin des Königs, zu heiraten. Aus der Bequs (oder Becu) wurde, um die Heirat standesgemäßer zu machen, eine Mlle de Vaubernier, die man auch, statt wie richtig 1743, im Jahre 1746 geboren sein ließ. Die Hochzeit fand am 23. Juli 1768 statt, und die Ehe wurde am 2. April 1772 geschieden. Über Mme Dubarry: Das Rokoko, Dritter Teil: Die Frauen. Über Jean Comte Du Barry die Polizeirapporte, 18. März 1765:»M. Le Gue, l'un des premiers commis de la marine, fait une cour très assidue à la demoiselle Vaubernier, maîtresse du sieur Dubary, qui lui abandonne volontiers ses coudes franches pour que cela achalande sa maison.« 12. April 1765:»La demoiselle Vaubernier et le sieur Dubary vivent toujours ensemble en bonne intelligence, ou pour mieux dire Du Bary ne se sert de cette demoiselle que comme une terre qu'il afferme au premier venu en état de bien payer, se réservant cependant le droit d'aubaine, car il couche tous les jours avec elle. Pour les journées, il les lui abandonne tout entière pourvu toutefois qu'elle se conduise par ses conseils et que le produit s'en rapporte à la masse. Aujourd'hui, c'est à M. le duc de Richelieu et à M. le

marquis de Villeroy qu'il a sous-fermé les charmes de cette demoiselle, pour le jour seulement. Le premier la fait venir chez lui et trouve que cette jeune poulette conserve en lui un reste de chaleur naturelle etc.« 27. September 1765: »La vie que mène le comte du Barry avec la demoiselle Vaubernier est infame. C'est exactement sa vache à lait etc.« 6. Dezember 1765: »La demoiselle Vaubernier a enfin quitté le sieur du Barry, elle s'est trouvée fatiguée de servir de pierre d'aimant à ses parties de jeu clandestines etc.« 7. Februar 1766: »La demoiselle Vaubernier s'est raccommodée avec le sieur Dubary à la charge qu'il supportera non seulement toutes les affaires qui se présenteront pour son intérêt, mais encore tous ses caprices et qu'il se contentera qu'elle ne découche pas, à moins qu'il ne fut question de sommes considérables, qu'elle serait alors obligée de rapporter à la communauté etc.« – Mlle de Fumel war die Gattin des Elie du Barry, des dritten Bruders, der für die Kupplerdienste, die er Richelieu und Duras erwiesen hat, Oberst beim Regimente der Königin wurde.

9 Über Grimod de la Reynière: S. 178

10 »Bald wird man in Frankreich nur mehr drei Stände kennen: den König, die Finanzleute und die Sklaven.« Über die Finanzleute: Thirion, La Vie privée des financiers de XVIIIe siècle. Um 1770 sprach man vom »Bataillon sacré des fermes générales«, deren bekannteste Führer Bourté, Puissant, Douet, Gigault de Crisenoy und Saint-Amant waren. Von einem von ihnen sagte Diderot, daß er zwei Millionen ausgegeben habe sans faire un bon mot ni une bonne action. Mit Fermes Générales bezeichnete man eine Finanzgesellschaft, chargée à forfait du récouvrement de la plupart des contributions indirectes. (Delahante, Une Famille de finance au XVIIIe siècle.) Das System war für den König das einzige Mittel, sicher und prompt zu seinen Einnahmen zu kommen; und er wurde außerdem die Unpopularität, welche die Steuereintreiber genießen, auf die Fermiers los, die ihrerseits für den äußeren Dienst ihre Strohmänner hatten.

11 Bernard le Bouvier de *Fontenelle* (1657–1757). Mit Bayle, dem Erzieher der Enzyklopädisten. »C'est de cervelle que vous avez à place du cœur« sagte Madame de Tencin zu ihm. Die Wahrheit ist vielleicht zu erreichen, aber sie ist von aristokratischer Art und der Menge nicht mitteilbar, und außerdem ist sie unnütz: dies ist etwa der mondäne schöngeistige Skeptizismus des 100 Jahre alt gewordenen Fontenelle, der ohne besondere Talente alles machte, Philosophien, Dramen, Gedichte, Historie und vor allem Bonmots.

12 Senac de Meilhan zitiert in seinen Considérations sur l'Esprit et les Mœurs einen Gatten, der zu seiner Frau sagt: »Ich erlaube dir alles, nur nicht Prinzen und Lakaien. Die beiden Extreme entehren durch den Skandal.« De Meilhan zitiert hier, ohne ihn zu nennen, seinen Bruder, den Generalpächter Meilhan, dessen Frau sich aber nicht daran hielt, sondern den Grafen de la Marche, nachherigen Prinzen Conti, zum Liebhaber nahm. Der Prinz Conti war es, der Beaumarchais veranlaßte, nach dem Barbier de Seville den Barbier nochmals vorzunehmen, worauf Beaumarchais Le Mariage de Figaro schrieb. Der Prinz Conti hatte wie der Prinz Soubise »einen Serail« (Polizeirapport) und starb 46jährig 1776.

13 Paul Heinrich Dietrich Freiherr von *Holbach* (1723–1789). Die beiden Bände seines Hauptwerkes, des *Système de la nature*, erschienen in Amsterdam 1770.

14 Guillaume Thomas François Raynal (1713–1796). Verfasser der Histoire philosophique et politique des établissements et du commerce des Européens dans les deux Indes, 7 Bände, Amsterdam 1771, an dem auch Diderot mitarbeitete. Wegen Angriffe auf die Religion in der zehnbändigen Ausgabe von 1781 wurde das Werk vom Henker verbrannt und Raynal aus Frankreich auf ein Jahr verbannt.

15 Charles Pinot Duclos (1704–1772), ein mäßig talentierter Schriftsteller mit einer gemachten zynischen Allüre. Schrieb, wie Brunetière sagt, Geschichten, ebenso indezent, langweilig und wahrscheinlich falsch wie der jüngere Crébillon. Wertvolle Beobachtungen sind in seinen Considérations sur les mœurs de ce siècle. 1750.

16 Madame de Rochefort, eine geborene Brancas, war 40 Jahre lang die intime Freundin der Herzogin von Nivernais und die Geliebte des Herzogs von Nivernais gewesen, der sie nach dem Tode seiner Gattin heiratete. Horace Walpole schreibt über sie: »Ihre Intelligenz ist echt und fein, ja mit einer gewissen Finesse des Geistes, einem Resultat der Reflexion. Ihre Manieren sind süß und weiblich, und obwohl sie eine »femme savante« ist, affichiert sie nicht die geringsten Pretensionen. Sie ist die ›dezente‹ Freundin des Herrn von Nivernais, denn in diesem Lande ist die Intimität nicht anders als unter dem Schleier der Freundschaft erlaubt.«

17 Rulhière (1735–1791). Sainte-Beuve stellt diesen mokanten Geist neben Chamfort und Rivarol. Er besaß etwas in diesem Zeitalter allgemein Fehlendes: historischen Sinn. Madame Necker sagt von ihm: »Il laissait percer dans sa conversation une nuance de son état d'historien, qui visait à la pédanterie; il mettait une trop grande importance à l'examen d'un petit fait et à toutes ses circonstances; il ne voulait jamais voir l'opéra que derrière les coulisses.« Rulhière war diplomatisch in Petersburg tätig, dann Sekretär beim Bruder Ludwigs XVI., dem späteren Ludwig XVIII. Er schrieb eine Geschichte des Edikts von Nantes und wurde 1787 Mitglied der Académie Française. Seine eigenen Verse sind besser als jene, die der Kritiker La Harpe auf ihn gemacht hat:

Connaissez-vous Chamfort, ce maigre bel-esprit?
Connaissez-vous Rulhière, à mine rebondie?
Tous deux se nourrissent d'envie:
Mais l'un en meurt, et l'autre en vit.

18 Antoine-François *Prévost* d'Exiles (1697–1763) ist der Verfasser der berühmten »Geschichte des Chevalier des Greux und der Manon Lescaut«. Sein Roman *Cléveland* erschien 1731, im gleichen Jahre wie *Manon Lescaut*.

19 Madame de la Popelinière war eine geborene Thérèse Desnayes. Der Skandal, den ihr Verhältnis mit dem Herzog von Richelieu hervorrief, führte zur Trennung der Ehe. Die Details darüber in den Memoiren von Marmontel, T. I, S. 304 ff. und in dem Journal de Barbier, T. IV, S. 326. In den Polizeirapporten unter dem 19. April 1765: »Der Herzog von Duras tut sein Bestes. Madame de la Popelinière zu zerstreuen. Er besucht sie täglich, wie auch der Herr Du Bary und der dicke Favier, ihre Complaisants, nicht verfehlen, sich einzustellen. Aber es scheint entschieden, daß der Herr Herzog die guten Reize dieser schönen Witwe genießt.« (Herr von Popelinière war 1762 gestorben.)

20 Der Marschall Herzog von Richelieu wurde mit fünfzehn Jahren in die Bastille gesteckt, weil er seine Hand unter das Kleid der jungen Herzogin von Bourgogne gleiten ließ, während sie sich über den Balkon beugte. Er rühmte sich, niemals mit seiner Frau, die ihm aufgezwungen wurde und die ihn liebte, die Ehe vollzogen zu haben. Um ihn duellierten sich im Bois de Boulogne die Marquise von Nesles und Madame de Polignac, und die verwundete Marquise erklärt, ihr Blut bis zum letzten Tropfen für ihn zu geben, denn er sei der Erstgeborene von Mars und Venus. »Er ist ein großer Poltron, faul, ohne Herz und ohne Seele« (Duchesse d'Orléans, Corr. 1. Oktober 1719). Er bekommt jeden Tag ein Paket Liebesbriefe, wirft einen großen Teil ungelesen fort, nachdem er auf den Umschlag geschrieben: Briefe, die zu lesen ich keine Zeit fand. Die Madame de la Popelinière schreibt an ihn: »Mon cher amant, mon cher cœur, pourquoi m'écris-tu si froidement, moi qui ne respire que pour toi, qui t'adore, mon cœur, je suis injuste, je le sens bien, tu as trop d'affaires et qui ne te laissent pas la liberté de m'écrire . . . mais je n'ai trouvé dans ta lettre ces expressions et ces sentiments qui partent de l'âme et qui font autant de plaisir à écrire qu'à lire. Je sens une émotion en t'écrivant, mon cher amant, qui me donne presque la fièvre, qui m'agite de même . . .« etc. (Lettres autogr. de Mme. de la Popelinière à Richelieu, Biblioth. de Rouen) Er heiratet mit 84 Jahren eine Madame Rooth, eine junge Frau von 35, macht ihr ein Kind, wie allerdings nur er erzählt, und ist ihr untreu. Er starb 1788 und war 1696 geboren. Über ihn: Noel Williams, The Fascinating Duc de Richelieu. London 1910.

Die Mémoires du Duc de Richelieu, ouvrage composé dans la bibliothèque et sous les yeux du maréchal, Paris 1790–1793, sind von Soulavie, der in des Herzogs letzten Jahren sein Sekretär war, geschrieben, und wohl mit Benutzung authentischer Aktenstücke und Mitteilungen. Aber die Absicht einer Art Satire auf das ancien régime ist bei dem Verfasser zu deutlich, und so steht neben Wahrem sehr viel Erfundenes. Die Vie privée du Maréchal de Richelieu, contenant ses amours et intrigues, Paris 1791, 3 volumes, ist zumeist Erfindung.

21 Charles James Fox (1749–1806), der oppositionelle englische Staatsmann und begeisterte Bewunderer der Französischen Revolution.

22 Madame de Tencin wollte ihren Bruder Kardinal ins Ministerium bringen und vermochte nichts über die Apathie Ludwigs XV. Sie wandte sich deshalb an Richelieu, daß dieser an Mme de la Tournelle schreibe, die als Mätresse Ludwigs XV. Herzogin von Chateauroux hieß, damit sie den König aus seiner Gleichgültigkeit politischen Dingen gegenüber bringe. Der Salon der Mme de Tencin diente Marivaux als Modell in »Vie de Marianne« (1731–1741).

23 Duchesse de Montpensier, La Grande Mademoiselle, Nichte Ludwigs XIII., Cousine-germaine Ludwigs XIV. Eine der originellsten, bizarrsten Gestalten des großen Jahrhunderts. Es gibt interessante Memoiren von ihr.

24 Der Kardinal Fleury war Minister Ludwigs XV., dessen Erzieher er auch war. Une lente et coriace ténacité, un doux et câlin acharnement au pouvoir caractérise le Cardinal. (Sainte Beuve, Causeries du Lundi, T. XIV, S. 380.) Vgl. Mémoires du Duc de Luynes sur la cour de Louis XV. 6 Vols., Paris 1860 bis 1862.

25 Biron war Marschall unter Heinrich III.

26 Jean-Baptiste Massillon (1663–1724), Hofprediger Ludwigs XIV., auf den er die Trauerrede, seine berühmteste Leistung, hielt.

27 Zu Lebzeiten Fleurys, der den fünfzehnten Ludwig in Schülerabhängigkeit hielt, in der Politik wie in der Liebe, hatte der König irgendwelche Liebschaften, aber keine Mätresse. Die Gegner Fleurys setzten auf eine wirkliche Mätresse die größten Hoffnungen, und als Fleury gestorben war, brauchte der König, wie auf einem königlichen Anstand, nur abzudrücken, um das aufgestellte Wild zur Strecke zu bringen. Es waren nacheinander die drei Schwestern, Töchter der Mme de Nesles, die zu Geliebten des Königs wurden. Die bedeutendste von ihnen war Mme de Chateauroux, die den König auch veranlaßte, sich ins Feld zu seinen Truppen zu begeben, was dem König gar nicht einleuchtete. Als er es tat, war er für eine Weile wirklich das Idol der Nation.

Wenn Mme de Chateauroux ihm von Politik sprach, klagte er: »Vous me tuez!«, worauf die
Geliebte sagte: »Tant mieux! Il faut qu'un roi ressuscite.« Sie starb plötzlich und in jungen
Jahren. Mme d'Etioles, die Madame de Pompadour wurde, nahm ihren Platz ein.
28 Der kranke Bernis schlug Ludwig XV. – und der Pompadour – den Marschall von Belle-Isle
als seinen Nachfolger vor, der aber Choiseul wurde. Der Herzog von Belle-Isle (1684–1761)
führte im österreichischen Erbfolgekrieg ein französisches Heer nach Deutschland und er-
stürmte 1741 Prag. Von 1757 bis zu seinem Tode war er Kriegsminister.
29 Die Hoffnung der Pompadour, daß die Tochter, die sie vom König hatte, sie bei ihm ersetzen
würde, erfüllte sich nicht, da das Mädchen, noch nicht zehn Jahre alt, starb. Ihre eigene nach-
lassende Gesundheit und die schwindende Macht über den König ließen sie sich zur »Surin-
tendante des plaisirs du roi« ernennen, in welcher Eigenschaft sie ihrem Herrn eine Art Serail
einrichtete, und dies war der Ursprung des Hirschparkes, der 1755 seine Pforten auftat. So wenigstens wird die Geschichte in einem Pamphlet erzählt, das 1790 erschienen ist (Le Parc-aux-
Cerfs, ou l'origine de l'affreux déficit). In Wirklichkeit war der Hirschpark keineswegs ein besonders luxuriös eingerichtetes Etablissement, sondern ein abgelegenes Viertel in Versailles mit
einigen kleinen unbedeutenden Häuschen, von Ludwig XIII. für seine Jäger errichtet und unter
Ludwig XIV. zu einem bewohnten Quartier erweitert. Eines dieser Häuschen kaufte Ludwig XV.
von einem gewissen Cremer für einen gewissen Valet, das heißt für sich unter dem Namen
dieses Beamten im Kriegsministerium, im Jahre 1755, freute sich seiner bis zum Jahre 1771,
wo er es für 16 000 Livres an einen Herrn Sevin verkaufte. In dem Hause ließ der König in diesen Jahren angeblich, d. h. nach den Gerüchten, eine nicht geringe Zahl neun- und zehnjähriger
Mädchen erziehen, was nach den neuesten Forschungen monatliche Ausgaben von 170 000 Francs
nötig machte. Über das Personal des Hauses schreibt ausführlich Madame Du Hausset in ihren
Memoiren (Ed. Barrière, 1855, S. 77 ff.). Die Rekrutierung erfolgte entweder durch den Kammerdiener Le Bel selber oder freiwillig von seiten der Eltern. (Peuchet, Mémoires tirés des
Archives de la Police de Paris. Paris 1838, T. II, S. 197.) D'Argenson, der fünfzehn Tagereisen
vom Hirschpark entfernt wohnte, schreibt in seinen Memoiren: »L'on m'a conté ces amours de
notre monarque, où l'on verra qu'il tombe de plus en plus de la houlette à la chaumine. Madame
d'Étioles, devenue marquise de Pompadour, était une grande dame au prix des deux der-
nières amourettes. Cet hiver, il a joui 15 jours d'une petite fille qui servait de modèle à des pein-
tres. A présent il a une maîtresse en règle d'un ordre encore inférieur à celle-là s'il se peut: elle
est de l'ordre de putains par famille et par état. La nommée Morfi était revendeuse et tenait une
petite boutique au Palais-Royal, à dix ans; mère de 4 filles, elle a vendu leurs pucelages l'un
après l'autre, quand ils sont venus en maturité. La cadette, qui est aujourd'hui sultane favorite,
a travaillé chez une couturière nommé Fleuret qui procure des amants à ses ouvriers. Elle les
élève en règle, et, celle-ci venant de faire sa première communion dans un couvent, cela a fait
croire qu'elle était plus sûre qu'une autre. Or le roi craint la vérole avec grande raison; lasse de
la marquise, il a résolu de se servir de petites filles, les plus neuves qu'on pourra trouver, et il
a envoyé son premier valet de chambre Le Bel à Paris, pour y marchander un nouveau pucelage.
Celui-ci a été à la dame Fleuret, qui l'a abouché avec la dame Morfi; il a vu la petite Morfi qui a
14 ans et qu'il a trouvée bien. Il a dit que c'était pour un seigneur de Versailles; il l'a envoyé. Il
a donné 1 000 Ecus à la mère et 100 Louis à la couturière. La petite fille a de l'esprit et a plus
beaucoup au monarque; elle a actuellement une jolie maison au Parc-aux-Cerfs, une gouvernante,
une femme de chambre, une cuisinière et deux laquais.« (Journal et Mémoires du Marquis d'
Argenson, 1. April 1753.) Jenes Pamphlet zählt eine große Reihe Pensionärinnen des Hirschparkes auf, unter ihnen eine Miss Witier, eine Engländerin, welche die Herzogin von Devon-
shire aus London mitgebracht und dem König gegen eine diamantenverzierte Büchse und 30 000
Livres abgetreten hat. Eine Baronin Salis, Frau eines jungen Schweizer Offiziers, wurde mit Gewalt genommen und tötete sich. Eine Marquise d'Eslignac war sechs Monate im Park. Die Röme-
rin Grandi kostete eine sechsspännige Karosse, die mit 130 000 Francs in Gold gefüllt war. Die
Komtesse Egmont, Richelieus Tochter, die mit 23 Jahren starb, ist auch unter den Damen, die
jenes Pamphlet aufzählt, doch vergißt es, was die »Anecdotes de la cour de France pendant la
faveur de madame de Pompadour« (Paris 1802, S. 238) berichten: daß der König den neun-
und zehnjährigen Mädchen selber Unterricht im Schreiben und Lesen gab, mit ihnen betete und
väterlich züchtigte und ermahnte, bevor er sich mit ihnen zum letzten Zwecke zurückzog.
30 Die Mémoires authentiques de Comte Cagliostro sind apokryph. Das am besten dokumentierte
Buch über C. ist: Cagliostro, by W. R. H. Trowbridge, London 1910.
31 Claire-Joseph Lerys de Tude-Clairon (1723–1803), Heroïne an der Comédie Française. Über sie:
Edm. de Goncourt, Mlle Clairon, Paris 1888. Sie war nicht sonderlich gesund und trat deshalb
selten auf. Als ihr das einmal ihre Kameraden sagten, gab sie die Antwort: »Es ist wahr, daß ich
nur selten spiele, aber wenn ich einmal spiele, läßt euch das das einen Monat lang leben.«
(Die Anmerkungen ab Chronique scandaleuse wurden von Franz Blei dem 1923 erschienenen Sam-
melband »Sitten des Rokoko« hinzugefügt, der dem zweiten Teil dieser Neuausgabe geringfügig
gekürzt zugrunde liegt.)

QUELLENANGABEN

ZU WIELAND. – »Diana und Endymion« und »Das Urteil des Paris« erschienen zuerst in den »Comischen Erzählungen« im Jahre 1765. »Aspasia« war erst in der Neuausgabe von 1788 enthalten.

ZU GESSNER. – Der Schweizer Salomon Geßner (1730–1788) ließ seine berühmten »Idyllen« erstmals 1756 in Zürich erscheinen. Der Abdruck erfolgt hier nach der Ausgabe der »Schriften«, Bd. I, von 1767, »Orell, Geßner & Comp., Zürich«, unter weitgehender Anpassung an die moderne Orthographie.

ZU POPE. – Der Text des ersten Gesanges ist mit Erlaubnis des Übersetzers entnommen: Der Lockenraub. Ein komisches Heldengedicht von Alexander Pope. Mit neun Zeichnungen von Aubrey Beardsley. Verdeutscht von Rudolf Alexander Schröder. Leipzig, Inselverlag 1908. Gedruckt in 800 Ex.

ZU STERNE: Abdruck der Auszüge aus »Tristram Shandy« nach der Ausgabe des Winkler-Verlags, München. Das Werk erschien dort in der Übersetzung von Siegfried Schmitz, unter Zugrundelegung der Übertragung von J. J. Bode, in der »Dünndruck-Bibliothek der Weltliteratur«.

ZU VOLTAIRE. – Die Einführung verfaßte Ernst Sander. Abdruck von »Babuk oder Der Lauf der Welt« in der Übersetzung von Ernst Sander. Die Erstausgabe kam in Paris im Jahre 1764 heraus.

ZU DIDEROT. – Den Aufsatz über Denis Diderot verfaßte Ernst Sander.

ZU CHODERLOS DE LACLOS. – Eine Übersetzung der Liaisons dangereuses von Franz Blei erschien im Hyperionverlag München 1908.

ZU RÉTIF DE LA BRETONNE. – Das mitgeteilte Stück stammt aus den Zeitgenössinnen, von denen eine zweibändige Auswahl im Verlag Georg Müller, München, veröffentlicht wurde.

ZU STURZ. – Die Schriften von H. P. Sturz erschienen gesammelt in zwei Bänden Leipzig 1789 bis 1792. Nachgedruckt wurde die erste Sammlung bei Schmieder in zwei Bänden 1794. Eine Auswahl gab Franz Blei unter dem Titel Kleine Schriften 1904 im Inselverlag heraus.

ZU LAUZUN, PARISER GESPRÄCHE. – Diese einzige Komödie des Verfassers der berüchtigten Memoiren (deutsch bei Georg Müller 1912 erschienen) wurde erst 1911 von Auguste Vondel im ersten Bande des »Recueil des Pièces de Théâtre lues par M. Le Texier, En sa Maison, Lisle Street, Leicester Fields, A Londres Chez T. Hookham 1785« entdeckt und im Bulletin de la Société de l'Histoire du Théâtre im selben Jahre herausgegeben. Der französische Titel der Dialoge heißt: Le Ton de Paris ou Les Amans de bonne compagnie. Die Sammlung Texiers hat 12 Bände in 8° und enthält 59 Stücke, von denen nur drei vorher ungedruckt sind, darunter »Le Ton de Paris». Le Texier war so etwas wie Steuereinnehmer in Lyon, ein großer Theaterfreund und leidenschaftlicher Vorleser von Stücken. (Grimm, Corr. lt. Februar 1774 und Mme. Dudeffand an Horace Walpole 27. März 1774 ff). Über die Kunst seines Vortragens die Dudeffand an Voltaire, 2. April 1774: »M. Le Texier, qui, assis dans un fauteuil, avec un livre à la main, joue des comédies où il y a sept, huit, dix, douze personnages, si parfaitement bien qu'on ne saurait croire, même en le regardant, que ce soit le même homme qui parle. Pour moi l'illusion est parfaite etc.« – Lauzun kam aus Amerika, wo er für die Unabhängigkeit gekämpft hatte, 1787 über London zurück, wo er Texier, den er von früher kannte, aufsuchte. Le Texier sagt in der Préface zu Lauzuns Dialogen, daß dieser ihm das Stück vorgelesen und ihn zu posthumer Veröffentlichung autorisiert habe.

Zu CASANOVA. – Die Briefe sind der französischen Korrespondenz entnommen, die Casanova mit J. F. Opitz geführt hat und die 1913 zum erstenmal veröffentlicht wurde: Giacomo Casanova, Correspondance avec J. F. Opitz. Publiée d'après le Manuscrit de J. F. Opitz par Fr. Kohl et Otto Piek. Deux Tomes. Leipzig, Kurt Wolff Verlag.

Zu GALIANI.– Der Dialog über die Frauen ist eine Beilage zu einem Brief Galianis an Madame d'Épinay vom 11. April 1772. (Hier nach der Übersetzung Conrads in: Die Briefe des Abbé Galiani, aus dem Französischen übertragen von Heinrich Conrad. Mit Einleitung und Anmerkungen von Wilhelm Weigand. Zwei Bände. München, Georg Müller Verlag 1907.)

Zu DENON. – Vivant Denons Meisternovelle »Point de Lendemain« wurde zum erstenmal 1776 veröffentlicht.

Zu CAYLUS. – Die Erzählung ist des Grafen von Caylus (1692–1765) Histoire de M. Guillaume, Cocher, entnommen, die ohne Orts- und Zeitangabe Paris 1756 erschien.

Zu CREBILLON. – Der Dialog ist einer der siebzehn, die unter dem Titel Tableaux des mœuos du temps (in einem einzigen Exemplar) 1750 gedruckt wurden, das sich im Nachlaß des Bestellers, des Generalpächters La Popelinière (gest. 1762), fand. Der erste Neudruck erfolgte 1863, ein zweiter 1867. La Popelinière galt lange als der Verfasser der im übrigen schmutzigen Dialoge.
Die Auszüge aus den Liebestaten des Vicomte de Nantel entstammen der im Kala-Verlag, Hamburg, in der Reihe »Schatzkammer der galanten Literatur« herausgekommenen Übersetzung von Helmuth Leonhardt.

Zu CAILHAVA. – J. Fr. Cailhava de l'Estandoux (1731–1813) schrieb für den Erfolg Komödien und das kleine Meisterwerk eleganten Scherzes Le souper des petits-maîtres um (1770).
Die hier vorgelegten Auszüge sind in ihrem ersten Abschnitt von Franz Blei, in allen weiteren Teilen (S. 236) von Helmuth Leonhardt übersetzt (»Das Souper der Stutzer«, Kala-Verlag, Hamburg, in der Schriftenreihe »Schatzkammer der galanten Literatur«).

Zu NERCIAT. – Die Auszüge aus »Felicia oder meine Jugendtorheiten« (Paris 1775) entstammen dem 3. Band der vierbändigen Ausgabe dieses Werkes, die beim Kala-Verlag, Hamburg, in der Reihe »Schatzkammer der galanten Literatur« erschien. Übersetzer: Ludwig von Brunn
Die Kompilation CHRONIQUE SCANDALEUSE, deren erster Band im Jahre 1783 erschien, hat einen davongelaufenen Benediktiner zum Verfasser, Guillaume Imbert aus Bordeaux. Er lebte in Paris, wo er hörte, was man erzählte: allwöchentlich schickte er, was er zusammengebracht hatte, nach Neuwied, wo man es unter dem Titel »Correspondance secrète, politique et littéraire« druckte; es gab 52 Hefte im Jahr. Diese Correspondance sollten die Nouvelles à la main Bachaumonts ersetzen, die sehr schwer nach Frankreich zu bringen waren. Immerhin saß auch Imbert des öfteren in der Bastille. Er hat seine Heftchen gesammelt, die in achtzehn Bänden bis zum Jahre 1784 reichten; die Heftchen setzte er fort bis zum Jahre 1793. Aus der Masse dieser Bände wählte er selbst eine Zusammenstellung in einem Bande aus, der 1783 erschien, und der sich in den folgenden Jahren mehrte bis auf fünf Bände im Jahre 1791. Aus diesen fünf Bänden ist im vorliegenden Texte eine Auswahl getroffen worden. Die Übersetzung besorgte F. Neufeld.

Die CHRONIQUE ARÉTINE, ou »Recherches pour servir à l'histoire de la génération présente«, erschien unter dem fingierten Druckort Caprée in Paris 1789. Es blieb bei dem einen Heft; die an dessen Schluß angekündigte Fortsetzung ist nie erschienen. Der Verfasser blieb unbekannt.

Der GAZETIER CUIRASSÉ, ou »Anecdotes scandaleuses de la cour de France imprimé à cent lieus de la Bastille à l'enseigne de la libterté«, erschien 1771. Verfasser ist Charles Thevenot, der sich Chevalier de Morande nannte; er saß wegen Diebstahls einer goldenen Tabatière – er stahl sie in einem Freudenhaus – im Gefängnis. Er stahl auch nachher noch öfter und floh nach England. Hier veröffentlichte er den »Gepanzerten Gazetier«, ein Pamphlet gegen die Dubarry, den Kanzler Maupeou und den Grafen Saint-Florentin, geherzogten Vrillière. Louis XV. kapitulierte vor dem Revolvermann. Thevenot ist der erste französische Journalist, der mit seinem Gewerbe Erpressung trieb. Holländische und englische Journalisten waren die ersten, die mit dem Opfer ihrer Angriffe vor der Veröffentlichung verhandelten. Von den 180 Seiten des Thevenotschen Pamphletes gehen

100 auf die Dubarry, worin Wahres mit Legendärem und frei Erfundenem abwechselt. Als etwas später Thevenot der Komtesse ein neues Libell gleicher Gattung zu schreiben ankündigte, beeilte sich die Dubarry, es um jeden Preis anzukaufen. Mme Roland sah den Journalisten in England und schreibt über ihn:»Morande a été l'auteur du Gazetier cuirassé et d'un autre ouvrage contre Madame du Barry. Il connaît beaucoup les grands et les filles et dit que tous ces gens-là sont faits pour aller ensemble, et lui-même a grosse figure et gros cou, donnant des coups de patte très serrés, se moquant de tout, paraît aussi assez propre à faire bande avec eux.« Für das zweite angekündigte Libell, das schon gedruckt war, zahlte die Dubarry dem Verfasser 32 000 Livres und eine Pension von 4 800 Livres. Die Exemplare wurden bis auf eines vernichtet, das durchschnitten und zu einem Teil der Dubarry ausgeliefert wurde, zum andern der Verfasser behielt. Pidansat de Mairobert, ein Konkurrent des Gazetier cuirassé, war so sehr erbost über das gelungene Geschäft Thevenots, daß er ihn heftigst angriff und sehr genau alle Stellen des Buches kopierte und in seinem Espion abdruckte, also eine billige Ausgabe davon machte. Er gibt im ›Diable dans un bénitier‹ dieses Porträt von Thevenot:»Imaginez, lecteur, une face large et plate, dont les traits sont formés avec une graisse livide et flottante, des yeux couverts et hagards exprimant la frayeur et la perfidie, un nez aplati, des nazeaux larges et soyeux, qui semblent respirer la luxure la plus effrontée. On sait, qu'il écrivait sans esprit et sans ordre le G. C. ouvrage, dont une dame de Courcelles, avec laquelle il est encore en correspondance, lui fournit les anecdotes. Cette rhapsodie était si dégoutante qu'elle ne rapporta presque rien à son auteur. Mais la comtesse ayant par un de ces jeux de la fortune, qui ne sont pas rares en France, partage la couche de l'imbécile Louis, le gazetier recueillit quelques anecdotes dont il composa un volume qu'il vendit plus d'argent que Rousseau n'en a jamais retiré de tous ses ouvrages.« Es war am Todestage des Königs, daß Beaumarchais nach London mit dem Gelde für Thevenot kam. Dieser diente dann irgendwie in der französischen Polizei und wurde 1792 guillotiniert.

Die unter dem Titel »AUS DEN KLEINEN MEMOIREN« zusammengestellten Artikel sind den *Memoirenwerken von Bachaumont, Pidansat de Mairobert, Moufle d'Angerville, d'Argenson, Chamfort und anderen* entnommen.

Den Geburtsschein der DUBARRY haben E. und J. de Goncourt erstmalig 1859 veröffentlicht:»Jeanne, fille naturelle d'Anne Bequs dite Quantiny, est née le 19. août de l'an 1734, et a été baptisée le même jour; elle a eu pour parain Joseph Desmange et pour maraine Jeanne Birabin, qui ont signé avec moi. L. Galon, Vicaire de Vaucouleurs. Jeanne Birabin. Joseph Desmange.« (E. et J. de Goncourt, La Du Barry, p. 6.). Die zahlreiche Literatur des 18. Jahrhunderts über die Dubarry kopiert und paraphrasiert die im Jahre 1775 à Londres (Paris) erschienenen ›Anecdotes sur Mme la comtesse Du Barri‹, welche ihrerseits wieder einen reichlichen Gebrauch von den Memoires secrets machen. Die Memoires authentiques . . . par le chevalier Fr. N. Londres 1772 sind ein kleiner Roman ohne geringste Beziehung zur D. Das gleiche ist von den Plaisirs de la ville et de la cour, ou Réfutation etc. Londres 1778 zu sagen. Die historisch wertvolle Literatur über Mme beginnt erst 1858 mit J. R. Le Roy's Broschüre ›Madame du Barry 1768 bis 1793‹. Die umfangreichste historische Darstellung nach den Archiven gab 1865 Vatel in seiner dreibändigen Biographie. Die in unserm Text gegebenen BRIEFE sind wortgetreuer Abdruck einer gleichzeitigen deutschen *Übersetzung* der *Lettres de madame la comtesse du Barry avec celles des princes, seigneurs, ministres et autres qui lui ont écrit et qu'on a pu recueillir, Londres 1779*. Die natürlich apokryphen Briefe sind kein historisch brauchbares, aber ein sittengeschichtliches Dokument wie die andern hier mitgeteilten Pamphlete.

BILDQUELLENVERZEICHNIS

INHALT